江苏省地方税务志

JIANGSUSHENG DIFANG SHUIWU ZHI

1994-2008

江苏省地方税务局　编

CTP 中国税务出版社

图书在版编目(CIP)数据

江苏省地方税务志（1994–2008）/ 江苏省地方税务局
编. -- 北京 : 中国税务出版社,2012.12
ISBN 978-7-80235-888-1
Ⅰ. ①江… Ⅱ. ①江… Ⅲ. ①地方税收—概况—江苏
省 Ⅳ. ①F812.753.42
中国版本图书馆 CIP 数据核字(2012)第 297301 号

书　　名: 江苏省地方税务志(1994–2008)
作　　者: 江苏省地方税务局　编
责任编辑: 陈金艳
责任校对: 于　玲
技术设计: 刘冬珂
出版发行: 中国税务出版社
北京市西城区木樨地北里甲 11 号(国宏大厦 B 座)
邮编:100038
http: //www.taxation.cn
E-mail: swcb@taxation.cn
发行中心电话:(010)63908889 / 90 / 91
邮购直销电话:(010)63908837　传真:(010)63908835
经　　销: 各地新华书店
印　　刷: 南京凯德印刷有限公司
规　　格: 889 × 1194 毫米　1/16
印　　张: 32.25
字　　数: 906000 字
版　　次: 2012 年 12 月第 1 版　2012 年 12 月第 1 次印刷
书　　号: ISBN 978-7-80235-888-1
定　　价: 210.00 元

江苏地方税务志

编纂委员会

编辑部工作人员

序

江苏省地方税务局自 1994 年 7 月成立至今，立足江苏这片沃土，已走过 18 年的光辉历程。江苏地税事业从零起步，铺就了一条探索创业之路、开拓创新之路、科学发展之路。

在江苏省委、省政府和国家税务总局的正确领导下，全省地税系统牢固树立科学发展观，秉承“聚财为国、执法为民”的宗旨，以一流的干部队伍、一流的服务水平、一流的工作业绩为目标，坚持改革与发展并重，探索与创新并举，切实履行维护国家利益、促进经济社会发展、服务广大纳税人的神圣职责。组织各项收入从 1994 年的 64 亿元上升到 2011 年的 5357 亿元，为社会发展、经济繁荣、民生改善提供了可靠的财力保障；立足征管改革，推进信息管税，税源专业化管理格局基本形成；加强依法治税，明确执法标准，落实责任体系，依法行政工作考核评价机制初步建立；借鉴现代服务理念，打造新型服务平台，实施多种服务形式，纳税服务逐步优化；树立人力资源管理新理念，依托制度建设、教育培训和监督管理，造就了一支新型地税干部队伍。

江苏地税成立的历程，熠熠生辉，激励人心。全省各级地税机关、广大地税干部为这一历程付出的努力和取得的成就，理应载入江苏地税事业的史册。

盛世修志是中华民族的优秀传统。编纂这部《江苏省地方税务志》，就是为了客观记载江苏地税事业创业、成长、发展的历史，全面反映江苏地税事业的改革进程和发展脉络。上迄1994年7月，下迄2008年12月，遵循求真务实、实事求是的原则，结合税收工作特点和规律，全书共设五部分，全方位介绍江苏省地税系统组织机构、税收收入、税收法治建设、税政管理、税收征收管理、纳税服务、宣传工作、税务稽查、信息化建设、税收会计统计、队伍建设、纪检监察、税收科调研及全省各地的地方税务工作，登载重要的制度性文件、工作报告和调研文章；卷末设附录，收录大事记和先进名录。翔实记载了江苏地税的行业概况、历史沿革和发展轨迹，详细记录了各项工作的管理特征、实施过程和实践经验，集中反映了全省各地地税机关的工作概况和管理特色。既是江苏地税成立以来改革发展的历史总结，又是社会各界了解江苏地税、增进交流协作的桥梁纽带；既是全省地税系统谋求更好更快发展的重要资源，又是地税事业在新起点上再创佳绩、实现跨越的宝贵财富。本书的编纂出版，是江苏省地方税务局创建以来具有标志性的一件大事，对地税事业以史为鉴、继往开来，实现又好又快发展，为全省经济和社会发展作出更大贡献，具有重要的现实意义和历史意义。

修志的目的在用志。江泽民同志指出："编史修志是承上启下、继往开来、服务当代、有益后世的千秋大业。"胡锦涛总书记说："中华民族历来就有治史学史用史的传统，我们一贯重视对历史经验的借鉴和运用。"我们深信，这部《江苏省地方税务志》，不仅将为当今所用，也必将为后人借鉴，它将昭示江苏地税的历史，启迪江苏地税的未来，助推江苏地税事业奋力进取、勇攀高峰，在"为国聚财、为民执法"的征途中，再谱新篇章！

李小平

2012年10月

1994年7月26日，江苏省地方税务局成立，江苏省委常委、常务副省长俞兴德（左）向江苏省地方税务局党组书记、局长施学道（右）授牌。

1994 年 11 月,江苏省地税系统首次工作会议在昆山市召开。

2008年3月，江苏省地方税务局领导班子全体成员（左起：唐卫平、何声贵、倪静石、李小平、顾长虹、徐锦辉、于阜宁）。

1996年10月，国家税务总局党组副书记、副局长项怀诚（左三）视察江苏地税工作。

2000年6月，国家税务总局党组书记、局长金人庆（右）视察江苏地税办税服务厅。

2004年7月，国家税务总局党组书记、局长谢旭人（右）在江苏地税调研。

2002 年 12 月，中共江苏省委副书记、代省长梁保华（中）在江苏省地税局视察工作。

2010 年 5 月，江苏省委副书记、省长罗志军（左二）在江苏省地税局调研。

2008年12月，江苏省委常委、常务副省长赵克志（中）慰问地税干部。

2003 年 8 月，江苏省地方税务局局长郑坚（中）在企业调研。

2011 年 9 月，江苏省地方税务局局长李小平（中）走访企业。

2009年6月，江苏省地方税务局副局长顾长虹（左二）视察地税机关基层建设情况。

2008 年 10 月，江苏省地方税务局副局长倪静石（中）调研纳税服务工作。

2004 年 5 月，江苏省地方税务局副局长徐锦辉（右二）在基层单位检查指导工作。

2009 年 7 月，江苏省地方税务局副局长何声贵（左三）在基层单位调研指导工作。

2009年10月，江苏省地方税务局纪检组长于阜宁（左二）考察地税系统廉政风险防控工作。

2011年6月，江苏省地方税务局副局长陈茂峰（右）在高新技术企业调研。

2012年5月，江苏省地方税务局副局长陈筠（左三）走访重点企业。

2011年5月，江苏省地方税务局副巡视员唐卫平（前排右二）在基层单位慰问优秀党员干部。

2008 年 12 月，江苏省地方税务局副巡视员夏永福(右一)检查依法治税工作。

2010 年 10 月，江苏省地方税务局副巡视员文亚和（左三）检查指导基层建设情况。

2011 年 1 月，江苏省地方税务局副巡视员李振清（右二）看望基层一线地税干部。

2010年9月，江苏省地方税务局副巡视员华雅琴（左一）视察基层纳税服务中心。

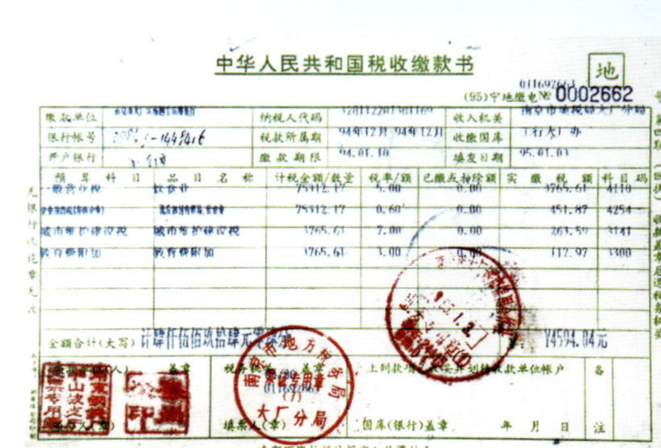

中华人民共和国税收缴款书

地

(95)宁地缴电№ 0002662

缴款单位	[illegible]	纳税人代码	[illegible]	收入机关	[illegible]
银行帐号	[illegible]	税款所属期	94年12月-94年12月	收缴国库	[illegible]
开户银行	[illegible]	缴款期限	[illegible]	填发日期	95.01.03

预算科目	品目名称	计税金额/数量	税率/额	已缴或扣除额	实缴税额	科目码
一般营业税	饮食业	75312.17	5.00	0.00	3765.61	4110
[illegible]	[illegible]	75312.17	0.60	0.00	451.87	4254
城市维护建设税	城市维护建设税	3765.61	7.00	0.00	263.59	3141
教育费附加	教育费附加	3765.61	3.00	0.00	112.97	3300

金额合计(大写) 肆仟伍佰玖拾肆元零肆分 ￥4594.04元

缴款单位(人) 盖章　税务机关 盖章　上列款项已收妥并划转收款单位帐户　备注

南京市地方税务局 大厂分局

填票人(章)　国库(银行)盖章　年　月　日

第四联:(回执)收款盖章后退税务机关

1995 年 1 月 3 日，开出第一张电子税收缴款书。

从 1996 年起,每年举办"征收、管理、稽查"三大能手竞赛活动。

认真贯彻落实党的富民政策,将税收优惠政策汇编送到个体经营者手中。

南京市地方税务局

1999 年 12 月 28 日,成立数据处理中心。

为第一批A级纳税人授牌。

2002年，推出电子叫号排队系统，为纳税人提供优质、便捷的服务。

与国税、公安联合举办重大税案通报会。

2005年4月，优化征管机制，成立纳税服务中心。

2008年4月23日，“全国巾帼文明示范岗”的南京12366税收咨询投诉中心在团员青年中积极开展“奉献奥运，让团徽在税收岗位上闪光”系列活动。

2000年，积极推进干部人事制度改革，在全国率先实施干部人事能级管理。

无锡市地方税务局

开展“无锡地税精神”大讨论。

老书记夸咱服务好——税收服务进华西。

2003 年，成立全国首个纳税人之家。

为下岗再就业人员专设绿色办税通道。

1999 年 6 月，地税干部参加抗洪抢险。

2003 年 5 月，成立建筑工程项目税收属地征管办公室，实施专业化税收征收管理。

2001 年 5 月，征管信息系统 1.0 版成功上线运行。

2008 年 11 月 22 日，成立纳税服务处，纳税服务工作翻开新篇章。

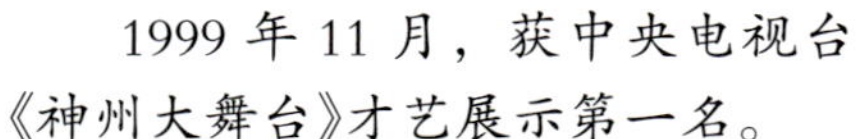

1999 年 11 月，获中央电视台《神州大舞台》才艺展示第一名。

国家税务总局 2008 纳税服务 UNDP 研讨会在徐州召开。

举办税收法律知识电视大赛，将税收执法与业务技能深度融合。

徐州市地方税务局

1999 年，徐州市地税局局长张楚成到基层走访调研。

2005 年 2 月，徐州市地税局局长杨自强慰问基层退休税务干部。

设立“自助服务超市”，推进纳税服务个性化。

开通移动办税服务车，对纳税人实行上门服务。

税务人员深入纳税户了解生产经营情况。

便携式票据打印机实时打印税票，满足零星分散税源及偏远地区税源征管需要。

加强纳税服务体系建设，倾力为纳税人提供优质、高效、规范服务。

加强边界税收管理，构建法制公允、征管协调、关系融洽的苏鲁边界和谐税收关系。

1994年9月，常州市地方税务局正式成立。

常州市地方税务局

与全国劳模邓建军沟通交流。

构建省级国地税信息交换平台。

全力推进“三个一流”工程建设，开启事业新征程。

成立科教城税务服务中心，为企业提供“驻点”服务。

狠抓行风建设，为纳税人详尽解答涉税咨询。

广泛开展宣传，维护纳税人合法权益。

长效化开展党风廉政教育活动，听检察官说法，提高法律素养。

打造“维权360”服务品牌，为纳税人提供个性化服务。

2006 年，完成全市地税系统数据大集中。

苏州市地方税务局

市委市政府领导亲临税法宣传现场。

2007 年，开通“网上税校”，加强干部教育培训。

实行“局长接待日”制度。

建设无窗式办税服务厅，拉近与纳税人距离。

地税干部深入企业宣传税收政策。

地税干部深入企业了解生产经营情况。

加强廉政建设，召开家庭助廉座谈会。

举办“三型税务”知识竞赛和演讲比赛。

举办“爱我中华　爱我地税”文艺表演。

从2004年起，在全市地税系统实施能级管理。

2011年7月，南通市地税局局长黄林华参加省、市联动“政风行风热线”直播活动。

南通市地方税务局

开展纳税评估岗位练兵。

举办地税杯“税收·发展·民生”辩论大赛。

与国税局、工商业联合会联合开展“税收助推家纺行业绿色发展－江海税收大讲坛”活动。

举办“纳税服务开放日”活动，纳税人代表以及市民巡访团成员体验网上办税流程。

帮助农民工子女的“关爱蒲公英志愿服务行动”拉开序幕。

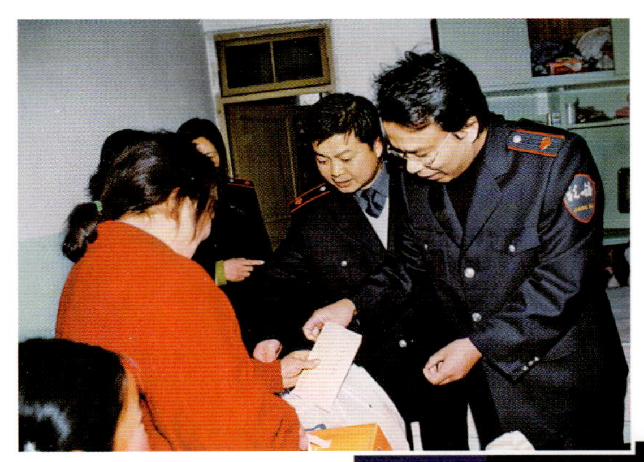

开展以扶贫济困、捐资助学为主题的“春风行动”。

举办“地税清风”廉政教育专题文艺演出。

成立连云港市纳税人维权协会。

连云港市志愿者协会地方税务宣传分会成立。

连云港市地方税务局

地税干部走进新农村，送涉农优惠政策到农家。

地税干部深入港区，将涉税优惠政策送到企业手中。

开展纳税服务开放日活动，12366热线服务人员与网民朋友面对面交流。

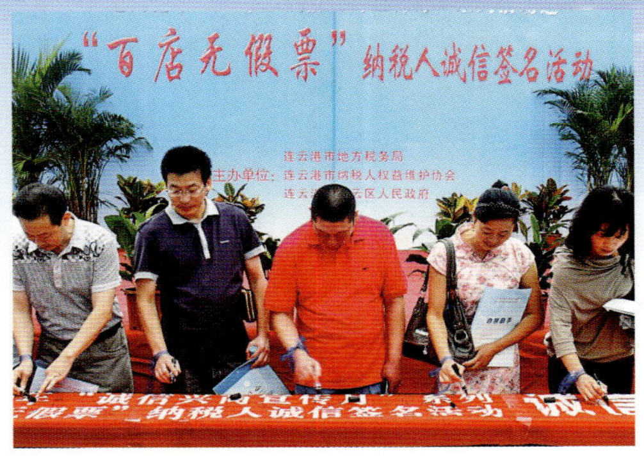

开展“百店无假票”纳税人诚信签名活动。

地税干部服务城市基础建设。

举办的“税务·蓝莲花杯”文化艺术节，开展税务文化进社区活动。

连云港地税蓝丝带志愿者积极参与清洁海岸义工活动。

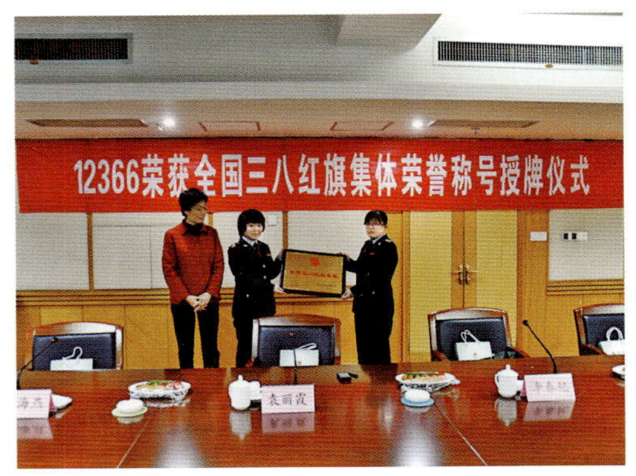

12366热线获得全国三八红旗集体荣誉称号。

“最大限度地方便纳税人，不给税干犯错误的机会”是淮安地税局工作理念。

淮安市地方税务局

2001 年至 2011 年，连续 11 年获全市行风软环境十佳单位。

淮阴地税局局长徐菊平（右）获全国五一劳动奖章，受到王兆国（左）的亲切接见。

淮安市委书记刘永忠（右二）在地税局调研，对淮安地税效能和权力内控机制建设等给予充分肯定，并要求在全市推广。

组织基层和机关干部对领导班子成员述职述廉情况进行投票测评。

在文明创建中，热情资助困难群体，受到群众广泛好评。

为加强地税干部作风建设，淮安地税分别组织了四批地税干部到南京政治学院进行拓展训练。

举办体育运动会，“职场养生”理念让税干有一个健康快乐的工作文化环境。

开展经常性的党员教育活动，组织党员宣誓。

组织党员干部瞻仰刘老庄八十二烈士墓。

成立纳税服务中心。

接受市委市政府表彰。

盐城市地方税务局

法制访谈。

深入企业。

展现廉政文化品牌。

纳税辅导。

扶贫济困。

税收宣传。

文化建设。

元旦长跑。

国家税务总局推广扬州地税"集体审议、阳光问责"工作经验。

江苏省地税局推广扬州地税存量房纳税评估工作经验。

扬州市地方税务局

纳税服务中心揭牌。

导入ISO9000质量管理体系，实施税收标准化管理。

推行"一窗式"服务，切实方便纳税人。

开展多种形式的发票兑奖活动，增强消费者索取发票意识，促进“以票控税”。

及时为受“非典”影响的纳税人办理税收减免。

依法规范征收各项基金费，服务和谐社会建设。

大力开展地税文化建设活动。

镇江地税成立大会。

镇江市地方税务局

开展局长接待日活动。

“纳税人之家”走上街头开展活动。

举办税企共辉煌知识竞赛。

与高校联合成立纳税人维权志愿团。

走访企业调研,服务企业发展。

开展税收宣传活动。

开展“和谐地税健康公仆”活动。

开展廉政歌曲大家唱,推动廉政建设。

举办纳税人权益保护理论与实践高层论坛。

泰州市地方税务局

开展“诚信纳税”万人签名活动。

局领导深入企业调研。

邀请行风监督员座谈。

打击发票违法行为。

被全国文明办表彰为全国文明单位。

被省委省政府表彰为双拥模范单位。

为即将毕业的学生举行大学生自主创业税收优惠政策辅导会。

走进企业进行账务辅导。

深入建筑工地讲解建筑业税收政策。

组织地税干部到军营参加军训。

宿迁市地方税务局

2003 年，宿迁市地税局局长侍鹏(右)陪同省地税局副局长徐锦辉(左)视察泗洪县洪灾情况。

2004 年，宿迁市地税局局长孙长举(左)陪同江苏省地税局副局长顾长虹(右)在基层调研。

2009 年，宿迁市地税局局长孙欣路(右)走访重点税源企业。

举办行政案件审理模拟法庭活动。

向职教中心学生宣传创业税收政策。

开展组织积分管理考试。

开展税法“五进”活动，税务人员进社区宣传税收政策。

结对帮扶贫困儿童。

组织开展小记者地税一日活动。

基层干部慰问孤寡老人。

国家税务总局在园区召开个人所得税自行申报座谈会。

苏州工业园区地方税务局

地税干部深入外资企业宣传税收政策。

召开税企座谈会，听取纳税人意见。

开展税务稽查。

开展税收宣传咨询活动。

加强档案工作，2004年成为全省地税系统首家通过档案特一级考评的单位。

组织演讲活动，丰富地税文化建设。

12366声讯电话增加纳税人涉税咨询渠道。

设置网上申报自助点，方便纳税人。

江苏省地方税务局直属税务局

荣获全国五一劳动奖状。

江苏省地税局直属税务局局长蔡建勋(左)带领纳税服务小分队深入企业开展税收服务。

江苏省地税局直属税务局副局长胡永花(前左)向解放军赠送税收资料。

江苏省地税局直属税务局副局长宋燕南(右二)带队慰问社区老党员。

党风廉政建设常抓不懈。

用歌声庆祝党的生日。

组织党员参观雨花台烈士陵园。

直属税务局成立初期部分工作人员。

直属税务局成立十周年全体工作人员合影。

编辑说明

1994年7月，伴随着新中国成立以来规模最大、范围最广、内容最深刻的税制改革，江苏省地方税务局正式成立。回眸江苏地税成立以来的历程，追寻岁月的痕迹，我们广征博采，潜心编纂了这部《江苏省地方税务志》。

《江苏省地方税务志》以科学发展观为指导，全面客观地记述江苏地税事业创业、改革、发展的历史。作为江苏省地方税务局首部部门志，记载内容上迄1994年7月江苏省地方税务局成立，下迄2008年年底，部分内容在下迄时间上有延伸。

《江苏省地方税务志》在江苏省地方税务局志书编纂委员会的精心指导下，在省局机关各单位通力协作下，经税务志编辑部全体人员共同努力完成。

《江苏省地方税务志》的内容，横分门类，纵向叙述。由江苏省地方税务局局长李小平作序。正文内容分设概述、全省地税工作、各地地税工作、重要文献、附录五部分。

《江苏省地方税务志》采用述、记、志、图、表、录等并用的体裁。概述叙议结合，勾勒江苏地税事业发展的轮廓；各章节采用记叙体，详细记录各单项工作或基层单位的基本状况、管理特征、实践过程和特色工作；重要文献收录一定时期内有影响的制度性文件、工作报告和调研文章；附录登载编年体大事记和先进名录。

《江苏省地方税务志》的入志资料均经核实，确保真实完整、实事求是。各类数据以实际发生、对外公布的为准。

《江苏省地方税务志》一段段记述过去的文字,一幅幅珍贵难得的图片,一组组值得回味的数据,是江苏省地税系统不懈耕耘的见证,努力进取的缩影,也将是地税事业不断奋进的基石!

编　者

2012年10月

目　录

第一部分　概　述

第二部分　全省地税工作

第三部分 各地地税工作

第四部分　重要文献

第五部分　附　　录

第一部分

概　述

江苏省地方税收工作综述

根据国务院实施分税制财政体制及设立中央和地方两个税务机构的总体部署，1994 年 7 月 26 日，江苏省地方税务局正式成立。国、地税机构分设时，30%的税务干部进入地税系统，30%的基层单位拥有办公用房，征管设施落后，办公经费短缺，人手少、任务重的矛盾较突出。对此，江苏省地税局大力实施“两个转移”战略，狠抓基础建设，将工作重心迅速向基层转移、向征管改革转移。重点加强征管基础建设，研究制定一系列切合江苏地税实际的配套措施，各项征管制度、办税规程、管理办法和征管文书、档案资料建立健全并逐步统一规范，各项工作逐步走上制度化、规范化轨道。

1999 年 1 月 1 日起，江苏实施地方税务机构管理体制改革，省以下地方税务机构实行上级税务机关和同级政府双重领导，以上级税务机关垂直领导为主的管理体制。为预防本位主义倾向，省局党组明确提出“两个一如既往”，即一如既往地接受地方党政领导，一如既往地服务地方经济社会发展，要求各级地税机关在体制调整过程中，积极依靠当地党委政府，密切与组织、人事、编办、财政等有关部门的联系与配合，争取纪检监察部门的支持与监督，确保体制改革工作顺利进行。

2007 年 8 月，全省地税系统干部教育培训工作会议正式提出打造“三个一流”工程，通过建设“一流的干部队伍、一流的服务水平、一流的工作业绩”，通过 3-5 年努力，确保江苏地税各项工作走在全国税务系统前列。“三个一流”工程实施后，税收征管基础进一步夯实，征管质量和水平有效提升；人才发现培养、选拔使用机制进一步完善，干部队伍整体素质大幅提高；各部门工作协同推进，行政管理效能明显增强；服务形式、服务内容、服务方法日益丰富和多元化，服务内涵深度拓展。

一、组织收入连年攀升

江苏地税局以筹集财政收入、服务地方经济发展为己任，坚决执行“依法征收、应收尽收，坚决不收过头税，坚决防止和制止越权减免税”的组织收入原则，实现了税收收入连年高幅增长，为发展经济、改善民生提供了可靠的财力保障。

江苏地税收入规模实现连年高幅增长。纵向看：各项收入由 1994 年的 64 亿元上升到 2010 年的 4167 亿元，增长 64 倍多，人均组织各项收入由 1994 年的 79 万元上升到 2010 年的 2500 万元；横向看：2002 年税收收入超山东；2004 年税收收入超北京；2006 年税收收入超浙江，实现“超千亿”目标，跃居全国第三位；2007 年“地方七税”总量突破 300 亿，位居全国第一；江苏地税税收收入占全国税收的比重从 1995 年的 5.3%上升到 2008 年的 9.5%。收入规模连年突破性进展，为江苏改革、发展、稳定作出了积极贡献。

二、税收征管持续加强

为适应社会主义市场经济发展的需要，解决传统征管手段和征管机制不适应形势发展需要的问题，1994 年建局之后，江苏地税即着手实施税收征管改革。1995 年初，制定下发《全省地税系统征管改革实施意见》，拉开第一轮征管改革的序幕。按照“以纳税申报和优化服务为基础，以计算机网络为依托，集中征收，重点稽查”的征管模式，各级地税机关广泛进行改革实践。1998 年，城市征管改革基本到位；1999 年，在射阳县召开全省农村征管改革现场会，将改革成果向农村推广；至 2001 年，在全省初步建立起适应社会主义市场经济要求的，具有现代化技术手段的，征收、管理、检查相互制约，申报、代理、稽查相互结合的地方税收征管新格局。建立健全纳税人自核自缴的纳税申报制度，明晰征纳双方的法律责任，实现税务机关上门收税向纳税人上门缴税的转变。取消专管员管户制度，统一按经济区划设置税务分局，建立功能齐全的办税服务厅，实现分散执法向集中征收的转变。信息化建设初具规模，税收征管软件覆盖税务登记、纳税申报、发票管理、税收计会统等各个环节,实现手工操作向计算机管理的转变。

2001年年底,我国正式加入WTO,为适应这一新形势,全系统进一步深化税收征管改革,一方面确保税制、税收政策的正确贯彻实施,另一方面实现税收执法的统一、规范、透明。改革的目标是,实现税收征管的“信息化和专业化”,建立和完善全省统一的税收征管信息系统,完善征管与稽查外分的运行机制,抓好征收、管理和稽查三分运行机制的试点,实现建立在信息化基础上的、以专业化为主、综合性为辅的流程化、标准化的分工、联系和制约的征管工作新格局。第二轮征管改革启动后,通过深化改革,在全省各级地税机关全面实施了统一的职责分工、业务规范、网络建设、硬件配置、软件开发和考核评价等工作机制;通过深化改革实现集约化管理,压缩了征管机构的层次和职数,简化和规范内外工作程序,降低了税收征纳成本,有效地防范税收风险;通过深化征管改革,提高了信息化建设水平和税收征管专业化程度,建立监督制约机制,做到内防不廉,外防偷漏,促进干部队伍的廉政建设。尤其是信息化建设产生强大的业务支撑能力,在税务管理信息化方面的综合优势已经形成。各级地税机关对信息化建设项目优先投入、优先实施,建成在地区和行业内具有先进水平的内部计算机信息网络;应用软件的开发和集成已达到较高水平,覆盖税收征管等各个领域;2005年实现省辖市级数据应用集中,2008年省级大集中试点上线运行,特别是2009年在全省范围内大集中工程全面上线,标志着外部信息资源共享和内部信息监控处理在江苏地税发展史上达到新高。

从2010年四季度开始,江苏地税着手进行专业化改革的一系列调查研究工作。先后下发《关于市、县地税局派出机构设置及职责配置的意见》、《关于开展税源专业化管理试点工作的指导意见》,并选择无锡、徐州、南通、盐城、泰州五个省辖市开展税源专业化管理改革试点工作。改革的主要内容是,建立在对纳税人和税源管理事项分类基础上的专业化分工,强化不同类别税源监控的针对性和有效性,提升税源监控的整体能力。纳税人涉税数据最大程度地实行电子化采集和电子化传递,解决税务人员频繁下户和重复采集信息、纳税人多头找、多次跑和重复报送资料等问题。建立专职的数据管理机构、专业的风险评估团队,专门的数据审计软件和风险管理系统,使数据真正成为税收工作的生命线,2011年1季度,全系统采集数据580余万条,纳税评估平均有效率达70%以上。人力资源实现差异化配置,精英人才配置在专业岗位从事深度管理,一般人员配置在基础岗位从事日常事务管理,真正实现“人尽其才,才尽其用”。专业化管理组织架构、完善的税收风险管理体系、“以省级大集中系统为载体,以专业化业务流程为导向,集约管理,分权制衡”的管理格局初步形成。

三、依法治税深入推进

江苏地税着眼于构建社会主义和谐社会、促进民主法治的根本要求,以“治内”、“治权”为抓手,自觉接受来自各方面的监督,狠抓内部执法规范,深入推进依法治税,努力实现有法可依、有法必依,坚持做到程序公正、内控严密,坚决落实执法必严、违法必究,促进了税收执法水平的全面提高,保证了各项税收工作任务完成。

始终将税务稽查作为依法治税工作的有力抓手。1995年7月江苏省地方税务局稽查税务局成立后,不断深化分级分类稽查,突出稽查重点,有效提高打击精准度,整顿和规范税收秩序。对具有普遍性的涉税问题,及时组织重点检查,找出从根本上解决问题的办法;对收入增长异常的地区,积极开展专项检查,确保依法治税的要求得到落实;对区域性、行业性税收问题,深入开展专项整治活动;对税收执法环境差、税收秩序混乱的区域,加大稽查力度,营造出良好的执法环境。严厉打击制售假发票和非法代开票等涉税案件,加大协调力度,统筹各地区和各单位力量,全力协同公安机关开展打击发票违法犯罪专项整治行动。仅2008-2010年,全省地税系统查处百万元以上案件566起。

加强法制化建设,先后制定出台《江苏省地方税务局税务行政执法规则》、《涉税案件移送管理办法》、《江苏省地方税务局行政处罚实施办法》、《预防化解税务行政争议实施办法》、《税务行政强制执行实施办法》等规范性文件,保障了全省各级地税机关有规可循、有据可依,提高了税收法治水平,提升了地税部门的社会满意度。良好的税收环境和符合现代法治精神的税法意识,是依法治税的思想基础,是税收事业持续发展的力量之源。各级地税机关坚持从实际出发,采取多种形式,通过各种渠道,广泛宣传地方税收知识和税收法律法规,税收法治观念正逐步成为全社会的普遍共识。推行税收执法责任制,按照分权制衡、权责相当的原则,梳理业务流程,细化岗责体系,建立以执法流程为基础、执法责任为核心、执法评议考核为手段、执法过错追究为保障,覆盖整个税收业务的执法责任制体系,实现税收管理从依靠执法人员的"责任心"到依靠管理上的"责任制"的转变。江苏地税推行税收执法责任制实现了两个"率先",即在全国地税系统率先全面推行到位,在全省行政执法机关中率先全面推行到位。

2010年,在全系统推行行政问责制度,按照集体审议、阳光问责、过错追究、结果公开的要求,强化对执法过错的问责力度,有力促进各级地税机关规范执法、依法行政。为最大限度地保障行政权力不被滥用、不被削弱,有效预防和减少各类腐败问题发生,全省地税系统全面上线运行行政权力网上公开透明运行系统,实现税收业务数据电子化、流程标准化、办公网络化、信息公开化,确保权力全过程运行置于上级机关监控和社会各界监督之下,营造出良好的税收法制环境。

在坚持典型引路,以点带面的思想指导下,各级地税机关认真对照《依法治税评价标准》,积极开展"依法治税示范单位"创建活动。各地在创建中进一步加强依法治税基础性工作,着力规范税收执法行为,全省地税系统掀起争先进位、全面推进依法治税的新高潮。2009–2010年,全省34家单位被评为"依法治税示范单位"。

四、税收服务全面优化

为适应政府职能定位逐步从计划管理型向服务效能型的转变,江苏地税系统认真落实"以人为本、全面协调可持续发展"的税收科学发展观,纳税人的主体地位得以确立,尊重纳税人、相信纳税人、贴近纳税人、方便纳税人、提高纳税人税法遵从度构成税收管理服务的重要内容。

遵循"始于纳税人需求、基于纳税人满意、终于纳税人遵从"原则,以纳税人权益保护为主线,以信息化为依托,围绕着"树立理念,夯实基础,优化平台,打造品牌"的工作思路,一手搭框架、建平台,一手树品牌、出效应,稳步推进全省纳税服务工作。2008年9月,在全国率先成立纳税服务处,2010年下半年各省辖市局成立纳税服务局。同时,积极整合纳税服务资源,将原来的分散多头管理归为集中统一管理。按照集中管理、布局合理、方便纳税的原则,在全省推行市、县级城区办税服务厅集中规范化管理。自2009年3月份起,在全省扩充办税服务厅功能,将纳税人所有涉税事项全部集中到办税服务厅受理和办理,建立起"窗口受理、内部流转、限时办结、窗口出件"的"一站式"服务格局,提供"一窗通办"服务。对审批权限进行全面清理,共梳理了267项涉税审批事项,除3项外全部下放至办税服务厅。从2009年7月开始,在全省对纳税申报、缴纳税款、领购发票(冠名发票除外)和税务机关代开发票这四个纳税人办理频繁的涉税事项推行"同城通办"。"江苏地税网上办税服务厅"于2010年6月21日在全省全面上线,扩充网上办税功能,实现网上办税服务厅与实体办税服务厅业务基本同化,大部分涉税事项,如纳税申报、发票业务、登记事项和涉税申请等,均实现网上受理和办理,纳税人可足不出户、全天候办税,构建起"网上受理、内部流转、限时办结、网上出件(或任一办税服务厅出件)"的新格局。全省采取集中呼入、各地分布呼出方式建设省级12366纳税服务热线系统,于2009年7月底在全省全面上线。以"维权全方位,服务零距离,事事有回音,件件有落实"为目标,全力打造江苏地税纳税人维权服务品牌"维权360°",为纳税人提供贯穿税收工作全过程、全方位的维权服务,促进纳税人的税收遵从度不断提高。积极牵头组建"纳税人之家",搭建征纳互动、平等沟通的纳税人权益保护平台。全省已成立83家纳税维权服务中心、646家"纳税人之家"。

优化税制结构、提高资源的利用率、推进经济结构战略性调整和经济发展方式转变,充分发挥税收优惠政策的导向激励作用,助推经济又好又快发展。积极促进企业科技进步,将高新技术企业作为重点支持对象,加快高新技术企业认定工作,认真落实研发费用加计扣除政策,为企业增加研发投入、提升核心竞争力、积聚发展后劲提供直接支持。先后研究出台并认真落实"三服务"60条措施、12项服务公开承诺、扶持中小企业发展18条政策措施、"促转变、调结构"50条税收优惠政策。

仅2008-2010年累计减免税收350亿元。制定下发研发费用税前加计扣除操作规程，去年研发费用加计扣除同比增长近40%，推动企业加大研发投入，加快自主创新。积极扶持高新技术企业发展,累计认定高新技术企业1135家。

五、队伍建设不断加强

全省地税系统正式职工从1994年成立之初的8508人,增加到2010年底的16000余人。自地税部门成立以来，队伍建设一直摆在重要位置。管理理念上,逐渐摆脱传统的人事工作思路,牢固树立人力资源管理的新理念。管理方式上,充分尊重干部职工的创造性和能动性,利用心理学、管理学等行为科学的成果激励人,实现主动管理。管理内容上,突破了传统的考录、任用、考核、奖惩、晋升等一般范畴,把人力资源当做一个整体,更多地从各类人力资源的适当配比、优化组合和平衡发展的角度统筹安排,通过合理的岗责设计,真正做到人尽其才、才尽其用。管理方法上,克服重使用轻培养的倾向,更加着眼长远,把干部选拔、培养、使用当做一个系统工程来抓,为地税事业提供强有力的人才支撑。近年来,江苏地税加快完善链条式干部队伍管理机制,从选用制度建设、教育培训、监督管理等方面入手,努力建设一支政治过硬、业务熟练、作风优良、执法公正、服务规范的队伍。

深化干部人事制度改革,不断改进干部选拔任用工作的民主透明度,在民主推荐、民主测评、组织考察、任前公示等环节中,让干部群众当好选人用人的评委和伯乐。实行差额比选,放开视野举贤荐能,既要看人选的素质能力,也看其历史成绩和发展潜力,在好中选优、优中选强。不断完善干部日常管理制度机制,推进绩效管理制度创新,提升干部履职能力和创业活力,制定干部交流、转任制度,对重要、关键岗位干部进行严格管理,出台挂职锻炼、绩效奖励办法,加大年轻干部的培养力度。2007年之后,11个省辖市局班子正职进行调整,42名年轻干部充实进省辖市局领导班子;全系统处级干部130人次进行了交流任职;省局机关处级领导干部14人次、科级干部8人次先后到基层任职或挂职。

按照“大规模培训干部,大幅度提高素质”的要求,紧密联系部门实际和干部实际,整合优化各类教育资源,采取制式培训、自主选学等形式,不断提高广大干部职工的业务能力和综合素质。截至2010年底，全系统本科以上学历人员占69.1%,研究生学历占3.6%,总量分别比2007年增长了31.1%和177%。各类人才比例显著提升,全系统具有注册会计师、注册税务师、律师等执业资格的人员占比达11.5%，干部的知识结构、能力结构进一步优化,精神面貌持续提升,动力活力不断增强,为“三个一流”建设提供了强大的组织支撑。

积极构建惩防体系基本框架，认真落实层级负责和一岗双责制度,建立健全部门内控机制,细化分解党风廉政建设和惩防体系建设重点任务,增强反腐倡廉整体合力，相关工作受到中纪委领导、省纪委领导充分肯定。建局以来,全省地税系统近百人次获得省部级以上表彰。1996年，省地税局被省政府评为“政风先进单位”,1998年、1999年又连续两年荣获“三优三满意先进集体”的称号。自2001年起,江苏地税系统连续五次被评为“江苏省级文明行业”。

第二部分 全省地税工作

组织机构

1994年6月5日，根据国务院实施分税制财政体制及设立中央和地方两个税务机构的总体部署，江苏省地方税务局正式成立，实行江苏省人民政府和国家税务总局双重领导，以江苏省人民政府领导为主的管理体制。同年，全省11个省辖市地方税务局相继成立，实行地方人民政府和上级地方税务局双重领导，以地方人民政府领导为主的管理体制。1996年泰州市、宿迁市地方税务局成立，1999年苏州工业园区地方税务局成立。1999年1月1日，江苏省地税系统管理体制进行重大改革，实行上级地方税务机关和同级政府双重领导，以上级地方税务机关垂直领导为主的管理体制。2010年底，江苏省地方税务局内设11个职能处室、3个直属行政机构、3个事业单位，另设机关党委和离退休干部处；垂直管理13个省辖市地方税务局及苏州工业园区地方税务局；江阴经济开发区靖江园区税务分局、张家港保税区地方税务局为江苏省地税局直属机构。

机构设置

一、机构沿革

1994年，为适应分税制财政体制改革和社会主义市场经济发展需要，根据《国务院关于组建国家税务总局在各地的直属税务机构和地方税务局有关问题的通知》和《国务院办公厅转发国家税务总局关于组建在各地的直属税务机构和地方税务局实施意见的通知》，江苏省税务局分设为江苏省国家税务局和江苏省地方税务局，人、财、物按7:3比例划分。1994年6月5日，根据苏政办发〔1994〕49号文件精神，批准成立江苏省地方税务局，为江苏省人民政府的工作部门，下设办公室、人事教育处、监察处（与党组纪检组合署办公）、营业税管理处、地方所得税管理处、地方税管理处、计划财务处、征收管理处8个行政职能处室；机关党委、党组纪检组2个党群机构；计算机中心、机关后勤服务中心2个事业单位；税务稽查局、省地方税务局直属分局2个直属行政机构。

根据《国务院关于地方税务机关管理体制问题的通知》（国发〔1997〕34号）和苏政发〔1998〕126号文件精神，江苏省委、省政府决定自1999年1月1日起对全省地税机构管理体制进行重大改革，对省以下地方税务机构实行上级地方税务机关和同级政府双重领导，以上级地方税务机关垂直领导为主的管理体制，在机构、编制、人员、经费四个方面实行省以下垂直管理。省辖市、苏州工业园区地方税务局为省地方税务局的直属机构，县（市）地方税务局为省辖市地方税务局的直属机构；城区分局、税务所（分局）为本市、县（市）地方税务局的派出机构；城区分局按经济区域或行业设置，农村税务所（分局）按经济区域设置。在干部管理上，按照统一领导、分级管理、下管一级的原则，实行上级地方税务局和同级政府双重领导，以上级地方税务机关管理为主的体制。在编制上，市、县（市）地方税务机关人员行政编制、行政附属编制和直属事业单位的事业编制，由省机构编制管理部门和省地方税务局按有关规定管理。在经费管理方面，市、县（市）地方税务机构的经费开支由省地方税务局进行管理，存量财产归同级地方税务局所有。

江苏省地方税务局成立后，历经三次机构改革：

（一）2000年机构改革。根据《中共江苏省委江苏省人民政府关于印发〈江苏省省级党政机关机构改革实施意见〉的通知》（苏发〔2000〕16号）精神，对江苏省地方税务局的职能进行调整：划入对社会保险费等费和基金以及国有企业所得税的征收管理职能；将具有社会中介服务性质的工作，交给依法认定的社会中介机构承担。省地方税务局下设10个内设机构,3个直属行政机构,另设机关党委和老干部处并按文件规定设置纪检监察机构。核定后省地方税务局机关行政编制为114名(其中系统专项行政编制30名),另核行政附属编制21名,其中:老干部服务人员编制5名,后勤服务人员编制16名。

(二)2003年机构改革。根据《中共江苏省委江苏省人民政府关于印发〈江苏省市县乡机构改革指导意见〉的通知》(苏发〔2000〕30号)和《江苏省市、县地方税务局机构改革指导意见》(苏编办〔2003〕15号、苏地税发〔2003〕17号)精神,对省以下垂直管理的各级地方税务局进行机构改革。增加对国有企业所得税(部分)以及基本养老保险、失业保险、医疗保险、生育保险、工伤保险等社会保险费和基金的征收管理职能,将具有社会中介服务性质的工作交给依法认定的社会中介机构承担。省辖市地方税务局(含苏州工业园区地方税务局,下同)内设机构在9个以内设置(南京市地税局在10个以内设置,苏州工业园区地税局内设机构在6个以内设置),县地方税务局内设机构在6个以内设置(常熟市地方税务局内设机构在8个以内设置),省辖市地方税务局、县地方税务局及其内设机构的级别分别与同级政府的工作部门及其内设机构的级别一致。省辖市及县地方税务局都另按有关规定设置纪检监察机构和机关党的机构。

基层机构按照“征管、稽查”两分离或“征收、管理、稽查”三分离两种模式设置。省辖市地方税务局下设稽查局,为省辖市地方税务局的直属机构,其机构级别与省辖市地方税务局内设机构级别一致,较大城市地方税务局可在稽查局下设2–3个稽查分局,作为稽查局的直属机构,为副科级建制。省辖市地方税务局所属征收管理分局按照经批准的征管模式设置,为省辖市地方税务局的派出机构,其机构级别与省辖市地方税务局内设机构级别一致。除苏州工业园区地方税务局外,省辖市地方税务局均设置涉外分局,为省辖市地方税务局的直属机构,其机构级别与省辖市地方税务局内设机构级别一致。省辖市地方税务局所属稽查、征收管理机构的内设机构按征管改革的总体要求设立,原则上设4个业务机构。县地方税务局下设一个稽查局,为县地方税务局的直属机构。基层征收管理分局按照经批准的征管模式设置,为县地方税务局的派出机构。县地方税务局所属稽查局和征管分局的级别与县地方税务局内设机构级别一致。省委、省政府明确的副厅级开发区(新区、保税区)的地税机构为省辖市地方税务局的派出机构,机构级别与开发区(新区、保税区)党工委、管委会所属工作部门级别一致。南京市地税机构规格按中央和省的有关规定执行。

机构改革后,全系统基层征管机构由原来的985个精简到733个,精简比例25%。人员编制精简15%,省以下地税系统行政编制15959名,其中行政编制14658名,省定编制1301名。苏州工业园区地税局使用的51名事业编制,仍参照公务员制度进行管理。

(三)2009年机构改革。根据中共江苏省委江苏省人民政府《关于印发〈江苏省人民政府机构改革实施意见〉的通知》(苏委〔2009〕252号)精神,对江苏省地方税务局的职能进行调整:取消已由省政府公布取消的行政审批事项;将省财政厅的耕地占用税和契税征收管理职责划入省地方税务局。省地方税务局下设11个内设机构,3个直属行政机构,另设机关党委和离退休干部处。省地方税务局机关行政编制为130名,直属行政机构行政编制为70名,行政附属编制16名,事业编制40名。

二、机构设置

(一)内设机构。1994年6月5日,根据苏政办发〔1994〕49号文件精神,批准成立江苏省地方税务局,设立8个内设机构:办公室、人事教育处、监察处(与党组纪检组合署办公)、营业税管理处、地方所得税管理处、地方税管理处、计划财务处、征收管理处;2个党群机构:机关党委、党组纪检组。

根据《省政府办公厅关于印发〈江苏省地方税务局职能配置内设机构和人员编制规定〉的通知》(苏政办发〔2000〕148号),省地方税务局下设10个内设机构:办公室、政策法规处、税政一处(涉外税收管理处)、税政二处、税政三处、税政四处(基金管理处)、征收管理处、计划财务处、人事处、基层处;另设机关党委和老干部处;并按文件规定设置纪检监察机构。

2008年9月16日，根据国家税务总局新一轮内设机构调整方案和苏编办复〔2008〕210号文件精神，省地方税务局税政四处(基金管理处)更名为纳税服务处，原基金管理处牌子不再保留。

2009年12月15日，根据《省政府办公厅关于印发江苏省地方税务局主要职责内设机构和人员编制规定的通知》(苏政办发〔2009〕150号)，省地方税务局下设11个内设机构：办公室、政策法规处、营业税和基金管理处、所得税管理处(国际税收管理处)、财产和行为税管理处、规划财务处、纳税服务处、征管和科技发展处、督察内审处、基层工作处、人事处，另设机关党委和离退休干部处。

(二)直属行政机构。1994年7月江苏省地方税务局成立后，设立2个直属行政机构：税务稽查局、省地方税务局直属分局。2000年10月24日，设立3个直属行政机构：税务稽查局、直属征收局、涉外税务征收局。2005年1月6日，江苏省地方税务局江阴经济开发区靖江园区税务分局成立，为江苏省地税局直属行政机构。2009年8月8日，江苏省张家港保税区地方税务局成立，为江苏省地税局直属机构。2009年12月15日，3个直属行政机构更名为：省地方税务局稽查局、省地方税务局直属税务局、省地方税务局涉外税务局。

1993年9月，江苏省税务局成立直属分局。1994年6月国、地税分设后，原直属分局整建制划归江苏省地方税务局，即江苏省地方税务局直属分局。2000年10月江苏省省级党政机关机构改革，直属分局更名为直属征收局。负责南京地区省属企业(除涉外企业)地方税、基金、费的征收管理。2004年8月，为适应《中华人民共和国税收征管法》要求，直属征收局更名为直属分局。2009年12月江苏省人民政府机构改革，直属分局更名为江苏省地方税务局直属税务局。建局伊始，直属局内设四个科室；综合科、管理科、外税科、征收科。1996年，为满足征收业务扩大的需要，撤销管理科，增设税政科、管理一科、管理二科。2010年7月，根据苏编办复〔2010〕180号文件，同意江苏省地方税务局直属税务局设置科级机构。直属税务局对设置进行调整，设两个科室：综合科、业务科；四个分局：征收税务分局(纳税服务局)、第一税务分局、第二税务分局、第三税务分局。

1994年7月，江苏省地方税务局税务稽查局成立，内设综合制度科和检查科，主要负责指导、协调和管理全省地方税务系统稽查工作，办理有关人民来信、来访举报的税务案件，直接查处重大税务案件。2000年10月税务稽查局内设综合科、选案审理科、检查科和执行科。2009年12月更名为省地方税务局稽查局。2010年7月，稽查局对设置进行调整，设六个科室：综合科(举报中心)、检查执行科、业务管理科、审理科、检查执行一科和检查执行二科。

2000年10月24日，江苏省地方税务局涉外税务征收局成立，负责南京地区省属单位涉外企业地方税的征收管理工作。2009年12月15日，更名为省地方税务局涉外税务局。

2005年1月6日，根据《关于同意设立江苏省地方税务局江阴经济开发区靖江园区税务分局的批复》(苏编办复〔2005〕1号)，江苏省地方税务局江阴经济开发区靖江园区税务分局成立，为江苏省地税局直属行政机构，副科级建制，委托江阴市地税局管理；所需编制从江阴市地税局基层专项行政编制中调剂解决；领导职数按正职1名，副职1名配备。负责辖区内新办企业地方税、基金、费征收管理等工作。

2009年8月8日，根据《关于江苏省张家港保税区地方税务局有关机构编制问题的批复》(苏编办复〔2008〕240号)，将苏州市地方税务局张家港保税区税务分局更名为江苏省张家港保税区地方税务局，为省地税局直属机构，副处级建制。内设3个职能科室：综合科、计划财务科(信息管理科)、征收管理科(税政法规科)；1个直属机构：稽查局；2个派出机构：第一税务分局、第二税务分局，另按有关规定设置机关党的机构。

(三)事业单位。江苏省地方税务局计算机中心。1995年4月20日成立，隶属江苏省地税局的全民事业单位，正处级建制，全额拨款单位，人员编制15名。

江苏省地方税收科学研究所。1997年4月7日成立，隶属江苏省地税局的全民事业单位，正处级建制，全额拨款单位，人员编制10名。

江苏省地方税务局机关后勤服务中心。1995

年8月31日成立，隶属江苏省地税局全民差额事业单位，正处级建制，差额拨款单位，人员编制15名。

人事管理

一、领导班子建设

1994年建局之初，省地税局党组提出要按照优化领导班子素质结构、提高“一把手”的选拔层次、提高年轻干部的任用比重、提高班子整体功能和领导水平的要求进行班子建设，着力抓好各级领导班子的考核、调整和配备工作。2000年制定《中共江苏省地方税务局党组议事规则》，贯彻落实民主集中制原则，完善和健全集体领导和个人负责相结合的制度，提高民主决策水平。2000年省局党组制定《江苏省地方税务局领导班子成员调查研究制度》。同年省局党组制定《加强全省地税系统领导班子建设若干问题的意见》，从思想政治建设、班子民主集中制原则、领导干部的管理和监督、干部人事制度改革等方面，对省地税系统各级领导班子建设提出新要求。

2006年5月，省局制定下发《开展巡视检查工作的意见》，并于2007年正式开展巡视检查工作。2010年省局党组印发《中共江苏省地方税务局党组巡视工作联席会议制度》和《江苏省地方税务局巡视工作暂行办法》，加强对省辖市地税局领导班子及其成员的监督，规定对各省辖市地税局每3–5年巡视一遍。

2009年11月，省局巡视组对南京市地税局开展为期一个月的巡视检查工作。

二、干部选拔任用

为加强对全省地税系统干部选拔任用工作的管理，切实提高干部选拔任用工作的质量，2000年省局党组以党的十四大、十五大会议精神为指针，认真贯彻执行党的干部路线，按照干部队伍建设的革命化、年轻化、知识化、专业化的方针和德才兼备的标准，积极推进全省地税系统干部选拔任用制度改革，制定《江苏省地方税务系统干部选拔任用管理暂行规定》，对干部选拔任用的原则、条件、程序和方法作出明确规定。并转发省委组织部《江苏省党政领导干部任前公示制暂行办法》，明确规范了拟提拔任用的领导干部，在任前需公布有关情况的范围、期限、方式、程序和要求。为了逐步建立和健全干部选拔任用机制，2001年省局党组转发《关于〈党政领导干部任职试用期暂行规定〉的实施办法》和《中共江苏省委组织部关于加强对干部选拔任用工作监督的意见》，进一步完善了干部选拔任用制度，切实防止和纠正选人用人上的不正之风，加强领导班子和干部队伍建设。

2005年，省局党组根据中央、省委有关加强后备干部队伍建设要求和加强省辖市局领导班子建设的需要，决定对省辖市局领导班子后备干部进行集中选拔调整，印发了《中共江苏省地方税务局党组关于做好省辖市地方税务局领导班子后备干部选拔工作的通知》，明确后备干部条件、资格和结构，规定选拔程序，按照规定职数1:1的比例确定省辖市局领导班子后备干部人选。

2007年，省局党组为进一步加强干部队伍建设，增强干部队伍活力，优化各级地税局领导班子的年龄结构，制定《江苏省地税系统处级以下领导干部转任非领导职务暂行规定》和《江苏省地税系统处级以下领导干部交流工作暂行办法》，明确了全省地税系统从副科职领导干部到正处职领导干部的转非年龄，提出处级以下领导干部交流的范围、条件、方式和程序。2008年省局党组下发《关于进一步加强县（市）地税局正职任免管理的通知》，实行县（市）地税局正职任免前备案制度，省局党组研究上报材料并书面回复后，省辖市局党组才能办理职务任免手续。同年又下发了《关于进一步加强处级以下领导干部交流管理工作的补充通知》，明确了干部交流中的若干细节问题，进一步规范了处级以下领导干部交流的管理制度。

为了深入贯彻党的十七大精神，进一步深化干部人事制度改革，建设高素质的地税干部队伍，完善和规范领导干部公开选拔工作和党政机关竞争上岗工作，促进优秀人才脱颖而出，2008年省局党组转发省委组织部《关于进一步完善公开选拔、竞争上岗办法，加强竞争性选拔干部工作的意见》、《关于印发〈江苏省公开选拔党政领导干部工作实施办法（试行）〉的通知》、《关于印发〈江苏省党政机关竞争上岗工作实施办法（试行）〉的通知》等三个文件，进一步规范了干部的选拔任用制度。

组织建设

一、党的组织

江苏省地方税务局党的组织包括党组、机关党委、党支部。2009年年底，江苏省地方税务局共有20个党支部。

党组。1994年7月，江苏省地方税务局党组成立，接受中共江苏省委领导。自1999年1月起，江苏省以下地方税务机构实行上级税务机关垂直领导的管理体制。

机关党委。江苏省地方税务局成立于1994年7月，基于当时情况，成立临时机关党总支。1994年12月，由省委省级机关工委批准成立局机关党总支。1995年3月，经选举并报省委省级机关工委批准，省局机关党总支部委员会由郑坚、杨基宽、夏永福、孙传绪、李庆玲五位同志组成。郑坚同志任书记，杨基宽同志任副书记。1997年1月，由省委省级机关工委批准成立江苏省地方税务局机关委员会，同时，撤销江苏省地方税务局机关总支部委员会。1998年2月，经选举并报省委省级机关工委批准，成立由倪静石、杨基宽、牛同珍、夏永福、陈茹华、孙传绪、李庆玲、张滢、文亚和九位同志组成中共江苏省地方税务局机关委员会，倪静石同志任书记，杨基宽、牛同珍同志任专职副书记，接受江苏省委省级机关工委领导。2002年3月，省局机关党委进行换届改选，由倪静石、李振清、刘晓明、张滢、孙传绪、刘小洛、陈筠七位同志组成新一届中共江苏省地方税务局机关委员会，倪静石同志任书记，李振清同志任专职副书记。

1997年1月，中共江苏省地方税务局机关委员会正式成立。

机关党支部。1997年1月，江苏省地方税务局机关党委成立后，组建6个党支部。2002年5月，设置办公室、人事处、基层处、监察室、一处、二处、三处、征管处、法规处、计算机中心、科研所、服务中心党支部，及机关党委、四处、计财处联合党支部13个。2004年6月，机关党委、四处、计财处党支部分设。2009年6月，增设省局离退休干部处和老干部党支部。至2009年12月，省局机关共有20个党支部，213名党员。

二、其他组织

工会。江苏省地方税务局工会于1995年12月，经局机关干部职工代表选举并报江苏省委省直机关工会工作委员会批准，局机关工会委员会由姜枝、王龙、牛同珍、李刚、朱中良五位同志组成，工会主席暂缺，姜枝同志任工会副主席。1996年3月，经江苏省委省直机关工会工作委员会批准，增补牛同珍同志为机关工会副主席。2001年10月，经江苏省委省直机关工会工作委员会批准，李振清同志为机关工会主席。2002年7月，局机关工会换届选举并报省委省直机关工会工作委员会批准，机关工会委员会由李振清、姜枝、刘要武、陆磊、窦华、陈日生、陈群七位同志组成。李振清同志任工会主席，姜枝、刘要武同志任工会副主席。

共青团。江苏省地方税务局共青团委于1995年7月成立，接受江苏省委省级机关共青团委领导。江苏省地方税务局机关第一届共青团委员会经省委省级机关共青团委批准，由陈金池、叶华、陆云霞三位同志组成委员会，陈金池任书记。1998年5月，江苏省地方税务局机关第二届共青团委员会经省委省级机关共青团委批准，由王国强、叶华、刘正涛、朱健、刘煜五位同志组成。王国强任书记，叶华任副书记。2002年1月，江苏省地方税务局机关第三届共青团委员会经省委省级机关共青团委批准由许波、刘正涛、叶蔚、钱莹、石蕾五位同志组成，许波任书记，刘正涛任副书记。2005年6月，江苏省地方税务局机关第四届共青团委员会经省委省级机关共青团委批准由陈群、钱莹、樊立亮三位同志组成，陈群任书记，钱莹任副书记。

妇女工作委员会。江苏省地方税务局妇女工作委员会于2002年7月成立，接受江苏省委省级机关妇女工作委员会领导。由姜枝、胡小青、黄晓虹、顾军、刘凤琴五位同志组成。姜枝同志任主任。

1994 年江苏省地方税务局机构设置图

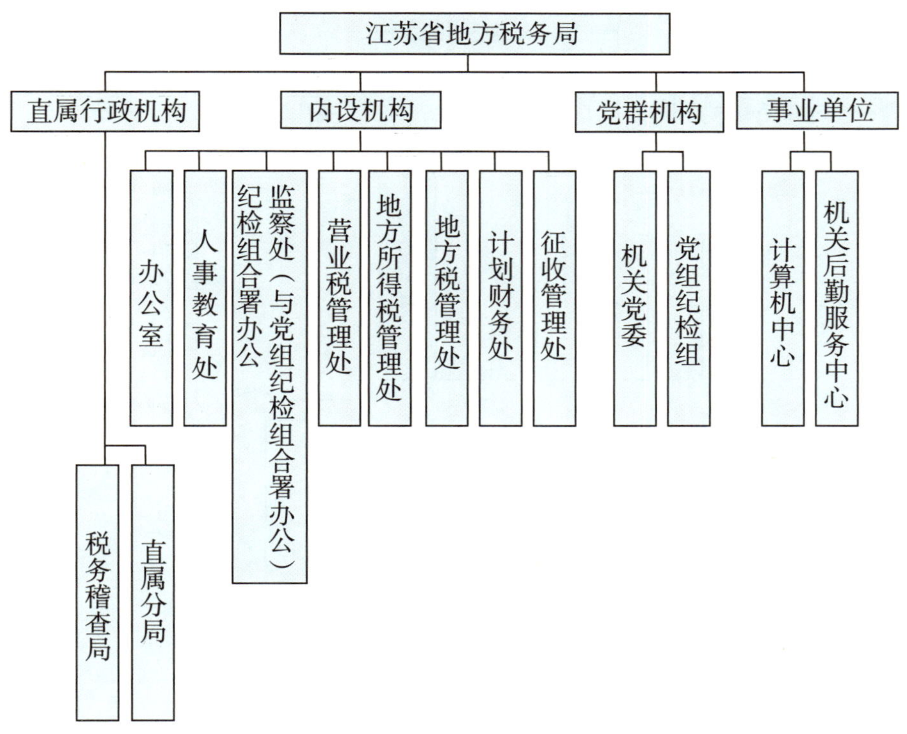

2000 年江苏省地方税务局机构设置图

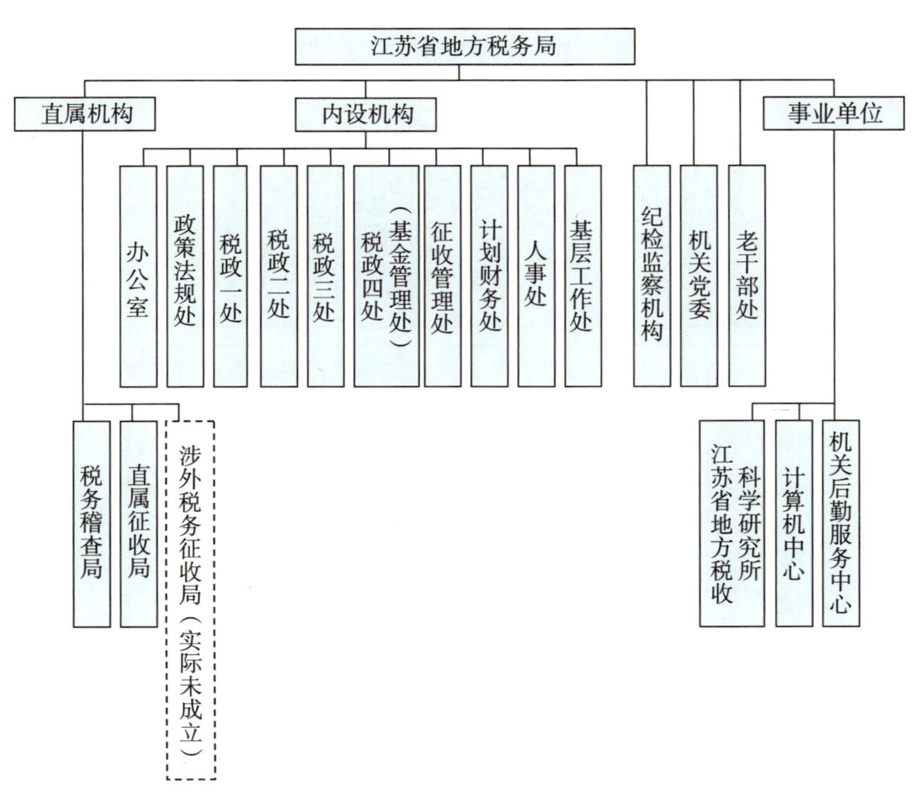

2003年南京市××县地方税务局机构设置图

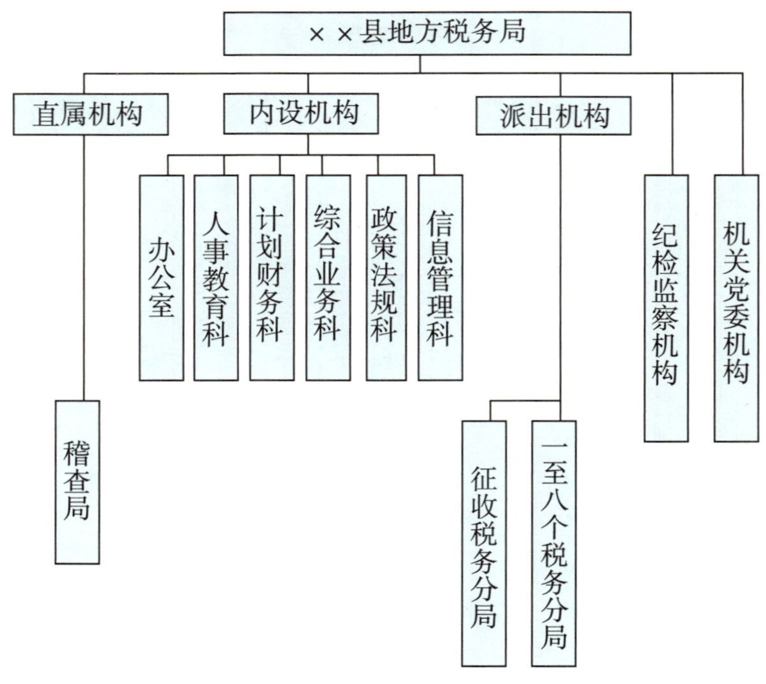

2003年南京市地方税务局机构设置图

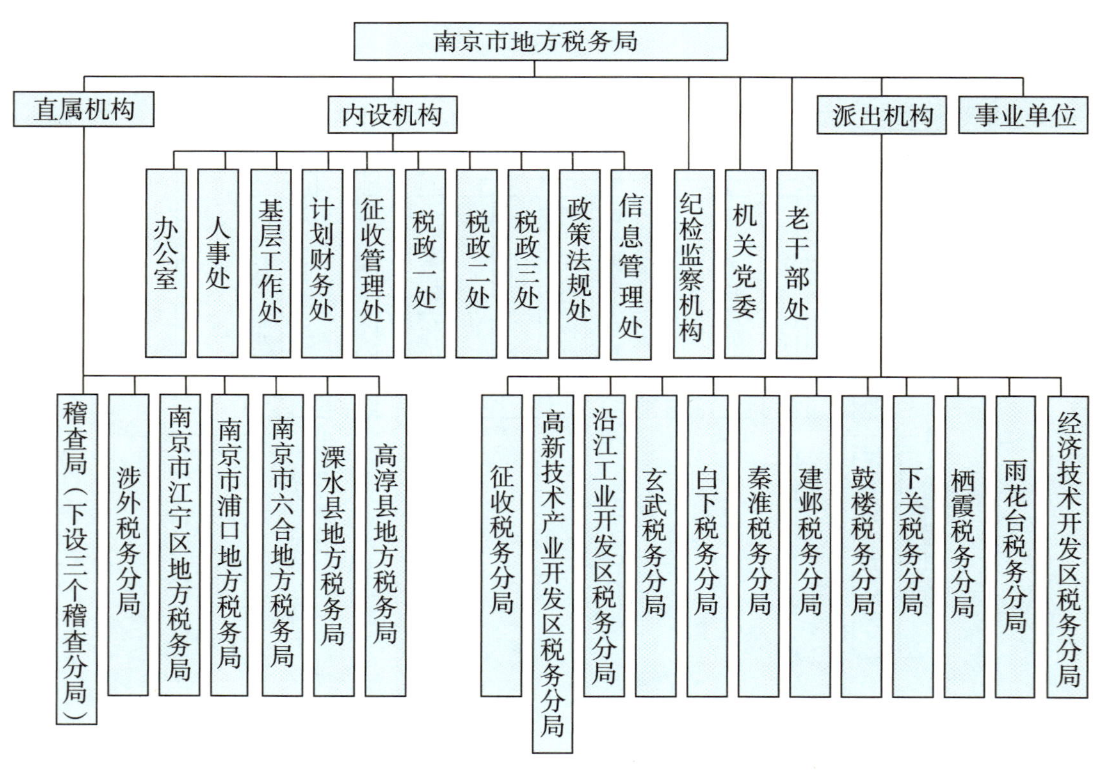

注：老干部处与人事处合署办公。

2003 年市地方税务局机构设置图（除南京市以外）

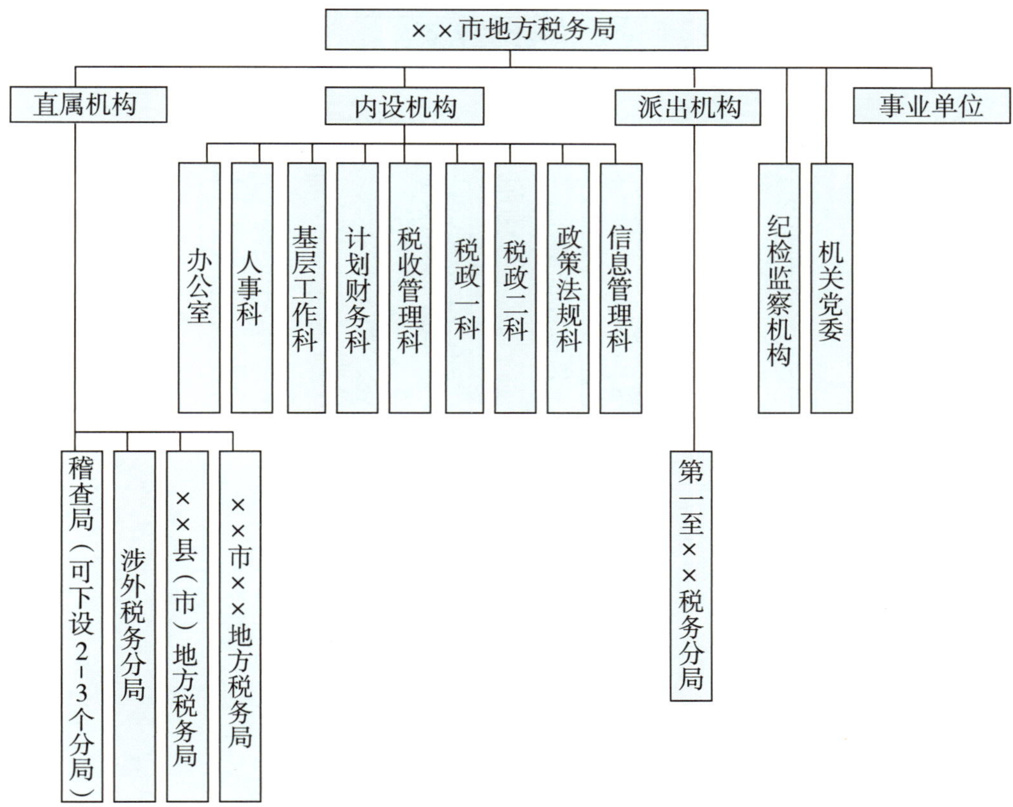

2003 年苏州工业园区地方税务局机构设置图

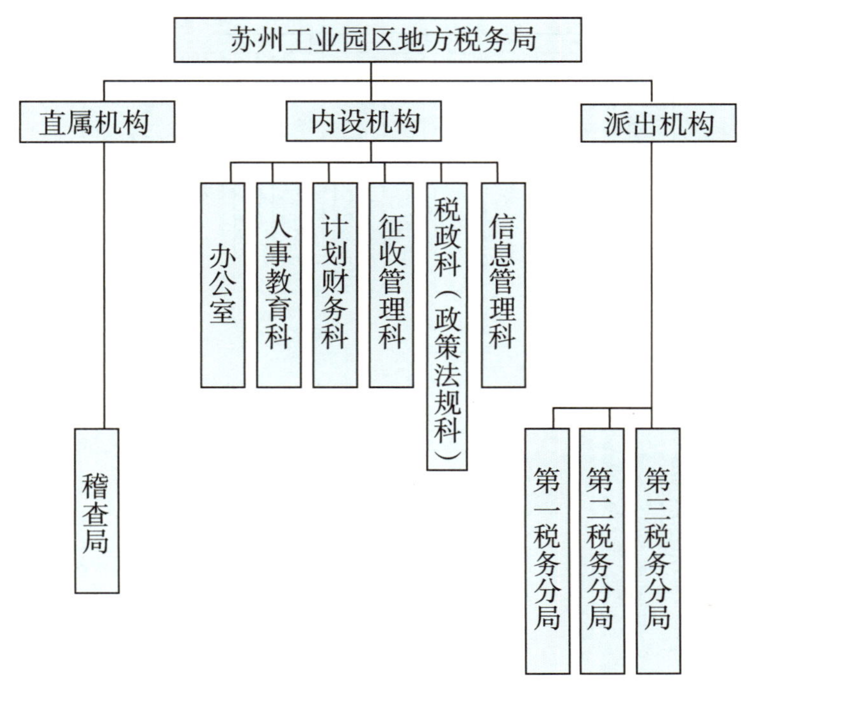

2003年县地方税务局机构设置图(除南京市以外)

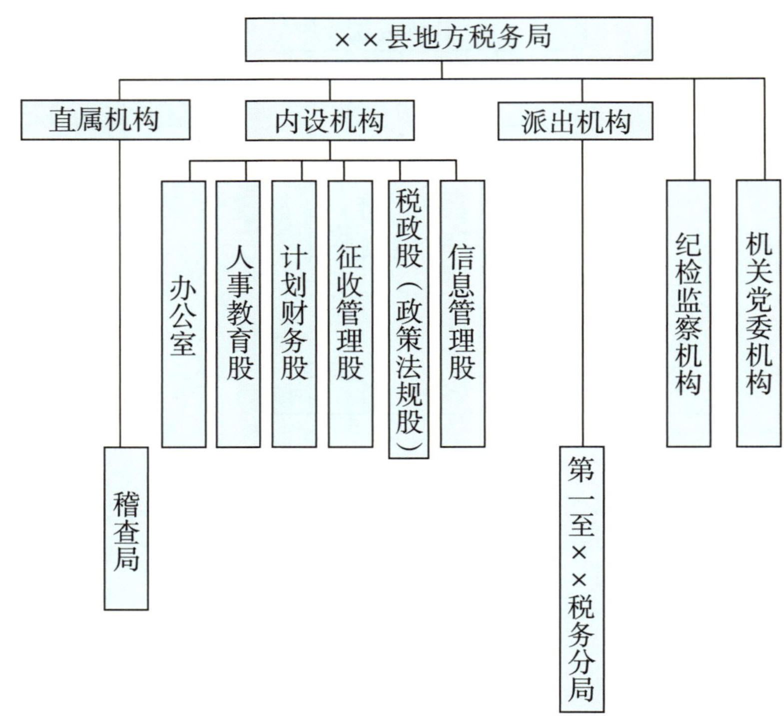

2010年江苏省地方税务局机构设置图

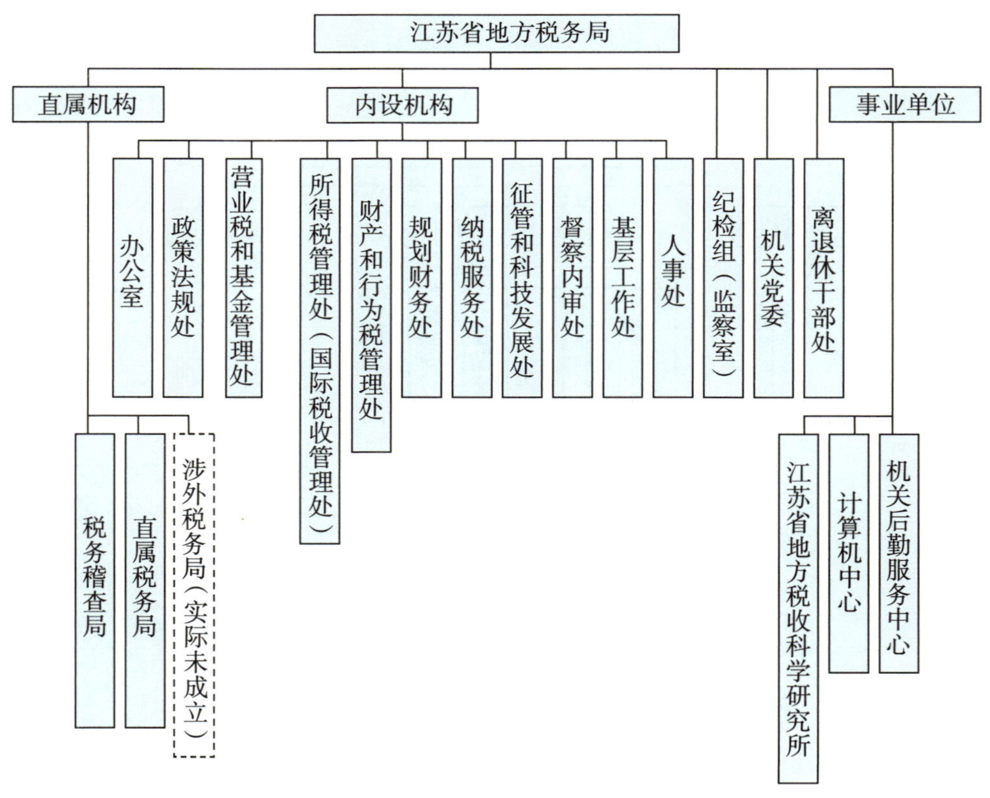

江苏地税职能演变

年份	1994 年	1999 年	2000 年	2003 年	2009 年
职能演变	负责下列各税的征收和管理(不包括已明确由国家税务局负责征收的地方税部分):营业税、个人所得税、土地增值税、城市维护建设税、车船使用税、房产税、屠宰税、资源税、城镇土地使用税、固定资产投资方向调节税、地方企业所得税(包括地方国有、集体、私营企业)、印花税、筵席税、地方税的滞补罚收入、按地方营业税附征的教育费附加。	对省以下地方税务机构实行上级地方税务机关和同级政府双重领导,以上级地方税务机关垂直领导为主的管理体制,在机构、编制、人员、经费四个方面实行省以下垂直管理。	划入对社会保险费等费和基金以及国有企业所得税的征收管理职能;将具有社会中介服务性质的工作,交给依法认定的社会中介机构承担。对市、县(市)地税部门的管理从业务指导转变为直接领导与管理。	对省以下垂直管理的各级地方税务局进行机构改革,增加其对国有企业所得税(部分)以及基本养老保险、失业保险、医疗保险、生育保险、工伤保险等社会保险费和基金的征收管理职能,将具有社会中介服务性质的工作交给依法认定的社会中介机构承担。	取消已由省政府公布取消的行政审批事项;将省财政厅的耕地占用税和契税征收管理职责划入省地方税务局。

处室职能演变

年份	2000 年	2009 年
处室名称及职能演变	**办公室** 负责处理局机关日常政务,起草和审核有关文件和报告;负责会议组织、秘书事务、文电处理、信息综合、文书档案、工作督查、办公自动化和信访、保密、税收宣传工作;制定机关内部规章制度;管理机关财务。	**办公室** 负责机关文电、机要、信息、会务、档案、督办、信访、保密、保卫和政务公开等工作;拟订地税系统有关工作制度;组织起草和审核重要文稿;承担面向社会的税收宣传、新闻发布工作;承办内部网站运行与维护工作;管理机关财务和其他行政事务。
	政策法规处 负责地方税收政策的调查研究;参与起草地方税收政策、法规文件和报告;负责对地方税收执法情况的监督检查;承办重大税收案件的审理和行政处罚工作;办理税务行政诉讼和行政复议;承担有关税收法规文件的清理、鉴定和汇编工作。	**政策法规处** 拟订地税系统依法行政、依法治税工作方案并组织实施;编制地方税收立法计划,参与起草有关地方性法规、规章草案和规范性文件;承办重大税收案件的审理和行政处罚工作;组织协调涉及多税种、综合性税收政策的落实工作;承担地税系统有关规范性文件的合法性审核和备案审查工作;承担有关税收规范性文件的清理、评估、反馈和汇编工作;承办税务行政复议、行政诉讼工作;组织涉税反补贴案件的应对工作。
	税政一处(涉外税收管理处) 负责全省营业税的税政业务和征收管理工作;按照税收管理权限,制定具体征收管理办法,处理执行税收政策中的有关事项;负责文化事业建设费的征收管理工作;负责涉外地方税收的综合、协调工作;组织和指导全省地税系统营业税、文化事业建设费和涉外税收征管工作的开展。	**营业税和基金管理处** 组织实施营业税和法律法规规定的基金(费)的征收管理工作;按照税收管理权限,制定具体征收管理办法,处理执行税收政策中的有关事项;组织实施有关税种的纳税评估、税源管理和税基管理等工作。

续表一

年份	2000 年	2009 年
处室名称及职能演变	**税政二处** 负责全省企业所得税税政业务和征收管理工作;负责城镇集体企业和私营企业的财务监督检查工作;按照税收管理权限,制定具体征收管理办法,处理执行税收政策中的有关事项;组织和指导全省地税系统企业所得税征管工作和城镇集体企业、私营企业财务管理工作的开展。	**所得税管理处(国际税收管理处)** 组织实施企业所得税、个人所得税的税政业务和征收管理工作;按照税收管理权限,制定具体征收管理办法,处理执行税收政策中的有关事项;组织实施反避税调查工作,执行有关协议、协定;承担有关国际税收的综合协调工作;组织实施有关税种的纳税评估、税源管理和税基管理等工作。
	税政三处 负责土地增值税、城市维护建设税、车船使用税、城镇土地使用税、固定资产投资方向调节税、印花税、房产税、屠宰税、筵席税、资源税及教育费附加等税政业务和征收管理工作;按照税收管理权限,制定具体的征收管理办法,处理执行税收政策中的有关事项;组织和指导全省上述各项税收工作的开展。	**财产和行为税管理处** 组织实施财产和行为各税种(含房产税、城镇土地使用税、城市建设维护税、印花税、资源税、土地增值税、车船税、契税和耕地占用税)及教育费附加的征收管理工作;按照税收管理权限,制定具体征收管理办法,处理执行税收政策中的有关事项;组织实施有关税种的纳税评估、税源管理和税基管理等工作。
	税政四处(基金管理处) 负责个人所得税、遗产与赠予税及国务院和省政府指定的各项基金和费的税政业务和征收管理工作;按照税收管理权限,制定具体征收管理办法,处理执行税收政策中的有关事项;组织和指导全省个人所得税、遗产与赠予税以及各项基金和费征收工作的开展。	**纳税服务处(2008 年 9 月更名)** 组织实施纳税服务体系建设;拟订并组织实施纳税服务工作规范和操作流程;管理纳税服务平台;组织实施面向纳税人的税法宣传、辅导咨询、办税服务、权益保护和税收法律救济等工作;组织实施纳税信用体系建设;受理纳税人有关纳税服务的投诉,指导税收争议的调解;承担注册税务师的管理工作。
	征收管理处 组织实施税收征管法律、法规及规章、制度,制定具体的税收征管制度、办法并组织实施;负责税务登记、纳税申报、普通发票和税收征管资料的管理,以及地方税滞补罚收入管理;负责缓缴税款、欠税及日常稽核工作的管理。	**征管和科技发展处** 组织实施综合性税收征管法律法规、部门规章及规范性文件,拟订具体操作办法;研究制定税收征管规程;组织实施税收征管数据管理和应用办法;承办征管质量考核、风险管理和税收收入征管因素分析工作;承担税务登记、纳税申报、普通发票管理、税控器具推广应用等工作;组织协调综合治税工作;拟订和组织实施税收管理信息化建设的总体规划和实施方案;承担对大型企业的税源管理、纳税评估和日常检查工作;组织实施汇总(合并)纳税企业税收日常检查工作。
	计划财务处 负责全省税收、基金、费收入计划的编制、分配、考核、分析和信息数据的汇总;拟定全省地税系统税收计划、会计、统计、票证管理的规定,并负责检查执行情况;办理全省地方税收、基金、费的票证印制、发放;负责拟定全省地税系统经费、财务、固定资产的管理制度;负责全省税服着装工作。	**规划财务处** 编制地税系统地税收入中长期规划,编制、分配年度税收、基金(费)计划;组织开展税收收入分析预测和重点税源监控管理;管理税收数据;承担地税系统税收会计、统计和票证管理工作;监督检查税款缴、退库情况;拟订地税系统财务、资产、基建和经费管理制度并组织实施;审核汇编地税系统财务预算、决算;承担地税系统资产和着装管理工作。

续表二

年份	2000 年	2009 年
处室名称及职能演变	**人事处** 拟定全省地税系统人事管理制度，管理系统人事、劳动工资、机构编制工作；按照干部管理权限，负责对省辖市地税局处级干部的管理，并负责对省局机关和直属部门的人事管理工作以及干部职工的学历教育和培训；负责系统人员出国(境)审查、审批工作。	**人事处** 拟订地税系统人事制度及人才队伍建设规划并组织实施；承担地税系统机构编制、人事管理、劳动工资等工作；按照干部管理权限，承担机关、直属单位和系统有关干部管理工作；承担地税系统各级领导班子建设工作；承办地税系统工作人员出国(境)审查、审批。
	基层工作处 负责全省地税系统思想政治工作和精神文明建设；负责市、县(市)地税局的干部学历教育和教育培训工作；负责系统内先进集体、先进个人的评选表彰和基层建设等项工作。	**基层工作处** 组织实施地税系统思想政治工作、精神文明建没、税务文化建设；组织指导地税系统机关作风建设；承担市级地税机关年度考评工作；组织开展地税系统先进集体、先进个人的评选表彰和基层队伍建设等工作；拟订并组织实施人员培训、学历教育管理的工作规划；指导、检查地税系统教育培训工作。
		督查内审处 组织实施税收法律法规、规章及规范性文件执行情况的监督检查；承担地税系统税收执法检查工作；组织开展财务、基建、大宗物品采购审计和领导干部经济责任审计；组织开展巡视检查工作。
	机关党委 负责局机关及直属单位的党群工作。	**机关党委** 负责机关和直属单位的党群工作及作风建设工作。
	老干部处 （与人事处合署办公）	**离退休干部处** 负责机关和直属单位离退休干部工作，指导全省系统离退休干部工作。

1994–1999 年江苏省地方税务局
机关党委、工会、团委、妇委会换届情况一览表

	时　间	书　记	副书记	委　员
党总支	1995.3–1997.11	郑　坚	杨基宽	郑　坚、杨基宽、夏永福、孙传绪、李庆玲
机关党委	1998.2–2000.12	倪静石	杨基宽 牛同珍	倪静石、杨基宽、牛同珍、夏永福、陈茹华、孙传绪、李庆玲、张　滢、文亚和
	2000.12–2002.3	倪静石	李振清	倪静石、杨基宽、牛同珍、夏永福、陈茹华、孙传绪、李庆玲、张　滢、文亚和
	2002.3–2004.9	倪静石	李振清	倪静石、李振清、刘晓明、张滢、孙传绪、刘小洛、陈　[illegible]
	2004.9–2007.11	倪静石	李振清 刘要武	倪静石、李振清、刘要武、刘晓明、张滢、孙传绪、刘小洛、陈　[illegible]
	2007.11–2009.12	倪静石	刘要武	倪静石、李振清、刘要武、刘晓明、张　滢、孙传绪、刘小洛、陈　筠
工　会	1995.12–1996.3		姜　枝	姜　枝、王　龙、牛同珍、李　刚、朱中良
	1996.3–2000.10		姜　枝 牛同珍	姜　枝、王　龙、牛同珍、李　刚、朱中良
	2000.10–2001.10		姜　枝	姜　枝、王　龙、李　刚、朱中良
	2001.10–2002.7	李振清	姜　枝	李振清、姜　枝、王　龙、李　刚、朱中良
	2002.7–2009.12	李振清	姜　枝 刘要武	李振清、姜　枝、刘要武、陆　磊、窦　华、陈日升、陈　群
共青团	1995.7–1998.5	陈金池	叶　华	陈金池、叶　华、陆云霞
	1998.5–2002.1	王国强	叶　华	陈金池、叶　华、刘正涛、朱　健、刘　煜
	2002.1–2005.6	许　波	刘正涛	许　波、刘正涛、叶　蔚、钱　莹、石　蕾
	2005.6–2002.7	陈　群	钱　莹	陈　群、钱　莹、樊立亮
妇委会	2002.7–2009.12	姜　枝	胡小青	姜　枝、胡小青、黄晓虹、顾　军、刘凤琴

1994-2010 年江苏省地税系统人员统计表

单位:人

	1994 年	1995 年	1996 年	1997 年	1998 年	1999 年	2000 年	2001 年	2002 年	2003 年	2004 年	2005 年	2006 年	2007 年	2008 年	2009 年	2010 年
	正式职工	正式职工	正式职工	正式职工	正式职工	正式职工	正式职工	正式职工	正式职工	正式职工	正式职工	正式职工	正式职工	正式职工	正式职工	正式职工	正式职工
总计	8508	10775	12160	13348	13710	14256	14287	14406	14709	14493	14862	15187	15488	15565	15738	15826	16847
省局	68	105	123	144	153	156	158	165	171	178	194	203	210	213	224	235	242
南京市	953	1128	1285	1387	1463	1449	1443	1460	1510	1504	1563	1620	1691	1692	1712	1717	1834
无锡市	745	933	1054	1087	1122	1172	1110	1152	1196	1178	1215	1245	1275	1290	1307	1323	1411
徐州市	762	974	1035	1147	1169	1238	1273	1281	1299	1273	1305	1310	1342	1339	1353	1363	1464
常州市	704	856	917	981	1014	1008	1001	1010	1029	1010	1038	1060	1077	1089	1109	1114	1171
苏州市	987	1307	1419	1652	1710	1739	1706	1687	1725	1693	1704	1742	1757	1772	1788	1777	1839
南通市	937	1164	1245	1344	1367	1424	1411	1414	1449	1421	1463	1501	1524	1534	1543	1541	1591
连云港市	464	610	677	724	739	775	801	806	810	793	802	807	812	811	819	825	883
盐城市	730	1084	1127	1209	1207	1281	1307	1317	1318	1306	1323	1341	1364	1361	1372	1375	1493
淮安市	508	590	615	707	745	784	831	836	840	823	849	863	878	878	890	894	1004
扬州市	1121	1336	680	828	848	898	907	917	937	925	935	952	967	968	979	987	1036
镇江市	529	688	728	800	825	850	836	842	858	845	866	895	905	919	915	917	989
泰州市			717	771	772	820	823	829	856	845	881	898	919	926	940	954	1005
宿迁市			538	567	576	604	613	618	630	616	630	643	660	659	668	665	732
苏州工业园区						58	67	72	81	83	94	107	107	114	119	124	132
张家港保税区局																15	21

1994–2010年江苏省地方税务局领导成员更迭表

姓　名	行政职务	党组职务	任职起讫时间	备　注
施学道	局　长	党组书记	1994.06–2000.04	财政厅厅长兼任
郑　坚	副局长	党组副书记	1994.06–2000.05	
	局　长		2000.05–2007.05	
周桂根		党组书记	2000.05–2003.04	财政厅厅长兼任
包国新		党组书记	2007.05–	财政厅厅长兼任
李小平	局　长	党组副书记	2007.05–	
潘永和		党组书记		财政厅厅长兼任
顾长虹	副局长	党组成员	1994.06–	
倪静石	副局长	党组成员	1996.12–	
徐锦辉	副局长	党组成员	2001.06–	
何声贵	副局长	党组成员	2004.11–	
陈茂锋	副局长	党组成员	2010.09–	
于阜宁		纪检组长　党组成员	2001.08–	
唐卫平	副巡视员		2007.05–	
夏永福	副巡视员		2008.06–	
文亚和	副巡视员		2008.11–	
李振清	副巡视员		2009.12–	
华雅琴	副巡视员		2010.04–	

1994—2009年南京市地方税务局领导成员更迭表

姓　名	行政职务	党组职务	任职起讫时间	备　注
金琳琳	局　长		1994.09-1999.07	财政局局长兼任
马志发	副局长	党组书记	1994.09-1996.04	主持工作
余永林	副局长	党组书记	1996.04-1998.11	主持工作
戚　鲁	副局长	党组成员	1994.09-1996.12	
	副局长	党组书记	1998.11-1999.07	主持工作
	局　长	党组书记	1999.07-2005.09	
林克勤	局　长	党组书记	2005.09-	
戴文生	副局长	党组成员	1994.09-2005.09	
		党组副书记	2005.09-2008.04	
郑蔼梅	副局长	党组成员	1994.09-2000.02	
何声贵	局长助理		1996.12-1997.09	
	副局长	党组成员	1997.09-2004.11	
杨　华		纪检组长　党组成员	1997.09-2002.10	
	副局长	党组成员	2002.10-2009.03	
		党组副书记	2009.03-	
郑　良	局长助理	党组成员	2001.06-2002.10	
	副局长	党组成员	2002.10-	
左　明		纪检组长　党组成员	2002.10-2009.03	
	副局长	纪检组长　党组成员	2006.02-2009.03	
		党组成员	2006.02-	
唐　跃	总经济师		2002.10-2004.09	
		党组成员	2004.09-2009.03	
	副局长	党组成员	2009.03-	
刘军辉		纪检组长　党组成员	2009.03-	
王　超	总经济师	党组成员	2009.03-	
陈　奇	局长助理	党组成员	2006.02-2010.10	
	总会计师	党组成员	2010.10-	

1994–2010年无锡市地方税务局领导成员更迭表

<table>
<tr><th>姓　名</th><th>行政职务</th><th>党组职务</th><th>任职起讫时间</th><th>备　注</th></tr>
<tr><td>张士怀</td><td>局　长</td><td></td><td>1994.09–1999.07</td><td>财政局局长兼任</td></tr>
<tr><td>华元根</td><td>副局长</td><td>党组书记</td><td>1994.09–2001.06</td><td>主持工作</td></tr>
<tr><td rowspan="3">王国中</td><td>副局长</td><td>党组成员</td><td>1994.10–1997.11</td><td></td></tr>
<tr><td rowspan="2">局　长</td><td>党组副书记</td><td>1999.06–2001.06</td><td>主持工作</td></tr>
<tr><td>党组书记</td><td>2001.06–2003.03</td><td></td></tr>
<tr><td>马　伟</td><td>局　长</td><td>党组书记</td><td>2003.03–</td><td></td></tr>
<tr><td>邵根发</td><td>副局长</td><td>党组成员</td><td>1994.09–2001.06</td><td></td></tr>
<tr><td>徐学良</td><td>副局长</td><td>党组成员</td><td>1997.12–</td><td></td></tr>
<tr><td>秦东准</td><td>副局长</td><td>党组成员</td><td>1997.12–2010.01</td><td></td></tr>
<tr><td>王锦志</td><td></td><td>纪检组长 党组成员</td><td>2001.06–2009.07</td><td></td></tr>
<tr><td rowspan="2">季伟胜</td><td rowspan="2">总经济师</td><td></td><td>2001.06–2004.09</td><td></td></tr>
<tr><td>党组成员</td><td>2004.09–2009.07</td><td></td></tr>
<tr><td rowspan="2">邵　锋</td><td>局长助理</td><td>党组成员</td><td>2004.09–2006.07</td><td></td></tr>
<tr><td>副局长</td><td></td><td>2006.07–</td><td></td></tr>
<tr><td>徐怀庚</td><td>副局长</td><td>党组成员</td><td>2008.04–2010.06</td><td>挂职锻炼</td></tr>
<tr><td>胡建光</td><td></td><td>纪检组长 党组成员</td><td>2009.10–</td><td></td></tr>
<tr><td>李　檬</td><td>总经济师</td><td>党组成员</td><td>2009.10–</td><td></td></tr>
</table>

1994–2010 年徐州市地方税务局领导成员更迭表

姓　名	行政职务	党组职务	任职起讫时间	备　注
程经国	局　长	党组副书记	1994.07–1998.03	财政局局长兼任
张楚成	副局长	党组书记	1994.07–1998.03	
	局　长	党组书记	1998.03–2001.06	
杨志强	副局长	党组成员	1994.07–2001.06	
	副局长	党组副书记	2001.06–2002.10	主持工作
	局　长	党组书记	2002.10–2005.10	
张玉波	副局长	党组成员	1995.09–2006.07	
权勤智	副局长	党组成员	1995.03–2008.04	
刘玉侠	副局长	党组成员	1996.12–2001.06	
周建华		纪检组长　党组成员	1996.11–2007.04	
	副局长	纪检组长　党组成员	2007.04–2008.04	
蔡建勋	局　长	党组书记	2005.10–2009.01	
孙长举	局　长	党组书记	2009.01–	
杨列申	副局长	党组成员	2001.06–	
李　强	局长助理	党组成员	2002.10–2004.09	
	总经济师		2004.09–2007.04	
	副局长		2007.04–	
秦永然	总经济师	党组成员	2007.04–2009.03	
	副局长		2009.03–	
姬蔚云	副局长	党组成员	2010.06–	
朱红根	纪检组长	党组成员	2009.03–	
章　春	总经济师	党组成员	2009.03–	

1994-2010年常州市地方税务局领导成员更迭表

姓　名	行政职务	党组职务	任职起讫时间	备　注
蒋新光		党组书记	1994.08-1998.03	财政局局长兼任
	局　长	党组书记	1994.09-1998.03	
陈伟昶	局　长	党组书记	1998.03-1999.05	财政局局长兼任
陈文华	副局长	党组副书记	1994.09-1995.06	主持工作
			1995.06-1999.05	主持工作
	局　长	党组书记	1999.05-2008.06	
陈建珍	副局长	党组成员	1994.09-	
王树华	副局长	党组成员	1994.09-2009.03	
成晓平		党组副书记 纪委书记	1995.06-1999.05	
	副局长	纪检组长 党组成员	1999.05-2005.12	
	副局长	党组副书记 纪检组长	2005.12-2009.10	2009.04 正处级
	副局长	党组副书记	2009.10-	
张　滢	局　长	党组书记	2008.06-	
史球生	副局长	党组成员	1996.09-	
孙　虹	总经济师	党组成员	2004.09-	
宋　伟		纪检组长 党组成员	2009.10-	

1994-2010年苏州市地方税务局领导成员更迭表

姓　名	行政职务	党组职务	任职起讫时间	备　注
赵文娟	局　长		1994.11-1999.05	财政局局长兼任
华雅琴	副局长	党组书记	1994.09-1999.05	
	局　长	党组书记	1999.05-2010.08	
唐晓鹰	局　长	党组书记	2010.08-	
潘伟辰	副局长	党组成员	1994.09-2005.12	
	副局长	党组副书记	2005.12-2009.07	2009.04 正处级
陈金方	副局长	党组成员	2008.05-	
严衍森	副局长	纪检组长　党组成员	1994.09-2007.09	
孟咸华	副局长	党组成员	2001.06-2008.08	
	副局长	纪检组长　党组成员	2008.08-2009.10	
	副局长	党组成员	2009.10-	
钱官荣	副局长	党组成员	2001.06-	
孙振华	总经济师	党组成员	2005.05-2009.10	
	副局长	党组成员	2009.10-	
王泽雷	副局长	党组成员	2008.04-2010.06	挂职锻炼
刘　烨		纪检组长　党组成员	2009.10-	
周　晓	总经济师	党组成员	2009.10-	
张明和	局长助理	党组成员	2005.06-2008.05	

1994–2010 年南通市地方税务局领导成员更迭表

姓　名	行政职务	党组职务	任职起讫时间	备　注
薛　斌	局　长		1994.09–1999.05	财政局局长兼任
孙德培	副局长		1994.09–1995.01	
	副局长	党组书记	1995.01–1999.05	
	局　长	党组书记	1999.05–2002.05	
周兆炎	副局长		1994.09–1995.01	
	副局长	党组成员	1995.01–1997.12	
	南通市巡视员	党组成员	1997.12–1999.05	
	助理调研员	党组成员	1999.05–2000.12	
包善昌		党组成员	1995.01–1995.03	
		纪检组长 党组成员	1995.03–1996.08	
	副局长	纪检组长 党组成员	1996.08–1997.09	
		党组成员	1997.09–2001.06	
		党组书记	2001.06–2003.01	
黄裕冲		纪检组长 党组成员	1997.08–2007.04	
	副局长	纪检组长 党组成员	2007.04–2008.04	
严德军	副局长	党组成员	1997.12–2006.06	
陈茂锋	局　长	党组副书记	2001.06–2003.01	
		党组书记	2003.01–2010.08	
张云鹏	副局长	党组副书记	2001.06–2010.01	2009.04 正处级
黄林华	副局长	党组成员	2001.06–2009.01	
	局　长	党组书记	2010.08–	
丁　振	总经济师		2001.06–2004.09	
	总经济师	党组成员	2004.09–2009.03	
杨幸福	副局长	党组成员	2006.06–	
李　强	副局长	党组成员	2008.04–2010.06	挂职锻炼
佘元原	副局长	党组成员	2009.03–	
刘红梅	纪检组长	党组成员	2009.03–	
嵇海林	总经济师	党组成员	2009.10–	

1994–2010 年连云港市地方税务局领导成员更迭表

姓　名	行政职务	党组职务	任职起讫时间	备　注
张文武	局　长		1994.08–1999.05	财政局局长兼任
		党组书记	1994.09–1999.05	
祁迎福	副局长		1994.08–1999.05	正处级
		党组成员	1994.09–1999.05	
	局　长	党组书记	1999.05–2001.06	
秦玉莲	副局长		1994.08–1999.05	
		党组成员	1994.09–1999.05	
		党组副书记	1999.05–2001.06	
	局　长	党组书记	2001.06–2009.01	
		党组书记	2001.06–2010.01	
陈金池	局　长	党组副书记	2009.01–2010.01	
		党组书记	2010.01–	
苏士军	副局长	党组成员	1996.05–1997.08	
周良芹	副局长	党组成员	2001.06–	
朱延彪	副局长	党组成员	2001.06–	
王传玮	纪检组长	党组成员	2001.06–2007.02	
	副局长	党组成员	2007.02–	
宋云山	总经济师		2004.09–	
		党组成员	2007.02–	
汤景流	纪检组长	党组成员	2007.04–	

1994—2010年淮安市地方税务局领导成员更迭表

<table>
<tr><th>姓　名</th><th>行政职务</th><th>党组职务</th><th>任职起讫时间</th><th>备　注</th></tr>
<tr><td>戴国祥</td><td>局　长</td><td></td><td>1994.09–1996.09</td><td>财政局局长兼任</td></tr>
<tr><td>冯祝平</td><td>局　长</td><td></td><td>1996.09–1999.05</td><td>财政局局长兼任</td></tr>
<tr><td rowspan="2">李达善</td><td>副局长</td><td>党组书记</td><td>1994.09–1999.05</td><td>主持工作</td></tr>
<tr><td>局　长</td><td>党组书记</td><td>1999.05–2001.06</td><td></td></tr>
<tr><td>薛希云</td><td>副局长</td><td>党组成员</td><td>1994.09–2001.06</td><td></td></tr>
<tr><td rowspan="2">陆挺清</td><td rowspan="2">副局长</td><td>党组成员</td><td>1996.02–2005.12</td><td></td></tr>
<tr><td>党组副书记</td><td>2005.12 –</td><td>2009.04 正处级</td></tr>
<tr><td rowspan="4">陈建浦</td><td></td><td>党组成员</td><td>1996.01–2001.12</td><td></td></tr>
<tr><td rowspan="2">副局长</td><td>党组成员</td><td>1996.01–2001.12</td><td></td></tr>
<tr><td>党组副书记</td><td>2001.12–2002.10</td><td>主持工作</td></tr>
<tr><td>局　长</td><td>党组书记</td><td>2002.10–</td><td></td></tr>
<tr><td>张长芳</td><td></td><td>纪检组长　党组成员</td><td>1997.09–2001.06</td><td></td></tr>
<tr><td rowspan="2">陈兆田</td><td></td><td>纪检组长　党组成员</td><td>2001.06–2003.09</td><td></td></tr>
<tr><td>副局长</td><td>党组成员</td><td>2003.09 –</td><td></td></tr>
<tr><td>韦晓梅</td><td>副局长</td><td></td><td>2001.06–</td><td></td></tr>
<tr><td>陈　灼</td><td></td><td>纪检组长　党组成员</td><td>2003.09–2007.08</td><td></td></tr>
<tr><td>符晓露</td><td>总经济师</td><td>党组成员</td><td>2004.09–</td><td></td></tr>
<tr><td>史以兵</td><td></td><td>纪检组长　党组成员</td><td>2009.03–</td><td></td></tr>
</table>

1994–2010 年盐城市地方税务局领导成员更迭表

<table>
<tr><th>姓　名</th><th>行政职务</th><th>党组职务</th><th>任职起讫时间</th><th>备　注</th></tr>
<tr><td>张炳贤</td><td>局　长</td><td>党组书记</td><td>1994.09–1996.09</td><td>财政局局长兼任</td></tr>
<tr><td>季步江</td><td>局　长</td><td></td><td>1996.11–1999.04</td><td>财政局局长兼任</td></tr>
<tr><td rowspan="3">彭正国</td><td rowspan="2">副局长</td><td>党组副书记</td><td>1994.09–1996.09</td><td>主持工作</td></tr>
<tr><td>党组书记</td><td>1996.09–1999.05</td><td>主持工作</td></tr>
<tr><td>局　长</td><td>党组书记</td><td>1999.05–2002.01</td><td></td></tr>
<tr><td>文亚和</td><td>局　长</td><td>党组书记</td><td>2002.01–2009.01</td><td></td></tr>
<tr><td>黄林华</td><td>局　长</td><td>党组书记</td><td>2009.01–2010.08</td><td></td></tr>
<tr><td>王国强</td><td>局　长</td><td>党组书记</td><td>2010.08–</td><td></td></tr>
<tr><td>李志华</td><td>副局长</td><td>党组成员</td><td>1994.09–2009.04</td><td></td></tr>
<tr><td>孙欣路</td><td>副局长</td><td>党组成员</td><td>1994.09–2009.01</td><td></td></tr>
<tr><td rowspan="2">王加成</td><td>副局长</td><td>党组成员</td><td>1995.09–2008.04</td><td></td></tr>
<tr><td></td><td>纪检组长　党组成员</td><td>1999.05–2001.06</td><td></td></tr>
<tr><td rowspan="2">苏延法</td><td></td><td>纪检组长　党组成员</td><td>2001.06–2009.03</td><td></td></tr>
<tr><td>副局长</td><td>党组成员</td><td>2009.03–</td><td></td></tr>
<tr><td rowspan="2">丁　源</td><td>总经济师</td><td>党组成员</td><td>2005.10–2009.03</td><td></td></tr>
<tr><td>副局长</td><td>党组成员</td><td>2009.03–2009.07</td><td></td></tr>
<tr><td>刘　进</td><td></td><td>纪检组长　党组成员</td><td>2009.03–</td><td></td></tr>
<tr><td>薛振平</td><td>总经济师</td><td>党组成员</td><td>2009.03–</td><td></td></tr>
<tr><td>刘　盛</td><td>副局长</td><td>党组成员</td><td>2009.10–</td><td></td></tr>
</table>

1994–2010年扬州市地方税务局领导成员更迭表

姓　名	行政职务	党组职务	任职起讫时间	备　注
张法荣		党组书记	1994.09–1998.01	财政局局长兼任
	局　长		1994.09–1998.03	
潘山元	副局长	党组副书记	1994.09–1996.12	主持工作
夏照明	副局长	党组成员	1994.09–1996.12	
		党组副书记	1996.12–1998.01	主持工作
		党组书记	1998.01–2008.06	
	局　长		1998.03–2008.06	
董素珍	副局长	党组成员	1994.09–1998.05	
时树发	副局长	党组成员	1995.09–2002.08	
尹家朋	副局长	党组成员	1999.01–2006.06	
	副局长	党组成员	2008.06–	
梁　斌		纪检组长　党组成员	1999.01–2004.09	
	副局长	党组成员	2004.09–2008.04	
徐祖跃	副局长	党组副书记	2001.06–2005.10	
	局　长	党组书记	2010.08–	
翁进进		纪检组长　党组成员	2004.09–2009.03	
	副局长	党组成员	2009.03–	
许　波	副局长	党组成员	2005.12–2008.03	挂职锻炼
施竞平	副局长	党组成员	2006.06–2008.06	
赵凤琴	总经济师	党组成员	2007.04–2009.03	
	副局长		2009.03–2010.06	
唐晓鹰	局　长	党组书记	2008.06–2010.08	
柏兆邦		纪检组长　党组成员	2009.03–	
李玉群	总经济师	党组成员	2009.03–	
李　璐	副局长	党组成员	2010.06–	

1994–2010年镇江市地方税务局领导成员更迭表

<table>
<tr><th>姓 名</th><th>行政职务</th><th>党组职务</th><th>任职起讫时间</th><th>备注</th></tr>
<tr><td rowspan="2">许能斌</td><td rowspan="2">局　长</td><td>党组书记</td><td>1994.09–1995.07</td><td>财政局局长兼任</td></tr>
<tr><td></td><td>1995.07–1999.05</td><td>财政局局长兼任</td></tr>
<tr><td rowspan="3">张焕方</td><td rowspan="2">副局长</td><td>党组成员</td><td>1994.09–1995.07</td><td></td></tr>
<tr><td>党组书记</td><td>1995.07–1999.05</td><td></td></tr>
<tr><td>局　长</td><td>党组书记</td><td>1999.05–2001.06</td><td></td></tr>
<tr><td>陈炳福</td><td>副局长</td><td>党组成员</td><td>1994.09–1997.02</td><td></td></tr>
<tr><td rowspan="6">陈德华</td><td></td><td>党组副书记</td><td>1994.11–1999.05</td><td></td></tr>
<tr><td></td><td rowspan="3">党组副书记　纪检组长</td><td>1999.05–2001.06</td><td></td></tr>
<tr><td></td><td>2001.06–2001.12</td><td>主持工作</td></tr>
<tr><td>副局长</td><td>2001.12–2002.10</td><td>主持工作</td></tr>
<tr><td rowspan="2">局　长</td><td>党组书记　纪检组长</td><td>2002.10–2003.09</td><td></td></tr>
<tr><td>党组书记</td><td>2003.09–2008.06</td><td></td></tr>
<tr><td>赵桂芳</td><td>副局长</td><td>党组成员</td><td>1995.01–2009.07</td><td></td></tr>
<tr><td rowspan="2">张 健</td><td></td><td>纪检组长　党组成员</td><td>1997.05–1999.05</td><td></td></tr>
<tr><td>副局长</td><td>党组成员</td><td>1999.05–2009.03</td><td></td></tr>
<tr><td rowspan="2">施竞平</td><td>副局长</td><td>党组成员</td><td>1997.07–2006.08</td><td></td></tr>
<tr><td>副局长</td><td>党组成员</td><td>2008.06–</td><td></td></tr>
<tr><td>唐晓鹰</td><td>副局长</td><td>党组副书记</td><td>2002.10–2008.06</td><td></td></tr>
<tr><td rowspan="2">李　峻</td><td></td><td>纪检组长　党组成员</td><td>2003.09–2009.10</td><td></td></tr>
<tr><td>副局长</td><td>党组成员</td><td>2009.10–</td><td></td></tr>
<tr><td>尹家朋</td><td>副局长</td><td>党组成员</td><td>2006.08–2008.06</td><td></td></tr>
<tr><td>夏照明</td><td>局　长</td><td>党组书记</td><td>2008.06–</td><td></td></tr>
<tr><td>邵　云</td><td></td><td>党组成员　纪检组长</td><td>2009.10–</td><td></td></tr>
<tr><td>郦梅生</td><td>总经济师</td><td>党组成员</td><td>2009.10–</td><td></td></tr>
</table>

1996-2010年泰州市地方税务局领导成员更迭表

姓　名	行政职务	党组职务	任职起讫时间	备　注
潘山元	局　长	党组书记	1996.11-1999.01	财政局局长兼任
朱向荣	副局长	党组成员	1996.11-1999.01	
	局　长		1999.01-2010.09	
		党组书记	1999.05—2010.09	
徐祖跃	副局长	党组副书记	1999.05-2001.06	
胡六宝		纪检组长　党组成员	1999.05-2001.06	
杨幸福	局长助理	党组成员	1999.05-2001.06	
	副局长	党组成员	2001.06-2006.06	
严粉山		纪检组长　党组成员	2001.06-	
马文龙	副局长	党组成员	2002.10-	
毛祥林	副局长	党组成员	2002.10-	
严德军	副局长	党组成员	2006.06-2010.09	
	局　长	党组书记	2010.09-	
李　璐	总经济师	党组成员	2007.04-2010.06	
赵凤琴	副局长	党组成员	2010.06-	

1996–2010年宿迁市地方税务局领导成员更迭表

姓　名	行政职务	党组职务	任职起讫时间	备　注
房　民	局　长	党组书记	1996.11–1999.06	财政局局长兼任
侍　鹏	副局长	党组成员	1996.11–1999.06	主持工作
	局　长	党组书记	1999.06–2003.03	
姚振标	副局长	党组成员	1999.06–2002.10	
王宜文		纪检组长　党组成员	2001.06–2007.02	
	副局长	纪检组长　党组成员	2007.02–2008.04	
陈　文	副局长	党组成员	2002.10–	
胡　军	副局长	党组成员	2002.10–	
孙长举	副局长	党组副书记	2003.03–2005.10	
	局　长	党组书记	2005.10–2009.01	
丁一宁	副局长	党组成员	2005.12–2008.03	挂职锻炼
姬蔚云	总经济师	党组成员	2007.04–2009.03	
	副局长	党组成员	2009.03–2010.06	
孙欣路	局　长	党组书记	2009.01–	
李道林	纪检组长	党组成员	2009.03–	
董长春	总经济师	党组成员	2009.03	

1999-2010年苏州工业园区地方税务局领导成员更迭表

姓　名	行政职务	党组职务	任职起讫时间	备　注
华雅琴	局　长		1999.05-2009.01	
高坚梁	副局长	党组书记	1999.05-2009.01	
	局　长		2009.01-	
陈金方	副局长	党组成员	1999.05-2008.05	
赵　新	副局长	党组成员	2001.06-	
张明和	副局长	党组成员	2008.05-	

2009-2010年张家港保税区地方税务局领导成员更迭表

姓　名	行政职务	党组职务	任职起讫时间	备　注
周　健		党组书记	2009.03-	
赵庆明	局　长	党组副书记	2009.03-	
方兴才	局长助理	党组成员	2009.07-	

税收收入

地方税收收入

1995年是江苏省地税局成立后首个完整征收年度。全省地税系统组织各项收入91.35亿元,其中税收84.67亿元,比上年增收20.38亿元,增长31.7%,占地方财政收入的54%。分税种看,营业税37.42亿元,占全省工商税的50%。个人所得税征收开始起步,征收2.52亿元,同比增长1.8倍,在所有税种中增幅最高。分级次看,省级收入17.72亿元,市县级收入66.95亿元。同时,由于征管范围没有完全理顺,个体税收下降20%;嫁接型三资企业增加后,地方税收收入税源减少。

1996年,组织各项收入126.56亿元,其中税收118.11亿元,比上年增收33.44亿元,增长39.5%。分级次看,省级收入完成23.20亿元,比上年增收8.90亿元,增长62.18%,占年度计划的144.42%;市县级收入完成82.47亿元,比上年增收23.05亿元,增长38.80%,占年度计划的123.99%,尤其是省级收入,增幅创历史最高。总体看,当年收入呈现一季好于一季的上升特征,各税种普遍增收,主体税收比重提高。其中营业税征收56.03亿元,增长49.7%,个人所得税增长2.02倍。同时,税收征管范围调整到位,全省地税系统接管"三资企业"16000多户,个体工商户47万多户,为年度税收增收因素之一。

1997年,在地税收入连年高基数高增长,经济增长速度相对趋缓,组织收入难度加大情况下,组织各项收入158.04亿元,其中税收146.29亿元,比上年增收28.16亿元,增长23.8%,完成年度计划105.47%,超收6.6亿元。其中,省级收入27.42亿元,市县级收入118.93亿元。省级收入略有缺口,比计划短收0.17亿元,主要原因是金融保险业营业税减收较多,比上年减收1.28亿元。个人所得税征管已步入规范化、正常化轨道,全年入库15.1亿元,比上年增收7.5亿元,增长98.74%,个体税收、涉外税收成为地方税收主要增长点。另外,推进和深化征管改革,贯彻落实新税制,新的地方税收征管机制和地方税制框架在全省形成,各项收入任务因此得以顺利完成。

1998年,全省地税系统勇挑重担,克服金融业税源严重不足、企业所得税持续滑坡的困难,强化征管,挖潜堵漏,为全国"增收1000亿元"目标贡献力量。当年各项收入完成174.9亿元,其中税收162.72亿元,比上年增收16.45亿元,增长11.3%,完成年初省政府计划(140.16亿元)的106.64%,完成总局追加后计划(148.4亿元)的100.72%,超收1亿元。全省税收年平均增幅达24.28%,税收收入从1995年的84.67亿元上升到1998年的162.72亿元,收入翻了近一番。其中,省级收入完成24.55亿元,比上年增收2.62亿元,增长11.93%,占年度计划的100.47%;市县级收入完成124.47亿元,比上年增收19.11亿元,增长18.14%。分税种看,营业税、个人所得税、房产税是收入增长的主要支撑点。

1999年,组织各项收入200.46亿元,其中税收184.12亿元,比上年增收21.4亿元,增长13.2%,完成省政府下达年度必成指标177.64亿元的103.7%、期成指标179.4亿元的102.6%,分别超收6.48亿元、4.72亿元。市县级收入超收较多,省级收入存在较大缺口,金融保险业营业税同比减收3.3亿元。分税种看,企业所得税增收最多,比上增收7.05亿元,增长24.6%,其中国有、股份制企业所得税合计增收6.56亿元,增幅高达47%,主要原因是国有、股份制企业所得税全面纳入税收计划考核管理。地方税种全部实现增长,比上年增收7.05亿,占增收总额三成以上。房改末班车使房地产市场火红,同时各地加大对房地产企业的检查和清欠力度,使销售不动产营业税入库增多。金融保险业营业税减收严重,同比减收3.3亿元,主要原因是由于贷款利率连续下调,银行呆坏账抵营业税现象十分严重。

2000年,全面超额完成全年收入任务。由于国家出台一系列促进经济增长的宏观调控政策措施,经济税源明显增加。当年组织各项收入285.74亿元,增长42.6,其中税收235.59亿元,比上年增收51.47亿元,增长27.96%,完成年度收入计划200.55亿元的117.47%,超收35.04亿元,比“八五”末的1995年增长近1.8倍。省级、市县级收入当年分别完成34.91亿元、200.68亿元,分别比上年增收5亿元、46.47亿元,增长16.73%、30.13%,完成年度计划的109.11%、119.06%,超计划2.91亿元、32.12亿元,均提前一个月完成全年收入计划。省内各地首次全部实现年度收入总目标。2000年是“九五”期间收入完成情况最好的一年,自2000年7月社会保险费逐步交由地税部门征收,征收的全部基金费纳入地税各项收入统计,各项收入增长因此创历史新高,增幅高达42.6%。个人所得税收入仍位居全国第四位,增长30.8%。个体税收、涉外税收再创辉煌,分别增长47.7%、52.23%,增收额分别占收入增收总额的18.9%、13.39%。

2001年,收入总量达到496.73亿元,增长73.8%,其中税收302.12亿元,比上年增收66.53亿元,增长28.2%,完成年度收入计划263.86亿元的114.5%,超收38.26亿元。税收总量突破300亿元,实现新世纪组织收入工作初战告捷和“十五”高起步开好局的目标。省内各地全部完成年度收入总任务。主体税种增收额迅速攀升。营业税、企业所得税个人所得税分别完成110.36亿元、92.52亿元、44.49亿元,比上年增收13.91亿元、36.14亿元、11.27亿元,增长14.4%、64.1%、33.9%。个人所得税增收额首次突破10亿元,完成年度收入任务39.32亿元的113.2%,超收5.17亿元。私营个体税收贡献率稳步提高。第三产业税收份额较大。各项收入增长73.8%,再创新高,其中,社会保险费划归地税部门征收后形成一定不可比增收因素。

2002年,组织各项收入612.19亿元,增长23.2%,收入总量再上新台阶,全省地税收入总量突破600亿元,其中,税收收入369.32亿元,增收67.20亿元,为历年最高,占全国地方税收增量的1/9强;增长22.24%,增幅居全国第二,完成年度计划的110.1%,超计划增收33.97亿元,超额完成省委、省政府提出的税收收入增长20%的目标。税收收入实现总量超山东,增幅超浙江,增收额占全国地税税收增量1/9强。社会保险费征收187.41亿元,征缴率达到97%。主体税种增收突出,营业税、企业所得税、个人所得税、城建税合计增收58.43亿元,占全年税收增收总额的87%。建筑业、房地产业税收大幅增长,总量达88.92亿元,增长51.3%。非公有制经济税收份额不断攀升,股份制经济、私营个体经济、涉外经济税收203.74亿元,占全年税收收入的55.2%,比上年提高7.6个百分点,成为当年税收增长主要亮点。占全省地方财政一般预算收入比重为59.3%,比上年提高4.7个百分点。

2003年,完成各项收入807.54亿元,同比增收195.35亿元,增长31.9%,其中各项税收入库482.34亿元,同比增收113.02亿元,增长30.6%,完成年度计划的116.6%;社会保险费入库259.46亿元,同比增收71.26亿元,增长37.86%,实现“收入总量突破800亿元,税收增量超过110亿元”目标,地税收入总量跃上新台阶。全面推进社保费移交征收,确保各项收入的快速增长,当年各项收入总量达807.48亿元,日均收入超2亿元,日收入量前所未有。组织地方财政收入占全省地方财政收入比重达60%。全省地税系统税收收入提前一个多月实现“双超”。当年税收增长30.6%,高于全国平均增幅12.1百分点,比上海、浙江分别高0.8个百分点、3.4个百分点,收入增幅居全国地税系统首位。首次出现超百亿元市,苏州市入库各项税收113.96亿元,该市税收总量占全省税收总量24%。分税种看,主体税种增收较多,营业税、企业所得税、个人所得税分别完成206.59亿元、108.45亿元、79.65亿元,比上年同期增收57.45亿元、18.06亿元、19.72亿元,增长38.5%、20%、32.9%。三项合计增收95.23亿元,占增收总额的84.3%。建筑业、房地产业税收增收份额大。2003年全省地税建筑业、房地产业税收比上年增收约56.24亿元,占全省地税税收增量近50%,成为地税收入增长主要支撑点。

2004年,江苏省经济运行态势良好,税收收入持续快速增长,完成各项收入1107.23亿元,比上年同期增收298.92亿元，增长37%，继续保持税收高增长态势。其中税收收入完成674.45亿元，比上年同期增收192.15亿元，增长39.8%，完成年度计划的123.8%。省级、市县级税收收入分别完成67.14亿元、607.3亿元，比上年增收18.8亿元、173.35亿元，增长38.9%、40%，完成年度计划的126.7%、123.4%。提前两个月完成省委、省政府下达的全年地税收入计划，提前一个月实现全省地税系统全年总收入突破1000亿元、税收收入突破600亿元的目标。收入持续快速增长，收入规模实现新突破。税收总量自2004年5月份以来位居全国第四位，增幅高达39.8%，居全国地税系统首位。全年日均收入3亿元，日均增收0.8亿元。苏州、南京、无锡三市税收均过百亿，占全省税收增收总额六成以上。营业税、企业所得税、个人所得税主体税种增收份额突出，占增收总额的82.2%。建筑业、房地产业成为税收增收主要来源，对全年税收增量的贡献率为42%。组织收入中，省内各地依法落实各项税收政策，相关行业税收大幅增长；积极执行房地产开发企业所得税预征办法；推行土地增值税预征制度，执行印花税核定征收制度。当年税务管理进一步标准化、精细化和科学化，全面导入ISO9000质量标准体系，加强户籍管理，大力推行国地税联合办证制度；全面推行审核评税工作，加强货物运输业发票管理，积极推行有奖发票，通过加强税收征管，各项收入大幅增收。

2005年，完成各项收入1378.78亿元，比上年同期增收271.56亿元，增长24.5%。其中税收收入完成833.14亿元，比上年同期增收158.69亿元，增长23.5%，完成年度计划的107.1%。省级、市县级税收收入分别完成76.94亿元、756.19亿元，比上年增收9.8亿元、148.89亿元，增长14.6%、24.5%，完成年度计划的104.2%、107.4%。征缴社会保险费438.39亿元，比上年增收94.52亿元，增长27.5%。全省地税系统完成各项收入突破1300亿元，税收收入突破800亿元，税收收入继续稳定增长。总量继续位居全国第四位，增幅高于全国平均增幅2.3个百分点。各项收入和税收收入分别比“九五”期末增加1093.04亿元和597.55亿元，增幅为382.5%和253.6%，“十五”期间的年均增长率达37%和28.7%。苏南税收规模持续扩大，苏中、苏北相对增幅提高。营业税突破300亿元大关，企业所得税、个人所得税平稳增长。当年，营业税、企业所得税、个人所得税分别完成342.09亿元、192.81亿元和136.72亿元。地方“七税一费”继续保持较快增长。其中，土地使用税、土地增值税、房产税分别完成6.71亿元、22.73亿元、40.12亿元。房地产业、建筑业税收贡献仍较明显。增幅达31.2%，高于同期税收收入增幅7.7个百分点，对整个税收贡献率为36%。同时，当年江苏省现价GDP增长16.6%，地税税收收入增长23.5%，全省税收弹性系数为1.42，收入增长略快于现价GDP增长，宏观税负为4.6%，比“九五”期末提高了1.86个百分点，宏观税负合理适度，税收与经济呈协调发展。

2006年，完成各项收入1680.56亿元，比上年增收301.78亿元，增长21.9%。其中税收收入完成1013.89亿元，比上年增收180.76亿元，增长21.7%。省级、市县级税收收入分别完成90.55亿元、923.35亿元，比上年增收13.6亿元、167.15亿元，增长17.7%、22.1%。征缴社会保险费540.05亿元，首次突破500亿大关，比上年增收101.66亿元，增长23.2%。税收收入首次超千亿，比2003年翻一番多，增收额与1999年全年收入总额相当。当年，全省地税税收总量位次前移，位居全国第三位，成为全国地税系统继广东、上海之后第三个超千亿的省（市）。高于全国地税平均增幅1.6个百分点。省级、市县级收入同步增长，对地方财政收入的贡献稳定。宏观税负稳步提高，税收继续保持超经济增长态势。随着省内各地征管力度的加大，宏观税负呈现出逐年上升态势。全省税收弹性达到1.3，税收收入增长保持略快于经济增长态势。当年收入各月增幅平稳，实现均衡入库。各税种稳步增长，税种结构略有变化。除企业所得税比重略有下降外，其他税种均有所上升，营业税主体税种地位稳固；地方七税的拉动力明显。第二产业、第三产业税收协调增长，第三产业税收比例提升，第三产业增量贡献率比第二产业高22.05个百分点，比上年提高4.77个百分点，第三产业税收得到较快发展。同时，当年全省经济结构调整取得明显成效，产业税收结构日趋合理，产业税收的变化与全省产业结构调整方向呈现出一致性。重点行业发展势头良好，制造业、建筑业、房地产业税收贡献度进一步提高。三个行业的税收收入贡献度首次超过60%,达到60.3%,分别比2005年和2004年提升0.6和2.2个百分点。

2007年,组织各项收入2231.16亿元,比上年增长32.7%。其中税收收入1364.96亿元,比上年增长34.2%。税收收入快速增长,总量稳居全国第三位,占全国地税系统税收收入的比重达9.1%,比"十五"初期提高2.7个百分点。2007年税收收入比建局首年增长20倍,比2004年翻一番多,税收增量突破300亿元,增收351.07亿元,接近2002年全年税收收入,比2005、2006两年增量之和还多11.6亿元。税收收入增长34.6%,为建局以来第三高增幅(1996年39.5%、2004年39.8%),高于全国地税平均增幅3.3个百分点。省级、市县级收入同步增长,对地方财政收入的贡献提高。各月增幅较为平稳,实现均衡入库。宏观税负持续提高,税收继续保持超经济增长态势。各税种快速稳定增长,收入量实现新突破。当年,营业税、个人所得税、"地方七税"分别突破500亿、200亿元、300亿元,分别完成572.88亿元、232.21亿元、304.53亿元("地方七税"总量继续位列全国地税系统之首),分别增长32.9%、38.2%、51%,增幅均超全国平均水平。第三产业税收增速快于第二产业,房地产业和金融业税收增长迅猛。第二产业税收收入完成544.59亿元,增长31.1%,第三产业税收收入完成820.35亿元,增长37.2%,第三产业税收占全省地税收入比重达到60.1%,比上年提高1.1个百分点。省内各地收入规模攀登新台阶,其中,从税收收入看,苏州突破300亿元,南京、无锡突破200亿元,常州突破100亿元,从收入总量看,苏州突破500亿元,南京、无锡突破300亿元,徐州突破100亿元,呈现"自南向北,梯次推进,协调发展"突破格局。苏南、苏中、苏北地区税收收入分别完成1003.02亿元、182亿元、179.94亿元,增长32.5%、36.7%、45.6%,苏北地区税收收入保持良好发展势头,增幅超过全省税收平均增幅11个百分点。苏南、苏中、苏北地区税收总量结构为73.5:13.3:13.2,苏南地区继续保持较大总量优势;增量贡献率比例为70.0:13.9:16.1,苏南、苏北分别比上年提高1.3、0.4个百分点。同时,当年,全省地税系统依法落实促进服务业发展等各项税收优惠政策,减免各项税收70亿元。

2008年,组织各项收入2732亿元,同比增收501亿元,增长22.5%,其中税收收入1658.37亿元,同比增收293.42亿元,增长21.5%。省级税收收入160.07亿元,同比增收37.38亿元,增长30.5%;市县级税收收入1498.31亿元,同比增收256.04亿元,增长20.6%。非税收入1073.48亿元,同比增收207.6亿元,增长24%,其中社保费收入894.66亿元,同比增收186.77亿元,增长26.4%。税收收入总体保持较快增长,规模再创新高。当年,全省地税系统税收收入增长21.5%,快于经济增长9个百分点,税收总量突破1600亿元大关,稳居全国地税系统第三位,月均税收规模近140亿元,相当于1997年全年税收。各税种收入较快增长,增幅均在两位数以上,地方"七税"增长突出,增幅达30.5%,增幅高于税收平均增幅9个百分点。营业税、企业所得税、个人所得税分别完成662.41亿元、304.94亿元、293.57亿元,增长15.6%、19.4%、26.4%。金融业、建筑业支撑营业税增长,但房地产业对营业税抑制作用增强。受经济和政策等不利因素双重影响,企业所得税增幅放缓。个人所得税实现较快增长,拉动力强。超百亿元税收省辖市又增一员(南通市),达到5个。各产业税收协调增长,第二产业增速快于第三产业,第二产业税收增幅高于第三产业税收10.2个百分点。宏观经济增速回落,导致税收收入增幅逐月下滑,全年税收收入走势呈前高后低态势。

基金、费收入

一、社会保险费

从2000年7月1日起,全省社会保险费由地税部门代征。2006年6月,江苏省人民政府下发《省政府办公厅关于社会保险费改由地方税务部门征收的通知》。7月起,全省社会保险费由代征统一改为地方税务部门征收。征收内容:基本养老保险费,基本医疗保险费,生育保险费。征收采取税费同征、同管、同查,即社会保险费的征收及日常管理与缴费单位缴纳的税收征收管理主管地税机关一致,实行费随税走。

二、地方教育附加费

从1995年1月起开征地方教育附加费。地方教育附加费采用由缴费人与其应缴纳的城市维护建设税一并申报，分项目开票征收的方法，随税收一并缴入金库。

三、防洪保安资金

由缴费人依据防洪保安资金征收标准的规定，按季向主管地税机关申报并缴纳当季应缴的资金。征收范围是一切有销售收入的全民、集体、私营企业、银行、保险部门及各类信托投资公司。

四、人民防空建设经费

江苏省政府于 2002 年初和 2003 年上半年分别发出人民防空建设经费筹集管理办法，委托地税部门负责征收。征收采用缴费人按年一次性申报缴纳。

五、残疾人就业保障金

江苏省地税部门自 2004 年起接受残疾人就业保障金的征收工作，其应缴纳的残疾人就业保障金由地税部门征收。征收对象为机关、团体、事业单位、企业（包括外商投资企业、港澳台投资企业、私营企业和个人独资企业）及城乡各类经济组织等用人单位。征收管理办法，由残疾人联合会依据征收标准等规定预先核定缴费单位和缴费金额，提供给地税部门进行征收，也可采用由缴费单位依据征收标准直接向地税部门申报，经主管地税机关审核后，开票征收入库的办法。

六、文化事业建设费

从 1997 年 1 月起，文化事业建设费由地税机关负责征收，收取的文化事业建设费纳入财政预算管理，建立专项基金，用于文化事业建设。根据江苏省政府规定，原由地税部门负责征收的农业重点建设发展基金、旅游事业发展费、散装水泥专项资金等，随着经济形势的发展变化分别停征或改由其他部门征收。

另外，市场物价调节基金，1989 年开征，2008 年停征；粮食风险基金，1995 年开征，2008 年停征；地方教育基金，2003 年开征，2011 年停征。

税收计划

税收计划作为政府预算的重要组成部分，是指导组织收入的预期目标。税收计划管理是税务部门根据国家经济政策、税收政策及经济发展计划，结合客观经济税源状况编制的税收计划，为组织收入工作的重要内容。江苏省地税部门税收计划管理主要包括计划编制、分配落实、计划执行情况检查和考核、税收预测和经济税源调查等内容，这些环节相互联系和作用，构成有机整体（见下图）。自 1994 年江苏地税组建以来，负责税收计划管理的部门为计划财务部门（2010 年后改为规划财务处），主要负责编制地税系统税收收入中长期规划，编制、分配年度税收、基金（费）计划，以及对计划落实情况检查和督导。

一、税源调查及税收预测

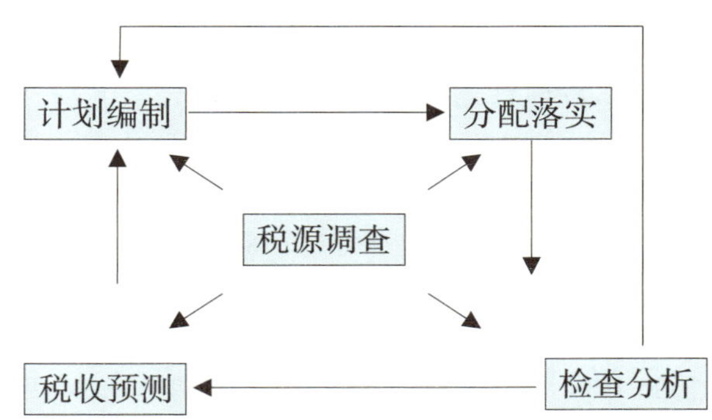

税收计划管理的核心和基础是税源调查，只有在充分掌握税源发展变化趋势的基础上，税收计划科学性和合理性才能得到保证。江苏省各级地税机关深入开展税源调查，及时摸清税源底数，同时参照相关宏观、微观经济指标的发展态势，对下一年度税收进行预测，为税收计划的编制提供科学依据。

二、税收计划的编制及分配

坚持从经济到税收的原则，兼顾政策变动以及税收征管水平的提高，在税收预测的基础上，编制税收收入计划，使税收计划更加接近实际税源情况，使税收计划落实的过程就是执行政策的过程，执行政策的过程同时也是组织收入完成计划的过程。税收收入计划编制主要采用方式，以国家税务总局下达税收收入计划数为依据，根据下一年度全省经济社会发展预期情况及财政预算安排，确定全省地税税收收入计划。同时，省局根据各地近年经济税源发展情况、税收增长趋势分配确定省内各市下一年度地税税收收入计划。各市根据省局下达的税收收入计划，结合当地实际税源状况，对下分解落实，作为组织收入指导。

召开全省地方税务工作会议,部署组织收入等地税工作任务。

三、税收计划执行及检查分析

江苏省内各地地税机关根据当年税收计划,组织税收收入,动态跟踪税收计划完成进度,并对计划完成情况进行检查分析,对发现的税收征收漏洞及时进行推送,防止税收流失。针对不可抗逆因素造成税源大幅变动的,及时调整税收计划,2000年因洪涝灾害导致税源大户减收,及时调减了连云港市、盐城市市县级税收收入计划。2001年因盐城市重点税源大户内资转外资,税源减少,及时调减盐城市税收收入计划。2001年因连云港市重点税源大户央企参股,划归国税局征管,及时调减了连云港市省级税收收入计划。2001年因徐州“7·22”煤矿爆炸,造成税源减少,调减徐州市个人所得税收入计划。2005年因政策变动税源减少,调减省直属分局、南京市税收收入计划。

组织收入管理

1995年是江苏地税系统独立运转的第一个完整年度。全省地税系统依靠当地党委、政府和职能部门支持配合,克服困难,扎实工作,以组织收入为中心,强化税收征管,坚持依法治税,超额完成全年收入任务,平衡财政预算收支,促进经济和社会事业发展。一是从早从紧从实抓好征收工作。面对1994年收入高基数、高增长带来的压力,树立信心、鼓足干劲,迅速将收入任务层层分解落实到基层征收单位,建立健全收入目标管理责任制,实行局领导、机关处室与基层局、所联系制度,以充分发挥地税干部组织征收的积极性。同时加强对组织收入情况的检查、分析和考核。全省地方工商税收实现一季度“开门红”,上半年“双过半”,十一月份“满堂红”。二是积极改善和优化税收环境,强化税收征管,确保地方税收稳步增长。加强税法宣传,强化内部管理,扩大地税影响。三是积极开展税源调查,掌握工作主动权。在全省范围内开展地方税税源的普查工作,通过调查,摸清了营业税、资源税的税源情况,为制定收入计划,加强征收管理,抓好重点税源的征收提供可靠依据。四是做好企业所得税汇算清缴和征收工作。当年汇算各类企业14万多户,查补税款0.95亿元。五是坚持依法治税,加大稽查力度。各地都把税务稽查作为加强征管的重要手段来抓。建立税务稽查网络,充实稽查队伍,开展专项检查,全省地税系统查补入库各项税款5.76亿元,其中查补个人所得税1.5亿元。六是坚持专业管理与协税护税并举,加强地方税征管。针对地方税税种多,税源零星分散,征管难度大,各地与监察、计委、经委、建委、房产等部门联系,建立护税协税网络,完善代扣代缴制度,签订委托责任书,对税款实行源泉控制,有效防止税款流失。七是严格执行欠税滞纳金制度。切实加强清理企业欠税工作,全面开展税收票证检查,保证了税款准确、及时、足额入库。

1996年,提前两个月完成年初省政府下达的收入任务,为实现“九五”时期地方税收收入目标打下坚实基础。一是强化收入目标管理。按照积极可靠的原则,迅速下达收入计划,同时根据税源情况、收入规模确定30个县(市)作为省局的收入联系点,建立收入分析制度,按季召开收入分析会,了解收入动态。二是加强税收宣传。各级地税部门积极开展以“地方税收与地方经济”为主题的税收宣传,全方位拓展宣传渠道,扩大宣传对象,丰富宣传内容,赢得政府、社会和纳税人理解支持。三是加强税源管理。完善重点税源户档案,对一些征收难、税源散、隐蔽性强的税种建立广泛的协税护税网络,强化代征代扣,如对建筑安装业营业税、固定资产投资方向调节税部分地区成立联合征收管理办公室;对屠宰税实行乡(镇)、村、组三级征收负责制,成立生猪管理办公室,对生猪进行集中管理、定点宰杀、统一检疫、统一纳税等。四是加大稽查力度。开展个人所得税、固定资产投资方向调节税、房产税、车船使用税、印花税等税种的专项检查,堵塞税收漏洞。五是对个人所得税实行重点征管。根据“代扣代缴,双向申报,专项检查、目标管理”思路,改进和加强了对个人所得税的征管。

1997 年,在地税收入连年高基数高增长,经济增长速度相对趋缓,组织收入难度加大情况下,加大组织收入力度。一是强化收入计划管理。各地结合本地实际,开展税源调查,将收入任务落实到所,分解到人,不少地区把收入任务与奖金、津贴挂钩、股(科)和所挂钩,实行机关与基层干部同奖同罚,按(月)季考核,及时兑现,使地税干部人人有目标,个个有压力。二是深入开展税收宣传。坚持经常宣传与集中宣传相结合,广泛宣传与重点宣传相结合,税收宣传与税收征管相结合,探索新形势下开展地方税收宣传的方法和措施。三是大力加强个人所得税征管。按照“目标管理、双向申报、代扣代缴、专项检查”要求,抓住元旦、春节期间工资、奖金、股息、红利等集中兑现的有利时机,开展旺季征收与检查,全省当年查补入库个人所得税 22.4 亿元,占该税种入库总额的 15%。加大代扣代缴暂行办法和自行申报暂行办法的落实力度,在部分行业或个人中建立个人所得税重点税源户档案,跟踪监控,防止税源流失。强化基础建设,及时调整个体商户所得税附征率,加强外籍人员个人所得税征收和检查,当年全省入库个体、涉外人员个人所得税 7.3 亿元,占个人所得税入库总额的 48%。四是认真开展企业所得税汇算清缴工作。做到边检查、边定案、边入库;规范企业所得税减免税审批、核定征收管理,全年集体企业和私营企业所得税依然保持了较快增长,全年入库 15.68 亿元,同比增收 2.1 亿元,增长 15.5%。五是加大检查力度。围绕“重点稽查”目标,充实稽查力量,加大执法力度,开展固定资产投资方向调节税、房产税、印花税等税种专项检查,以查促收、以查补缺,当期上述税种收入增幅均在 40%左右。另外,省内各地开展固定资产投资方向调节税的专项检查,当年查补入库税款 0.83 亿元。六是逐步规范个体税收征管。在调查测算的基础上,清理漏管户;推行个体工商户建账建制,调整个体户纳税定额,对个体饮食业实行定额或剪额发票,以票管税;开展税收宣传,提高个体工商户纳税意识,建立健全协税护税网络,加大查处力度,当年个体税收入库 10 亿元,比上年增收 2.8 亿元,增长 40%以上。七是强化涉外税收征管。对涉外税收进行归口管理;规范完善纳税申报制度。当年全省涉外税收入库 7.5 亿元,比上年增收 5 亿元,增收额占工商税收增收总额 20%以上。

1998 年,坚持依法治税,强化征管,千方百计超额完成总局下达的 148.4 亿元指标,为全国实现工商税收增收 1000 亿元目标贡献力量。一是严格收入目标考核,层层分解落实计划任务。健全收入目标管理岗位责任,省内各地普遍采取领导分片包干、股(科)与所(分局)挂钩,部分地区除下达年度计划外,还按季下达收入指标,严格考核,从早、从紧、从实抓好组织收入工作。对追加的收入任务,各级地税部门不谈条件,不讲困难,迅速分解落实到每个人、每个税种,将全年收入实绩与奖金、干部任用、公务员考核、评先创优紧密联系起来,确保收入完成。二是各级党政领导和有关部门的支持配合,促进各项增收措施落实到位。在时间紧迫、任务繁重的情况下,各级党政领导亲自挂帅,深入基层抓收入;计(经)委、经贸委、银行和企业主管部门积极协助地税部门,加强对企业纳税和清欠情况的监管;公检法机关进一步加大涉税案件的查处,增加地税部门执法刚性,维护税法严肃性;工商部门大力配合地税部门全面清查漏征漏管户,堵塞漏洞。三是加大地方税收稽查,堵塞税收流失漏。在省局统一部署下,各地对金融保险业营业税开展两次专项检查,查补入库营业税 1 亿元,占金融保险业营业税增收额 40%以上。四季度,各地按照省局要求,积极开展地方税收检查,采取自查与抽查相结合,日常检查和专项检查相结合,开展民政福利企业和校办企业税收、涉外税收、建筑安装业和房屋出租业税收、个人所得税、个体和私营企业税收的专项检查,当季查补入库工商税 4 亿元,占查补入库总额的 36%。全省地税系统严格执法,强化稽查,当年查补入库工商税收 11.13 亿元,比上年增加 1. 6 亿元,增长 17%,比总局计划(8.3 亿元)超收 2.8 个亿。四是坚决杜绝新欠,压缩陈欠,确保完成清欠目标。认真贯彻落实全国、全省增收节支电视电话会议和《省政府办公厅关于切实抓好清理欠税工作的紧急通知》精神,省局两次下达清欠目标,提出年底欠税余额比上年年末减少 32%,清欠目标控制在 3.3 亿元内。省内各地普遍成立由领导挂帅,有关部门参加的清欠领导小组,把清欠业绩与考核奖惩挂钩;对延期缴纳税款,严格按照《国家税税务总局关于延期缴纳税款审批管理的通知》要求,加强审批权限管理,不符合条件的一律不批,同时严格滞纳金、罚款制度;与欠税大户签订清欠计划,明确还欠时间、还欠税款、处罚措施,使清欠工作有的放矢;紧紧依靠当地党委政府,积极争取有关部门的支持配仓,加大税收执法力度,坚决采取果断措施,对欠税“钉子户”、“难缠户”,实施税收保全措施,通过扣押、封存、拍卖物资等方式大力清理欠。1998年全省工商税收欠税余额下降到2.5亿元,比上年末减少49%;清理陈欠税款3.4亿元,压缩陈欠70%,占增收总额的16%。五是积极清查漏征漏管户,减少税款流失。按照总局要求,加强部门间信息沟通,开展漏征漏管户清查,把清查工作与税务登记验证、个体私营户建账建制及定额调整等工作结合起来,取得显著成绩,当年清查漏征户20000多户,漏管户74000多户,查补税款及滞纳金罚款近1亿元。

1999年,超额完成全年税收收入任务。一是加大考核力度,确保税款及时入库。年初,全省地税系统进一步健全收入目标考核管理体系,及时弥补新征管模式中过渡性缺陷,加强对收入计划完成情况的检查考核,增强组织收入责任感和紧迫感,税款足额入库的及时性得到提高。二是坚持依法治税,加大执法力度。从政治高度认识依法征税重要性,增强法制观念,用税法来约束干部的征管行为,一定程度堵住税收流失,规范正常征收,增加了收入。为加强法制建设,完善税务行政执法制度,在全省范围内开展税收执法检查,及时制止个别越权减、免、缓,禁止开设税款过渡户,纠正并勒令改正擅自出台的涉税文件。三是加强税收票证和发票管理。开展税收票证检查,规范领用票制度,填用票质量明显提高;规范使用票证,确保税款安全及时入库;开展发票清理检查,严厉打击发票违章行为,遏止税收流失。四是完善对重点税源大户、重点行业、重点税种的管理。狠抓重点税源大户、重点行业、重点税种管理,对重点税源大户做好税法宣传的同时,建立管理档案,及时掌握其主要税种发生情况;对重点行业管理,大力推行税控收款机,堵塞个体私营餐饮业税收征管漏洞,加强检查及代扣代缴管住管好建筑安装业税收;对企业所得税加强计划考核,抓好清理欠税和汇算清缴,并按照省局要求规范国有企业所得税预缴管理等办法,抓好按期预征工作,确保税款按序时进度入库,强化所得税前扣除项目的审批管理,如重点税源大户江苏宁沪高速公路股份有限公司、江苏教育出版社分别入库所得税1.71亿元、0.52亿元,比上年同期增长73.47%、57.58%。对个人所得税加强计划管理,完善代扣代缴网络,对外籍人员、高收入行业建立征管台账,当年代扣代缴赈灾、福利、体育彩票等偶然所得个人所得税0.3亿元。五是加强稽查,清扫遗漏。全省地税系统通过稽查加强内外管理,对内明确职责,强化监督,对外严厉打击偷、漏税,规范纳税人纳税行为,加快征管现代化步伐,部分地方实现税银一体化、对未入库税款及时催报催缴,仍无效的,实施重点稽查,做到有的放矢,促进税款及时入库;同时通过税银联网提高工作效率,解放出更多人力充实稽查一线队伍,清扫征管死角。还对国有企业、事业单位的所得税及会计师事务所和律师事务所纳税情况进行专项检查。当年,通过专项检查和日常检查,入库查补税款11.03亿元。六是清理欠税,措施得力。对税源大户进行动态跟踪管理,已发生税款及时协调入库,尽一切可能防止新欠增加,严格税款缓缴审批手续,对屡催不缴者,及时通知银行强制扣款,当年清理入库欠税5.03亿元。

2000年,提前一个月超额完成全年收入任务。一是严格收入目标考核。制定下发《江苏省地税系统规范化管理综合考核办法(试行)》,建立健全收入目标考核管理岗位责任制,加强对收入计划执行情况的检查、分析,认真抓好收入序时进度考核。二是狠抓征管基础建设。狠抓征管基础建设,开展征管质量交叉检查,税务登记率、准期申报率、入库率明显提高,漏征漏管户得到有效遏制。同时采用新的税款缴纳方式,在娱乐、餐饮等行业推行使用税控收款机,发挥“以票控税”作用,提高地方税收监控水平。三是积极推进征管改革。坚持“巩固提高、规范统一”原则,推进征管改革,推行“以纳税申报和优化服务为基础,以计算机网络为依托,集中征收、重点稽查”的征管模式,信息化建设初具规模,统一的征管软件在全省分批分层推广应用,组织收入能力得到提高。四是强化税收检查。加强税务稽查,试行二查定分离,建立选案、检查、审理、执行四个环节相互监督、相互制约的良性机制，认真开展日常检查、专项检查和专案检查，稽查力度不断加大，全省地税系统当年查补入库税款13.14亿元，比上年增加2.1亿元。五是大力清理企业欠税。落实《国家税务总局关于严格执行税款入库和退库制度严肃财经纪律的紧急通知》要求，核清企业欠税底数，严格缓缴税款审批手续，防止新欠发生，对税源大户实行动态跟踪管理，同时结合“以票控税”，大力清理欠缴税款。当年四季度，抓住企业资金回笼较为集中的时机，对已实现的税款及时协调入库。当年清理入库各项税款7.57亿元，比上年增加2.49亿元。

2001年，落实“加强征管，堵塞漏洞，惩治腐败，清缴欠税”方针，贯彻新征管法，推进征管信息化建设，克服征管范围调整、政策性减收等诸多不利因素，应收尽收税款。一是转变观念，深化考核。通过税法培训、税务咨询、税法公告等多种形式，利用广播、电视、报刊等各种媒介，开展税法宣传，征纳环境得到明显改善，公民依法纳税意识得到提高。同时，改变过去单纯的税收计划指标考核，实行以申报率、入库率、压欠率等为核心内容的征管质量考核，推进组织收入工作与依法治税相结合，与实际税源相结合，促进收入增长。二是加强税收征管基础建设。开展税务登记验证工作，清理漏征漏管户，加大催报催缴力度，维护正常征管秩序。加大税控收款机、税控计价器的推广应用。截止当年底，全省使用税控装置纳税人达到15000多户，12000多辆出租车使用税控计价器，税收监控功能增强。三是规范企业所得税征管。随着企业所得税政策的完善，规范所得税税前扣除项目，建立台账，加强审核，防止税收流失。加大企业所得税汇算清缴力度，开展政策培训与辅导，加强审核评税，保证汇算清缴质量。严格执行总局《核定征收企业所得税暂行办法》，规范核定征收。四是整顿和规范地方税收秩序。密切与国税、工商、公安等部门联系，开展上市公司及改制企业、国有企业和有境外所得的企业或组织的企业所得税及交通运输业营业税专项检查，当年全省地税系统查补入库各项税13.69亿元。以服务业发票为重点，加强管理，增强发票监控功能，查补税款1200万元。根据总局要求清理和纠正违反个人所得税法律、法规的政策规定，加大对电力、电信、烟草等行业，律师、会计师、审计师事务所等中介机构以及上市公司、改制企业、三资企业等高收入单位扣缴和缴纳个人所得税情况的监控，开展专项检查，取得明显成效，当年全省地税系统查补入库个人所得税2.57亿元。省内各地针对改组改制企业房产原值和土地面积的重新核定，认真做好土地使用税定额调整，加大房产税和购销合同印花税征收工作。当年房产税、土地使用税、印花税分别比去年同期增长20%、55.5%、32.8%。五是执行新征管法。清理欠税，坚持“实事求是，分类管理，准确核算，及时清理”原则，按照《欠缴税金核算管理办法》，逐户重新设置和补充完善欠税台账，开展呆账税金重新分类和审核确认。强化欠缴税金核算，对缓缴税款严格执行滞纳金制度，同时结合以票控税，大力清理企业欠税。当年全省地税系统清欠入库各项税款16.04亿元，比上年增加8.47亿元，增长111.8%。六是征管信息系统整体推进。按照“标准化、规范化、制度化”要求，把推广应用工作作为“一把手”工程，在管理思路、管理制度、管理手段等方面大胆创新，建立符合信息化建设要求的管理机制，经过几年的试运行，系统日臻完善，征管质量和效率得到提高。

2002年，以迎接党的十六大胜利召开为动力，依法治税，科技兴税，强化征管，克服税收收入高基数、高增长压力，继续保持地税收入可持续增长良好态势。一是落实增收节支工作会议精神。6月份召开全省地税系统组织收入工作会议，在财政收入增幅下降的情况下，自加压力，负重前进，提出“学广东、赶浙江，上半年收入超五五”目标，上半年税收收入增幅高达33.1%，收入进度达56.2%。下半年，省内各地以学习“5.31”讲话精神为动力，提前一个月完成全年收入计划。12月后，再接再厉，抓重点税源户和重点项目，超额完成省委、省政府提出的收入增长20%目标。二是不断提高依法治税水平。根据省局统一部署，各地有计划有步骤有针对性开展对重点税源户、建筑业、房地产业、餐饮业、娱乐业、金融保险企业、中介机构、加油站、高收入阶层税收专项检查，全省各级地税机关当年查补入库各项税款12.56亿元，其中税收专项检查查补收入占20%。三是积极推进征管改革和信息化建设。按照“集中征收、属地管理、一级稽查”总体要求，以“信息化加专业化”为导向，稳妥推进征管改革,至5月底,全省统一的征管信息系统在各地上线运行,同时,以征管软件为依托的税收多元化申报在全省稳步推进,税银、税库一体化的探索和实践也在各地展开。信息化建设步伐加快,税源控管能力加强。四是大力整顿和规范税收秩序。加强与公安、工商、物价、国税等部门的沟通和协作,实行涉税案件双向移送制度,集中力量对民营企业、高收入阶层、加油站等偷逃税违法犯罪活动进行专项治理,查处一批大要案。根据省政府办公厅"全面检查、突出重点、严格监管、完善制度、标本兼治"要求,对全省集贸市场进行专项整顿,出动税务稽查人员1825人次,警员975次,严厉打击伪造、倒卖等违法行为。五是严格税收征管。对所属权限的税收减免审批认真清理并执行统一规定,严格把和审核督查。加大对企业所得税、个人所得税以及涉外税收的审核评税力度,发挥审核评税功效,根据个人所得税建档信息,将申报的工资薪金收入与社保部门提供的企业工资总额进行对比分析,提高个人所得税扣缴力度。当年全省个人所得税增收额比上年增加4.2亿元。同时,加大对房产税、印花税、土地使用税等税种征收和检查,房产税、印花税、土地使用税分别比上年增长42%、33.7%、32.8%。六是做好欠税管理工作。根据总局对欠缴税金管理的要求和省局《欠税管理办法》,省内各地坚持"实事求是、分类管理、准确核算、及时清理"原则,开展呆账税金的重新分类和审核确认,按户重新设置和补充完善欠税台账,做到核算准确,欠税清楚,对延期缴纳税款,各地按照新征管法实施细则要求,严格延期缴纳税款审批权限。当年全省地税系统清欠入库各项税款32.18亿元,占全部税收总额的8.7%。

2003年,围绕"两个率先"目标,坚持依法治税,强化税收征管,站在全局高度认真处理好防治"非典"、抗洪救灾和组织收入工作的关系,深入贯彻落实再就业等各项税收优惠政策,充分发挥税收杠杆对促进社会与经济稳定发展的作用,税收收入继续保持较好增长态势。一是坚持税收经济观。大力推进依法治税,为实现省委、省政府提出的地税收入增长16%目标,全省地税系统面对各种政策性减收因素,特别是突发其来的非典疫情,一方面落实各项税收优惠政策,发挥税收对经济的宏观调控作用;另一方面加大依法治税力度,强化税源管理,分析预测各种增减收因素对税收收入的影响,坚持"依法征税,应收尽收,坚决不收过头税"组织收入原则,狠抓组织收入。二是落实各项征管措施。省内各地以开展"征管措施落实年"活动为契机,执行《税收征管法》及其《实施细则》,加大税务登记管理,清理漏征漏管户,强化税源管理,完善纳税评估标准体系,提高审核评税的质量和成效。不少地方加强扣缴单位管理,把工作重点放在高收入行业、行政事业单位和长期"零申报"的单位。为杜绝税收征管的"真空",规范对高速公路收费站、服务区各地方税的征管,开展对印花税、土地使用税税源普查工作,加大对房产出租业的清理,结合建筑业、房地产市场火爆行情,采取相应征管措施,加大对各税种的征收力度。完善协税护税网络,充分发挥街道办事处、居委会的协税护税作用,加强个体私营和零散税收的征管,促进收入增长。当年全省个体税收入库95.16亿元,比上年增长47.2%。三是推进税收信息化建设。推广应用全省地税征管信息系统,不少地区因地制宜,适用不同纳税群体,推广多元化申报方式,简化纳税人办税程序,以信息化手段强化税收管理。主动加强与财政、国库、国税等部门的联系,加快税库、税银联网步伐,推广应用税收信息化建设成果,税款入库率明显提高。南通、常州市开发运行的税费实时划解系统大大方便纳税人,税款扣款入库率达95%以上。四是强化对各主体税种的征管。无锡市对建筑工程项目税收实施属地化征管后,加大对建筑工程项目梳理,规范对委托代征单位管理,完善以票控税制度,当年该市建筑业、销售不动产业营业税比上年合计增收6.74亿元,增长97%。规范企业所得税征管,落实企业所得税分享改革政策,做好汇算清缴,严把税前扣除标准,开展稽核管理和纳税评估,提高税收征管质效,一批重点税源大户企业所得税增收突出。当年,江苏宁沪、京沪、广靖高速公路有限公司三户企业合计增收企业所得税14586万元,南京卷烟厂旗下的金梦都工贸实业公司增收企业所得税8130万元。建立高收入者个人档案,狠抓电子、石化、烟草等重点行业、行政事业单位和外籍人员个人所得税征管,当年全省工资、薪金所得个人所得税入库52.13亿元,同比增收15.74亿元,增长43.3%;涉外经济个人所得税入库17.87亿元,同比增收5.44亿元,增长 43.8%。五是加大税收稽查力度。许多地区实施稽查预警制度，有计划开展对建筑业、房地产业、医院、高校、个人独自、合伙企业及体育俱乐部等税收专项检查，个别地区严厉查处一些大案要案。当年全省查补入库各项税款 11.57 亿元。

2004 年，超额完成省委、省政府全年地税收入增长 20%目标。一是落实各项税收政策。执行房地产开发企业所得税预征办法，对房地产企业预售房款严格按照 15%的利润率征收企业所得税，对企业所得税整体税收增长起到较大拉动作用，当年全省房地产企业所得税入库 31.03 亿元，比上年增长 2 倍，增收额占当年企业所得税增收总额近四成。推行土地增值税预征制度，该税大幅增长，当年全省土地增值税入库 12.41 亿元，比上年同期增长 3.7 倍。执行印花税核定征收制度，对购销合同类等印花税按销售（营业）收入一定比例核定征收印花税，当年全省印花税入库 12.96 亿元，比上年增长 64.7%。二是加强部门配合。加强与国税、工商、公安、交通等部门的协作，与国税部门实行联合办证，统一税务登记受理环节，加强税务信息交换，联合开展个体户纳税定额核定和联合开展税务检查，堵塞漏征漏管户，确保税款足额入库。三是推行审核评税。化纳税评估指标体系，配备高素质人员，点抓好对异常户、零申报户、发票领用大户等纳税人日常审核评税，将审核评税融于企业所得税汇算清缴等工作中，效果明显。四是推行有奖发票。在餐饮、娱乐、旅店行业推行各种形式的防伪有奖发票，增强消费者索票意识，以票控税。当年全省服务业营业税入库 61.8 亿元，同比增长 38.8%。五是加强货物运输业发票管理。利用信息化手段，实现电脑控税和源头监管，严格专用发票开据，促进收入增长，当年全省交通运输业营业税入库 16.34 亿元，同比增长 33.3%。六是做好个人所得税建档扩面工作。加大对申报情况的对比分析，特别是加大对零申报、异常申报的纳税质询，当年全省个人所得税突破 100 亿元，收入规模跃上新台阶。七是加大税收检查和清欠力度。当年全省查补各项税款 12.94 亿元，清理入库各项欠税 30.86 亿元。八是推广应用信息化手段。开展“满意在地税”优质服务活动，通过 12366 纳税服务热线，接受纳税人咨询，加强纳税指导。另外，省内各地积极推行征管、稽查数据省辖市大集中，如率先在全省实行数据集中的无锡市 2004 年地税税收总量突破 100 亿元，收入增幅高达 44.1%。九是全面导入 ISO9000 质量管理体系。按照明确岗位职责，简化考核制度，强化追究机制要求，全面推行 ISO9000 质量管理体系，把各岗位各环节税收执法活动纳入执法责任制轨道，解决“疏于管理，淡化责任”问题。

2005 年，地税收入增长 16%。一是加大落实税收优惠政策力度。重点落实下岗再就业和促进民营经济快速发展的税收优惠政策，企业技术改造国产设备投资抵免所得税、技术开发费比上年增长加计扣除等税收政策，推进企业技术更新和产业升级。二是加大依法治税力度。贯彻国务院《全面推进依法行政实施纲要》和《关于推行行政执法责任制的若干意见》，推行税收执法责任制，严格执行组织收入原则，坚持依法治税，规范执法，文明执法。强化税务稽查，加大办案力度，堵塞征管漏洞，挖掘增收潜力，当年全省地税系统查补税款入库 15.09 亿元。开发税收执法管理信息系统，实现税收执法责任制的自动化考核，减少随意执法现象。三是推进税收管理向精细化转变。制定《关于规范税务检查工作职责的若干意见》，规范税务分局与税务稽查局在税务检查方面的职责分工，实施税收管理员制度，明确规范税收管理员的职责。建立税收管理员税源信息共享制度，推行“一户式”管理。加强重点税源监控，扩大重点税源监控面，纳入全省监控的重点税源户达 3166 户，比上年增加 666 户，应征税收、入库率均比上年提高。开展征管法及其实施细则贯彻情况专项检查，促进税收执法行为规范和税收征管法律体系完善。推行房地产税收一体化管理，与财政部门联合制定一体化管理实施方案，加强房地产税源控管。推广建筑业税收项目化管理。堵塞货运业税收征管漏洞，严格自开票纳税人认定管理，加强货物运输业税收管理。四是加强纳税评估管理。制定《纳税评估工作规程》，在全省推广应用统一的纳税评估软件，实现对税源全方位、全过程监控。五是大力清理欠税。严格欠税审批，做到挖欠增收。规范欠税管理，杜绝新欠，清理陈欠，加强延期缴纳税款管理，从严审批延期缴纳税款的申请，开展欠税情况核查，推行欠税公告制度，对往年陈欠细化分类清理，当年清理欠税入库 29.54 亿元。六是加强企业所得税、个人所得税的管理。按照核实税基、完善汇缴、强化评估、分类管理要求,统一台账格式,加强税前扣除项目管理,提高管理水平,当年全省企业所得税完成192.81亿元,增长17.8%,其中私营企业所得税完成45.30亿元,增幅为33.9%,股份企业所得税完成109.03亿元,增幅为21.1%。按照"四一三"工作思路,建立健全个人收入档案管理制度、代扣代缴明细账制度、纳税人与扣缴义务人向税务机关双向申报制度、与社会各部门配合的协税制度,推行个人收入全员全额管理,深化应用个人所得税管理软件,全省个人所得税完成136.72亿元,增长27.9%,其中工资、薪金所得和个体工商户生产、经营所得增长拉动较大,分别入库87.26亿元和23.89亿元,增长27.4%和32.8%。七是加强地方税管理。探索加强地方税规范化、科学化管理方法,制定《江苏省土地增值税清算管理办法》,全面推广应用《江苏省土地使用税税源管理软件》,落实生产企业出口货物增值税"免抵额"信息传递办法,加强地方税管理力度,地方税收入保持较快增长,增幅达29.3%。八是加大税收信息化建设力度。按照"完善主体、拓展两头"思路,完善征管信息系统功能,推广应用统一的土地使用税税源管理、纳税评估、执法责任制和电子申报等软件。加快税款缴库方式改革,全省有12个省辖市和27个县实现税款电子缴库,税款入库速度加快。当年在无锡、南通、徐州、宿迁四市省辖市级数据集中工作试点成功的基础上,依照省局统一部署,各省辖市局积极开展数据集中工作,取得一系列阶段性应用成果。

2006年,实现省委、省政府提出的税收收入"超千亿"目标。一是加强优惠政策落实情况督导。按照"不落实税收优惠政策就是收过头税"要求,开展税收优惠政策落实情况的检查和责任追究,确保扶持下岗再就业、促进现代服务业发展、促进企业自主创新、加快发展民营经济等方面的税收优惠政策得到不折不扣地执行,当年全省地税系统减免税收62亿元,其中减免失业下岗人员再就业税收3.2亿元,技术开发和转让营业税1.82亿元,高新技术和软件企业所得税4.12亿元,劳服企业所得税3.26亿元,民政福利企业所得税25.81亿元,其他23.79亿元。二是加强税收分析。掌握增减收因素,反映税收和税源状况,寻找管理上薄弱环节,以分析促管理,以管理促增收,提高税收征管质效。为确保完成全年地税收入"超千亿"的目标,定期召开有各业务处室负责人参加的收入分析例会,加强对经济走势、税收弹性、宏观税负、税源税基状况等的分析,研究改进和完善税源管理、税种征管的方法和措施。当年12月,分别在苏南、苏中和苏北地区召开由各省辖市"一把手"参加的组织收入工作会议,分析各项税收增减收因素的影响,下发《关于进一步做好当前组织收入工作的通知》,逐步实现税收收入管理理念由任务完成型向征管质量型转变。三是强化重点税源监控。牢牢把握组织收入脉搏,当年纳入省局重点税源监控户数达6124户,比上年增加2856户,税收收入监控比重达42%,比上年提高7个百分点。充分运用重点税源数据,按季发布分地区分行业税负,公布行业税负预警指标,重点对2005年度房地产业重点税源中低于营业税法定税率的135户企业进行检查,分析查找收入异常情况。四是加强征管基础工作。挖掘税收潜力,全面换发税务登记证,加强户籍管理。当年全省地税系统换发1383655件税务登记证,换证比例达93%,其中国、地税联办897619件。通过换发税务登记证,清理漏征漏管户2.68万户,清理税额1497万元,罚款161万元,加收滞纳金20万元。落实税收管理员制度,推进精细化管理,执行总局《税收管理员制度(试行)》,明确税收管理员基本工作职责,明晰税收管理员考核要求,稳步推进税收管理员制度的落实工作。省内各地先后开发税收管理员软件,利用管理平台提高税收管理员工作效率。开展纳税评估工作,提高税收征收率。全面推广应用纳税评估软件,对税源进行监控,发现异常,及时处理。当年全省纳税评估10万户次,增加税款17.6亿元。突出重点稽查,深入整顿和规范税收秩序。全省各地有效整合稽查资源,推行分级分类稽查模式,强化对重点行业、重点企业的税务稽查,发挥"以查促管、以查促查"作用。当年全省实施分级分类稽查共检查纳税人1045户,查补收入13.2亿元。认真执行欠税公告制度,规范欠税管理,全面推行欠税公告制度,当年省局公告纳税人300余户,公告税款1582.21万元,全年清理欠税入库19.77亿元。五是加强税种管理。出台营业税扣除项目管理办法,推行建安房地产项目化管理,推行餐饮、旅馆和娱乐业税控防伪和有奖发票，落实房地产税收一体化管理，强化“先税后证”管理。做好企业所得税汇算清缴，全省参加汇缴赢利企业（不包括核定征收企业）61913户，实现利润587.33亿元，应纳所得税额195.33亿元，实际上缴所得税155.65亿元，汇缴期间查补企业所得税1.33亿元。全力推进个人所得税全员全额明细申报，截至当年三季度，全省全员全额扣缴申报户数达28.65万户，扣缴申报纳税人达991万人次，月申报税款达5.65亿元，为纳税人开具完税证明279万份。同时，重点加强对利息、股息、红利所得的管理，该项目个人所得税收入增长66.9%。做好生产企业货物免抵额信息、“两税”信息的传递和分析对比工作等，当年“地方七税”总量增长24.8%，其中，城建税收入84.66亿元，总量继续位列全国第一。七个税种增幅均超过20%，实现各税种均衡发展。

2007年，全面实施税收科学化、精细化管理，实现完成省委、省政府提出的税收收入目标。一是落实税收新策。当年税收政策调整总体上增收大于减收，城镇土地使用税税率上调，当年城镇土地使用税增长4.47倍；个人转让住房营业税政策调整翘尾增收；二手房交易个人所得税政策调整，全省二手房交易入库个人所得税2.3亿元。二是丰富税收分析内涵，提高税收收入质量。以开展“深化分析年”为活动主线，比对税收收入与综合经济指标，开展分地区、分行业、分税种税收结构性分析和同业税负分析，对收入增幅较高的地区和苏北地区28个县市农村税收加强调研，重点剖析税源实际情况，逐步实现税收收入管理由任务型向征管质量导向型的转变。强化重点税源管理，提高税源监控水平，遵循“宏观找问题，微观查原因，征管出措施”思路，稳步扩大全省重点税源监控比重，全省纳入省局监控的重点税源企业户数为7542户，比上年增加1346户，收入监控比重达42%以上。加强对重点行业的监控管理，推广应用重点税源信息网上直报系统，实行“重点税源重点管理，一般税源规范管理，零散税源社会化管理”，形成省局、市局、县区局、企业逐级采集、管理、分析、上报重点税源数据的四层监控体系。按季公布重点行业、重点税种税负预警信息，横向推送征管、稽查部门，为纳税评估、税务稽查提供数据支持，提高重点税源的监控水平。三是强化征管基础工作，提高征管效应。推进税费同步国库汇集和缴库，实行财税库联网，全省电子化缴税（费）率接近90%，税款入库时间缩短到以秒为单位，方便纳税人办税和税款入库，提高财政资金效益。推进和完善税收管理员制度，加强对纳税人户籍的动态管理，加强税务登记换证的后续管理，实现与工商部门的涉税信息的共享，及时比对税务登记管理情况。深化纳税评估，收集整理各地有效的纳税评估指标公式进行全省推广，纳税评估的针对性、有效性显著增强。加强税种管理。以行业营业税管理为抓手，在建筑业、房地产业初步实现了项目化、属地化、专业化、信息化的“四化”管理机制。积极开展社会综合治税，以加强个人房屋出租税收征管为突破口，以零散税收委托代征点为依托，配套完善征管办法，开展调查核实工作，综合治税体系初步建立。当年全省个人出租房屋税收近4亿元。四是积极开展税收执法检查，加大稽查查补力度。开展税收执法情况检查，坚持以规范税收执法行为为核心，对税收规范性文件制定情况、土地增值税政策执行情况、税收征收管理情况、税务稽查情况、减免税管理情况、重点税源户管理等方面进行重点检查。组织全省房地产业、建筑安装业、证券业以及餐饮业税收专项开展检查工作，检查纳税人3942户，有问题户2616户，查补收入合计5.98亿元，达到了以查促收、以查促管的目的。

2008年，全省地方税收收入总体实现平稳增长。一是加强收入目标管理。深化收入分析预测，坚持从经济到税收的原则，及时分解落实一般预算收入目标，细化目标考核，确保收入目标落实到户、落实到人。密切关注税源发展动态，深入分析经济形势变化、税收政策调整对税收的影响，认真抓好总体收入与综合经济指标的比对，开展分税种、分行业的经济税收结构性分析，积极进行行业税负分析，加强税收滚动预测，及时掌握税收收入变化因素，深入查找征管薄弱环节，牢牢把握组织收入工作的主动权。二是加强重点税源、重点行业监控，提升税源管理质量。根据“抓大、控中、规范小”的税源管理思路，运用信息化手段，分级、分类稳步扩大重点税源监控范围，提高税收收入监控比重。纳入省局重点税源企业监控管理的户数达9561户，比上年末增加1937户，税收监控比重达到45.2%，比上年末提高1.7

个百分点。对建筑业、房地产业，积极开展“统一管理，集中征收”的专业化管理，促进税收及时入库，全省建筑业、房地产业实现税收608.23亿元，同比增长17.5%。对餐饮等行业，推广税控装置，规范发票开具使用，加强纳税人申报信息与开票数据的核对，努力做到以票控税，全省住宿餐饮业实现税收32.57亿元，同比增长16.7%。三是强化税种管理。创新甲供材营业税征管新举措，强化建筑业营业税委托代征。开展营业税纳税能力估算，为营业税税源管理提供依据。做好新旧企业所得税政策衔接和宣传辅导，确保新企业所得税政策的贯彻落实；强化企业所得税的汇算清缴，全年入库80.56亿元，同比增长40.7%，比上年提高8.2个百分点。加强12万元以上个人所得税申报缴税工作。加大重点行业、利股红、二手房转让等个人所得税扣缴和征管力度，促进个人所得税较快增长。落实土地使用税、车船税政策，加强土地增值税的清算和印花税的评估，全省“地方七税”收入397.47亿元，居全国地税系统第二位。四是强化依法治税，提高税收征管的质量和效率。全省各级地税机关通过建立统一的依法治税评价标准，不断加大对全系统依法治税工作的组织和引导力度。开展以注销税务登记管理、非正常户管理及停(复)业管理为主要内容的专项执法检查和执法监察工作，严肃查处吸税、引税、虚收空转等违法违规行为，有效减少税收执法的随意性。加强对重点地区、重点行业、重点企业的税收稽查，狠抓大要案查处，重点打击偷逃税和暴力抗税案件，公开曝光涉税反面典型，净化税收环境，达到以查促收、以查促管的目的。当年全省查补税款入库18亿元，同比增长34.3%。五是积极推进综合治税，提升协税护税水平。按照《江苏省地方税收征管保障办法》精神，推进社会综合治税，加强与财政、建设、交通、发改委、工商、房产管理、国土资源等部门配合、交流，及时交换相关涉税信息，提升税收征管效率，防止税收流失，社会综合治税水平显著提高，税款入库增多。另外，根据有利于税收控管和方便纳税人的原则，明确代扣代缴和委托代征税收项目及相关单位，强化源泉控管。当年全省代扣代缴及委托代征税款入库321.76亿元，同比增收67.91亿元，增长26.8%，拉动全省税收增长4.9个百分点。

1994-2008 年全省地税机关组织税收收入情况表

单位：万元

年份	税收收入合计	营业税	企业所得税	个人所得税	资源税	固定资产投资方向调节税	城市维护建设税	房产和城市房地产税	印花税	城镇土地使用税	土地增值税	车船使用和牌照税	屠宰税
1994 年	642900												
1995 年	845212	374264	208499	25183	6728	22082	123727	37783	9904	15783	21	12491	8747
1996 年	1179185	560419	260349	75952	7064	26982	147728	46812	12039	14951	251	14240	12398
1997 年	1459839	619230	346841	150831	7416	38257	168870	65363	17278	15180	463	15073	15037
1998 年	1627177	746988	286968	206912	8606	39144	185370	83438	19786	14840	752	15966	18409
1999 年	1841170	804536	357477	253994	8797	37332	207751	93138	24604	16236	955	17344	19006
2000 年	2356779	964472	564704	332235	9773	15276	264137	118327	32592	16695	1474	17387	19707
2001 年	3021228	1103559	925184	444935	9649	2944	302468	142034	43279	25959	2806	17317	1094
2002 年	3692164	1491420	903777	598631	13657	484	365806	201470	57859	34459	5436	19165	
2003 年	4823403	2065945	1084485	796487	17731	2609	461160	231600	78732	38234	26544	19876	
2004 年	6744486	2819950	1636356	1069328	23490	407	584142	291911	129621	44360	124037	20884	
2005 年	8331358	3420899	1928116	1367170	28339		704229	401197	163326	67112	227336	23634	
2006 年	10138933	4310235	2131691	1680334	38820	3	846605	488376	199258	85751	329169	28691	
2007 年	13649575	5728828	2553353	2322112	43203	0	1086420	541155	271418	554844	513889	34353	
2008 年	16583727	6624094	3049430	2935664	54990	-148	1251521	688912	333722	879909	634468	131165	
合计	76937136	31634839	16237230	12259768	278263	185372	6699935	3431516	1393417	1824314	1867601	387586	94398

1994–2008全省地税机关组织基金费收入情况表

单位:万元

年　份	基金费合计	教育费附加收入	文化事业建设费收入	社会保险费收入	地方教育费附加	其他各项基金
1994年	0					
1995年	20230	10593	8		372	9257
1996年	33327	28500			1533	3294
1997年	63534	57249	133		6152	
1998年	71527	59928	3717		3166	4717
1999年	89173	72072	4593		3662	8846
2000年	559677	97104	5990	373498	4354	78731
2001年	1559021	101831	6914	1450276		
2002年	2079819	123349	8484	1882006	28207	37773
2003年	3168066	151036	9099	2596587	35778	375566
2004年	4000475	274459	10948	3438652	12664	263752
2005年	4862353	315596	13067	4383901	90712	59077
2006年	6666893	396993	15345	5400225	153534	700796
2007年	8658203	498454	19350	7078920	209432	852047
2008年	10734254	579371	21349	8946615	261837	925082
合　计	42566553	2766535	118997	35550680	811403	3318938

税收法治建设

税收法制建设

一、组织机构建设

建局初，江苏省地税局由税收管理处负责法制建设，由办公室负责税收执法检查。1997年10月，正式组建政策法规处，具体负责地方税收法规规章的起草、综合性税收政策调研、税收执法检查、税务行政复议与应诉等工作。1999年，下发《关于各省辖市、苏州工业园区地方税务局设置基层工作、政策法规等科室的批复》（苏地税发〔1999〕146号），各地地税局开始组建专门的法制工作机构。1999年，明确政策法规处承担涉税文件会签会办职能。2000年，机构改革的三定方案中政策法规处又增加重大税务案件审理、综合性税收业务调研与协调、行政处罚等职能。2010年，江苏省地税局成立督察内审处，执法责任制和执法检查职能由督察内审处承担。

二、制度建设

自1997年江苏省地方税务局政策法规处设立以来，由其制定的相关制度如下：1999年，制定《江苏省地方税务局税务行政执法规则（试行）》（苏地税发〔1999〕138号）和《江苏省地方税务局税法公告管理办法（试行）》（苏地税发〔1999〕148号）；2000年，制定《江苏省地方税务局税务行政复议操作规程》（苏地税发〔2000〕085号）；2008年，和省物价局联合印发《江苏省涉税财产价格鉴证管理办法》（苏价证〔2008〕216号），制定《江苏省地方税务局税务行政处罚实施办法》（苏地税发〔2008〕64号）、《江苏省地方税务局预防和化解税务行政争议实施办法》（苏地税发〔2008〕130号）和《江苏省地方税务局依法治税评价标准》（苏地税发〔2008〕131号）；2009年，制定《江苏省地方税务局创建依法治税示范单位实施办法》（苏地税发〔2009〕36号）、《江苏省地方税务局税务行政执法证据采集规范》的通知（苏地税发〔2009〕101号）和《江苏省地方税务局税收政策法规查询管理系统运维办法》（苏地税函〔2009〕160号）；2010年，制定《关于印发涉税管理事项的通知》（苏地税规〔2010〕3号），重新修订并发布《江苏省地方税务局税务行政处罚实施办法》的公告（苏地税规〔2010〕6号），制定《江苏省地方税务局税务行政强制实施办法》（苏地税规〔2010〕11号）。

依法治税

一、推进依法行政

1998年3月，国务院下发《国务院关于加强依法治税严格税收管理权限的通知》，正式提出“依法治税”的口号。江苏省地税局根据要求，结合税收执法检查，清理、检查税收政策执行情况，汇集经济体制改革过程中税收政策的调整建议。

1999年，国务院下发《关于全面推进依法行政的决定》。2000年，省政府下发《关于全面推进依法行政工作的决定》。2000年，江苏省地税局制定下发《关于贯彻〈省政府关于全面推进依法行政工作的决定〉的实施意见》，通过严格涉税政策的制定和管理、规范税务行政执法行为、强化税务行政执法监督机制、加强法制教育和税法宣传、完善税务服务体系等措施贯彻落实以上决定。

2001年8月，国家税务总局召开全国税务系统依法治税工作会议。会议对依法治税思想做阐述，明确依法治税的总体要求、阶段性目标和主要任务，确立依法治税工作的指导方针。2001年9月，江苏省地税局召开全省地税系统依法治税工作会议，总结几年来的依法治税工作，交流部分地区依法治税的工作经验，明确江苏省地税系统依法治税的总体要求是认真落实国家税务总局关于依法治税的各项制度、规定,循序渐进,重点突破,全面提高依法治税工作水平,努力做到执法体制完善,执法环境良好,执法依据合法,执法程序完备,执法行为公正,执法责任明确,执法监督有效,执法保障有力,执法素质优良,执法形象一流。

2004年,国务院发布《全面推进依法行政实施纲要》。加强内部治理,建立法治税务。江苏省地税局组织有关调研工作,分析研究江苏省地税系统推进依法行政的状况、要求和措施,从加强内部治理、推进政务公开、规范行使裁量权、加快税务管理改革、推进诚信建设、严格执法监督等方面推进依法行政建设。

2004年,江苏省委印发《法治江苏建设纲要》。江苏省地税局制定下发《关于贯彻〈法治江苏建设纲要〉的实施意见》,从明确目标统筹规划、完善税收征管体制、严格执行税收法律和政策、增强税务人员法治观念、提高服务质量、建立健全监督机制、加强对贯彻实施工作的组织领导等方面贯彻落实《法治江苏建设纲要》。

2005年,国家税务总局下发《税务系统贯彻落实〈全面推进依法行政实施纲要〉的意见》,江苏省地税局贯彻落实。

2008年,江苏省地税局被省依法行政领导小组评为省级机关10个依法行政示范点之一。2009年,江苏省地税局在首次省级机关依法行政考核中名列第四。

开展依法治税业务考试,促进依法治税深入开展。

2010年8月,国务院召开全国依法行政工作会议,总结2004年《全面推进依法行政实施纲要》发布以来的工作,分析依法行政工作面临的新情况新问题。2010年9月,国家税务总局召开全国税务系统依法行政工作视频会议,总结国务院《全面推进依法行政实施纲要》实施六年来税务系统依法行政工作取得的成绩,分析存在的问题和面临的形势,对税务系统贯彻落实全国依法行政工作会议精神作出部署,提出要求。

2010年12月,江苏省地税局成立依法行政工作领导小组,负责牵头、组织、协调和监督检查全省地税系统依法行政工作。领导小组办公室设在政策法规处,办理领导小组的日常事务。

二、创建"依法治税示范单位"

2008年,江苏省地税局省局出台《江苏省地方税务局依法治税评价标准》,对依法治税工作在组织机构、人员素质、制度建设、执法行为、执法监督、纳税人权益保护、外部评价等方面提出要求,形成全省统一的依法治税评价标准。

2009年初,江苏省地税局下发《江苏省地方税务局创建依法治税示范单位实施方案》,首次在全系统开展以县(分)局为单位的依法治税示范单位创建工作。根据创建工作实施方案,省局于9月中旬完成对创建申报单位的初审,正式确定42家依法治税示范单位创建单位。9月下旬,又先后组织8个评估小组,历时近两个月,完成对创建单位的现场评估工作。12月中旬,在综合评估报告和相关部门掌握情况的基础上,确定依法治税示范单位公示名单,在省局网站及相关单位办税服务厅进行公示。2010年1月,南京市地方税务局鼓楼分局等22家单位被省局授予"依法治税示范单位"称号。

税收执法监督

一、加强税收规范性文件管理

(一)税收规范性文件制定工作

1999年,江苏省地税局下发《江苏省地方税务局税务行政执法规则(试行)》,要求各级地税部门在起草税收法规、规章及制定税收规范性文件中,由政策法规机构从立法依据、立法权限、立法技术、立法程序等方面进行审核会签。并且,江苏省地税局政策法规处还具体负责对省政府及其相关部门出台的涉税规范性文件提出修改意见和审核会签,以求加强事前监督,从源头上把关。2009年,贯彻省政府发布《江苏省规范性文件制定和备案规定》的规定，全省地税系统税收规范性文件单独编号，编号规则为“×地税规〔(年度)〕××号”。2010年，贯彻国家税务总局《税收规范性文件制定管理办法》的规定据统计，全省地税系统公布税收规范性文件时使用公告形式，机关标识为×××地方税务局公告，套红头。

2003年，政策法规处会同相关处室对69件涉税文件汇提意见，2004年68件，2005年68件，2006年96件，2007年81件，2008年46件。

(二)税收规范性文件备查备案工作

1994年，国家税务总局发布《地方税收法规规章、税收规范性文件备查备案规定》。江苏省地税局根据规定，要求各地地税部门出台税收规范性文件之后必须报上级部门备查备案，并且由政策法规部门负责对上报文件进行审读，并对违规的文件提出书面纠正意见。1998年，制定下发《江苏省地方税务局〈地方税收法规规章、税收规范性文件备查备案规定〉实施办法》，对备案备查文件的范围、备案备查的程序以及违规文件的处理做规定。2002年开始，江苏省地税局开始对各省辖市上报的备查备案文件全部进行建档登记。2005年，贯彻国家税务总局《税收规范性文件管理办法(试行)》。2008年，取消纸质备案，要求通过电子文件备案。2009年，要求通过税收政策法规查询管理系统进行电子备案，贯彻省政府规章《江苏省规范性文件制定和备案规定》。2010年，贯彻国家税务总局《税收规定性文件制定管理办法》。

江苏省地方税务局2010年度规范性文件目录

序号	文件名称	文　号	公布日期
1	关于小型微利企业税收优惠征管问题的通知	苏地税规〔2010〕1号	2010年2月11日
2	关于公布若干废止和失效的税收规范性文件目录的通知	苏地税规〔2010〕2号	2010年3月10日
3	关于印发涉税管理事项的通知	苏地税规〔2010〕3号	2010年3月16日
4	关于贯彻执行苏地税函〔2010〕52号文的补充通知	苏地税规〔2010〕4号	2010年6月2日
5	关于印发《企业研究开发费用税前加计扣除操作规程(试行)》的通知	苏地税规〔2010〕5号	2010年6月23日
6	关于发布《江苏省地方税务局税务行政处罚实施办法》的公告	苏地税规〔2010〕6号	2010年8月23日
7	关于明确营业税若干征税问题的公告	苏地税规〔2010〕7号	2010年9月8日
8	关于城镇土地使用税困难性减免税有关事项的公告	苏地税规〔2010〕8号	2010年11月22日
9	关于办理技术转让税收优惠有关问题的公告	苏地税规〔2010〕9号	2010年11月26日
10	关于按季申报营业税的外资企业申报2010年12月城市维护建设税和教育费附加问题的公告	苏地税规〔2010〕10号	2010年12月2日
11	关于《江苏省地方税务局税务行政强制实施办法》的公告	苏地税规〔2010〕11号	2010年12月31日

(三)税收规范性文件清理工作

1999年，江苏省地税局开始对全省范围内的涉税规范性文件进行全面的清理鉴定。如盐城市就清理出涉税文件55个，其中废止33个，部分修改22个。2000年，对涉税规范性文件的清理工作结束。2007年，按照国家税务总局的要求，对省级部门出台的478件涉税规范性文件进行清理。在这次清理中，成立文件清理小组，明确分工负责，由法规处牵头，会同其他相关处室对文件进行逐条审读，着力解决税收政策执行中存在的重复交叉、相互冲突、难以操作等问题，形成清理意见。2008年，对国地税机构分设以来的311件各类税收规范性文件进行清理，发文废止24件。各地地税局也开展文件清理工作，宣布失效或废止各类税收规范性文件逾300件。

二、加强行政处罚管理

《中华人民共和国行政处罚法》自 1996 年 10 月 1 日起施行后，江苏省地税局按规定执行行政处罚设定权制度、实施行政处罚的主体资格制度、听证制度、罚款决定与罚款收缴相分离制度。1996 年，开始执行国家税务总局《税务行政处罚听证程序实施办法（试行）》和《税务案件调查取证与处罚决定分开制度实施办法（试行）》。2003 年，制定《税务行政处罚决定书范本》，针对当场处罚、行政处罚事项告知、行政处罚听证和行政处罚决定等事项提供文书范本。2008 年，制定下发《江苏省地方税务局税务行政处罚实施办法》，于 2008 年 7 月 1 日起在全省实行。《办法》重点对税务行政处罚的基本原则、自由裁量的方法及标准进行规定，确立首犯不罚和说明理由制度，并建立重大行政处罚案件集体审议及备案、行政处罚复查、专门督查等监督管理制度。《办法》下发后，苏州、常州和工业园区局开发行政处罚管理专用软件，南京市局建立重大处罚案件备案制度，南通、连云港、泰州市局开始推行说理式文书，镇江市局设计《税务行政处罚调查审理表》。2010 年 8 月，修订《江苏省地方税务局税务行政处罚实施办法》；出台《江苏省地方税务局税务行政处罚自由裁量基准》，根据同一种税收违法行为实施时主观恶性、手段和造成后果的不同，规定不同的处罚幅度；重新针对行政处罚事项告知和行政处罚决定制定行政处罚适用文书范本。

三、加强重大税务案件审理

2001 年，国家税务总局下发《重大税务案件审理办法（试行）》后，江苏地税系统开始全面落实重大税务案件审理制度，江苏省地税局成立重大税务案件审理委员会，委员会下设办公室负责日常事务工作，并要求县级以上地税局成立重大案件审理委员会。2002 年，江苏省地税局明确要求“两个坚持”，即坚持 10%的审理率，坚持经重大税务案件审理委员会审理的案件必须以该委员会所在单位的名义作出。南京、南通、泰州、扬州市局出台相应的重大案件审理议事规则、操作办法等制度。2003 年，江苏省地税局草拟《江苏省地方税务局重大税务案件审理操作规程》。2007 年，南京、盐城、扬州、无锡、苏州、南通、常州、连云港等市局引入检查和审理责任追究机制。2008 年，起草《税务案件处理指导意见》，对政策界定、行为定性等问题进行明确。常州市局推行审理员制度，要求审理员从优秀法制员、法律专长人员和税收业务骨干中选任。扬州市局要求 70%以上的重大税务案件须经重大税务案件审理委员会开会集体讨论决定。无锡市局建立重大税务案件通报制度和延伸管理机制，定期开展对重大税务案件涉案纳税人的纳税评估和纳税辅导。2009 年，南通市局创新案件审理形式，组织纳税人与调查人员当场质证、辩论。

四、深入推进税收执法责任制

2001 年，国家税务总局召开依法治税工作会议，明确要求各级税务机关建立以执法责任制为核心的考核管理机制，并下发《关于全面推行税收执法责任制的意见》和《税收执法过错责任追究办法》，在全国税务系统开始全面推行执法责任制。结合贯彻总局会议和有关文件精神，江苏省地税局于 2001 年正式启动税收执法责任制工作。自 2001 年 9 月份开始起草，2003 年形成《江苏省地方税务局税收执法责任制（试行）》，分《税收执法行为规则》、《税收执法岗责规范》、《评议考核办法》、《过错责任追究办法》四个部分，明确和解决税收执法中的四大问题：一是按照以事定岗、依法定责、权责相当的原则，构建科学的岗责体系，解决“做什么”的问题；二是通过明确执法环节、工作形式、工作时限、岗位衔接，实现流程再造，解决“怎么做”的问题；三是确定科学的考核指标，强化执法评议考核，解决“做的怎么样”的问题；四是确定责任追究标准，严格过错责任追究，来解决“做的不好怎么办”的问题。该责任制下发后，江苏各级地税机关相继成立由“一把手”负总责，分管领导亲自抓，征管、税政、监察、人事等部门共同参与的税收执法责任领导小组，实行“统一领导，分级管理”，明确工作职责，落实工作责任。2004 年 8 月，江苏省地税局把盐城市盐都地税局作为执法责任制电子化考核试点单位，根据江苏省税收管理体制现状，将执法责任制考核与税收征管工作相结合，与 ISO9000 质量管理体系相结合，与规范化考核相结合。2005 年 8 月 18 日，召开由省局党组成员、各省辖市局长、分管局长、法规处长和县（市）局主要负责人参加的全省地税系统全面深入推行税收执法责任制工作会议，总结2001年来全省地税系统税收执法责任制工作的基本情况，明确推行税收执法责任制的工作目标和任务。2005年开始贯彻《国家税务总局关于印发税收执法责任制“两个办法”和“两个范本”的通知》、《国家税务总局关于深入推行税收执法责任制工作的意见》和《省政府办公厅关于全面推行行政执法责任制的实施意见》。同年，发布《江苏省地税税收执法管理信息系统》，开始推广税收执法责任制电子化考核，2006年7月1日，系统全面上线运行，税收执法责任制推行工作取得实质性进展。2008年，针对计算机考核的局限性，简化执法流程，完善人机结合的考核办法。2009年，推广集体问责制度，避免因非主观原因使执法人员承担责任，保证责任追究的公平、公正。

五、加强执法检查

1995年4月，江苏地税系统采取重点检查和抽查工作相结合的方式开展执法检查。检查重点为改变税种属性，混淆入库级次；不执行统一税法，继续实行包税；未经授权变通税收政策，乱开减免税口子；未按规定程序和权限批准缓缴税款，造成欠税。

1996年6月下旬至8月底，江苏地税系统采取自查与抽查相结合的办法，对1995年度制定的各种涉及地方税的法规、规章及规范性文件进行清理。重点检查各基层税务部门在税收执法中，有无违反税法规定，实行税收承包和乱开减免税口子、违章批准缓缴税款的行为。

1997年7月上旬至9月上旬，江苏省地税系统采取自查与抽查相结合的方式，对1996年度制定的各种涉及地方税的法规、规章及其他规范性文件进行清理，重点检查各基层税务部门在税收执法过程中，有无违反税法规定，实行包税或变相包税和乱开减免税口子、违章批准缓缴税款的行为。

1998年6月下旬，江苏省地税局召开全省税收执法检查工作会议，专题研究部署税收执法检查工作。6月底至9月中旬，对江苏省地税系统1997年度税收执法情况进行检查。重点检查1997年以来的税收执法情况和前几年查出问题的整改情况，对重大问题也可以追溯到以前年度。在检查方式上，采取自查与重点检查相结合的方式。共查出违规涉税文件8个，税务处罚不当16件，不规范的税务处理决定书320份；越权减免税13户，减少税款365.5万元；滞纳金执行不到位679户，少收滞纳金1151.35万元；违规审批缓税281户，涉及税款569.4万元。主要发现地方政府干预税收执法、缓缴税款审批管理不到位、滞纳金制度执行不力、少数地方税收执法具体行政行为不够规范等问题。1999年1月27日，《中国税务报》以《江苏地税严执法重整改》为题，专题报道江苏省地税系统的执法检查情况。

召开全系统税收执法检查工作会议，部署执法检查工作。

1999年7月1日至9月15日，江苏省地税局在全系统开展税收执法检查。江苏省地税局对南京、无锡、扬州、淮阴市进行重点检查，共查阅涉税文件1000余份，卷宗2000多个，抽查相关纳税人近40户。通过检查，共查出税前列支、补亏不合规定的579户，补缴税款309万元；未缴滞纳金2883户，补缴滞纳金394万元；违规批缓税285户，清缴税款805万元。检查中发现少数地方政府干预税收执法、个别地方缓缴税款审批管理不到位、滞纳金制度执行不力、个别地方的税务具体行政行为不够规范等问题。

2000年8月1日至10月31日，江苏省地税局在全系统开展税收执法检查。检查内容涵盖税收行政执法的全过程。检查方法要求每个地区分别选择一个征收分局、检查分局、稽查局，对税收执法的全过程实施跟踪检查；稽查卷宗的检查面达到稽查案件总数的40%以上，并延伸到10户纳税人进行稽查检查质量和查处案件执行情况的检查。在各地自查的基础上，江苏省地税局从组成6个重点检查组，对徐州、苏州、南通、连云港、盐城、苏州工业园区等地进行为期近20天的重点检查,重点检查面达43%。各检查组在检查期间,共查阅涉税文件1500余份,征管资料400多本,稽查卷宗3000余个,抽查稽查卷宗数占被查地区1999年稽查案件的50%,同时还对5个县局、60多户纳税人进行延伸检查。检查中发现个别地区越权制定涉税政策、缓缴税款审批管理不到位、对税款入库进行人为调节等为题。从2000年开始,江苏省地税局要求检查前要发整改通知书,检查中发现的问题要求被查单位签字确认,检查后下发行政执法纠正通知书。江苏省地税局连续3年被总局评为执法检查先进单位。

2001年9月5日至11月15日,江苏省地税局在全系统开展税收执法检查。检查内容涉及税务登记、发票管理、纳税申报、税款征收和税务检查等方面。江苏省地税局组成7个检查组对全省的十四个省辖市(区)局进行检查。

2002年9月17日至9月29日,江苏省地税局组织三个税收执法检查组,分别对常州市、泰州市及常熟市地方税务局2001年以来的税收执法情况进行检查。检查重点为发票管理、重点税源户征管、入库级次、过渡账户、欠税管理、税务稽查、行政处罚、文书送达、违规引税、税征管理十个方面。

2003年10月至12月,江苏省地税局对镇江、苏州和南通等地进行执法检查。检查内容为2002年以来的营业税税收政策的执行情况和个人所得税税款扣缴质量管理情况。

2004年,执法检查的内容包括个体户定期定额执行情况、货物运输行业发票管理情况、房地产行业税收政策执行情况等方面。检查过程中,江苏省地税局分别对连云港和淮安两地进行20天全面的税收执法检查,检查涉及两地所有的县(区)级地税机关。

2005年11月29日至12月12日,江苏省地税局组织四个税收执法检查组,对南京市、苏州市、无锡市及苏州工业园区地方税务局2005年以来的税收执法情况进行检查,检查面达到30%。在检查的内容上,涵盖整个税收业务,主要有征收管理、税务稽查、税收政策执行、税收法制、税收计会统、文书送达六个方面,重点在税收收入、税务稽查及货运发票管理三个方面。

2006年9月至11月,江苏省地税局对全省地税系统14个单位2005年以来税收执法情况进行重点检查。这次检查是江苏地税系统成立以来,税收执法检查规模最大的一次。检查过程中,与财政部驻江苏专员办和审计署驻南京特派办建立协调联系机制,通过联席会议等形式进行沟通和交流。检查中发现违规制定文件、发票管理基础薄弱、纳税评估工作开展不理想、税款征缴行为不够规范等问题。

2007年,执法检查的重点为税收规范性文件制定情况、土地增值税政策执行情况、税收征收管理情况、税务稽查情况、减免税管理情况、重点税源户管理情况等。江苏省地税局成立三个检查小组,分别对省局直属分局、南京市局鼓楼分局、徐州市新沂市局、苏州市太仓市局、扬州市局三分局、泰州市泰兴市局及宿迁市泗洪县局进行重点检查。检查中发现个别单位抽象行政行为不够规范、少数单位基础管理工作薄弱、少数单位税款征收不规范等问题。

2008年,江苏省地税局在全系统开展税收执法检查。上半年,对常州、镇江、淮安市局开展以注销税务登记管理、非正常户管理和停(复)业管理为主要内容的专项执法检查。10月,又组织对南通、盐城和连云港市局的全面执法检查。其中,与财政部驻江苏专员办配合,对灌云县局吸税引税、虚收空转的问题进行严肃查处,并在全系统进行通报,责成连云港市局对有关责任人进行严肃处理。全省地税系统2008年通过执法检查发现执法过错问题,进行责任追究3782人次,其中批评教育1701人次,书面检查190人次,经济惩戒1891人次,并对存在重大执法过错的人员进行行政处分。

2009年,税收执法检查的重点为地方党政、税务机关以及其他部门有无越权或违规制定涉税文件、企业所得税管理是否符合国家统一政策、重点行业管理是否到位、货物运输业发票管理是否规范等。11月上旬,江苏省地税局组成三个检查组,对南京市局栖霞分局等6个县(区)局进行重点检查,发现违规执法事项100多个,涉及税款近1.3亿元。在全系统的检查过程中发现注销登记管理不规范、发票管理不严格、货运发票管理不深入、企业所得税政策管理有待加强、税务行政处罚规定未严格执行、税务稽查管理不规范等问题。

截至2009年，全系统因执法检查发现问题，被追究过错责任的有10538人次。

2010年3月，江苏省地税局成立督察内审处，执法检查职责由政策法规处转移至督察内审处。

纳税人权利救济

一、税务行政复议工作

中央、地方税务机构分设后，江苏省地税局于1995年成立江苏省地方税务局税务行政复议委员会。委员会下设复议办公室，当时复议办公室设在征管处。同时要求各地地税局成立行政复议委员会。1998年，县局以上基本按规定成立税务行政复议委员会和复议办公室。1999年，贯彻执行国家税务总局下发的《税务行政复议规则(试行)》。2000年7月，召开案例分析会，各地就辖区内发生的复议、应诉典型案件进行研讨。同年8月，制定发布《江苏省地方税务局税务行政复议操作规程(试行)》，对税务行政复议机关、复议申请和受理、复议审查、复议决定、责任追究和档案管理等方面做规定。2004年，贯彻国家税务总局修订下发的《税务行政复议规则(试行)》。2006年，根据国家税务总局的要求，对江苏地税系统的税务行政复议工作情况做调查，发现行政复议经费不足、县级地税部门人员配备不到位等问题。2008年，贯彻《江苏省行政复议听证办法》。2009年，江苏省地税局政策法规处和盐城市地税局获得江苏省行政复议工作先进集体称号。2010年，贯彻国家税务总局再次修订后发布的《税务行政复议规则》。

据统计，2000年江苏地税系统共发生税务行政复议案件14起，2001年13起，2002年12起并首次发生以省辖市局为被申请人的行政复议案件，2003年12起，2004年18起，2005年18起，2006年14起，2007年19起，2008年9起，2009年8起。

二、税务行政诉讼工作

1995年，国家税务总局下发《税务行政应诉工作规程(试行)》后，江苏省地税局从应诉准备、出庭应诉、上诉与申诉、履行与执行等方面按要求进行贯彻。2009年，制定《江苏省地方税务局税务行政执法证据采集规范》，对税收执法证据的种类、取证的一般原则和方法，以及具体税收执法事项的取证要求等进行规范。

据统计，2000年江苏地税系统共发生税务行政应诉议案件6起，2001年8起，2002年2起，2003年5起，2004年9起，2005年4起，2006年7起，2007年8起，2008年4起，2009年3起。

三、预防和化解税务行政争议

2007年，江苏省地税局开始起草《江苏省地方税务局预防和化解税务行政争议实施办法》，2010年正式下发。该办法要求县级以上税务机关应当成立税务行政争议调处办公室，并明确预防和化解税务行政争议的基本原则、责任部门和工作程序，对税收执法过程中易产生争议的环节和问题进行规范，并建立责任追究机制。2010年，盐城市地税局制定《预防化解行政争议处理规则》、《行政争议和解办法》、《行政争议调解办法》，形成制度体系。

税务行政审批制度改革

2009年，江苏省地税局制定下发《关于实施税务行政审批制度改革有关问题的通知》，将绝大部分税务行政审批权限下放到基层，规定除“指定企业印制发票”和“A级纳税信用等级评定”外，所有涉税审批事项都由县(区)级税务机关办理；规定除困难性减免税、延期缴纳税款和注销税务登记等少数几个涉税事项限时办结外，其他涉税审批事项必须当场办结；规定所有涉税备案或审批事项都由办税服务厅统一受理，对资料不全的，一次性告知纳税人进行补证，所有办结事项由窗口统一出件。连云港市地税局对行政审批事项进行系统梳理，编印《连云港市地方税务局税务行政审批操作手册》，保证所有执法人员人手一册。徐州市地税局统一规范审批事项流程标准，建立分类分项后续监管制度。无锡市地税局研究开发税务行政审批管理软件，实现审批项目的辅助支持、即时出件和全程监控。苏州市地税局行政审批过程中使用影印系统,初步实现涉税审批在线化、资料流转无纸化。

2009年5月15日,召开全省简化审批程序工作座谈会,对税收行政审批制度改革工作进行交流和探讨。

2010年,梳理和规范全省地税系统涉税办理事项,制定下发《关于印发涉税管理事项的通知》,对全系统267项涉税办理事项进行明确,对每一事项所需报送的申报资料进行统一规范。下发《江苏省地方税务局行政审批改革补充通知》,将冠名发票资格认定、建筑业自开票纳税人认定、印花税票代售许可、纳税人退税手续办理(重复征税退税除外)、个人所得税征收方式的核定、非居民享受税收协定待遇的审批、定期定额户定额核定变更等难以当场办结的事项调整为限时办结。

自2009年7月份下发《关于实施税务行政审批制度改革有关问题的通知》至2010年11月底,全省共办理涉税审批和备案类事项共计15万多户次,其中当场办结13万多户次。

反补贴反倾销应对

2008年,根据国家税务总局的要求,江苏省地税局政策法规处开始组织涉税反补贴案件的应对工作。2008年,在无锡、常州、镇江等市地税局的配合下,完成2起反补贴、反倾销案件核查应对的调查核实工作。2009年,在苏州、无锡、常州、镇江等市地税局的配合下,完成60多起反补贴案件核查应对调查核实工作。2010年,完成10起应对美国、加拿大、欧盟提起的涉及江苏省20多家企业的反补贴、反倾销案件核查工作。

税收管理

营业税

一、税制沿革

1993年进行的税制改革，根据社会主义市场经济要求，以建立规范的税制为基本目的，将商品生产、流通全过程都改征增值税，同时也将加工、修理修配行为改征增值税，重新修订、颁布《中华人民共和国营业税暂行条例》（国务院令〔1993〕136号），1993年12月27日财政部颁布《中华人民共和国营业税暂行条例实施细则》〔（1993）财法字第40号〕，并从1994年1月1日起实行，将营业税的课税范围限定为提供应税劳务、转让无形资产及销售不动产，而且适用于内、外资企业，建立统一、规范的营业税制。2008年11月14日国务院总理温家宝日前签署国务院第540号令，公布修订后的《中华人民共和国营业税暂行条例》，自2009年1月1日起正式施行。

2008年12月15日，财政部、国家税务总局公布修订后的《中华人民共和国营业税暂行条例实施细则》（以下简称新《细则》），新《细则》自2009年1月1日起实施。与旧条例相比，新条例的主要变化点表现为：一是调整纳税地点的表述方式。为解决在实际执行中一些应税劳务的发生地难以确定的问题，考虑到大多应税劳务发生地与机构所在地是一致的，而且有些应税劳务的纳税地点现行政策已经规定为机构所在地，将营业税纳税人提供应税劳务的纳税地点由劳务发生地原则上调整为纳税人机构所在地或者居住地。二是删除条例第五条转贷业务差额征税的规定。这一规定在实际执行中仅适用于转贷外汇业务，造成外汇转贷与人民币转贷之间的税收不公，在目前我国外汇储备充足的情况下，其不合理性日益明显。因此，为促进税收政策的公平，删除这一条款。三是考虑到营业税各税目的具体征收范围难以列举全面，删除现行营业税条例所附的税目税率表中征收范围一栏，具体范围由财政部和国家税务总局规定。四是与增值税条例衔接，将纳税申报期限由10天延长至15天，增加1个季度的纳税期限，调整外汇结算销售额折合人民币的规定，补充扣缴义务人的相关规定。

新营业税税目税率表

税　　目	税　率
一、交通运输业	3%
二、建筑业	3%
三、金融保险业	5%
四、邮电通信业	3%
五、文化体育业	3%
六、娱乐业	5%-20%
七、服务业	5%
八、转让无形资产	5%
九、销售不动产	5%

二、税目管理

（一）交通运输业

2003年10月国家税务总局出台货物运输管理办法，规定对联运业务，以其取得的收入扣除支付给以后承运者的运费、装卸费、换装费等费用后的余额作为营业税计税额。联运业务统一使用“联运业务专用发票”。根据江苏省税收征管实际，取消联运发票的使用，统一使用“货物运输专用发票”。

自2003年10月至2004年年底，为加强公路、内河货物运输税收管理，整顿货物运输市场，国家税务总局出台11个文件、6个明传电报，将提供货物运输劳务的单位和个人分为自开票纳税人和代开票纳税人，自开票纳税人必须符合相应条件，由主管税务机关进行审核，出具认定证书，才能到主管税务机关申请领购并自行开具货物运输业发票；除此以外从事货物运输的单位和个人需开具货物运输发票可到主管地方税务局开具或到经省级地方税务局批准的代开票中介机构代开具货物运输业发票。

结合江苏省情制定货运代开票中介机构管理工作意见，改变各地原来委托运输管理部门代征税款的做法，明确代开票中介机构的条件、资格认定的办理程序、中介机构的义务和责任及管理要求。

(二)建筑业

从1994年1月1日起，对建筑业的总承包人将工程分包或者转包给他人的，以工程的全部承包额减去付给分包人或者转包人的价款后的余额为营业额缴纳营业税，并由总承包人代扣代缴营业税。从2002年9月1日起，对纳税人销售自产货物提供增值税应税劳务并同时提供建筑业劳务，在列举范围内的，地税部门仅对纳税人提供的建筑业劳务部分征收营业税，销售部分或划分不清的全部征收增值税，这是国家税务总局首次对建筑业劳务中混合销售征收增值税、营业税的划分问题进行明确。从2003年1月1日起，通信线路工程和输送管道工程及其他建筑安装工程的计税营业额不包括设备价值，下发文件对可扣除的设备进行列举。

为进一步提升专业化管理水平，总结推广无锡市地方税务局经验，对建设工程项目税收实行属地征管的基础上，对建设工程项目进行登记和项目管理，采用集中开票，集中纳税，并按建筑项目所在地征收入库营业税的新型征管模式。

(三)金融保险业

从1997年1月1日起，金融保险业营业税税率由5%提高到8%，提高部分由国家税务局负责征收，原5%部分仍由地方税务局征收。从2001年起，金融保险业营业税税率从8%每年下调一个百分点，分三年将金融保险业的营业税税率从8%降低到5%，下调部分为国家税务局征收的中央财政收入。

为推进营业税管理信息化、现代化的步伐，国家税务总局制定《金融保险业营业税申报管理办法》，办法，明确金融保险业征税范围、营业额的确定和纳税义务发生时间，申报表共设1张主表，11张附表，并明确从2002年起执行。这是营业税管理中国家出台的首个单项申报管理办法。

(四)邮电通信业

随着电信业务的不断扩大，从2003年1月1日起，国家税务总局调整电信业的征税范围，将电信业务分为“基础电信业务”和“增值电信业务”。

(五)文化体育业

自2002年6月1日起，对原属“娱乐业”税目征收的网球、壁球、帆船、碰碰船、攀岩、漂流、乒乓球、羽毛球、钓鱼、棋牌室、划船、游泳、滑(溜)冰(真冰、旱冰)、健身房项目，调整为按“文化体育业”税目征税。

(六)娱乐业

根据国务院颁布的《中华人民共和国营业税暂行条例》，娱乐业税率为5-20%，纳税人经营娱乐业具体适用的税率，由省、自治区、直辖市人民政府在条例规定的幅度内决定。省局经请示省政府同意。娱乐业税率变动情况：

1. 从1994年1月1日起，经营台球、高尔夫球、保龄球、游戏机，税率为15%；经营歌厅、舞厅、卡拉OK歌舞厅、音乐茶座、游艺及其他娱乐业，税率为10%。

2. 从1999年1月1日起，纳税人在江苏省境内经营高尔夫球、保龄球原适用15%的税率调整为10%。

3. 从1999年7月1日起，适用18%税率的为游戏机；适用13%税率的为歌厅、舞厅、卡拉OK歌舞厅、练歌房、夜总会；适用10%税率的为台球、保龄球、高尔夫球、音乐茶座、电子高尔夫球、网球、壁球、射击、射箭、飞镖、跑马、狩猎、帆船、游艇、碰碰船、漂流、卡丁车(赛车)、热气球漂游、动力伞、游艇拖伞、彩弹对抗射击、攀岩、蹦级、陶吧及其他娱乐项目；适用5%税率的为乒乓球、羽毛球、钓鱼、棋牌室、划船、游泳、滑(溜)冰(真冰、旱冰)、健身房。

4. 从2000年1月1日起，对电子游戏厅按20%的税率征收营业税。

5. 从2001年5月1日起，对夜总会、歌厅、舞厅、射击、狩猎、跑马、游戏(机)、高尔夫球、保龄球、台球等娱乐行为的营业税统一按20%的税率执行。

6. 从 2002 年 6 月 1 日起，娱乐业营业税征收范围仅限于：歌厅、舞厅、卡拉 OK 歌舞厅（包括夜总会、练歌房、恋歌房）、音乐茶座（包括酒吧）、台球、高尔夫球、保龄球、游艺（如射击、狩猎、跑马、游戏机、蹦极、卡丁车、热气球、动力伞、射箭、飞镖等），统一按 20%的税率征收营业税。

7. 从 2003 年 1 月 1 日起，单位和个人开办"网吧"取得的收入，按"娱乐业"税目征收营业税。

8. 从 2004 年 7 月 1 日起，对台球、保龄球减按 5%的税率征收营业税，税目仍属于"娱乐业"。

9. 从 2009 年 1 月 1 日（税款所属期）起，根据新营业税条例规定报经省政府批准，江苏省娱乐业税率调整为高尔夫球 10%，其他娱乐业项目 5%。

（七）服务业

自 2001 年 1 月 1 日起，对个人按市场价格出租的居民住房，用于居住的，其应缴纳的营业税暂按 3%的税率征收。

（八）转让无形资产

从 1994 年 1 月 1 日起，以无形资产投资入股，参与接受投资方的利润分配、共同承担投资风险的行为，不征收营业税。但转让该项股权时，应按"转让无形资产"税目征税，从 2003 年 1 月 1 日起，对该股权转让行为亦不征收营业税。

从 1994 年 1 月 1 日起，对科研单位取得的技术转让收入免征营业税。

从 1999 年 10 月 1 日起，对单位和个人（包括外商投资企业、外商投资设立的研究开发中心、外国企业和外籍个人）从事技术转让、技术开发业务和与之相关的技术咨询、技术服务业务取得的收入，免征营业税。

（九）销售不动产

从 1994 年 1 月 1 日起，对个人无偿赠予不动产的行为，不视同销售不动产征收营业税，对单位无偿赠予不动产的行为，应当征收营业税。

从 1994 年 1 月 1 日起，以固定资产投资入股，参与接受投资方的利润分配、共同承担投资风险的行为，不征收营业税。但转让该项股权时，应按"销售不动产"税目征税，从 2003 年 1 月 1 日起，对该股权转让行为亦不征收营业税。

从 1999 年 8 月 1 日起，为切实减轻个人买卖普通住宅的税收负担，积极启动住房二级市场，对个人购买并居住超过一年的普通住宅，销售时免征营业税；个人购买并居住不足一年的普通住宅，销售时营业税按销售价减去购入原价后的差额计征。

为鼓励加快经济适用住房的建设步伐，从 1999 年起到 2002 年年底销售经济适用住房免征营业税，从 2003 年 1 月 1 日起（税款所属期）恢复征税。

三、税政管理

从 1996 年起至今，按照财政部、国家税务总局的要求，对所管辖的营业税重点纳税户，每年开展税收资料调查工作。在调查中努力确保调查数据的真实、准确和完整，并进行数据分析工作，为科学决策提供依据。

为及时掌握营业税收入情况，分析增减变化原因，提高组织收入的预见性，保证营业税收入持续、稳定增长，下发江苏省地方税务局苏地税一函（2002）03 号《关于上报营业税收入情况及分析报告的通知》文件，规定从 2002 年起，各市局及所属的征收管理单位每季开展营业税收入分析，从经济、政策、征管三个方面进行定性、定量分析。标志着营业税向精细化管理迈出一步。

2003 年 1 月 15 日，财政部、国家税务总局下发财税字〔2003〕16 号文件，文件除明确若干营业税的征收范围、适用税目、纳税义务发生时间、纳税地点等问题外，还明确营业税计税额的二十项扣除项目，打破营业税一般以营业额全额为计税依据的基本特点。

企业所得税

一、实施《中华人民共和国企业所得税暂行条例》

1993 年 12 月 13 日，国务院发布《中华人民共和国企业所得税暂行条例》，规定从 1994 年 1 月 1 日起，内资企业执行统一的企业所得税。它是对中国境内除外商投资企业和外国企业外的其他各类企业取得的生产经营所得和其他所得征收的一种税。

1994 年 2 月 4 日，财政部（94）财法字第 3 号印发《中华人民共和国企业所得税暂行条例实施细则》,自《中华人民共和国企业所得税暂行条例》施行之日起施行。财政部于1984年10月18日发布的《中华人民共和国国营企业所得税条例(草案)实施细则》、1985年7月22日发布的《中华人民共和国集体企业所得税暂行条例施行细则》、1988年11月17日发布的《中华人民共和国私营企业所得税暂行条例施行细则》同时废止。

改革的主要内容:合并税种,统一税法;统一税率,实行33%的同一比例税率;规范税前扣除项目和标准,稳定并扩大税基;建立新的规范化的企业还贷制度;逐步取消“国家能源交通重点建设基金和国家预算调节基金”;统一减免税和税收优惠;停止执行国有企业承包上交所得税的办法。

(一)税前扣除项目的管理

1. 工资税前扣除的管理

《企业所得税暂行条例》实施后,江苏地税在依法治税的前提下,会同有关部门,积极推行各种形式工效挂钩,从强化各种工资办法的管理、计税人员的界定、企业劳务用工的控管几方面着手,在坚持“两低于”的前提下,出台一系列的政策,为江苏省职工工资的增长、全社会可供支配收入的提高、社会消费水平的提高奠定基础。规定经有关部门批准的工效挂钩工资符合“两低于”条件的可在税前扣除。

为解决长期以来计税工资,与本地区经济发展不同步的矛盾,江苏地税积极推行各种形式的工效挂钩,主要有:工资总额和经济效益挂钩办法、工资总额与实现利润半挂钩的办法(工资定额使用)、各类事务所工效挂钩办法、事业单位工效挂钩办法。

江苏省内资企业工资主要分三种情况处理的:

(1)经有关部门批准实行工资总额与经济效益挂钩办法的企业,其工资发放在工资总额增长幅度低于经济效益的增长幅度、职工平均工资增长幅度低于劳动生产率增长幅度以内的,在计算应纳税所得额时准予扣除。

(2)对饮食服务企业按照国家规定提取的提成工资,在计算应纳税所得额时准予扣除。

(3)未实行以上办法的企业,实行计税工资办法。其发放工资在计税工资标准以内的,按实扣除;超过标准的部分,在计算应纳税所得额时不得扣除。

1994年国家的计税工资的月扣除最高限额为500元/人,个别经济发达地区需要高于限额的,在不高于20%的幅度内报财政部审定。此后,财政部根据国家统计局公布的物价指数对计税工资限额作适当调整,各地据此相应调整计税工资标准。江苏省1995年度计税工资的月扣除最高限额调整为每人每月600元;1996年,经批准计税工资标准上浮20%,调整为660元;自2000年起,江苏省境内企业计税工资人均月扣除最高限额调整为960元;2006年9月1日,财政部、国家税务总局以财税〔2006〕126号下发《关于调整企业所得税工资支出税前扣除政策的通知》,自2006年7月1日起,将企业工资支出的税前扣除限额调整为人均每月1600元。

2. 工资税前扣除的后续管理

2004年国家税务总局下发《关于做好已取消和下放管理的企业所得税审批项目后续管理工作的通知》(国税发〔2004〕82号),对工效挂钩企业税前扣除工资的管理进行调整,各级税务机关不再参与审批、审核工效挂钩方案;各级主管税务机关管理重点放在纳税人提取的效益工资总额是否符合“两低于”原则、是否在效益工资总额范围内按实际发放的工资数额扣除。

主管税务机关对纳税人是否“两低于”的条件进行审核,根据企业当年度平均人数,核定定额工资总额,做好各种工资办法所得税汇算清缴税前扣除的审核工作。

3. 财产损失税前扣除的管理

在《企业所得税暂行条例》施行前,企业所得税按所有制性质分别由财政与税务部门征收,各类财产损失的税前扣除,也分别由税务及财政部门审批,《企业所得税暂行条例》施行后的十几年,正是我国经济快速发展时期。企业的经济活动方式、经济类型、经济规模都发生巨大变化,尤其是大部分国有集体企业转改制以后,企业资产的归属错综复杂,为做好各类财产税前扣除的审批工作,江苏省地税局结合征管实际,逐步完善各类财产损失的税前扣除审核、审批,支持企业发展。

国家税务总局1997年发布《企业财产损失税前扣除办法》,明确可税前扣除的财产损失范围以及审批机关和权限，未经税务机关批准的财产损失一律不得在税前扣除。

2000年，国家税务总局《企业所得税税前扣除办法》出台，该办法对企业坏账损失的处理，以及坏账损失税前扣除的条件，用专门章节作表述。2005年，国家税务总局《企业财产损失所得税前扣除管理办法》出台，该办法明确须报经税务机关审批的财产损失税前扣除项目，除办法明确要报批的财产损失项目以外，企业可在损失发生时自行扣除，规范财产损失审批的受理、审核程序和时间及上报资料要求。根据目前技术更新、科技进步的实际情况，将财产的永久性、实质性损害列入财产损失的范围。

(二)其他税前扣除项目的管理

1. 对税前扣除利息的管理

企业所得税暂行条例规定：纳税人与生产经营有关的利息支出可按实际发生数，在不高于同期、同类金融机构贷款利率以内的准予税前扣除。江苏省地方税务局根据人民银行同期贷款利的调整对税前扣除利息的标准进行跟踪管理，税前扣除年利率标准逐年调整，从15%(1995年)、10%(1997年)、调整到7.2%(1998年-2000年)。2002年江苏省地方税务局发文明确不再规定税前扣除利息的年利率标准。企业向非金融机构借款的利息支出符合税法有关条件的，对利息税前扣除不作限制条件，凭合法、有效凭证在借款合同金额内支付的利息准予按实际支付数税前扣除。

2. 对总机构提取管理费的管理

企业所得税暂行条例二十五条规定纳税人按规定支付给总机构与本企业生产经营有关的管理费，提供总机构出具的有关证明文件，经主管税务机关审核准予扣除。江苏省地方税务局于1994年发布《关于加强城镇集体企业主管部门行政管理费的通知》对城镇集体企业主管部门的管理费收缴、使用及管理做明确规定；1996年，国家税务总局对暂行条例二十五条的具体操作进行细化，对向下属企业提取管理费的总机构的条件、提取比例、、使用范围、年终余额的处理等问题进行明确。同时明确总机构管理费的提取必须按规定的权限经税务机关审核批准、使用规定的票据，上交单位方可在税前扣除。1999年，国家税务总局发文完善总机构管理费的有关规定。随着2000年机构改革与经济体制改革的推进，企业主管部门逐步转制为资产经营公司，在这改革的过渡时期，申请计提总机构管理费的部门增多，

2005年国家税务总局发文，进一步加强总机构管理费税前扣除审批的管理，为基层税务机关加强总机构管理费税前扣除管理提供依据。

(三)汇算清缴管理

国家税务总局于1995年提出《企业所得税汇算清缴改革试点的意见》，提出在试点地区建立纳税人自行进行纳税申报调整并计算全年应纳税额和年终应补缴(退)的税款，主动向税务机关报送企业所得税纳税申报表和会计决算报表，纳税人对自己的申报负法律责任的自缴自核制度。并于1996年发布《企业所得税汇算清缴改革实施办法》(试行)，自1996年汇算清缴开始正式试行纳税人自缴自核的企业所得税纳税申报制度。

1. 制定企业所得税汇算清缴工作意见

为做好每年一次的企业所得税汇算清缴工作，江苏省地税局根据当年度不同的工作要求，及时制定汇缴清缴工作方案，清理汇算清缴工作思路，明确汇算清缴工作目标。各地税务机关根据上级税务机关的要求结合自身的实际情况层层贯彻落实江苏省地税局局汇算清缴工作意见。做到汇算清缴领导班子落实、汇算清缴工作任务分工明确、汇算清缴实施部门责任明确。

2. 召开年度企业所得税汇算清缴工作会议

江苏省地方税务局坚持开好每年一度的企业所得税汇算清缴工作会议，会前市局处室对日常调研和基层反映的问题进行梳理，提出处理意见交工作会议讨论，根据讨论意见形成实施意见，每年一度的汇缴工作会议，是税收业务政策的学习会、企业所得税征管经验的交流会、汇算清缴工作的动员会。

3. 加强税收政策的宣传、培训，确保税收政策正确贯彻执行

多年以来，江苏地税强化服务意识，拓展服务领域，采用各种形式，利用各种手段，开辟和理顺税收政策的传递渠道，扎扎实实做好纳税人汇算清缴申报前的宣传辅导和培训工作，让纳税人掌握政策规定，熟悉操作程序、明确申报要求。通过多年深入细致的宣传辅导，纳税人的依法纳税意识不断提高、纳税的诚信效益不断提升，纳税申报

的质量也在不断提高。

4. 加强年度纳税申报表的审核，强化税源、税基管理

江苏省地方税务局于2002年在全省推行“一主八附”企业所得税年度纳税申报表。对税务干部和纳税人进行专题培训。确保年度纳税申报表的填报质量。

为便于纳税人准确编制纳税申报表及主管税务机关审核好纳税申报表，江苏省一些地区还推行《企业所得税纳税申报软件》，该软件从企业财务处理开始自动生成企业年度纳税申报表，对表间勾稽关系自动进行审核，该软件的推广使用，使企业所得税的管理向信息化迈进一大步，确保纳税申报表的审核质量、提高税务干部的工作效率。随着近年来纳税评估的开展，对纳税人年度纳税申报表的审核更成为主管税务机关纳税评估的一个重要内容，对强化税源税基管理起到重要作用。

5. 加强汇算清缴工作的总结和分析，总结经验、加强考核

每年汇算清缴工作结束以后，各级地税机关按照上级税务机关的要求，认真开展工作总结、税源分析、专题考核等工作。全面总结汇算清缴工作经验、排查不足、对比分析税源变化情况，落实岗位责任制和执法责任追究制。从而达到巩固成果、相互促进、全面提高的目的。

（四）集体企业财务和涉税问题会计核算的管理

新税制实施之初，集体企业的财务管理是地方税务部门的一项重要工作内容，主要包括对区属以上集体企业会计核算制度、财务处理规定、利润的实现和分配、会计报表格式的管理、对区属以上集体企业年度会计报表的审核、汇总进行财务情况分析等内容，省辖市地税部门、以及各主管税务机关明确规定专人负责各项工作。从1994年到1997年江苏省地方税务局每年下文明确关于当年度集体企业财务管理的要求、以及集体企业年报编制的要求，每年进行考核评比。随着体制改革的深入，财政、税务部门的分工日益明确，按所有制性质，通过财务管理对企业的纳税行为进行管理的形式逐渐被征收管理所替代，企业转制过程经济结构也发生变化，集体企业在经济总量中所占比重日益减少。对集体企业财务年报汇总分析的工作到2000年为止。通过对集体企业的财务管理，使地税部门建立企业的财务管理是企业所得税管理的基础的理念。

随着我国加入WTO，会计制度改革的步伐加快，自2000年起，财政部先后推出《企业会计制度》、《小企业会计制度》《金融企业会计制度》及若干《会计准则》，并对其内容进行多次的修改，以适应与国际经济接轨的需要。对此江苏地税根据《企业会计制度》和每年会计制度和财务核算的变化，将纳税人财务核算情况纳入对纳税人管理的一个重要方面，对在规范纳税人财务管理的同时，规范纳税人的纳税行为。如对受各种企业所得税税收优惠政策的纳税人在审核其减免税申请时，首先审核的是其财务核算是否规范、合理；对实行查账征收的纳税人首要条件是财务上能准确核算收入、成本、利润。通过对纳税人财务核算的管理在一定程度上促进纳税人企业所得税的准确核算，为企业所得税的管理奠定基础。

（五）企业所得税分类管理

2006年，国家税务总局提出“核实税基，完善汇缴，强化评估，分类管理”十六字方针，进一步推进企业所得税科学化、精细化管理，不断提高企业所得税征管质量和效率。江苏省地税局制定企业所得税分类管理办法，明确企业所得税分类管理的指导思想、目标和原则，提出分类的方法、具体内容及工作要求。

召开全省地税系统企业所得税管理工作会议，部署企业所得税工作任务。

（六）企业所得税后续管理

2007年，根据《国家税务总局关于做好已取消和下放管理的企业所得税审批项目后续管理工作的通知》，制定《企业所得税后续管理工作规程（试

行)》(苏地税发〔2007〕27 号)。将企业所得税后续管理项目分备案类项目和申报核查类项目进行管理。并对实行备案管理及实行申报核查管理的项目如何分类管理予以明确。

二、实施《中华人民共和国企业所得税法》

(一)新企业所得税法及其实施条例制定背景

2007 年 3 月 16 日,第十届全国人民代表大会第五次会议审议通过《中华人民共和国企业所得税法》(以下简称新企业所得税法),同日胡锦涛主席签署中华人民共和国主席令第 63 号,自 2008 年 1 月 1 日起施行。

财政部、税务总局、国务院法制办会同有关部门根据新企业所得税法规定,起草《中华人民共和国企业所得税法实施条例(草案)》,2007 年 11 月 28 日,国务院第 197 次常务会议审议原则通过。12 月 6 日,温家宝总理签署国务院令第 512 号,正式发布《中华人民共和国企业所得税法实施条例》(以下简称实施条例),自 2008 年 1 月 1 日起与新企业所得税法同步实施。

(二)新企业所得税法及其实施条例的变化

新企业所得税法及其实施条例的重大变化,表现在以下方面:一是法律层次得到提升,改变过去内资企业所得税以暂行条例(行政法规)形式立法的做法;二是制度体系更加完整,在完善所得税制基本要素的基础上,充实反避税等内容;三是制度规定更加科学,借鉴国际通行的所得税处理办法和国际税制改革新经验,在纳税人分类及义务的判定、税率的设置、税前扣除的规范、优惠政策的调整、反避税规则的引入等方面,体现国际惯例和前瞻性;四是更加符合我国经济发展状况,根据我国经济社会发展的新要求,建立税收优惠政策新体系,实施务实的过渡优惠措施,服务我国经济社会发展。

为适应所得税管理工作的新形势、新要求,按照国家税务总局提出的企业所得税“分类管理、优化服务、核实税基、完善汇缴、强化评估、防范避税”的“二十四字”工作要求,各级地税机关深化专业管理,积极构建以风险管理为基本导向、精细化管理为基本特征、标准化管理为主要内容的所得税管理体制。

(三)新企业所得税法及其实施条例的主要内容

新企业所得税法实现五个方面的统一,并规定两个方面的过渡政策。具体是:统一税法并适用于所有内外资企业,统一并适当降低税率,统一并规范税前扣除范围和标准,统一并规范税收优惠政策,统一并规范税收征管要求。除上述“五个统一”外,新企业所得税法规定两类过渡优惠政策。一是对新税法公布前已经批准设立、享受企业所得税低税率和定期减免税优惠的老企业,给予过渡性照顾。二是对法律设置的发展对外经济合作和技术交流的特定地区内,以及国务院已规定执行上述地区特殊政策的地区内新设立的国家需要重点扶持的高新技术企业,给予过渡性税收优惠。同时,国家已确定的其他鼓励类企业,可以按照国务院规定享受减免税优惠政策。

为保证新企业所得税法的可操作性,实施条例按照新企业所得税法的框架,对新企业所得税法的规定逐条逐项细化,明确重要概念、重大政策以及征管问题。主要内容包括:一是明确界定新企业所得税法的若干重要概念,如实际管理机构、公益性捐赠、非营利组织、不征税收入、免税收入等;二是进一步明确企业所得税重大政策,具体包括:收入、扣除的具体范围和标准,资产的税务处理,境外所得税抵免的具体办法,优惠政策的具体项目范围、优惠方式和优惠管理办法等;三是进一步规范企业所得税征收管理的程序性要求,具体包括特别纳税调整中的关联交易调整、预约定价、受控外国公司、资本弱化等措施的范围、标准和具体办法,纳税地点,预缴税和汇算清缴方法,纳税申报期限,货币折算等。

(四)纳税人范围的确定

考虑到实践中从事生产经营经济主体的组织

2008 年 10 月,举办全省地税系统新企业所得税法知识竞赛。

形式多样,为充分体现税收公平、中性的原则,新企业所得税法及其实施条例改变过去内资企业所得税以独立核算的三个条件来判定纳税人标准的做法,将以公司制和非公司制形式存在的企业和取得收入的组织确定为企业所得税纳税人,具体包括国有企业、集体企业、私营企业、联营企业、股份制企业、中外合资经营企业、中外合作经营企业、外国企业、外资企业、事业单位、社会团体、民办非企业单位和从事经营活动的其他组织,保持与国际上大多数国家的做法协调一致。

同时考虑到个人独资企业、合伙企业属于自然人性质企业,没有法人资格,股东承担无限责任,因此,新企业所得税法及其实施条例将依照中国法律、行政法规成立的个人独资企业、合伙企业排除在企业所得税纳税人之外。

(五)纳税人和纳税义务的确定

新企业所得税法根据国际通行做法,选择地域管辖权和居民管辖权相结合的双重管辖权标准,把纳税人分为居民企业和非居民企业,分别确定不同的纳税义务。居民企业承担全面纳税义务,就来源于我国境内、境外的全部所得纳税;非居民企业承担有限纳税义务,一般只就来源于我国境内的所得纳税。

(六)应纳税所得额计算的基本原则

实施条例规定,企业应纳税所得额的计算,以权责发生制为原则。

(七)确认货币性收入和非货币性收入的原则

为防止纳税人将应征税的经济利益排除在应税收入之外,新企业所得税法将企业以货币形式和非货币形式取得的收入,都作为收入总额。企业以非货币形式取得的收入,按照公允价值确定收入额。公允价值,是指按照市场价格确定的价值。

(八)对于持续时间跨越纳税年度的收入的确认

对企业受托加工、制造大型机械设备、船舶等,以及从事建筑、安装、装配工程业务和提供劳务,持续时间跨越纳税年度的,应当按照纳税年度内完工进度或者完成的工作量确定收入。

(九)税前扣除的相关性和合理性原则

相关性和合理性是企业所得税税前扣除的基本要求和重要条件。支出税前扣除的相关性是指与取得收入直接相关的支出。

支出税前扣除的合理性是指符合生产经营活动常规,应当计入当期损益或者有关资产成本的必要和正常的支出。

个人所得税

一、税制沿革

个人所得税是以个人(自然人)取得的各项应税所得为对象征收的一种税。1980 年 9 月 10 日第五届全国人民代表大会第三次会议通过并公布《中华人民共和国个人所得税法》,开征个人所得税。

个人所得税从开征至今历经五次修改。第一次是 1993 年 10 月 31 日,第八届全国人民代表大会常务委员会第四次会议从适应市场经济体制,深化税制改革,简化税制,公平税负的需要出发,将《中华人民共和国城乡个体工商业户所得税暂行条例》、《中华人民共和国个人收入调节税暂行条例》两项条例与个人所得税法合并,规定不分内、外,所有中国居民和有来源于中国所得的非居民,均应依法缴纳个人所得税。第二次是 1999 年 8 月 30 日,第九届全国人民代表大会常务委员会第十一次会议对个人所得税法进行修正,把该法第四条第二款“储蓄存款利息”免征个人所得税项目删除,增加一条“对储蓄存款利息所得征收个人所得税的开征时间和征收办法由国务院规定”,决定对个人储蓄存款利息开征个人所得税。第三次是 2005 年 10 月 27 日,第十届全国人大常委会第十八次会议对个人所得税法进行第三次修正,将工资薪金所得费用减除标准提高到 1600 元,同时增加了纳税义务人有税法所列情形须自行申报纳税及扣缴义务人应按规定办理全员全额扣缴申报的条款,修正后的个人所得税法自 2006 年 1 月 1 日起施行。第四次是 2007 年 6 月 29 日第十届全国人民代表大会常务委员会第十八次会议提出修正,将第十二条修改为“对储蓄存款利息所得开征、减征、停征个人所得税及其具体办法,由国务院规定。”第五次在 2007 年 12 月 29 日第十届全国人民代表大会常务委员会第三十一次会议对个人所得税进行的修正。将工资薪金所得减除费用从 1600 元调整为 2000 元。

现行个人所得税主要有以下特点：1、实行分类征收。2、累进税率与比例税率并用。3、费用扣除额较宽。4、计算简便。5、采取课源制与申报制两种征纳方法。

二、管理方法

江苏省个人所得税经过16年的发展，税款规模不断扩大，由1995年的2.52亿元发展到2009年的336.7亿元，增长了136.7倍，税款总量占江苏省地方税全部税款征收的比重也不断上升。由1995年的2.98%增加到2009年的17.5%。个人所得税的管理方法主要有以下两种：

（一）个人自行纳税申报

1995年，国家税务总局发布了《个人所得税自行申报纳税暂行办法》（国税发〔1995〕077号），明确了自行申报纳税的纳税义务人，规定了纳税时间、地点和纳税方法。江苏省地方税务局及时进行了转发（苏地税发〔1995〕154号），并按照江苏省的实际提出了补充意见，对纳税地点、征收方式等内容进一步细化；与此同时还制定了关于加强个人所得税征收管理的工作意见，通过采取加强组织领导，广泛开展税法宣传，以点带面抓落实，加强源泉控制，定期开展专项检查等措施，切实加强对个人所得税的征收管理。

2000年，江苏省地方税务局根据国家税务总局精神，结合江苏省的实际情况，发布了《关于规范个人所得税建档管理的通知》（苏地税发〔2000〕025号），确定了2000年进行建档管理的人员，即：外籍个人，港、澳、台人员；企业的董事长、总经理、副董事长、副总经理及各职能总师；实行年薪制的个人；私营企业主；外贸公司业务员；律师、会计师、审计师、税务师、资产评估等中介机构的合伙人；演艺明星；股评人；进行专家门诊或点名手术的医生；职业运动员；省辖市以上美协、书协、作协会员；高级职称的教师、进修班老师；以及其他应建档人员等十四类对象。完成了重点建档管理人员档案资料的建立、整理工作，全面了解了重点税源情况，掌握了税源结构及变动状况，及时对重点纳税人的个人所得税申报情况实施监控，进一步堵塞漏洞，提高个人所得税征管质量。

2006年，为加强个人所得税征收管理，完善个人所得税自行纳税申报制度，维护纳税人合法权益，国家税务总局印发《个人所得税自行纳税申报办法（试行）》（国税发〔2006〕162号），江苏省地方税务局及时进行了转发（苏地税发〔2006〕225号）。该办法明确规定，年所得12万以上的、从中国境风取得两处或两处以上所得的、从中国境外取得所得的、取得应税所得又没有扣缴义务人的以及国务院规定的其他情形，应当办理自行纳税申报。界定了应税所得和不征税所得，规定了申报地点、申报期限、申报方式、申报管理和法律责任。为进一步加强管理，江苏省地方税务局还转发了《国家税务总局关于做好受理年所得12万元以上纳税人自行纳税申报工作的通知》（国税发〔2006〕164号）和《国家税务总局关于明确年所得12万元以上自行纳税申报口径的通知》（国税函〔2006〕1200号），对年所得12万元以上自行纳税申报工作进行了规范和细化，对各市的工作进行了部署并提出了要求。此后，年所得12万元以上自行纳税申报工作逐步走向正规，成为了个人所得税工作的一项重要内容，缴纳的税款也逐年提高，2009年占个人所得税税款的34%。

2008年8月5日，召开座谈会研究个人所得税全员全额扣缴申报工作。

（二）代扣代缴

1995年国家税务总局发布《个人所得税代扣代缴暂行办法》（国税发〔1995〕065号），这是对个人所得税代扣代缴的规范性文件，它明确了代扣代缴义务人，规定了代扣代缴申报纳税的办法和代扣代缴义务人的权利和责任。江苏省地方税务局及时进行了转发。

《关于建立个人所得税扣缴义务人申报支付个人收入明细表制度的通知》（国税发〔1995〕213号），目的是控制税源、全面掌握纳税人收入情况，加强个人所得税的征收管理。江苏省地方税务局很快转发了该文(苏地税〔1996〕16号),并根据国家税务总局文件精神,结合江苏实际,在无锡、苏州等地选择试点单位,按照总局《支付个人收入明细表》的要求进行填报试点;扣缴义务人向个人支付的一切应纳税收入,包括现金、实物、有价证券,不论取得收入的个人是否属于本单位人员,都应列入支付个人收入明细表;相关征管部门运用已有的微机管理系统对试点单位支付个人收入明细表进行建档管理,作为掌握纳税人收入、核实扣缴义务人履行扣缴义务情况和税收检查的根据之一。随后,根据国家税务总局《关于改进和加强个人所得税征收管理工作的通知》(国税发〔1996〕63号)文件精神,对江苏省个人所得税征收管理工作提出新要求,一是加大个人所得税征管力度,要克服畏难情绪,积极进行"扣缴义务人申报支付个人收入明细表制度"的试点工作,积累经验,为全面推行《支付个人收入明细表》做准备。二是结合税务登记证换证、发证工作,摸清个人所得税税源,掌握税源变化情况;针对换证、发证过程中暴露出来的问题加强个人所得税征管;对未换税务登记证的个体工商业户进行集中梳理,减少税款流失,进一步扩大代扣代缴面,促使企事业单位自觉履行扣缴义务。三是抓好个人所得税专项检查工作,把文化市场、演出市场、三资企业、外籍个人(包括华侨、港澳台同胞)、经营企业主、个体工商户等高收入纳税人作为检查重点。

1997年江苏省地方税务局为了强化对扣缴义务人的监督管理,进一步加强代扣代缴工作,推动个人所得税征收管理工作再上新台阶,转发了《关于进一步明确个人所得税代扣代缴义务人有关法律责任的通知》(国税发〔1997〕91号),在切实做好个人所得税扣缴义务人征管情况调查摸底的基础上,明确《个人所得税扣缴义务人证书》的印发工作、发放对象、发放步骤,制定《个人所得税扣缴义务人证书》的日常管理要求,规定各征收分局建立扣缴义务人档案,认真落实扣缴义务人申报制度。1998年江苏省地方税务局又转发了《国家税务总局关于进一步明确个人所得税代扣代缴义务人有关法律责任的通知》(国税发〔1998〕109号),明确了税务机关与扣缴义务人双方的权利义务,对个人所得税代扣代缴义务人的违法行为所给予的行政处罚作出明确规定。

2000年,江苏省地方税务局根据国家税务总局精神,结合江苏省的实际情况,对全省个人所得税建档管理工作进行部署。2000年初步完成重点建档管理人员档案资料的建立、整理工作。2003年,全省个人所得税建档人数达23万人。在推行建档管理的同时,特别注重个人收入档案信息在个人所得税征管中的应用,本着"利于征管、简便实用、快速启动"的指导思想,积极开发和应用个人所得税管理软件,使税务机关极为方便地利用建档信息进行查询统计和分析比对,实现了对建档对象的实时监控,迈出了个人所得税信息化管理的关键一步。

2005年,根据国家税务总局精神,江苏省地方税务局印发《个人所得税全员全额管理实施方案》的通知(苏地税发〔2005〕86号),实行对所有建档单位进行全员全额明细申报管理,以实现建档管理由一次性管理向日常管理、持续管理的过渡,这为全面提升个人所得税信息化管理水平以及征管质量打下坚实的基础。2006年,江苏省地方税务局转发《国家税务总局局印发〈个人所得税全员全额扣缴申报管理暂行办法〉的通知》(国税函〔2006〕58号)的通知,并印发了《个人所得税全员全额管理实施方案补充意见》(苏地税发〔2006〕109号)。江苏省地方税务局个人所得税全员全额明细申报的推行,拓展了征税面,推动了个人所得税收入的稳步增长,个人所得税征管质效不断提高,征管机关建立了较为完整的个人所得税管理指标体系,实现了对个人纳税情况的分析监控,实现了与社保数据交叉核对,跨出了部门协作、社会综合治税的第一步,突破了多处取得收入人员的税收征管"盲区",有利于税务机关为纳税人提供个人完税证明工作的展开,保障纳税人应有的纳税权益。

三、特定对象的管理

(一)个体工商户、个人独资企业、合伙企业投资者征收管理

1.个体工商户征收管理。1997年,本着简化、轻税、严管、重罚和平衡的原则,结合江苏省的实际,江苏省地方税务局转发了《国家税务总局关于印发〈个体工商户个人所得税计税办法(试行)〉的通知》(苏地税发〔1997〕094号),对个体工商户个

人所得税征管作出规定：加强对建账个体工商户的征收管理，健全建账户的各项征管规定。个体户每一纳税年度的收入总额减除成本、费用以及损失后的余额为应纳税所得额，据此计算应纳个人所得税额。

2. 个人独资企业、合伙企业投资者征收管理。2000年，根据国务院、财政部、国家税务总局的文件精神，结合江苏省的实际情况，转发了《关于个人独资企业和合伙企业投资者征收个人所得税的规定》（苏财税〔2000〕61号）。确定从2000年1月1日起江苏省个人独资企业、合伙企业投资者不再征收企业所得税，改征个人所得税。对个人独资企业和合伙企业的生产经营所得比照个人所得税法的“个体工商户的生产、经营所得”应税项目，适用5%-35%的五级超额累进税率计算征收个人所得税。对于无账簿，账簿不清或不办理纳税申报的企业，主管机关可以采取核定征收的方式征收个人所得税，包括核定应税所得率征收（核率征收）和定额征收两种办法。

（二）劳务报酬征收管理

为加强个人所得税“劳务报酬”应税项目的征收管理，江苏省地方税务局印发了《个人所得税“劳务报酬”应税项目征收管理暂行办法（试行）》（苏地税发〔1999〕99号）。对劳务报酬进行了界定，规定个人从事设计、装潢、安装、制图、化验、测试、医疗、法律、会计、咨询、讲学、新闻、广播、翻译、审稿、书画、雕刻、影视、录音、录像、演出、表演、广告、展览、技术服务、介绍服务、经纪服务、代办服务及其它各种劳务取得的报酬。确定了劳务报酬的纳税人和扣缴义务人，规定了劳务报酬所得的扣除标准、税率及计算方法。

在演出市场征收管理上，根据国家税务总局文件精神，江苏省地方税务局与江苏省文化厅、江苏省广播电视厅共同研究，于1996年对省市演出市场个人所得税的征收管理作出规定，明确了税务登记、代扣代缴义务人、计税方法、纳税地点等涉税事宜（苏地税发〔1996〕105号）。

（三）对外籍人员的征收管理

江苏省地方税务局对外籍人员个人所得税的管理随着外商投资企业的增多和外籍人员的不断涌入，以及征管实践的积累和软硬件设施的改善逐步形成了完整的制度化、精细化管理模式。对省内的所有外籍人员实行按人建档，全程分时监控，规定所有入苏外籍人必须办理登记，年度终了后30日内办理年度结算、审核，任职期满或是离境前30日内办理离境清税，由此大大加强了对外籍人员个人所得税税源监控力度。外籍人员个人所得税跟企业所得税一样进行全年纳税情况的年度结算。外籍人员个人必须在每一纳税年度终了后的30日内办理个人所得税年度结算手续。提供全年境内外收入情况、出入境情况，区别居民与非居民纳税义务，分别进行年度结算。年度结算分两个阶段进行：一是纳税人自行结算。年度终了后，由纳税人自行对上一年度的个人所得税申报缴纳情况进行结算，如发现需要补（退）税款的，及时办理，对纳税人自查发现的问题，将不进行处罚；二是由主管分局办理年度结算。在企业年度申报结束后，根据企业及外籍人员报送的资料，逐个办理个人所得税年度结算手续，审核其个人所得税的缴纳情况，并规定结算工作于3月底结束。严格实行外籍人员个人所得税结算制度不仅促进了税收的增长，更重要的是提高了外籍人员的的纳税意识，防止了税款流失，维护了我国的税收利益。

财产及行为税

一、房产税

现行房产税是第二步利改税以后开征的，1985年9月15日，国务院正式发布《中华人民共和国房产税暂行条例》，从当年10月1日开始实施。房产税采用按房产原值和按租金收入计税两种。依照房产原值一次减除10%至30%后的余值计算缴纳的，税率为1.2%；依照房产租金收入计算缴纳的，税率为12%。1986年11月2日江苏省人民政府发布《江苏省房产税暂行条例施行细则》规定依照房产原值一次扣除百分之三十后的余值计算缴纳。对个别纳税人按规定纳税确有困难的，需要给予临时性减税或免税照顾的，由市、县人民政府批准，定期减征或免征房产税。房产税按年计征、分期缴纳。纳税期限：企业按季，个人按半年。1994年9月，国地税分设后，房产税由江苏省地方税务局负责征收管理。

2000年为配合国家住房制度改革，支持住房租赁市场的健康发展，对个人按市场价格出租的居民住房，房产税税率由12%调整为4%。

2006年起，对具备房屋功能的地下建筑、地下人防设施等，均征收房产税。对于自用的地下建筑，以房屋原值的50%作为应税房产原值；商业和其他用途的地下建筑，以房屋原值的70%作为应税房产原值。对于出租的地下建筑，按出租地上房屋建筑的规定缴纳房产税。对于与地上房屋相连的地下建筑，如房屋的地下室、地下停产场、商场的地下部分等，将地下部分与地面的房屋视为一个整体按地上房屋建筑的规定征收房产税。对房屋附属设备和配套设施计征房产税作出了进一步明确。同时原《财政部、税务总局关于对房屋中央空调是否计入房产原值等问题的批复》同时废止。取消对转租房产按租金差额征收房产税，对转租房产取得的租金收入不再征收房产税。

2007年起，江苏省人民政府规定个人出租房屋不论房屋性质以及出租后的用途，只要房屋所有权属于个人的，均按5%的综合税率征收。按综合税率计征的税款包括：营业税、承受维护建设税、教育费附加、地方教育附加费、房产税(城市房产税)、个人所得税、印花税和土地使用税等，按营业税30%(即征收率为1.5%)，个人所得税10%(即征收率为0.5%)，房产税60%(即征收率为3%)的比重拆分入库。

2006年对房产税的纳税期限和纳税限额进行了规定：企业按季、个人按半年缴纳，纳税人自期满之日起十日内申报缴纳；出租房产的，纳税人应于纳税义务发生之次月起十日申报纳税。纳税人可根据自身实际情况，向主管税务机关申请变更纳税期限，经主管税务机关批准后，采取年度一次或按半年分次缴纳征收。以一个年度为一期纳税申报的，纳税期限为当年7月15日前申报纳税；以半年为一期纳税申报的，自期满之日起15日内申报纳税。纳税人按季缴纳的，每期应纳税额按当年应纳税额的四分之一计算；纳税人以半年为一期纳税的，每期应纳税额按当年应纳税额的二分之一计算；纳税人按年缴纳的，按当年实际应纳税额，申报缴纳。

2008年3月1日对企事业单位、社会团体及其他组织按市场价格向个人出租用于居住的住房，减按4%征收房产税。

从2009年1月1日起，房产税的纳税期限调整为：企业按季、个人按半年缴纳，纳税人自期满之日起十五日内申报缴纳；出租房产的，纳税人应于纳税义务发生之次月起十五日申报纳税。

二、城市房地产税

城市房地产税的基本税法是1951年8月政务院颁布的《中华人民共和国城市房地产税暂行条例》。1984年进行利改税时，国务院决定将城市房地产税划分为房产税和城镇土地使用税两个税种，对内资企业和个人征收。对外资投资企业和外国企业继续征收城市房地产税。2008年12月31号国务院发布第546号令，废止《城市房地产税暂行条例》。同时，自2009年1月1日起，外商投资企业、外国企业和组织以及外国个人，依照《中华人民共和国房产税暂行条例》缴纳房产税。

三、城镇土地使用税

国务院在1988年9月27日发布《中华人民共和国城镇土地使用税暂行条例》，并于当年11月1日起实施。1989年3月9日江苏省人民政府关于颁发《江苏省〈城镇土地使用税暂行条例〉实行细则》规定，凡在江苏省城市、县城、建制镇、工矿区范围内，使用土地的单位和个人，应按规定缴纳土地使用税。城市、县城、建制镇的范围，依行政区划确定，工矿区的范围依省政府批准的为准。纳税期限：企业按季，个人按半年。具体纳税期限由市、县税务机关按实际情况确定。1994年9月国、地税分设，城镇土地使用税由江苏省地方税务局负责征收管理。

2005年起，对各类房地产开发用地，除经批准开发建设经济用房的用地外，均要缴纳城镇土地使用税。其纳税义务发生时间为：以出让或转让方式有偿取得土地使用权的，由受让方从合同约定交付土地时间的次月起缴纳城镇土地使用税；合同未约定交付时间的，由受让方从合同签订的次月起缴纳城镇土地使用税。

2006年按照苏政办发〔2006〕71号文件的规定，调整城镇土地使用税税额标准。新标准从2007年1月1日起执行。

2006年12月31日《国务院关于修改〈中华人民共和国城镇土地使用税暂行条例〉的决定》要求，将城镇土地使用税征收范围扩大到外商投资企业

江苏省城镇土地使用税单位年税额表

单位:元/平方米

定额范围 地区	大、中城市市区	小城市(县级市)市区	县城 建制镇 工矿区 农场 林场
南京、苏州、无锡、常州、镇江	3.50–10.00 (其中一类地区不低于8.00)	3.00–6.00 (其中一类地区不低于5.00)	2.00–4.00 (其中一类地区不低于3.00)
扬州、南通、泰州	3.00–10.00 (其中一类地区不低于7.00)	2.00–6.00 (其中一类地区不低于4.00)	1.50–4.00 (其中一类地区不低于2.50)
徐州、盐城、连云港、淮安	2.50–10.00 (其中一类地区不低于6.00)	1.50–6.00 (其中一类地区不低于3.00)	1.00–4.00 (其中一类地区不低于2.50)
宿迁(中等城市)	2.50–8.00 (其中一类地区不低于5.00)	1.5–6.00 (其中一类地区不低于3.00)	1.00–4.00 (其中一类地区不低于2.50)

和外国企业。

2006年对土地使用税的纳税期限和纳税限额进行了规定:企业按季、个人按半年缴纳,纳税人自期满之日起十日内申报缴纳;出租房产的,纳税人应于纳税义务发生之次月起十日申报纳税。纳税人可根据自身实际情况,向主管税务机关申请变更纳税期限,经主管税务机关批准后,采取年度一次或按半年分次缴纳征收。以一个年度为一期纳税申报的,纳税期限为当年7月15日前申报纳税;以半年为一期纳税申报的,自期满之日起15日内申报纳税。纳税人按季缴纳的,每期应纳税额按当年应纳税额的四分之一计算;纳税人以半年为一期纳税的,每期应纳税额按当年应纳税额的二分之一计算;纳税人按年缴纳的,按当年实际应纳税额,申报缴纳。

从2009年1月1日起,城镇土地使用税的纳税期限调整为:企业按季、个人按半年缴纳,纳税人自期满之日起十五日内申报缴纳;出租房产的,纳税人应于纳税义务发生之次月起十五日申报纳税。

四、车船使用税

车船使用税是第二步利改税以后开征的,1986年9月15日,国务院正式发布了《中华人民共和国车船使用税暂行条例》,从当年10月1日开始实施。1994年9月国、地税分设后,车船使用税由江苏省地方税务局负责征收管理。2003年1月江苏省地方税务局下发《关于暂停征收江苏省自行车车船使用税的通知》规定从2003年2月1日起江苏省暂停征收自行车车船使用税。2006年12月29日国务院将《中华人民共和国车船使用税暂行条例》和《车船使用牌照税暂行条例》进行了修改合并,形成内外统一适用的新的《中华人民共和国车船税暂行条例》。

五、车船使用牌照税

车船使用牌照税的基本法是1951年原政务院发布的《车船使用牌照税暂行条例》。车船使用牌照税仅适用于外商投资企业、外国企业和外国人。纳税人为应税车辆、船舶的使用人。1994年9月国、地税分设后,车船使用牌照税由江苏省地方税务局负责征收管理。2006年12月29日国务院将《中华人民共和国车船使用税暂行条例》和《车船使用牌照税暂行条例》进行了修改合并,形成内外统一适用的新的《中华人民共和国车船税暂行条例》。

六、车船税

2006年12月29日国务院发布《中华人民共和国车船税暂行条例》,从2007年1月1日起实施。车船税是对在我国境内依法应当在公安、交通、农业、渔业、军事等车船管理部门办理登记的车辆、船舶,根据其种类,按照规定的计税单位和年税额标准计算征收的一种财产税。2007年6月江苏省人民政府印发《江苏省〈中华人民共和国车船税暂行条例〉实施办法的通知》规定了江苏省车船的具体税额标准。

车辆车船税,纳税人应当在购买机动车交通事故责任强制保险的同时,由扣缴义务人代扣代缴。未按规定购买、停驶未购买和不购买机动车强

江苏省车船税车辆税额表

税目	计税单位	年税额幅度	备注
大型客车	每辆	600元	大型客车是指核定载客人数大于或者等于20人的载客汽车
中型客车	每辆	480元	中型客车是指核定载客人数大于9人且小于20人的载客汽车
小型客车	每辆	360元	小型客车是指核定载客人数小于或者等于9人的载客汽车
微型客车	每辆	180元	微型汽车是指发动机汽缸总排气量小于或者等于1升的载客汽车
载货汽车	按自重每吨	60元	包括挂车、牵引车
三轮汽车 低速货车	按自重每吨	24元	
摩托车	每辆	60元	包括轻骑
专项作业车 轮式专用机械车	按自重每吨	60元	专项作业车是指装置有专用设备或器具,用于专项作业的汽车。轮式专用机械车是指具有装卸、挖掘、平整设备的轮胎式自行机械

江苏省车船税船舶税额表

税目	计税标准	计税单位	年税额	备注
机动船舶	净吨位小于或等于200吨	每吨	3元	1、拖船和非机动驳船分别按机动船舶税额的50%计征 2、按机动船舶税额的50%计征
	净吨位201吨至2000吨	每吨	4元	
	净吨位2001吨至10000吨	每吨	5元	
	净吨位10001吨以上	每吨	6元	

制保险的车辆,由纳税人在规定的期限内自行到主管地方税务机关申报纳税。船舶车船税由纳税人向船舶登记地主管地税机关申报缴纳。

七、固定资产投资方向调节税

1991年4月16日国务院发布《中华人民共和国固定资产投资方向调节税暂行条例》,从1991年起施行。江苏省人民政府于1991年11月19日印发《江苏省固定资产投资方向调节税实施意见》。1994年9月国、地税分设后,固定资产投资方向调节税由江苏省地方税务局负责征收管理。投资税开征以来,对重复建设、无效投资、污染项目等起到了一定的抑制和调节作用,并为国家鼓励发展的产业、重点建设项目、基础设施建设提供了一定的资金和物质保证。随着我国社会经济情况的发展变化,党中央、国务院为促进经济发展,刺激消费,扩大投资,决定自1999年下半年起减半征收固定资产投资方向调节税,2000年1月1日起暂停征收。

八、屠宰税

新中国成立后,于1950年1月,政务院颁布《全国税政实施要则》,将屠宰税列为全国统一开征的税种。同年12月,政务院正式公布《中华人民共和国屠宰税暂行条例》。该条例规定,凡屠宰猪、牛、马、骡、驴、骆驼等7种牲畜均应缴纳屠宰税。自养、自宰、自食的牲畜,免纳屠宰税。1994年1月23日,国务院将屠宰税下放给地方管理。同年初,江苏省人民政府颁发《江苏省屠宰税暂行办法》规定,屠宰税只对宰杀或者收购的生猪、羊、牛、马、骡(以下统称为应税牲畜)征收。屠宰税以应税牲畜的头数为计税依据,按头定额征收。从事收购及屠宰业务的,在收购环节,按照实际收购的头数计算缴纳,税额分别为:生猪每头十元,牛、马、骡每头十八元,羊每头二元;自养、自宰、自食的,在宰杀环节,按照实际宰杀头数计算缴纳,税额分别为:生猪每头5元,牛、马、骡每头九元,羊每头一元。凡在收购环节缴纳屠宰税的,宰杀时不再缴纳。屠宰税是1994年税制改革后第一个下放地方管理的税种。2001年1月起停征屠宰环节和收购环节征收的屠宰税。

九、城市维护建设税

现行的《中华人民共和国城市维护建设税暂行条例》是国务院于1985年2月8日颁布，自1985年度起执行。凡缴纳增值税、消费税、营业税的单位和个人，都是城市维护建设税的纳税义务人（对外商投资企业、外国企业和外国人不征收）。1985年4月23日江苏省人民政府发布《江苏省城市维护建设税暂行条例实施细则》。1994年9月国、地税局分设后，城市维护建设税明确为地方税种，由地税局负责征收管理。

2005年2月，财政部、国家税务总局《关于生产企业出口货物实行免抵退税办法后有关城市维护建设税 教育费附加政策的通知》规定，经国家税务局正式审核批准的当期免抵的增值税税额应纳入城市维护建设税和教育费附加的计征范围，分别按规定的税（费）率征收城市维护建设税和教育费附加。江苏省地方税务局、江苏省国家税务局下发《关于贯彻执行生产企业出口货物实行免抵退税办法后城市维护建设税和教育费附加征收政策的通知》规定，生产企业出口货物免抵增值税后，其城市维护建设和教育费附加的计税依据按国税机关正常审核出具的《生产企业出口免抵退税审批通知单》上注明的“免抵税额”、《生产企业免抵退税建议调整通知》上注明的免抵税额、国税机关审核出具的《生产企业出口货物补征税通知单》上注明的“应补增值税”税额确定。这一政策消除了2001年8月起增值税实行免、抵、退税管理对城市维护建设税的影响。2005年下半年起，对增值税、营业税、消费税实行先征后返、先征后退、即征即退办法的，随“三税”附征的城市维护建设税和教育费附加一律不予退（返）还。

国务院决定自2010年12月1日起，对外商投资企业、外国企业和外国人征收城市维护建设税。

十、教育费附加

国务院于1986年4月28日发布了《征收教育费附加的暂行规定》，决定从1986年7月1日起施行。凡缴纳增值税、消费税、营业税的单位和个人，除按照《国务院关于筹措农村学校办学经费的通知》的规定，缴纳农村教育事业费附加的单位外，都应当缴纳教育费附加。《国务院关于筹措农村学校办学经费的通知》规定，乡人民政府征收教育费附加，对农业、乡镇企业都要征收。因此，对农业、乡镇企业，由乡人民政府征收教育事业费附加外，其余单位和个人征收教育费附加。教育费附加率为1%，对从事生产卷烟和经营烟叶产品的单位，减半征收教育费附加。1990年《国务院关于修改〈征收教育费附加的暂行规定〉的决定》，以国务院令第60号公布。修改后，教育费附加率调整为2%。1994年国务院下发的《关于教育费附加征收问题的紧急通知》将教育费附加率调整为3%。同年10月，《国务院关于教育费附加征收问题的补充通知》取消烟叶生产减半征收教育费附加的规定。江苏省于1998年12月24日印发《江苏省教育费附加征收使用管理办法》，2005年财政部、国家税务总局《关于从事生产卷烟的单位征收教育费附加有关问题的通知》规定，自2005年10月1日起，对从事生产卷烟的单位全额征收教育费附加。因此，现行的教育费附加统一按3%征收。

十一、土地增值税

国务院于1993年12月13日发布了《中华人民共和国土地增值税暂行条例》，决定自1994年1月1日起在全国开征土地增值税，这是我国开征的第一个对土地增值额或土地收益额征收的税种。财政部于1995年1月27日颁布了《中华人民共和国土地增值税暂行条例实施细则》。

1996年，江苏省地方税务局制定《关于确定江苏省土地增值税预征率的通知》，对从事房地产开发的纳税人，在办理竣工结算前，按其转让房地产收入的1%-3%预征土地增值税，结算后进行清算，多退少补。同时规定对普通标准住宅是否实行预征由各地自定。1996年转发《国家税务总局 国家土地管理局关于土地增值税若干征管问题的通知》规定，凡是转让国有土地使用权、地上建筑物及其附着物的纳税人，在向土地管理部门申请办理土地变更登记的同时应在规定的期限内到主管税务机关办理土地增值税的纳税申报手续。国土管理部门凭地方税务机关开具给纳税人的完（免）税证明，办理土地使用权的变更登记，更换《国有土地使用证》。同时提出各级地方税务局可委托国土管理局在办理土地权属变更手续时代征土地增值税。2002年，江苏省地方税务局转发《国家税务总局关于认真做好土地增值税征收管理工作的通知》时指出各地要进一步完善预征办法，并建立健全代征办法。2003年，在全省各级地税部门的共同努力下,土地增值税的征收取得了骄人的成绩,征收总量达到了2.65亿元,比上年增收2.11亿元,同比增长388.3%。

2004年,江苏省地方税务局制定了《关于进一步做好土地增值税预征工作的通知》,从当年4月1日起在全省范围推行土地增值税预征制度,此举在全国尚属首次。规定除普通标准住宅外,其他各类商品房均应实行预征,其中普通住宅按纳税人转让房地产取得收入的1%-1.5%预征,营业用房、写字楼、高级公寓、度假村、别墅等按2%-3%预征。2004年全省共组织入库土地增值税12.4亿,比上年增收9.75亿元,增长367.29%。实行土地增值税预征制度半年以后,为保证土地增值税征收管理链条的完整性,进一步加强土地增值税的征收管理,江苏省制定了《江苏省土地增值税清算办法》,对清算条件、申请清算需报送的资料、清算流程等内容进行了明确,自2005年1月1日执行。全省各地按照“先试点,再完善,分步骤、分阶段,稳步推进”的工作思路,加强土地增值税清算工作。2006年4月,江苏省地方税务局组织了土地增值税清算工作的业务培训,邀请了大学相关专业的教师和地税系统内的专家就房地产相关财务制度、土地增值税税收业务等方面的内容开展了培训,这次培训一直延伸至县一级,取得了很好的效果。

2006年总局下发《财政部 国家税务总局关于土地增值税若干具体问题的通知》,规定纳税人转让旧房不能取得评估价格,但能提供购房发票的,可按发票所载金额并从购买年度起至转让年度止每年加计5%计算。对既没有评估价格,又不能提供发票的,地税机关可实行核定征收。至此,旧房转让的土地增值税计算可按照评估价扣除计算、发票金额计算和核定征收三种方式。2007年5月转发《国家税务总局关于房地产开发企业土地增值税清算管理有关问题的通知》,规定对房地产开发企业办理土地增值税清算所附报的前期工程费、建筑安装工程费、基础设施费、开发间接费用的凭证或资料不符合清算要求或不实的,各省辖市地税局可参照当地建设工程管理造价部门最新公布的建安造价定额资料,结合房屋结构、用途、区位等因素,核定上述四项开发成本的单位面积金额标准,并据以计算扣除。同时规定对符合总局规定五种情形的房地产开发企业,税务机关可核定征收土地增值税。其中,普通标准住宅可按取得收入的0.5%-1%核定,普通住宅按取得收入的1%-2%核定,营业用房、写字楼、高级公寓、度假村、别墅等按2%-4%核定征收土地增值税。

2007年6月,转发《财政部 国家税务总局关于土地增值税若干问题的通知》和《财政部 国家税务总局关于土地增值税普通标准住宅有关政策的通知》,规定对单位转让旧房既没有评估价格,又不能提供购房发票的,按转让收入的80%-95%作为扣除项目计征土地增值税,具体比例由各省辖市确定。2007年年底,总局制定了《土地增值税清算监证业务准则》。为了将这一举措落实到位,江苏省地方税务局经与省财政厅协商,联合制定了《关于委托中介机构开展土地增值税清算鉴证业务劳务费问题的通知》,规定通过委托中介机构开展清算鉴证工作而增加入库的税收收入,可以按不超过增量收入的5%通过预算安排中介机构劳务费,解决了基层地税部门委托中介机构进行清算鉴证的障碍,提高了清算鉴证的公正性。2008年转发《财政部 国家税务总局〈关于调整房地产交易环节税收政策的通知〉》,按规定自2008年11月1日起对个人销售住房暂免征收土地增值税。目前个人只对转让非住宅的旧房征收土地增值税。

土地增值税自开征以来,江苏省土地增值税收入在全国的排名不断前移,近几年稳居前两名。其中,2006年、2008年居全国第二,2007年居全国第一。2008年,全省共征收土地增值税63.4亿元,比上年增收12亿元,增长12.5%。

十二、印花税

1988年8月,国务院发布《中华人民共和国印花税暂行条例》,于同年10月1日起施行。同年9月,《中华人民共和国印花税暂行条例施行细则》出台。1994年,印花税划归地税局征收管理。1998年,江苏省地方税务局印发《印花税征收管理暂行办法》,规定了纳税人办理汇总缴纳的流程,以及对不能如实提供的购销合同或提供购销合同不实的纳税单位和个人,可核定征收印花税。

2004年国家税务总局出台《关于印花税违章处罚有关问题的通知》,规定《印花税暂行条例》的违章处罚内容已不适用,依据《税收征管法》和《税收征管法实施细则》,明确了印花税违章处罚的适用条款。同年，国家税务总局制定《关于进一步加强印花税征收管理有关问题的通知》，完善了汇总缴纳办法，加强对印花税代售人管理，规定了核定征收印花税的情形和管理办法。随后，江苏省地方税务局制定《关于进一步加强印花税征收管理的通知》，明确了核定征收印花税的计税依据和核定比例，印花税核定征收范围为购销合同、建筑安装承包合同、货物运输合同、财产保险合同及借款合同，涉及工业、商业、房地产业、建筑安装业、货物运输业、财产保险业及银行等7个行业。同时规定，各市可根据本地实际，在省局规定的幅度内确定核定征收印花税的核定比例，也可在下表范围内自行确定核定征收印花税的应税凭证类型。

印花税实行核定征收后，一方面在简化征收管理的同时方便了纳税人；另一方面带来印花税收入大幅度增长，2004年共入库印花税129621万元，增收50889万元，增长64.6%。

核定征收印花税的计税依据和核定比例表

应税凭证类型	计税依据	核定比例	税　率	适用对象
①	②	③	④	⑤
购销合同	产品销售收入	80%-130%	3.0‱	工业
购销合同	商品销售收入	40%-70%	3.0‱	商业
购销合同	房地产经营收入	100%-120%	3.0‱	房地产开发业
建设安装工程承包合同	工程结算收入	100%	3.0‱	建筑安装业
货物运输合同	货物运输收入	100%	5.0‱	运输业
财产保险合同	保费收入	100%	1.0‰	保险业
借款合同	借款金额	100%	0.5‱	金融业
注：1、当期应交印花税＝②×③×④。				

2006年财政部、国家税务总局印发《关于印花税若干政策的通知》，规定纳税人以电子形式签订的各类应税凭证按规定征收印花税；土地使用权出让合同、土地使用权转让合同和商品房销售合同按照产权转移书据征收印花税。

十三、资源税

资源税的基本法规是国务院1993年12月25日发布，自1994年1月1日实施的《中华人民共和国资源税暂行条例》和财政部1993年12月30日发布的《中华人民共和国资源税暂行条例实施细则》。资源税是以各种应税自然资源为征税对象，为了调节资源级差并体现国有资源有偿使用而征收的一种税。资源税的纳税人为在中华人民共和国境内开采原油、天然气、煤炭、其他非金属矿原矿、黑色金属矿原矿、有色金属矿原矿和生产固体盐、液体盐的单位及个人。1998年4月15日，国家税务总局发布《中华人民共和国资源税代扣代缴管理办法》，办法规定收购未税矿产品的单位为资源税的扣缴义务人，在收购未税矿产品时，负有代扣代缴资源税的法定义务。

十四、契税

现行的《中华人民共和国契税暂行条例》于1997年10月1日起施行。在中国境内转移土地、房屋权属，承受的单位和个人为契税的纳税人，应当依法缴纳契税。上述取得土地、房屋权属包括下列方式：国有土地使用权转让；土地使用权转让，包括出售、赠与和交换；房屋买卖；房屋赠与；房屋交换。契税实行3%-5%的幅度比例税率。《江苏省

资源税税目税额幅度表

税目	税额幅度
一、原油	8-30元/吨
二、天然气	2-15元/千立方米
三、煤炭	0.3-5元/吨
四、其他非金属矿原矿	0.5-20元/吨或立方米
五、黑色金属矿原矿	2-30元/吨
六、有色金属矿原矿	0.4-30元/吨
七、盐：	
固体盐	10-60元/吨
液体盐	2-10元/吨

实施〈中华人民共和国契税暂行条例〉办法》规定江苏省契税税率为4%。契税的纳税义务发生时间为纳税人签订土地、房屋权属转移合同的当天,或者纳税人取得其他具有土地、房屋权属转移合同性质凭证的当天。从2010年4月1日起,江苏省地方税务局负责契税的征收管理工作。

《省政府办公厅关于促进房地产市场健康发展的意见》(苏政办发〔2008〕133号)调整契税适用税率及标准,契税税率由4%调整为3%。《关于调整江苏省房地产交易环节契税个人所得税优惠政策的通知》(苏财税〔2010〕33号)规定,自2010年10月1日起,对个人购买90平方米及以下,且该住房属于家庭唯一住房的,减按1%税率征收契税;对个人购买90平方米以上、144平方米以下,且属于家庭唯一住房的普通住宅,按1.5%税率征收契税。

十五、耕地占用税

2007年12月1日国务院发布《中华人民共和国耕地占用税暂行条例》,从2008年1月1日起施行。耕地占用税是国家对占用耕地建房或者从事其他非农建设的单位和个人,依据实际占用耕地面积、按照规定税额一次性征收的一种税。

占用基本农田的,适用税额在上述的基础上提高50%。铁路线路、公路线路、飞机场跑道、停机坪、港口、航道占用耕地,减按每平方米2元的税额征收耕地占用税。占用林地的适用税额按照当地占用耕地税额的80%执行,占用牧草地等其他农用地的适用税额按照当地占用耕地税额的50%执行。

从2010年4月1日起,江苏省地方税务局负责耕地占用税的征收管理工作。

江苏省占用耕地税税额表

(元/平方米)

税额 地区	所属区	县级市	县
南京、苏州、无锡、常州、镇江	45	40	30
扬州、南通、泰州	40	30	25
徐州、盐城、连云港、淮安、宿迁	30	25	20

税收优惠

一、营业税及财产行为税优惠政策规定

(一)《中华人民共和国营业税暂条例》规定的免征项目

1. 托儿所、幼儿园、养老院、残疾人福利机构提供的育养服务,婚姻介绍,殡葬服务。

2. 残疾人员个人提供的劳务。

3. 医院、诊所和其他医疗机构提供的医疗服务。

4. 学校和其他教育机构提供的教育劳务,学生勤工俭学提供的劳务。

5. 农业机耕、排灌、病虫害防治、植保、农牧保险以及相关技术培训业务,家禽、牲畜、水生动物的配种和疾病防治。

6. 纪念馆、博物馆、文化馆、文物保护单位管理机构、美术馆、展览馆、书画院、图书馆举办文化活动的门票收入,宗教场所举办文化、宗教活动的门票收入。

7. 境内保险机构为出口货物提供的保险产品

除上述规定,营业税的免税、减税项目由国务院规定。纳税人营业额未达到国务院财政、税务主管部门规定的营业税起征点的,免征营业税;达到起征点的,应全额计算缴纳营业税。

根据《中华人民共和国营业税暂行条例》及其实施细则、《财政部、国家税务总局关于下岗失业人员再就业有关税收政策问题的通知》(财税字〔2002〕208号)和《财政部、国家税务总局关于下岗失业人员再就业有关税收政策问题的补充通知》(财税字〔2003〕12号)的规定,江苏省规定自2003年10月1日起,全省营业税起征点统一调整为:按期纳税的起征点为月营业额5000元;按次纳税的起征点为每次(日)100元。

(二)对特定产业或行业的减免规定

1. 支持农业产业

1994年税制改革,较好的体现国家对农村工作的政策扶持,保护农业生产者的利益。根据国家政策,对从事农业机耕、排灌、病虫害防治、植保、农牧保险以及相关技术培训业务、家禽、牲畜、水生动物的配种和疾病防治取得的收入,免征营业税，为深化农村承包责任制的改革，对将土地使用权转让给农业生产者用于农业生产所取得的收入，免征营业税。对关系国计民生的粮油、棉、肉、糖进行国家储备，取得的财政性补贴收入免征营业税。

2. 支持外向型经济

1994 年税制改革之初，为确保营业税税制的平稳过渡，继续鼓励吸引外资，对 1993 年 12 月 31 日前已批准设立的外商投资企业，由于改征增值税、消费税、营业税增加税负的，由企业提出申请，税务机关审核批准，在已批准的经营期限内，准予退还因税负增加而多缴纳的税款，但最长不得超过 5 年；没有经营期限的，经企业申请，税务机关批准，在最长不超过 5 年的期限内，退还上述多缴纳的税款。

为鼓励招商引资，促进外向型经济的发展，吸引国外先进的技术，从 1999 年 10 月 1 日起，对外商投资企业、外商投资设立的研究开发中心、外国企业和外籍个人从事技术转让、技术开发业务和与之相关的技术咨询、技术服务业务取得的收入，免征营业税。

3. 支持民营经济

从 1999 年 10 月 1 日起，民营企业从事科研活动，取得的技术转让、技术开发收入，经市（县）级科委技术市场管理机构出具的技术合同认定登记证明，免征营业税。

4. 支持企业产权制度的改革

支持中小企业企业产权制度的改革。从 1997 年起，对企业在改制过程中房产产权、土地权属未转让，采取租赁形式收取租金的，对其租金用于安置原老企业职工待业（或再就业培训）期间发生的支出部分，只要提供出有效凭证，经地税机关批准，对该部分支出的租金可予以暂缓征收营业税，除此以外租金收入应依法征收营业税。

支持国有企业的改革和发展。从 2000 年起至 2005 年，为解决国有企业改革和发展中出现的新情况、新问题。对国有企业在改制过程中房产产权、土地权属未转让，采取租赁形式收取租金的，对其租金用于安置老企业职工待业（或再就业培训）期间发生的支出部分，只要提供出有效凭证，对该部分支出的租金予以缓征收营业税。

支持国有大中型企业改组改制。对国有大中型企业经改组改制后，形成多个独立核算的关联企业，固定资产所有者向使用者收取的以折旧部分计算的资产占用费（或租金）用来补偿固定资产折旧的，暂缓缴纳营业税；母体企业向用工的关联企业以其工资计算标准结算派出劳务费用时，暂缓缴纳营业税；对企业之间银行金融资金的相互拆借，按不高于银行同期同类贷款利息结算的，可暂缓缴纳营业税。

支持科研机构改制改组。为适应企业改组改制的需要，推进企业改革，根据《中华人民共和国营业税暂行条例》及其实施细则以及相关法律、法规的规定，江苏省下发《江苏省地方税务局关于企业改组改制中有关营业税若干征税问题的通知》（苏地税发〔2000〕44 号），就企业改组改制中有关营业税的征税问题进行明确，其中对企业合并、兼并、分立、资产转让等行为作出界定，并对不征营业税部分进行明确。非营利性科研机构自用的房产、土地免征房产税、城镇土地使用税。

5. 支持高新产业

为鼓励技术引进和推广，从 1994 年 1 月 1 日起，对科研单位取得的技术转让收入免征营业税。为加强技术创新、发展高科技，从 1999 年 10 月 1 日起，对单位和个人（包括外商投资企业、外商投资设立的研究开发中心、外国企业和外籍个人）从事技术转让、技术开发业务和与之相关的技术咨询、技术服务业务取得的收入，免征营业税。

国家及省认定的高新技术行业服务中心、大学科技园、软件园、留学生创业园等科技企业孵化器，自认定之日起，暂免征房产税、城镇土地使用税。

6. 支持下岗、再就业

支持失业、下岗职工生产自救。从 1998 年 1 月 1 日至 2002 年 12 月 31 日，对失业、下岗职工，凭《就业登记证》直接从事个体经营、开展生产自救的，可在其开业后，报经地税部门批准，给予一年内免征营业税的照顾。

鼓励安置下岗、失业职工的纳税人。从 2003 年 1 月 1 日至 2005 年 12 月 31 日，对新办的服务型企业（除广告业、桑拿、按摩、网吧、氧吧外）当年新招用下岗失业人员达到职工总数 30%以上（含 30%），并与其签订 1 年以上期限劳动合同的，经劳动保障部门认定、地税机关审核，3 年内免征营业税。对下岗失业人员从事个体经营（除建筑业、娱乐业以及广告业、桑拿、按摩、网吧、氧吧外)的,自领取税务登记证之日起,3 年内免征营业税、城市维护建设税、教育费附件和个人所得税。

地税干部深入企业,了解下岗、失业职工再就业税收优惠政策落实情况。

鼓励社区服务劳动组织安置下岗人员。从 1999 年 1 月 1 日起,下岗职工个人(包括从事个体经营)及社区服务劳动组织安置本市城镇失业、下岗职工人数占总人数 60%以上的,且从事社区服务范围中列举项目的,经地税部门批准,3 年内免征营业税。

7. 支持医疗、福利等社会事业

从 1994 年起,对医院、诊所和其他医疗机构提供的医疗服务免征营业税,对工会疗养院(所)比照“其他医疗机构”享受减免营业税的照顾。从 2000 年起,为贯彻落实《国务院办公厅转发国务院体改办等部门关于城镇医药卫生体制改革指导意见的通知》(国办发〔2000〕16 号),促进我国医疗卫生事业的发展,将医疗单位分为非营利性医疗机构和营利性医疗机构,对非营利性医疗机构按照国家规定的价格取得的医疗服务收入,免征各项税收,同时,为支持营利性医疗机构的发展,对营利性医疗机构取得的收入,直接用于改善医疗卫生条件的,自其取得执业登记之日起,对其取得的医疗服务收入 3 年内免征营业税。

从 1994 年起,对养老院、残疾人福利机构提供的育养服务,婚姻介绍,殡葬服务,残疾人员个人提供的劳务,免征营业税;为鼓励残疾人员发挥一技之长,自食其力,对安置“四残”人员占企业生产人员 35%以上的(含 35%)民政福利企业,其经营属于营业税“服务业”税目范围内(广告业除外)的业务,免征营业税。

从 1994 年 1 月 1 日起,对保险公司开展的一年期以上返还性人身保险业务的保费收入免征营业税。

2000 年,为支持医疗、福利、社会事业的发展,财政部国家税务总局发文(财税字〔2000〕42 号)规定:对非营利性医疗机构自用的房产、土地、车船免征房产税、城镇土地使用税和车船使用税;对营利性医疗机构自注册登记之日起三年内名免征其自用的房产税、城镇土地使用税和车船使用税。

2000 年为支持社会力量兴办老年服务机构,财政部国家税务总局发文(财税〔2000〕97 号):对政府部门和事业单位、社会团体以及个人等社会力量投资兴办的福利性、非营利性的老年服务机构,免征其自用的房产税、城镇土地使用税和车船使用税。

对疾病控制机构和妇幼保健机构等卫生机构自用的房产、土地,免征房产税、城镇土地使用税。

8. 支持文化、教育事业

从 1994 年起,对学校和其他教育机构提供的教育劳务,对托儿所、幼儿园提供养育服务取得的收入,对学生勤工俭学提供的劳务,免征营业税。

为支持学校办企业的发展,鼓励学生勤工俭学,改善教学条件,校办企业凡为本校教学、科研服务所提供的应税劳务(“服务业”税目中的旅店业、饮食业和“娱乐业”税目除外,从 2004 年起广告业、桑拿、按摩、氧吧等除外),免征营业税。

为支持高校后勤社会化改革,从 2000 年年底至 2005 年年底,高校后勤经济实体,经营学生公寓和教师公寓及向师生提供餐饮服务获得的收入,免征营业税。

国家拨付事业经费和企业办的各类学校、托儿所、幼儿园的自用房产、土地,免征房产税、城镇土地使用税。对为高校学生提供住宿服务并按高校系统收费标准收取租金的学生公寓,免征房产税。对于高校学生签订的学生公寓合同,免征印花税。

对经营性文化事业单位转制中资产评估增值涉及的企业所得税,以及资产划转或转让涉及的增值税、营业税、城建税等给予适当的优惠政策。经广播电影电视行政主管部门按职能权限批准从事电影制片、发行、放映的电影集团公司、电影制片厂及其他电影企业取得的销售电影拷贝收入、转让电影版权收入、电影发行收入以及在农村取得的电影放映收入免征增值税和营业税。

2010年年底前,广播电视运营服务企业按规定收取的有线数字电视基本收视维护费,经有关部门批准后可免征营业税,期限不超过3年。

9. 支持金融服务业

从2001年1月1日起,纳税人发生的已缴纳营业税的应收未收利息,若在180天(从2002年1月1日起调整为90天)以后仍未收回的,可冲减当期应税营业额。同时,对纳税人在2000年年底以前已缴纳营业税的应收未收利息经省级国家税务局和省级地方税务局批准可在5年内冲减应税营业额。

10. 规范房地产业

配合住房制度的改革,有效启动房地产市场发展。从1999年8月1日起,对个人自建自用住房,销售时免征营业税,对企业、行政事业单位按房改成本价、标准价出售住房的收入,免征收营业税,对1998年6月30日以前建成尚未售出的空置商品住房,在2002年年底前销售免征营业税。从1999年1月1日起至2002年12月31日销售列入江苏省地方税务局和有关部门联合下发的经济适用住房项目名单的经济适用住房免征营业税。从1999年8月1日起,为切实减轻个人买卖普通住宅的税收负担,积极启动住房二级市场,对个人购买并居住超过一年的普通住宅,销售时免征营业税;个人购买并居住不足一年的普通住宅,销售时营业税按销售价减去购入原价后的差额计征;个人自建自用住房,销售时免征营业税。为支持住房制度的改革,对企业、行政事业单位按房改成本价、标准价出售住房的收入,免征收营业税。同时,为加快住房资金周转,降低金融资产的风险,促进积压空置商品房的销售,对1998年6月30日以前建成尚未售出的空置商品住房,在2002年年底前销售免征营业税。为鼓励加快经济适用住房的建设步伐,从1999年起到2002年年底销售经济适用住房免征营业税。

为切实稳定住房价格,积极实施有效的税收政策。为促进房地产业健康发展,控制房地产投资规模和住房价格增长过快的势头,自2005年6月1日起,对个人购买住房不足2年转手交易的,销售时按其取得的售房收入全额征收营业税;个人购买普通住房超过2年(含2年)转手交易的,销售时免征营业税;对个人购买非普通住房超过2年(含2年)转手交易的,销售时按其售房收入减去购买房屋的价款后的差额征收营业税。

11. 其他减免

支持"非典"防治,缓解对经济的影响。2003年由于受非典型肺炎的影响,为支持地方经济的发展。对饮食业、旅店业减征、免征或缓征营业税;自2003年5月1日至12月31日,对民航旅客运输业务和旅游业免征营业税。

二、企业所得税优惠政策规定

(一)优惠政策的具体范围和方法

主要内容包括:一是明确免征和减半征收企业所得税的从事农、林、牧、渔业项目的所得的具体范围。二是明确企业从事港口码头、机场、铁路、公路、电力、水利等基础设施项目投资经营所得,给予三免三减半的优惠。三是明确企业从事符合条件的环境保护、节能节水项目的所得,给予三免三减半的优惠。四是明确符合国家产业政策规定的综合利用资源生产的产品所取得的收入,可以在计算应纳税所得额时,减按90%计入收入总额。五是明确企业购置用于环境保护、节能节水、安全生产等专用设备的投资额的10%,可以从企业当年的应纳税额中抵免。六是借鉴国际通行做法,按照便于税收征管的原则,规定小型微利企业的标准:工业企业,年度应纳税所得额不超过30万元,从业人数不超过100人,资产总额不超过3000万元;其他企业,年度应纳税所得额不超过30万元,从业人数不超过80人,资产总额不超过1000万元。七是明确促进技术创新和科技进步的五个方面的优惠:第一,企业从事符合条件的技术转让所得可以免征、减半征收企业所得税。第二,国家需要重点扶持的高新技术企业,减按15%的税率征收企业所得税。第三,企业开发新技术、新产品、新工艺发生的研究开发费用,可在计算应纳税所得额时再加计扣除50%。第四,创业投资企业采取股权投资方式投资于未上市的中小高新技术企业2年以上的,可以按照其投资额的70%在股权持有满2年的当年抵扣该创业投资企业的应纳税所得额;第五,企业的固定资产由于技术进步等原因,确需加速折旧的,可以缩短折旧年限或者采取加速折旧的方法。八是明确安置残疾人员的企业支付给残疾职工的工资加计扣除100%。

(二)农林牧渔项目减税或免税规定

对农林牧渔项目实行不同的税收优惠政策，可以更好的体现国家政策的引导作用，突出优惠政策的导向性。粮食、蔬菜、肉类、水果等农产品，关系到国计民生，是维持人们基本生存条件的生活必需品，应当列为税收优惠政策重点鼓励的对象。同时为生产此类产品的服务业也应同样扶持，因此，实施条例中将此类归为免税项目。花卉、饮料和香料作物，以及海水养殖、内陆养殖，一般赢利水平较高，也不是人们基本生活必需品，在优惠力度上应与基本生活需要的农产品等免税有所区别，因此，实行减半征收。

(三)高新技术企业执行15%优惠税率的规定

与原税收优惠政策相比，新企业所得税法对高新技术企业优惠的主要变化，表现在：一是扩大高新技术企业的生产经营范围。实施条例将高新技术企业的界定范围，由现行按高新技术产品划分改为按高新技术领域划分，规定产品(服务)应在《国家重点支持的高新技术领域》的范围之内。二是明确高新技术企业的具体认定标准。如研究开发费用占销售收入的比例、高新技术产品(服务)收入占企业总收入的比例、科技人员占企业职工总数的比例以及其他条件等。三是强调核心自主知识产权问题，突出技术创新导向。

(四)非营利组织收入的征免税

区分营利性收入和非营利性收入给予不同的税收待遇。对非营利组织从事非营利性活动取得的收入给予免税，但从事营利性活动取得的收入则要征税。

(五)居民企业之间的股息红利收入

原税法规定，内资企业之间的股息红利收入，低税率企业分配给高税率企业要补税率差。新企业所得税法明确不再要求补税率差，对来自所有非上市企业，以及持有股份12个月以上取得的股息红利收入，适用免税政策；将持有上市公司股票的时间短于12个月的股息红利收入排除在免税范围之外。

(六)享受税率20%税收优惠的小型微利企业的具体标准

把年度应纳税所得额、从业人数、资产总额作为小型微利企业的界定指标。不论工业企业还是其他企业，将年度应纳税所得额确定为30万元。同时将工业企业的从业人数界定为不超过100人，资产总额不超过3000万元；其他企业从业人数不超过80人，资产总额不超过1000万元。

(七)公共基础设施的优惠

对企业从事港口码头、机场、铁路、公路、电力、水利等项目投资经营所得，给予三免三减半的优惠。

(八)对股息、红利和利息、租金、特许权使用费征收预提税

非居民企业在中国境内未设立机构、场所的，或者虽设立机构、场所但取得的所得与其所设机构、场所没有实际联系的，应当就其来源于中国境内的所得，减按10%的税率征收企业所得税。

(九)对原税收优惠实行过渡性措施

新企业所得税法规定，对原税收法律、行政法规规定的低税率和定期减免税、特定地区和西部大开发地区，实行过渡性优惠政策。《国务院关于实施企业所得税过渡优惠政策的通知》(国发〔2007〕39号)对企业所得税优惠政策过渡问题作具体明确：

1. 新税法公布前批准设立的企业税收优惠过渡办法。企业按照原税收法律、行政法规和具有行政法规效力文件规定享受的企业所得税优惠政策，按以下办法实施过渡：

自2008年1月1日起，原享受低税率优惠政策的企业，在新税法施行后5年内逐步过渡到法定税率。其中：享受企业所得税15%税率的企业，2008年按18%税率执行，2009年按20%税率执行，2010年按22%税率执行，2011年按24%税率执行，2012年按25%税率执行；原执行24%税率的企业，2008年起按25%税率执行。

自2008年1月1日起，原享受企业所得税“两免三减半”、“五免五减半”等定期减免税优惠的企业，新税法施行后继续按原税收法律、行政法规及相关文件规定的优惠办法及年限享受至期满为止，但因未获利而尚未享受税收优惠的，其优惠期限从2008年度起计算。

享受上述过渡优惠政策的企业，是指2007年3月16日以前经工商等登记管理机关登记设立的企业；实施过渡优惠政策的项目和范围按《实施企

业所得税过渡优惠政策表》执行。

2. 继续执行西部大开发税收优惠政策。即《财政部、国家税务总局、海关总署关于西部大开发税收优惠政策问题的通知》(财税〔2001〕202号)中规定的西部大开发企业所得税优惠政策继续执行。

3. 实施企业税收过渡优惠政策的其他规定。享受企业所得税过渡优惠政策的企业，应按照新税法和实施条例中有关收入和扣除的规定计算应纳税所得额，并按有关规定计算享受税收优惠。企业所得税过渡优惠政策与新税法及实施条例规定的优惠政策存在交叉的，由企业选择最优惠的政策执行，不得叠加享受，且一经选择，不得改变。

(十)解决跨地区汇总纳税后地区间税源转移问题

新企业所得税法规定，不具有法人资格的营业机构应实行法人汇总纳税制度，由此会出现地区间税源转移问题，按照"统一核算、分级管理、就地预缴、集中清算、财政调库"的原则，合理确定总、分机构所在地区的企业所得税分享比例和办法，妥善解决实施新企业所得税法后引起的税收转移问题。

三、新、旧企业所得税优惠政策调整及变化

(一)新企业所得税法的指导思想

统一内、外资企业的所得税优惠政策，对原企业所得税优惠政策进行适当调整。国家对重点扶持和鼓励发展的产业和项目，给予企业所得税优惠。将企业所得税以区域优惠为主的格局，调整为以产业优惠为主、区域优惠为辅、产业政策与地区政策相结合的税收优惠格局。减少区域性优惠，区域性优惠政策由沿海向西部地区转移。缩小区域性税负差距，加大全国范围内的产业倾斜力度。

(二)新企业所得税法调整的主要原则

促进技术创新和科技进步，鼓励基础设施建设，鼓励农业发展及环境保护与节能，支持安全生产，统筹区域发展，促进公益事业和照顾弱势群体等，有效地发挥税收优惠政策的导向作用，进一步促进国民经济全面、协调、可持续发展和社会全面进步，有利于构建和谐社会。

(三)新企业所得税法的主要变化

1. 扩大范围。将国家高新技术产业开发区内高新技术企业低税率优惠扩大到全国范围；对小型微利企业实行低税率优惠政策；将环保、节水设备投资抵免企业所得税政策扩大到环保、节能节水、安全生产等专用设备；技术转让所得优惠；新增对环境保护项目所得、创业投资企业、非营利公益组织等机构的优惠政策。

2. 保留。保留原外商投资企业和外国企业对港口、码头、机场、铁路、公路、电力、水利等基础设施投资的税收优惠政策；保留对农林牧渔业的税收优惠政策。

3. 替代。用特定的就业人员工资加计扣除政策替代原有的再就业企业、劳服企业直接减免税政策；用残疾职工工资加计扣除政策替代原有的福利企业直接减免税政策；用减计综合利用资源经营收入替代原有的资源综合利用企业直接减免税政策。

4. 过渡。对五个经济特区和浦东新区内新设立的国家需要重点扶持的高新技术企业，予以定期减免税优惠政策("两免三减半")；继续执行西部大开发地区鼓励类企业的所得税优惠政策。

5. 取消。取消生产性外资企业"两免三减半"和高新技术产业开发区内高新技术企业"两免"等所得税定期减免优惠政策；取消外资产品出口企业减半征税优惠政策、外资企业再投资退税政策、取消部分区域低税率优惠政策。

(四)新法实施后江苏出台的管理办法

1. 研究开发费加计扣除

为促进企业技术创新，加大研究开发投入，早在1996年国家就已经出台技术开发费加计扣除政策(新企业所得税法实施以后，改称为研究开发费加计扣除)。时至今日，研发费加计扣除政策适用范围也从最初的国有、集体工业企业，拓宽到目前所有的财务核算健全的查账征收居民企业。

研发费加计扣除政策的贯彻实施，对促进企业自主创新，加快经济的转型升级起到积极的推动作用。江苏省地税局在2009年1月15日，印发《江苏省地方税务局关于印发〈江苏省企业研究开发费用税前加计扣除管理办法（试行）〉的通知》(苏地税发〔2009〕6号)。

为鼓励江苏省企业加大科技研发投入力度，加快企业自主创新能力的建设，省地税局在苏州地税局成功试点的基础上，结合江苏省实际，率先在全国范围内出台《企业研究开发费用税前加计扣除操作规程(试行)》(以下简称《规程》)。《规程》分为总则、项目确认及登记、加计扣除、宣传辅导和附则。

将研发费加计扣除政策的贯彻落实分解为研发项目的确认、项目登记和研发费的加计扣除等三个环节。项目确认是指享受研发费加计扣除政策的项目，须由当地政府科技部门或经信委进行审核,由其鉴别研发项目是否属于《国家重点支持的高新技术领域》(国科发火〔2008〕172 号)和国家发展改革委员会等部门公布的《当前优先发展的高技术产业化重点领域指南(2007 年度)》(国家发展改革委员会等部门 2007 年度第 6 号公告)规定的内容，并向企业出具《企业研究开发项目确认书》;项目登记是指企业取得《企业研究开发项目确认书》后,经主管税务机关审核,主管税务机关对项目进行登记并出具《企业研究开发项目登记信息告知书》;加计扣除是指在企业所得税年度纳税申报时，企业对已经登记的研发项目所发生的研发费，备案后享受税法规定的研发费加计扣除优惠。

自 2010 年 7 月 1 日起在全省范围内执行《规程》,同时为增强《规程》的可操作性,各地可结合本地实际,制定《规程》的操作办法,报省一级部门备案。

2. 研究制定跨地区总分机构管理

本着方便征管,方便纳税人,遵循法人所得税制的原则，与省有关部门联合下发江苏省总分机构企业所得税分配及预算管理办法，对江苏省总分机构税收管理进行规范。

3. 规范税收优惠及减免税管理办法

2004 年,为减少审批环节,进一步规范企业所得税减免税的审批管理，根据国家税务总局的有关规定，结合江苏省地税系统企业所得税征管现状,下发《江苏省地方税务局关于调整企业所得税减免税审批权限等问题的通知》(苏地税发〔2004〕35 号)，对企业所得税减免税审批权限作适当调整,同时对减免税的现行政策、申报资料、重点审核内容等有关问题予以明确。

2008 年新企业所得税法实施后,为进一步减少审批环节,提高管理和服务效率,出台《关于下放企业所得税减免税审批权限的通知》(苏地税发〔2008〕75 号),对原省局权限的企业所得税减免税审批全部下放由各市、县地税局审批,具体审批权限由各省辖市地方税务局确定。苏地税发〔2004〕35 号中关于省局企业所得税减免税审批权限的有关规定停止执行。

2009 年,结合新《企业所得税法》全面贯彻实施,增强企业所得税优惠政策的操作性,让纳税人及时、公平、准确地享受到税收优惠,出台《江苏省地方税务局关于企业所得税优惠政策管理意见(试行)》(苏地税发〔2009〕32 号)。

新企业所得税法的税收优惠形式由过去单一的直接减免税改为现在的 9 种优惠方式，即免税收入、定期减免税、降低税率、加计扣除、加速折旧、减计收入、投资抵免、税额抵免、授权减免。该办法将企业所得税优惠政策管理分为审批类优惠、自行申报优惠和备案类优惠三类,并严格界定各自的管理范畴:实行审批管理的,必须是新《企业所得税法》及其实施条例等法律法规和国务院明确规定需要审批的内容;实行自行申报管理的,包括小型微利企业以及税收优惠项目中的国债利息收入,符合条件的居民企业之间的股息、红利等权益性投资收益，非居民企业从居民企业取得的股息、红利等权益性投资收益等免税收入;除以上实行审批管理、自行申报管理的税收优惠事项外,其他企业所得税优惠项目,均实行备案管理。对超过一个纳税年度的备案类优惠事项，实行每年登记备案;非持续发生的备案类优惠事项,在每次发生后即时登记备案。

针对上述三类优惠管理，对享受审批类税收优惠的纳税人,应提交相应资料,提出申请,经有权税务机关审批确认后执行。税收优惠申请符合法定条件的，有权税务机关应当在规定期限内作出准予享受税收优惠的书面决定；依法不予享受的,应当说明理由,并告知纳税人享有依法申请行政复议或者提起行政诉讼的权利。享受自行申报优惠的纳税人，应于优惠事项发生的预缴申报期或年终汇算清缴期内,随同申报表附报相关资料,自行申报。享受备案类税收优惠的纳税人,必须向主管税务机关申报备案资料,提请备案。主管税务机关在登记备案出具书面告知书后，由纳税人执行。该办法还对备案资料也作具体明确。

4、明确后续管理办法

根据新企业所得税法的要求,省局对 2007 年印发的《企业所得税后续管理工作规程(试行)》进行修订，印发《企业所得税后续管理工作规程》的通知(苏地税发〔2009〕69号)，自2008年1月1日起实施。

该规程规范的是企业所得税税基管理中的自行申报项目、审批(核)和备案管理项目以及日常管理中涉及跨年度管理项目的后续管理工作。根据企业所得税管理工作要求，在企业所得税项目实施审批(核)、备案或申报后，通过信息资料的登记、比对、分析、核查等系列管理行为，把握管理的关节点和风险点，对企业所得税管理项目进行跟踪管理，以达到规范管理和连续管理的目的。

5. 明确非营利性组织免税资格认定办法

为加强对非营利组织免税资格管理，保障社会公益事业发展，根据财政部、国家税务总局《关于非营利组织免税资格认定管理有关问题的通知》(财税〔2009〕123号)规定，结合江苏省实际，与省财政厅、省国税局联合制定《江苏省非营利组织免税资格认定办法(试行)》，从2008年1月1日起执行。

6. 明确公益性群众团体公益性捐赠税前扣除资格认定办法

为进一步促进社会公益事业的发展，加强公益性捐赠所得税税前扣除管理，根据财政部、国家税务总局《关于通过公益性群众团体的公益性捐赠税前扣除有关问题的通知》(财税〔2009〕124号)规定，结合江苏省实际，与省财政厅、省国税局联合制定《江苏省公益性群众团体公益性捐赠税前扣除资格认定办法(试行)》，从2008年1月1日起执行。

江苏省企业所得税减免情况表

所属年度(年)	减免户数	减免税金额(万元)
1994(税源报表)	8293	58,702.30
1995(税源报表)	9535	77,790.70
1996(税源报表)	8354	74,922.80
1997(统计汇总)	10285	98,039.39
1998(统计汇总)	25304	146,443.35
1999(统计汇总)	12919	176,305.61
2000(统计汇总)	11933	236,274.62
2001(统计汇总)	10021	297,264.00
2002(统计汇总)	7077	324,734.24
2003(统计汇总)	6553	370,962.70
2004(统计汇总)	5008	368,259.00
2005(统计汇总)	2976	373,568.12
2006(汇缴报告)	3154	537,490.00
2007(汇缴报告)	2926	442,870.60
2008(优惠统计)	22692	922,480.03
2009(优惠统计)	25618	1,082,569.26

税收征收管理

税收征收管理,是税务(国家征税)机关依据国家税收法律、行政法规的规定,按照统一的标准,通过一定的程序,对纳税人应纳税款依法组织收缴、入库的活动。

贯彻《征管法》

《中华人民共和国税收征收管理法》(以下简称《征管法》)于1992年9月4日第七届全国人民代表大会常务委员会第二十七次会议通过,1993年1月起施行,1995年2月28日第八届全国人民代表大会常务委员会第十二次会议修正。1996年,相继规范征管业务流程和标准,逐步建立规范统一的税务登记、纳税申报、税款征收、票证管理、税务稽查、应诉复议、涉税处理、税法公告等各项征管制度,规范征管行为。

1999年,省局制定若干征管制度和操作规程并试行。

2001年5月1日起,施行第九届全国人民代表大会常务委员会第二十一次会议通过修订后的新《征管法》。在贯彻落实新《征管法》过程中,全省各地利用不同的方法方式宣传和学习,领会其立法精神和修订内容。利用多种方式和途径向纳税人开展宣传和辅导,重点宣传《征管法》在保障纳税人权益方面的修订内容,严格按照《征管法》开展日常各项征管业务和检查活动。

召开全系统专业会议,推进新征管法的贯彻落实。

2003年,省局在全省地税系统部署开展"征管措施落实年"活动。从征管改革调整后的征管措施、实施细则、操作流程落实情况、征管问题调研和整改措施等六个方面,分准备动员、自查整改、互评总结、参评考核四个阶段展开。组织开展《征管法》及相关知识竞赛活动。包括《征管法》及其实施细则和总局已下发的相关配套制度、现行税收政策、税收相关法律知识等三部分内容。

2004年,省局在全省地税系统部署开展"整合优化年"活动。2月起,根据国家税务总局修订后的《税务登记管理办法》重新制定实施办法。国家税务总局根据《征管法》陆续下发《纳税信用等级评定管理试行办法》、《税务登记管理办法》、《税务行政复议规则》、《涉外企业联合税务审计暂行办法》、《欠税公告办法(试行)》、《集贸市场税收分类管理办法》等管理办法后,全省各级地税机关及时组织学习和实施。

2005年8–10月,对贯彻落实《征管法》及其实施细则情况进行专项检查。内容包括对贯彻落实《征管法》及其实施细则总体情况的分析、评估,税法宣传,制度和机制建设,税务登记、纳税申报、税款征收、日常检查、税收违法处理等。

征管改革

1995年,为适应税制改革的新形势,按照国家税务总局征管改革总体方案,积极探索和建立符合江苏实际的税收征管模式,江苏省地税系统实施一系列税收征管改革,省局成立税收征管改革领导小组,制定《征管改革实施意见》,逐步在全省形成以现代化技术手段为支撑,相互协调制约的纳税申报、税务代理、税务稽查、计算机监控四位一体的地税征管格局。建立以"自核自缴"为基础的纳税申报制度,税款征收、管理服务实行大厅作业,逐步取消税务专管员管户制度。

召开全系统深化征管改革工作会议,部署税收征管改革任务。

确定征管改革的基本目标:到2000年,在全省建立适应社会主义市场经济要求的,具有现代化技术手段的,征收、管理、检查相互制约,申报、代理、稽查相互结合的地方税收征管新格局。

征管改革具体目标:市区建立集中统一的申报服务大厅,下设若干个税款申报征收点,在农村税务所设置专门的申报窗口和服务柜台;全面实行纳税人"自核自缴"的申报制度;调整机构设置,人员优化组合,科学划分征管工作系列,规范征管程序和业务流程;逐步直至全面取消税务专管员制度,改管户为管事,税收工作实行专业化管理;税务代理机构普及,省、市、县全面建立并完善税务代理机构,广泛开展税务代理的各项业务;建立强有力的税务稽查系统,省、市、县成立专门的稽查局或分局,城市可以实行稽查外分离,农村可以实行"征管在所,稽查在县(市)"的模式;税收征管广泛应用电子计算机,建立统一的税收信息系统,实现全省税务系统内联网,有条件的地区实现与银行等部门的计算机联网;建立税法公告制度,纳税人获取税收信息的渠道畅通,税收环境优化。

征管改革是继税制改革后又一项重大改革,省局明确必须着重抓好四个方面:严格纳税申报制度,推行纳税人"自核自缴";积极推行税务代理;大力加强税务稽查;推广计算机在税收征管领域的应用。

1996年起,按照集中专业化税收管理要求,各地陆续建立办税服务厅,实施税收集中征管,取消税务专管员管户制度,建立"管事"制度,规范专业分工,合理调整机构、人员和职责。地税征管改革工作由城市向农村推进。

按照集中专业化税收管理要求,各地陆续建立起办税服务厅。

1997年1月1日国务院办公厅转发国家税务总局《关于深化税收征管改革的方案》,确立逐步建立"以申报纳税和优化服务为基础,以计算机网络为依托,集中征收、重点稽查"的新的税收征管模式。主要内容:建立纳税人自行申报纳税制度;建立税务机关和社会中介组织相结合的服务体系;建立以计算机网络为依托的管理监控体系;建立人工与计算机结合的稽查体系;建立以征管功能为主的机构设置体系。

1997年,省政府办公厅转发《江苏省地方税务局关于深化税收征管改革的实施方案》,确定:建立纳税人自行申报纳税制度;进一步优化税收服务;大力推广计算机在税收征管领域的应用;建立强有力的稽查体系;建立按征管功能要求设置的组织体系。

为适应深化税收征管改革的需要,省局制定了征管业务操作规程。着手开发1.0版征管信息系统。2000年上半年,信息系统在无锡、张家港试运行。2002年,全面上线推开。

随着征管改革的深入,2000年,征管与稽查职能划分,明确征管分局职能、稽查局职能和检查分局职能。

实现由传统的专管员管户制向管事制的转变,基本上形成了纳税人主动申报纳税的征管新格局,这是我国税收征管模式的历史性转变。2000年,农村税收征管改革全面推开。

2001年,国家税务总局印发了《关于加速税收征管信息化建设推进征管改革的试点工作方案》,其核心内容是实现在信息化支持下的税收征管专业化管理。基本思路是:

(一)指导思想。以"依法治税、从严治队"为根本出发点,坚持"科技加管理"的方向,巩固、提高、丰富和完善"以申报纳税和优化服务为基础,以计算机网络为依托,集中征收,重点稽查"的征管模式;在加速信息化建设的基础上实现税收征管专业化管理,大幅度提高征管质量和效率。

(二)总体目标。实现税收征管的"信息化和专业化",建设全国统一的税收征管信息系统,实现建立在信息化基础上的、以专业化为主、综合性为辅的流程化、标准化的分工、联系和制约的征管工作新格局。

(三)预期效果。征管质量和效率显著提高;"疏于管理、淡化责任"的问题得到有效解决;市区和县城及其周边地区(以下简称城区)的全职能征管机制转化为专业化的征管机制;征管信息高度集中;行政执法权力依法分解、上收,并得到有效制约,实现上级对基层征管机构执法情况的网络监控,基本杜绝执法随意性;征收成本大幅度降低;税务干部队伍素质进一步提高。

(四)主要工作内容。建设"一体化"的税收征管信息系统;重组征管业务;明确专业职能;精简征管机构;划清专业职责;规范纳税服务;加强税源监控;开展纳税评估;推行多元化的申报缴款方式;强化对行政执法行为的监管;加强信息交换。

2002年,南京地税被总局确定为加速税收征管信息化建设推进征管改革的试点工作的"一省一市"试点单位。全省部分地区实施了征收、管理、稽查三分的税收征管模式,各地启动税收属地征管改革。

2003年,国家税务总局确定了"以申报纳税和优化服务为基础,以计算机网络为依托,集中征收,重点稽查,加强管理"34字税收征管模式。

2005年,根据税收征管科学化、精细化要求,完善税收管理员制度。3月,根据国家税务总局税收管理员制度精神,省局制定下发《江苏省地方税务局税收管理员制度》,明确税收管理员的职责和权限,理顺管户与管事关系,落实税源管理责任,确保管户到人、管事到位,加强对税收管理员的监督制约,最大限度发挥税收管理员制度的管理优势。充分利用征管信息系统,采取清理漏征漏管户、核查发票、催报催缴、评估问询、汇算清缴等方式,对纳税人实行科学化、精细化管理。

税务登记

税务登记是税收机关依据税法规定,对纳税人的生产、经营活动进行登记管理的一项法定制度。遵循"统一集中、规范有序、优质服务、准确高效"的原则,加强税务登记管理。

1994年国、地税分设时,经协商,税务登记管理权限根据以下标准划分:凡缴纳增值税的纳税人,其税务登记管理由国税局负责。凡缴纳营业税及其他地方税的纳税人,其税务登记管理由地税局负责。以缴纳增值税为主兼营营业税项目的纳税人,其兼营项目必须到辖管的地税所属分局办理税务注册登记。以缴纳营业税为主兼营增值税项目的纳税人,其兼营项目必须到辖管的国税所属分局办理税务注册登记。凡个体工商户,由国税局负责办理税务登记。

1996年6–9月,实施全省全面换发税务登记证。技术监督部门、国税、地税机关联合建立"全国统一代码标识制度",统一纳税人识别号。对企业以国标6位行政区域码加技术监督局编制的9位全国统一代码组成国标识别码,同时作为税务登记证件编号。个体工商业户和其他缴纳个人所得税的中国公民使用居民身份证15位码,外国个人以其国别加护照号码作为纳税人国际识别号,同时作为税务登记证件编号。在办理税务登记时,纳税人提供由技术监督部门颁发的全国统一代码证书。

1997年,外商投资企业税务登记证验证工作列为外经委、工商局、计委、财政局、外汇管理局、海关、国税局、地税局八部门联合年检内容。

1998年5月,国家税务总局制定下发《税务登记管理办法》,1998年7月起执行。

1998年5–8月,开展税务登记验证。范围包括办理税务登记(含注册税务登记)以及应办理而未办理税务登记(含注册税务登记)的纳税人(外商投资企业和外国企业除外)。对复审合格者在其

2000–2008 年江苏省地方税务局管户情况统计表

单位：户

	2000 年	2001 年	2002 年	2003 年	2004 年	2005 年	2006 年	2007 年	2008 年
合　计	993899	1016686	1046995	1258525	1481733	1741823	1748397	1776963	1870296
国有企业	52053	30210	27230	44001	34979	33777	29481	22976	20951
集体企业	140052	78813	60313	74453	66329	61594	52748	40581	34828
股份合作企业	29285	28281	21281	23319	20221	16676	12591	9714	9807
联营企业	4012	3311	2711	2487	2158	2091	1774	1145	1006
有限责任公司	40181	86723	90548	77465	97797	120920	119435	122871	126129
股份有限公司	6286	6891	6606	10584	10793	11552	8864	7439	6962
私营企业	97588	150654	166549	232874	297189	358475	428104	469516	512420
其他企业	3515	1532	1975	6294	8554	12410	10602	12428	13429
港澳台商投资企业	8198	8759	10453	11387	13097	14621	16545	17913	18088
外商投资企业	7929	9669	12147	14319	17800	21076	24418	26395	26920
外国企业			522	931	799	917	976	926	880
个体经营	600711	610932	646121	752080	903021	1077313	1031733	1033792	1086096
其他	4089	901	539	8331	8996	10401	11126	11267	12780

《税务登记证》上粘贴印花，在副本上加盖验证章，并将税源普查信息录入计算机。6 月起，根据国家税务总局《关于开展漏征漏管户清查工作的通知》，全省范围内开展漏征漏管户清查工作。

1999 年 6–9 月，换发税务登记证。对 1999 年 7 月前已依法领取税务登记证、注册税务登记证、临时税务登记证的纳税人换证。种类包括税务登记证、注册税务登记证、个人所得税扣缴义务人证书和委托代征税款证书。

2001 年 3–6 月，开展验证工作。对纳税人提供的验证表格和资料进行审核。在《税务登记证》上粘贴印花，并在征管系统内做好记录。做好有关资料的整理归档工作。

根据国家税务总局第 7 号令，自 2004 年 2 月 1 日起施行新的《税务登记证管理办法》。

2006 年 8 月 10 日，为进一步加强纳税人户籍管理，推进和规范联合办理税务登记工作，省地税局与省国税局制定了《江苏省国家税务局 江苏省地方税务局联合办理税务登记管理办法（试行）》。从此国地税开始联合办证，一户纳税人只需要办理一个税务登记证。

纳税申报

1995 年，全省地税系统全面实施税收征管改革，提出建立纳税人自行申报纳税制度。各基层分局在原有办税厅及柜台作业的基础上，增设和完善征收管理服务功能，相应归并和转移内部管理职能，将征收以及税政、稽管、服务等部分管理职能逐步分解落实到办税厅，并在大厅设立银行服务专柜，纳税人在银行服务专柜开设专项账户，实现纳税申报、开票征收、税款解缴在办税厅一次完成。

1996 年，逐步取消纳税申报环节的审核，建立纳税人申报声明制度。纳税人就所有纳税事项全面真实申报，并承担完全的法律责任。税务机关对纳税人申报不再作实质性的修改。对财务管理严密、会计核算健全、纳税情况较好且有条件的企试行邮寄申报。对一般企业通过自愿委托社会中介机构进行税务业代理纳税申报。

2002年8月,推行电子申报(EMAIL方式)、网上银行划缴税(费)款和银行信用(储蓄)卡划缴税(费)款申报方式。各地与多家银行合作,实现网上电子申报,逐步对个体工商户实行委托银行划缴税款。2002年,个体工商户实行委托银行划缴税款,实现税银联网自动缴税功能。该系统有二维条码电子申报、二维条码申报和定期定额银行自动扣缴三种申报方式供选择。同年,企业实现网上申报缴税,对实行定期定额征收个体工商户应纳税款实行由银行扣款,与银行建立信息传递网络,实时监控扣缴情况。2003年,制订全面推行社会化申报征收实施方案,对实施社会化申报征收的对象,分期分批组织培训辅导,逐步推广。

2003年,对外资企业、重点税源户及有条件的企业推行网上申报,对个体工商户推行银行扣缴,对中小企业试行银行申报纳税。推行与委托征收银行联网协作的方式。对具备条件的纳税企业运用"网上电子自动报缴税系统"申报缴税,对不具备电子申报的纳税企业委托社会中介机构代理,逐步形成网上申报、IC卡申报、银行划缴和少量邮寄申报的多元化申报方式。

2004年,拓展Web方式和个体银行扣缴方式。Web申报方式适用对象扩大为外资企业、重点税源户以及大中型企业纳税人,推广覆盖面达到具备条件纳税人的80%以上。对实行定期定额征收95%以上的个体纳税人,普遍推广银行扣缴等简易申报征收方式。12月,对原Web申报方式进行改革,试行网上申报(客户端)方式并由银行划缴税(费)款的申报方式。企业全面推行电子扣划缴税(费)款,并与国库及9大商业银行实行联网,使税(费)款入库信息实时传递,增强税(费)征缴入库的时效。2006年,以省局明确的电子申报推广应用的自愿、免费使用、税费兼顾、信息归并采集的四原则,整合各类软件,开发税收综合服务系统(客户端方式),将网上电子申报、个人所得税明细申报、所得税汇缴申报、涉税数据的采集、税收服务等电子办税软件进行集成整合,开发应用税收综合服务系统,形成统一的办税界面,实现纳税人通过网络正确、及时地了解及掌握地税局有关征管工作要求及相关的税收政策等税法宣传服务内容,创建征纳的交互平台。

税款征收

税款征收是税收征收管理工作的一个重要环节,是指税务机关按照法律、行政法规的规定,将各种税收的税款、滞纳金、罚款,按照国家规定的预算科目和预算级次及时缴入国库的过程。税款征收的方式是指税务机关根据各税种的不同特点,征纳双方的具体条件而确定的计算征收税款的方法和形式。按应纳税额的计算方法可分为查账征收、查定征收、查验征收和定期定额征收。按应纳税额的缴库渠道可分为纳税人直接向国库经收处缴纳、税务机关自收税款并办理入库手续、通过三方协议税库银实时扣缴税款、扣缴义务人代扣代缴代收代缴税款、委托代征税款和其他方式。按征收手段可分为纳税人自行缴纳和税务机关强制征收。

一、定期定额征收

规定从1995年1月开始,对年应纳税经营额在50万元以下、经营收入以收取现金为主,且开出发票数量较少、收入难以掌握的小型商业、饮食、服务、修理修配、交通运输、娱乐业等企业原则上均实行定期定额征收办法。实行定期定额征收办法的小型企业,其实际经营收入超过或低于税务机关核定的定额20%时,及时向主管税务机关申请调整定额。

1997年4月,为进一步加强对个体工商户的税收征管工作,贯彻依法治税、公平税负、严管重罚的原则,制定下发对个体工商户、集贸市场地方税征收管理若干办法,明确对个体工商户加强定期定额管理。

1997年4月,转发《国家税务总局关于印发〈个体工商户建账管理暂行办法〉和〈个体工商户定期定额管理暂行办法〉的通知》。对个体工商户的定期定额管理,适用于生产经营规模小、又确无建账能力,经主管税务机关严格审核,报经县以上税务机关批准可以不设置账簿或暂缓建账的个体工商户。税务机关核定定额依照业户自报、典型调查、定额核定、下达定额的程序办理。定期定额管理暂行办法是以总局文件形式对个体工商户的定期定额管理工作的规范。

1999年，改革定期定额方法，试行基准定额加发票开票额征收管理的办法。营业税户核定征收管理包括两种方式，核定加发票开票额征收和核定征收。核定征收采取“业户自报、典型调查、定额核定、下达定额”的核定程序。

2001年，为规范个体税收征管，完善定期定额管理，促进个体经济健康发展，江苏省地税局制定了《个体工商户税收定期定额管理暂行办法》，为保证公平税负，制定了定期定额民主评议工作制度。

2006年，通过出台、修订各类管理办法、规程，进一步将定期定额管理规范体系加以完善，使定期定额管理更规范、更简便、更科学。

2007年，在征管系统中开发“个体税收管理”模块，利用信息化手段加强个体税收征管。该软件具有系统性、规范性、科学性、开放性、高效性的五大特性，实现了管到管住户数、做实典型调查、科学核定定额、自动跟踪预警、绩效评价牵引五大功能，充分发挥了软件定额在税收预警监控中的作用。

二、代征代扣

1995年起，逐步建立地方税收代征代扣征收方式。根据国家税法规定代征少数零星分散的税款，属代征代扣代缴税款的范畴。法律、行政法规规定负有代扣代缴税款的单位和个人为扣缴义务人，税务机关委托代征代缴零星分散税款的有关单位或个人为受托代征人。对受托代征人发给委托代征证书，受托单位按照代征证书的要求，依法代征税款。6月，明确5类代征或受托代征单位。交通部门代征营业税、城建税、所得税及有关费、基金、车船使用税。建管部门代征营业税、城建税、所得税及有关费、基金。房产管理部门代征营业税、城建税、所得税及有关费、基金、印花税；房产开发公司代征固定资产投资方向调节税。土管部门代征印花税、营业税、城建税、教育费附加。

加强个人出租房屋税收管理。2006年，江苏省人民政府办公厅下发《关于印发江苏省个人出租房屋税收征管暂行办法的通知》，各市地税局高度重视个人出租房屋的税收征管工作，在大张旗鼓地搞好新政宣传辅导、营造自觉纳税氛围的同时，认真开展税源调查扩大税基，积极推行社会化征收，力求征足收齐，采取税务机关窗口开票征收与委托乡镇街道代征相结合的办法，加强私房出租户的登记管理和开票征收管理，私房出租税款并没有因税负的降低而出现下滑的趋势。对征收范围及办法、登记管理、发票的开具与管理、税款征收、委托代征管理等问题作了明确规定，加强和规范个人出租房屋的税收管理，促进房屋租赁市场的健康发展。针对个人出租房屋收入的隐蔽性，为防止税款流失，采用按实征收和核定征收双管齐下的方式，对如实申报纳税的按实征收，对隐瞒租赁收入或明显低于市场价格的坚决按核定征收方式征收。

三、协税护税

协税护税是在各地党委、政府支持下，税务部门加强与工商、国税、公安、财政、海关、银行、劳动、社保、城建、交通、外汇管理、技术监督等部门配合，大力推进的社会综合治税工作，拓宽了与工商、国税等部门的数据交换与互联互通渠道，制定信息交换与数据共享制度，全面提高税源监控能力。编制了《协税护税手册》。1996年，逐步建立和健全协税护税网络，在企业主管部门、企业财务人员以及有关行政执法部门中广泛建立协税护税网络组织，制定切实可行的管理制度，明确权、责、利，保证协税护税活动的落实，加强业务培训和指导，定期召开协调会议，组织开展协税护税工作，优化税收环境。工商局、国税局、地税局3家负起各自的企业登记、税务登记的管理职能，定期交流企业登记户和税收征管户情况。建立工作例会制度，每季召开一次，交流工作情况。

2004年，建立国、地税协调工作机制。市国、地税局共同成立协调领导小组，建立国、地税协调联席会议制度，处理国、地税局协调事宜。各辖市（区）国、地税局、市区各税务分局分别成立分级协调领导小组，同时建立国、地税分级协调联席会议制度。建立统一的信息交换平台，实现国、地税局间的数据信息交换。电子信息采取软盘或网络等传递方式进行传递。并建立信息交换制度，用制度规范信息交换行为，确保交换数据信息的及时准确、安全可靠。实行数据信息分级交换形式。

协作配合的主要内容，共同开展税法宣传，联合税务登记管理，联合核定个体纳税户税额，联合核定企业所得税征收方式，联合评定纳税信用等级，联合进行税务检查，共同加强国际税务事项的管理。定期交换数据,包括纳税人户籍管理数据,城市维护建设税及教育费附加税基的"两税"数据,货运发票数据,税务检查的查补税数据,税收收入数据,其他有关信息数据等。4月,召开国、地税税收协作会议。是1994年国、地税分设以来双方就税收协作召开的由主管局长亲自参加的会议。在肯定以往合作成绩的基础上,讨论《国、地税税收工作协作制度》及2005年的协作重点。以会议纪要的形式确定国、地税协作的主要方向和内容,明确要结合无锡税收征管实际,积极构建新型国、地税协作体系。

2005年9月,搭建信息交换平台。市国、地局双方进行平台建立的准备工作,由各自提交信息交换项目,双方共同协商确定信息交换项目,并报双方局领导研究决定。国、地税各相应职能部门提交业务需求。国、地税信息中心共同组织技术人员进行开发。12月,对属于信息交换内容中税收入库征收情况、联合审计资料、汇总类报表、稽查信息等,先通过财政专线进行逐步交换。

四、零星税源税收征管

积极探索税源分类管理的新思路,按照"重点税源精细化管理、一般税源标准化管理、零星税源社会化管理"的"三级税源"管理体系,针对零星税源以专业化管理和委托化征收为主要目标,精心打造零星税源社会化管理模式。

1996年2月,集贸市场和个体工商户的地方税收划归地税局征管。

1997年4月,为加强对个体工商户的税收征管工作,贯彻依法治税、公平税负、严管重罚的原则,制定下发对个体工商户、集贸市场地方税征收管理若干办法,明确对个体工商户加强定期定额管理。8月,根据国家税务总局转发国务院批转加强个体私营经济税收征管强化查账征收工作的精神,进一步明确推行个体私营业户建账建制工作,规范个体私营业户定期定额征收方式的管理工作。9月,转发《国家税务总局关于印发〈个体工商户建账管理暂行办法〉和〈个体工商户定期定额管理暂行办法〉的通知》。10月,转发《江苏省城乡个体工商户简易账记账核算管理办法》。明确简易账和复式账建账的对象、范围、内容、要求,对经批准可以不设置账簿或暂不建账的个体工商户建立收支凭证粘贴簿和商品进销存登记簿等。

2004年,建立个体工商户大户征管情况报告制度。各单位将所管辖的营业税纳税户2003年经营额列前10位的个体工商户大户(含享受下岗失业人员再就业优惠政策的个体工商户)的经营情况和纳税情况上报省局,并报总局。

2006年,江苏省人民政府办公厅下发《关于印发江苏省个人出租房屋税收征管暂行办法的通知》,各市地税局高度重视个人出租房屋的税收征管工作,在大张旗鼓地搞好新政宣传辅导、营造自觉纳税氛围的同时,认真开展税源调查扩大税基,积极推行社会化征收,力求征足收齐,采取税务机关窗口开票征收与委托乡镇街道代征相结合的办法,加强私房出租户的登记管理和开票征收管理,私房出租税款并没有因税负的降低而出现下滑的趋势。对征收范围及办法、登记管理、发票的开具与管理、税款征收、委托代征管理等问题作了明确规定,加强和规范个人出租房屋的税收管理,促进房屋租赁市场的健康发展。针对个人出租房屋收入的隐蔽性,为防止税款流失,采用按实征收和核定征收双管齐下的方式,对如实申报纳税的按实征收,对隐瞒租赁收入或明显低于市场价格的坚决按核定征收方式征收。

2008年,为进一步加强个体税收征管、提高工作效率,降低税收成本,切实为个体纳税人提供简捷、便利的服务,江苏省国家税务局、地方税务局联合下发《关于开展对个体工商户联合征管试点工作的通知》,在南京、苏州、泰州、淮安、连云港市五个城市正式启动个体工商户联合征管试点工作。联合范围包括联合税务登记、联合定额核定、联合停复业管理、联合申报征收、联合委托代征、联合典型调查、联合税务检查和联合注销管理。

2010年初,全省个体税收全面实施社会化管理,将税源管理由税务部门单一治税转变为政府主导下全社会综合治税,充分利用地方管理资源,实现高效的税源管理。个体等零星税源实施社会化办税,有效提高个体税收征管水平,加强对个体零星税源的地方税款的征收;有效公平税负和形成税收协作网络,促进诚信纳税和积极协税护税意识的提高;有效整合征管资源,促进税源专业化管理的落实。

发票管理

一、日常管理

1995 年，明确全省发票印刷定点企业。同时，加强对普通发票防伪用品管理，将各类发票监制章、防伪有色荧光油墨、发票专用水印纸列入发票防伪用品管理范围，明确发票防伪用品领购、保管、检查和处罚制度。

从 1996 年开始，按照国家税务总局、公安部联合部署，全系统深入开展打击伪造倒卖发票犯罪活动。

二、发票改版与改革

1994 年年底，省地方税务局和省交通厅经协调，联合行文明确：凡在江苏省境内从事客运、货运、搬运装卸以及运输服务（含联运、存车）的，其使用的运输票据，除印有起点和终点站名以及有关定额的车、船票和补充客票的票据由省级交通主管部门印制和发行管理外，其余一律使用发票联套有“全国统一发票监制章”的发票。

1995 年 4 月 1 日起，全面使用地方税务局监制的发票，旧发票一律作废。1 月 1 日 -3 月 31 日为过渡阶段，在此期间新旧发票可交替使用。

1996 年，为解决国际货物运输代理市场多头经营，票据使用混乱等现象，省地税局明确：凡在江苏省境内从事国际货物运输代理业务的，必须使用套印江苏省地方税务局监制的电脑发票。

1996 年，省局明确个体工商户发票专用章式样。

1997 年 1 月 1 日，根据国家税务总局要求，全国逐步统一发票防伪措施：一是使用标有 SW 字样专用水印纸印制发票联；二是使用大红色有色荧光油墨套印发票监制章及发票号码。取消发票底纹纸的使用。

2001 年，水利经营单位收取的水利工程水费全部转为经营性收费，为此水利工程水费的收取一律使用发票。

2001 年 8 月，省局重新确定发票定点印制企业，并对原发票定点印制企业的发票监制章、发票准印证、发票定点印制企业铜牌进行收缴。

2002 年，保险业票、景点票、客运、银行代收费、报关代理业等凭证逐步启用发票，纳入发票管理。

2003 年 11 月，国家税务总局出台“三个办法和一个方案”，对货物运输业发票管理方式进行彻底改革。将货运业纳税人分为自开票纳税人和代开票纳税人。自开票纳税人凭税务机关核发的相关证件到税务机关领购货物运输发票，并按有关规定自行保管和开具。代开票纳税人持有关证件和缴税凭证到主管地方税务机关或者批准的中介机构代开具货物运输发票。全省在货物运输行业推行微机开票，统一实行税控管理。开展对货物运输发票清理，取消近百家委托代征单位的委托代征资格，从 12 月 1 日起正式启用新版货运发票。在货物运输业税收管理中，各地不同程度建立车辆管理信息系统，自行设计车辆登记表及变动情况审批表等规范性文书，严格按照标准将车辆区分，对自开票纳税人和代开票纳税人的所有自有车辆及挂靠车辆鉴定登记，注明所属单位，将所有正常经营车辆及每辆车的承运吨位数分别录入自有车辆及代开票车辆信息系统，对自开票纳税人和代开票纳税人进行后台控制。开发货物运输发票查询系统，方便纳税人查询。2004 年 7 月，开始使用全国新版公路、内河货物运输业统一发票，实行机打（平式）开票，取消手工填开发票。发票联、抵扣联使用彩色加无色荧光纤维防伪无碳复写纸印制。

2004 年起，推行防伪有奖发票。首先在餐饮、住宿、娱乐等行业实行。防伪有奖发票分为防伪发票和有奖发票。防伪发票印制发票密码，有数码防伪功能，不参与发票刮奖和抽奖。有奖发票印制发票密码和奖区，有数码防伪功能，参与发票刮奖和抽奖。防伪有奖发票采取两次开奖形式，每份发票均有两次中奖机会，即一次刮奖和二次抽奖。

2004 年，发票改版。通过简化、归并发票种类，统一发票分类代码和发票号码，逐步取消手工发票，使用机打发票，适时扩大有奖发票使用面，最终实现以税控电脑开票为主，定额发票、少量手工发票为辅的发票改版目标。2005 年，正式使用新版营业税普通发票。

2006 年，实施发票监制章重大改进，在全省范围内统一更换普通发票监制章，形状为椭圆形，上环刻制“全国统一发票监制章”字样,下环刻制“地方税务局监制”字样,中间刻制监制地税机关所在市的全称或简称,内环一细线启用“JSDS”制作的缩微文字组成。新发票监制章套印普通大红色油墨,不再套印红色防伪荧光油墨。

三、窗口代开发票管理

国、地税分设后,窗口代开发票,由国、地税两局按各自分工,地税局负责营业税项目发票的开具及地税局负责税种的征税管理。在办理开票同时,按政策规定一并征收应纳各税及有关基金、费后,由征收机关分税种按税款所属汇总分别办理入库手续。

1998年4月,就“窗口”劳务开票问题作进一步重申和强调,调整窗口开票内容、范围、征收标准,明确窗口开票附件资料、开票审批规定和不予开票内容。窗口开票主要内容是为提供营业税应税劳务并需办理结算的单位和个人开具营业税应税劳务的发票,开票范围是劳务用工、临时零星发生的应税劳务、不具备领购营业税发票资格但发生应税劳务的纳税人。在附件资料的准备上作明确规定,要求提供完工证明、居民身份证明、税务登记证件副本(复印件)、《外出经营活动税收管理证明单》等。

2005年1月1日,启用全国统一式样的《税务机关代开统一发票》。必须电脑开票,不得手工填开,同时加盖税务机关代开发票专用章。要求代开发票的单位和个人必须填写《代开普通发票申请表》。

四、税控装置管理

税控装置主要包括税控收款机、税控微机开票系统(包括税控管理器和开具发票软件)、税控计价器三种。

2000年,根据《中华人民共和国发票管理办法》,江苏省地方税务系统按照国家税务总局、财政部、国内贸易部、电子工业部、国家工商行政管理局的要求,在全省餐饮、娱乐、服务业推行使用税控收款机。首先在餐饮、住宿、娱乐等行业以及委托开票代征税款单位中推行使用税控收款机、微机开票系统。对符合规定的新办餐饮、住宿、娱乐业等单位要求其购置、使用税控装置。同年,在全省推行出租车税控计价器。2004年年底,江苏省的出租汽车全部使用税控计价器。2005年1月1日起,非出租汽车税控计价器打印的凭证,一律不得作为财务报销凭证。

纳税评估

纳税评估是税务机关根据纳税人、扣缴义务人报送的纳税申报资料,以及日常掌握的各种涉税信息资料,按照一定的程序,运用一定的手段和方法,对纳税人和扣缴义务人在一定期间内履行纳税义务、扣缴义务的情况及有关涉税事项进行系统的审核、分析、确认和评价,及时发现、纠正和处理纳税申报行为中的异常情况,促进纳税人和扣缴义务人依法申报纳税的管理活动。

在南通等地试点的基础上,2002年12月,江苏省局下发《纳税评估管理暂行办法》。2003年,纳税评估工作全面展开,原稽核评税工作停止。遵循分类实施、及时规范、简便高效的原则,以纳税申报环节为重点,紧密结合征收与稽查环节,对税源实施有效监控。纳税评估分为日常评估、专项评估和特定评估。纳税评估程序包括:选定对象、评估分析、询问核实、评定处理、管理建议等五个步骤。纳税评估对象的确定可以选用纳税大户选择法、行业选择法、循环选择法、纳税状况总体评价选择法和其他选择法。纳税评估结论一般有以下四类:纳税正常符合性结论;纳税差异符合性结论;纳税异常待查性结论;纳税异常恶意性结论。修订纳税评估操作规程,明确纳税评估每人每月6户的任务,举办纳税评估工作培训班,制定规范的纳税评估文书,建立纳税评估案源移送稽查制度。

2004年1月,省局印发《纳税评估操作规程》,明确各税种评估分析的具体内容。由纳税评估人员制作《纳税评估报告》,并注明“转稽查部门进一步检查”的意见,制作《纳税评估选案移送建议书》移送稽查部门开展税务检查。2005年6月,根据国家税务总局《纳税评估管理办法(试行)》,省局制定下发《纳税评估工作规程》,规定从7月份开始使用省局确定的纳税评估文书,原使用的稽核评税文书及各单位自行确定的纳税评估文书停止使用。

2005年9月,省局召开全省地税系统电子申报暨纳税评估软件推广应用会议。据此开展纳税评估软件的本地化改造工作。2006年1月，全省统一的纳税评估软件全面正式运行。2007年10月，省局印发《纳税评估指标公式》，加强对纳税评估工作的指导，进一步推动全省纳税评估工作的开展，不断提高纳税评估的针对性和有效性。

2005年以来，省局定期开展纳税评估优秀案例评选活动，2008年8月，印发《纳税评估优秀案例评选办法》。省局对2005年至2007年评选出的60篇纳税评估优秀案例编印出版《江苏省地税系统纳税评估案例选编》。

征管质量管理

税收征管质量考核是提高征管基础工作水平的重要抓手。各级税务机关在加强税收征管基础工作的过程中，把登记率、申报率、入库率、欠税增减率、滞纳金加收率和处罚率等“六率”和宏观税负分析比较指标作为衡量一个地区、一个管理部门征管工作水平的主要指标，纳入目标考核责任制，引入激励机制，与部门和责任人的工作绩效挂钩。

1999年，国家税务总局决定开始在全国税务系统进行征管质量考核，通过下发十个指标，以检验征管工作质量与效率，拉开征管质量管理的序幕，改变了以税收收入完成情况作为唯一考核各地业绩的传统做法。此后，为适应信息化条件下的征管发展要求和实际工作需要，历经2000年、2002年、2003年对征管质量管理指标内容、考核方法、通报形式的不断修订和完善，税收征管工作水平得到不断提高。

2007年，以科学发展观为统领，以组织收入为中心，按照科学化、精细化管理要求，以改革创新为动力，以提高效能为目标，重点加强征管基础建设，深化税源管理，提升征管信息应用，优化纳税服务，促进了税收征管质量的提高。

日常检查

为了解决“疏于管理，淡化责任”的问题，总局在2003年出台了《关于进一步加强税收征管基础工作若干问题的意见》，规范了征、管、查各专业的工作职能，划清了日常检查和稽查职责，提出了日常检查是指税务机关清理漏管户、核查发票、催报催缴、评估问询，了解纳税人生产经营和财务状况等不涉及立案核查与系统审计的日常管理行为，是征管部门的基本工作职能和管理手段之一。

2005年，省局制定出台《江苏省地方税务局关于规范税务检查工作的若干意见》，对税务分局与稽查局在税务检查方面的职责划分及工作衔接进行了规定，从检查的对象、范围、性质、时间、金额等方面划清日常检查与税务稽查的业务边界，提出加强协调配合的具体要求，明确检查下户的目的和需要解决的问题以及移送的标准、条件等。各地根据省局意见，制定了具体实施意见，进一步细化了税务分局与稽查局在税务检查方面的职责划分，明确信息传递的具体方式、时间要求以及各类税务检查的具体程序、要求等。

纳税服务

办税服务厅

办税服务厅是纳税人办理涉税事项的重要场所。1995年5月,江苏省地方税务局印发《全省地方税务系统征管改革实施意见》,提出严格纳税申报制度,全面推行纳税人自核自缴,并要求在城市和县城逐步建立申报服务大厅,设置受理纳税申报、办理税务登记、提供税务咨询、发售发票、受理其他有关税务申请等各种税务服务窗口,实行专业化管理。1995年6月,南京、苏州、无锡市地税局开始设立申报服务大厅。

1996年,江苏省地税局进一步推进征管改革,提出县(市)城区全面建立申报服务大厅,逐步实现税务专管员制为管事制。

1997年,江苏省地税局将申报服务大厅的名称统一为办税服务厅,进一步拓宽了办税服务厅设置的区域范围,提出除在城市和县城之外,在交通较为便利、税源较为集中的乡镇也要设立办税服务厅(室),农村按征管分局设置办税服务室。同时,江苏省地税局开始逐步拓宽办税服务厅的业务范围,明确办税服务厅主要负责受理纳税申报、办理税务登记、领购发票、提供税务咨询等服务,鼓励有条件的设置税法公告栏或电子屏幕,设置多媒体查询系统。至1998年3月,全省90%以上的城市分局,80%以上的县(市)城关分局,部分农村中心税务所建立了办税服务厅(室),实行从税务登记、发票领购、申报纳税到税法咨询的全方位优质服务。

1998年5月,张家港市地税局直属分局办税服务厅被评为全国税务系统首批最佳办税服务厅之一。6月,江苏省地税局转发《全国税务系统办税服务厅规范化服务要求》,在办税服务厅按服务功能设置税务登记、发票管理、纳税申报、税款征收、税务咨询、涉税文书等六类窗口,同时明确办税服务厅应常备各种纳税指南和宣传手册,配备咨询人员,办税服务厅开始逐步从单一的办税场所向多功能的纳税服务场所转变。7月,江苏省地税局转发《国家税务总局关于开展"办税服务厅规范化服务"活动的通知》,开始在全系统范围内开展办税服务厅规范化服务活动,提出至1998年年底,各地达标面要达到50%以上,两年内全面达标。

1999年7月,江苏省地税局命名南京市地税局直属分局办税服务厅等15个单位为全省地税系统"最佳办税服务厅"。

2000年11月,江苏省地税局下发《江苏省地税系统基层税务干部岗位行为规范》(试行)和《江苏省地税系统办税服务厅文明用语、服务忌语》,对办税服务厅工作人员的仪容仪表、服务质量、岗位纪律、文明用语,办税服务厅的环境卫生等进行规范,办税服务厅成为税务机关精神文明建设的重要阵地。

2003年5月,江苏省地税局转发《国家税务总局关于加强纳税服务工作的通知》,要求各地规范服务行为,简化办税程序,开展文明服务,实行公开办税。

2005年10月,江苏省地税局转发《国家税务总局关于解决办税服务厅排队拥挤问题的通知》,各级税务机关通过采取分类确定申报期限、开展预约服务、合理设置办税窗口、推行多元化申报等措施,办税服务厅排队拥挤现象有效缓解。同年12月,江苏省地税局转发国家税务总局《纳税服务工作规范(试行)》,将全省办税服务厅的窗口整合为申报纳税、发票管理和综合服务三类,明确各类窗口受理或办理的工作事项,允许各地结合实际需要设置两类或一类窗口;要求办税服务厅实行"一站式"服务、全程服务、预约服务、提醒服务、首问责任制等服务制度。同时,江苏省地税局明确要求受理纳税申报、受理审核审批、自收税款开具完税凭证、发票发售等事项在办税服务厅即时办理，并明确了限时办理事项及其办结时限。

2007年11月，江苏省地税局转发《国家税务总局关于落实“两个减负”优化纳税服务工作的意见》，要求办税服务厅巩固和完善“一站式”服务方式，集中受理纳税人到税务机关办理的各种涉税事项。

2008年4月，江苏省地税局转发《国家税务总局关于统一使用办税服务厅标识有关问题的通知》，各地统筹安排，认真开展办税服务厅户外标识的推广使用工作。2008年年底前安装工作全部到位，全省办税服务厅户外标识实现了统一。

2008年9月，江苏省地税局纳税服务处成立，全省地税系统办税服务厅统一划归纳税服务部门扎口管理，进入全省统一步调、统一标准建设时期。在各地纳税服务机构设置过程中，徐州、连云港、淮安、盐城、扬州、镇江、泰州、宿迁等市和苏州工业园区地税局实现了办税服务厅由纳税服务部门集中扁平管理。

召开会议研究部署纳税服务工作任务。

一方面，江苏省地税局不断完善办税服务厅管理。2009年2月，江苏省地税局下发《关于进一步加强办税服务厅建设的意见》，统一了全省办税服务厅的区域布局、窗口设置、设施配置、环境标准，强化了办税服务厅人力资源配置，并要求各地建立健全办税服务厅资料传递、培训学习和绩效考核制度。2009年7月，江苏省地税局又对办税服务厅的硬件设备管理提出统一要求，各地办税服务厅开始重视硬件设备维护更新，并配备专人辅导纳税人自助办税。2009年12月，江苏省地税局下发《〈办税服务厅管理办法（试行）〉实施办法》，进一步明确了办税服务厅的工作职责、服务内容和管理制度，办税服务厅规范化水平大幅提升。2010年4月，江苏省地税局开始在全系统推广办税服务厅公共管理服务系统，11月底在全省城区办税服务厅全面到位，实现了办税服务厅集中控管，为办税服务标准化、资源配置合理化和绩效考核科学化提供了有力技术保障。2010年5月，江苏省地税局开始规范全省办税服务厅内部标识，同年9月底全面推行到位，全省办税服务厅内外标识均实现了规范统一，具有高度可识别性。

另一方面，江苏省地税局不断丰富办税服务厅服务内容。一是“一站式”服务。2009年7月底，江苏省地税局开始在全系统推行涉税审批改革，将所有涉税审批、备案事项全部前移至办税服务厅集中受理，90%以上的涉税事项在办税服务厅当场办结。2009年10月底，涉税审批改革在全系统全面推行到位，实现了“纳税人找税务机关办事全部在办税服务厅”，办税服务厅成为全功能纳税服务平台，纳税人多头跑、多次跑现象大幅减少，“窗口受理、内部流转、限时办结、窗口出件”的“一站式”服务格局全面形成。二是“同城通办”服务。2009年7月，江苏省地税局打破行政管理地域限制，在纳税申报、缴纳税款、领购发票（冠名发票除外）和税务机关代开发票这四个纳税人最经常办理的事项上推行“同城通办”，纳税人在同一省辖市城区或同一县（市）辖区内可以不受主管税务机关的约束，就近选择办税服务厅办理上述涉税事项，办税更加方便。三是“免填单”服务。2009年9月起，对15类涉税事项，纳税人办理时无须填写申报表格，只需签章确认，单笔业务平均办理时间缩短5至8分钟，大幅提高办税效率，减轻了纳税人负担。四是“一窗通办”。2010年6月起，建设办税服务厅全功能服务窗口，纳税人在一个窗口就能办结所有涉税事项。五是电子档案。2010年9月起，在办税服务厅推广“影印系统”，对纳税人涉税资料实行电子化采集，建立“一户式”电子档案库，实现多部门共享信息，减少纳税人涉税资料重复报送。

另外，为了提高纳税人办税能力，方便纳税人快捷办税，江苏省地税局还于2010年9月在外网和办税服务厅同步推出了全省统一规范的《纳税指南》,对纳税人在地税部门办理的涉税事项进行全面梳理,按最小单位梳理出 294 项,从方便纳税人阅读、理解的角度逐项明确办理地点、申请条件、报送资料、办理时限、注意事项、法律责任,纳税人办理涉税事项一目了然。

2009 年 12 月,省地税局召开新闻发布会,公开承诺的十二项服务举措。

12366 纳税服务热线

江苏地税 12366 纳税服务热线是江苏地税系统为纳税人提供纳税服务的重要平台。它以计算机技术为支撑,以 12366 电信特服号码为载体,与江苏地税网站、江苏地税征管信息系统互联互通,为纳税人提供纳税咨询、涉税查询、税法宣传、举报投诉等服务。

2002 年 10 月初,江苏省地税局根据总局有关 12366 系统的建设要求,决定在全省地税系统建设统一的 12366 系统,确定了“在南京先行探索和积累经验,再确定全省建设方案”的总体思路,并选择苏州作为试点单位。2003 年 1 月 2 日,南京市地税局 12366 纳税服务热线开通。2003 年 5 月,试点工作全面启动。8 月 1 日,12366 系统在苏州正式开通,为全省 12366 系统的推广应用积累了宝贵经验。10 月 1 日,12366 系统开始在全省推广应用。2004 年 1 月 1 日起,12366 纳税服务热线在全省正式全面开通,通过自动语音、人工座席、自动传真、语音留言等方式提供涉税咨询、发布涉税信息、通知涉税事项和接受涉税举报、投诉、建议等。

2004 年 4 月起,为全面掌握 12366 系统运行情况,提高服务质量和水平,江苏省地税局在全系统建立 12366 系统运行情况报告制度,各地按月上报话务量,按季上报咨询问题分类情况。7 月起,江苏省地税局印发《12366 纳税服务中心操作规程(试行)》,要求各省辖市级地税局成立 12366 纳税服务中心,作为对社会提供涉税咨询服务的专门机构,并统一了 12366 纳税服务中心的服务内容、服务方式、服务时间,明确了岗位职责及操作规程,树立了服务规范。

2008 年 9 月,江苏省地税局纳税服务处成立,将“12366”统一划归各省辖市级地税局纳税服务部门管理,“12366”进入全省统一规划、统一建设、统一管理、统一宣传的新时期。2009 年 2 月,江苏省地税局下发《关于进一步加强 12366 纳税服务热线建设的意见》,提出打造“江苏地税 12366 纳税服务热线”品牌,对省级 12366 呼叫中心的建设进行部署,统一规范了接听问候语和语音服务结构层次,拓展了服务内容。2009 年 6 月,江苏地税 12366 纳税服务热线系统开发完成并在南京市地税局成功上线。2009 年 7 月 20 日,江苏地税 12366 纳税服务热线系统在全省全面上线,“省级集中呼入、各地分布呼出”的省级 12366 平台正式建成,江苏地税 12366 纳税服务热线以全省功能统一、内容统一、形象统一的面貌出现在纳税人面前。

江苏省地税局在建设热线的同时,不断拓展 12366 的服务方式和服务空间。2009 年 4 月底,江苏省地税局及各省辖市级地税局在门户网站统一开设“12366 你问我答”栏目,纳税人可以通过网络留言方式进行咨询。江苏省地税局同时建设了全省统一、分级维护的热点问题库和纳税咨询问题解答库,方便纳税人检索。全省统一的 12366 短信平台也于 2009 年 10 月底在南京市地税局上线,2010 年 3 月 1 日在全省全面正式上线,通过短信向纳税人提供催报催缴、涉税提醒、发票查询等服务,服务更加个性化。2010 年,南通市地税局开始推行网络在线咨询。2010 年 12 月,全省 14 个省辖市级局“12366 在线咨询”全面开通,纳税人登录各地地税局门户网站,点击“12366 在线咨询”窗口即可通过网络聊天的方式进行咨询并得到实时答复。

为了及时、准确地答复纳税人咨询的问题,江苏省地税局在改善 12366 内部管理上狠下工夫。

从2008年11月开始，江苏省地税局按季通报全省各省辖市级局12366纳税服务热线运行情况。2009年2月，江苏省地税局完善了12366运行情况报告制度。2009年4月，江苏省地税局把网上纳税咨询栏目统一交由12366纳税服务座席答复，开始建立“统一入口、分类处理、规范管理、资源共享”的集中式咨询模式。2009年6月，江苏省地税局和各省辖市级局在本局确定了12366咨询专家，负责解答12366转办的疑难问题。2009年11月，各省辖市级局建立了12366回访和纠错制度。2010年2月开始，江苏省地税局定期对全省12366纳税服务热线座席的答复质量进行抽检，并通报抽检结果。

为了吸引纳税人通过12366进行咨询，江苏省地税局采取了一系列措施来宣传“江苏地税12366纳税服务热线”品牌。2009年4月，江苏省地税局印制了全省统一的宣传海报，交由各地在全国税收宣传月系列活动中发放。2010年起，全省各省辖市级局在每期报纸税法宣传专栏中及信封、环保袋等办公用品上加印12366纳税服务热线标识。2010年4月，在县（市）在全省地税部门的固定办公电话彩铃中统一加载12366宣传内容，扩大12366影响力。2010年1月，全省统一的12366纳税服务热线宣传活页在各办税服务厅全面上架，供纳税人免费取阅。

江苏地税系统12366纳税服务热线话务量统计表

单位：万次、万条、万户

时 间	自 动 话务量	人 工 话务量	发送短息 数 量	纳税人 户 数
2003年	13.2611	6.5040		98.8045
2004年	42.1283	24.6678	38.0400	122.1494
2005年	65.4104	36.3586	65.2700	150.4410
2006年	79.9026	43.7113	13.1200	158.1412
2007年	90.6677	50.2874	28.4200	161.9832
2008年	73.0085	56.1085	78.1200	175.2517
2009年	89.3080	70.6544	340.8597	189.8465
合 计	453.6866	288.2920	563.8297	1195.0397

江苏地税网站

江苏地税网站是纳税服务的重要平台，是江苏地税纳税服务信息化的重要标志。

江苏地税网站最早建于2002年5月，在宣传税收法规、促进地税工作、增强地税机关与社会各界的联系等方面发挥了积极的作用。2005年，江苏省地税局按照“立足长远、庄重全面、富有特色、及时更新”的升级改造思路重建江苏地税网站，并于2005年8月12日正式上线开通。为加强互联网站的管理，江苏省地税局于2005年9月印发了《江苏省地方税务局外部网站运行管理规定》，对互联网站的日常维护管理、信息发布管理、纳税咨询辅导、信息存档及信息安全应急等方面都作了明确规定。

2009年，江苏省地税局根据国家税务总局要求决定按照省级集中方式对全省地税系统网站进行统一规划、建设和管理，建成一个集全系统各类政务信息发布、涵盖全系统各类公共服务和公众参与于一体，各种信息和资源完全整合与共享，实行分级管理和维护的省级集中模式的网站。2月，江苏省地税局下发《关于加强全省地税系统外部网站建设工作的意见》，明确了江苏地税网站建设的总体目标、建设步骤、实现方案和规范要求，为建设全省地税系统省级集中模式的网站群、实现实体办税服务厅与网上办税服务厅业务的同化指明了方向。3月1日，江苏省地税局门户网站升级改版成功上线，在优化栏目设置、增设服务项目、拓展互动渠道、提升网站功能的同时，建立了支持网站群的平台，为省级集中模式网站群建设奠定了基础。6月，国家税务总局公布2009年全国税务系统互联网站评估结果，江苏地税网站名列全国省级地税机关互联网站评估第四名，国地税综合排名第十一名。12月底，全省地税系统省级集中模式的网站群建设全部到位，江苏省地税局门户网站和各省辖市及苏州工业园区地税局、张家港保税区地税局、省局直属税务局子网站实现了资源共享、信息互通和系统延伸。

2010年2月，江苏省电子政务建设协调指导小组、江苏省信息化工作领导小组办公室、江苏省政务公开领导小组办公室联合发文，公布2009年度江苏省政府网站测评结果，江苏省地税局门户网站名列省级机关政府门户网站第六名。3月，江苏省人民政府办公厅发出通报，表彰2010年度省政府门户网站内容保障工作先进单位和全省优秀政府网站建设单位，江苏省地税局分别被表彰为省政府门户网站内容保障工作先进单位和全省优秀政府网站建设单位。

2011年，江苏省地税局根据国家税务总局《税务网站内容与界面基本规范（试行）》要求，决定在2011年上半年对全省地税系统网站群进行改版，以建立在标识、栏目、设计等方面统一规范的网站群，提高社会公众对税务网站的认知力。省局网站改版工作自3月17日开始，4月29日基本到位；各省辖市及苏州工业园区地税局、张家港保税区地税局、省局直属税务局网站改版工作自5月10日开始，6月28日基本到位。6月，省人民政府办公厅发出通报，表彰2010年度省政府门户网站内容保障工作先进单位和全省优秀政府网站建设单位，江苏省地税局以全省第三名的成绩分别被表彰为省政府门户网站内容保障工作先进单位和全省优秀政府网站建设单位。7月，江苏省地税局印发《江苏省地税系统网站群子网站规范》，对各省辖市及苏州工业园区地税局网站、张家港保税区地税局网站、省局直属税务局网站的管理维护规范、域名规范、标识与设计规范、栏目设置规范、栏目管理规范以及检查考核等事项提出了全面、明确、具体的要求。该《规范》是在全省地税系统网站群按照总局新要求进行升级改版基本到位的背景下出台的，对进一步加强全省地税系统网站群建设和管理，指导各地办好网站具有重要意义。

税务代理

税务代理是随着市场经济发展而诞生的中介行业。作为全省税务代理行业监管主体之一的江苏省地方税务局，也经历了从参与者到监管者的身份转变，税务代理行业也经历了从萌芽到发展壮大的过程。

1994年，全国实行新税制，开始实行纳税人“自核自缴”。全面推行税务代理制度也随之成为税收征管改革的一项重要任务。国家税务总局发出《关于开展税务代理试点工作的通知》，并附发《税务代理试行办法》，要求各级国、地税机关组织税务代理的试点工作。江苏省税务代理工作开始起步，1995年以来，省内一些市、县地方税务局陆续建立了税务代理机构，依法为纳税人代理税务事务。1995年5月，江苏省地税局转发《国家税务总局关于从严审批税务师和代理机构的通知》，允许各地在未进行税务师资格考试和认定之前，经当地编委同意，成立税务事务所，从事办理税务登记、发票领购手续、税务咨询等项工作。为加强行业管理，江苏省地方税务局又于1995年7月下发《关于加强税务代理管理的通知》，要求各地加强管理，健全规章制度，规范代理行为，搞好服务，合理收费。

1996年6月，江苏省国税局和地税局联合转发国家税务总局《关于进一步做好税务代理的紧急通知》等文件，要求各地把税务代理工作作为推进依法治税、促进税收征管改革的一项重要工作来抓。为确保税务代理工作规范有序进行，江苏省国税局和地税局设立了江苏省税务师资格审查委员会，代表国家在江苏省行政区域范围内行使税务代理行政管理权，具体办理税务师资格的审查、税务代理机构的审批以及对税务代理进行监督管理。转发文还对税务代理与税务机关的关系进行了阐述，明确指出税务代理是社会中介服务行业，其机构和人员是社会中介机构和中介服务人员，税务机关是对税务代理实施行政管理的机关，并要求税务机关设立积极创造条件，尽快与其设立的税务代理机构脱钩，使之成为中介机构。

1998年，国家开始实施注册税务师资格管理制度，并组织了第一次国家注册税务师资格考试。1999年3月，为确保江苏省注册税务师资格制度的全面实施，进一步加强税务代理工作的管理，江苏省国税局和地税局共同成立了江苏省注册税务师管理中心，代替原税务师资格审查委员会，代表国家税务总局在江苏省行政区域范围内行使税务代理管理职能。9月，江苏省地税局转发《国家税务总局关于印发〈清理整顿税务代理业实施方案〉的通知》和《国家税务总局关于印发〈税务机关公职人员离职从事税务代理的意见〉和〈税务代理机构脱钩改制中有关财产处理的意见〉的通知》，开始按“彻底脱钩、全面整顿、规范管理、健康发展”的要求，对非法设立的税务代理机构进行严格取缔，对全省地税机关兴办或挂靠的税务代理机构进行全面清理，实行编制、人员、财务、职能、名称彻底脱钩。1999 年 11 月，江苏省地税局在镇江召开全省地税系统税务代理脱钩改制工作会议，研究部署税务代理脱钩改制工作。随后印发《江苏省地税局清理整顿税务代理业具体实施意见》，要求各地在 1999 年 12 月 31 日前全面完成脱钩改制工作。2000 年 5 月，原隶属于各级税务机关的税务代理中介机构全部与税务机关脱钩，并按国家税务总局制定的关于税务代理机构设立审批办法的有关规定，改制为有限责任或合伙税务师事务所。

2000 年 5 月和 2001 年 6 月，江苏省国税局和地税局先后联合下发《关于认真贯彻〈国家税务总局关于在税收工作中发挥注册税务师作用〉的通知》和《关于在税收工作中支持税务代理事业健康发展的通知》等文件，要求各地支持税务师事务所接受纳税人委托开展的业务，并优先向税务师事务所提供有关纳税服务，如采取更快捷、更简便的方式方法向税务师事务所提供税收法律、法规、政策信息，在办税服务厅设立事务所专用窗口，帮助事务所发展业务培训等。2001 年 11 月，江苏省地税局转发《国家税务总局关于印发〈税务代理业务规程（试行）〉的通知》，对全省税务代理业务进行规范，扶持税务代理业健康发展。

2004 年，江苏省税务代理行业进入全面规范时期，江苏省地税局对行业的监管职能全面加强。1 月，江苏省国税局和地税局联合下发《关于依法支持税务代理事业发展 充分发挥税务代理作用的通知》，要求各地巩固脱钩改制成果，促进税务代理机构的规范运作，明确五项禁令，即严禁各级国、地税机关将税务代理机构作为本单位的第三产业进行管理，下达和考核税务代理收入指标，严禁利用行政职权搞变相强制代理，严禁搞权钱交易，严禁违规向税务代理机构转移税务机关行政执法权，严禁国、地税机关在职税务人员在税务代理机构报销任何票据。2 月，针对个别地税机关利用税务机关的影响，帮助税务代理机构发展业务的现象，江苏省地税局又重申了税务代理有关问题，严禁地税机关工作人员从事税务代理。5 月，江苏省地税局与国税局组织了对全省税务代理行业的专项检查，督促各地全面整改改制遗留问题和部分税务师事务所执业不规范问题。10 月，江苏省地税局转发《国家税务总局关于进一步规范税收执法和税务代理工作的通知》，要求各地对税务代理工作要继续依法支持，健全税务代理行业的长效管理机制，规范税务代理市场秩序，积极推动税务注册税务师行业的健康发展。至 2010 年 12 月底，全省税务代理中介机构已发展至 261 家。

宣传工作

日常税收宣传

江苏地税机构成立以来,全省地税系统将税收宣传工作作为营造良好税收环境、增强纳税人依法诚信纳税意识、构建和谐征纳关系、树立地税机关良好形象的重要途径,紧密围绕税收中心工作,既注重开展日常宣传,又突出抓好税收宣传月活动和政务公开工作,以品牌宣传为龙头,以税法宣传为主体,加强制度建设,依托多层次、多渠道、多方位的宣传网络,让税收宣传贯穿于税收工作的始终。各级地税领导重视税收宣传工作,不仅在人力、物力、财力等方面给予税收宣传工作大力支持,还亲自参与税收宣传工作策划和项目定位,亲自参加重大税收宣传活动,激发各级地税机关开展税收宣传工作的热情。全系统税收宣传工作组织到位,成效明显,税收宣传工作的重要性和必要性在全系统上下深入人心,在日常工作中占据重要位置,全系统内外形成了税收"大宣传"格局,对税收中心工作起到积极作用。

全省地税系统注重围绕一个时期的全局工作中心和工作重点,充分利用各种宣传手段,积极争取报刊、广播、电视、网络等大众新闻媒体的支持,全面、及时、准确地向社会各界和广大纳税人宣传地方税收法规,对新出台和调整的税收政策进行及时宣传、解释和辅导;宣传地税机关为纳税人服务的新举措、新措施,及时报道地税工作动态、工作经验及先进典型;宣传地税工作取得的成绩,提高地税机关知名度,扩大地税影响,树立地税机关良好形象。

加强税收宣传组织建设。为加强对税收宣传工作的领导,很多地区成立税收宣传工作领导小组,建立由一把手负总责,分管领导具体抓,各有

召开税收宣传工作座谈会,围绕一个时期的工作中心和重点,部署税收宣传任务。

关处(科)室、基层单位协同参与的税收宣传管理体制,统筹、协调、指导全局开展税收宣传工作。同时,做到早计划、早部署,围绕阶段性税收工作中心,定期认真开展税收宣传需求分析,制定税收宣传工作计划、工作方案,坚持高定位、巧谋划,对重大宣传活动单独立项,加强对各单位税宣工作的监督检查,及时将税收宣传情况以简报等形式进行通报,保证了税收宣传工作的长期化、日常化、规范化,贯穿税收中心工作的始终。

完善税收宣传工作制度。为适应税收宣传工作的新要求,各地加强税收宣传制度建设,规范税收宣传工作流程,维护税收宣传工作的严肃性,确保了税收宣传工作的正常化和规范化。1998 年 6 月,省局制定了《江苏省地方税务局税收新闻发布工作制度》,2004 年 6 月、2005 年 4 月、2009 年 6 月,省局先后转发总局关于进一步加强税收宣传的文件,要求各地在税收宣传中,坚持原则,认真审核,严格把关,做到重点突出,目标明确,上下一致,内外配合,整体推进,形成大宣传格局,确保宣传工作取得成效,从而引导税收遵从,树立江苏地税良好形象。

利用多种形式开展日常税收宣传。各地注重巩固宣传阵地,创新宣传载体,不断打造税收宣传的新形式、新亮点。充分利用电视、报纸、电台、网

络传播信息直接、覆盖面广、受众人数多的特点，紧紧依靠新闻媒体这一宣传主战场广泛进行日常税收宣传，并且在长年的宣传工作中，与新闻媒体建立了良好稳固的合作关系。每逢重大的税收政策出台、税收事件发生或专项宣传活动开展，均得到了主要新闻媒体的宣传报道。此外，各市县地税局在当地媒体开辟税法公告栏和宣传专版，打开了社会认识了解地税的窗口，架起了地税部门与广大纳税人沟通的桥梁。各地注重将税收宣传工作渗透到税收中心工作的方方面面，与政务公开、地税网站、12366纳税服务热线等业务进行有机整合，在政务公开平台建设、网站设计、12366功能设置等方面充分考虑税收宣传的需要，逐步形成了“一厅”（办税服务厅）、“两屏”（电子显示屏和电子触摸屏）、“两网”（地税外部网站和内部网站）、“两话”（为民服务公开电话和12366热线）相结合的新的宣传平台。依托这些新的宣传载体，及时将税收政策法规、涉税信息、地税工作动态送到全社会广大纳税人手中，有效提高了税收宣传的辐射力。注重挖掘税收历史，营造浓厚的税收文化宣传氛围。省局先后在江苏地税成立十周年、十五周年之际，编印纪念画册，再现江苏地税成立以来的光辉历程，各地也采用编印画册、组织汇演等多种形式，展示地税风采，弘扬地税精神，提高了广大地税干部的荣誉感和凝聚力。为深入开展税收文化教育，宣传普及税法知识，2004年4月，南京市地税局建立的全国首个“税收文化教育基地”免费向公众开放，采用文字、图片、模型、税收历史文物、幻影成像、多媒体等多种形式，生动活泼地展示我国从夏商周到明清的重大税制变革，让人们在乐趣中真切地体验到作为纳税人的自豪与骄傲。泰州市局凭借悠久而独特的税文化底蕴，挖掘税收史料，将泰州的税收历史与税收事业的发展变化相融合，2005年举办了“泰州税文化史料展”，在全社会引起强烈反响。

努力办好《新华日报·江苏地税专刊》。为普及税收法规，宣传地税机关服务纳税人的新政策、新举措，省局从2006年1月起，在《新华日报》开设《江苏地税专刊》，每月一期固定时间在《新华日报》主要版面刊出。主要内容是宣传、介绍、解读各项新的税收政策、法规，宣传各级地税机关为纳税人服务的新理念、新举措，宣传各级地税机关在组织收入、税收征管、税源管理、税收稽查、信息化建设、队伍建设等方面有特色地工作举措、工作经验和成果，宣传依法纳税的先进典型，曝光违法涉税行为，介绍国内外税收文化与税收历史知识等其他税收内容。专版设置政策发布台、政策解读、纳税人信箱、纳税服务、以案说法、税收文化、你问我答、税企互动、图片视窗等多个栏目。专版开办以来，以服务纳税人为宗旨，充分发挥宣传阵地的作用，深受社会各界和广大纳税人的欢迎，已成为地税机关与广大纳税人沟通的重要桥梁和纽带。

税务干部向纳税人赠送税法宣传资料。

加强税收宣传工作的考核评价。为把税收宣传的“软任务”变成“硬指标”，从2002年起，省局将税收宣传工作纳入年度规范化考核，充分调动了各地开展税收宣传工作的积极性。2007年2月，省局出台《全省地税系统税收宣传工作考评办法》，通过对全省地税系统税收宣传工作进行科学、合理、公平、公正的考核评比，不断提高地税机关税收宣传工作的质量和水平。从2008年起，省局将税收宣传纳入“三个一流”考核，内容包括日常税收宣传、税收宣传月活动、政务公开等各方面，促进各地在税收宣传工作中创新形式、改进方法、拓展领域、加大力度，推进全系统税收宣传工作的开展。各地结合实际，制订税收宣传工作考核评比办法，推动税收宣传工作的深入开展。

税收宣传月活动

地税机构成立以来，全省各级地税机关高度重视税收宣传月活动，把税收宣传月活动作为年度一项重要工作，加强领导，精心组织，深入筹划，认真实施，积极围绕税收宣传月主题，不断拓宽宣传渠道，创新宣传方式，丰富宣传内容，突出宣传实效，大张旗鼓地集中在每年的4月集中开展税收宣传。税收宣传月已成为广大纳税人了解地方税收、获取税法知识、提高纳税意识、沟通税务机关的必要载体和重要渠道。

2008年4月7日，省地税局召开2008年税收宣传月新闻发布会，启动税收宣传月活动。

为开展好一年一度的税收宣传月活动，每年宣传月前，省局都及时转发总局有关文件，并结合江苏实际提出具体要求。全省地税系统在开展税收宣传月活动中，认真落实科学发展观，紧紧围绕打造“三个一流”大力加强税法宣传，普及税法知识，增强全社会依法诚信纳税意识，提高税法遵从度，营造良好的税收法治环境，努力推动地税事业的健康发展。各级税务机关进一步拓宽宣传范围，以宣传税收法律法规和政策为重点，围绕税收中心工作，以各种丰富多采的形式，积极开展税收宣传，取得了一定成效。

1995年4月，省局精心组织开展了地税机构成立后的第一次税收宣传月活动。为使活动顺利进行，省局成立了由分管局长、办公室及有关处室部分同志组成的税收宣传月活动领导小组，明确税收基础知识与法规、个人所得税征管、打击制售假发票等六个宣传重点。4月1日，省局领导在省电视台发表电视讲话，拉开了全省地方税收宣传月活动的序幕。此后，省电视台连续17天在《江苏新闻》中播出“地税宣传在江苏”系列专题，4月底，省局领导还就地税工作情况接受省电视台专访，扩大了地税影响，取得较好效果。

1997年税收宣传月期间，省局三位领导分别接受《新华日报》、江苏人民广播电台、江苏电视台专访，介绍地方税收情况，宣讲地方税收政策。很多地区发动地税干部自编自演，利用文艺形式宣传地方税收。省地税局与江苏电视台联合举办了宣传地方税收的大型文艺晚会《为了这方热土》，国内多名知名演员参加，省委领导观看演出，鼓励地税干部“再接再厉，扎实工作，努力开创地税工作新局面”。

2000年税收宣传月从普及税收知识入手，开展了向重点纳税人、各级党政领导赠送税收法规活动，仅向各级地方党政领导赠送《领导干部税收知识读本》就达2万册。注重在普通市民中开展税收基础知识教育，在江苏卫视《走进演播室》栏目举办了《税收与未来》电视专题宣传节目，局领导以个人所得税为宣传的突破口，就如何加强征管、打击偷逃个人所得税等热点、焦点问题，与现场观众进行面对面的交流，在全省直播，产生了较大社会反响。

2003年税收宣传月正值新征管法及其实施细则组织实施，省局将宣传新征管法及其实施细则作为宣传月活动的重点，筹划组织了全省地税系统新征管法及其实施细则电视知识竞赛，通过江苏教育电视台向全省直播，不仅在地税系统内部掀起了学习新征管法热潮，也引起了广大纳税人的热情关注，对普及税收知识起到了积极的促进作用。

2005年，按照国家税务总局关于国地税发挥整体优势、联合开展税收宣传月活动的要求，与省国税局联合举办了多项税收宣传活动。国地税共同评出了全省纳税前百名企业、涉外税收前百名企业、民营经济前50名企业，并进行了新闻发布和表彰；国地税联合启动“高校青年税收宣传志愿者工程”，对青年志愿者进行集中培训，走向社会进行税法宣传；国地税联合举办“税文化史料展”，营造了税收宣传新形式。

2006年的税收宣传月活动，在内容上坚持五个突出，即突出税法宣传，突出诚信主题，突出政策热点，突出建设发展，突出弱势群体。在形式上拓展五大重点，即充分利用地税网站开展宣传，充分利用新闻媒体开展宣传，充分利用“12366”热线开展宣传，充分利用特色开展宣传，充分利用文艺、旅游开展宣传。这种选准对象、突出重点的做法，为宣传月活动达到预期效果奠定了良好基础。

2008 年税收宣传月，坚持把“税收·发展·民生”这一主题贯穿始终，重点加强税收与经济建设、与发展民生关系的宣传。在形式上，省局通过召开新闻发布会启动税收宣传月活动，邀请在宁的各新闻媒体参加，向社会通报全省缴纳地方税收百强企业的名单，曝光 10 起税收违法案件，同时介绍全省地税机关打造“三个一流”、改进工作作风、优化纳税服务等有关情况，增强了税收宣传的广泛性和有效性，扩大了地税影响，取得了较好的效果。

2009 年 4 月 30 日，江苏省地税局举办“税收·发展·民生——税收服务与创新创业”论坛。

政务信息工作

全省地税系统政务信息工作始终坚持为税收中心服务、为领导决策服务、为经济社会发展服务的方向，围绕省委、省政府和国家税务总局的工作部署，紧贴全系统中心任务，健全制度机制，加强队伍建设，实施考核奖惩，调动积极因素，抓紧抓实，群策群力，全面、及时、有效地开展政务信息服务。

在向省委、省政府和国家税务总局上报政务信息中，围绕年度全省经济工作会议、全国税务工作会议精神，反映上级重要决策部署的贯彻落实情况，新出台政策的执行情况、存在问题及建议，全局性亮点工作，重要阶段性工作进展情况，重要税收指标数据，税种征收动态反馈，税收征管过程中的新情况、新问题，调查反映行业税收及其运行发展和行业领头的重点企业生产经营情况、面临的矛盾问题，以及上级关注的社会经济发展倾向性、趋势性问题。报送数量由建局当年几十篇上升到 2008 年的 800 余篇，多篇政务信息得到省委、省政府和总局领导批示，2000 年以来每年被省委、省政府办公厅评为一等奖并通报表彰，在总局通报中处于全国地税系统前列。

在系统内政务信息期刊编发上，建立健全《江苏地方税务简报》管理办法，明确组稿、报送、编发要求，全面反映各市、县局综合性工作或某个领域系统性、创新性做法及效果；出台新举措、新办法情况及初步成效；工作亮点、创新点及好做法、好经验；单项工作前期筹划、阶段性进展、完成效果，时令性、临时性任务的早筹划、早部署、早落实情况，为鼓励先进、宣传典型、借鉴经验发挥了积极作用。针对重大工作任务情况，分别编发了“三讲”、“三个代表”、保持共产党员先进性教育、机关作风建设、省局“大集中”系统建设等专辑，《江苏地方税务简报》编发数量由建局当年的 8 期发展到 2008 年的 138 期，有力地推动了全省地税系统工作落实。

政务公开

江苏全省地税系统开展政务公开工作有较好的基础。早在 1999 年 6 月，省局就制定了《江苏省地税系统稽查工作“十公开”规定》，在全省地税稽查系统先行推行政务公开。内容包括税收政策法规公开、岗位职责公开、举报地点和电话公开、稽查工作程序公开、稽查规定时限公开、违章处罚公开、工作纪律公开、社会监督公开、举行听证公开以及检举奖励制度公开。稽查工作公开对于提高稽查工作质量、增强稽查工作透明度、规范稽查工作程序、加强稽查队伍建设起到了积极的作用，也为政务公开在全省地税系统全面推进打下了良好基础。

2000 年 4 月，省局出台《关于在全省地税系统进一步推行税务公开的实施意见》，要求全系统各级征收单位和稽查单位，都必须实施税务公开，重点是设立办税服务厅的基层征收单位和一线稽查单位。目的是强化社会监督，加强税法宣传，提高服务质量，规范执法行为，改善征纳关系,促进全系统行风建设,争创全省文明行业。内容包括税收法规、岗位职责、办税程序、服务标准、办税时限、违章处罚、收费标准、纳税定额、工作纪律和社会监督等十个项目的公开。公开载体主要有公示牌、专栏及橱窗、会议发布、宣传品和电子多媒体等。

2002 年 9 月,省政府召开全省政务公开工作座谈会,要求全面实行市县级政务公开,抓好省级机关政务公开试点工作。2003 年 3 月,省局被省委、省政府列为省级机关政务公开的试点单位。按照省委、省政府关于实施政务公开的要求,为推动全省地税系统政务公开工作的深入开展,在前期充分调研的基础上,结合地税工作实际,9 月 10 日,省局下发《全省地税系统政务公开工作实施意见》,指出在全系统全面推行政务公开,要围绕"一条主线",构筑"两个系统",落实"三项工作",实现"四大目标"。"一条主线"即紧紧围绕依法治税这条主线,遵循公开、公正、公平的原则,建立健全依法治税的地方税收监督管理机制。"两个系统"即构筑地方税收行政执法的责任与制度系统,建立促进地税机关依法行政的信息化支持系统。"三项工作"即强化对行政执法权力运行的监督制约,努力遏制消极腐败现象;努力提高地税工作质量和效率,方便纳税人依法纳税;严格依法管理各类税收事务,进一步提高依法行政水平。"四大目标"即健全一个适应社会主义民主政治建设的地税机关民主决策、民主管理、民主监督制度体系;建设一支政治过硬、业务熟练、作风优良、执法公正、服务规范的地税干部队伍;建立一个依法行政、监督有效、服务优质、管理科学的地税管理体制;创建一流的工作业绩、树立一流的地税形象。公开内容包括两方面,基层单位(税务分局、征收大厅等)政务公开的内容包括税务法规、岗位职责、办税程序、服务标准、办税时限、违章处罚、收费标准、纳税定额、工作纪律、权利义务、社会监督、其他事项等 12 项;省、市、县三级地税局机关政务公开的内容包括税务法规、机关职能、办事程序、社会监督等 4 项。同时要求省、市、县三级地税局机关的人事管理事项、财务管理及大宗物品采购、基本建设管理等对外公开。

2003 年 9 月 16 日,全省地税系统政务公开工作会议在盐城召开,标志着新一轮政务公开工作在全省地税系统全面推开。会议推广了盐城、镇江市局推行政务公开的经验,要求全系统巩固扩大基层地税机关税务公开工作的成果,重点抓好省、市、县局机关政务公开工作,在拓展公开内容、丰富公开形式、规范公开程序、建立健全公开制度、规范公开时间上下功夫,加强领导,精心组织,严格监督,狠抓落实,努力把本系统政务公开工作抓出特色,抓出成效。

全系统政务公开工作会议召开后,新一轮政务公开工作在各级地税机关如火如荼展开。各地坚持"规范、实用、明了、方便"的原则,采用方便简捷和先进手段相结合的方式进行政务公开。如在全省各办税服务厅摆放法规手册、宣传资料、联系卡片;政务公开栏、媒体宣传、领导接待日等形式也被广泛应用。同时,依托全省地方税收信息化建设,以电子化为主要手段,积极利用网络技术、电话语音系统进行政务公开。将政务公开内容纳入信息化管理,实现"两网"(各级地税网站、局域网)顺畅、"两屏"(电子显示屏、电子触摸屏)互通,纳税人通过"两屏"和地税网站即能了解全部政务公开内容。2004 年 1 月,全省地方税收 12366 纳税服务系统正式对外服务,纳税人可随时通过热线电话咨询税收政策、了解地税动态、查询纳税事宜、举报投诉违法或违纪行为。这种运用信息化技术开展政务公开的方式,成为江苏实施政务公开的一大特色,在 2004 年 2 月召开的全省政务公开工作电视电话会议上,省局领导代表省级机关作为题为《以电子化为依托 全面推进政务公开》的交流发言。

各级地税机关坚持"规范、实用、明了、方便"的原则,采用方便简捷和先进手段相结合的方式进行政务公开。

2008年4月，省局在淮安召开全省地税系统政务公开工作现场会，认真落实施行《中华人民共和国政府信息公开条例》的各项要求，总结交流全系统政务公开工作情况，研究部署进一步深化政务公开的各项工作。要求各地加强政务公开载体和平台建设，完善地税网站和12366纳税服务热线功能，发挥好地税网站的辐射作用和热线电话声讯服务的长处，使公众及时、方便、完整地获取地税信息。同时，加强政务公开制度建设，规范政务公开内容，建立健全政务公开的考核评议和责任追究制度，建立主动公开和依申请公开的规则流程，落实信息发布和保密审查制度。

经过多年努力，目前，全系统政务公开工作组织体系完备，公开内容规范，公开形式丰富，制度体系严密，政务公开日趋系统性、规范性、科学化。政务公开已成为全省地税机关落实科学发展观、改进作风建设、推进依法治税和建立勤政、务实、廉洁、高效地税机关的基本工作制度。

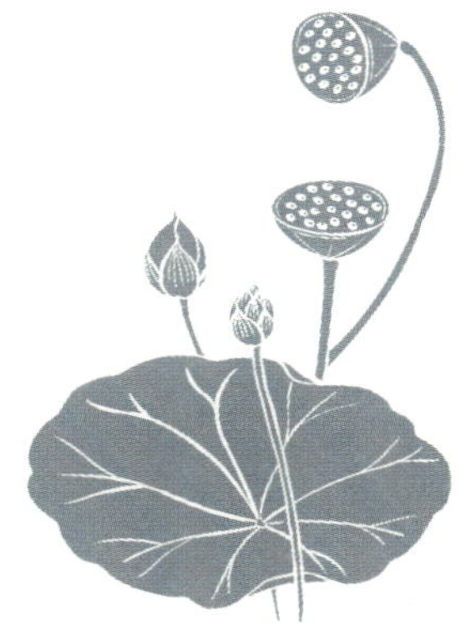

税务稽查

税务稽查是税务机关依法对纳税人、扣缴义务人履行纳税义务、扣缴义务情况进行税务检查和处理的总称。江苏省地税局稽查局1995年7月成立后，通过组织和制度建设，逐步形成选案、实施、审理、执行四环节相分离的税务稽查体系，后实行“一级稽查”模式。期间，江苏省地税稽查系统加强对稽查选案、实施、审理、执行及举报等工作管理，提高信息化建设水平，打造业务精良、执法公正的稽查队伍，提升税务稽查水平。1995–2008年，通过日常检查、专项检查、专案检查、分级分类稽查、专项整治等累计查补税款115.89亿元，滞纳金5.92亿元，罚款20.23亿元，依法维护了税收秩序，助推了经济社会健康发展。

组织和制度建设

一、组织建设

1994年国、地税机构分设，按照国家税务总局征管改革和“申报、代理、稽查”三位一体要求，1995年7月29日成立江苏省地方税务局稽查局，内设综合制度科和检查科，主要负责指导、交流全省地方税务系统稽查工作，办理有关人民来信、来访举报的税务案件，直接查处重大税务案件。各省辖市陆续成立稽查局，1995年全省共设立各级地税稽查机构95个，配备稽查专业人员591人，占全省地税干部总数的5.5%，其中，具有大专以上学历人员占49.7%。

随着稽查机构改革的深入和稽查模式的转变，全省稽查组织内部按照稽查选案、实施、审理、执行环节四分离要求逐步设置选案科(所)、检查科(所)、审理科(所)、执行科(所)，稽查人员逐步相应得到调整充实。至2001年，省局稽查局内设综合科、选案审理科、检查科和执行科。截至2008年年底，全省共设立各级地税稽查机构90个，在编税务稽查人员1671名，是1995年的2倍多，占全省地税干部总数的10.62%，具备大专以上学历人员占95.53%，比1995年提高45.83个百分点。

二、制度建设

1995年7月，江苏省地税局稽查局成立后，着手建立完善各项稽查工作制度。加强稽查业务制度建设。1996年，为保证地方税收法律、法规、规章的贯彻执行，根据国家税务总局《税务稽查工作规程》，制定下发《〈税务稽查工作规程〉实施意见》，统一规范全省稽查工作。之后，在总局《税务稽查工作规程》框架内，全省各地先后出台各类制度对稽查工作规程中的选案、检查、审理、执行等各环节加强管理。如盐城市地税局稽查局以稽查职能专业化为切入点，建立健全56项管理制度，其中《稽查业务流程》对选案、检查、审理、执行等四个环节的职责、分工、运行程序及相互间的衔接、制约等进行规范，使各环节工作责任明确、有章可循。

完善稽查内部管理制度。2000年，转发总局《税务稽查案件复查暂行办法》，要求各地制定复查计划，通过复查提高办案质量。同年，制定下发《江苏省地方税务局大案要案报告制度》。2001年下半年，根据总局要求结合江苏实际，出台《重大税收违法案件督办制度》。上述两项制度使省局能及时掌握全省重大案件查处情况并实现重大案件查处准确规范。

1996年，为加强对稽查工作管理，提高工作效率，制定《江苏省地方税务局稽查工作考核办法》，对队伍建设、税务检查、内部管理、调查研究等方面进行考核。2006年，全省稽查部门全面推行税收执法责任制，初步形成执法职责明确、执法程序规范、监督考核严格、过错追究到位的执法监督机制。徐州市地税局结合此举建立主查、主审责任管理制度和查处大案要案奖励办法，形成与执法过错责任追究制相匹配的奖励机制，提高稽查人员工作积极性。盐城市地税局构建和完善问责追究责任制，以日常督查、每月考评以及执法责任制信息系统形成的自动考核结果为依据，按照《稽查管理考核办法》按季考评，并与奖金挂钩，有效增强稽查干部责任意识。

完善稽查协作制度。为加强和规范国地税之间的信息交流和协调配合，2004年与省国税局稽查局联合起草《税务案件联合检查试行办法（讨论稿）》，明确江苏省国、地税协作和配合的工作方法和机制，提高打击重大涉税违法行为能力。2005年，与省公安厅、国税局共同制订《联席会议制度》，并着手建立《江苏省公安、税务提前介入制度》和《江苏省公安、税务机关涉税案件联合协查制度》。为了确保涉税大要案件查处工作的顺利开展，与省公安厅、国税局联合下发《联合督办涉税违法犯罪大要案件工作的规定》。制定出台《督办案件通报制度》，加大对举报案件的督办力度，提高督办案件查处效率和质量。

建立完善稽查队伍建设制度。1997年，印发《江苏省地税系统稽查人员廉政守则》，要求稽查人员不得接受被查单位宴请，接受各类钱物，建立稽查人员廉政情况联系卡制度，由被查单位反馈稽查人员廉政情况。2000年，转发《国家税务总局关于印发〈税务稽查业务公开制度（试行）〉的通知》，增强稽查透明度，促进稽查人员增强法制观念和责任意识。2001年，在全省组建地税稽查人才库，于2002年6月下发《江苏省地税稽查人才库管理暂行办法》，选拔储备稽查人才参加全省重大案件的检查，加大办案力度，提高办案效率。

稽查模式

1994年国地税分设前，税务稽查职能归于征管部门，实行征、管、查一体化管理。1995年，根据总局“以申报纳税和优化服务为基础，以计算机网络为依托，集中征收，重点稽查”征管模式，制定下发《全省地税系统征管改革实施意见》，明确征管改革的指导思想、基本目标和具体要求。同年8月，成立税务稽查局，作为省局直属机构，履行稽查管理和稽查执法双重职能，对内进行稽查管理，对外进行稽查执法。各地也逐步建立稽查机构，配备充实稽查人员。1996年，各级稽查机构按照总局《税务稽查工作规程》要求，试行查定分离，初步建立起选案、检查、审理、执行四环节相互监督、相互制约的良性机制。1998年开始，逐步规范稽查机构设置，统一稽查局名称，理顺稽查工作关系。1999年下半年，根据深化征管改革要求，省局提出稽查外分离征管模式，经过试点，于2000年在全省地税系统全面推行。随后，省局下发《全省地税系统征管与稽查（检查）职能划分的意见》。通过此次改革，稽查职能得以进一步理顺，稽查效率和执法力度得到提高。到2001年，全省各地初步实现“集中征收、重点稽查”模式。

2001年，根据税收征管改革部署，在全省地税系统推行“一级稽查”模式试点，要求市（地）、县（市）两级逐步实行一级稽查体制。即在市（地）的全部城区、直辖市的区和县（市）的全城集中设立稽查局进行一级稽查；在大城市或城区较大、交通不便的城市，市稽查局可适当设立少数分支机构或派出机构，以保证有限的稽查力量充分使用。试点地区通过完善征管系列分工，调整机构和人员，理顺稽查职能，初步理清稽查和征收、管理部门间的权责划分，摸索并建立新体制下稽查部门的岗责体系，初步形成内部机制规范、稽查力量集中和政策标准统一格局。2002年开始，全省在总结“一级稽查”试点经验基础上，推进一级稽查体制改革。根据税收征管改革的总体部署和实施步骤，指导和推广“一级稽查”模式，在省辖市的全部城区和县（市）集中设立稽查局，按照权责统一和精简效能原则合理设立稽查内部机构。2003年，在全省全面推行“一级稽查”模式，统一稽查机构名称，规范稽查部门内部机构设置，明确税务稽查的职责。截至2004年，一级稽查模式在全省全面到位。

稽查管理

一、选案管理

建局初，税务稽查主要通过对征管户数进行人工筛选或根据公民举报、有关部门转办、上级交办、情报交换等确定稽查对象。为严格控制税收检查次数，对同一纳税人的检查原则上每年只进行一次，对举报、协查、上级批办事项的检查以及上级税务机关的复查不受检查次数限制。2002 年,《江苏征管信息系统 1.0 版》稽查模块在全省推广应用,逐步采取人机结合的办法进行选案,即从登记管理、认定管理、发票管理、征收、退税管理、欠税管理、减免税管理、纳税人报表管理、纳税评估、信用等级管理、日常检查模块等中调取信息,按照企业经营规模、所在行业,选取行为类指标、分税种指标、财务指标计算分值,按照顺序把最可能存在涉税问题的纳税人筛选出来,再结合选案人员的分析、判断确定检查对象,防止重复选案,避免选案工作的盲目性和随意性。无锡市地税局还逐步建立行业资料库、分级分类检查案源信息库、重点监控对象案源库、案件线索情况汇总库以及案中案线索库,为准确选案奠定基础。2004-2008 年,全省地税稽查部门共检查纳税人 65911 户,检查有问题 59022 户,平均查实率为 89.55%,查实率逐年提高。

2004-2008 年全省稽查查实率情况表

年　份	检查户数	有问题户数	查实率
2004 年	19407	16540	85.23%
2005 年	15547	13700	88.12%
2006 年	10708	9709	90.67%
2007 年	10929	10170	93.06%
2008 年	9320	8903	95.53%
合　计	65911	59022	89.55%

二、实施管理

税务稽查的实施必须由两名以上稽查人员进行并向被查人出示税务检查证,实施中通过查阅纳税人账簿、凭证和各类涉税文件,询问纳税人纳税事项以及现场勘查等方式,收集证据,记录底稿,最后形成稽查报告。检查中发现纳税人有以下情形:重大偷税、逃避追缴欠税、骗取出口退税、抗税以及为纳税人、扣缴义务人非法提供银行账户、发票、证明或者其他方便,导致税收流失的;查补税额个人在 5000 元以上,单位在 20000 元以上的;私自印制、伪造、倒卖、非法代开、虚开发票,非法携带、邮寄、运输或者存放空白发票,伪造、私自制作发票监制章、发票防伪专用品的,予以立案查处。检查实行各税统查,对每一纳税户的检查时间原则上不超过 15 天。2000 年 10 月,江苏省地税局实行大要案报告制度,规定对单位偷税、逃避追缴欠税数额在 100 万元以上,个人(包括个体工商户)偷税、逃避追缴欠税数额在 50 万元以上的,抗税数额在 30 万元以上的等重大案件及新类型案件或者具有典型意义和研究价值的案件,应当自发现或接到之日起 10 到 20 日内向省局报告,随后每 15 日报告一次查处进展情况,结案后 10 日内报告全案查处情况。2001 年,为进一步强化对大要案的管理,实行重大涉税违法案件督办制度,对总局督办案件,根据《国家税务总局重大税收违法案件督办函》要求,确定主管领导和承办单位,及时向总局报告案件情况及查处进展情况。对省局督办案件,由省局稽查局向案发地发出《江苏省地方税务局重大税收违法案件督办函》,相关地区接函后及时确定主管领导和承办单位,制定查处方案,按照督办函确定的时限填写《督办案件情况报告表》,及时向省局稽查局报告案件情况及查处进展情况。报告的主要内容包括案件来源、检查所属时间、检查方法及检查过程、违法事实和手段、处理情况、涉及的政策问题及意见分歧等。

三、审理管理

案件审理是对税务稽查实施是否做到违法事实清楚、证据确凿、数据准确、适用法律恰当等进行把关。各地普遍按照涉案金额等标准区分案件重要程度,对重大案件实行集体审理或报审理委员会审理制度。2001 年,根据国税发〔2001〕21 号《国家税务总局关于印发〈重大税务案件审理办法(试行)〉的通知》精神,江苏省地税局和各市县地税局成立重大税务案件审理委员会,按照不低于上年度案发数的 10%的比例,确定重大税务案件最低涉案金额。对虽未达到重大案件涉案金额要求,但应移送有关部门处理的案件、疑难案件、争议较大的案件、在本辖区内有重大影响的案件也视为重大案件。

据此,不少地方创新审理方式,如南京市地税局稽查局探索审理“听审制”,对一些社会影响较大、公众关注度较高、案情复杂或税企双方意见分歧较大的案件,邀请外部监察员和企业代表旁听案件的审理,通过主动引入外部监督,提高案件审理质量。宿迁市地税局稽查局在重大税收案件审理过程中引入了检察陪审机制,邀请检察机关的同志参与案件的审理，以提高案件定性的准确性。

四、执行管理

执行工作是指将税务处理处罚文书送达纳税人，并将查补收入解缴入库。江苏省地税稽查系统在执行工作中充分运用征管法赋予的税收保全和强制执行措施，依靠司法保障体系，对有逃避缴纳查补税款的纳税人依法进行税收保全；对达到移送标准的偷逃税纳税人，依法及时移送公安部门；对典型涉税违法案例，执行有一定难度的纳税人，选择媒体公开曝光。1999-2008 年，全省稽查查补入库率都在 90%以上，2008 年入库率达到 97.5%。

税收稽查查补收入原由同级征管部门征收入库。1999 年，为保证税务稽查部门查补收入的及时征收入库和准确核算，根据国家税务总局、中国人民银行、财政部《关于税务稽查部门查补收入入库暂行规定的通知》设立“税务稽查收入”专户，加大稽查工作力度，强化税收执法监督。此后，随着税收秩序的逐步好转，为规范账户管理，减少税款入库环节，根据《国家税务总局关于撤销“税务稽查收入”等账户问题的通知》，全省地税系统于 2003 年 11 月底前清理并撤销在各银行开设的所有“税务稽查收入账户”。“税务稽查收入账户”撤销后，税务稽查部门查补收入全部交由该纳税人主管税务机关的征收部门负责征收入库，同时，各级税务稽查部门不再作为一级税收会计核算单位。

五、举报管理

1998 年，根据总局《税务违法案件举报管理办法》，在江苏省地税局稽查局设立举报中心，对群众举报案件及时受理、登记，并安排转办或交办处理。全省地税稽查系统严格执行举报案件督办制度和查处责任制度，加强对涉税举报案件查处时效性和办案质量的管理，并对举报有功人员进行奖励。2000 年前，按照江苏省财政厅《转发〈关于支付税务违章案件告发人奖金问题的通知〉的通知》（苏财预〔1996〕34 号）规定，省局根据贡献大小，发给告发人奖金，总额控制在每案罚没收入的 10%以内，一般不超过 2000 元。2000 年后，根据江苏省财政厅苏财预〔2000〕92 号文件补充规定，对举报人“根据其贡献大小，在每案罚没收入总额的 5%以内掌握，最高不超过 50000 元；对无罚没收入的案件的举报人，可酌情发给奖励金，但一般不超过 20000 元。有特别重大贡献的案件举报人的奖金，可报经省辖市或财政计划单列市财政部门特案批准，不受限额控制”。奖励金额有所提高，但总体不高，加上举报人有的是匿名举报，有的嫌领奖手续烦琐或其他原因，奖金支付不是很多。

2001-2008 年，全省地税稽查系统累计受理举报案件 30098 件，查处 24292 件，查补收入合计 16 亿元，发放举报奖励 200 多万元。

六、稽查案例分析

群众向举报中心赠送锦旗。

针对全省地税稽查系统每年查处大量涉税违法案件，其中不少案件的查处对税务稽查工作的有效开展具有参考价值和借鉴意义这一情况，为规范稽查办案行为，交流稽查办案经验，深入研究新形势下涉税违法犯罪的手段和动向，提高稽查人员的业务能力和执法水平，江苏省地税局稽查局每年召开全省案例分析会，对案例进行交流，评选优秀案例。2005 年，组织人员对 2002-2004 年全省地税系统报送的案例分析进行修改，确保所采用的案例分析中的案件事实清楚、证据充分、法律适用准确、程序合法、计算正确、处理处罚适当，并且统一格式，突出重点，首次编印《税务稽查案例分析选编》一书，供全省地税稽查人员学习参考。

七、稽查信息化建设

根据《江苏省地税系统稽查改革实施意见》，推广计算机在稽查工作中的应用。1997 年，江苏地税启动征管信息系统 1.0 版，与税款征收、税务管理并列的稽查模块（也称稽查 1.0）通过软件实现稽查案件在各环节的流转，并制作打印稽查文书，自动汇总生成稽查报表。该软件文书规范，流程统一，满足了税务稽查查询统计要求。稽查 1.0 于 2001 年在全省地税系统上线，随后逐步升级到 1.3 版，并陆续完成计算机选案软件及决策分析系统开发。

2005–2006 年，江苏省地税局开发征管 2.0 稽查系统，根据省局 2.0 征管信息系统开发总体方案的要求，省局稽查局及时制定稽查需求编写工作计划，抽调业务骨干，于 2005 年 7 月份正式开始稽查需求编写工作。期间，广泛听取基层单位对稽查软件的定位和稽查信息化发展方向的建议，吸收一些地区稽查信息化建设先进经验，对稽查需求进行修改和完善，确定稽查管理业务需求的业务功能模块分为六大块，即稽查计划、举报管理、案源管理、案件处理、综合管理和信息管理。到 2005 年年底，完成稽查需求制定工作，对原稽查 1.0 软件的业务流程进行优化，增加分税种底稿的录入、申报税款数据的审核和辅助计算税款、滞纳金功能，实现根据分税种底稿和违法条文库自动生成稽查报告。在查询分析上采用部分数据挖掘技术，对撤案率、入库率等进行深入分析，查找问题点。

2007 年，江苏省地税局开始开发征管 3.0 大集中系统。3.0 稽查软件主要针对省级大集中的业务要求，增强省市稽查一体化和全省稽查分析决策的准确性。2008 年，全省地税稽查系统参加征管 3.0 大集中系统试点，省局稽查局在了解全省地税稽查部门稽查软件运用情况基础上，初步形成全省地税稽查信息化发展思路，整合现有稽查信息化成果，构建涵盖整个稽查业务流程的信息化体系。借助大集中项目平台，完善选案、文本、流程推送软件开发，购置查账软件并配备一线稽查人员，同时做好查账软件等接口工作，从整体上大幅度提高全省稽查信息化水平。

税务检查

一、专项检查

1996 年开始，按照总局部署，每年组织开展税收专项检查。专项检查通常分为四类：一是行业专项检查。所涉及行业有金融保险业、房地产业及建筑安装业、餐饮业、娱乐业、货物运输业、医药生产及购销企业、钢铁生产企业、摩托车生产及销售企业、社会中介机构(会计事务所、律师事务所等)、医疗机构、新闻出版系统、高等教育出版社图书发行代理单位、烟草企业、加油站及集贸市场等。二是税种专项检查。主要是个人所得税专项检查。三是行业兼税种专项检查。包括金融保险证券业、交通运输企业、从境外购买无形资产的工业企业的营业税专项检查；国有企业、事业单位、有境外所得的企业或组织的企业所得税专项检查；外国企业取得利息、特许权使用费等的营业税及企业所得税专项检查；部分行业(包括电力、烟草、银行等高收入行业)、上市公司、改制企业及中介机构以及高收入个人的个人所得税专项检查；对行政事业单位和各类学校的税收情况进行的专项检查(重点是房屋租赁税收和个人所得税)。四是其他专项检查。包括重点税源户税收专项检查，省级收入专项检查，建筑安装业普通发票专项检查等。

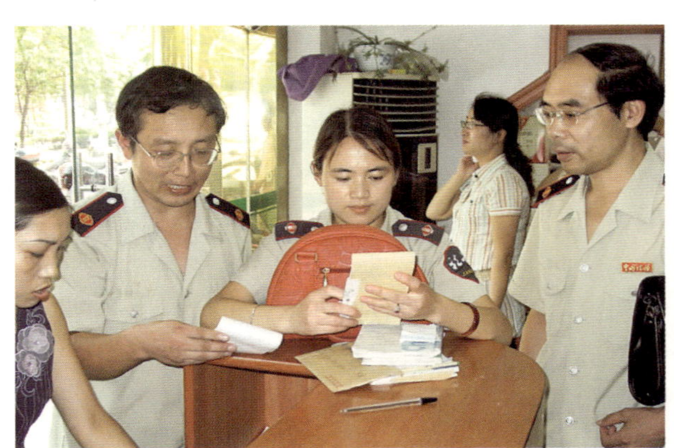

税务稽查人员依法对餐饮、旅馆行业进行税收专项检查。

在专项检查中，针对每次检查行业、税种的不同，对稽查人员进行专业培训，同时将专项检查与纳税评估工作及重点稽查工作结合起来，实现在有限稽查资源条件下对整个行业进行全方位、立体式的稽查。常熟市地税局稽查局选择部分企业开展调研性检查，进行典型解剖，寻找检查突破口，提高税收专项检查的质量。镇江市地税局稽查局在邮电通信业及保险业专项检查中，采取区域联合实施的检查方式，避免重复进点和纳税人上下级机构之间互相推诿等现象，提高稽查工作质效。截至 2008 年，全省地税稽查系统专项检查共查补收入达 62.08 亿元。

二、专项整治

2001 年 6 月，召开全省地税系统整顿和规范税收秩序工作会议，部署全省地税系统整顿和规范税收秩序工作，成立由局长郑坚同志任组长的全省整顿和规范税收秩序工作领导小组，领导小组办公室设在省局稽查局，由稽查局具体负责牵头组织、协调联络和督促落实工作。省内各地地税机关相应成立领导小组，加强组织领导，明确工作职责，并结合本地实际研究贯彻措施，狠抓督促与检查，保证整顿和规范税收秩序工作的顺利开展。7 月中旬，省局与省公安厅、省国税局联合下发《关于在全省开展严厉打击涉税违法犯罪专项整治活动的工作意见》和《关于依法严厉打击涉税违法犯罪活动的通告》，严厉打击偷税违法犯罪活动、开展治理普通发票专项斗争，强化个人所得税征管和清理违规涉税文件。在普通发票专项治理工作中，以服务业发票为重点，在加强管理、增强发票监控功能的同时，与公安部门密切配合，共同开展普通发票打假专项斗争。此次专项整治，全省地税系统共查获假发票 120 多种，计 12 万余份，端掉制假窝点 7 个，查补税款 1200 万元。

召开全系统工作会议，部署整顿和规范税收秩序工作。

2002 年，为促进各类集贸市场健康发展，规范和强化各类集贸市场税收征管，根据国家税务总局和省政府办公厅统一部署，从当年 4 月起在全省范围内开展集贸市场税收专项整治。根据集贸市场内业户的日常纳税情况，有重点对纳税意识淡薄、纳税信誉差的业户进行税收清理和检查，对违法事实严肃查处、公开曝光。通过集中清理、专项检查、巩固总结等阶段工作，累计安排检查 5508 人次，检查市场 1769 个，检查经营业户 77961 户，清查漏征漏管户 26211 户，调整定额 28984 户。同时严惩制售假发票违法行为。省内地税机关和公安部门联合行动，抽调精干力量，采取深挖线索、快速出击、协同作战等方法，对在车站、码头等公共场所倒买倒卖发票的违法犯罪活动进行突击打击，全省地税系统共出动稽查人员 1825 人次，公安部门出动警员 975 人次，查获假发票 100 余种，计 60 万余份，端掉窝点 12 个，抓获犯罪嫌疑人 173 人，查补税款 1362.83 万元，罚款 412.21 万元。

2003 年，省局和省公安厅、省国家税务局联合转发公安部和国家税务总局《关于开展打击制售假发票和建筑安装企业偷税等涉税违法犯罪专项行动的通知》，8 月份开始组织开展打击制售假发票专项行动，重点打击违反发票管理规定制售、使用假发票的单位和个人。在此次专项整治行动中，省内地税稽查系统在调查摸底基础上，密切与公安、国税等部门的配合与协作，查处制售假发票、虚开假发票的涉税违法案件，捣毁制售假发票的窝点和网络。截至 2003 年年底，全省查处假发票、假税票立案 41 起，结案 38 起，查补金额 406.13 万元，对违规企业曝光 47 起。

2004 年，全省地税系统按照总局部署重点组织开展汽车市场专项整治和打击虚开货物运输发票以及打击制售假发票违法活动的专项整治行动。整治中主动与国税部门沟通，建立联合办案机制，按照分工合作，联合进点原则，共同领导和组织协调专项检查工作。全省地税系统共检查企业 748 户，查补税款 1061.16 万元，罚款 187.89 万元，滞纳金 49.13 万元，移送司法机关 5 起，查处虚假申报 36 户。在打击虚开货物运输发票专项整治行动中，全省地税稽查部门结合货物运输业税收专项检查工作，将交管部门委托代征时期的发票清查、自开票纳税人发票使用情况、货物运输纳税人税款缴纳情况及税务机关代开票点管理情况等确定为主要内容，会同法规、征管、税政等部门，通过发票协查方式进行整治，共实地协查发票 11305 份，查出假发票、阴阳票等违法发票共计 2747 份，协查发票金额总计 3.95 亿元，其中违法发票金额总计 1.34 亿元，查补税款 119.16 万元，罚款 71.83 万元，滞纳金 7.35 万元。

2005 年，继续组织开展制售假发票等严重影响税收秩序的违法行为的整治，全省立案 79 件，税务部门结案 60 件，曝光 52 件，查补税款 1207.28 万元，罚款 413.60 万元，加收滞纳金 150.30 万元，捣毁制售假票窝点 16 个，缴获印刷设备 11 套，收缴各种成品、半成品发票 100 余种计 225 余万份，涉案金额 2.32 亿元，预计最高可开额达 8000 余亿元，抓获制售假发票的犯罪嫌疑人 82 名，判刑 26 人。其中，连云港市地税局与该市公安局联手破获于氏家族制售假发票专案，先后捣毁制售假发票窝点 10 个，抓获犯罪嫌疑人 36 名，缴获印刷设备 11 套，假发票模版 270 余种，成品假票 100 余种计 100 余万份。

2006 年，加强与国税、公安等部门以及征管部门配合，做到既分工负责、各司其职，又相互合作、相互支持，形成整顿和规范税收秩序工作合力。如南京市地税局建立国地税稽查业务联系制度，按季召开业务联系会，从国税局取得涉税案件 449 户次，涉及应补地方各税近 300 多万元，还加大税警协作力度，与公安机关共同建立“税务 110”联动机制。泰州市地税局和该市公安经侦部门密切协作，捣毁一个制作、销售、虚开假发票的 8 人犯罪团伙，其中有 5 人被追究刑事责任。

2007 年，省局与公安、国税联合下发《关于开展打击发票违法犯罪专项整治行动的通知》，明确整治重点和工作要求。省内地税稽查部门结合餐饮等行业税收专项检查，加强对制售和使用假发票行为的整治力度。淮安市地税局稽查局与征管处、公安经侦支队联合开展打击娱乐业、服务业发票违章行为的突击行动，查获多户餐饮娱乐企业违规使用发票，据此对被查单位的税收定额进行调整。盐城市地税局加强对被查单位建安发票使用情况的检查，共发现假票 103 份，涉案金额 3400 多万元，查补入库收入 286 万元。全省共查获假票 19 万余份，抓获犯罪嫌疑人 114 人。

2008 年，全省在打击制售假发票、非法代开发票专项整治行动中发现医药行业违章使用发票和建筑安装业、货物运输业以及劳务中介行业虚开发票问题较为严重，随后省内各地深挖细查，拓展专项整治深度和广度，维护发票管理秩序。扬州市地税局开展为期 6 个月的专项整治行动，查处涉票案件 50 余起，抓获犯罪嫌疑人 35 人，涉案金额达数亿元。当年全省地税稽查系统共查获制售假发票和非法代开发票案件 528 起；打掉犯罪团伙 30 个，捣毁窝点 27 个，抓获犯罪嫌疑人 341 人；查获涉案发票 130 余种 93 万余份，查补税款 2430.70 万元；缴获假印章 392 枚，以及电脑、印刷机、晒板机、切纸机等作案工具 11 台。

全省打击和防范经济犯罪宣传日暨集中销毁假发票活动现场。

抓捕假发票贩子。

三、分级分类稽查

2006 年，根据总局推行分级分类稽查的要求，省局稽查局提出在 3–5 年内对全省所有重点税源户检查一遍的总体目标。省内各地开始启动这项工作，不少地区召开专题会议，统一思想认识，研究制定具体方案，按照企业年纳税额及其排名、企业规模、所属行业等情况确定分级分类标准，增强检查针对性。2006 年，全省分级分类稽查共检查纳税人 1045 户，占检查总户数的 9.8%，查补收入共计 3.54 亿元，占全年查补收入的 31.7%。

省地税局召开大型企业集团税收自查工作税企座谈会,对大型企业集团税收自查工作进行专题辅导。

2007年,全面推进分级分类稽查,制定出台《江苏省地方税务局分级分类稽查管理办法(试行)》,明确分级分类稽查的概念定位、目标原则,并结合当地经济发展水平、税源结构以及稽查力量等因素,确定分地区A类纳税人具体标准——苏南地区年地税纳税额1000万元以上,苏中地区年地税纳税额600万元以上,苏北地区年地税纳税额400万元以上。具体实施中,省内各地创出不少好的做法,如南通市地税局稽查局在分级分类稽查中,把纳税人自查与重点稽查相结合,通过自查入库税款3400余万元,对16户A类纳税人实施检查,其中有6户查补收入达到100万元以上。2007年,全省分级分类稽查共检查纳税人2500户,检查有问题户2250户,实现查补收入6.33亿元,占全部查补收入的54.86%,比上年增加2.78亿元,增长78.57%。

2008年,为进一步深化分级分类稽查工作,省局将其纳入到全系统"三个一流"指标考核体系中,明确A、B、C类纳税人每年检查面要达到20%以上,省局稽查局直接检查A类纳税人比例不低于1%。省局稽查局率先垂范,对南京、无锡、苏州、镇江、淮安和苏州工业园区等6个地区的19户A类企业直接实施分级分类稽查,直接查处的A类纳税人达到了1%,查补收入9777万元。2008年,全省通过分级分类稽查共检查重点税源户2550户,查补收入9.95亿元,占查补收入总数的53.55%,比上年增加3.63亿元,增长57.3%;查处涉案税款百万元以上案件217起,查补收入8.28亿元。在当年的全国税务稽查工作会议上,江苏省地税局稽查局交流题为《加大力度 创新方法 全面推进分级分类稽查》的工作经验。总局董树奎总经济师在大会报告中对江苏地税的分级分类稽查工作给予表扬。

四、大要案稽查

大要案查处可以增强税务稽查威慑力,提高税务稽查法治效能。伴随依法治税的推进,省局稽查局成功查处不少大案要案,其中比较典型或案情复杂、影响较大的案件大致可分为以下几类:

(一)总局组织查办案件

2004年4-6月份,省局稽查局参与国家税务总局组织的"4.17"税案检查。由于该案涉及关联企业多,案情错综复杂,调查取证困难且工作量很大,省局稽查局从本局检查科和苏、锡、宁、常四市抽调11名稽查业务骨干认真研究案情,细化稽查方案,确保检查质量和效率。同时,与国税部门及时沟通信息,交流情况,适时实施联合检查。历经三个月,不仅查清江苏铁本钢铁有限公司的涉税问题,而且延伸检查出常州鹰联钢铁有限公司、常州三友轧辊厂等关联企业的涉税问题,涉案税额达2亿多元。

2005年3-5月份,按照总局要求,省局稽查局参与镇江"奇美专案"税收检查,先后从全省抽调17名稽查业务骨干与省国税局联合成立镇江"奇美"专案组,对镇江奇美化工有限公司及其6户关联企业1999-2004年履行纳税义务的情况进行检查。经过72天艰苦工作,查补税费6127.81万元,加收滞纳金657.85万元,罚款790.79万元,其中地税部分共计查补税款662.42万元,加收滞纳金269.82万元,罚款283.45万元。

(二)总局督办案件

如2004年查处南京兴伦运输有限责任公司案件,在南京市地税局稽查局和公安部门共同努力下,涉案16人被检察院批准逮捕,6人被检察院直接起诉,26人被处以补税、罚款、没收非法所得的行政处理。2005年,查处无锡招商城有限公司案件,此案涉及政策问题较多,为明确相关政策问题,检查组先后三次进行实地勘察,采取现场摄像并制作成光盘的方式,将有关情况及时、准确反映相关处室,确保政策法规适用得当。该案共计查补税款406.77万元,加收滞纳金38.49万元,罚款87.18万元。

(三)总局交办案件

如2002年查处镇江市三丰美食娱乐城案、扬子江药业集团案和刘晓庆涉税案，均由总局直接交办，案情复杂，查处困难较大。其中刘晓庆涉税案在江苏涉及11个省辖市，时间跨度长，查证困难多，但在各地稽查部门配合下，及时查清刘在省内的二十几个涉税问题，涉及金额1088.80万元，得到总局领导充分肯定。

（四）本省自办案件

2003-2004年，省局稽查局对沪宁高速公路有限公司和京沪高速公路有限公司进行税务检查，其中沪宁高速公路有限公司案查补收入914万元，京沪高速公路有限公司案查补收入1427万元。

2004年8月份，群众举报反映江阴双达钢业有限公司存在较大涉税问题，省局稽查局立即集中精干力量成立专案组，与国税稽查部门联合进驻检查。通过细致深入调查，掌握该纳税人利用废旧物资销售发票虚增原材料、虚列成本、部分销售收入不入账以及企业管理层及供销人员收入与账面不符等情况。该案查补税款332.04万元，加收滞纳金127.19万元，处以罚款332.04万元。同年，省局稽查局与公安部门联合查办南京华盈房地产公司涉税案件，对发现线索进行扩展检查，共计查补税款2300万元，加收滞纳金1200万元，并将此案移送公安部门处理。另外，与省国税局稽查局联合开展对江苏宝龙集团有限公司及其关联企业的检查，查补税款180余万元。

2005年，省局稽查局查处徐州沛县金贸置业有限公司涉税案，查补税款510.28万元，加收滞纳金1.38万元，罚款3.06万元。在检查过程中，针对该企业相关人员避而不见和提供财务资料不完整等情况，检查组采取正面突破和旁敲侧击双管齐下办法，在积极争取企业人员配合检查的同时，先后到该县计经委、土地局、规划局、银行等相关部门调取证据资料近三千份。

此外，苏州市地税局稽查局在对江苏海狮机械集团有限公司偷税案的查处中，克服该公司在全国各地办事处多、业务量大、账证记载比较混乱等诸多困难，对其所属期长达五年的几千本凭证进行深入检查，彻底查清该公司偷税问题，查补税款、滞纳金和罚款共计1062.68万元。苏州工业园区局稽查局2004年查处一起大要案件，查补收入为722万元，是该局成立以来查处涉税金额最大案件。淮安、苏州、常州市地税局分别组织查处淮安苏（宏）源电力实业开发有限公司、常熟开关制造有限公司、常州市双源房地产开发有限公司等三起千万元以上的涉税案件。

另外，有些是配合纪检监察部门办理的案件。如2006年5月，省局稽查局抽调人员配合省纪委组成金鸿基专案组，对无锡市锦仑大厦、扬名有限公司、金鸿基投资有限公司本部及港丽酒店开展税务检查。此案合计查补税款844万元，加收滞纳金1707万元，罚款660万元，没收非法所得3.7万元。协助纪检监察部门办案，除能强化依法治税，给国家挽回巨额税收损失外，还能揭露系统内外腐败分子，使他们得到法律制裁。

严厉打击税收违法行为，增强税务稽查威慑力。

1995-2008年度税收违法案件查处情况统计表

单位:万元/户

年份	检查户数	问题户数	结案户数	查补税款	罚款	没收违法收入	滞纳金	合计	实际入库额		结案率%	处罚率%	入库率%
									合计	其中税款			
1995年	50000			45016	690	35	142	45883				1.53	
1996年	68264	420272		71030	1467	75	110	72682		65600		2.07	
1997年	64779	51136	55213	77382	2381	1	114	79878	69605	66974	107.97	3.08	87.14
1998年	61232	45626	46675	90151	2616	20	506	93293	83671	80789	102.30	2.90	89.69
1999年	77845	57714	54212	83498	8037	24	1586	93145	86151	77043	93.93	9.63	92.49
2000年	73482	53491	53072	103262	12356		3260	118878	113232	98866	99.22	11.97	95.25
2001年	63371	50451	52072	99400	16055	3	4206	119664	116345	97218	103.21	16.15	97.23
2002年	39156	32840	33255	79560	18693	43	3243	101539	100965	79873	101.26	23.50	99.43
2003年	22188	17901	18349	64551	21151	138	6046	91886	89502	63765	102.50	32.77	97.41
2004年	19407	16540	16530	66614	23454	13	5224	95305	93847	66109	99.94	35.21	98.47
2005年	15547	13700	13810	68987	21616	1977	5384	97964	96342	68038	100.80	31.33	98.34
2006年	10708	9709	9873	77846	23734	639	9540	111759	105718	73508	101.69	30.49	94.59
2007年	10929	10170	10249	84196	23473	116	8045	115830	111667	82500	100.78	27.88	96.41
2008年	9320	8903	8956	147447	26565	15	11778	185805	181167	144185	100.60	18.02	97.50
合　计				1158940	202288	3099	59184	1423511	1248212	998868			

1995-2008年涉税大要案情况统计表

单位:万元/户

年份	100万元-500万元		500万元-1000万元		1000万元以上		合计	
	户数	查补税款	户数	查补税款	户数	查补税款	户数	查补税款
1995年	11	1824	2	1210	1	1329	14	4363
1996年	—	—	—	—	—	—	—	—
1997年	—	—	—	—	—	—	—	—
1998年	43	8215	0	0	1	1086	44	9301
1999年	36	5367	3	1772	0	0	39	7139
2000年	58	9278	3	1553	0	0	61	10831
2001年	56	10831	2	1691	1	1344	59	13866
2002年	52	12242	3	1946	0	0	55	14188
2003年	45	9271	1	525	1	2291	47	12087
2004年	90	15567	6	3826	1	1130	97	20523
2005年	100	18582	2	1087	3	4321	105	23990
2006年	119	23426	7	4632	3	6159	129	34217
2007年	130	28159	12	7280	7	10315	149	45754
2008年	178	42573	24	17297	15	22930	217	82800
合计	918	185335	65	42819	33	50905	1016	279059

2001-2008 年江苏省地税系统税务违法举报案件查处情况表

年 份	受理(件)	查处(件)	税款(万元)	滞纳金(万元)	罚款(万元)	发放奖励(万元)
2001 年	4420	3645	10058	864.56	1778.09	—
2002 年	3919	3642	7422.54	742.98	1913.64	46.73
2003 年	3878	3313	11608.7	2992.13	4597.66	42.64
2004 年	3739	3025	16230.4*	—	—	—
2005 年	3940	3159	12720	1186.45	4623.88	44.34
2006 年	3765	2886	16333.6	1894.38	5274.13	51.57
2007 年	3233	2295	18655.5	1730.81	3727.53	37.64
2008 年	3204	2327	25352.4	4823.71	6097.93	22.99
合　计	30098	24292	118381.15	14235.02	28012.86	245.91

说明:1. - 表示数据不详。

2. 其中带 * 号的数据为 2004 年查补税款、滞纳金、罚款合计数。

信息化建设

1994年国、地税分设后，江苏省地方税务局实施“科技兴税”战略，按照科技加管理、信息化加专业化要求，以信息与机制的有机结合为核心，充分发挥以计算机信息技术对税务管理的支撑作用，打造统一规范的江苏地税应用集成平台。在规划、开发和应用上，将信息技术、依法治税和优化服务相结合，建立以小型机群和大型数据库为平台、以千兆光纤宽带网为主干网、覆盖全系统的三级计算机广域网络，形成涵盖税收业务管理、数据应用分析、综合管理和外部信息服务系统的应用体系，构建江苏地税信息技术应用一体化体系。

召开全省地税系统信息化建设工作会议，全面部署信息化建设工作。

信息化组织管理

税务管理水平的提高，要求税收信息化系统能不断满足各类的税收管理需求。进行信息化项目建设时，要做好科学规划，采用高水平的管理方法和措施，开发出满足需求、性能优化、操作友好和部署简洁的应用软件。信息化部门以项目管理的形式，明确软件维护、系统管理和设备维护的责任人，由各人牵头负责具体工作，积极调动人员的能动性。项目建设时，充分利用各地资源，将部分工作放在省辖市级，利用当地的设备、人员和数据来完成软件和应用的开发、测试、验收工作。加强软、硬件采购的管理工作，按照招标法和有关部门要求，执行合法有效的招标采购流程，完成各项采购工作，保障招标活动的公正廉洁；对已经开始建设的系统，严格验收管理，对不合格产品严格要求整改。对各地自主建设的项目做好方案把关和审批备案工作，保障全省信息化工作的一体化进程，审批各地的信息化建设项目，对其技术方案提出合理化建议。积极开展调研工作，对基层工作进行指导。

一、信息化专业技术队伍

1996年，江苏省地税局成立计算机中心，列事业编制15人。2003年7月，为加强全省地税系统信息化建设组织领导，实行统一规划和协调，加速税收信息化建设总体目标实现，又成立信息化建设领导小组及其办公室，领导小组负责组织制定和实施地税系统信息化建设规划，对建设中的重大问题报局长办公会议审定；局长办公会议研究决定后，由领导小组组织贯彻执行。信息化建设领导小组办公室是信息化建设领导小组的办事机构，负责组织起草信息化建设规划和实施方案，协调业务需求与技术支持两者之间的关系，组织对办公室、征管处拟定的业务需求方案和计算机中心拟订的技术实现方案进行综合性审核，组织对信息化建设项目经费的综合性审核，协调处理信息化建设的有关问题，办理信息化建设日常事务。

加强计算机人才培养。1994年，省局计算机中心成立之初，省内各地普遍缺乏计算机专业人才，全省只有11名计算机专业人员，有的地方还出现有计算机没人会操作，有软件没人会使用的现象。为改变这种局面，省内各地通过向社会公开招聘、接受大专院校学生等途径引进人才，充实计算机专业技术队伍。有的单位领导求才心切，亲自带队，会同当地人事部门，专程到南京的大专院招录优秀毕业生。省局也多次在南京人才交流会场设点摆摊广招能人。到1997年年底，计算机专业技术人员增至378人。省局组织部分人员先后进行三次较大规模的技术培训，参训人数达120多人次，旨在提高数据库、操作系统、网络技术和综合布线等技术水平。至2005年年底，全省地税系统已有专业技术人员431人，初步形成一支信息化专业队伍，从事软件开发、硬件配置维护、网络建设维护等工作，承担全省地税系统信息化建设重任。至2007年年底，全省地税信息管理系统有专业技术人员565人，其中高、中级技术人员205名。至2008年年底增至575人。

为给计算机专业技术人员创造良好工作环境，留住和用好人才，发挥其技术保障作用，2002年7月省局下发《关于稳定和加强税务信息技术队伍的意见》，在工作、生活和待遇等方面给予支持，技术人员得以安心工作，发挥其长，省内不少地方还通过合理分工、支部活动、文体活动、拓展训练等方式，增强计算机人才团体凝聚力和协同力。2003年12月23日，国家税务总局表彰全国税务系统信息化建设先进单位和先进工作者，江苏省局、南京、无锡、昆山、射阳、淮阴、启东等市县局被评为信息化建设先进单位，王震等六人被评为信息化建设先进工作者。

在加强人才培养的同时，省内各地按照总局金税工程（三期）确定的计算机技术平台开展专业培训，以提高信息化专业人员的技术素质和能力。同时，还针对不同的应用专题，采取多种方式加强地税干部全员信息化知识和技能培训，重点开展组织计算机应用能力等级培训和应用软件操作培训，学习使用计算机蔚然成风。另外，协助有关部门开展计算机应用培训，普及计算机操作技能，结合软件项目推广应用，开展不同层面人员的专业培训，保障软件的顺利推广应用。同时，采用组织计算机专业人员技术培训、学历培训等多种方式，鼓励参加各类技术培训和学历教育，组织人员参加专项技术培训以及针对项目实施的培训等。各省辖市地税部门多次组织税务干部参加计算机基础知识培训，全省45岁以下地税干部全部取得计算机应用初级证书，全系统计算机应用水平跨上新台阶。此外，省局还举办过全省主机系统、网络安全、IP电话和视频会议等培训。

二、信息化资金投入

江苏地税组建之初困难很多，省内各地经济条件不平衡，有些地方还不能按时发放工资。对此，全省地税系统克服困难，创造条件加快税收信息化建设。省局划拨部分资金作为省内各地计算机应用工作补贴，同时要求各地按照“三个一点”（向政府要一点，从办公经费中挤一点，到银行贷一点）方针，千方百计从各种渠道筹措资金。同时，面对征管改革的紧迫需要和飞速发展的经济形势，省内地税系统各级领导对计算机应用工作给予高度重视，省局首先克服困难下拨资金用于各地税收电子化工程建设，各地也挤出资金支持计算机应用工作。据统计，至1997年年底，省局共计下拨2140万元资金，全省累计投入资金9000万元。至2002年上半年，全省累计投入信息化建设资金4亿元。2000–2008年，全省地税系统电子化工程投资额如下表所示（单位：元）：

年　份	全系统当期电子化工程投资额	省局当期电子化工程投资额
2000年	6322.66	488.32
2001年	17444.9	409.70
2002年	10753.14	982.60
2003年	13857.50	1750.00
2004年	17066.06	523.48
2005年	18107.33	1521.52
2006年	17000.00	1944.00
2007年	12906.00	2877.49
2008年	18590.00	3152.66
合　计	132047.59	13649.77

三、信息化标准规范

1996年下半年，总局提出要完善各项计算机管理，并下发相应规章制度。据此，省局草拟《江苏省地税系统计算机系统运行管理规定》、《江苏省地税系统新建和改建计算机场地规定》、《江苏省地税系统办公楼综合布线系统工程设计、建设、安装技术标准》、《江苏省地税系统办税服务厅建设规定》、《江苏省地税系统计算机系统安全管理规定》、《江苏省地税系统计算机网络建设标准》、《江苏省地税系统软件开发规范》等征求意见稿,于当年底下发省内各地征求意见,1997 年正式下发,各地在此基础上制定具体可行的规章制度,对规范计算机管理工作发挥很大作用。

2005 年,省局机关开展 ISO9000 标准贯标工作。为保证江苏信息化建设的一体化进程,2006 上半年召开全省征管信息系统代码编制会议,确保各地机关代码编码一致性和标准规范性。2006 年 7 月份召开全省网络平台总体方案论证会,明确全省网络支撑、网络管理和网络安全的建设规范。省局研究制定全省信息化建设项目管理、软件开发管理、软件开发规范、数据管理标准规范、软件运行维护管理、网络管理、信息安全管理、基础项目建设管理等制度;承担总局数据元标准制定工作,与征管软件同步进行数据元标准建设。

信息化基础设施

全系统在信息化基础设施上持续投入,硬件网络系统装备水平随着税收业务应用需求逐步提升,重视网络安全和系统安全,建设省级数据中心,提高信息化基础设施总体水平。

一、硬件设施配置

硬件平台是软件应用的支撑。1994 年,江苏省国、地税机构分设初期,地税系统计算机应用基础十分薄弱,全省地税部门只有各类计算机 200 多台,10 台工作站以上的局域网只有十多个。为此,全省地税系统在基础设施上持续投入,硬件网络系统装备水平随着税收业务应用需求逐步提升。截至 1997 年年底,全省购置各类计算机 3000 多台,638 个基层征收单位使用计算机进行业务处理,563 个办税服务厅投入使用,253 个局域网正常运行。至 2001 年年底,全省地税系统拥有小型机 22 台,PC 服务器 585 台,PC 机 10762 台,721 个基层征收单位实现计算机化管理,90%的纳税人、92%以上的税款通过计算机征收,税务干部从大量烦琐的手工操作中解脱出来,工作效率大幅提高。至 2002 年中期,全省地税系统已拥有小型机 25 台,PC 服务器 597 台,PC 机 10758 台,人均拥有计算机 0.7 台。

全系统在信息化基础设施上持续投入,硬件网络系统装备水平逐步提升。

2004 年,省局通过招标采购微机 112 台,淘汰设备 49 台,审批同意泰州、徐州、宿迁和扬州等市地税局的小型机方案,购置高级 UNIX 服务器(小型机),集中采购升级现有的 SYBASE(塞贝斯)数据库,为数据集中处理提供统一的数据库平台,并节约资金。到 2005 年年底,全省地税系统共装备小型机 55 台,微机服务器 961 台,微机 21739 台,完成大屏系统和小型机系统建设,组织管理操作技术培训和系统安装调试工作;根据小型机系统各设备的工作环境要求,完成省局机房改造实施方案和小型机的配置,保证小型机系统能够正常稳定的运行。到 2007 年年底,全系统共装备小型机服务器 64 台,微机服务器 1174 台,微机 29359 台(含笔记本电脑),存储设备总容量 143TB。全系统省局至省辖市局、省辖市局至县区局、县区局至分局的三级广域网实现全部联通,质量得到提高,广域网节点达 707 个,与系统外联通节点数 175 个。截至 2008 年年底,全省地税系统共装备中小型计算机 77 台,PC 服务器 1323 台,存储设备总容量 519TB,PC 机 31585 台,打印机 11129 台。

二、完善网络建设

1997 年 7 月,省局与国家税务总局的广域网联通后,始终保持网络畅通,按时传送各种报表和数据。网络管理由一整套规章制度规范,由专人负责管理。省、市、县三级广域主干网的建设按照国家税务总局的标准规范进行。至2002年上半年，全省地税系统有局域网440个，建成联接省、市、县、分局、所的广域网和城域网。各省辖市局和部分县局按照标准在办公楼内进行综合布线并建设标准机房。

2004年，完成省局至省辖市局的广域网线路升级工程，采用2M的ATM线路，提升全省广域骨干网主线路带宽。进行网络管理软件的选型工作。本着经济实用原则，选用合适的管理软件和网络安全设备，对信息系统进行初步细化管理，通过软件加强对网络运行、数据质量、数据安全等方面的管理。到2005年年底，全省三级广域网全部联通，广域网节点663个，上网运行工作站14966台。省局与国家税务总局采用2M专线联接；省局至省辖市局广域网骨干网主线路使用2M线路。在网络平台、基础平台和增值应用方面，完成省局机房、内网、外联网、互联网的改造。实现全省系统内IP电话的开通使用，充分发挥网络增值服务的作用。总局至省局、省辖市局三级联动的视频会议系统投入应用，各地与现有视频会议系统进行三级扩容，确保全省视频会议系统在统一的技术平台上运行，与总局视频会议系统实现平稳衔接。期间，淮安市地税局率先实现联接到县级局的四级视频会议系统。镇江、泰州、苏州、淮安、盐城、扬州等市地税局完成主机系统升级及网络改造。

2006年5月，在全省地税系统建成并实施网络管理系统。通过该系统，省局能对各省辖市局局域网和广域网链路进行全面有效监控和管理，省局和各地计算机中心可以远程监控和查询所管辖网点的网络状态，对网管平台本身进行设置和控制。12月，全省地税系统垂直主干网络升级改造实施完毕并验收合格。网络管理项目和垂直主干网升级的实施为全省信息化建设提供了基础保障。2006年，组织对省局机关办公楼十八楼会议室的灯光控制、信号切换、影像联动、集中控制等方面进行技术改造，取得良好收视效果。2008年，改造与优化广域网络线路，优化为一个省局和省辖市局及所辖区、县局联网的，支持各类税务管理业务更加集约化处理的，高可靠、高安全、高效率、易管理的广域网络系统。截至2008年年底，全省地税系统共装备路由器773台，交换机1770台，省内广域网联通节点数共计729个。支撑数据集中处理模式的城域网和主干广域网的建设到位，计算机网络技术的应用使税务机关对纳税人、税务机关与税务机关之间的监控力度大为增强。

三、加强安全管理

加强网络安全和系统安全建设，做好各类软硬件设备、系统维护和保障，对信息化设备建立详细的登记台账，规划地址分配，进行系统管理。加强信息和网络安全管理，实现省局对各省辖市局局域网和广域网链路全面有效的监控和管理。至2002年中期，防病毒系统及网络安全系统建设初具规模。到2004年年底，先后完成内外网防火墙和入侵监测系统建设，装备防病毒软件，保障网络的安全运转。

2006年，省局和各省辖市地税局均对网络与信息安全系统进行全面检查和改进，加强全省安全控制建设，统一管理，落实责任，优化管理平台，保障系统稳定运行。9月，国家总局税务系统信息安全检查组对江苏地税进行信息安全检查，对江苏地税的网络与信息安全建设工作予以肯定。同时，省局对小型机系统平台进行资源分配的整体规划，完成对江苏地税主机系统资源的清理和重新规划，根据实际应用要求对主机系统的基础环境、网络设置和应用规划重新调整，保证设备资源的充分利用，并建立完整的设备档案。对省局机房进行大规模改造。通过重新部署网络线路、机房动力电线路改造、新增UPS电源、UPS电源扩容，增设给配电环路，为省局的各类系统应用提供良好的基础环境，同时预留3-5年发展空间，为保障省局信息化工作正常有序开展创造有利条件。

2007年，开展全省网络安全审计系统建设工作，进一步加强网络与系统安全的统一管理，落实责任，优化管理平台，保障系统稳定运行。省局及各省辖市地税局对网络进行优化，减少安全隐患。至10月份，统一完成江苏地税系统重要信息系统的等级定级和备案总结工作。2008年，在完成重要应用系统定级工作后，着手开展其他应用系统的定级工作，对准备建设或正在建设的应用系统也按照等级保护的相关规定进行合理定级。开展应用系统安全建设整改工作。对网络与信息安全进行检查评估，包括安全管理检查评估和安全技术检查评估，通过现场检查和后台评估，分析风险，评估信息系统安全状况，查找薄弱环节和安全隐患,促进安全措施的落实。截至 2008 年年底,全省地税系统共安装防火墙 185 台,入侵检测 IDS29 台,漏洞扫描 10 套,绝大多数计算机安装杀毒软件,部署桌面安全审计系统的终端数量达到 2600 台。

2008 年,为配合江苏地税省级大集中工程的建设,加强大集中系统安全管理及风险控制,在大集中外网系统采取了以下风险应对措施:

1. 网络安全方面。在设计和实施中将网上办税系统与内网的核心业务系统通过隔离机方式在网络实行独立,使其在物理上成为两个互相独立的应用系统。在硬件系统结构设计中,采用两道防火墙加一道隔离机来提升系统安全性,同时采用 SSL 协议,来保证纳税人的数据传输的加密和安全。在外网采用 UNIX 和 LINUX 操作系统,同时使用 IPS 入侵防御系统,及时审计恶意入侵。

2. 身份认证安全方面。设计并实施在纳税人登录时,根据纳税人性质选择登录方式。其中税务卡卡号和税务管理码是分开的,保密性较好。对使用 CA 登录用户,纳税人无论是身份识别还是申报数据都是不可抵赖的,以满足所有纳税人对安全性的要求,保证纳税人身份识别和控制。

3. 应用安全方面。一是采用较新的页面防篡改技术,确保外网应用不会被恶意篡改;二是在应用系统性能方面,采用机群技术,实现应用的横向扩展,确保在应用出现性能问题时,能够及时扩展保证纳税人的使用;三是应用稳定性方面,在上线前聘请专业的压力测试公司对网上办税系统进行压力测试,力保系统稳定可靠,在上线以后,专人负责 7×24 小时的监控,保障系统稳定运行。

4. 数据安全方面。外网有独立的数据库,在数据库建设上使用先进的 ORACLE RAC 技术实现集群处理,同时这些数据定期实现秒、时、天等级同步到内网核心业务数据库中,确保外网数据丢失以后,内网数据存在一份最新拷贝。

5. 安全审计方面。对外网提供 IDS(入侵检测系统)、IPS(入侵防御系统)来及时审计互联网用户的使用情况,发现问题及时处理,特别是发现黑客攻击时,能够及时向公安机关报案。

四、建设数据中心

为实施省级大集中工程,省局和南京市地税局改建江宁信息综合楼作为省局数据中心。省局数据中心的功能定位包括:省级大集中的生产运行、研发测试、运维支持、技术培训等。2005 年,为做好数据中心建设的前期准备工作,对广东南海数据中心、广东地税、江西地税、南京招行的数据中心等地进行考察,形成考察报告,派专门人员投入基建办工作,起草江苏地税数据中心的立项报告、数据中心的整体规划及规模定位以及工程建设项目可行性研究报告。2007 年,完成对数据中心的设计方案调整和施工管理工作。2008 年 2 月,数据中心投入使用。数据中心主机房位于江宁信息综合楼 3 楼和 4 楼,其中 3 楼核心机房 800 平米,4 楼承重机房 250 平米。同城天目大厦机房和江宁机房通过 DWDM 互联。同城天目大厦机房仍然作为保障省局机关日常工作的平台。异地备份站点选择在距离南京 200 多公里外的宿迁市局。备份服务器为 1 台跟标国家税务总局的 IBM p570 小型机。

数据中心硬件结构如下图所示:

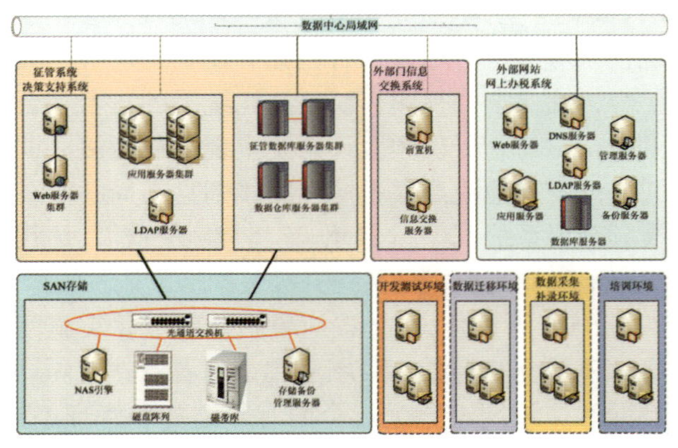

系统集成由项目组的基础实施小组承担。截至 2008 年,完成江宁数据中心的内外部网络部署、IBM 小型机系统分区和 HA 安装、存储和 VERITS 安装、ORACLE 数据库 RAC 和 WEBLOGIC 域的部署安装。整个生产系统安装部署到位。服务器方面,核心服务器采用向国家税务总局跟标的 4 台 IBM p595 小型机服务器,共配置 184 颗 CPU,1472G 内存,采用逻辑分区技术当作多台机器使用。通过跟标采购节约资金,采用虚拟化技术节约资源。另外开发测试培训环境的多台服务器均已安装调试完成。根据大集中推广应用的要求,分批采购标准机架式中间件服务器供系统推广使用。存储备份系统方面,采用 SAN+NAS

的体系结构，业务数据保存在SAN存储中，公文、邮件等保存在NAS设备中，完成江宁数据中心存储设备的安装调试。为保证数据安全，内外网分别有一套存储备份设备，内网核心数据在天目大厦机房进行同城数据镜像，实现同城数据容灾，存储容量共约80TB。在宿迁市局异地备份站点进行数据异地备份。内网核心存储、镜像存储和外网存储容量分别为50T、15T和10T，备份采用二级备份架构，引入虚拟带库，加快本地的备份速度。城域网络方面，为满足省级大集中工程对建设高效综合业务网络的要求，为现有的应用及将来可能的应用提供高效可靠的支撑，架构一套开放的，可同时满足各种业务应用、数据传输、语音、视频应用等多服务网络通信平台。主要包括业务网、外联网和互联网。数据中心局域网又细分为核心主机存储区、应用服务器区、准入控制区、大楼内网区和开发测试区等。安全体系方面，一期网络安全设备安装调试完成。二期网络安全体系建设也进行相关安排。

信息化应用系统

为提升税收征管质效，发挥税收职能作用，税收信息化应用向广度和深度发展。江苏地税使省级税收业务数据集中处理主体系统纳入金税三期工程一体化体系，实现与金税三期工程的主动衔接。

一、金税三期江苏地税建设

2006年，国家税务总局启动金税工程（三期）建设工作，完成初步设计方案。江苏地税积极参与和跟踪总局金税工程（三期）的有关进展情况，2006年完成《江苏地税金税工程（三期）实施方案》预编写及修改，按照总局金税工程（三期）有关要求，完成总局信息中心布置的地税核心数据原体系编写工作，开展总局税收代码整理工作，编写完成金税三期代码设计标准（增补地税部分）。2007年，修改《金税工程（三期）江苏地税可行性研究报告》，按照总局初步设计方案完善江苏《金税工程（三期）江苏地税省级实施方案》。2008年，《金税三期工程第一阶段江苏地税建设项目可行性研究报告》通过总局审查批准，完成金税三期工程第一阶段地税建设项目立项工作。江苏地税结合省级大集中工程，逐步开展全系统广域网络、网络安全防护、省级运维业务监控与管理、省级数据中心（含备份中心）系统等建设任务。

配合总局金税工程（三期）实施的总体要求，总局陆续推广各类省级集中的单项软件。江苏地税认真做好总局软件的推广应用工作。2006年，通过开发货运发票税控系统与征管信息系统的本地软件接口，导入数据，在全省推广总局货运发票税控系统，举办培训并授课，组织货物运输发票税控系统与征管信息系统接口软件开发及推广，为推广应用个人所得税管理系统和国家税务局向地方税务局传递增值税、消费税信息等工作做好准备。2007年，针对总局推广的省级集中应用单项软件和省局业务处室的管理要求，协同各业务处室做好总局软件的推广应用和配套开发工作。保障货运发票税控系统、建筑安装企业开票系统、税库银联网系统和总局向省级地税传送增值税、消费税信息加工处理等应用，根据需要开发维护总局软件与江苏地税征管系统的接口。

二、征管信息系统1.0版

江苏没有专门开发地方税各税种的征管软件，而是将其融入《江苏省地方税收征管信息系统》之中。1994年机构分设后，全省地税系统应用计算机技术进行税收工作。当时，各级地税部门普遍面临着办公条件差、经费紧张、工作任务繁重、计算机专业技术人员严重缺乏、硬件设备几乎空白等困难。为此，省内各级地税部门统一思想认识，落实总局“工作重心向基层转移，向征管转移”要求，加快信息化建设步伐，资金向信息化建设倾斜，使信息化建设得到快速发展。至1998年，各省辖市地方税务局全部运行基本适应本地情况的征管软件，所有省辖市的城区分局和80%以上的县（市）局城关所（分局）以及部分农村税务所实现申报征收、税收计会统的计算机管理，部分地区在计算机稽查选案、办公自动化等方面进行有益尝试，IC卡、扫描仪、表格读入机、多功能纳税申报机、多媒体等新技术在征收工作中得到应用。

按照总局要求，地税系统要在省内统一征管软件。省内各地尽管相继开发不少征管软件，但由于苏南、苏北征管模式、计算机应用水平等方面存在较大差异。1997年初，江苏地税对全省有代表性的十个征管软件进行综合评审，发现不同程度存在征管业务不规范，功能不全，软硬件平台较低，难以适应税收工作需要等问题。为此，省局评审后开始统一征管软件的准备工作。通过省局局长办公会统一思想认识，分析江苏计算机应用情况，指出存在问题及不足，强调统一征管软件的重要性，坚定统一软件的信心。省局领导亲自挂帅组织全省业务骨干在半年内拿出覆盖面广、规范性强、科学实用、便于操作的业务需求。总体设计的初步方案在省局领导具体指导下完成设计、论证，并对软件中的各种平台、关键技术反复与有关专家共同研讨，切实保证软件的全面性、规范性、科学性和实用性。

1997 年年底，全省地税系统启动《江苏省地方税收征管信息系统 V1.0》(以下简称《1.0 版》)建设，于 2001 年正式在全省范围内上线运行，实现各类税收业务操作的信息化过程，第一次统一全省(南京市除外)征管软件。该软件在总局组织的全国地税征管软件应用交流会上，得到肯定，在全国地税系统中位居前列。上线运行五年间，该软件发挥巨大作用，达到预期应用效果。全省统一的征管软件开发和全面推广，以市、县为单位征管信息集中处理，多元化申报方式和税、银、库联网等应用，标志着江苏地税系统信息化建设取得突破性进展，促进了依法治税、从严治队和税收管理等各项工作。

2001 年，江苏省地方税收征管信息系统 V1.0 版正式在全省范围内上线运行。

开发和推广应用全省统一的税收征管信息系统，大致经过前期准备、软件开发及推广应用三个阶段。

1. 前期准备阶段。一是根据总局信息中心要求，经过对比和论证，确定信息系统开发的操作系统平台和数据库平台；二是组织人员到兄弟省市考察、学习信息化建设经验；三是组织江苏地税系统相关技术、业务人员和有关专家，对项目进行可行性研究，形成《可行性研究报告》和《总体设计方案》；四是在可行性研究的基础上，精心组织项目招标工作，确定项目受托方；五是在业务规程的基础上统一编写业务需求。

2. 软件开发阶段。1998 年 7 月份，省局组织三十余名业务和技术骨干，在无锡建立开发基地，采用全封闭方式，与开发公司通力协作，全过程介入开发工作，历时两年多时间，克服种种困难，反复论证、修改设计方案。经过需求分析、概要设计、详细设计、编码、测试等阶段的艰苦努力，圆满完成《信息系统》的开发任务。

3. 推广应用阶段。一是结合机构和人事改革，对机构设置进行收缩和调整，将基层征管机构从以前的近 2000 个收缩为 624 个，并根据信息化要求对岗职体系进行完善和细化；二是修订《江苏省地方税收征管业务流程》，按照信息化、网络化的要求对征管业务流程进行重新整合；三是在建设、完善全省主干网络的基础上，加快城域网络的建设步伐，满足数据集中处理的需要；四是在精心组织好无锡、张家港两地试点工作基础上，广泛动员，充分调动各级地税机关积极性；五是强调人才建设在信息化建设中的突出地位，加强培训，提高全员驾驭信息装备能力；六是充分考虑江苏苏南和苏北的经济发展不平衡的状况，组织资金和可利用资源，采用专项补助等方式，进行分类指导和扶持。

三、征管信息系统 2.0 版

随着江苏税收征管实践的发展，《1.0 版》已经不能适应和支撑全省税收业务，急需全面整合升级。2005 年 7 月 16 日，省局按照国家税务总局金税三期要求和方案，正式启动《江苏省地方税收征管信息系统 V2.0》(以下简称《2.0 版》)建设，通过前期调研活动，制订软件开发总体方案，召开架构研讨会论证，抽调全省技术骨干参与，到 2005 年年底，完成系统需求分析、总体设计和招标工作，开始系统详细设计开发。2006 年 1 月份，通过公开招标方式确定项目的合作软件公司，同年 10 月

8 日，《征管信息系统 2.0 版》主体子系统在无锡市地税局试点运行。11 月底至 12 月初，在宿迁、常州、扬州市局首批推广，实现人员、管理、技术平台向“金税三期”要求的转换。2007 年上半年，根据运行状况反馈进行完善优化，同时完成全部软件开发测试工作、安装至上述单位投入运行，随即进入软件维护优化阶段。在完成《征管信息系统 2.0 版》24 个模块的开发测试、安装部署及推广工作后，针对两个版本中的少数功能点由于需求变化、新增或待明确进行修改完善，结合省级大集中工程要求，对实现《征管信息系统 2.0 版》数据结构和关键技术进一步研究分析，形成方案为省级大集中工程作相应准备。《征管信息系统 2.0 版》的应用运行，为全系统实现征管税收业务数据的集中管理应用和省级应用集中奠定了基础。

《征管信息系统 V2.0 版》的目标定位于：在江苏地税信息化建设“一体化”总体框架下，以“统筹规划、统一标准，突出重点、分步实施，整合资源、讲求实效，加强管理、保证安全”为指导，建立和完善基于统一规范，面向一线税收管理人员，面向新的征管模式，面向管理层决策，具有较高信息采集与共享能力、较高运行效率和较强可扩展能力的税收业务综合应用信息平台。加强税收管理科学化和精细化。全面覆盖现有各税收环节，优化重组业务及管理流程，加强信息监控、分析和应用，全面实现科学化加精细化管理。提高涉税信息采集与共享能力。遵循“一次采集，共享使用”原则，拓展信息采集渠道和手段，实现涉税信息的“一户式”管理。深化信息分析处理能力。提高信息分析处理能力，强化税收信息应用的深度和广度，增强税收监控和管理能力。完善全省地税系统信息化建设运行机制。建立健全全省地税系统新的软件开发、维护和应用等管理机制，完善全省地税系统信息化建设运行机制。

《征管信息系统 2.0 版》的设计目标为：省辖市级应用集中，省级数据集中。《2.0 版》核心数据库仅在省辖市局设立，应用逻辑部署与核心数据库一致，也集中在省辖市局。对数据结构的附加要求是满足省局数据大集中，为“金税三期”的两级集中处理奠定基础。构建公用核心应用平台，实现插件式应用管理；贯彻分层思想，实施前后台应用分离；完善数据交换机制，规范数据交换标准；以

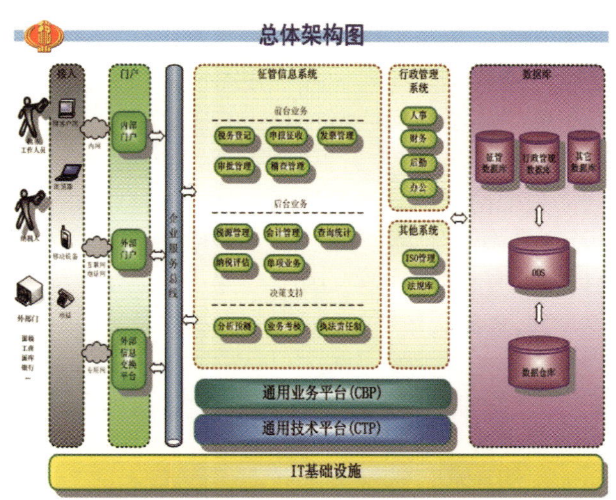

总体设计图

B/S/S 三层结构为主体，辅以 C/S 二层结构；统一身份权限，实现门户管理。采用独立自主、开放、先进性与实用性相结合的设计原则，采用小步叠代及分组并行等两种工作方法提高工作的并发度，圆满完成开发任务。

《征管信息系统 V2.0 版》主体架构定位于外部采用门户式统一接入，内部采用平台化架构体系、同时对各类应用实施科学的前后台分隔，并且对各类外部应用进行统一整合，按照一体化原则进行通盘规划。总体设计图见上图。《2.0 版》平台架构主要突出 2.0 系统采用“平台 + 插座”的应用理念，这种思路更加便于系统今后的扩充、维护、伸缩、拓展。平台设计图见下图。

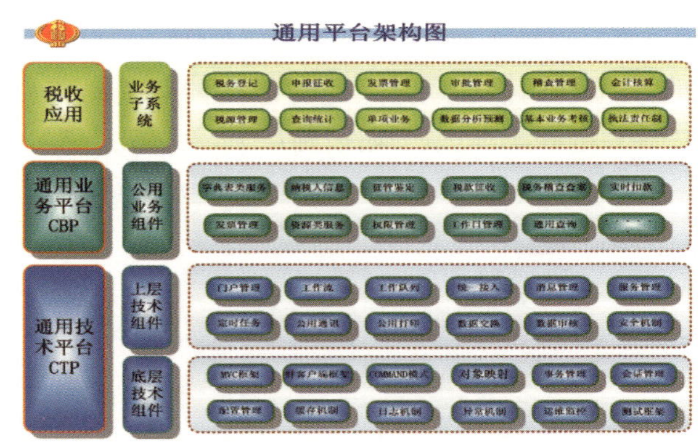

平台设计图

在项目的开发及推广应用中，在按照总局提出的“一个网络、一个平台、四个系统”的一体化建设要求的基础上，培养了一批基本能够胜任项目

开发和推广应用工作的业务和技术骨干，建立了一个以各界专家和教授为核心的外围知识支撑体系、锻炼出了一支能够驾驭新的信息化装备的税务工作人员队伍。在开展实践工作的同时，注重总结提高理论水平。江苏地税将《征管信息系统2.0版》开发中积累的实践经验，总结提高，形成文字材料，发表在《税收业务调研》刊物上。

四、省级大集中系统

江苏地税省级大集中是在省局计算机平台上，采用全省统一的信息系统，满足各级地方税务机关征收管理地方税收（基金、费）的需要，实现税收业务的集约化管理以及基础数据全省集中处理和存储。工程的总体目标是：促进依法治税，更好地履行组织收入的职能；支撑征管改革，满足税收管理"扁平化"需要；增强税收为宏观经济决策提供支持的能力；规范全省税收业务，规范税收征管流程，规范行政执法行为，实现税收征管的"科学化"；通过对"海量"信息归集、比对和分析，加强税收分析和税源监控，实现税收管理的"精细化"；提升为纳税人服务、为基层服务的能力；实现税收信息系统集约化管理；实现资源共享，提高行政效率，降低税收成本。

2006年，组织编写省局大集中方案，为实现江苏地税省级集中打好基础。2007年5月16日，江苏地税系统正式启动省级大集中工程，抽调技术、业务骨干力量参加大集中工程，研究制定《江苏省地税局省级大集中工程实施纲要》。省级大集中工程开工之后，系统上下高度关注，有关各方大力支持，项目组精心组织、严格管理，全体同志克服困难、齐心协力、紧张有序、扎实有效推进，总体工作按计划进展顺利，取得阶段性成果。2007年5–10月，完成业务需求编写；2007年11月–2008年2月，完成大集中项目总体和概要设计；2008年3–11月，完成软件的详细设计、软件编码、单元测试和软件的集成测试，同时完成主机、网络、安全等软件的基础设施建设；2008年7–12月，完成软件的用户测试。2008年10月6日，正式在江宁地税局投入上线试运行。2009年1月，南京市地税局全面运行大集中系统。2009年5月起，全省地税系统分批上线推广。

省级大集中工程的特点主要有五个方面：

1. 规模宏大。省级大集中工程形成业务需求

召开大集中上线座谈会，为全系统全面运行大集中系统做准备。

文档共计5300余页，约192万字；分析设计文档共计7000余页，约200余万字；形成制度文档共约6500页，约150万字；投入14000余人天进行开发编码，形成24500余项源文件，超过295万行源代码，形成2600多张数据表，形成400多个存储过程；系统测试发现12000多个问题；从2009年1月份南京市地税局正式上线至2010年10月31日，已完成全省全部十六家单位上线工作，包括：十三个省辖市局、苏州工业园区局、张家港保税区局和省直属分局，期间共迁移2.8亿多条历史数据记录，涉及193万纳税人，其中80余万户网上办税纳税人。

2. 领域广泛。省级大集中工程覆盖税收征管全过程，覆盖各税种、基金（费），覆盖省及以下所有税务机关；涵盖软件技术、硬件技术、安全技术等信息技术；涉及税收法律法规、行政法、经济法及其他相关法律法规；需要软件工程、硬件工程、机房环境、项目管理等工程管理领域的支持。

3. 风险集聚。省级大集中工程用户量大，其中业务网有1.5万用户、互联网上有数百万用户。业务范围广，共有2147个功能点，功能处理涉及在线和离线；涉及操作层、管理层、决策层；涉及大量的外部数据交换。数据量年新增约1000G。服务时间为365天×24小时。工程的开发、性能、运维、硬件、推广、安全等方方面面都存在着风险。

4. 周期较长。完成全部工程约需32个月。其中，需求编写、规程修订6个月，分析、设计4个月，编码、测试7个月，试运行7个月，全面推广8个月。

5. 智力密集。省级大集中工程是一项非常复杂的工程，需要投入大量的人力。工程建设人员共140人，其中税务系统74人（业务骨干39人，技术骨干35人），开发公司62人，监理公司4人。

省级大集中的总体设计如下图所示。

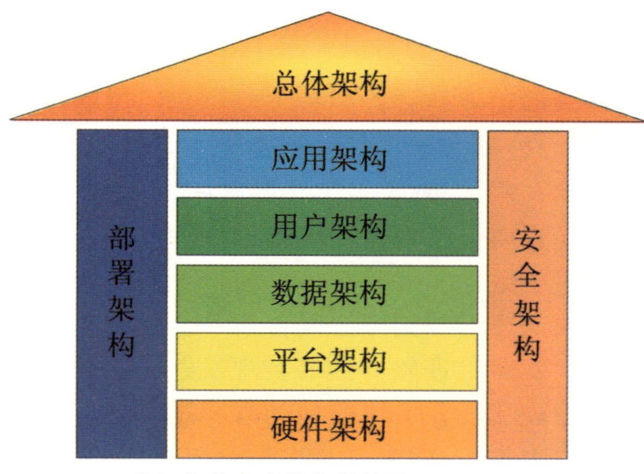

省级大集中的总体设计图

省级大集中工程总体结构由4大系列、48个子系统，2147个功能点组成。使用Oracle 9i数据库，中间件为WebLogic 8.1，工具软件包括BIEE（报表工具）、ODI（数据迁移加工工具）、WORKFLOW（工作流）、QUEST（数据库监控工具）、ROSE（分析设计工具）、POWER DESIGNER（建模工具）。采用插件式、松耦合、平台化的设计理念，构建通用业务平台和通用技术平台，能够充分满足税收业务变化和发展要求。具体表现为集中统一的网上办税、集成定制的用户平台、规范统一的流程管理、整合互动的风险管理、配置灵活的权限管理、强大实用的管理决策六个突出功能的六位一体。大集中系统通过统一的数据加工，生成各类统一的风险数据，为后续“税管员”提供巡查依据，为“纳税评估”、“日常检查”、“税务稽查”提供选案来源，充分实现了总局要求的税收分析、纳税评估、税源监控和税务稽查四位一体的高效互动格局。同时考虑到税源风险和执法考核、电子监察实际是一项风险数据从不同角度来看的问题（符合一定条件或达到一定标准），例如：纳税人连续三个月未申报，从纳税人的角度来看就是税源风险，从税务人员来看的角度就是催报不力、监管不严，可能存在腐败问题，因此将执法责任制考核和电子监察子系统统一借助风险数据库生成的风险来构建六位一体的互动格局。省级大集中系统总体构架如下图所示：

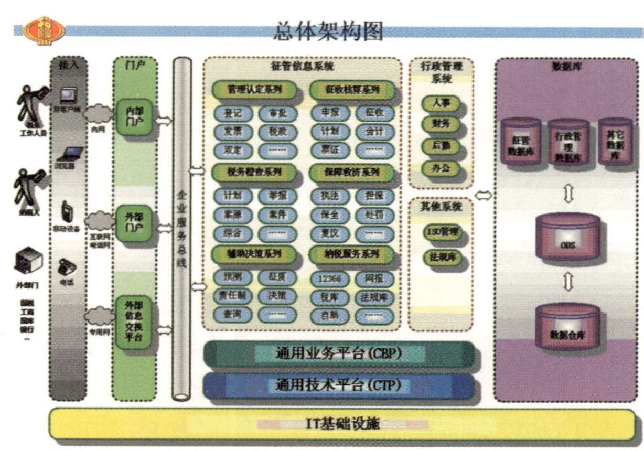

省级大集中系统总体构架图

省级大集中项目组基于包括征管信息系统2.0版在内的全省地税信息化建设的成果，借鉴兄弟单位工作经验，努力发挥大集中项目建设的后发优势，优化创新工作。服务理念的支撑度得到了提升，系统更有利于对纳税人权益的保护；强化数据责任理念，实现税款与纳税人的全对应；丰富“工作流”管理模式，实现任务主动推送提醒等方面的智能管理；构建标准的税收风险数据库，实现各地原有数据利用软件与大集中系统的有机衔接；形成减免税审批备案及后续管理的一体化操作，为强化减免税管理提供有效支持；强化软件基础平台建设，全面优化了插件式开发模式；科学规划数据结构，全面实现数据分类分层存储。

省级大集中工程的应用效果显著。对纳税人而言，提供更为便捷的纳税服务，强化对纳税人的税源监控；对税务机关而言，提供更为便捷的操作使用，强化对税务人员的执法监管；对外部门而言，强化信息共享交互。大集中工程是实现“三个一流”目标的重要支撑，具有社会、经济及管理等多方面的价值；大集中工程建设取得初步成功是领导重视、多方努力、协同配合的结果；也是符合信息化建设的客观规律的。省级大集中作为一个大型应用系统，随着认知和应用程度的加深，需要持续改进、优化完善。

五、专项业务软件

省局先后组织开发推广多项应用软件，拓展征管系统的功能，从横向和纵向延伸税收信息数据传递、处理和分析的层面。认真进行征收管理、行政办公、数据利用、外部信息交换等应用软件的运行维护,针对应用中出现的问题不断完善优化。各省辖市级局数据集中处理应用系统的技术管理和应用运行水平稳步提升。

按照税收信息化建设“整体规划、分步实施”的总体思路,积极推进应用软件开发推广,以专项业务软件应用来完善拓展征管信息系统功能,包括社保费征收、税银联网、发票管理软件、网上电子申报、机关业务管理软件、数据审计软件、稽查选案软件、纳税评估软件等征管软件功能完善类软件和综合查询分析类软件的开发和推广。电子申报软件以电子方式在业务发生源头采集纳税申报相关数据,遵循数据采集原始、真实、准确原则,是税务机关采集纳税人纳税申报和财务报表信息的主要渠道,通过电子申报,真实、准确采集数据,有利于税务机关掌握纳税人相关信息,加强对纳税人的实时监控,提高税源分析和预测的准确性和科学性。电子申报软件推广应用的总体目标是:以方便征纳双方、降低征纳成本为目的,用1–2年的时间,建立起以电子申报为主,其他申报方式为辅,配套协调,运转高效的现代化申报纳税新格局,实现申报缴税和数据采集的网络化、电子化。纳税评估软件利用现代信息技术,不仅要对纳税人各项纳税指标和财务指标进行分析,还要将各项生产经营指标与同期对比、与同行业对比,通过不同渠道海量信息的自动对比、分析,及时了解掌握税源的变化情况,对纳税申报情况进行有效监控。改革纳税申报方式,大力推进以网上申报为主体的电子申报。纳税评估软件推广应用的总体目标是:通过纳税评估软件的推广应用,实现对海量数据快速、全面、准确的分析,及时发现纳税申报异常情况,对纳税评估过程进行管理和监控,利用评估结果的统计分析,及时发现征管薄弱环节,不断提高征管质量和效率。

2002年8月,省局在苏州召开电子申报推广应用工作会议,全面推进电子申报工作。当时全省已有4000多户企业进行网上申报。其他申报方式也在探索和试运行中,以电子申报为主,其他申报方式为辅的多元化申报方式的格局在江苏地税系统初见端倪。缴库方式改革也在同步推进,税银、税库一体化的探索和实践正在各地展开。2004年11月和2005年4月,电子申报和纳税评估软件相继进入试点测试阶段。省局确定在南通、苏州工业园区地税局两个单位进行电子申报软件的试点应用,在南京、徐州、张家港、邗江地税局四个单位进行纳税评估软件的试点应用。镇江市地税局自告奋勇,积极主动地参与纳税评估软件的试点应用。通过试点应用,全面检验两软件的应用性能,为全省推广积累经验。截至2004年年底,社保费征收软件已在省局直属征收局使用;税银联网软件支持各地的电子缴库,各省辖市都通过不同模式在税务机关、银行和国库之间传递和交换电子票据数据;发票管理软件主要实现发票防伪和有奖发票管理功能,无锡等地的有奖发票的使用提高了税收收入;网上电子申报系统在南通、工业园区地税局试点工作完成,向全省推广使用。截至2006年年底,完成设计和编程阶段的各项工作。软件编程完成后,及时转入实验室环境测试阶段,通过测试,检验了软件的业务功能和技术性能,为软件的优化完善提供了许多有益的意见和建议。完成推广应用电子申报和纳税评估软件,进一步推进税收信息化应用广度和深度,实现全系统税收信息化建设总体目标。电子申报和纳税评估软件的推广应用为纳税申报信息的采集和处理提供重要的平台,使税务机关管理广度和深度得到拓展。

截至2004年年底,机关业务管理软件在全省应用到位,各市数据定时汇总到省局供局领导业务处室进行查询分析;配合机关业务管理软件的数据审计软件继续发挥作用,为各地数据集中处理进行前期的数据整体和清洗工作;稽查选案软件定期维护,保障其使用;开发纳税评估软件。完成个人所得税管理软件、企业所得税管理软件、法规库软件、报表和重点税源软件、交通运输业发票管理和比对软件、土地使用税普查系统、执法责任制考核软件等单项应用类软件的开发和推广。其中法规库软件推广结束,执法责任制考核软件在盐城试点,总局下发的报表和重点税源软件、交通运输业发票管理和比对软件和土地使用税普查系统也在各地正常使用。截至2005年年底,完成土地税税源管理软件试点推广；电子申报软件试点、完善、验收；纳税评估、执法责任制系统试点推广应用等既定项目的试点推广。对已运行软件升级和维护。增加了社保费软件中残疾人保障金信息传递字段和格式；升级会计报表；升级发票软件；修改财务报表软件；进行机关业务管理软件系统、公文系统、货物运输发票软件维护等。完成总局和外部门要求的数据交换及准备工作。包括“四小票”的信息汇总、上报、比对工作；与国税进行制造型企业产品外销增值税征收软件的数据交换工作等；开通与总局的 note 邮件系统，与总局进行邮件交互；为加强企业信用管理，实现各部门联动监管，按照省诚信办要求，协同征管处完成了全省地税系统纳税人信用数据归集工作；此外，还按照省信息办的要求，进行数字证书应用的试点工作。

信息化应用向政务、事务管理拓展。2001 年 10 月份，完成公文处理软件在全省的推广任务，实现省、市、县三级公文处理的网上运行。各地人事、档案、财务和其他事务不同程度实现计算机管理。为加强系统内的信息交流和沟通，组织开发行政管理信息系统的前期工作，并与多家公司进行技术咨询和经验交流，抽调全省技术骨干参与完成总体需求框架的编写，组织内、外部网站的需求编写和开发招标。截至 2005 年年底，正式开通外部网站，运行稳定、效果良好；内部网站建设进展顺利。截至 2006 年年底，《行政管理信息系统》总体方案定位及技术论证等相关准备工作顺利完成。

与外部门信息交换开始实施。截止 2002 年，省局与省工商局就信息交换形成共识，部分地区实现与银行的信息交换，有效地堵塞了税收征管漏洞。另外，信息化应用向外部拓展。截止 2002 年，省局和各省辖市局及部分县局在互联网上开通地税网站，利用现代技术在网上宣传国家有关地方税收的法律、法规及政策规定；及时发布江苏地税法规、规范性文件；介绍地税局职能、机构、工作成绩和发展规划；提供政策咨询、纳税辅导；征集纳税人意见；公布举报、投诉电话等，为纳税人提供高效、优质税收服务。截至 2006 年年底，为加强系统内的信息交流和沟通，加强外部网站、机关内网的管理，开展运维保障。内、外部网站均运行稳定、效果良好。

数据应用与分析

2004 年，无锡、南通、宿迁三市地税局作为省局试点单位，实施以省辖市局为单位的数据集中处理工作。无锡市地税局全面完成此项工作，各县局数据全部纳入市局统一处理；南通市地税局实现后台集中处理，完成业务管理软件开发；宿迁市地税局完成数据准备基础工作。徐州市地税局完成数据处理工作，开始正式运行。四市地税局实施数据集中处理后，征管数据集中在省辖市一级处理，信息共享程度得到提高；业务上实现无地域、时间限制的便捷办税，建立起全市集约化、高效能的税收服务体系；领导决策和部门管理能在第一时间掌握全市税收征管信息及行政管理信息，工作效率和税收管理水平同步提升。

2005 年，实施省辖市数据集中工作。升级主机网络硬件，满足省辖市集中处理要求。召开代码清理专项工作会议下发新的征管信息系统代码，指导各省辖市完成代码清理工作。编写数据集中指导意见和调研报告指导各地完成大集中工作。依照省局统一部署，各省辖市局积极开展数据集中工作，结合本地情况进行局部软件体系重构，衔接好相关各项应用，取得一系列阶段性成果。

2006 年，开展企业基础数据共享工作。为加强企业信用管理，实现各部门联动监管，按照国务院信息化工作办公室、国家税务总局、国家工商行政管理总局、国家质量监督检验检疫总局联合下发的文件要求，完成省政府个人及企业征信系统建设方案的制定及论证工作，提高数据准确性和可靠性。完成省诚信交换平台信用数据归集及对接软件开发准备，辅导和协助直属分局做好税收资料调查工作。各省辖市数据集中工作顺利完成，向应用集中方向迈进。省局召开代码清理专项工作会议，下发新的征管信息系统代码，指导各省辖市局完成代码清理工作。编写数据集中指导意见和调研报告，指导各地完成大集中工作。依照省局统一部署，各省辖市局积极开展数据集中工作，工作成效明显。截至 2005 年年底，实现各省辖市数据集中。截至 2007 年底，完成省辖市局数据集中处理。

税收会计统计

财务管理

1994年7月,国地税分设,全省地税系统经费除分家时省财政负担的极少部分外,全部由地方财政负担,全省也没有制定统一的经费政策。

1999年,全省地税系统实行机构、人员、经费等四垂直管理后,按照“双重领导、以上级主管部门管理为主”的原则,经费政策通过省局与省财政厅共同下发的《关于上划地方税务机构经费问题的通知》(苏财预〔1999〕112号)得到落实,全省地税系统的经费供给政策得到了统一。同时,2000年7月,省局制定下发系统经费管理的四个办法:即《江苏省地税系统经费管理暂行办法》、《江苏省地税系统财务管理暂行办法》、《江苏省地税系统固定资产管理暂行办法》和《江苏省地税系统内部财务审计暂行办法》。

2001年年底,财政部、国家税务总局、中国人民银行联合下发《关于代扣代收和代征税款手续费纳入预算管理的通知》(财预〔2001〕523号),取消原代扣代收和代征税款手续费的退库政策。2002年起,江苏省地税系统取消代扣代收和代征税款手续费的退库政策,改为预算安排。同年,江苏省省级单位开始实施部门预算和政府采购制度改革,全省地税系统就省级财政安排的财政资金开始编制省级部门预算和政府采购预算。推行部门预算改革,采用零基预算的编制方法,能够使有限的资金安排到急需的项目,可以有效避免浪费;实行综合预算,把预算内外资金统筹使用,可以集中力量办大事;对预算资金实行项目管理,可以提高资金的使用效益。部门预算改革使得省级财政资金的预算管理方式开始实现由粗到细、由定性到定量的重大突破。

2003年,根据《江苏省财政厅、江苏省地方税务局关于地税系统征收经费、奖励经费等纳入预算管理有关问题的通知》(苏财税〔2002〕58号)文件规定,全省地税系统全面取消所有经费的提退政策,全部改为预算安排。同时,为进一步规范财务核算管理,提高会计电算化水平,在全省地税系统全面推广运用统一“金蝶K3”财务软件,使各级地税部门顺利脱离手工记账,财务核算统一规范,工作效率明显提高。为保证会计电算化正常安全运行,省局还制定《江苏省地税系统经费会计电算化管理暂行办法》,对会计电算化岗位设置与职责、会计电算化操作的管理、硬软件和数据的维护管理以及电算化会计档案的管理作进行详细的规定和明确,为进一步规范全省会计电算化工作、确保财务信息安全和提高电算化管理水平提供制度保障。

2004年,实施省级国库集中支付改革。实行国库集中支付制度是社会主义公共财政体制下预算执行管理制度改革的必然趋势,旨在改变原来财政性资金大量沉淀在各用款单位、财政资金使用效益低的状况,通过国库单一账户体系,减少资金流转的中间环节,提高资金拨付效率,使财政支出管理更加科学、规范、透明。为确保该项改革的顺利实施,省局学习并转发省财政厅《关于省级财政国库管理制度改革试点资金支付管理办法》和《关于省级财政国库管理制度改革试点资金会计核算暂行办法》,顺利做好实际运行前的零余额账户开设、设备配置、网络连接等各项准备工作,并按照国库集中支付制度要求,完善内部管理措施,及时准确编报月度用款计划,规范财务行为。同时,积极贯彻国务院办公厅、国家税务总局、省政府办公厅等部门关于整顿统一着装工作要求,在全省地税系统全面、认真开展着装整顿工作。通过制定整顿方案、全面摸底调查和积极督促整改,进一步强化税务执法人员规范着装的意识,完成全省着装整顿工作。

2005年，根据《江苏省财政厅关于进一步做好地方税务机构经费保障工作的通知》（苏财预〔2004〕66号）规定，地税系统经费供给政策进行新调整。按照部门预算编制要求和改革方向，省地税局编制本级部门预算草案，不再代编全省地方税务系统部门预算草案；市、县各级税务机构分别编制本级部门预算草案。地方各级财政受省财政委托根据本级政府部门预算编制要求，将同级地方税务机构部门预算纳入本级财政预算统一管理。为贯彻落实财政部对公务员收入管理的要求，按照省委、省政府的统一要求，开展全省系统个人收入调查和清理津贴补贴检查工作，为规范和改革公务员工资管理提供依据。

2006年，进一步规范非税收入管理，完成财政票据清理检查工作。非税收入是政府财政收入的重要组成部分，是江苏省继部门预算、国库集中支付和政府采购改革后的又一项重大财政管理制度改革。根据改革要求，省局认真做好相关收费项目的清理工作，及时启用财政统一的非税收入收缴管理系统，按照“收支两条线”的规定，实时上缴非税收入。为配合非税收入管理改革，省局还根据《江苏省财政厅关于启用全国财政票据监制章的通知》（苏财综〔2005〕67号）规定，按期完成对旧版江苏省行政事业性收费收据、江苏省行政事业单位结算凭证以及各类专用票据等财政票据进行全面清理、核对、统计、缴验工作。同时，开展政府收支分类改革的前期准备工作。对照新旧政府收支分类科目，完成两套不同会计分类科目报表转换工作和2006年上半年预算安排数转换工作，并结合地税财务收支的实际情况，对地税系统2007年财务收支的核算体系进行初步的重新设计，对核算口径重新予以明确，为正式实施改革做好前期准备。

2007年，着重做好政府收支分类改革工作，完成政府收支新旧科目的衔接。根据收支科目改革的核心是建立构建新的政府收入分类体系、支出功能体系和支出经济分类体系的要求，调整全系统会计科目。一是结合地税系统特点，对财政部下发的2007年政府收支分类科目进行细化和修改，进一步规范核算口径，完成全省地税系统新的财务核算体系和报表体系的设计和编制工作。二是加强培训，使财务人员熟练掌握运用新的会计科目，实现新旧体系的顺利过渡。同年，按照财政部的统一部署和要求，开展行政事业单位资产清查工作。历时一年，全系统所有独立核算单位全部按期完成本单位清理、专项核实、汇总上报工作。通过资产清查，摸清了底，为建设动态监管的行政事业单位国有资产管理信息系统提供真实可靠的数据基础。此外，根据省级预算单位实行公务卡结算方式改革工作的要求，及时加强与省财政厅、建行等相关单位以及局办公室的沟通、协调，按期完成省局机关公务卡结算推广使用工作。

2008年，为适应部门预算、政府采购、国库集中收付制度等公共财政管理体制改革需要，省局对原有财务管理制度进一步进行细化和修订。先后出台《江苏省地方税务系统财务管理办法》、《江苏省地方税务系统固定资产管理暂行办法》、《江苏省地方税务系统内部财务审计规程》、《江苏省地方税务局机关政府采购管理暂行办法》、《江苏省地方税务局机关财务管理办法》。同时，为强化全省财务信息化、网络化管理水平，进一步提升财务管理质量，实现财务核算、管理和监督一体的科学化、规范化财务管理目标，省局在对各地原财务软件的应用情况、升级需求等情况开展调研的基础上，对全省“金蝶K3”财务软件进行升级，统一推广运用“金蝶EAS”系统。一方面进一步统一财务管理模式，实现市、县财务集中管理，规范核算，细化预算管理，强化财务分析，为建立有效的资金效用管理机制打下良好的基础；另一方面借助信息化手段，规范财务核算的模板、统一基础代码，实行省辖市级财务数据集中，实现财务数据动态跟踪管理，强化财务监督，使全省财务管理的宽度和深度进一步拓展，为加大财务垂直管理力度提供技术支撑。同年，根据全省行政事业单位资产清查工作的部署和要求，省局进一步配合财政部门，对全省82家单位上报的资产损失、盘盈、资金挂账以及实盘中需处置的固定资产等上万项资产核实申报资料进行逐笔核实认定，按期完成全省资产清查结果核实工作。与此同时，根据省委、省政府统一部署和省清理工作联席会议的指导，在资产清查的基础上，完成全省地税系统公有房屋土地使用情况清理动员部署、自查上报、审查核实阶段的各项工作。此外，按照国务院批准的新税务制服款式和标志图案，通过政府采购和公开招标，开展全省地税系统税务制服换装工作。

财务审计

全省地税系统内部财务审计工作自1999年全省地税系统实行垂直管理以来正式开展。为加强全系统内部财务审计工作，完善自我监督和自我约束机制，促进廉政建设，提高资金使用效益，保障税收工作顺利开展，江苏省地税局不断完善内部财务审计制度，加强管理，规范程序，使内部财务审计工作逐步走向规范化、程序化、制度化的轨道。

2000年7月，江苏省地税局印发《江苏省地方税务系统内部财务审计暂行办法》，对全系统内部财务审计工作从组织人员、工作职责、主要内容、工作程序、奖惩处罚等方面进行了明确规定。内部财务审计的主要内容包括预决算审计、经费收支情况审计、内部控制制度审计和固定资产管理情况审计及基建项目财务情况审计等内容。

2001年11月，江苏省地税局印发《江苏省地税系统领导干部任期经济责任审计暂行规定》，为加强对全系统领导干部的管理和监督，正确评价领导干部任期经济责任，促进领导干部勤政廉政，全面履行职责等，从审计组织、审计内容、审计程序等方面进行了明确规定。任期经济责任审计的主要内容包括税收政策、管理制度执行情况，财务收支、资金管理、使用及执行财经纪律与财务制度的情况，大宗物品采购、基本建设项目等重大决策、经费开支及个人保管、使用的公用办公物品的清理移交和廉政纪律执行等内容。并根据该办法，从2006年起，江苏省地税局先后对多名离任的省辖市地税局局长有计划地开展经济责任审计，查堵漏洞，提出整改建议。

2002年、2005年，江苏省地税局先后两次对全系统财务管理情况进行了内部财务审计，主要审计内容包括财经纪律与财务制度执行情况、预算编制与预算执行情况、财务收支等内部管理情况、固定资产购置、调拨、报废等程序的履行情况、大宗物品的政府采购情况等。

2003年，江苏省地税局对下转发《省政府办公厅转发省审计厅关于进一步加强内部审计工作意见的通知》(苏政办发〔2003〕56号)，要求各地完善组织体系和内部审计制度建设，突出审计重点，规范审计程序和行为，强化审计监督。同年，组织全系统开展行政事业单位会计基础管理情况的自查工作。

2006年，为全面了解全省地税系统贯彻落实《江苏省财政厅关于进一步做好地方税务机构经费保障工作的通知》(苏财预〔2004〕66号)文件的情况，江苏省地税局组织各地对2004年以来的财务收支情况再次开展自查，同时，积极配合省审计厅完成对全省地税系统财务收支情况审计及其整改工作。

2007年，江苏省地税局配合审计署在全国部分省市国、地税系统开展“征税成本”专题调查工作，组织完成全省地税系统2006年征税成本和税收征管情况及1993年以来的税收收入和财务收支基本情况的自查、统计、上报工作。

2007年2月，江苏省地税局根据江苏省财政厅《关于开展全省行政事业单位资产清查工作的通知》(苏财办绩〔2007〕2号)精神，组织开展全省地税系统行政事业单位资产清查工作，2007年7月，对全省资产清查工作组织专项核查。

2008年，江苏省地税局根据省清理工作联席会议要求，对全省地税系统的公有房屋及土地使用情况进行全面清理、检查。

2008年，江苏省地税局结合2007年度全省地税系统资产清查工作，组织开展全省地税系统2007年财务执行情况和资产清查工作检查。检查方式包括各地自查、省辖市局抽查和省局重点抽查，在原有的检查内容上新增了对资产核查工作的申报、核实和资产处理情况的检查。

2008年11月，江苏省地税局印发《江苏省地方税务系统内部财务审计规程》，为进一步规范全省地税系统内部财务审计工作，提高内部财务审计质量，促进内部财务审计工作的科学化、程序化和制度化，从内部财务审计工作流程、项目审计目标、方法和要点、内部财务审计工作业绩考核等方面进行明确规定。内部财务审计工作流程包括审计准备阶段、审计实施阶段、审计终结阶段和审计后续阶段，在实施内部财务审计过程中，必须对被审计单位会计信息的真实性、完整性、合法性和资产的安全性进行审查，项目审计包括财务预算、财务决算、资产、负债、收入、支出、政府采购及基建财务等内容。

2010 年 3 月，江苏省地税局机构实行改革，专门成立督察内审处，把内部财务审计划为主要职能之一。

2010 年 8 月，江苏省地税局印发《关于印发全省地税系统内部审计文书的通知》，为规范全省地税系统内部审计业务基础工作，做好内部审计业务资料的规范统一，通过文件形式（其中：内部财务审计工作表证单书 27 项、样稿 15 项），要求各地做好规范内部审计表单文书、业务资料归档等基础性工作。

2010 年 8 月，江苏省地税局修订印发《江苏省地方税务系统内部财务审计暂行办法》和《江苏省地税系统领导干部任期经济责任审计暂行规定》，为加强全省地税系统内部审计管理工作，规范内部审计行为，明确审计责任，提升内部审计质量和效率，并结合江苏省地税系统现行内部审计工作实际，对原《江苏省地方税务系统内部财务审计暂行办法》和《江苏省地税系统领导干部任期经济责任审计暂行规定》相关内容进行修订，原制度经修订后更加完善了审计程序，确立了内部审计工作新格局，使内部财务审计工作做到规范化、程序化、制度化。

统计管理

1994 年为国、地税机构分设初年，为确保税收核算连续性和完整性，全省地税部门会统核算和报表编制由国税部门完成。

1995 年，是江苏省地税系统独立进行会计统计核算的第一年。全省地税部门根据国家税务总局下发的《新税收会计核算办法》和借贷记账法会计核算要求，税收会计核算由原来的收付记账法改为借贷记账法，确立新的税款核算平衡公式：税款应征数 = 当年入库数 + 当年提退数 + 当年减免数 + 当年新欠数。报表编制使用国家税务总局下发的 TAX2 报表系统。

1996 年，全省地税部门按照总局《税收会计核算制度》要求，从 1996 年 1 月 1 日起，江苏省全面实行税收会计改革，修改税收会计核算程序，减少手工开票，通过实施新的税收会计核算制度，运用科学严密的会计方法，将税款应征、实征、减免、欠税、退税等过程纳入税收会计核算控制之中，全面反映和监督纳税人缴纳税款情况。通过税收会计核算，掌握欠税情况，为制定清欠计划，采取清欠措施提供依据；同时摸清税源底数，使分配计划、组织收入做到有的放矢，促进收入稳定增长。全省各级地税部门深入地开展税收会计改革，各地在做好手工核算的同时，积极应用计算机进行税收会计核算，努力实现税收会计核算电算化。淮阴等市部分地区已经全部实行计算机核算，淮阴等市的税收会计核算经验在全省交流后，促进了全省税收会计改革开展。

1997 年，继续推进税收会计改革，在“待征类”科目下设置“欠缴税金登记簿”，分设“死欠”，“缓征”和“往年陈欠”三类。同时，加强对代征代扣税款核算，正确区分代征代扣税款和正常征收税款。

1998 年，省局颁布制定《税收会计核算电算化资料输出管理办法》，规范税收会计凭证装订顺序和账册打印时间，保证税收会计核算软件输出资料的规范和正确，规范全省税收会计核算档案管理。

全省推广使用总局税收通用报表处理系统（TAXBLE），计算机化的运用，首次实现县级税收报表全省集中统计。税收会统报表汇总审核部分实现电子化。

为强保国家预算收入安全完整、维护法利益，开展预算收入过渡账户清理。对征收机关在金融机构开立的税款、基金等过渡户账户，在办税服务厅内开立的税款过渡户进行清理和取消。

1999 年，根据国家税务总局下发的《税收会计制度》国税发〔1998〕186 号，在《税收资金平衡月报表》中，将待征、入库、应征类的工商税收和企业所得税科目分别合并为“待征税收”、“入库税收”和“应征税收”科目；增设“待清理呆账税金”科目，以反映超过 3 年未收回的欠税或纳税人发生解散、破产、撤销经法定清算后仍未收回准备核销的欠税。将“入库税收”和“入库企业所得税”科目合并为“入库税收”科目核算已入库的税金。同年起民国民经济所有制结构调整和完善，统计核算由分经济类型统计改为企业注册类型统计。税收会统报表的单位由“千元”改为“万元”。

2000年，全省社保和基金费纳入统计报表核算体系，通过手工核算生成税收会计报表，以全面反映全省地税系统征收的各项收入成果。

按照国税发〔1999〕128号《国家税务总局关于严格执行税收罚款入库制度的通知》，严格执行税收罚款收入库制度及罚款收入预算科目管理。按照国税发〔1999〕185号《国家税务总局关于“税务稽查收入”专户管理及有关税收政策会计统计工作的通知》，保证税务稽查部门查补收入的及时征收入库和准确核算反映。

2001年全省会统人员参与江苏省地税局1.0征管系统业务需求编写和试运行工作。江苏地税税收征管信息系统1.0版正式全面上线运行，税收信息化建设取得重大进展。全省税收会计统计日常核算全部转到江苏省地方税收征管信息系统1.0版。会议核算由原来根据国库数据与手工核对，改为税收征管信息系统核算，自动记账生成账表。税收统计报表通过系统查询获得，基层单位按序完成税收会计账、明细账、辅助账、分类账，最终生成全省统一格式的会计统计报表。

按照《国家税务总局欠缴税金核算管理暂行办法》国税函〔2000〕193号和《国家税务总局关于修订欠缴税金核算方法的通知》国税函〔2001〕812号，7月份将全部欠缴税金根据所属期按2001年5月1日划分为前后两大部分进行核算，之前发生的欠缴税金，单设账外呆账税金科目专项核算反映，在“待清理呆账税金”总账科目下，增设“关停企业呆账税金”、“空壳企业呆账税金”、“政府政策性呆账税金”、“其他企业呆账税金”进行分类确认核算，开展核销死欠相关工作。对2001年5月1日之后的“待征”类总账科目，增设“未到期应缴税款”、“缓征税款”、“往年陈欠”、“本年新欠”四类科目进行详细核算，强化欠缴税金管理。

2002年按照国税函〔2001〕1002号《关于呆账税金清理和滞纳金核算等有关事项的通知》，全省地税系统开展呆账税金的清理认定和日常管理核算工作，增加统计《滞纳金明细月报表》和《待清理其他呆账税金分项目统计月报表》，国税函〔2001〕812号进行应退税款抵扣欠缴税工作及核算。

2002年执行新的《国民经济行业分类》，税收统计有质的提升，根据总局要求增加《税收收入分产业统计报表》、《查补税金明细报表》。根据财政体制改革要求，地方税收按属地原则区分归入各级金库，企业所得税和个人所得税实行共享税制，中央与地方按照50%与50%拆分入库。按照《关于调整社会保险费收入统计月报表口径有关事项的通知》苏地税四〔2002〕10号中制定的社会保险费会统指标口径，每月编制社会保险费收入统计月报表。按照国税函〔2002〕49号要求，细化代征代扣税款的核算，规范手续费的收支，并按照苏财预〔2002〕34号将代征代扣手续费纳入预算管理。下发《江苏省财税横向联网业务数据接口规范》。

随着征模式的完善和征收方式多元化，加快财税银库联网步伐。全省大部分地区实现税银联网，征收入库数据由原来手工销号改为机器自动销号，每天由系统自动接收国库入库信息，自动逐户勾对销号，并由计算机自动生成分税种和级次的税款入库报表。

2002年执行苏财预〔2002〕2号《关于纳税人多缴税款及应付利息退库的通知》。按照苏财预〔2002〕17号实行所得税分享改革和跨地区经营集中缴库的管理办法。

2003年，企业所得税和个人所得税共享税中央与地方按照60%与40%拆分入库。5月，省局利用TRS税收报表系统，按照全省税收分析、数据统计需求，结合报表生产业务流程，定制开发江苏省地税综合报表管理、数据库管理的应用软件，全省统一使用税收报表系统（TRS）统计上报税收会统报表，使税收会计报表审核、计算、分析、汇总和数据交互功能更全面、操作更简便，建立TRS税收分类分析表模块，优化升级税收会统核算体系。

按照省财政厅、省国税局、省地税局、人民银行南京分行等部门联合下发的《江苏省财税库横向联网业务数据接口规范》（苏财库〔2002〕11号）的要求，极积推进税款电子缴库改革试点工作，不仅方便纳税人，提高征管效率和质量。

2004年，按照总局要求，在全省开展2003年度减免税普查，全面掌握全省减免税情况，提高减免税政策的管理水平，对减免税的政策效应进行深入分析研究。

江苏省地方税务局印发《税款电子缴库工作实施意见（试行）》，全面推行税库银联网软件，实现了电子票据数据在税务机关、银行和国库之间的传递和交换。积极推进数据集中处理，无锡、南通、徐州实现以省辖市局为单位的数据集中处理，省辖市局数据集中处理试点工作基本完成。

2005 年，所有分企业注册类型统计报表中增设“国有控股”指标。使得税收会统报表能够完整地统计“公有经济”和“民营经济”两类税收情况。

按照《国家税务总局关于调整企业所得税会计核算内容有关事项的通知》国税函〔2004〕407 号要求，设置企业所得税科目下设“预缴”、“汇算清缴”和“缴纳以前年度欠税”三个栏目。准确分清各类入库企业所得税，进一步加强企业所得税的分析管理。

2006 年，江苏省地税局 2.0 征管系部分市县上线。税收会统报表编制工作效率大幅提高。全省会统人员参与江苏省地税局 1.0 征管系统业务需求编写和试运行工作。在税收票证方面，加强核对导入及打印正确的功能调整，核对迁移会统票数据，调优销号及税银库联网功能，优化申报取数鉴定及收入退还流程，加强会统报表准确性验证，保证系统开票顺利、数据完整、核算及时、级次正确、退库高效，促进报表如期产生。清理征管软件 2.0 数据，重点是影响会统核算结果的错误的数据。同时，全面核实全局欠税数据，彻底理清欠税情况，保证会统报表和征管系统欠税数据一致，为压缩欠税奠定数据基础。提高系统生成数据质量。参与完善征管软件 2.0“会统核算”模块工作。通过对生成会统报表数据分析，追溯明显异常及错误数据。为软件生成报表数据把好最后关口。加强报表审核，提高会统报表数据质量。强化 TRS 会统报表审核公式、审核分析表的编制，分析报表系统逻辑关系、数据合理性和真实性，及时准确上报各类报表，在全国会统工作通报获得连续优秀表彰。

为建立完整规范的江苏地税十年数据体系，强化地税基础性事业，为今后深入开展各类税收收入分析及预测奠定了基础。2006 年全省会统工作人员开始实施“收集清理归档十年数据”的工程，经过一年艰苦卓绝的努力，全省各级会统人员对十一年间不同数据格式的近两亿税收会统数据，包括应征、入库、提退、减免、分行业、分注册类型和分税种等指标，按照统一格式导入“数据清理 TRS 软件”，汇编成册。工程为三个阶段：一是收集 1995 年至 2005 年以来不同数据格式会统报表数据；二是设立全省统一完善税收会统核算采集指标；三是建立“数据清理 TRS 软件”，开发数据接口软件；四是导入、手工录入十一年数据，三次校对会审。五是清理归档编书。六是建立江苏地税唯一自 1995 年以来税收数据库。

2007 年，全省开始每年对税收会统全年数据进行对比分析，编制年度税收数据盘点分析资料。会统报表数据精细化统计，根据国民经济行业分类标准（GB/T4754-2002）对报表中的分产业分行业指标进行修订，主要按行业大类对相关项目指标进行细化。

2008 年，根据财政部、国家税务总局和中国人民银行《跨省市总分机构企业所得税分配及预算管理暂行办法》要求，对全省总分机构企业预缴及汇缴的企业所得税进行正确核算。按照总局要求从 2008 年起上报县级收入年报。县级税收数据采集分产业分企业类型分级次及部分经济指标。

2009 年，省局大集中税收管理信息系统在全面上线。实现税收会统数据集中集中管理、规范核算。增设《减免税分税种分项目统计年报表》，按减免项目进行归类细化，详细反映各主体税种，特别是新企业所得税法实施后有关税收优惠政策的贯彻落实情况。

票证管理

1994 -1996 年，税收票证管理根据国、地税机构分设前的票证管理制度，即财政部 1986 年 10 月制定的《税收票证管理暂行办法》，开展税收票证领发、结报缴销、票证盘点、票证核算、票证检查等工作。各级地税部门设立票证专门管理工作人员负责保管票证，票证采用手工核算方式，基本是在信息化水平不高、手工操作的情况下的一种简单的税收票证管理的方式。税收票证的管理的重要性如同现金管理同等重要。1996 年南京、苏州、无锡部分实现税务、国库间联网，解决了税务、国库间对账工作量大，效率低问题。没有解决传统模式下的其他缺陷。实现税银缴库方式。

1997 年，全省基层税务机关逐步推广计算机征收开票，由手工开票向计算机开票过渡。全省税收票证基本由税务部门和代征代扣单位填开。

部分地区为适用个体定额户银行扣缴方式,解决向纳税人出具完税证明问题,开始使用转账完税证(个体),根据银行返回的扣款信息打印分发纳税人。

1998年,根据国家税务总局《税收票证管理办法》严格规范税收票证管理。江苏省地方税务局下发《江苏省地方税务局关于〈税收票证管理办法〉的补充规定》,按照总局规定的税收票证统一式样,明确规定全省21种税收票证和章戳的使用范围、格式、尺寸、编写方法、印制权限和印制要求及主要栏目的填写要求等。1998年后,各地每年开展税收票证专项检查,进行交流总结通报。

2000年,江苏省率先改革票证管理新模式,简化票证领用方式,减少领用手续和环节。在确保安全的基础上,改变了传统的省、市、县票证逐级领用方式,取消了省局票库,由印刷厂送票到全省各县,减并省市两级领用票证工作环节。

地税部门接受委托征收社会保险费后,启用社保费专用缴款书,根据票证管理办法印制专用缴款书。个体定额税款实现银行打印交税信息。

2001年,票证管理使用税收征管系统1.0版,所有库存票证进行清理并录入票证管理系统。票证核算由原来期初期末数倒轧计算本期发生数,变为期初结存数+本期新收数-本期发生数=期末结存数。同时,加强税收票证凭证式管理,清理机内外票证,规范对作废税收票证审批手续和附件内容,加强以票管税。税银缴库方式逐步推行,全省实现税款缴库电子化初级阶段,解决缴税不及时以及税务与银行间对账难问题。税收票证全部改为无碳复写纸,复写均匀,填写方便,填票质量提高。

2002年无锡在全省率先实现财税库联网,机器自动销号。扬州、泰州市区及个别县地税局实现,以税务为联网中心税银联网,将信息先传银行再传国库,税务部门掌握收入主动权。

2002年后,逐步减少手工完税证,推广机器开票,实行以机控税,规范票证填开并提高开票质量。税银库联网地区统一由银行划扣税款,填开税费通用电子缴款凭证。苏州在全省第一家实行,其它地区逐步推行。

2003年常州市区以国库为中心,实现税务、国库、银行联网,成为税款缴库模式改革的发展方向。

根据江苏省税款缴库实际,改革票证使用规定,票证使用形式多样、使用范围扩大。部分地区委托市区的商业银行网点代开税收缴款书缴税,以第一联作为纳税人完税凭证。使用税收转账专用完税证、当场罚款收据。同时,票证联次逐渐减少,启用联网专用税收缴款书,开票规则为在纳税户注册类型、收缴国库、限缴日期一致的前提下,不论其预算科目、税款所属期、税款级次、品目名称等多个项目,均可在同一张税票上打印,实现一票多税(费)。税收通用缴款书从1995年的六联到1999年的五联到2003年的三联,社保费缴款书也从五联减少为四联,代扣代收税款凭证和收入退还书从四联减少到三联。定额完税证从左右二联式到一联式,取消存根联。

2004年,票证报表启用TRS系统,自动计算汇总上报报表。税务机关在商业银行开设“税务代保管账户”用于管理代保管、保证金等非预算收入资金。在国库开设“待缴库税款账户”,办理税务机关行使代位权收取税款、异地缴纳税款及从第三方账户划缴税款等需要先把税款收进账户,由国库部门提入款项后,通知同级征收机关开具缴款书来办理入库手续。按照国税发〔2004〕年47号,全省为个人纳税户进行现金退税。

2005年后,随着电子扣缴和无纸化征收方式的推广应用,各类缴款书逐步被转账完税证和现金完税证取代,票证管理转向以现金类票证,如完税证、印花税票等为重点,实现以机控税。

2005年,在全国率先创新票证管理制度,出台《江苏省税收票证操作规程》。规程对税收票证管理的各个方面进行梳理和规范,对部分税票进行改进和简化,部分税票已经取消,严格规范票证从领用开始的各个环节,票证管理逐步向电子化过渡,适应电子缴库的模式,特别是财税库横向联网模式。一是简化税收票证的种类。地税部门使用的税收票证由原来的18种削减为12种,使税收票证保管、领用、填用、结报、核算等环节的工作量减少。二是进行一票多税多费改革,将几十种基金费票取消,此项改革简化征收窗口操作和税收票证管理,减轻柜面人员工作强度,为今后推进地税“一窗式”服务和“税、费、基金一体化征收”打下基础。三是税收退还书一票多税,部分地区以此为基础，继续开发退税电子化无纸化，四是简化税收票证核算工作程序。税收票证核算管理职责下放至分局，减少县局票证结报、缴销工作环节，工作量减少一半。从全手工向半手工转变。五是明确票证的保管期限、装订顺序及装订资料等内容。为方便装订和检查监督，统一将保管期限更改为5年。

2005年，在全国率先创新票证信息应用，推广使用税收票证管理软件，先由江苏省徐州地税开发使用，然后全省推广，该软件使票证领发、结报、核算、票证封面填写、票证报表制作、票证档案管理全程自动化。一是强化现金类票证管理，实现自动结报和机控管理。对外部系统开具的现金类票证明细信息（完税证），导入全省税收征管系统，汇总缴款并自动结报。二是进一步完善票证查询模块，对各单位及用票人领发、结报、结存情况以及各类票证的流转情况，实现纵横交叉的查询，加强票证事前、事中、事后监控管理，实现票证机控档案化管理。三是方便基层计统人员，提高工作效率和税收票证管理监控效能。2006年，该软件的业务需求被总局编入金税二期票证模块需求。

2006年，国家税务总局、财政部、中国人民银行联合下发《税务代保管资金账户管理办法》（国税发〔2005〕181号），根据税收代保管资金账户管理办法，加强税收代保管资金收付、账户开设、票据使用日常管理。

2006年，江苏省在全国第一创新《个人完税证明》，适应个人所得税全员管理和税法宣传的需要。为落实国家税务总局货物运输业代开票纳税人“先税后票”的要求，在全省使用“税收通用完税证”货运专用税收票证。

2007年，委托保险公司代征车船税。全省停止使用车船税税讫票证。网上打印缴税凭证业务在淮安、苏州、泰州和苏州工业园区等地区上线试运行。淮安实现退税无纸化。

2008年，徐州市地税局针对个体、专业市场、水上、边远等零散税费征收难度大效率低的现状，为提高零散税费征管效率，拓展纳税服务信息平台，将征管软件搬到纳税人门上开展征收工作，成功开发运行“便携式征缴税款系统”。该系统由税务干部手持便携式票证设备，到分散的小规模纳税人处，完成现场录入、计算、打印等多个功能票证处理。系统规范了票证填写，保证票款结报安全快捷。“便携式征缴税款系统”实现与省级大集中信息系统数据库对接，零散户征收税款可以调取省级大集中征管数据，根据核定信息打印税票，或通过便携式设备收集录入纳税人电子开票信息，上传到省级大集中系统。“便携式征缴税款系统”使省级大集中征管系统网络延伸至零星税源处，实现对零散税源数据的采集、分类、统计，实现税收征管数据的信息化和分户精细化管理，从根本上提升了对零散税源的管理质量。“便携式征缴税款系统”完善税源监控和执法监督，规范税收执法，实现了对税源和税款征收过程的信息控管。“便携式征缴税款系统”将纳税服务由办税服务厅向乡村、水上、专业市场延伸，拓展了纳税服务的空间领域，极大地方便了纳税人。

淮安市实现包括自然人在内全部纳税人，缴纳税款、基金和社保费等纳税凭证网上自行打印电子缴库凭证，在全国是首创。今年在省级大集中系统上建成了流程优化、运转高效、使用方便的网上税款征缴体系，实现申报、缴税、开票电子一体化。

2008年，江苏省无锡、徐州、宿迁、淮安、盐城和省局直属局上线税库银联网TIPS，实现税收缴款管理的规范性、适应性、稳定性、统一性。TIPS重要功能有单笔实时扣款、批量扣款、自缴核销、银行端缴款、电子冲正业务、税款退库、更正业务、对账业务，TIPS试点工作正在江苏省稳步推进。

2008年，徐州利用TPS上线，实现退税无纸化，南京依托省局大集中税收管理信息系统，退税无纸化在南京正式运行。

2009年，南京地税依托现代化金融工具如POS机等，全部零散税费征管（包括市场的个体税收）由代征代扣单位——街道为国地税共同征收。委托代征点全面推行征管信息个体委托代征管理模块，基本实现了零星个体税收征管业务流程全面监控和零星个体税收征管信息的实时共享。对城市街道等代征代缴单位征收的个体税收，实行电子开票，大幅减少代扣代缴现金税款的征收。南京地税统一征管信息平台覆盖全市税务部门征收大厅和委托代征单位。

2009年税库银联网系统，入库途径增多，税款征收以网上申报、个体信用纳税为主，门临征收有多种缴款途经：包括现金、电汇、转账、POS机刷卡、银行端查询缴款、零余额账户缴款等。

队伍建设

思想建设

全省地税系统广泛开展以理想信念为重点的政治理论教育。各级地税机关认真落实“一岗两责”,坚持一把手亲自抓、分管领导具体抓,一级抓一级、层层抓落实,不断建立健全思想政治工作责任制、思想政治教育制度和思想政治工作联席会议制度,深入研究税务思想政治工作的规律和方法,积极创新思想政治工作形式和载体,拓宽思想政治工作的覆盖面,在改善主观能动性、解决自身存在的突出问题、工作作风和学风上下功夫,激发广大干部职工聚财为国、执法为民的荣誉感、使命感和责任感。坚持以理想信念教育为核心,大力开展爱国主义、集体主义、社会主义教育,引导广大干部树立正确的人生观、世界观、价值观,大力倡导“爱国守法、明礼诚信、团结友爱、勤俭自强、敬业奉献”的时代精神。

1998 年,根据国家税务总局要求,全省地税系统开展全省地税系统基层窗口单位行业作风整顿工作,经过深入思想发动和学习教育,各地坚持“纠建并举”,认真查找在行风建设中存在的问题,提出解决、处理办法,推动了全系统行业作风建设。

1998 年,根据总局要求,省局印发《关于做好当前思想政治工作的意见》,要求各地利用改革开放 20 周年的有利时机对全省地税系统思想政治工作提出新要求。

1998 年,丹阳市地税局稽查局局长丁万万同志获人事部、国家税务总局表彰“全国人民满意公务员”荣誉称号,受到党和国家领导人亲切接见。

1999 年,根据总局党组要求,省局党组针对加强思想政治工作的实际,提出了“依法治税、从严治队”的新要求。

人事部授予模范公务员和先进公务员集体荣誉称号
一切为了让人民满意
全心全意为人民办实事
10名“人民满意的公务员”事迹简介
做人民信得过的税务稽查官
中国税务

全国多家媒体报道丁万万先进事迹。

1999 年省局成立全省地税系统民主评议行风工作领导小组,组长郑坚,副组长姜枝、文亚和,成员杨基宽、陈茹华、孙传绪、崔峨、陶璐,领导小组下设办公室负责日常工作。

1999 年张家港市地税局直属分局局长李炜同志获团中央、国家税务总局表彰“中国优秀青年卫士”荣誉称号。

李炜获得“中国优秀青年卫士”荣誉称号后,省局、省人事厅领导在南京欢迎其载誉归来。

2000 年,省局机关开展“致富思源、富而思进”教育活动,活动共分宣传教育、集中教育、总结经验三个阶段,机关干部职工通过参观《革命英烈事迹展》和南京高新技术区、听取“双思”教育讲座、集中学习与自学相结合等方式，进一步解放思想，更新观念，振奋精神，增强发展意识、机遇意识和创新意识，提高机关服务大局、服务基层、服务群众的观念。

2000年，根据国家税务总局党组要求，省局党组印发《关于进一步加强和改进税务思想政治工作的意见》，要求全省地税各级地税部门加强党的基本理论、基本路线、基本纲领教育，进行以爱国主义、集体主义、社会主义为核心的思想道德教育，进行以爱党、爱国、爱社会主义，树立正确的生观、价值为主要内容的思想政治教育，重点解决干部队伍中存在的理想信念动摇、意志衰退、道德庸俗、敬业精神淡薄等问题，其次要求各极地税部门加强阵地建设，用好载体，充分利用中心组学习制度、爱国主义教育基地、活动室、阅览室、广播、电视、杂志、报纸、网络等多种手段开展思想政治教育，三是辐射延伸，确保实效。要求各级地税部门结合税收工作和干部职工思想实际，积极探索新形势下税务思想政治工作的规律和方法，加大思想政治工作的延伸和覆盖面。2000年，全系统广泛开展“三看、三比、三珍惜”群众自我教育活动，通过教育活动(一看二十多年改革开放我国经济和社会发展取得的巨大成就；二看地税机构成立以来江苏地税事业的蓬勃发展；三是看个人和家庭得益于党的改革开放政策取得的成长进步和富足安康；三个对比：同英模及身边的先进典型人物比，比信仰、比理想、比奉献；同生活相对困难的人员比，比追求、比生活、比环境，找出自己在爱岗敬业上的差距；同地税系统的过去比，比形象、比成就、找出自己在献身地税事业的工作热情和进取精神上的差距；三个珍惜：如何珍惜地税整体形象；如何珍惜自己的工作岗位；如何珍惜手中的权力)，进一步激发广大地税干部职工爱岗敬业、奋发进取的工作热情和奉献精神，增强拒腐防变、廉洁从税的自觉性，全面提高干部队伍思想政治素质。

2000年，省局党组根据总局党组要求，在全系统开展《关于利用胡长青等重大典型案件在党员干部中进行警示教育的通知》，进一步加强对地税系统广大党员干部的党性党风党纪教育，推动党风廉政建设和反腐败斗争的深入开展。

2001年，全省地税系统开展“新世纪地税人新形象”大讨论活动，进一步推动全省地税干部思想大解放，树立新世纪江苏地税人新形象。为配合大讨论活动的开展，全系统开展了“满意在地税优质服务百日竞赛”活动，通过提供十项服务、办好十件实事、努力塑造新时期地税干部“热爱税收的奉献者、公正廉洁的执法者、精通业务的进取者、文明高效的服务者”的新形象。

2002年，全省地税系统开展“三个代表”学习教育活动，各地认真查摆自身不足，制定整改措施，较好地解决理论联系实际、改进工作作风、密切党群干群关系等方面存在的突出问题，取得阶段性成果。

2003年，全省地税系统在认真总结开展社会公德、职业道德、家庭美德教育经验的基础上，以《公民道德建设纲要》为指导，紧密结合实际，大力倡导“爱国守法、明礼诚信、团结友善、勤俭自强、敬业奉献”二十字基本道德规范，引导广大干部职工树立正确的人生观、世界观、价值观。

2004年，省局召开省辖市局局长、省局机关处长和省辖市局领导干部、省局机关处级干部“三个代表”重要思想学习会，统一思想，提高认识，增强了处级领导干部深入学习贯彻“三个代表”重要思想，服务“两个率先”的自觉性和加快地税事业发展的紧迫感、责任感。省局党组提出争创“三型税务”。

2005年省局举行保持共产党员先进性教育动员大会，为配合先进性教育活动开展，省局机关开展“万名党员进万户，边听意见边服务”活动。8月，全省地税系统思想政治工作会议在南京召开。9月，省局党组转发《全国税务系统思想政治工作条例》。

2008年4月28日，省局召开深入学习实践科学发展观活动动员大会，省局机关作为活动试点。

省地税局召开“开展深入学习实践科学发展观活动”动员大会，正式启动省局机关学习实践科学发展观活动。

教育培训

1994年建局后，为适应地税征管工作需要，使地税干部尽快熟悉地方税税种的法规政策，江苏省地方税务局制定了“应知应会”的培训计划，对各地方税种的法规政策梳理，编印成册，开展培训。

1995年初，成立江苏省地方税务局教育培训工作领导小组，制定《江苏省地方税务局关于学历教育的管理规定》，鼓励干部职工利用业余时间提高学历，并按规定予以报销学费和适当的奖励。

1996年，印发《江苏省地方税务局机关工作人员参加各类学习管理规定》，大力促进学历教育。

1997年，省局成立教育培训考评工作领导小组，认真完成总局的专门业务培训考评，并选派税务干部参加新税制考试和稽查考试，取得较好成绩。均分列全国地税系统排名第9位。省局还首次下发年度教育培训工作要点，以新税制为内容的业务培训、抓好计算机应用培训，全体干部参加计算机和网络基础知识普及培训，扎实抓好学历教育。

1999年，省局出台《关于进一步加强全省地税系统教育培训工作的意见》，适应新世纪发展需要，全面贯彻总局《面向21世纪税务教育改革与发展行动计划》，建立分级分类培训制度。为加强管理，提升培训质量，同年，印发《江苏省地税系统国家公务员培训暂行办法》，对参加初任培训、任职培训、专门业务培训的时间予以明确的规定，对省局、省辖市局、县局的教育培训职责予以界定。

2001年，为促进培训班规范化管理，出台《关于进一步加强税务系统各类培训班管理的规定》，要求加强对各类培训班的审批把关，严禁安排与培训无关的考察活动；严格执行培训收费规定，制止各种名目的办班乱收费；加强对培训工作的领导，严格执行培训工作制度。

2003年，省局出台《江苏省地税系统公务员教育培训指导规范》，按照“注重综合素质，提升岗位能力，创新培训方式，实施全员培训，促进终生学习”的思路，从指导思想、培训目的、培训方式、培训原则、培训分类、培训组织实施过程、培训管理具体事项进行了规范。

2006年，省局出台《关于对各类培训班进行备案的通知》，下发项目登记表、项目评估表和学员满意度调查表，促进办班水平的提升。

2005年开始，省局围绕打造“学习型、法制型、服务型”三型税务要求，开展了“132”教育培训工程建设，即围绕一个总体目标，构筑三个教育平台，突出两个重点培训，即以建立学习型税务组织为目标，三个平台是指高校社会资源平台、系统内部教学基地平台和网络教育平台，两个重点培训是指高素质复合型人才培训和税务干部基本技能培训。

2007年，江苏省地税局作为全国地税系统仅有的两家之一在2007年全国税务教育培训工作会议上作经验交流。2007年，省局召开各市、县局长及基层处长参加的全省地税系统干部教育培训工作会议，会议提出以科学发展观统领教育培训工作，促进江苏地税事业又好又快发展的思路，为全系统教育培训工作指明方向。南京市局等6家单位作经验交流。

省局制定《2008-2010年干部教育培训规划》，要求积极推进，大规模培训干部，在全系统三个一流考核方案中对各级干部参加脱产培训的时间予以明确，处级干部每年参加脱产培训不少于18天，科级干部不少于15天，其他人员不少于12天。

一、学历教育

1998年到1999年，省局与扬州税务学员联办两期税务专业“专业证书”班，力争全系统干部大专以上学历占比80%以上。

2005年，全系统大专以上学历比例达到90%以上，本科以上学历达到52.6%，提前实现了省局三年规划中提出的要求。2006年，全系统大专以上学历比例达到97.26%(其中45岁以下干部全部获得大专以上学历)，本科以上学历达到64.12%。至2009年年底，全系统本科以上学历比例达到74.3%。

二、上岗培训

根据不培训不上岗的规定，1994年，在全系统举办首次军队转业干部培训，在南通市税务干部学校举办采取省辖市局和省局协调组织，为期三个半月。1994-2006年，依托江苏财经高等专科学校、扬州大学税务学院、南京审计学院每年培训军队转业干部，从 2007 年开始，在汤山培训中心举办为期半年的培训，为转业干部打牢专业基础。从 2003 年至 2010 年，培训军队转业干部 1200 余名。

1996 年，省局与省人事厅联合发文《关于全省地税机关工作人员向国家公务员过渡培训的意见》，集中辅导和自学相结合的办法，局机关全体干部参加培训与考试，作为完成向公务员过渡的必要条件。举办公务员过渡培训骨干训练班，帮助各地建立一支公务员过渡培训专业课培训的师资力量。

2007 年，在汤山培训中心举办第一期全省新录用公务员培训班，把全系统新招录公务员集中起来培训，把公务员过渡培训和税收业务专业培训结合起来，采取分班教学，分财经类班、非财经类班，时间分别为 30 天-40 天，2007-2010 年，累计举办四期培训新录用公务员 600 余名。

三、人才培训

以省局开展的高素质人才培训班为龙头，有计划、分步骤开展高素质复合型人才培养。2003 年起，每年都组织一个学科交叉、起点较高、专业性强的培训项目，精选一批有培养潜力的一线中青年骨干，有计划、分步骤地开展高素质复合型人才培训。2003 年到 2010 年，在南京师范大学、扬州税院、上海财经大学、江苏税校、南京财经大学举办涉外税收、税收法制、税务管理、税务稽查、税收计划分析、税收管理员、所得税管理、信息管税等八期高素质复合型人才培训班，组织全省各地的 400 名业务骨干参加培训。

“三师”培养，以提高“三师”人员比例为构建税务干部队伍知识层次合理化的基本目标，把“三师”比例指标纳入对省辖市局“三个一流”考核中，规定每年要提升 1 个百分点。建立“三师”人员优先机制，全系统取得注册会计师、注册税务师、律师执业资格 1665 人次，占比为 10.91%以上，这一指标在全国税务系统处于领先地位。至 2009 年年底，江苏省南京、无锡、苏州等市的“三师”比例达 12%以上，其中最高达 21%，全系统个人拥有两证的有近百人，有三证的有十人。

1995 年，开展一系列的资源税培训、宣传工作，编写《营业税、资源税税收法规摘编》，作为全省地税干部日常业务学习的工具书，主管资源税人员培训，层层培训，全面培训，95 年共举办资源税培训班 20 余期，参加人员近千人。

开展营业税培训，横向到边，纵向到底，共举办培训 30 期，参训人员约 1500 人次。

1996 年，举办第一期县(市)局长、科(分局)长培训班，依托江苏财经高等专科学校、江苏省委党校，1996-2000 年，将所有科级干部轮训一遍，到 2010 年，共举办科级领导干部培训班 23 期，培训科级干部 1380 人。其中举办开展科级干部更新知识轮训，提高基层领导班子科学决策、引领发展的能力和水平，从 2002-2009 年分别与省委党校、扬州税院两家教学单位合作，采取委托管理和自主管理相结合的方式，完成大规模科级干部轮训工作。共举办了 22 期科级干部更新知识培训班，培训科级干部 1320 名。今年开始全面启动了新一轮的科级干部培训，着重加强对基层领导班子特别是“一把手”的培训，在浙江大学举办了一期县局长一把手培训班，下半年，将在浙江大学举办区分局长培训班，着重在经济形势和领导艺术两方面加强培训。

省局机关科级干部从 2005-2010 年，参加省人事厅统一组织的“5+x”学习，利用五年时间完成五门必修课和五门以上的选修课程。

四、领导干部培训

从 1998 年起，首次选派 10 人参加总局处级领导干部培训班，1998-2010 年，共选派 300 余名处级干部参加总局调训。

2005 年，处级干部开展“菜单式选学”，2010 年开始，参加省委组织部的江苏省干部在线学习

2010 年 5 月 24 日，全省地税系统县(市)局局长培训班在浙江大学开学。省地税局局长李小平、副局长何声贵、浙江大学党委副书记郑强出席开学典礼。

中心,每人每年完成40学时,学分。

2006年省局举办全系统中青年干部培训班,为期一个月,系统65名优秀正科级干部在省委党校参加了为期一个月的培训,有效提升了战略思维和领导能力。

2007年,省局在国家行政学院举办处级领导干部培训班,旨在帮助处级干部开拓思路,提升战略思维能力和领导水平,有40名同志参加,为期10天。省局在2008年、2010年分别又组织了40名处级领导干部在国家行政学院参加了培训班。

四、专门业务培训

结合岗位技能建设抓基础培训,落实"岗位技能达标工程实施方案"要求,制发《地税系统岗位技能标准》,根据实际设置每个岗位履职的基本知识要求和素质技能标准和学习培训知识要点,为开展业务脱产培训及干部自学开出具体清单,并建立总量达240个案例的教学案例库,为专门业务培训打下良好的基础。重点开展新企业所得税法、物权法等新政策培训、纳税服务与评估、稽查技能的培训。

开展征管信息系统推广应用业务培训。2001年,征管信息系统推广应用新版本升级培训;2002年,服务器及网络设备使用培训,网络技术中级培训班、稽查软件应用技巧及征管软件升级培训、sybase数据库高级培训班。2003年,trs税收数据报表软件培训、省税库联网软件培训。12366系统应用培训、个人所得税征管软件培训;机关业务管理软件及计算机选案软件应用培训班等。2004年,省级国库集中支付软件,法规库软件,重点税源监控、纳税评估、土地使用税税源管理推广应用软件。2005年,信息安全技术、JAVA技术培训班。税收执法管理信息系统业务骨干培训班。2006年,举办网络专题知识技术培训班。

2002年,举办征管法实施细则培训班。

2004年,行政许可法全员培训,全系统选派60名同志参加总局统一考试,平均分92分,在全国地税系统名列前茅。

2005年,举办各类业务培训班28期,培训人数1800余人次。2005年开始,根据总局统一要求,开始启动"五员"培训,即税收管理人员、税收稽查人员,办税服务厅人员,反避税人员、全系统共举办各类业务培训班。2006年,进一步推动"五员"培训,分级分类开展大规模培训,充分利用资源,与专门业务培训相结合,一线人员既掌握应知应会的共性知识和技能,也重点掌握了具体岗位的操作要求的专业知识。系统结合"五员"培训,广泛开展大比武,大练兵活动。充分利用扬州税院、无锡税校、南京地税培训中心等基地,

健全以考促学机制,通过竞赛、考试来检验脱产培训的成果。2008年、2009年,省局相继举行全省地税系统税收管理员、税收稽查员岗位能手竞赛活动,2010年,省局举办办税服务厅人员岗位能手竞赛。

五、教学保障

2005年,南京市局培训中心增挂江苏省地税系统干部教育培训基地牌匾,并从南京大学等高校聘请5位专家担任客座教授,利用汤山培训中心优质资源推动全系统干部教育培训工作,"立足南京,辐射全省"。培训基地采取外出学习、重点培养、课题研究等形式加强兼职教师建设,建设一支人员稳定、素质过硬、专兼职教师优势互补的教师队伍,共有教师29名。从2005-2008年,承办全省地税系统各类培训188期,培训133878人次。

2008年,省局着手建立省局教育培训师资库,分公共管理、法律法规、征收管理、税务稽查、税收计会统、国际税收、信息管理、政治理论8个专业类别,规模40-50人。2009年省局举办第一期全系统兼职教师师资培训班,各地对各地报送的兼职教师候选人进行了授课技巧、课件制作等为期半个月的强化培训。

2008年,省局启动教育培训网络平台建设,大部分省辖市局都已建成网络平台,成为干部教育培训重要阵地。

文明创建

广泛开展争先创优活动。通过开展争创"文明单位"、"青年文明号"、"巾帼示范岗"、"人民满意的公务员"、"先进税务工作者"等活动,大力培养、树立、表彰具有时代特征和行业特点、在社会上有广泛影响和宣传效应的先进典型,充分发挥他们的表率、带动、延伸和辐射作用,努力营造弘扬先进、崇尚先进、争当先进的良好氛围。1994

年，国、地税机构分设以后创建“青年文明号”“文明税务所”活动启动。1995年，全系统以基层税务所为单位开展“爱祖国、爱税收、爱岗位、树立地税新形象”的“三热爱一树立”活动。1994年至2008年，共有674个单位受到各级党政部门的表彰，有2071个单位受到各级税务部门的表彰，有1778人次受到有关党政部门表彰，4133人次受到各级税务部门表彰，并涌现出“全国人民满意公务员”丁万万、“全国优秀青年卫士”李玮等一批在全国和全省有影响的先进集体和先进模范人物。

表彰全省地税系统“文明税务所”。

1997年全系统开展“建文明窗口，树地税形象”活动，加基层组织建设、窗口建设、制度建设、承诺建设，努力把各级地税机关和办税机构建成“文明、高效、廉政、整洁”的窗口；5月，为宣扬典型、弘扬正气，大力加强精神文明建设，推动“建文明窗口，树地税形象”活动深入开展，省局组织获总局、省局表彰的“文明税务所”、“青年文明号”单位代表、省级以上劳动模范代表在全省开展“先进典型事迹巡回演讲”。7月，全省地税系统“两个转移”工作会议期间，举办全省地税文艺汇演。11月，省局决定参加“省级机关三优三满意”创建活动先进单位和评选。

1998年全系统开始广泛开展争创省级文明行业活动，省局成立了全省地税系统创建文明行业活动组织委员会，《关于在全省地税系统广泛开展创建文明行业活动的实施意见》印发各地，争创文明行业工作正式启动。各地按照“六个一”（建立一个机制——创建文明行业领导机制和工作运行机

举办全省地税系统文艺汇演。

制；明确一个目标——争创省级文明行业；叫响一个口号——“建文明行业、树地税形象”；突出一个主题——优质服务；狠抓一个根本——提高队伍素质；夯实一个基础——抓好基层争先创优活动）的整体工作思路，明确了创建工作的指导思想、标准、内容、程序、评选办法和奖惩措施，努力把争创工作向基层一线延伸，向机关内部延伸，向服务对象延伸，在全系统掀起了创建工作的热潮。当年，省局机关荣获“全国精神文明建设工作先进单位”称号。自1998年开始，全省地税系统连续5次荣获“全省文明行业”称号。

1998年省局下发《全省地方税务系统省级文明税务所（单位）、青年文明号评选办法及考核标准》，从必备条件、思想政治工作、征收管理、税务稽查、作风纪律内部管理、业务素质等方面对省级文明税务所、青年文明号的评选表彰工作进行规范。

1998年省局招开全省地税系统党风廉政建设及精神文明建设工作会议。同年，根据总局要求，在全系统开展办税服务厅规范化服务活动，努力在强化服务观念、完善工作机制、落实服务制度等方面提高办税服务厅工作水平。同年，省局评选首批全省地税系统文明服务示范单位。

1998年，为落实总局《关于全国税务系统基层单位开展行业作风整顿工作的实施意见》要求，全省地税系统基层单位开展行业作风整顿工作和办税服务厅规范化达标及争创最佳办税服务厅等活动，通过推行服务质量标准化、服务管理规范化和服务标准程序化狠抓办税服务窗口建设，以公正公开的执法服务、简洁高效的办税服务、及时到位的咨询服务、促进发展的信息服务、奉献社会的延

伸服务取信于民。1999年,全系统基层窗口单位行风整顿工作结束,共举办各类座谈会216次,发放调查问卷44067份。通过整顿，全系统服务质量、办事效率进一步提高,监督制约机制进一步健全,思想政治教育进一步走上正轨,干部职业道德建设进一步规范。

1999年,全省地税系统根据省委省政府有关要求,全系统开展“民主评议行风”活动。

1999年,全省地税系统首届乒乓球比赛在常熟举行。

2000年,为强化社会监督,加强税收宣传、提高服务质量,规范执法行为,省局下发了《进一步推行税务公开的实施意见》，从有利于提高服务质量和方便纳税人、有利于强化监督机制、有利于规范执法行为,增加税务执法透明度、有利于依法治税等方面,规定了“税收法规公开、岗位职责公开、办税程序公开、办税时限公开、违章处罚公开、收费标准公开、纳税定额公开、工作纪律公开、社会监督公开”,全面规范基层窗口单位涉税行为。

2000年,省局在全系统推行基层税务干部岗位行为规范和办税服务厅文明用语、服务忌语,从仪容仪表、服务质量、岗位纪律、环境卫生、文明用语等各个方面对基层窗口工作人员进行规范,提高基层地税干部的职业道德水平，更好地为纳税人提供“文明、优质、高效”的服务。

2000年,全省地税系统规范化管理综合考核工作正式启动,设计总分为1000分,采取日常考核与年度考核相结合，组织考核与自我考核相结合,专项考核与综合考核相结合,定性考核与定量考核相结合的方法进行。规范化管理综合考核的内容以税收收入为中心,突出两个文明建设,突出两个转移。考核积分在850分以上且位居前五位的单位,省局给予表彰,年度积分在750以上的单位,省局给予表扬,积极在750以下的单位省局对其进行诫勉。考核工作成立综合考核领导小组,由省局领导及有关处室负责人组成，综合考核领导小组下设办公室负责日常工作。

2001年,全省地税系统文艺汇演在南京举行。全省地税系统首届围棋比赛在靖江举行。

2003年,省局组织先进模范事迹报告团,在全省各地举办先进事迹报告会。听众达到5000多人。全省地税系统第二届乒乓球比赛在南通举行。

召开全省地税系统先进模范人物事迹报告会。

2004年地税系统庆祝建局十周年“辉煌十年路文艺汇演”在南京举行。

2005年，省局党组印发向夏恒志同志学习的决定;11月份,全省地税系统“中天钢铁杯”羽毛球比赛在常州举行。

2006年,全省地税系统“建设三型税务、构建和谐地税”演讲比赛在南京举行。

2008年，省局党组联系全省地税工作实际,面向全局、面向未来,提出进一步解放思想、开拓创新,通过三至五年的努力,全面打造“一流的干部队伍、一流的工作业绩、一流的服务水平”的总体工作思路。“三个一流”工程通过着力加强思想建设、组织建设、能力建设、作风建设、文化建设和廉政建设,努力建设管理机制科学、履职能力突出的“政治坚定、业务过硬、执法公正、作风优良、服务规范、廉洁高效”的一流干部队伍;以依法治税和优化税收公共服务为导向,在建设服务型政府的总体要求下，整合利用各种资源，健全纳税服务体系，规范税收执法行为，维护纳税人合法权益，不断推进税务形象建设，为社会和经济的发展提供一个执法公正、运转高效、全面规范的税收服务环境；通过牢固树立正确的政绩观，妥善处理好税收管理与服务、收入总量与结构、税收成本与效益、税收与经济社会等方面的关系，积极推进改革创新，使管理质量、征管效率、税收成果均走在全国税务系统前列，在更高水平上实现地方税收事业全面、协调、可持续发展。同年，省局表彰全省地税系统二十名“优秀税官”。

2008 年，省局机关及全系统组织向汶川大地震捐款 840 万元，缴纳特殊党费 600 余万元。

省地税局机关干部参加“送温暖－献爱心”活动。

纪检监察

组织机构

江苏省纪委监察厅驻省地税局纪检组监察室前身为江苏省地方税务局监察处,于1995年7月成立,属江苏省地方税务局内设机构,设查处科和宣教科。1996年3月,更名为江苏省纪委监察厅驻省地税局纪检组监察室,由省纪委监察厅、省地方税务局双重领导。1999年4月,设立市、县地方税务局内设监察室,接受本局党组和上一级局监察室的双重领导。2005年10月,根据《省委办公厅、省政府办公厅转发省纪委、省委组织部、省编办、省人事厅、省监察厅〈关于对省纪委省监察厅派驻机构实行统一管理的实施意见〉的通知》(苏办发〔2005〕21号),驻省地税局纪检组监察室领导体制由省纪委监察厅和省地税局双重领导改为省纪委监察厅直接领导。

江苏省纪委监察厅驻省地税局纪检组监察室为省纪委监察厅派驻省地税局监察机构。主要职责是协助省局党组全面落实党风廉政建设责任制,确保反腐倡廉各项任务的完成;监督检查地税系统党组织和广大党员干部执行党纪政纪和政策法规,保证政令畅通;查办违纪违法案件;纠正行业不正之风。

党风廉政建设

1995年,成立省局廉政建设领导小组,郑坚同志为组长,顾长虹同志为副组长,领导小组下设办公室,办公室设在省局监察处。

1997年,制定下发了《关于厉行勤俭节约,反对奢侈浪费,促进廉政建设的意见》,更好地树立地税机关的良好形象。

1999年,出台了部门领导干部党风廉政建设责任制规定,建立了党组统一领导、党政齐抓共管、纪检监察组织协调、部门各负其责、依靠群众支持和参与的领导体制和工作机制,首次在全系统逐级签订党风廉政建设责任状,明确"一把手"负总责、一级抓一级、一级对一级负责的责任体系。

2000年,在全系统开展对党风廉政建设情况的检查。4月中下旬省局在各单位认真组织自查的基础上,组成两个检查组,对南通、宿迁、盐城、无锡、镇江市局进行了重点抽查。

2002年2月,省局党组调整党风廉政建设领导小组成员,郑坚同志为组长,于阜宁同志为副组长,领导小组下设办公室,办公室设在省局监察室,进一步健全党风廉政建设领导机制。首次把党风廉政建设重点工作在局机关进行责任分解,把全年的重点工作细化为5个方面22项任务,落实"一岗双责"要求,明确相关处室、单位的责任。9月中下旬,由省局领导带队,党风廉政建设领导小组成员和纪检监察人员参加,组成四个检查组,分别对南京、无锡、南通、连云港、盐城、泰州市局及苏州工业园区局落实党风廉政建设责任制情况进行抽查。

2003年,建立健全反腐倡廉领导体制和工作机制,制定下发《江苏省地方税务系统贯彻落实党风廉政建设责任制实施意见》和《省局党组及纪检组负责人同省辖市局主要负责人谈话制度》。9月24日至26日,省党风廉政建设责任制检查考核组对省局党风廉政建设工作进行全面检查考核。10月,局党组对全系统落实党风廉政建设责任制和领导干部廉洁自律工作组织了专项检查,省局组成4个检查组,分别由省局领导带队,对苏州、常州、镇江、扬州、徐州、淮安、宿迁7个省辖市局进行了重点检查。11月11日,召开全系统落实党风廉政建设责任制经验交流会,贯彻落实全省落实党风廉政建设责任制经验交流会精神，总结交流全系统近两年来落实党风廉政建设责任制情况，14个省辖市（区）局根据各自的工作特色准备了书面经验交流材料，其中7个单位作了大会发言，进一步推动了全系统党风廉政建设工作的深入开展。

2004年，制定了《在省辖市地税局局级领导干部中开展述职述廉工作的实施意见》，重申了江苏省地方税务局六条廉政规定。3月5日，在继续与各省辖市局“一把手”签订党风廉政建设责任状的基础上，省局主要负责人首次与省局机关17个处室的主要负责人签订党风廉政建设责任状。

2005年，制定了《对各级领导班子及其成员行使权力实施有效制约和监督的意见》，实行主要负责人不直接分管干部、财务、工程招投标、物资采购等工作。12月2日，驻省地税局纪检组、监察室与新近任职的南京、徐州市地税局的党组书记、局长，省局税政一处处长进行了集体廉政谈话。

2006年，出台了《关于巡视检查工作的意见》，进一步强化对领导班子及其成员的监督，维护党的纪律和民主集中制，加强领导班子和干部队伍建设，促进党风廉政建设和反腐败工作。组织开展重点督查工作，对领导干部执行廉洁自律“五不准”规定、省委省政府《关于严禁公职人员收受礼金礼品的若干规定》和省局《六条廉政规定》执行情况进行督促检查，没有发现违纪违规行为。

2007年3月，召开省局领导班子和领导干部述职述廉大会，郑坚局长代表省局领导班子和个人报告2006年度履行职责及廉洁自律情况，省纪委和省委组织部工作组组长、驻省食品药品监督管理局纪检组颜怀虎组长讲话，对民主测评工作提出要求。组织省局机关各处室、单位对2006年党风廉政建设责任状执行情况和责任分解所承担的党风廉政建设工作任务完成情况进行自查总结和专题汇报。

2008年，制定了党风廉政建设重点工作责任分解意见，把全年的重点工作细化为7个方面19项任务，首次把责任分解落实到分管局领导。出台了《关于在全省地税系统基层分局开展“双述双评”活动的意见》，在基层分局领导和税收管理员中开展以勤廉双述、内外双评为主要内容的“双述双评”活动。12月至2009年1月，改进述职述廉方法，增加“点题报告的事项”，各省辖市局领导班子和领导干部不仅按规定内容述职述廉，而且还根据反映的突出问题或群众关注的热点问题，分别选择1–2个作为点题报告的事项，报经省局确认后在述职述廉大会上作出具体说明，提出改进措施，接受群众评判。省局党组制定下发了《江苏省地税系统贯彻落实〈建立健全惩治和预防腐败体系2008–2012年工作规划〉实施意见》，明确提出了提前两年，即到2010年建成符合地税实际的惩治和预防腐败体系的基本框架，逐步建立健全长效的拒腐防变教育机制、完善的反腐倡廉制度体系、有效的权力运行监控机制，不断深化从源头上防治腐败的体制机制改革，地税机关作风行风进一步改进，干部队伍整体素质进一步提升，防范税收执法风险能力进一步增强，违纪违法现象明显减少，纳税服务效能明显提升，社会满意度明显提高，党风廉政建设单项工作有亮点、整体工作有成效、总体水平走在全国税务系统和全省执纪执法部门前列的工作目标。各级地税机关党组把贯彻落实《实施意见》摆上重要议事日程，结合本地实际，认真制定贯彻落实的具体措施，明确责任主体，逐项分解任务，狠抓工作落实，教育、制度、监督、改革、纠风、惩治等方面工作整体推进，取得了阶段性成果。

2009年12月14日，省委常委、常务副省长赵克志带队来省地税局检查考核党风廉政建设责任制落实情况，并出席省局述职述廉和民主测评大会。

制度建设

1994年7月，江苏省地方税务局成立后，在沿用原江苏省税务局廉政制度规定的基础上，进一步推进全省地税系统纪检监察工作的制度化、规范化建设。

1995年7月,出台了《关于印发〈江苏省地税系统工作人员廉洁自律若干规定〉等四项制度的通知》(苏地税发〔1995〕131号),明确了领导干部廉政责任分工、内容、考核办法和税务人员廉洁从税规定要求。

1997年5月,为在全系统形成厉行勤俭节约、反对奢侈浪费的风气,更好地树立地税干部的良好形象,下发了《印发〈江苏省地方税务局关于厉行勤俭节约反对奢侈浪费促进廉政建设的意见〉的通知》(苏地税发〔1997〕084号)。

1999年4月,为适应地方税务机构管理体制改革的要求,进一步理顺工作关系,根据中央及省纪检监察机关的有关规定,制定了《关于市、县地方税务局纪检、监察机构有关问题的通知》(苏地税发〔1999〕046号),明确了市、县地方税务局纪检监察机构的领导体制、干部配备、管理及工作职责。同年4月,根据中央、省委、国家税务总局的有关规定及《江苏省地税系统领导干部廉政责任制及考核办法》的要求,下发了《关于印发〈江苏省地方税务局部门领导干部党风廉政建设责任制〉的通知》(苏地税发〔1999〕048号),明确了各部门负责人在党风廉政建设中应负的责任。9月,制定了《中共江苏省地方税务局党组关于建立〈江苏省地税系统处级干部廉政档案〉的通知》(苏地税党组〔1999〕29号)文件,进一步加强对处级领导干部依法行政、廉洁从税的廉政监督。

2000年11月,为保证地方税务系统调查处理党纪政纪案件工作的规范化,依法正确、及时查处案件,提高办案质量和效率,出台了《关于印发〈江苏省地方税务系统党纪政纪案件查处工作暂行办法〉的通知》(苏地税发〔2000〕123号)。

2001年11月,下发《中共江苏省地方税务局党组关于印发〈江苏省地税系统领导干部任期经济责任审计暂行规定〉的通知》(苏地税党组〔2001〕67号),建立了领导干部任期经济责任审计小组,对任期届满,或者任期内办理晋升、调任、转任、轮岗、免职、辞职、退休的领导干部进行经济责任审计。

2002年6月,制定了《关于印发〈江苏省地方税务局纪检监察信访办理暂行办法〉的通知》(苏地税纪〔2002〕6号),进一步规范全省地税系统纪检监察信访办理工作,明确信访办理工作岗位职责,保证信访办理质量。

2003年4月,为保证各级领导班子、领导干部切实履行党风廉政建设职责,深入推进全系统反腐倡廉工作,下发了《中共江苏省地方税务局党组关于印发〈江苏省地方税务系统贯彻落实党风廉政建设责任制实施意见〉的通知》(苏地税党组〔2003〕19号),进一步明确了党风廉政建设的责任范围、责任内容和责任主体。同年6月,根据中纪委、省纪委的部署和要求,出台了《中共江苏省地方税务局党组关于实行党组及纪检组负责人同省辖市局主要负责人谈话制度的意见》(苏地税党组〔2003〕36号)进一步加强对党员领导干部的监督。

2004年10月,制定《中共江苏省地方税务局党组关于在省辖市地税局局级领导干部中开展述职述廉工作的实施意见》(苏地税党组〔2004〕51号),认真贯彻落实《中国共产党党内监督条例(试行)》关于领导干部"述职述廉"制度的规定,开展地税系统领导干部述职述廉活动,加强对权力的制约和监督。同年10月,下发《江苏省地方税务局关于重申六条廉政规定的通知》(苏地税发〔2004〕200号),进一步加强对省局六条廉政规定执行情况的监督。

2005年7月,下发《中共江苏省地方税务局党组关于印发〈江苏省地方税务局党风廉政宣传教育工作联席会议制度〉的通知》(苏地税党组〔2005〕38号),加强全省地税系统党风廉政宣传教育工作,完善"大宣教"工作格局。下发《中共江苏省地方税务局党组印发〈关于对各级领导班子及其成员行使权力实施有效制约和监督的意见〉的通知》(苏地税党组〔2005〕39号),进一步完善了对领导班子研究决定重大事项,领导干部述职述廉、民主评议、报告重大事项等制度规定。12月,印发《中共江苏省地方税务局党组转发〈关于派驻纪检监察机构统一管理工作实施方案的批复〉的通知》(苏地税党组〔2005〕81号),驻局纪检组监察室主要工作职责,梳理了与省局内设处(室)之间的工作关系。

2006年5月,根据中央、省委和国家税务总局关于建立巡视工作制度的要求,为进一步加强地税系统党风廉政建设工作,健全完善监督管理机制,制定了《中共江苏省地方税务局党组关于开展巡视检查工作的意见》(苏地税党组〔2006〕24 号),规定了巡视检查的对象、内容、程序和方法,对省辖市及苏州工业园区地方税务局领导班开展巡视检查工作。6 月,下发《关于印发〈江苏省检察机关、国家税务机关、地方税务机关关于查办税务人员涉嫌渎职犯罪案件的联席会议制度〉的通知》(苏检会〔2006〕7 号),建立了联席会议制度,组建了江苏省人民检察院和省国税局、省地税局协调配合领导小组及办公室,加大对税务人员涉嫌渎职犯罪案件的查处力度。7 月 14 日,在省委宣传部、省委政法委、省依法治省领导小组办公室、省全面推进依法行政工作领导小组办公室联合召开法治江苏建设新闻发布会,省局郑坚局长代表全省地税机关向社会作出六项公开承诺,主动接受人民监督。8 月,下发《江苏省地方税务局关于印发〈江苏省地方税务局公开承诺〉的通知》(苏地税党级〔2006〕149 号),以制度形式固化公开承诺。

2007 年 6 月,下发《江苏省地方税务局关于印发〈江苏省地税系统重要案情报告制度〉的通知》,明确了重要案情报告的内容、方法、步骤,实现重要案情报告规范化和制度化。

2008 年 5 月,出台了《关于在全省地税系统基层分局开展"双述双评"活动的意见》,在基层分局领导和税收管理员中开展以勤廉双述、内外双评为主要内容的"双述双评"活动。

廉政教育

1995 年,为保证地税机关把工作重点转移到基层,转移到征管,认真贯彻《税务专管员的"五要十不准"》,开展廉洁从税和职业道德教育,打牢反腐倡廉的思想根基。

1996 年,组织广大干部深入学习邓小平同志建设有中国特色社会主义理论,抓好理想信念和"三爱一树"教育,组织干部职工参加《党纪政纪条规》竞赛,省局机关 120 余名干部参加竞赛,达到四个 100%,即:厅、局级干部 100%、处级干部 100%、全员参赛 100%、答案正确率 100%。

1997 年,深入开展党纪政纪、税纪条规教育,省局订购下发《税务人员廉政手册》、《税务人员廉政修养》等书籍 13230 册,下发"税务人员 15 个不准"宣传画 3000 余份,组织收看《巨浪淘沙》、《欲海沉浮》电教片,全系统 10551 名干部参加廉政规定考试,占应参考人数的 99.1%。

1998 年深入开展廉政教育,在全系统组织广大干部认真学习邓小平理论,继续抓好理想信念和"三爱一树"教育的同时,认真开展党纪政纪条规教育活动。积极组织地税干部参加由中纪委、监察部、人事部、司法部联合举办的《中华人民共和国行政监察法》知识竞赛,促进地税干部学法守法。为配合反腐倡廉教育,省局订购下发《纪检监察知识问答》360 本、《税务纪检监察常用法律法规汇编》382 本。

1999 年,为增强广大地税干部廉洁从税的意识和职业道德,打牢反腐倡廉的思想根基,省局根据总局的要求,组织各级地税机关观看《中国共产党纪律处分条例(试行)》电视系列片和总局制作的《沉重的思考》、《蓝色情怀》电视教育片,张贴最高人民检察院印制的《举报宣传挂图》,学习总局转发的《中共湖南省地税局党组〈卫建设受贿、巨额财产来源不明的通报〉》的通知。针对以美国为首的北约公然轰炸我驻南联盟使馆问题,及时开展爱国主义教育;针对建国五十周年和澳门回归盛事,开展庆国庆、迎回归等系列活动,进一步强化了税务人员无私奉献、廉洁从税的意识,增强了遵纪守法、拒腐防变的能力。

2000 年,在全系统开展"廉洁奉公、勤政为民"主题教育活动。结合"三讲"教育,深入学习党的基本理论、方针政策、党纪政纪法规知识,提高税务干部思想政治素质,树立正确的世界观、人生观、价值观。根据总局、省纪委、省委组织部和省委宣传部的通知精神,在全省地税系统党员干部中组织开展了警示教育活动。各级地税机关紧密联系胡长清等反面典型腐败堕落的犯罪事实,联系本单位近两年发生的典型案件,深入查找廉政规定执行中存在的问题,认真总结警示教训,取得了较好的成绩。据不完全统计,开展警示教育以来,全省地税系统共订购《邓小平论党员领导干部廉洁自律》读本和《胡长清案件警示教育材料》3000 套;组织观看影视专题片 80 场次;举行报告会 230 场;召开讨论会 520 场。在此次警示教育活动中,全省地税系统党员干部受教育面达 100%。开展党政纪条规教育。深入开展《中国共产党党纪处分条例(试行)》、《中国共产党党员领导干部廉洁从政若干准则(试行)》、《行政监察法》等重要法律法规的教育,把总局制定的《关于税务人员廉洁自律的若干规定》作为税务干部的行为规范,下发宣传画3500张。总局党组将警示教育的情况进行了通报,对17个省、市的做法给予了充分肯定,地税有广东、江苏、河南三个省局。这是江苏省地方税务局建局以来,纪检监察工作第一次出现在总局党组文件上。

2001年,根据省纪委、省委组织部、省委宣传部《关于在全省党员干部中开展"实践'三个代表'重要思想,树立正确的权利观、群众观、利益观"主题教育活动的意见》的通知精神,省局及时转发,要求各级地税机关结合实际,利用政治学习,党、团、工会活动,开展形式多样、内容丰富、群众喜闻乐见的教育活动。为了配合主题教育活动,下发局机关各处室《实践三个代表重要思想,树立正确的权利观、群众观、利益观》主题教育材料50套,促进地税干部增强拒腐防变能力,树立地税部门良好形象。将省纪委、省监察厅编印的《领导干部廉洁从政手册》,发给局机关每一位处级以上干部,便于领导干部随时对照检查自己的行为。

2002年,在全系统开展了"树立正确的权力观,争做人民的好税官"主题教育活动,组织广大地税干部围绕"过去参加革命是为什么,现在当干部应该做什么,将来身后留点什么?"和"人要如何做?权应如何用?法该如何执?"展开大讨论,人人写心得谈体会,进一步增强广大干部依法治税、做人民好税官的自觉性。开展党纪政纪条规教育,在全系统全面开展《中国共产党纪律处分条例》、《中国共产党党员领导干部廉洁从政若干准则》及《行政监察法》、《刑法》等重要法律法规的学习教育,分三个层次对全体干部进行了党政纪条规知识的测试。8月22日,省局组织了厅局级干部党纪政纪条规知识的测试,省纪委顾星常委亲临江苏省地方税务局考场检查,并对江苏省地方税务局领导高度重视、精心组织给予了充分肯定。9月17日,省局组织了处级干部党纪政纪条规知识的测试,在宁的39名处级干部全部参加了书面测试。9月中下旬,全系统统一组织了对全体党员干部党纪政纪条规知识的测试。积极组织税务干部参加最高人民检察院举办的预防职务犯罪知识竞赛活动,成绩优良,组织严密,省局荣获省预防职务犯罪工作领导小组办公室颁发的组织奖。

2003年,全系统开展了"坚持'两个务必',再创地税佳绩"主题教育活动,广泛开展了学习郑培民、李云龙等先进典型活动,组织观看了《扭曲的人生》、《法不容情》等一系列反腐倡廉专题片,深入开展"以身边事教育身边人"活动,选择近年来系统内发生的典型案例,编印成《警钟长鸣》一书,发挥反面教材的警示作用。举办预防职务犯罪讲座,组织学习《廉政准则》、《行政监察法》以及《刑法》等重要法律法规。省局52名处级以上干部参加了廉洁从政知识测试,成绩均在90分以上。全系统有307名专(兼)职纪检监察干部参加了纪检监察专业知识的测试,优秀率达95.8%。

2004年,在全系统开展了以学习贯彻两个条例为主要内容的"增强纪律观念,提高执法水平"主题教育活动。省局结合"严格自律、秉公执纪"专题教育,举办了省辖市局纪检组长、监察室主任"两个条例"专题学习会,切实加强纪检监察干部的自身建设。组织干部、职工观看"百姓书记"—梁雨润和"立党为公、执政为民"先进事迹报告会的录像片。据统计,全系统在开展"增强纪律观念,提高执法水平"主题教育活动中,组织各类学习讲座364次,举办先进事迹报告会138场,开展警示教育活动398次。

2005年,制定出台《江苏省地方税务局党风廉政宣传教育工作联席会议制度》,下发全省地税系统党风廉政建设宣传教育工作意见,对反腐倡廉宣传教育进行专门部署。坚持把学习《"三个代表"重要思想反腐倡廉理论学习纲要》同学习贯彻中央《实施纲要》结合起来,广泛开展学习郑培民、张云泉等先进典型活动,组织观看《内蒙古第一贪》等反腐倡廉专题片。组织党员、干部进行《实施纲要》和《学习纲要》知识测试,省局机关党员、干部参与率和优秀率均达到100%。以廉政文化建设为抓手,以开展"五个一"系列活动为载体,大力推进地税系统廉政文化建设。组织开展勤政廉政警句格言征集活动,共征集警句格言2106条;依托局机关内部网站,建立廉政文化网页,开设廉政规定、廉文荐读、勤廉风采、警句格言、警钟常鸣、视频点播等专栏。

2006年，在全系统开展“遵守党章、执法为民”主题教育活动，把学习贯彻党章与社会主义荣辱观教育相结合，组织开展“新时期地税人荣辱观”大讨论，在《江苏地税》外部网站开辟专栏，选载图文信息165篇，全系统形成遵守党章、执法为民和学习贯彻社会主义荣辱观的浓厚氛围。积极参加“红船杯”学习贯彻党章知识竞答，增强了党员干部的党章意识；组织参观《江苏省反腐倡廉成果展览》，集中观看《被钱欲吞噬的灵魂》警示教育片。省局党组确定2006年为“税务廉政文化建设推进年”。各级地税机关以建设三型税务、构建和谐地税为目标，以聚财为国、执法为民、树立正确的权力观为核心，以加强廉政教育为重点，积极开展廉政文化“进机关、进基层、进家庭”活动。省局召开了专题研讨会、调研成果交流会，组织编写《税务人员廉政手册》、《党风廉政建设和反腐败工作调研文集》。分批次组织机关干部学会、唱响廉政歌曲，参加省级机关反腐倡廉歌曲演唱比赛，获得优秀奖。10月，江苏省廉政文化示范点检查考核组分赴全省各地检查验收后称：“各级地税机关是创建廉政文化示范点最活跃的部门之一”。11月，省纪委等九部门命名的第一批省级廉政文化示范点，江苏地税系统有8家单位，分别是南京市地方税务局、无锡市地方税务局、镇江市地方税务局、丰县地方税务局、海门市地方税务局、楚州地方税务局、盱眙县地方税务局、兴化市地方税务局。省局开展“弘扬廉政文化，打造清廉地税”活动，荣获2006年全省纪检监察宣传教育工作专项奖。

2007年，在全系统开展“弘扬清廉新风、共建和谐地税”主题教育活动，重点开展以坚定理想信念、树立正确权力观和遵纪守法为主要内容的反腐倡廉教育，深入开展“知荣辱、讲清廉、树新风、促和谐”大讨论。认真学习贯彻党的十七大精神、《中央纪委关于严格禁止利用职务上的便利谋取不正当利益的若干规定》和《行政机关公务员处分条例》。对新录用的公务员和军转干部的岗前培训开设专题廉政课，集中进行岗前廉政教育。省局党组确定2007年为“税务廉政文化建设深化年”，围绕这一主题开展系列活动。2007年1月成功举办《江苏地税廉政文化建设巡礼》，通过49块图文展板、188件实物和29个单位的廉政网页，集中展示全省各级地税机关开展廉政文化建设的情况，交流了各单位的经验和做法。开展“举办一次展览、印制一本画册、刻录一套光盘、汇编一本经验交流集、编印一本预防职务犯罪读本”的五个一活动，深入推进廉政文化进机关、进基层、进家庭“三进”活动的平衡发展。10月，省纪委等九部门命名的第二批省级廉政文化示范点，江苏地税系统有18家单位，分别是江苏省地方税务、徐州市地方税务局、连云港市地方税务局、盐城市地方税务局、泰州市地方税务局、宿迁市地方税务局、扬州市地方税务局（以系统命名，所辖的宝应县地方税务局、高邮市地方税务局、江都市地方税务局、邗江区地方税务局、仪征市地方税务局同时授牌）、南京市地方税务局玄武分局、南京市地方税务局江宁分局、南京市地方税务局浦口分局、南京市地方税务局下关分局、铜山县地方税务局、常熟市地方税务局、如东县地方税务局、灌南县地方税务局、淮安市淮阴区地方税务局、丹阳市地方税务局、泗洪县地方税务局。

2008年，全系统利用一个月时间，开展重点围绕“三集中三查找六纠正”为主要内容的“纠风促廉”专项教育整治活动。组织编印《预防职务犯罪读本》，汇集涉及税务职务犯罪的有关法律法规、立案标准、廉政规定以及系统内近年来发生的10个违纪违法典型案例，作为学习教育的基本教材，开展“身边事教育身边人”活动。省局党组确定2008年为“廉政文化建设巩固提高年”。围绕巩固提高廉政文化建设水平，各级地税机关着力在“深化内涵、全员参与、提升作用”上下工夫，坚持把推进廉政文化建设与深化反腐倡廉教育有机结合，以争创廉政文化示范点为抓手，组织开展“弘扬廉政文化、打造清廉地税”系列活动，积极打造税务廉政文化品牌，营造了崇廉、尚廉、学廉、守廉的良好氛围。江苏地税廉政文化建设工作得到总局监察局的充分肯定，先后两次组织在扬州税务学院培训的全国地税省局监察室主任和全国部分省辖市局国、地税纪检组长听取省局廉政文化建设情况汇报，并现场参观和检查指导扬州市局和邗江槐泗分局廉政文化建设工作。

信访举报

1999年起实行垂直管理以来10年间,全省地税系统共接受信访举报3623件,其中来信3039件,来电405件,来访179件。2002年463件为年信访件数最高,2008年189件为年信访件数最低,信访总量从2005年以后呈逐年下降趋势。省局纪检组监察室2002年起使用省纪委统一开发的《纪检监察信访工作管理系统》软件,之后,全省各省辖市局也都陆续使用该套软件,解决了手工登记信访件数据周期长、统计汇总滞后的问题,进一步提高了处理人民群众来信来访来电举报的效率,推动了信访举报工作办公自动化水平。省局纪检组监察室于2005年起还在江苏地税外网上开通了《廉政行风投诉》窗口,接收办理了群众通过网络系统的119件投诉举报,使群众反映的问题得到了及时有效地解决。10年间,省局纪检监察信访举报工作认真贯彻中央和省纪委有关信访工作的规定,紧紧围绕中心工作和反腐败工作任务,全面履行信访举报工作职能,切实维护群众合法权益,不断提高依纪依法处理信访举报问题的能力和水平,充分发挥了信访举报工作在党风廉政建设和反腐败斗争中的重要作用。2001–2003年、2005–2007年被省纪委监察厅表彰为全省纪检监察信访工作先进单位。

1999–2008年全省地税系统违纪违法人员处理及信访举报受理情况统计表

年度	刑事处罚人数	党纪政纪处分人数	年度合计	信访举报受理情况			
				总件数	来信	来电	来访
1999年	3	34	37	349	279	43	27
2000年	13	27	40	434	337	58	39
2001年	8	22	30	409	353	41	15
2002年	12	22	34	463	383	56	24
2003年	17	24	41	447	376	53	18
2004年	9	33	42	456	356	70	30
2005年	9	38	47	375	322	44	9
2006年	11	14	25	285	258	21	6
2007年	3	15	18	216	195	14	7
2008年	10	20	30	189	180	5	4
合计	95	249	344	3623	3039	405	179

1999–2008年,全省地税系统各类违纪违法人员受到党政纪处分249人,受到刑事处罚95人。在受刑事处罚的95人中,涉及贪污受贿、挪用公(税)款、徇私舞弊不征少征税款等职务犯罪的多达87人,占10年间全省地税人员犯罪总数的91.58%。其中最为严重的是昆山市地税局原陆家地税所专管员王金男,自1993年11月17日开始作案,历时39个月贪污税款、基金170余万元,1999年4月被江苏省高级人民法院二审判处死刑、缓期两年执行。

廉政监督

1995年12月至1996年1月,在全系统开展廉政税风大检查,自查与抽查相结合,以自查为主。

1997年,在全系统重点开展对延期缓缴税款审批和纳税人停歇业审批的专项执法监察,强化对税款征收环节的监督。

1999年,建立全系统处级干部廉政档案制度,加强对领导干部的廉政监督。开展对所配手机、寻呼机的清交或作价处理,全系统共清理移动电话247部,寻呼机2999部,折合人民币47.5万元。

2001年,对1996年以来系统内新开工的基建工程招投标项目情况,特别是投资总额50万元以上的各类基建工程项目及有群众举报的基建工程项目开展监督检查。11月1日,召开聘请特邀监察员会议,首次聘请了14位来自人大、政协、纪委、工商联等单位的特邀监察员。11月29日,召开全系统"两权"监督研讨会,强化对税收执法权和行政管理权的制约监督。

2002年,在全系统开展内部财务审计工作,6月12日至20日省局对常州、扬州市局机关2000年和2001年及所辖的武进、邗江局2001年的财务收支情况进行了抽审。出台了《关于进一步加强对各级地税机关领导干部监督管理的实施意见》,强化对各级领导干部特别是"一把手",以及干部选拔任用工作的监督管理。

2003 年 1 月 14 日，召开特邀监察员座谈会，郑坚局长通报 2002 年全省地税系统的工作情况，听取各位特邀监察员及所在单位对全省地税机关和地税人员在执行国家税收法律、法规、政策方面，在行风建设方面以及在勤政廉政建设方面的意见、建议和要求。全省统一立项对发票管理使用制度落实情况开展执法监察，12 月 9 日至 12 日、17 日至 19 日省局监察室和征管处派员组成执法监察小组对部分南通、淮安市局及其所辖的县(市)局、分局进行重点抽查。

2004 年 4 月 8 日，省局召开特邀监察员会议，实地检查省局直属局征收大厅建设情况，参观南京市局税收文化教育基地、12366 税收电话语音服务系统。12 月 25 日上午，省局顾长虹副局长走进省“政风热线”，就支持民营经济发展的有关税收政策与听众进行交流。全省统一立项，对领导干部离任经济责任审计制度的落实情况开展执法监察。

2005 年，全系统统一立项，对税务稽查执法程序及行政处罚规定执行情况开展执法监察，6 月 22-23 日省局监察室、法规处、征管处组成执法监察小组对省局税务稽查执法程序及行政处罚规定执行情况开展了专项执法监察，8 月 8-12 日对连云港市、镇江市局税务稽查执法程序及行政处罚规定执行情况进行了重点抽查。4 月 9 日上午，省局徐锦辉副局长走进省“政风热线”，就“落实营业税起征点政策，促进江苏省个体经济快速发展”主题与听众进行交流。12 月 15 日下午，省地税局召开聘请第二届特邀监察员会议，重新聘请 14 名特邀监察员，省局党风廉政建设领导小组成员参加会议，于阜宁组长宣读江苏省地方税务局关于聘请第二届特邀监察员的决定，郑坚局长向特邀监察员颁发聘书。

2006 年，认真学习贯彻总局党组制定下发的《税务系统领导班子和领导干部监督管理办法(试行)》。全系统统一立项，对税收执法责任制和税收执法管理信息系统推广应用工作落实情况开展专项执法监察，在各单位自查、抽查的基础上，省局组织重点抽查，有力地推动了税收执法责任制的落实，进一步提高了全系统依法执法水平。全省各级地税机关纪检监察部门共开展执法监察项目 137 项(次)，提出监察建议 328 条，协助建章立制 84 项。7 月 14 日，在法治江苏建设新闻发布会上，省局郑坚局长代表全省地税机关向社会作出六项公开承诺，主动接受人民监督。省局倪静石局长走进“政风(行风)热线”直播室，耐心解答听众的提问和咨询，及时调查处理纳税人的投诉。

2007 年，协助推进税收执法责任制和税收执法管理信息系统，强化对税收执法权的监督，严格责任追究。省局统一立项，在全系统对《税收减免管理办法(试行)》的贯彻落实情况开展专项执法监察和效能监察，在各省辖市局自查的基础上，结合执法检查，组织开展了重点抽查。

2008 年 1 月，组织系统内所有处级干部对个人执行廉洁自律规定和执行个人有关事项报告制度情况进行自查登记。全系统统一立项，对注销税务登记规定和程序执行情况开展专项执法监察。11 月，组织检查组对南通、连云港和盐城市局进行了重点抽查；配合省注册税务师管理中心重点对地税机关强行指定税务代理机构、地税干部与税务代理机构串通谋利等问题进行执法监察；参与对省局竞争上岗选拔任用干部、税收征管能手和新企业所得税法知识竞赛，以及省局信息化建设设备和税务制服制作招标项目等工作的现场监督。5 月，利用一个月时间，分三个阶段，主要围绕“三集中三查找六纠正”，在全系统组织开展“纠风促廉”专项教育整治活动，着力纠正影响地税机关形象和损害纳税人利益的不正之风，重点整治地税人员利用职权“吃拿卡要报”等行为。

召开全省地税系统党风廉政建设暨机关作风建设工作会议，推进党风廉政建设和机关作风建设深入开展。

税收科调研

江苏省地方税务局成立以来，积极组织开展税收科调研工作。江苏省地方税收科学研究所成立于1997年4月7日,是全系统税收科调研工作的组织管理机构，其主要职责是围绕省局中心工作,组织开展税收科调研活动,为领导提供决策参考。同时，负责编辑《税法公告》(2007年停刊)、《江苏地税调研》(2008年改为《江苏地税》)、《研究报告》，以及负责总局税务期刊征订发行工作。

每年召开全系统税收科调研工作会议,围绕地税中心工作,组织开展税收科调研活动。

税收科调研工作

一、制度建设

2000年7月,制定《江苏省地方税务局关于加强税收科调研工作的意见》,从指导思想、基础建设、组织落实、指导实践等方面对全系统开展税收科调研工作提出要求和指导性意见。分别制定《江苏省地方税收科调研课题管理办法》、《省局重点课题组织管理计划》,对课题的申请立项、组织实施、成果转化、经费管理等事项进行明确和规范，推进全系统税收科调研工作的制度化、规范化,促进课题管理水平的提高;制定《江苏省地方税收科调研工作考核办法》(试行)，从制度建设、机制完善、成果数量及转化等方面对全系统税收科调研工作进行考核,促进全系统税收科调研工作争先创优;制定《江苏省地方税务局税收科调研优秀成果评审奖励办法》，规范科调研成果评比流程,明确对优秀税收科调研成果的奖励措施,调动各级地税机关深入开展税收科调研工作的积极性。

二、税收科调研成果

全省各级地税机关围绕税收中心工作，广泛开展税收调查研究，税收科调研工作取得了丰硕成果。据不完全统计,十多年来,全系统在省级及以上刊物发表有价值的论文2527篇,获得省级以上奖项94篇,实现了“以多出精品推动全系统税收科调研工作上台阶，以多出精品在全国税务系统争一流”的目标。

(一)税收科调研与经济热点问题相结合,受到党委、政府肯定

全省地税系统广大科调研工作者结合经济、税收面临的新形势和新情况,针对社会关注的热点问题，以课题研究为主线，为税制改革服务，为领导决策服务,取得较大成绩。新企业所提税法颁布实施后,省局在深入调研、反复研讨的基础上,完成《企业所得税法实施对江苏经济发展和税收收入影响的调查与思考》课题,得到了省委梁保华书记、省政府赵克志常务副省长的批示和肯定。企业所得税两税合一及合并后的衔接磨合课题,参加总局大会的交流,获广泛好评。《税收环境综合治理研究》获省社科联2005年社科应用研究精品工作优秀成果一等奖。《振兴地方财政的对策思考》在全国第三次群众税收学术研究优秀成果评选中被评为二等奖。《促进就业税收政策调整思路》、《下岗再就业优惠政策贯彻落实中的税收流失问题探讨》也受到了总局科研所的通报表彰。苏州《促进新型农民专业合作经

济组织发展的税收思考》分别受到市人大、市政府领导的批示。泰州市局撰写的《税收支持和促进泰州医药产业科学发展的思考》受到市委书记专门批示。省局科研所负责，无锡、常州、南通、扬州以及无锡税校等单位参与的《促进经济社会全面发展的税收政策研究》，被列为省社科基金立项资助课题。南通、连云港、泰州、苏州工业园区、省局税政二处等单位承担的《企业自主创新税收支持鼓励的国际借鉴研究》，被中国国际税收研究会以最高票推荐参加全国税收理论学术研讨会大会交流。南京、常州、淮安、盐城、连云港、省局税政三处等单位承担的《物业税改革的若干问题研究》，获得了省税务学会税收科研成果荣誉奖。

（二）税收科调研与税收中心工作相结合，“精品”不断涌现

紧紧围绕一段时间的地方税收发展目标和发展布局、战略重点和重大举措，围绕省局党组关于建设“三个一流”工程的战略部署，健全决策前的调查研究、可行性论证、专家咨询等制度，对战略性、全局性重大问题，问计于基层、问计于纳税人，税收科调研成果的实践性和应用性不断提高。《完善纳税评估若干问题的思考》在国务院发展研究中心《经济要参》第70期和总局《研究报告》第24期发表，同时被江苏省税务学会评为优秀论文一等奖；《加强地税系统基层行风建设的思考》被“中国税官论税制改革”组委会评为一等奖。《税收征管流程重组和税收信息化建设协同发展研究》获省社科联2005年社会应用研究精品工程优秀成果二等奖。《提高纳税服务质量的研究》入选中国税务学会五篇全国大会交流文章之一，同时被江苏省税务学会评为优秀论文二等奖。《税收征管绩效评价体系研究》课题，获得了省税务学会税收科研成果一等奖。《执法责任制研究》、《建立精细化管理的税源监控体系研究》获江苏省税务学会2005年度优秀论文荣誉奖。《税收的精细化管理综合研究》、《提高稽查工作绩效研究》等课题分别在《涉外税务》、《经济要参》等重要刊物上发表。徐州市局编撰完成了《税务文化研究》和《税务文化实践》两部专著。南京、无锡、徐州、镇江市局承担的《深入推进地税系统廉政文化建设研究》，也得到了有关方面的充分肯定。

召开重点课题研讨会，税收科调研成果的实践性和应用性不断提高。

（三）税收科调研与实际工作相结合，成果价值不断体现

税收科调研工作立足省情和地税工作实际，大力提倡理论联系实际、求真务实的学术风气，针对实际工作中遇到的问题，结合基层一线实践体会，积极探索，潜心研究，从多角度、多方面对地税工作提出有针对性、实践性的意见，产生了一大批理论水平较高、操作性较强的税收科调研成果。《关于社会保险费征收情况的调查与思考》在总局《税收经济调研》第9期上发表，并得到了总局总会计师王力的批示。“完善地方税体系的研究”和“企业所得税优惠政策国际比较研究”两个课题，在全国税收理论研讨会上，获得了广泛好评，分别被中国税务学会、中国国际税收研究会评为优秀论文。《个人所得税税制模式改革》在参加全国交流时被总局所得税司领导评价为最具操作意义的成果。《税务稽查的地位和作用》获总局表彰。《税收成本与效率》发表在1999年十一期《税收与效率》研究专集上，并在全国第四次阶段性税收学术研究优秀成果评选中获三等奖。《税源管理与监控的国际借鉴研究》入选中国国际税收研究会四篇全国大会交流发言文章之一，同时发表在总局《研究报告》第32期和中国国际税收研究会网站。《中国地方税制改革研究》入选2005年度《中国税务学会优秀论文集》，《企业所得税优惠政策国际比较研究》入选2005年度《中国国际税收研究优秀论文集》。《完善地方税体系研究》、《完善稽查预告方法的对策研究》、《加强对领导干部行使权力监

督制约的实践与思考》分别获得江苏税务学会论文评比一、二、三等奖。

税收期刊

《税法公告》。1995年创刊,月刊,秉承及时、准确、全面的原则,刊登最新税收政策法规。发行对象为本省地税系统的广大税务干部,以及部分有政策需求的纳税人。2007年年底,随着网络设施的普及,以及地税门户网站的完善,《税法公告》停刊。

《江苏地税调研》。1998年创刊,双月刊。刊物定位于专业性、研究性的内刊,主要刊登本省地税系统的重要工作动态、各级地税机关税收征管经验、相关税收管理理论与实践、税收科调研论文等。期间,共编印70余期。

《江苏地税》。从2008年起,此刊物取代《江苏地税调研》,成为江苏地税系统内部交流税收征管经验、传递税务思想和文化、刊登税收理论研讨文章的重要平台。刊物定位于综合性内刊,与《江苏地税调研》相比,内容更加丰富、形式更加活泼。增加了一些更为贴近经济时政、贴近纳税人、贴近基层税务机关和税务干部的税收专业内容。主要栏目包括要闻报道、实践探索、税收论坛、业务探讨、观察思考、热点追踪、环球税收、文化园地及图片新闻等。

《研究报告》。2008年创刊,为不定期刊物。定位于研究性专业内刊,以研究探索税收管理理论和税收发展规律为基础,以领导关注的问题和焦点为出发点和归宿,所刊文章不仅要求有思想性和理论水平,更强调实践性和应用性。截至2010年年底,共编印61期。

国际税收研究会

一、基本情况

随着外向型经济的发展,涉外税收工作面临着许多新的课题,特别是如何利用税收政策促进外向型经济发展,如何借鉴国际先进的税收管理经验加强税源监控,如何开展避税与反避税工作,如何运用税收手段维护国家主权等课题,迫切需要开展税收工作的前瞻性、预见性研究,用新的理论、新的方法指导税收工作实践。为适应这一形势发展的要求,按照中国国际税收研究会“挂靠一局、两局共管、有主有辅”的总体要求,经省地税局、省国税局商定,决定成立江苏省国际税收研究会,承担起涉外税制研究的艰巨任务。2003年10月,江苏省民政厅以苏民管〔2003〕105号文件批复准予江苏省国际税收研究会注册登记。2004年1月7日,江苏省国际税收研究会正式成立。经省地税局、国税局商定,江苏省国际税收研究会挂靠省地税局。

2004年1月7日,江苏省国际税收研究会第一次会员代表大会在南京召开。会议通过了《江苏省国际税收研究会章程》,选举产生60名理事。在江苏省国际税收研究会第一届理事会上,选举产生了17名常务理事及会长、副会长。会长:顾长虹。副会长:何忠仁、徐锦辉、戚鲁、陈太茂、蒋大鸣。秘书长:陈金池。副秘书长:王德品、端传和。

2009年3月26日,江苏省国际税收研究会第二次会员大会在南京召开,会议选举产生了第二届理事会理事63人,常务理事18人。二届一次常务理事会上顾长虹当选为第二届理事会会长,张敬群、徐锦辉、姜跃生、林克勤、蒋大鸣当选为副会长,朱春燕当选为秘书长。胡庆生、杨建中、端传和为副秘书长。

各省辖市国际税收研究会为江苏省国际税收研究会会员单位。

二、宗旨和业务范围

江苏省国际税收研究会的宗旨是以建设有中国特色社会主义理论和“三个代表”重要思想为指针,按照理论联系实际和外为中用的要求,开展国际税收研究,服务税收工作实践,促进江苏省乃至我国经济和税收事业的发展。其业务范围是:

(一)联系和组织税务界、财经界、学术界、教育界、企业界等有关方面热心国际税收研究的人士,开展国际税收学术与理论的研究;国际税收动向及其发展趋势的研究;各国税收政策、原则、制度、管理的研究;各国涉外税收政策、原则、制度、管理的研究;国家间税收关系的研究;区域性税收协调及其发展前景的研究和在国际经济活动中运用税收维护国家权益的对策研究，借鉴国际经验，推动江苏省乃至我国税收事业的发展。

（二）根据国际和国内政治、经济、财政、税收的发展情况，组织专题研究和交流，及时将研究成果向决策部门和有关单位推荐。

（三）宣传我国税收制度和对外税收政策，介绍外国税收动态，促进国际间税收协调和合作，为发展国际经济交往服务。

（四）组织各种形式的税收学术和实务交流，有计划地同国际及省内外经济、财政、税收研究机构建立联系，广泛开展税收交流活动。

（五）开展有关税收方面的社会服务工作。接受税务部门、有关部门、纳税单位、个人和国外有关方面委托，承担有关国际税收问题的调查研究、税务咨询、人员培训、学习考察和政策法规的查证、论证以及财务管理等项业务。

（六）组织税收资料交流，提供国际经济、税收信息，编辑出版本会会刊和有关国际税收的书刊。

（七）组织评议国际税收学术研究成果，进行学术奖励，协助和指导地方研究会开展工作。

三、工作开展情况

江苏省国际税收研究会自2004年1月成立以来，在中国国际税收研究会的正确指导下，在江苏省地税局、江苏省国税局党组和江苏省民政厅、江苏省社科联的正确领导下，在各省辖市国税局、地税局和研究会的大力支持下，始终坚持以邓小平理论和“三个代表”重要思想为指导，认真贯彻落实科学发展观，紧紧围绕国际税收理论研究，全面推动各项工作开展，圆满地完成了会员代表大会提出的目标任务。

（一）加强基层组织建设，不断夯实组织基础

省研究会成立后，除南京市已成立研究会外，其他省辖市均未成立研究会。省会主动做好与各省辖市地税局、国税局沟通与联系，协调组建市研究会工作，目前，各省辖市及苏州工业园已先后成立国际税收研究会。一些县（市）局相继成立研究会分会。基层研究会分会以及各种研究网络的建立，为促进研究会各项工作的开展，提供了强有力的组织保障。

（二）建立健全各项制度，自身建设不断强化

省研究会把建章立制作为推动自身建设的一条工作主线。严格按照章程规定，完善省研究会工作机制，抓好各地研究会整体建设工作，同时，完善内部管理制度。几年来，省研究会建立了课题研究、内部管理、经费使用等一系列管理办法和制度。各市研究会均结合当地实际分别制定了课题调研、论文评选、经费管理等有关制度，保证了研究会各项工作的正常开展。

（三）发挥课题研究带动效应，研究成果质量有效提升

省研究会以及各市研究会成立以来，均把课题研究摆在工作首位。省研究会所承担的中国国际税收研究会课题《税源监控与管理的国际借鉴研究》、《企业自主创新所得税政策国际借鉴研究》，先后被推荐参加了2004、2006年全国税收理论研讨会大会交流，分别荣获中国国际税收研究会2004、2006年度课题成果评选集体奖。南京市研究会撰写的《论我国物业税改革的条件与时机选择》荣获中国国际税收研究会2006年度课题成果评选集体奖。戚鲁、朱锦山撰写的《从中外财产税比较，论我国物业税改革的思路》、马伟撰写的《矿产资源税收制度研究》获得个人二等奖。省研究会副会长徐锦辉同志撰写的《税收征管流程重组与税收信息化建设协同发展》，在省社科联主办的全省“社科应用研究精品工程”评选活动中获得二等奖。

研究会在开展调研时，坚持课题选择与经济发展的热点、难点问题相结合，并将调研成果及时提供给党委、政府领导参阅，许多成果得到了各级领导的高度评价。2007年，省委书记梁保华在《企业所得税法实施对江苏经济发展和税收收入影响的调研报告》上批示：“地税局这份调研报告分析了《企业所得税法》实施对江苏省可能产生的影响，并提出了做好相应工作的建议，我觉得此事值得重视，建议组织有关部门很好研究，并落实布置措施”。2008年，省委书记梁保华在《关于农民合作经济组织税收情况的调研报告》上批示：“省地税局这份调研报告很好，不仅反映了当前农民合作组织发展中遇到的问题，而且提出了积极解决问题的措施和建议。尤其是关于减轻税费负担的措施切实可行，请省政府予以研究，加以采纳。”

（四）丰富业务培训内容和形式，理论视野进一步拓宽

为提高会员的税收理论研究水平、拓宽视野、

学习外地同行的先进经验,2004-2008 年,省研究会先后组织会员参加中国国际税收研究会和中国国际税务咨询公司举办的"新一轮税制改革"、"当今国际税收重点问题研究与借鉴"、"经济社会发展与企业税收筹划"、"新企业所得税法"、"新形势下国际税收管理与创新"等 6 期培训,共有 130 余人参加。各市研究会,结合当地实际,积极争取主管部门的支持,精心组织调研骨干赴外地学习交流,对指导税收实践,提高理论研究水平打下了坚实基础。

(五)大力办好会刊,调研阵地得到巩固和加强

《江苏税苑》是经省新闻出版局批准的江苏国际税收研究会会刊。2004-2008 年,《江苏税苑》共出版 15 期,刊登各类调研文章 209 篇。各地研究会也非常重视会刊建设,依托会刊等平台,组织会员围绕税收工作踊跃投稿,反映工作实情,介绍工作经验,发表真知灼见。

(六)增强争先创优意识,积极参与各类评选活动

省研究会成立后,认真对照中国国际税收研究会提出的评先创优条件,积极参与评选活动,并于 2006 年度被评为全国先进研究会。在省社科联组织的年达标创优活动中,自 2006 年起,省研究会连续三年被列为先进研究会。各市研究会积极参与当地社科联组织的评选活动。无锡市、连云港市研究会连续四年,徐州市、淮安市研究会连续两年被当地社科联评为先进研究会。在 2008 年 9 月召开的全国大中城市社科联会议上,连云港、徐州、淮安三市研究会被表彰为"全国先进研究会"。

第三部分

各地地税工作

南京市地方税务局

概　　述

根据国务院实行税制改革、组建国税地税两个税务机构的要求，经市政府批准，1994 年 9 月 30 日，南京市地方税务局正式成立，主要负责南京市范围内 12 个地方税种和 10 项省、市政府代征基金（费）的征管任务。共有干部职工 953 名，实际内设办公室、人事教育处、监察室、税政一处、税政二处、集体企业财务管理处、税政三处、征收管理处、计划会计处、政策法规处 10 个行政职能处室，1 个党群机构，1 个事业单位和 1 个直属机构，11 个分局和 5 个县局。1999 年 1 月 1 日，根据《国务院关于地方税务机关管理体制问题的通知》精神，江苏省委、省政府对全省地税机构管理体制进行重大改革，南京市地方税务局实行上级地方税务机关和同级政府双重领导，以上级地方税务机关垂直领导为主的管理体制。至 2008 年年底，有干部职工 1712 名，内设办公室、人事处（老干部处）、基层工作处、监察室、税政一处、税政二处、税政三处、征收管理处、计划财务处、政策法规处、信息管理处 11 个职能处室，1 个党群机构，2 个直属机构，16 个派出机构，3 个事业单位；5 个县局于 8 月分别成立党组。

自 1994 年至 2008 年，南京市地方税务局坚持以科学发展观为指导，积极履行地税部门工作职责，确立了“定好位、收好税、带好队、服好务”的发展思路，以打造“三个一流”（一流的干部队伍、一流的服务水平、一流的工作业绩）为组织目标，以“省内领先，全国税务系统一流”为工作定位，大力组织收入，推进依法治税，强化税收征管，优化纳税服务，各项工作取得了较突出的成绩。

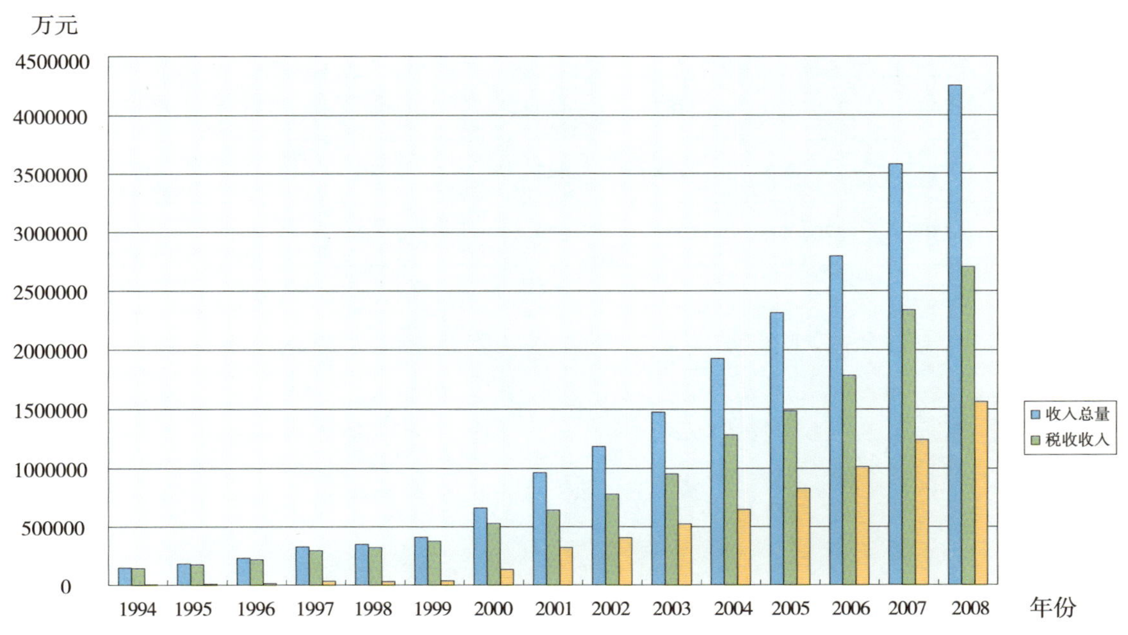

1994–2008 年南京市地税局税收征收情况示意图

1994–2008年南京市地方税务局组织收入情况表

单位:万元

年份	收入总量	税收收入			各项基金、费收入			
		总计	省级	市县级	总计	其中:社保费	教育费附加及教育地方附加费	文化事业建设费
1994年	147182	142369	21498	120871	4813			
1995年	181171	173338	33932	139406	7833		2403	
1996年	230567	217837	36891	180946	12730		5230	
1997年	327171	293555	39018	254537	33616		16616	
1998年	349489	320240	37213	283027	29249		11905	1644
1999年	410315	374972	28526	346446	35343		15952	1891
2000年	661800	529009	32342	496667	132791	82235	29910	2416
2001年	963361	642623	31230	611393	320738	271934	23482	2963
2002年	1183946	778641	34222	744419	405305	348164	29932	3612
2003年	1475408	951837	37342	914495	523571	468105	45388	3688
2004年	1928415	1281143	50930	1230213	647272	566177	66097	4082
2005年	2312991	1486308	59951	1426357	826683	716551	75850	4739
2006年	2797406	1784320	81823	1702497	1013086	879373	94665	5511
2007年	3579143	2337295	107586	2229709	1241848	1074197	118287	6206
2008年	4266508	2704006	139867	2564139	1562502	1382357	133012	6580

1994–2008 年南京市地方税务局税收分税种情况表

单位：万元

年份	合计	营业税	企业所得税	个人所得税	资源税	城建税	房产税	印花税	土地使用税	土地增值税	车船使用税	固定资产投资方向调节税	屠宰税	其他
1994 年	142369	78091	9887	6712	2345	28359	5221	2462	4461		1235	2934		662
1995 年	173104	81257	34038	7101	1268	28909	8123	2282	5198		1283	3645		
1996 年	217451	112512	31478	14272	1586	33177	10264	2761	4526	42	1539	5095	199	
1997 年	292866	142709	44520	31890	1335	36881	14591	3851	5049	148	1460	10015	417	
1998 年	320229	163835	32063	43523	1195	40925	17320	4110	4608	163	1517	10547	423	
1999 年	374972	181632	53340	54616	1295	45273	19270	5932	4895	359	1581	6317	462	
2000 年	529009	230395	108846	74637	1174	69037	26794	7509	4272	526	1411	4027	381	
2001 年	642623	262002	145324	100374	1320	82184	31423	10104	6137	1312	1538	864	41	
2002 年	778641	377644	122866	130922	1644	86749	36971	11255	6502	2149	1869	70		
2003 年	951837	455218	148347	167405	2395	101640	45058	14454	7307	5691	2036	2286		
2004 年	1281143	593120	228616	215032	3329	124699	52532	19416	7217	34530	2322	330		
2005 年	1486308	646967	263355	275355	6232	142432	67403	27124	9642	45264	2534	0		
2006 年	1784320	806813	306763	304634	8355	158074	86983	27806	12781	69377	2731	3		
2007 年	2337295	1047280	358953	409239	8685	201602	89821	41157	75199	101184	4175	0		
2008 年	2704006	1153797	423682	512444	7714	223443	109779	46501	97036	107694	21862	54		

组织收入持续增长　以“组织财政收入，促进经济和社会发展”为组织使命，加强收入预测分析，坚持组织收入原则，认真落实税收优惠政策，以信息化建设为依托，加强税源监控，加大对各主体税种的征收力度，寻求新的税收增长点，组织收入稳步增长。收入总量从1994年的12.07亿元增加到2008年的426.65亿元，年均增幅超20%。其中地方税收从1994年的10.8亿元增加到2008年的270.40亿元，增加了27倍，为全市地方经济又好又快发展提供了坚实的财力保障，为促进社会和谐稳定作出了积极贡献。

征管改革不断深化　建局以来，该局以全面提高税收征管的质量和效率为要求，以改革创新为动力，不断推进税收征管改革，1995年起实行了以取消专管员管户制为重点内容的征管模式转换，在全省率先成立了稽查分局；2000年建立起“以信息化管理为支撑，集中征收、贴近式服务、集约化稽查”的征管新格局；2002年实施征管查专业化管理模式，2005年深化征收、管理机制整合，调优稽查资源；2008年围绕重点税源管理进一步调整征管机制。一系列的改革充分发挥了征、管、查各环节的专业功能和联动作用，强化了对税源的覆盖式、链条式管理，促进了征管质效的提升。1994年税务登记户数不足5万户，到2008年年底户数达到22.65万户，增加了4倍多。该局着力规范税收秩序，强化发票管理，推进纳税评估，推行网上办税，推动外部数据协作，加强数据质量管理，进一步夯实了征管基础。

依法治税不断增强　把依法治税作为税收工作的灵魂，贯穿于税收工作的始终。在工作范围上，从着重构建执法责任制、规范执法行为，逐步扩展到规范决策行为、强化制度建设、优化管理方式等所有税收行政行为。在工作机制上，从以法制部门牵头重点推进，逐步向所有部门共同参与整体推进转变。在工作重心上，由重在治外，向内外并举转变。在工作方式上，从以监督制约为主，逐步向预防、教育、引导、监督、激励多管齐下转变。2007年被评为“省级依法行政示范点”，阳光税务运行机制先后接待了中外知名媒体和透明国际的采访和考察。

纳税服务成效明显　2005年该局成立纳税服务中心，全面整合办税服务厅、税收宣传、12366咨询热线、外部网站和税收文化教育基地等纳税服务资源；打造“主动型”税政，主动贴近地方党委政府的重大决策，贴近区域重点项目和重点税源；贯彻落实税收优惠政策，积极扶持下岗失业人员再就业，强化社保费征缴力度，促进社会稳定。深入开展税收政策调研，为地方经济发展出谋划策。2006年12366税收服务热线成为全国首家面向省地税、市地税及市国税所辖纳税人接受相关税收资讯的立体平台。2008年打造“地税直通车”服务品牌，推广“纳税辅导中心”，建立“纳税人之家”拓展纳税服务社会化渠道，纳税服务广度和深度全面推进，纳税人满意度不断增强。

信息化支撑有力　该局始终把信息化建设放在优先发展的战略位置，不断强化科技兴税观念，1995年“金力”税务管理信息系统推广运用，建成了覆盖全局的广域计算机网络和大型数据库管理系统，2005年开发应用了覆盖税务管理全过程的管理信息系统“金力四期”工程，建立起面向税务管理全方位的信息服务体系，强化了信息资源的整合利用，构建并不断提升了一体化的信息化基础平台，在全国税务系统处于较为领先的地位。2008年完成了省级大集中系统对接工作，该局的信息化工作全面同步于全省地税系统信息化进程。

队伍素质不断提高　该局始终坚持“以人为本”，15年来，大胆探索，建立了较为完备的干部人事管理体系，完善选人用人机制，优化人力资源结构，2000年推进征管机制、干部管理和行政管理三大改革，全面推行能级管理，2003年起实施ISO全面质量管理，2006年创新后备干部管理，开展学习型组织创建。15年来，该局加强领导班子建设，优化教育培训，强化岗位练兵，注重人才培养，推进党风廉政建设，突出绩效管理，为事业发展提供了强有力的人力资源保障。

建局以来，该局多次被市委市政府评为“建设新南京有功单位”和“文明单位”，至2008年连续5次荣获“市级机关思想作风建设先进单位”，连续两次被评为江苏省文明行业，2003–2006年期间，先后获南京市作风建设“人民满意单位”、“江苏省五一劳动奖章”和“全国精神文明建设工作先进单位”，2007–2008年期间，获得全省地税系统“三个一流”建设先进单位、市级机关作风建设先进集体等多项荣誉。

特色工作

一、征收管理

深化征管改革 1999年，南京局全面启动征管改革，组织修订征管业务制度体系，推开纳税素质工程。2000年3月28日，南京地税系统征收局、稽查局和11个稽查分局正式挂牌，标志着以“集中征收、属地管理、重点稽查”为特征的征管新模式开始运行。全市设1个征收局，统一负责全市纳税人日常征收管理工作，并在各区各设1个征收所，方便纳税人就近报税。税务稽查将实行两级稽查和集约化稽查。全市设1个稽查局，原各征管分局就地转为稽查分局。

推行网上申报业务 2002年起，南京局启动网上申报试点工作。2003年网上申报工作采用分批滚动推广的方式，分四批完成推广任务。2006年6月，在全省率先推广CA认证、电子签名的网上办税方式，当年CA户达到1.6万户，占全部网上申报户的21%，CA申报税款占全部税款的比例达80%以上。截至2008年年底，全市网上申报户达到10.8万户，普及率达到95%；财务报表年报网上报送准期报送率达到98.74%；在外网开展纳税人税务登记基本信息核实变更工作，通过核实共对10.5万户网上申报户的税务登记基本信息进行了核实，信息核实变更户数4.8万户。

国地税联合办理税务登记 2003年9月15日起，南京地税局与市国税局实施国地税联合办理税务登记。一是纳税人可以任选国税局或地税局的登记窗口申请办理税务登记，登记窗口当场审核通过后，打印盖有国税局和地税局税务登记专用章戳的税务登记证件；二是在工作内容上采取十个统一，即统一税务登记号编码、统一各类税务登记表、统一税务登记证及副本封面、统一税务登记专用章的使用、统一税务登记附报资料、统一税务登记类型、统一使用银行账号登记表、统一税务登记受理机关、统一对逾期办理税务登记处理方法、统一税务登记资料传递方式；三是受理登记的一方在规定时间内将受理的一份登记资料传递给对方录入计算机管理系统，纳税人不再需要分别到国税局和地税局办理登记手续。

推行发票改革 2005年4月1日，南京局开展发票管理办法改革，在餐饮业、娱乐业、其他服务业等行业推广使用刮开式防伪有奖发票，开展即时刮奖和定期抽奖相结合的发票兑奖活动。4-12月，共兑付有奖发票760293份，兑付奖金5173890元。推广有奖发票，调动了广大消费者索要发票的积极性，充分发挥了群众协税护税力量，发挥了综合治税的整体效果。

实施纳税人分类管理 2006年，南京局按照“抓大、控中、定小”的思路，推行了纳税人分类管理办法，实行重点税源精细管、一般税源规范管、零散税源社区管。5月份，制定了纳税人分类管理的指导意见，明确了分类管理的标准和管理形式，但在标准和管理形式上体现了多样性，给各分县局根据自身的实际情况自行选择。10月份明确了不同类型税源管理的内容、重点和目标要求。在提炼完善了基层一线基本做法的基础上，对过去所确定的管理内容进行了适当调整和进一步细化。

强化行业税收征管 2006年，根据南京市税源分布现状，结合管理需要，南京局将建筑安装、房地产业作为行业治理的重点。在行业治理工作中将专项检查工作与评估、日常检查相结合，各单位做好培训辅导、自查自纠、纳税评估与税务稽查这四个环节的联动互动。通过政策培训，辅导纳税人自查自纠存在的税收问题；通过纳税评估，督促纳税人及时足额缴纳税收；通过实施重点税务稽查，纠正处理纳税人偷逃税问题；通过加大处罚力度，治理行业税收秩序。通过行业税收专项治理，较好地发挥了税收的职能作用。

实施重点行业和重点税源专业化管理 2007年，进一步深化税源税户分类分级管理要求，突出重点行业和重点税源的专业化、精细化管理，南京局在3月份对征管机制作了进一步微调，明确了加强重点行业和重点税源管理的指导意见，各分县局根据指导意见，认真分析所辖区域特点和纳税人分布状况，完成本地区重点行业、重点税源管理机构的设置和人员的配备。玄武分局等8个单位设置了重点税源所，栖霞分局等7个单位设置了重点税源岗，调整后，南京局的重点税源管理岗达130人，实现了重点税源向重点所(岗)集中，税户向一般所(岗)集中。下发了《关于规范分类管理内容和要求的意见》，明确了重点税源、一般税源和个体税源管理岗的工作内容、要求和目标，明晰了不同类型税源管理岗位的工作责任。

开展非正常户及未换证户清理 2008年南京局与市国税局联合开展了非正常户及未换证户的清理工作。一是联合对891户非正常户通过媒体公告其税务登记证件失效；二是对1700多户多头注册的非正常户进行集中清理；三是对2006年以前认定的有发票领购记录或有欠税记录的4779户非正常户，联合对外公告为D级纳税人，同时宣告税务登记证件失效；四是对1.3万户在四期系统中没有发票领购记录、没有欠税记录及法人信息对比没有疑点的非正常户，公告其税务登记证件失效；五是完成对1870户未换证户和270户受理未审核户的处理。

二、税政管理

规范货物运输业营业税税收管理 南京局牢牢把握货运发票的“印领、开具、录入、审核、转交”五个核心环节，加大对货运发票的管理。一是进一步完善货物运输业营业税管理办法。制定了《南京市地方税务局货物运输业税收管理试行办法》，并于2005年9月7日印发实施。二是组织开展货物运输业自开票纳税人年审工作。从2005年1月1日开始对货物运输业自开票纳税人进行年审。三是强化货物运输业发票审核和信息比对等工作。

完善企业所得税后续管理制度 2005年，南京局进一步强化企业所得税精细化管理。一是实施预先备案。根据国税发〔2004〕082号文件规定，取消企业所得税涉税审批项目，企业享受有关政策的，要报送相关的材料，预先进行备案，表明享受政策的真实性、合理性。二是加强申报审核。在企业年度所得税申报中，凡企业涉及享受取消审批项目政策的，由税务管理员逐项审核其政策的符合性、数据的准确性。为规范取消申报项目政策的申报审核，市局制定了《取消企业所得税审批项目的申报审核工作规范》。三是建立台账，持续管理。制定了《企业所得税台账管理工作规范》，对于在多个年度影响企业所得税计算的项目，建立台账，保持管理的延续性，实行长效管理。四是事后开展专项评估和检查。对于享受取消审批项目政策的企业，抽取一定比例的企业开展专项评估和专项检查，以保证政策执行的准确性。

全面实施个人所得税明细申报 为提升个人所得税代扣代缴水平和为广大纳税人提供优质服务，建立健全个人所得税全员全额管理，南京局于2004年6月1日起试行个人所得税明细纳税申报。2007年9月，在南京汤山培训中心召开全省个人所得税全员全额扣缴申报工作现场会。

向全市个税纳税人开具完税证明 2005年3月起，南京局通过与邮局合作，一次性向全市47.8万纳税人寄送2004年度的完税证明，2006年开具寄送完税证明103万份，2007年开具寄送完税证明133万份，2008年开具个人所得税完税证明176.8万份。南京局寄送个税纳税人开具完税证明为全国首创，也取得了很好的社会和经济效益。一方面，促使纳税人监督扣缴单位严格依法扣缴，提高扣缴质量，也促进个税收入的增长，在寄送完税证明当月，全局个人所得税的收入增幅为97%；另一方面，满足了广大纳税人知情权，受到了公众和媒体的好评。

开展房地产模拟评税试点工作 2004年，为加快推进我国房地产税改革步伐，为物业税开征做准备，财政部、国家税务总局经过考察调研，选择南京市作为全国6个省市试点单位之一开展房地产税按评估值模拟征税的试点工作。南京局房地产模拟评税试点主要开展了六项工作：一是组织业务培训。二是收集房地产信息资料，开展税源数据采集录入。从房地产部门、建设部门、土地部门、物价部门、旅游部门等多个部门获取信息，重点开展纳税人税源信息采集工作。三是研究制定评税技术标准，运行该技术标准对待评估房地产进行了模拟评估。四是完成批量评税系统的研制开发。“房地产税评税管理系统”(PTAMS)集三种评税方法于一体，具备了自动化批量评税的功能，同时还具备辅助试点数据调研、查询、分析等工作

的功能。五是实施模拟评估，开展多方位的数据分析。六是做好试点配套的调研工作，做好征管制度配套衔接工作。

应用GPS技术测量应税土地面积　2008年，南京局加强与市国土管理部门的合作，尝试引入GPS卫星定位测量技术核查纳税人的应税土地面积。根据"广泛调研、试点测量、逐步推进、综合管理"的工作思路，选定南京市国土局信息中心作为测量机构，开展了8户典型纳税人的试测工作。全市全年共组织测量404户，测量土地面积959.8万平米，增加609.1万平米，年增加应纳税额1900余万元。2008年共征收城镇土地使用税9.7亿元，年增长29.04%。10月在全国城镇土地使用税税源清查培训工作会议上进行了经验交流。

推进实施市区税费基金一体化工作　2003年，开发了"税银联网基金实时扣款"系统，同时加强与财政、计委、投资公司、银行等部门的协调，解决了票据合并、统一收款单位等系列问题。从11月1日起，南京局在市区范围内全面实施"税费基金一体化"报缴，基金征收实现了"四同"，即与税款实现同报、同扣、同票、同寄；社保费征收实现了"一线通"，即将现行地税部门与各联网银行之间通过"电话拨号"传输扣款数据的方式，改为统一通过税库银联网系统实现社保费扣缴的方式，方便了缴纳人，降低了税收成本，提高了工作效率。

三、税收法制

税收执法检查工作　南京局结合贯彻落实新的《税收执法检查规则》，全面贯彻落实执法检查的各项工作要求。在检查的组织形式上，分为分县局日常执法检查和市局重点检查。分县局按季开展日常执法检查，市局组织开展了两次重点执法检查。在检查的内容上，要求分县局根据季度重点业务工作，确定日常执法检查的重点。2007年起，将执法检查工作和执法监察工作结合起来开展。

完善税收执法责任制体系　2006年编发新的执法责任制岗责体系，突出明晰岗位执法标准和执法责任，建立岗责体系动态维护机制。修订执法责任制考核评议办法，将考核评议与税收执法检查相结合，考核评议结果融入绩效管理平台，提高了考核评议的便捷性和有效性。2008年，对执法责任制制度进行了优化完善，明确了加强部门协作，形成工作合力。指出执法责任制工作的重点在于做好考核评议和过错追究，进一步明确了考核的数量和质量要求，明确了过错信息的传递要求，并要求对发现的执法过错，必须严格追究过错责任。

被确定为江苏省省级依法行政示范点　2007年，在江苏省省级依法行政示范点评选活动中，南京局因在信息化建设、执法责任制、权力阳光等各项工作取得明显成效，经省依法行政工作领导小组考核验收，被确定为江苏省省级依法行政示范点。南京市共有三家执法单位被确定为省级依法行政示范点。

建立"阳光稽查"　机制2004年，南京局在探索执法和服务并举的途径时，充分研究和分析了纳税人已有的纳税习惯和纳税心理，提出在严格执法的基础上建立服务型、促进型的稽查工作新模式，全面实施公正执法、尊重事实，体现公平的"阳光稽查"。在各个环节推出了贴近纳税人需要的服务举措：一是实行"查前预告、查中辅导、查后回访"制度；二是推行稽查汇审制；三是实行案件听审制。

实现税务稽查分级分类管理　2007年，制定了分级分类税务稽查管理办法，对2006年纳税额300万元以上户划分为A、B、C三个层级，对A、B类被查对象的查处工作一般由市稽查局直接组织实施，也可通过督办制、委派制或联查制开展查处工作；对C类被查对象的查处工作一般由主管分局(局)、县局负责。对纳入分级分类税务检查管理范围的纳税人要求五年轮查一遍。2007年，稽查局对A、B、C类纳户共安排检查了172户，其中A类52户、B类53户、C类67户，这部分检查户06年纳税额占到全市06年的纳税总额的9%。

四、纳税服务

纳税服务中心运作　2006年6月1日，南京局纳税服务中心正式运作。纳税服务中心由原征收税务分局的18个科所缩减为4个职能科室，主要负责全系统纳税服务工作的统筹策划，系统税收宣传工作的管理，纳税咨询服务和投诉接待工作。运作后，纳税服务中心深入开展纳税服务的工作调研，通过分层次组织纳税服务座谈会，收集各分、县局对纳税服务的需求及建议，进一步完善对纳税服务工作的思考。

国地税联建12366税收咨询投诉中心　2003

年5月，在原南京地税12366税收咨询投诉中心的基础上，由南京地税局、南京市国家税务局联合筹建南京市税收咨询投诉中心，9月正式面向全社会纳税人开展服务。国地税联建的12366面向社会提供24小时税收咨询服务，使纳税人足不出户就可了解到所想了解的税收信息，截止到2008年年底，已受理各类咨询总计337万人次。

建设“地税直通车”纳税服务品牌　2008年起，为进一步提升纳税服务水平，着力打造“纳税人满意、社会认可、具有南京地税鲜明特色的纳税服务品牌”。“地税直通车”纳税服务品牌蕴含着直达和快捷的意义，体现良好的沟通与互动，为纳税人提供便捷、快速、高效的全方位、全天候、全功能的纳税服务，具体包括一站通、一点通、一线通等内涵，对内通过组织全系统干部学习“地税直通车”品牌，赢得了各级税务人员的认同和支持；对外通过编发品牌宣传册页、整合外部网站栏目、改版宣传载体，以及在税收宣传印刷品上使用品牌标识，扩大品牌知名度，使纳税人逐步了解并接受南京地税纳税服务品牌。

国地税联评纳税信用等级　2003年，南京局在4月首次评定出28家纳税信用等级A级纳税人基础上，5月份积极与南京市国家税务局合作，联合评定了107家共管户为A级纳税信用等级纳税人。2007年2–5月，市国税局、地税局联合开展2005–2006年度A级纳税信用等级评定及2003–2004年度A级纳税信用等级年审工作。

五、信息化建设

获“全国税务系统信息化建设先进单位”称号　2003年，国家税务总局在全国税务系统开展表彰全国税务系统信息化建设先进单位的活动。南京局由于在税务信息化工作中积极探索，勇于创新，建设“金力”税务管理信息系统，大力推进一体化进程，并致力于“服务型税务”建设，提高为纳税人服务水平，被评为“全国税务系统信息化建设先进单位”。

全面推广应用“金力四期”　2004年7月1日，南京局“金力四期”平台成功切换，构建了涵盖税收业务、行政管理和政工板块的三层架构信息化管理新平台，有力地促进了全局工作的开展；开展数据贯标清理，完成数据迁移；积极拓展信息化应用手段和领域，加大对重点工作的技术保障力度；进一步加强网络环境建设，建设千兆光纤环网，主干网实现千兆速率，百兆到桌面用户，构建高度安全可靠的骨干基础网络平台；建立SAN架构下的备份系统平台，实现本地的数据备份和异地的数据容载。

省级大集中系统对接　2008年，南京局按照“整体对接、稳慎运行、固化优势、强化应用”的工作要求，积极稳妥地开展省级大集中系统对接工作。3月，开展了省级大集中系统操作型业务（依职权类）及管理决策型业务详细设计的评审工作。5月，正式成立了大集中工作领导小组，下设由四名处级干部领衔、系统35名业务和技术骨干组成的对接工作组；决定了江宁局作为全市整体上线的试点单位。7月起，对接工作组按业务、技术、实施等多条线形成工作计划，先后完成了内网测试环境搭建、大集中系统的900多个流程性和功能性角色的模拟配置以及与南京地税228个岗位的配置对照分析、数据清理和迁移、对接程序开发、组织4轮大集中程序测试等一系列工作，并提出核心业务衔接处理专题建议24项。10月6日省级大集中系统在江宁局成功上线。2009年1月1日，省级大集中系统在南京局成功上线，包括32个子系统，共970个菜单，涵盖了大多数日常业务工作。

六、行政管理

启动行政管理改革　2000年起，为全面提高行政管理效率和组织运行效率，提高工作计划程度和组织程度，在全系统启动行政管理改革。行政管理改革以“总体规划、分步实施、积极稳妥、循序渐进”为原则，以技术创新、制度创新、制度规范为主要改革方式。从2000年月起，围绕改革总体要求，启动税收宣传改革，采取公司化运作方式开辟“税收视线”电视宣传栏目；开设南京地税外部网站；实施办公自动化建设，推广运用公文处理系统、计划管理软件，启动办公管理信息系统的设计开发工作。全面修订创新行政管理制度；实施住房分配和物业管理改革；分期启动财务零基预算试点、车辆管理改革试点等改革项目，提高了全局的组织协调和统筹整合水平。

一次性通过ISO9000族质量标准外部认证　2003年，南京局全面实施ISO9000族质量标准，在全体干部中牢固树立了全面质量管理意识及全员参与意识，全面建立了“A+B”的管理体系文件，规范了税务管理的各个层面和全部流程。强化组织运作，全面实施质量体系文件，精心组织内审及管理评审，8月和12月，基层单位和市局机关先后一次性通过外部认证。

实施服务型税务建设战略　2003年2月，南京局在全市地方税务工作暨思想政治工作会议上正式提出了建设服务型税务的新时期战略，确立了组织发展的新理念，为组织转型奠定了坚实的思想基础。全年开展了服务型税务课题研究，按照“标准窗口、透明税政、文明稽查、效能监督”的要求开展了一系列工作，课题研究成果和工作情况先后在《光明日报》、《学海》等国内知名刊物及《中国税务报》、《税收经济调研》上发表和介绍，引起方方面面的广泛关注，在全国税务系统和全市产生了强烈反响，受到了各级领导的肯定，罗志军书记、蒋宏坤市长等领导先后专程到该局视察服务型税务建设情况，对该局“服务五个零”（即“服务零距离、零障碍、零收费、零差错、零投诉”）等举措给予了高度评价。

构建权力阳光运行机制　2006年，南京局按照上级要求，全面清理和规范了税务行政事项，整理固化流程图；建立了岗责体系，完善了考核评议办法和执法责任过错追究办法，在“四期”平台的基础上，开发应用税收执法责任制自动化考核管理软件；完善自由裁量权制度，强化监督效能，整合建立了行政执法权监控模块；加强制度建设，制定了实施意见和工作方案，确定构建权力阳光运行机制工作的总体目标和工作步骤；建设电子政务，提高行政效能。全面加强政务公开，梳理对外公开事项，完善《政府信息公开目录》和《政府信息公开指南》，明确工作职责，规范工作长效工作机制，改版政务公开网页。2006年年底以全市第一名的成绩在67家被审核单位中率先通过了市阳光办的考核验收。

档案管理晋升省一级　2004年，市局机关及五个试点分、县局档案目标管理率先晋升省一级。2005年初，开展了争创省特一级及晋升省一级两个层面的档案达标工作。在不断夯实档案基础建设的同时，着重清理了建局11年以来各类业务资料，梳理了153种纳入档案管理范畴，根据省标要求为全系统度身开发了《南京地税档案一体化软件》。在验收中，该套软件得到了省、市档案专业人士的高度评价。市局机关以118.5分的全省优异成绩晋升省特一级，16家基层单位也以平均98.1分的高分相继晋级，南京地税的档案管理由全市先进行列跃升到全省先进水平。2007年年底，建成江宁信息楼综合档案库房，玄武分局、雨花分局、六合局档案管理晋升省特一级。市局机关荣获全省2004-2007年度档案工作先进集体，连续6年获得两年一度的全市档案先进集体。

《南京地方税务年鉴》获全国性奖项　自1996年《南京地方税务年鉴》创刊以来，南京局党组高度重视年鉴编纂工作，在各单位(部门)挑选骨干力量组成年鉴编辑部，由市局办公室选派专人负责年鉴出版工作，着力提高年鉴的装帧版式、框架设计、条目编写、校印质量和水平。在市局机关各处室和各分(县)局的大力支持下，《南京地方税务年鉴》编纂质量稳步提高，在2004年12月中国地方志指导小组办公室和中国地方志协会组织的首届中国地方志年鉴评奖中获得二等奖，首次获得全国性奖项。《南京地方税务年鉴》曾在1999年的第一届南京地区年鉴评奖活动中获综合二等奖和装帧版式、框架设计一等奖；在由南京市地方志编纂委员会办公室和南京年鉴研究会共同举办的第三届南京地区年鉴(2003-2004年度)评奖活动中获得专业年鉴的最高奖项——综合特等奖。

七、队伍建设

深化干部人事制度改革　为完善干部管理制度体系，为能级管理的实施奠定良好的制度基础，2000年4月份，南京局在广泛征求各处室和各分局意见的基础上，采取封闭作业的方式，组织19名干部对建局以来的各项干部管理制度体系进行为期一周的修订与完善，并经党组审核同意后，在2000年度思想政治工作会议上统一印制下发。整个制度体系分为《党组工作制度分册》、《干部人事分册》、《岗位责任制考核分册》、《教育培训分册》、《纪检监察分册》、《党建及群团工作分册》、《机构设置及岗位职责分册》，计32万字。8月份，对干部管理制度体系进行全面整合。对能级管理暂行规定、岗考制度、基层创建制度等相关部分进行修改、补充、完善，对处级干部能级管理制度进行深入研究，形成一套以能级管理制度为核心的，各种干部人事制度紧密相连、环环相扣、有机结合、系统相关的干部管理制度体系。

实施能级管理　2000年，南京局对全局科以下干部全面实施能级管理。能级管理，即坚持“德为前提，能为本位”的思想，以党的干部路线为指导，以国家公务员法规为依据，对全体公务员进行能级级别评定，并据此决定干部使用、责任和待遇的制度。该局将全部岗位分为行政管理、征管、稽查、计算机信息4类，依测试和考核情况评为1至6级。3月份和7月份分两批完成全局1280名科以下干部的能级评定工作，同时进行相关岗位调整。2001年2月，启动处(县局)级领导干部能级管理，5月14日完成能力评定工作。南京局率先开展能级管理，取得了积极的成效，得到上级领导部门的充分肯定。2004年，《人力资源能本管理与能力建设》课题获第四次全国人事科研成果三等奖。

实行科级及处级领导干部竞争上岗　为深化人事制度改革，激活用人机制，南京局自1996年起，在公开选拔科所长中实施竞争上岗。1997年起，在处(分局长)助理选拔中全面实行竞争上岗。自此，竞争上岗形式成为南京地税系统领导干部选拔的重要渠道，在优化领导干部队伍配置中发挥了重要作用。

持续开展岗位能手竞赛　1996年起，为激励岗位成才，提升专业岗位技能，在全系统开展“微机操作能手”、“政策咨询能手”、“查账能手”的竞赛活动。1999年，拓展竞赛形式，开展“政策咨询”、“纳税检查”、“计算机操作”能手竞赛活动。2007年起，面向基层一线，组织开展“优秀税收征收员”、“优秀税收管理员”、“优秀税收稽查员”竞赛工作。

运行网络教育培训平台　2006年3月1日，南京局在全国税务系统率先建成的网络教育培训平台正式上线运行。该平台采用学分管理设计思路，由学习资讯、网上大学、在线课堂、在线测试、在线交流等模块组成，建有11大类68门多媒体课件和13000多道试题库供干部学习使用。网络教育培训工作得到了国家税务总局领导、省市有关部门的充分肯定。2006年6月，国家税务总局教育中心在南京局召开了网络教育课件研讨暨交流会。

全省地税系统干部教育培训基地揭牌　2005年12月22日上午，“江苏省地税系统干部教育培训基地”揭牌仪式在南京局干部培训中心隆重举行，省地税局党组全体成员及机关各部门主要领导，南京局局长林克勤、副局长杨华、郑良、总经济师唐跃，省地税局特聘的专家教授以及军转干部培训班全体学员共190余人参加了揭牌仪式。省地税局郑坚局长亲自为“江苏省地税系统干部教育教训基地”揭牌并为5位特聘教授颁发了证书，省地税局徐锦辉副局长主持仪式并对基地的建设发展作了指示。

绩效管理工作被列入国家社会科学基金项目　2005年，南京局在全局积极推行绩效管理，形成战略导向的绩效管理模式，取得了突出的成效。为深入研究该模式的构建规则和实施经验，江苏省人事厅和南京局组织业内专家成立项目组，展开系统性的实证研究。该项目是国内首次对政府组织战略导向的绩效管理开展系统性实证研究，所论证阐述的南京地税模式对其他政府组织实施绩效管理，具有积极的应用和借鉴价值，被列入国家社会科学基金项目《中国地方政府绩效评估体系研究》的专项研究。

多家单位被评为“省级廉政文化示范点”　2006年11月，省纪委、省委宣传部、省委省级机关工作委员会、省教育厅、省监察厅、省民政厅、省文化厅、省总工会、省妇联联合发文，按照《江苏省廉政文化示范点建设标准》，经各地有关部门推荐和省廉政文化建设联席会议成员单位考核验收，评定南京局等107家单位为第一批“省级廉政文化示范点”。2007年，玄武局、下关局、江宁局、浦口局等四家单位荣获“省廉政文化示范点”称号。

开展“五好班子”创建活动　2007年，南京局以拓展班子建设载体，不断激发内在工作活力为目标，深入开展了以“政治素养好、精神状态好，团结协作好，工作绩效好，作风形象好”为主要标准的“五好班子”争创活动。系统各单位领导班子积极响应，以开展争创活动为契机，把创建活动与完成收入中心工作任务，与加强干部队伍建设，与提高单位整体建设水平紧密结合，积极营造促收履责、争先进位的工作氛围，为完成全年目标任务提供了组织领导保证。

开展“六好税务科所”创建活动　2007年起，为突出面向基层、服务基层和倾斜基层，南京局采用达标与评优相结合的方式，分系列通过三年的创建活动使系统全部基层科所达到“六好”(组织收入好、执法形象好、管理服务好、征管效能好、队伍建设好和环境秩序好)的各项标准。通过制定落实创建标准、组织开展观摩交流和评选双十佳“六好税务科所”先进单位等方式,推动基层科所创建水平不断提升。

获创建学习型组织“中国优秀组织奖”　2003年起,南京局全面推进学习型组织建设。采取开展争创“学习型科所”和“学习型个人”活动,组织参加市民学堂、学习节主题活动,加强创建工作交流研讨等多种措施,将创建学习型组织工作推向深入。先后被授予2002-2004年度市建设学习型城市先进单位、“南京市建设学习型机关先进单位”等称号。2006年5月份被中国职协评为2005年创建学习型组织“中国优秀组织奖”。教育培训工作在全国税务系统第八次教育培训管理工作会议上交流。

荣获“全国精神文明建设先进单位”称号　2005年,南京局围绕创建全国文明城市、迎接“十运会”等重点工作,加大文明创建力度,积极塑造文明行业形象,广泛开展群众性精神文明创建活动,在系统内开展“学习型、法治型、服务型税务”创建和“文明示范单位”、“地税标兵”等评比活动,不断提高精神文明创建水平,10月,被中央文明委授予“全国精神文明建设先进单位”称号。

被评为“全国文明单位”　积极打造“主动型税政”,增强服务的针对性和实效性,积极塑造文明行业创建的新形象。积极培育具有学习力、执行力和创新力的税务文化体系,率先建成全国首家税收文化教育基地,并向社会免费开放。经过多年的努力,南京局的精神文明建设工作成绩显著,受到上级领导和社会各界的普遍好评。2009年1月20日,在全国精神文明建设工作表彰大会上被授予“全国文明单位”荣誉称号。

八、文化建设

编印《南京地税税务文化手册》　随着南京地税税务文化现代化进程的不断深入,南京局着手对税务文化建设工作进行了系统、理性的思考。在该局与江苏省社会科学院成立的联合课题组的《南京市地方税务局组织文化现代化建设研究报告》的基础上,从2003年4月始,该局启动了《南京地税税务文化手册》的编印工作。经过整理提炼,包含南京地税税务文化理念体系、制度文化体系、形象标识、南京地税税务文化发展历程与实践形式等主要内容的《南京地税税务文化手册》于9月初编印完成,推动并深化了系统内税务文化的宣传和价值理念的教育工作。

建成全国首家税收文化教育基地　2004年4月1日,由南京局组建的全国首家税收文化教育基地正式向社会免费开放。该基地融税收文化熏陶、爱国主义教育、税法普及等多项宣传教育功能于一体,取得了良好的社会效益,赢得了社会各界的高度评价,被江苏省教育厅、市文明委、市教育局确定为“江苏省中小学德育基地”、“市民文明素质教育基地”、“南京市中小学生社会实践基地”、“江苏省青少年校外活动示范基地”。

使用“南京地税VI标识”　为贯彻组织形象战略,加强组织形象宣传,南京局引入专家机制,按照融合创新、系统规范的原则,于2005年2月1日起,在系统内正式启用推广了“南京市地方税务局组织机构形象视觉识别系统”。为加强视觉识别系统的推广应用,南京局还专门编印下发了《组织机构形象视觉识别系统手册》,同时结合VI系统的导入,在系统内广泛开展宣传辅导,把视觉识别系统的推广应用变成了一次凝聚组织精神,宣传组织文化理念,提示组织形象的积极过程。

推进岗位文化建设　为不断提高组织成员的认同度、遵从度,不断宣传、弘扬、建设和发展南京地税的组织文化,南京局引入外部专家机制,开展了岗位文化建设工作。岗位文化建设自2005年8月初正式启动以来,通过调研论证、提炼编撰、格言故事征集等工作的开展,历时近两个月时间,完成了《南京地税岗位文化手册》和《南京地税组织文化深化推广培训教材》编写工作。2007年4月,被市文明办表彰为“2006年度南京市精神文明建设创新案例”。

无锡市地方税务局

概　　述

1994 年，无锡市税务局分设为无锡市国家税务局和无锡市地方税务局。无锡市地方税务局于同年 9 月 12 日成立，有干部职工 745 名，实际设立 8 个内设机构：党工团、办公室、人事教育处、税政一二处、税政三处、计划财务处、征收管理处、发票管理处；全市税务登记户数 5.56 万户。1999 年 1 月 1 日，根据《国务院关于地方税务机关管理体制问题的通知》精神，江苏省委、省政府对全省地税机构管理体制进行重大改革，无锡市地方税务局实行上级地方税务机关和同级政府双重领导，以上级地方税务机关垂直领导为主的管理体制。至 2008 年年底，有干部职工 1305 名，其中有注册税务师、注册会计师、律师等“三师”153 名，占比 11%；下设 6 个直属机构，6 个派出机构，3 个全民事业单位；内设 9 个职能科室（另设监察室和机关党委），全市税务登记户数 20.89 万户。

从 1994 年到 2008 年，无锡市地税系统以服务经济社会发展、服务纳税人为己任，加强税收管理，深化征管改革，全面落实税收政策，坚持廉洁从税，全力推进依法治税、从严治队、为国聚财、为民执法的进程。2003 年组织各项收入总量首破百亿元大关，2008 年突破 400 亿元，组织收入总量延续连年高幅增长。收入总量从 1994 年的 9.66 亿元增加到 2008 年的 415.17 亿元，增长了 43 倍，其中组织地方税收从 1994 年的不足 8 亿元增加到 2008 年的 244.53 亿元，增长了 30 倍。十五年来共组织各项收入 2202 亿元，其中组织社保费 626.4 亿元，彻底改变了全市社保费财政托底的局面，为全市保民生、维稳定和实现“两个率先”壮大了财力基础。15 年来，先后被评为“全国税务系统先进集体”、“全国模范职工之家”、“干部人事档案目标管理一级单位”、“全国税务系统纪检监察先进集体”、“全国税务系统信息化建设先进单位”、“全国五四红旗团委”、“全国巾帼文明岗”、“全国青年文明号”、“全国精神文明建设工作先进单位”，共获得国家级荣誉 18 项(次)、省级荣誉 151 项(次)、市级荣誉 183 项(次)。

特色工作

一、税务管理

(一)征管模式

取消户管制度，实行征管、稽查两分离。无锡市地税局成立之初，以纳税人所属行业、所在区域和经济性质为依据，以条为主，条块结合，设置分局，对纳税人实行“一员到户、各税统管”的管理模式改革，逐步建立起“以申报纳税和优化服务为基础，以计算机网络为依托，集中征收、重点稽查”的税收征管模式。1996 年，全市地税系统 168 个基层税务所全部实行电脑开票，人工开税票成为历史。1997 年，市区实行稽查与征管工作分离。1999 年，完善集中征管模式，在全市形成以信息化技术手段为支撑，相互协调制约的“纳税申报、税务代理、税务稽查、计算机监控”四位一体的地税征管格局。

实施税收属地征管，推行管事管户制度。2000 年 1 月起，按照“征管适当集中、检查实行外分、秩序逐步理顺”改革思路，在征管一分局实行稽

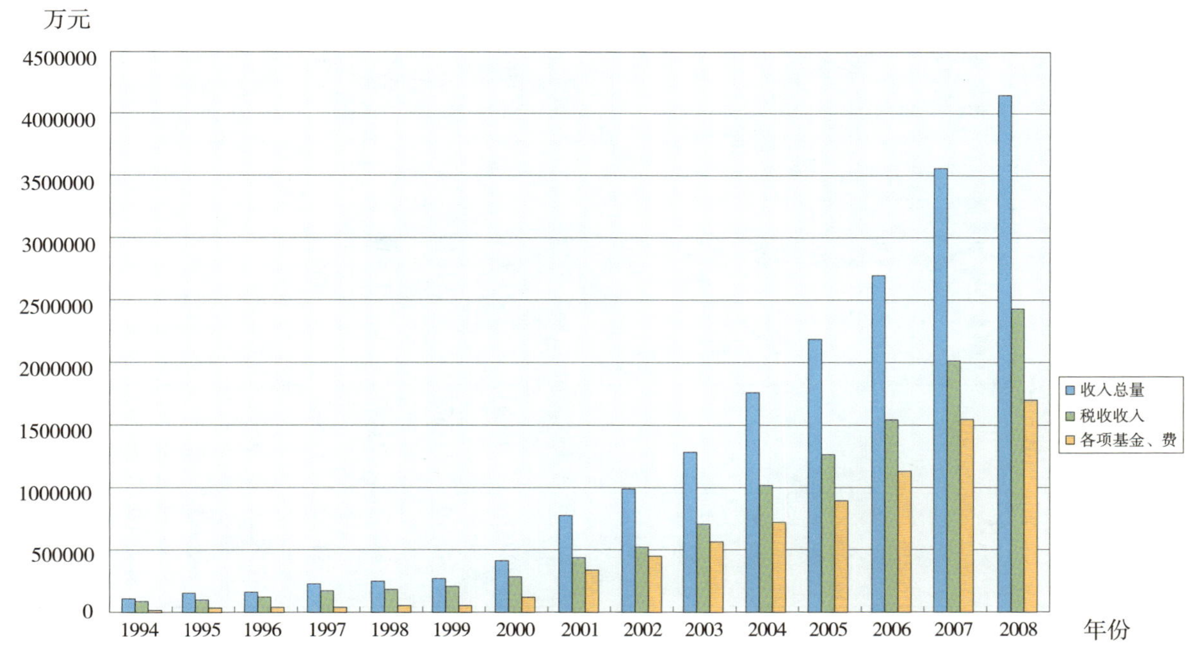

1994–2008 年无锡市地方税务局组织收入情况示意图

核管理员制度，在征管四分局试行“无区域征收，有区域管理”税收管理模式，在三市（县）局全面推进集中征收、检查外分的进程。2002 年，在全省地税系统率先实施属地征管改革。结合市区行政区划变动，以企业属地管理为基础，调整税收征管范围，设置征管机构，撤销税务所，取消全职能税务分局，成立专业化征管分局和检查分局，全市地税基层执法机构从 1996 年的 168 个减少到 60 个。2005 年，根据国家税务总局实行税收管理员制度的精神，制定《无锡市地方税务局税收管理员制度》，明确税收管理员的职责和权限，理顺管户与管事关系。2007 年，下发《关于征管分局实施日常税务检查的试行意见》，在征管分局实行日常检查。

（二）专业化管理

创新涉外税务管理。从 1996 年 3 月起，无锡市局组建第二税务分局，专门负责市区范围内外商投资企业及外籍个人的地方税收征管。江阴、宜兴、锡山市地税局先后成立专门的征管分局，分别集中负责相应辖区范围内外商投资企业及外籍个人的地税征管。1998 年，市局开发了外挂程序软件对外籍人员实施专门登记、单独开票管理。外籍演出人员税收管理。2001 年，首次对国际饭店的俄罗斯演出团征收个人所得税，入库税款 2500 元。2006 年，创新反避税举措、突破进口设备安装劳务征税难点，对外国企业销售设备同时提供各项劳务的营业税缴纳情况进行全面核查。2007 年，对全市 95 家有境外投资的代表性企业开展摸底调查，基本掌握了无锡境外投资企业的投资特点、项目、管理方式、纳税情况。对企业发生境外投资行为涉及税务登记变更的，办理变更登记 15 家。

首创建设工程项目和房地产开发企业税收集中征管。2003 年，成立属地征管办公室（项目办），在全省乃至全国首创建设工程项目集中征管。当年税收同比增长 381.55%，受到国家税务总局谢旭人局长和市委市政府领导的充分肯定。项目办负责对市区范围内建设工程项目（包括建筑、安装、修缮、装饰、市政公用事业、园林、绿化、人防等和房地产开发项目）实施专业化税收征收管理，即对建筑市场进行专业化的规范管理。2004 年，“项目办”改为第二税务分局，在无锡市区房地产开发企业中推广使用税控电脑开票系统，对房屋开发企业地方税收实行行业集中管理。开展房屋开发企业预售收入预征企业所得税，当年征收入库 4.7 亿元，增长 381.55%。这项工作在江苏省乃至全国地税系统为创新率先之举，受到国家税务总局、江

1994–2008年无锡市地方税务局组织收入情况表

单位：万元

年份	收入总量	占全省地税收入比重	全省位次	税收收入					各项基金、费			
				总计	占全省地方税收比重	全省位次	省级	市县级	总计	其中：社保费	教育费附加及教育地方附加费	文化事业建设费
1994年	108119			91471			14293	77178	16648	/	526	
1995年	155700	13.6	3	115523			16193	99330	40177	/	1208	
1996年	174753	11.9	3	140967			16916	124051	33786	/	3570	
1997年	225029	12.2	3	177892			21345	156547	47137	/	7105	50
1998年	251476	11.8	3	192734	11.8	3	26231	166503	58742	/	7861	386
1999年	284837	12.1	3	221903	12.1	3	25315	196588	62934	/	8565	362
2000年	429449	12.8	3	301031	12.8	3	27203	273828	128418	58684	10666	460
2001年	791905	14.9	3	449835	14.9	3	28315	421520	342070	237522	11640	401
2002年	981314	14.4	3	530082	14.4	3	29967	500115	451232	311335	13432	371
2003年	1295984	14.8	3	714552	14.8	3	35094	679458	581432	410902	16521	390
2004年	1767543	15.3	3	1029318	15.3	3	49247	980071	738225	493296	55567	509
2005年	2196953	15.4	3	1287168	15.5	3	65618	1221550	909785	623795	73081	780
2006年	2703524	15.3	3	1550715	15.3	3	84493	1466222	1152809	831745	91655	1025
2007年	3575639	14.8	3	2026055	14.8	3	125062	1900993	1549584	1148032	110693	1392
2008年	4151771	15.2	3	2445384	14.75	3	161407	2283977	1706387	1254585	129000	1701

1994–2008 年无锡市地方税务局税收分税种情况表

单位：万元

年 份	合 计	营业税	企业所得税	个人所得税	资源税	城建税	房产税	印花税	土地使用税	土地增值税	车船使用税	固定资产投资方向调节税	屠宰税	税款滞纳
1994 年	91471	38891	37522	1396	75	3253	4696	1241	2062		942	1091		302
1995 年	115523	46662	40246	3363	75	13909	5359	1143	1729		1389	1340	74	234
1996 年	140967	59741	42544	8632	34	17454	6453	1331	1693	1	969	1433	161	521
1997 年	177892	66563	55507	18037	38	20136	9998	1864	1800	18	1469	1408	465	589
1998 年	192734	79343	45727	24241	40	22902	13399	2136	1666	20	1273	1500	487	
1999 年	221903	90123	51650	30902	138	24912	16467	2456	1680	57	1558	1345	615	
2000 年	301031	112932	79872	44707	474	32970	21367	4260	1772	104	1545	526	502	
2001 年	449835	134533	180598	59757	353	43523	20767	5684	2809	83	1568	101	59	
2002 年	530082	174207	171041	86270	616	52390	30999	7747	5053	317	1442			
2003 年	714552	272424	195936	116697	1695	66549	32766	12011	4974	7888	3612			
2004 年	1029318	385228	300350	153611	2454	87098	42693	24651	6402	23827	3004			
2005 年	1287168	474787	350544	201662	1882	107595	66508	31803	11501	37854	3032			
2006 年	1550715	578562	383772	274484	2014	128702	81663	39523	13291	43669	5035			
2007 年	2026055	742607	432588	383644	2102	155692	87654	54313	98295	64334	4826			
2008 年	2445384	843286	530894	471606	2136	176114	109362	66755	151844	72376	21011			

2002-2005 年无锡市地方税务局建设工程项目税款征收表

单位:亿元

	2002 年	2003 年		2004 年		2005 年	
		金额	增长%	金额	增长%	金额	增长%
一、全市	7.44	15.9	114	24.74	56	31.18	26
其中:建筑业	3.97	9.14	130	12.36	35	15.93	29
销售不动产	3.47	6.76	95	12.38	83	15.25	23
二、市区	5.2	11.52	122	16.3	43	21.43	31
其中:建筑业	2.5	6.25	150	7.7	23	10.23	33
销售不动产	2.7	5.27	95	8.6	63	11.2	30

苏省地税局和无锡市领导的肯定。无锡市地税局建设工程项目税收属地征管工作及自行设计开发的建设工程项目管理软件在国家税务总局加强建筑业营业税征管座谈会上作经验推介。

上市公司税收集中征管。2000 年 8 月,为规范上市公司税收管理,对江阴市上市公司探索实行集中征管,促进企业所得税增长。2001-2003 年,全市上市公司分别入库企业所得税 33397 万元、22294 万元、26928 万元,分别占同年入库企业所得税的 56.66%、36.62%、43.47%。到 2007 年年底,实行集中征管的上市公司和拟上市公司总数达到 23 家。

在省内率先推行个人所得税建档管理。2000 年起,探索对高收入行业和高收入个人的建档管理,基本形成了“以扣缴义务人全员全额明细申报为基础、信息化管理为依托、对扣缴义务人和重点纳税人有效控管”的个人所得税管理模式。至 2008 年年底,已对 190 万名纳税人建立了个人收入档案,建档范围涉及供电、电信、银行、保险、烟草、证券、广电、医疗、教育等行业以及收入较高的外籍人员、企业董事长、总经理、外贸公司业务员、中介机构从业人员、行政事业单位工作人员等群体。9 年来,全面推进以明细申报为重点的全员全额管理,其经验在全国税务系统推广。

(三)纳税评估

率先开展纳税评估。2000 年,在全省率先建立稽核管理科,开展稽核评税工作,对 1.24 万户企业进行稽核评税,补征入库税款 3405 万元。2003 年,纳税评估工作全面展开,成为税收管理的重要手段。到 2008 年全局全年共开展纳税评估 17114 户次,通过评估入库税款 9.66 亿元,评估税款占同期税收入库总量的 4.26%。创新实施夜间纳税评估。2004 年 4-5 月,借鉴公安部门夜间巡查的做法,组织对以夜间经营和现金消费为主的餐饮、娱乐、服务行业等特殊行业开展夜间专项纳税评估,对城区 100 余户纳税人实施 130 次夜间纳税评估。

重点实施专项纳税评估。2005 年 3 月,开展房屋开发企业、建筑安装企业专项纳税评估。2006 年,根据无锡地方特点,开展省局纳税评估软件的本地化改造,增强了数据分析、行业平均数计算和评估异常分类功能,年内先后开展了劳务派遣企业、金融保险业等的专项评估。2007 年,对乡镇(街道)、村(居委)租赁资产和货运自开票单位等进行税收专项整治,对“五小”(小化工、小钢铁、小电镀、小印染、小水泥)企业、“三高两低”(高能耗、高污染、高危险、低产出、低效益)企业、等进行专项评估。2008 年,采取纳税人自查评估、税管员自行评估、重点户交叉评估、中介第三方评估等方式,开展了餐饮娱乐业、建筑房地产业等的专项评估。2005-2008 年,开展纳税评估 50846 户次,评估补税 22.75 亿元。

(四)信息化建设

全省征管系统 1.0 版在锡试点运行。1997 年,作为试点应用单位,无锡市地税局配合实施江苏省征管信息系统 1.0 版开发工作。2001 年 5 月起,征管系统 1.0 版在无锡成功上线运行。9 月 10 日,江苏省地税局在无锡和张家港两地召开全省征管

2003-2008 年无锡市地方税务局纳税评估情况统计表

项目 \ 年份	2003 年	2004 年	2005 年	2006 年	2007 年	2008 年
评估户数(户)	20696	16131	22540	13150	20226	17114
评估入库税款(万元)	16490.22	15131.76	22382	38369.29	66223	96627.24

信息系统推广应用会议，全省与会代表观摩征管系统 1.0 版在锡试点应用情况。至 2004 年，征管系统 1.0 版在无锡全市范围内全面推广运行。1997-2007 年，结合无锡税收征管实际，省局征管信息系统 1.0 版的本地化改造。

全省征管系统 2.0 版在锡率先上线运行。2005 年 7 月，作为江苏省地税局征管信息系统 2.0 版的首家测试、上线运行单位，无锡市局抽调多方力量，先后配合省局完成了系统软件的测试、数据迁移、试运行工作。自 2006 年 10 月 8 日起，在全市范围内上线运行省局征管信息系统 2.0 版。至 2007 年年底，先后完成基于省局征管系统 2.0 版的地方业务管理平台和辅助管理分析平台开发。2008 年 3 月 18 日，国家税务总局信息中心副主任余东赴锡视察征管信息系统 2.0 版运行情况。

国家税务总局货物运输发票税控管理系统上线。2006 年 12 月，作为省地税局试点单位，率先推广使用全国统一的货物运输发票税控管理系统，对原有货运发票数据进行批量处理，对自开票纳税人、中介机构、税务机关税控盘进行初始化，完成了税务机关代开票本地系统的部署及上线工作。2007 年 1 月，完成与货物运输发票税控管理系统相衔接的省局征管系统 2.0 版接口模块，实现发票出售数据自动导入货运发票系统、以及完税证数据的接收统计等功能。

国家税务总局 TIPS 税库银系统上线。作为全省地税系统试点单位，通过与江苏省地税局、无锡市人民银行的多次协调，组织开展税库银系统试点项目。2007 年 11 月，完成 TIPS 前置机软硬件配置和 2.0 征管系统生产环境的系统升级，联合人民银行召集市区各商业银行对征收系统内清算行号、开户行行号、核算机关、收缴国库与人行及各商业银行进行再次确认。12 月 1 日，税库银系统正式在惠山局试点上线。2008 年 3 月，国家税务总局信息中心副主任余东赴锡视察 TIPS(税库银)系统上线情况。10 月，社保费税库银 TIPS 与外挂基金软件、财税库联网系统在全市同步上线。12 月，完成宜兴社保 TIPS 扣款系统的改造。

首创税收公共管理服务系统。2006 年，成功开发应用体现 ISO9000 族质量管理、税收执法责任制和省地税局千分制考核要求，涵盖税收业务和行政管理，集绩效考核、税收执法责任制考核和征管质量考核于一体的公共管理服务系统(TPASS)。12 月 24 日，该系统(TPASS)通过专家组鉴定。国家税务总局政策法规司、江苏省地税局、江苏省信息产业厅领导对该系统给予高度评价。2007 年，该系统获得“无锡市科技进步三等奖”。2008 年，完成对 TPASS 系统的二期开发。

全面推广电脑发票。2006 年 11 月 1 日，在全市范围内推广使用电脑发票，由无锡市地方税务局监制的手工发票退出历史舞台。

二、纳税服务

创立“纳税人之家”品牌 2003 年 11 月，在惠山区原杨市镇征收服务点在全省率先成功构建“纳税人之家”，成为征纳平等沟通、民主管理、维护权益的新平台。2007 年惠山“纳税人之家”的成功经验在全市全面推广，其经验在全省、全国广泛推广，推动了纳税服务向高层次发展。2008 年，在全省纳税服务工作会议上介绍依托“纳税人之家”加强纳税人权益保护的做法和经验，被列入“法治无锡”16 件实事工程。

开通“12366”纳税服务系统 2004 年 1 月 1 日，无锡市地税局“12366”纳税服务系统正式对外开通，是江苏省地税系统内第 2 个开通“12366”热线的地市局。该系统是以计算机系统为支撑，以 12366 特服号码为载体，利用电话网络和纳税人信息交互的一种手段，并与无锡市地税局网站和无锡政府网站互动。至 2008 年年底，全年话务总量为 7.7 万个，话务量一直位居江苏省前列。

创新成立纳税服务中心 2008 年，在全省地

税系统率先成立纳税服务中心，率先在市、县(区)局两个层面实现纳税服务归口管理。积极整合服务资源，优化资源配置，打造12366服务热线、地税网站、纳税人之家、办税服务厅四大服务品牌，开展纳税人维权服务。

创新纳税服务举措　2001年，无锡市行政审批中心成立，国、地税局进驻中心，在全省地税系统合署办理税务登记。2006年4月27日，无锡市地税局首次以邮寄方式送达个人所得税完税证明，市区700多户代扣代缴单位1.7万名纳税人拿到税单，结束了纳税人“缴纳个人所得税拿不到税票”的历史。无锡是当时全国向本市纳税公民开具并邮寄个人所得税完税证明的少数几个城市之一。2008年12月13日，无锡市局创刊《纳税服务专报》，《专报》围绕纳税服务“税法宣传、纳税咨询、办税服务、权益保护”十六字定位，立足全市，放眼全省、全国，坚持服务地税干部、服务领导决策，及时反映各单位各部门纳税服务特色亮点工作，定期通报全市纳税服务工作(12366等)运行情况。省局将此项经验在全省范围进行了推广。

三、税收法制建设

积极健全并落实执法责任制　1998年，初步搭建了税收行政执法责任制度体系，具体包括行政执法学习培训、行政执法岗位检查、行政执法岗位责任、行政执法程序、行政执法规范性文件备案、行政执法重大税务处罚备案、行政执法过错责任追究、行政执法证件管理和行政执法评议考核制度等。随后，分别于1999年制定出台《行政法制工作考核办法》、《行政执法责任制实施方案》，于2001年研究制定了税收执法过错责任追究相关制度，于2004年制定和实施了《全市地税系统税收执法责任制工作实施意见》，将税收执法检查、执法过错责任追究列入考核。

在全国首例个人捐赠税案中胜诉　2003年6月17日，浙江温州人余成锡向北京市红十字会一次捐赠物资价值逾200万元。2003年6月20日，余成锡在从无锡市天龙房产开发有限公司取得一笔经济补偿收入时，要求时全额扣除其捐赠额以免缴个人所得税。无锡市地税局按照“必须提交接受捐赠物资票据”的规定，对其一次性经济补偿收入扣除实际捐赠额后征收个人所得税。余成锡以不服地税机关向其征收个人所得税的行政行为为由，提起行政诉讼，一审判决余成锡败诉后，余不服，向无锡市中级人民法院提起上诉。中院在进一步查明事实后，认定无锡市地税局依照扣缴义务人的代扣代缴申报进行征收个人所得税的行为，事实清楚，适用法律法规正确，符合法定程序，驳回余成锡上诉请求，维持一审判决。这起全国首例个人捐赠税务官司，以地税机关胜诉而告终，为完善捐赠的税收政策提供了典型案例。

率先开展税收规范性文件清理工作　2006年6月起，在全省地税系统率先开展税收规范性文件清理工作，根据《国务院关于鼓励支持和引导个体私营等非公有制经济发展的若干意见》，清理市政府现行规章、规范性文件以及其他文件在市场准入、财政金融支持、社会服务、权益保护和政府监管等方面的涉税规定。2007年4月，全面清理无锡市政府涉税规章，对26项行政法规提出清理建议。5月，根据《国务院办公厅关于开展行政法规规章清理工作的通知》和《国务院法制办公室关于行政法规规章清理工作有关问题的通知》要求，重点清理《国家税务总局现行规章目录》中所列58件税务部门规章中的2件和2005-2006年间税务总局税收规范性文件中的24件。10月，开展市级税收规范性文件清理工作。

税务稽查查案工作经验在全国税务系统交流　狠抓大案要案查处，通过推行查前提示和确定必查项目制度、重大案情集体分析制度、关联企业联动检查机制、两级检查机制4项制度，确保对利用做假账、两套账、账外经营等手段进行偷税及一些“长亏不倒”、生产经营规模大而微利企业的查处力度。1994-2008年，累计查处百万元以上大要案163件，移送司法机关办理81起案件，案件查补税款17.52亿元；其中，2006年首次查获超过1000万元的涉税案件，有力维护了经济税收秩序。全局税收专项检查工作经验在当年全国税务系统稽查工作会议上进行了交流。

获评无锡市首批“规范执法合格单位”创建工作先进单位　下发《关于开展争创“规范执法示范点”活动的实施意见》、《关于开展创建“规范执法合格单位”活动的通知》。2006年起在全系统全面开展创建活动，从组织领导、制度健全等6个方面制定了24类具体考核指标。2008年，被评为无锡市首批“规范执法合格单位”创建工作先进单位，成为全市获此荣誉的10个单位之一。同时,第四税务分局、锡山地税三分局、惠山地税三分局3个单位被评为无锡市“规范执法示范点”,全系统基本实现了“法治意识牢固、制度体系严密、执法行为规范、监督机制有效、机关形象文明的”创建目标。

推行“一案双查三审”创新执法监督途径　2008年,以重大税务案件为切入点,建立一案双查三审机制,开辟执法监督新途径。在重大税务案件审议过程中,纪检、监察部门同步介入,既查纳税人的依法纳税情况,又查税务干部规范执法情况,同时审查税收征管中的制度空白点、管理薄弱点、执行危险点。在推行过程中,实行部门联动,建立灵活的快速处理机制,大要案审议过程中发现疑点,即时启动,实地调查,一方面将各类税款及时上缴入库,同时对征管中的问题及时反馈到纪检、监察部门,对有执法问题的责任单位和个人落实问责机制,实现有效整改,实现问题坚决处理在萌芽状态,确保执法管理“零差错”。

全面理清税务行政职权　2008年,再次全面梳理税务工作85项行政职权及其依据,包括:行政处罚30项、行政救济1项、行政强制4项、行政收费2项、行政许可5项、行政征收30项、其他行政权力13项。在政府网站和地税政府网站,围绕行政权力类别、行使依据、公开形式、公开范围、公开时限、收费依据和标准、承办部门和人员等方面,对梳理出的行政职权全面公开,同时依法制定覆盖行政权力运行全过程的流程图,逐项明确具体承办岗位、办理时限、职责要求、监督制约环节、相对人权利、投诉举报途径和方式等。

规范执法工作受到中纪委监察部执法司领导高度肯定　2008年11月,中纪委监察部执法司袁相荣、蔡兵处长以及江苏省纪委监察室副主任蒋柏林到无锡调研效能建设工作,专程赴地税部门听取了“立足科技创新、规范税收执法”的专题报告,对其建立以民主参与机制为特色的纳税人之家工程、构建预防为主的地税勤廉预警指标体系、开发应用监控全面的税务综合管理信息系统、实行纳税人主导的税务管理员执法行为网上测评等效能监察工作举措和主要成果,给予了充分肯定。

征管内设检查　建局之初,稽查工作实行征、管、查集于一体,各征管单位成立检查科(所),在辖管范围内对税源户进行稽核,催缴滞纳、拖欠的税款,清理注销户,实施日常税收检查以及查处举报涉税案件,稽查的管理职能在征收管理处。1995年,无锡市区城郊分局实行“征管在所、稽查在分局”的模式,直属分局深化和完善“管、征、查”三分离,充实稽查人员,探索计算机选案工作,完善稽查工作职责、管理制度和操作规程的办法。

两级稽查的发展　1995年7月,为规范和强化税务稽查,成立无锡市地方税务局税务稽查局,内设综合科和稽查科,负责无锡市区重点税源户以及大案、要案的税务稽查。2002年7–8月,成立无锡市地方税务局检查三分局,负责管辖范围内纳税人的税务稽查。市区形成税务稽查局、检查一分局、检查二分局和检查三分局四个检查机构两个层级的格局。至此,除征收管理二分局按照《涉外税务审计规程》对外资企业实施税务审计外,市区各征管分局已无税务稽查职能。

一级稽查的推行　2002年,税务稽查局从机构设置上加强对全市稽查业务的指导和管理,明确稽查各分局和下设科所新的职责。2003年,实行集中选案,赋予税务稽查局在市区选案职能。6月,稽查局在市区承担审理职能,实行集中审理。选案和审理两环节从基层稽查单位中先后分离出来。稽查局负责对全市税务稽查业务的指导,制定和实施一系列的稽查管理制度和办法。2004年2月,稽查局从涉外分局接手承担市区涉外企业地方税收的稽查职能。至此,市区一级稽查基本形成。2006年2月,市区稽查局和三个稽查分局合并组成一个稽查局。2007年,围绕“重点稽查、提升威慑、服务征管、和谐发展”的要求,进一步优化一级稽查模式,推进分级分类检查。

在全国税务系统率先开发运用查账软件　自1995年无锡地税稽查局成立以来,在稽查信息化建设、大要案查处、稽查业务管理方面在全国具有一定的影响力。同时,在江苏省内率先开发和运用计算机查账软件,加强与国税、公安等部门的配合协调,有力地打击偷税逃税等涉税违法行为。2006年,在全国地税检查工作会议上作交流发言,介绍无锡地税稽查组织专项检查的工作成果和经验。1994–2008年,查补税款17.52亿,查处百万元以上大要案171件,累计移送81起,累计查补收入总额达 22.34 亿元。

四、队伍建设

党组中心组理论学习　1994–2008 年，逐步完善由全体党组成员、局领导及办公室负责人等组成的党组理论学习中心组，全年学习时间不少于 12 次或集中学习时间不少于 15 天，每年邀请 2–3 名国内、省内知名专家学者进行专题授课，根据分管工作，并撰写专题调研报告和学习体会文章若干。2004 年 12 月，无锡市地税局党组中心组被无锡市委评为“无锡市党组中心组理论学习先进集体”。2007 年 12 月，无锡市地税局党组中心组被中共江苏省委评为“江苏省党组中心组理论学习先进集体”。

领导干部队伍建设　2001 年 5 月，局党组提出《中共无锡市地方税务局党组开展争创“团结、廉洁、高效、开拓”好班子活动的意见》。2002 年，强化税收“两权监督”，提拔任用 11 名中层干部，对 12 名中层干部交流换岗，占中层干部的 51.61%。2005 年，结合组织开展保持共产党员先进性教育活动，无锡市地税局出台《关于贯彻和落实民主集中制原则的意见》和《关于加强班子成员经常性思想交流的意见》。2006–2007 年，组织局党组中心组暨中层干部“进清华校园、走华北大地，谋创新发展”专题读书班。2002–2007 年，无锡市地税局党组连续被中共无锡市委评为“团结、廉洁、高效、开拓”好班子。

公开选拔各级领导干部　2000 年，在全系统进行“科所长职位全员竞争和缺位资格竞争”试点。从此以选人用人为重点的人事制度改革不断向纵深推进，全系统科所长职位竞争和副科级职位缺位竞争形成常态，充分调动了各职干部提高素质能力、不断奋发有为的激情与活力，迈出无锡市地税局干部人事制度改革的第一步。2001 年，在市区各分局进行科（所）长全员竞争上岗，有 168 名同志参与竞争，占全局人数的 63.16 %，16 名一般干部走上副职科所长岗位。2003 年 8–9 月，在市区范围内实施新一轮科（所）长缺位资格竞争，32 名青年干部取得相应职位或资格。2005 年，首次在全系统范围内开展副科级职位公推竞岗，全系统共有 197 人报名参加，竞岗人选比例达到 1：25，8 位同志走上中层领导岗位，平均年龄 36.7 岁，其中本科学历 3 人、研究生学历 3 人，35 周岁以下青年干部 2 人。2008 年 5–8 月，举行全系统副科级领导职务公推竞岗，在第一类副科级职位民主评议人选 37 人和第二类职位民主评议人选 33 人中，首次使用“无领导小组讨论”的面试方式，选拔任用了 13 位同志；其中 10 位是研究生或在读研究生，11 位具有中级职称资质，10 人为 35 周岁以下人员。

后备干部与青年干部的培养　1995 年，无锡市地税局在全局范围内进行了民主推荐和民主测评后备干部的活动。2004–2005 年，出台《青年公务员培养管理暂行办法》，明确新录用公务员采用“师徒结对”指定导师的多岗位锻炼培养成材机制。出台《干部挂职锻炼管理暂行办法》，先后有 6 名干部前往徐州地税局担任分局长助理。在江阴市地税局试行干部能级管理，有 13 名干部能级一级晋升为能级二级、15 名普通级补充为能级一级。2006–2007 年，选拔优秀中层干部到大中型企业挂职，深入了解企业生产经营的全部流程，从微观角度体会考察企业的实际状况。2007 年，出台《无锡市地方税务局关于进一步做好新进公务员岗位培养工作的补充意见》，紧密结合地税事业发展和个人理想追求，帮助新进公务员规划好个人职业生涯。

共产党员先进性教育　2003 年，无锡市地税局依托局域网开展“保持共产党员先进性”网上征文活动，把动手撰写和阅读征文，作为主动找典型、树典型、学典型的过程，上网点击数超过 2300 多人次，回帖近百条。2005 年 1–6 月，在市区 11 个党支部 303 名党员中组织开展以实践“三个代表”重要思想为主要内容的保持共产党员先进性教育活动。2005 年 9–10 月，作为全市首批开展增强团员意识主题教育活动的单位，无锡市地税局设立主题教育网页、利用“12366”平台短信提醒式教育、开展“倾人间真情 与希望同行”的“中秋节走进儿童福利院”活动和“我来讲团课”等做法，受到前来视察的团中央组织部督察组的充分肯定。开展“党员承诺制”和“党员政治生日”活动获得 2007 年度市级机关党建工作创新项目，涉外税务分局党支部获得无锡市党建工作示范点称号。

创新成立机关效能办公室　2006 年 2 月，专门成立机关效能办公室，切实加强机关效能建设。编发《地税效能》简报，组织开展万人大调查活动。按“我知道的地税”、“我眼中的地税”、“我心中的地税”全面征求纳税人意见，边调查边服务，边听意见边宣传，认真梳理纳税需求，对效能建设重新审视，从高定位，进一步强化对机关效能建设的认识。确定开展实施“培训工程、效能工程、服务工程、创新工程、活力工程”等五大效能建设工程，以更高水平和更大力度全面推进地税效能建设。8-10月，制定了《无锡市地方税务局效能督查制度(试行)》、《无锡市地方税务局办税服务四十条》，建立有效督查机制，改变机关作风，提升机关形象，增强工作执行力，切实提高工作效率和服务质量。

被中央文明委授予“全国精神文明建设工作先进单位” 2005年，被中央文明委授予“全国精神文明建设工作先进单位”，大力开展创建学习型、法治型、服务型“三型”税务机关和争创一流的干部队伍、一流的服务水平、一流的工作业绩“三个一流”活动，不断推进文明建设的创新发展，2008年蝉联全国先进单位。

被国家税务总局授予“全国税务系统纪检监察先进集体” 2006年，被国家税务总局表彰为“全国税务系统纪检监察先进集体”。全系统深入开展“清新地税风、清醒地税人”为主题的廉政文化教育活动，强化行政管理权和税收执法权“两权”监督，实行执法预警监控和责任追究，营造了浓厚的清正廉洁、执法为民的氛围，国家税务总局党组成员、纪检组长贺邦靖在考察党风廉政建设工作时挥笔题词“清风”。

五、行政管理

基本建设 1994年9月国地税分设，全局分得固定资产价值3065万元，随着征管业务扩大和人员增加，业务用房拥挤的矛盾凸显。为优化办税环境，服从城市建设和规划需要等市政府总体安排，解决无锡市贸易资产经营有限公司搁置多年未完工程(原中国饭店)的实际困难，2001年11月29日，投资7000万元买下大楼。2005年9月，正式开始对中国饭店项目进行地税征管业务大楼的勘察设计和整体规划。2008年9月，地税新征管业务大楼成功交付使用，一分局、二分局和六分局顺利进驻办公。至2008年年底，建筑物固定资产4.28万平方米，价值1.1亿元。

创新政务公开举措 2000年，推行“税务十公开”，在各办税服务厅和纳税人集中的区域，及时发布涉税信息，加强与报纸、电视、广播等媒体的联系。2003年起，依托地税网站设立图片新闻、税收政策、办税公告、涉税事项办理等栏目，向全无锡范围及时发布涉税信息。2005年4月，围绕税收执法权和税收监督权运行的重点内容和关键环节，推进“阳光政务”。对外细化公开事项，围绕社会各界关心、纳税人关注的税收执法事项，及时更新信息，受理答复纳税人咨询。对内建立重要情况通报制度，对局长办公会议纪要，涉及干部职工的重大决策、年度财务预决算情况进行公开。2006年起，以实施“阳光工程”、打造“透明地税”为目标，提升电子政务建设水平。2007年，无锡地税局网站在无锡市政府网站测评中列首位。当年网站访问量首度突破100万次。2008年，继续在全市65个政府机关网站测评中摘得桂冠，并居全省地税系统前列。同时，网站的“政府信息公开专栏”栏目被无锡市网络文化建设和管理联席会议领导小组评为“2008年度网站优秀栏目二等奖”。

政务信息工作成效明显 在加强动态性日常信息报送的基础上，积极拓宽信息来源渠道，大力加强工作重点、热点、难点问题的报送，加强经济税源类信息的采集和报送，积极做好网择信息工作。据不完全统计，1996-2008年，全系统有97条信息被国办或省委、省政府采用，有513篇标题信息或专题简报被省局采用，有2111条信息被市委、市政府采用。连续 年获得全市党政信息工作一等奖，年获得全市党政信息工作特别奖，年荣获全省地税系统信息工作先进单位称号。2008年，政务信息工作名列全省地税系统第2位，获得江苏省地税局政务信息工作先进单位和无锡市党政信息工作特等奖的荣誉。江阴市局、惠山地税局、锡山地税局、宜兴市局均跻身全省地税系统县市局先进单位行列。其中，江阴市局、惠山局、锡山局包揽全省地税系统县市局排名的前3位。

首创创新成果发布机制 2007年，在全国地税机关首创创新成果发布机制，围绕“突出工作重点、破解工作难点、打造工作亮点”签订创新项目责任书，召开年度创新工作推进会，先后产生创新成果项，形成了依托创新求突破、谋实绩、促发展的新局面，省地税局领导亲临创新成果发布现场，对“创业、创新、创优”的特色予以充分肯定。

《台湾地区税收制度》获中国国际税收研究会第六次国际税收优秀科调研成果集体奖　由无锡市地税局局长马伟主编的《台湾地区税收制度》一书，在2006年至2008年中国国际税收研究会国际税收优秀科研成果评选中获得集体奖。该书分“概述、所得税、加值型及非加值型营业税、货物税、土地税、房屋税、烟酒税、印花税、使用牌照税、遗产及赠与税”等16个部分，详细介绍了台湾地区14个税种，并对台湾税收制度制定的依据以及有关命令和各种办法的规定，作了较为系统的注解探讨。该书占有资料充分，选用数据大多为2005-2007年期间的数据，对各类型税种的特点、税率计算方法、税目税额、减免税规定等进行分节说明，是一部较为完备的台湾税收制度专著。该书为国内首部详细介绍台湾税制的专著，填补了台湾地区的税收实务、税收理论和税收教研工作领域的空白，具有较高参考价值。

出版全省地税系统首部地级市地税志　2008年10月，成功出版《无锡市地方税务志》，设组织机构、地税收入、征管改革、服务地方经济等16章，计60节174目，全方位展现了无锡市地方税务局1994-2007年间的历史沿革、发展概貌和改革历程，是江苏省地税系统首部公开出版一部具有鲜明时代特征、行业特点和地方特色的地级市地方税务志。该志约60万字，图片逾百张，结构合理，篇目章节清楚，层次分明，内容全面系统，在行文中尤其重视把握地税工作规律性，创新实施地税管理新模式、新举措。同时，积极运用较为领先的方志编纂技巧。用以类系事的方法，将一些能够突出时代性、地方性和部门性的内容采用了升格式、集中式、首列式的方法。如：以“地税收入章”突出了地税的主要业务、主要贡献，充分反映地税收入在无锡经济发展中的地位与作用；以“征管改革章”突出反映了地税的改革开放历程；以“服务地方经济章”突出了地税部门的纳税服务职能，附录中还增添了现在方志界都已较为重视的调研文章，具有较高的实用价值和现实意义。

档案管理成绩突出　1994年9月，市区局基于建局初期档案基础设施和管理条件十分薄弱的状况，制定“一年打基础、两年入轨道、三年上台阶”档案工作思路，着手改善档案工作条件。2002年，锡山地税局档案室达到省一级标准。2003年市局综合档案室档案达省一标准；涉外税务分局、第三税务分局档案室分别达到省一级标准。2004年，宜兴市局建成省一级档案单位。2006年，宜兴市地税局、惠山地税局档案室达档案省特一级标准。2007年，锡山地税局档案室达档案省特一级标准。2008年，江阴地税局达省一级档案单位。无锡市局连续多年被评为无锡市档案工作先进单位。

六、地税文化建设

凝聚“尚德高效、自强不息”无锡地税精神　国、地税分设后，为尽快使行业建设与发展走上正常化、规范化轨道，无锡市地税局提出体现本级、本单位特点“地税精神”的需要。2003年，邀请江南大学学者共同讨论无锡“地税精神”，组织社会各界人士召开座谈、演讲、报告会，通过市城调队向社会发放调查问卷，形成无锡“地税精神”的现状调查分析报告。7月，组织召开“无锡地税系统基层文化建设现场会”。全系统160名代表观看江阴地税特色文化建设电视专题片。省局副局长徐锦辉到会作重要讲话。会后，无锡市地税局整理编印了《无锡地税基层文化建设交流与探索》专辑。9月，在全系统开展“无锡地税精神”表述用语有奖征集活动。经过13个月的广泛征集，全系统干部职工提出众多“无锡地税精神”表述用语方案。2004年10月，提炼出8套“无锡地税精神”表述用语拟定方案在全系统内公布，全系统干部职工踊跃参与投票，发言1252篇，点击近万次，回帖数百条。江苏省委常委、宣传部长王国生现场观摩了江阴市地税局文化建设成果。经全系统干部职工反复讨论和研究，局党组最终于2006年8月研究确定无锡地税精神为：“尚德高效、自强不息”，党组书记，局长马伟同志专文发表《尚德高效、自强不息，不断推进无锡地税科学率先全面持续发展》，全面深入阐述了无锡地税精神表述用语的深刻内涵和重大意义，标志着经过全系统干部职工充分讨论并形成了集体共识，体现了全体干部职工的核心价值理念，有力的推进了无锡地税事业的科学发展、率先发展、全面发展和可持续发展。

探索地税廉政文化建设　多年来，无锡市地税系统始终把积极营造廉政文化氛围作为加强地税文化建设的重要方面、作为加强党风廉政建设的一项重要举措，逐步推进，为建设有地税特色的廉政文化打下基础，同时丰富了无锡地税文化的内涵。2002年4月，在无锡市地税局内网上开辟了首个论坛——“清风明月”论坛，以此为载体向干部征集廉政警句格言、发表心得感悟，受到广大干部特别是青年干部的欢迎。至2008年12月，《中国纪检监察报》专门对此进行了介绍。

创建“清莲社”廉政文化品牌　2005年，在办好“南京路上好八连”、江阴华西村2个思想道德教育基地的基础上，选择无锡“公花园”（20年代无锡首个社会主义青年团支部旧址）建立了“清莲社”廉政文化活动基地，作为廉政品牌建设的主阵地。2005年以来，创办了《地税清莲专刊》；定期召开新年倡廉茶会、廉政细节研讨会、清莲诗会和红色歌会、金点子“头脑风暴会”等“清莲社”主题活动，举办系列“清莲杯”书画、摄影比赛，编印《倡廉立德启示录》，制作“六项禁令”小卡片发给每位干部随身携带对照，增强反腐倡廉教育的吸引力和感染力，深化文化理念和品牌意识。2005年11月3日，在“江苏省廉政文化推进会”上，作为全省廉政文化进机关的典型在大会上作交流发言。这是江苏省地税系统成立以来，首家省辖市地税局在全省大会上介绍经验，得到省局党组及纪检组的高度评价。12月，地税廉政文化建设志愿者组织“清莲社”获无锡市政治思想工作“创意奖”和市级机关党建工作创新成果奖。2006年9月，江苏卫视《廉政时空》栏目制作播出了反映无锡地税廉政文化建设成果的专题片《“清廉”地税风》，中央电视台第四套节目也作了转播。无锡市地税局被中共江苏省纪委、省委宣传部等9个部门联合公布为第一批“省级廉政文化示范点”。《新华日报》分2次对“清莲社”廉政文化建设活动作跟踪报道。2007年2月7日，原中纪委委员、国家税务总局党组成员、纪检组长贺邦靖在视察无锡地税“清莲社”廉政文化活动基地后给予高度评价并专门题字“清风”。

率先成立国际税收研究会　2004年4月27日，在全省地市级率先成立国际税收研究会，首创研究会期刊，省委常委、市委书记杨卫泽和省地税局副局长、国际税收研究会会长顾长虹发来贺信，原国家税务总局副局长、中国国际税收研究会会长郝昭成作“创新无锡税苑，争办一流期刊”题词，国家税务总局科研所刘佐所长亲临《无锡税苑》创刊发布会，成为中国国际税收研究会的2个地市级团体会员之一。

徐州市地方税务局

概　　述

1994年，根据国家税务总局和江苏省人民政府的有关通知和方案,徐州市对税务系统进行了机构分设,分别组建成立了徐州市国家税务局和徐州市地方税务局。1994年8月15日,徐州市地方税务局宣布成立,成为江苏省辖市第一家率先成立的地方税务管理机构。根据徐编复〔1994〕第111号批复,核定徐州市地方税务局内设机构为:办公室、人教科、税政一科、税政二科、税政三科、征收管理科、计划财务科、监察室、机关党委(工会按有关章程设置),直属机构为:徐州市地方税务局直属分局、徐州市地方税务局云龙区分局、徐州市地方税务局鼓楼区分局、徐州市地方税务局泉山区分局、徐州市地方税务局矿区分局、徐州市地方税务局金山桥经济技术开发区分局、徐州市地方税务局税务稽查分局。1997年11月,在原设机构的基础上成立徐州市地方税务局计算机中心,为全额拨款事业单位。1998年5月成立新宇税务师事务所,为自收自支事业单位（于2000年与徐州地税局完全脱钩)。1998年内设机构人教科改名为人事科,同时成立基层工作科,徐州地税稽查分局更名为徐州市地方税务局稽查局。1999年全省地税部门实行省以下垂直管理。2000年增设内设机构税政四科、政策法规科,成立徐州市地方税务局城南开发区分局,徐州市地方税务局金山桥经济技术开发区分局更名为徐州市地方税务局金山桥分局。2003年6月机构改革,根据苏编办〔2003〕69号文件，重新核定徐州市地方税务局内设机构:办公室、人事处、基层工作处、计划财务处、税政一处、税政二处（基金管理处)、征收管理处、政策法规处、信息管理处、监察室、机关党委。直属机构:徐州市地方税务局稽查局,下设3个稽查分局（副科级建制)。徐州市地方税务局涉外税务分局（涉外税务管理处)。丰县地方税务局、沛县地方税务局、铜山县地方税务局、睢宁县地方税务局、邳州市地方税务局、新沂市地方税务局、徐州市贾汪区地方税务局。派出机构为:徐州市地方税务局第一税务分局、徐州市地方税务局第二税务分局、徐州市地方税务局第三税务分局、徐州市地方税务局第四税务分局、徐州市地方税务局第五税务分局、徐州市地方税务局第六税务分局。

一、税费收入稳健增长

积极开展地方税源普查,掌握税源状况。层层分解收入任务，加强收入调度。建立旬对比、月分析、季通报等制度。建立多部门共同参与的收入分析监督机制,构建计算机分析体系,提高计划管理和数据分析的应用水平。加强经济、政策、征管因素分析,及时发现组织收入中存在的热点、难点问题，有针对性地提出措施和建议,依法征收，应收尽收。充分掌握重点税源大户、重点税种入库情况的同时，对小税种认真调查、分析,抓热点、盲点、焦点,抓大不放小,既抱“西瓜”,又捡“芝麻”。大力清理陈欠,严格防止新欠,采取强制执行和税收保全措施,努力把欠税压到最低限度。加强计划管理，坚持“抓早、抓紧、抓实”,严格按序时进度均衡入库。1994年徐州地税各项收入5.91亿元,2008年各项收入累计136.64亿元，其中地方税收77.14亿元,比1994年增长了12.7倍。1994–2008年累计组织税收收入351.666亿元,为徐州经济繁荣和社会发展进步提供了强有力的财力保障。1996年,开始征收散装水泥专项基金。2000年6月,社会保险费和生活垃圾处置费正式由地税部门征收,共征收社保费3.5亿元,征缴率达98%,追缴以往年度欠费1938万元，三资企业征收率达到

100%。2002年，开征个体工商户综合基金。2004年接受了市政府委托的工会经费、残疾人就业保障金和垃圾处置费三项费用的代征工作。截至2008年，累计代征各项基金费246.6亿元。

1994-2008年徐州市地方税务局组织收入情况表

单位：万元

年　度	各项收入	税收收入	社　保	其他收入	减免金额	稽查查补收入
1994年	59106.0	56202.0	—	2904.0	0	—
1995年	63099.1	60956.5.0	—	2142.6	2653.1	5637.7
1996年	88665.6	84560.9.0	—	4104.7	109.0	5693.5
1997年	103782.7	97583.4.0	—	6199.3	211.2	8853.1
1998年	116423.8	109547.4.0	—	6876.4	281.5	9632.5
1999年	127120.0	116529.0	—	10591.0	285.0	11094.0
2000年	177217.0	125611.0	39014	12592.0	482.0	10514.0
2001年	265776.0	139274.0	105051	21451.0	840.0	8369.0
2002年	314730.0	161617.0	134015	19098.0	2049.0	8600.0
2003年	391672.0	193034.0	174274	24364.0	3999.0	9273.0
2004年	483147.0	258429.0	193717	31001.0	4366.0	10888.0
2005年	608257.0	324318.0	242538	41401.0	6555.0	12818.0
2006年	755212.0	419824.0	304893	30495.0	7746.0	7778.0
2007年	1061760.0	597736.0	397263	66761.0	13256.0	12220.0
2008年	1366352.0	771439.0	506333	88580.0	33565.0	25588.0

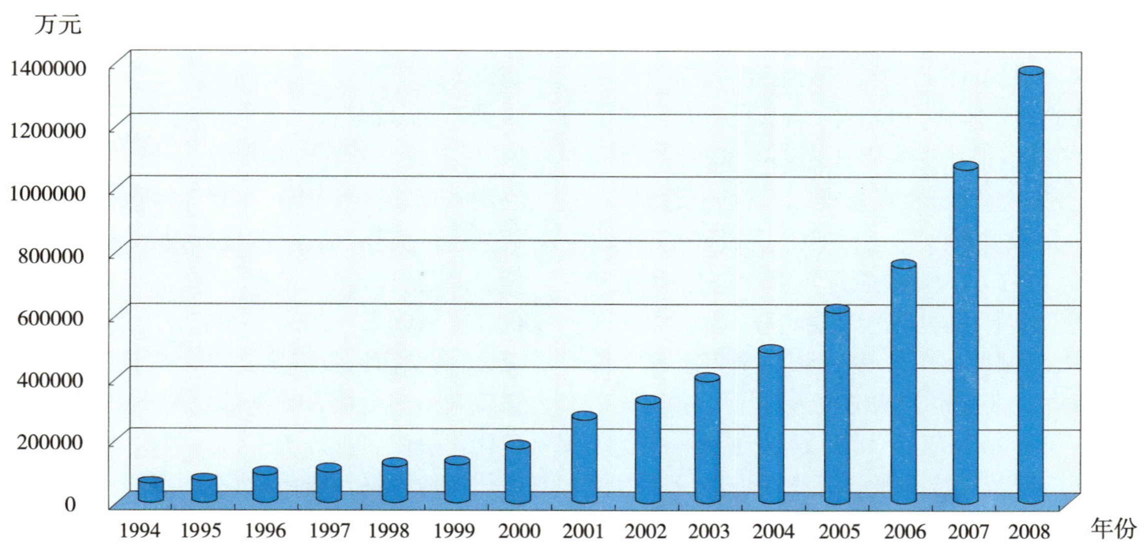

1994-2008年徐州市地方税务局组织收入图

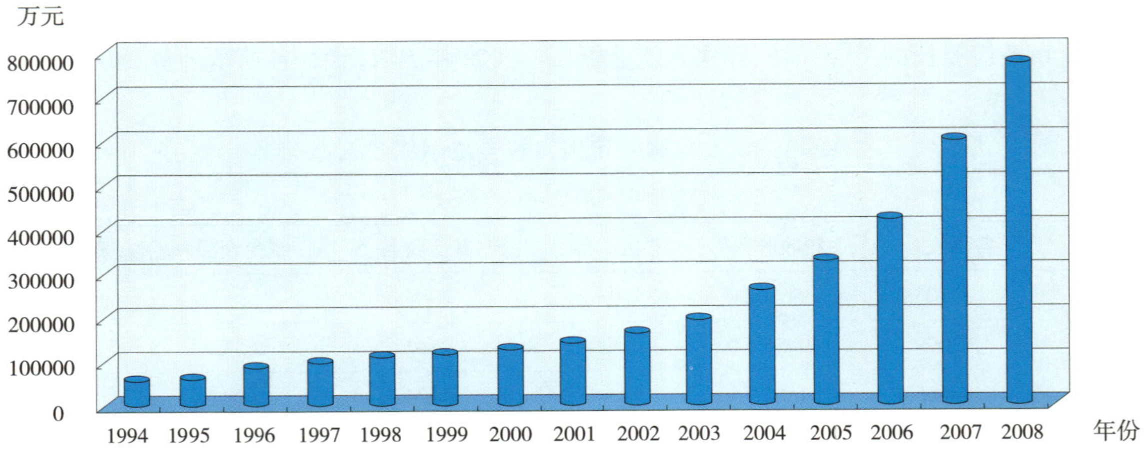

1994-2008 年徐州市地方税务局税收收入图

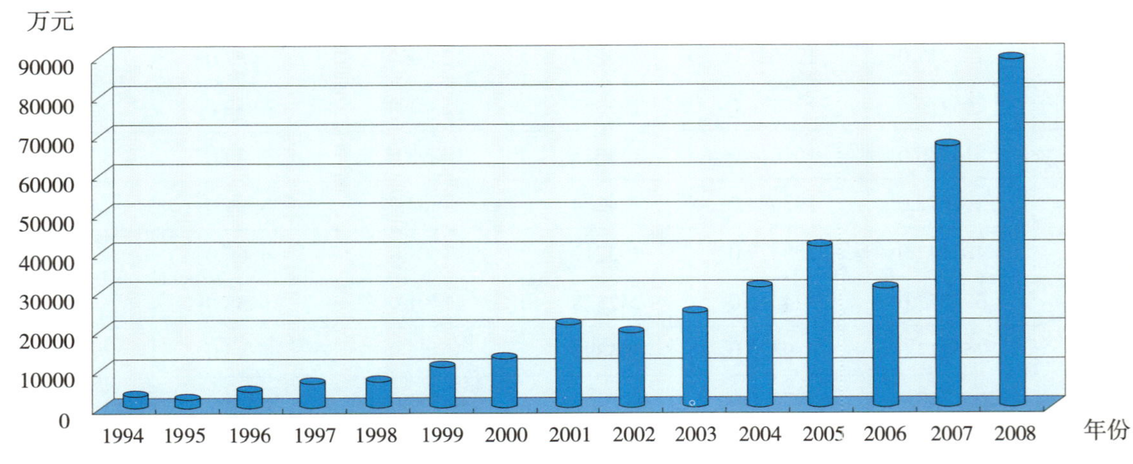

1994-2008 年徐州市地方税务局其他收入图

二、征管改革不断深化

1994 年 8 月 15 日地税机构组建时,徐州地税沿袭原来的征管模式,1995 年,国家税务总局提出建立“以纳税申报和优化服务为基础,以计算机网络为依托,集中征收,重点稽查”的新的征管模式。1995 年为征收管理改革年,1996 年为征收管理改革提高年,1997 年为征收管理巩固年。1998 年开始把税收工作重心向征管、基层转移。着力深化征管改革、人事制度改革。1999 年对全市所有实行定期定额方式征收税款的纳税人进行了重新核定和调整定额。2000 年在沐浴、娱乐、旅店、综合性宾馆、饭店以及餐饮等服务行业逐步推行使用税控收款机。2001 年印发了《徐州市地方税务局税收征管质量考核办法》,建立了日常的征管质量考核制度。2002 年开展征管质量达标年活动,印发了《个体定期定额工商户信用纳税暂行办法》,为纳税人提供方便、快捷的服务,进一步提高了征管质量,为实现科技加管理奠定了基础。2002 年按照“标准化、规范化、制度化、正规化”的要求,推广应用省局新征管软件。2003 年积极开展“税收征管措施落实年”活动,建立起以“集中登记、属地管理、一级稽查、多元申报、信息共享”为内容的现代税收征管体系。2004 年在信息化建设上投入大量资金,为全市税收信息化建设提供硬件支持。当年实现全市地税收入数据信息的集中处理，为税收现代化提供了良好的平台，数据处理全市集中是徐州市地税局征管手段现代化的标志之一，在全省地税系统名列第一，为全省地税数据集中积累了经验,树立了成功的典范。2005 年在机构改革、业务重组、信息系统整合的基础上,启动数据大集中建设。2008年初步走上专业化之路，开始探索“重点税源精细管理、一般税源规范管理、零散税源委托管理”的分类管理模式。

三、依法行政扎实推进

单项税种和行业税收管理得到了长足的发展，企业所得税、个人所得税、印花税、城镇土地使用税等税种均实现了高幅增长。大力推进房产税、土地使用税双向申报制度。积极探索车船使用税一条龙管理和房产税一体化管理的新路子。科学开展土地增值税清算。加强行业税收管理，对服务业、娱乐业通过严格的发票管理和税务稽查手段加强税收监管。逐步加强对建筑业、房地产业、交通运输业的管理，以票控税能力不断提升。稽查管理逐步规范，税务稽查力度逐年增大。1994–1997年组织税收大检查，1998年起转入日常检查、专项检查和专案检查。1998年形成了选案、检查、审理、执行职责分工明确，又相互分离、相互制约的机构设置。1999–2003年，全市地税系统税务稽查实现了机构、执法、内部管理、队伍建设、装备五个方面的规范要求。全市地税稽查部门在抓好日常选案的同时，不断加大稽查力度，扎实开展专项检查、举报案件检查，查处了大批涉税案件。以“集中选案、集中检查、集中审理、集中执行”方式提高专项检查质量，加大涉税违法大要案的查处力度，开展税收专项整治，严厉打击各类涉税违法行为。1996–2008年，徐州市各级稽查机关总共查处罚没税款14.6959亿元。2000年，成立内设机构政策法规科。2001年，成立了非常设机构徐州市地方税务局税务案件审理委员会，负责重大税务案件的审理工作。2008年开展“税收执法规范年”活动以来，通过规范税务行政处罚自由裁量权，完善科学民主决策制度和程序，建立健全税收执法风险内控机制，推行说理式执法，创建“执法规范示范单位”和“示范岗”，编写《税务人员行政执法手册》，搭建“税收执法规范网页”和依法行政信息平台，开设“税务行政诉讼模拟法庭”，举办“税务行政处罚模拟听证会大赛”，组织税收法律知识电视大赛等形式，全力推动全系统依法行政进程，获得了系统内外的高度评价，市局蝉联两届“省级依法行政示范点”，并被市委市政府表彰为“创建法治城市”先进单位，3家县(区)局被省局表彰为“依法行政示范单位”。二十多家基层单位被市政府授予“百佳基层执法单位”称号，市政府首届“十大法治事件”和“十大法治人员”均榜上有名。

四、服务环境日益优化

逐步完善自行申报纳税制度，实行信用纳税、网上申报、IC卡申报、电话申报、邮寄申报，推行税银一体化。广泛开展“满意在地税，情暖纳税人”活动。在服务观念、手段、内容、方式上进行改造、发展、创新、提高，全力为纳税人提供低成本、高质量、全方位服务。大力推进税收政务公开，本着“能公开的全部公开”原则，全面推行税收领域中的“阳光纳税作业”。以电话、传真、网络等形式为用户提供全方位的咨询、投诉等服务，实现“零距离、全天候、超时空”的税收服务模式。提供透明、公平、公正的税收政策服务。规范纳税服务厅功能设置，实施挂牌上岗，推行文明服务用语，营造办税环境，完善服务承诺制，普遍推行“首问负责制”、“限时服务制”。2003年开始筹建12366，2004年1月在全省范围内率先开通了12366涉税电话咨询服务。2006年深入开展“纳税服务年”活动，经验做法先后在全国税务系统纳税服务会议上交流发言，中国税务报专题报道。2008年9月，国家税务总局纳税服务司范坚司长（原）到徐州地税局调研，给予了充分肯定和高度评价。2008年初，徐州市地税局全面承担国家税务总局纳税服务UNDP项目的研究和开发，同年12月，国家税务总局2008纳税服务UNDP研讨会在徐州市召开，来自全国二十多个省、市国家税务局和地方税务局的代表以及国内部分高等院校的专家学者出席了研讨会。全国多个省市税务局来徐州市地方税务局考察学习，仅2006–2008年期间多达132批次。紧紧围绕“税收·发展·民生”、“地税带来家乡美”、“依法诚信纳税，共建小康社会”、“税收与未来”等主题开展税收宣传月活动，并将税收宣传常态化，增强了广大纳税人和社会各界依法纳税意识，市局多次被省局表彰为税收宣传先进集体。

五、队伍建设卓有成效

1994年12月1日，中国共产党徐州市地方税务局第一届机关委员会经全体党员大会选举产生。徐州地方税务局共青团、工会、妇委会等组织相继成立。在徐州地方税务局党组的领导下，机关党委和各级组织充分发挥了作用，取得了明显的成绩。积极开展了保持共产党员先进性教育、学习贯彻十七大精神等活动,全系统党支部的战斗堡垒作用更加坚强,党员先锋模范作用更加明显。在加强干部政治理论教育和岗位培训的同时,广泛开展知识更新培训,开展业务学习竞赛,鼓励参加学历晋升教育,鼓励干部自学成才。构建了较完备的干部选拔任用管理体系,在扩大民主、完善考核、推进交流、加强监督等方面都取得了实质性的进展,有力推进了干部管理工作的科学化、民主化。采取竞争上岗、公推公选形式选拔科级领导干部,推行了科、所长聘任制。逐步建立起事前防范、事中监督、事后查究的纪检监察工作机制,保障了地税各项工作的全面开展。不断加强和改进机关作风建设,市局和各县市区局在机关作风评议中位次连年攀升,有的连续多年名列前茅。地税文化不断深入,文明创建工作成绩突出。2003–2004年度,徐州地税系统被评为江苏省文明行业。2007年"税务文化年"有声有色,拓展文化内涵,提升文化品位,打造文化精品,营造文化氛围。全市地税系统涌现了一大批先进单位和先进个人。2008年被中央文明委表彰为全国精神文明建设先进单位。

特色工作

一、税费管理

强化重点税源管理 从1998年开始将重点税源监控列入税收计划管理,掌握重点税源的分布、地税收入的结构,预测行业税负变化。2001年起使用国家税务总局《税收调查管理系统》(SDMS)逐渐规范税源监控工作。2004年开发《税收会计、票证电子档案综合管理系统》软件,实现大征管流程的完全信息化,被省局推广。强化营业税管理。通过抓行业管理夯实税基,针对房地产业项目投资大、周期长、施工单位层层分包等特点,对重点项目税收实行委托建设部门代征,从源头上控管,加强项目跟踪、强化税收检查。规范私房出租业税收征管,堵塞税收漏洞。严格审核自开票纳税人的资格认定,以税控盘为抓手严格执行货物运输业"警戒线"制度,认真开展年审检查和日常检查。强化企业所得税管理。按照"核实税基、完善汇缴、强化评估、分类管理"的原则,加强企业所得税基础管理,摸清管户,加强日常征收管理,严格预缴制度,规范核定征收办法,积极开展汇算清缴及复审工作,加强质量控管,抓好企业所得税后续管理,建立行业所得税管理模型,降低管理风险,推进企业所得税规范化管理。强化个人所得税管理。1995年选定电力、烟草、金融、证券、房地产等单位试行个人所得税"双向申报"制度,1996年在全市范围推行。2001年通过采集高收入者的姓名、收入额、身份证号码、纳税记录情况等基础资料,着手建立高收入行业和个人的基本税收情况档案。2005年出台实施市区各机关人员的个人所得税由市财政结算中心直接代扣代缴。2006年在各服务大厅开设自行申报窗口,2007年起实行个人所得税全员全额明细申报,扎实做好年所得12万元以上纳税人自行纳税申报工作。强化涉外税收管理。对外资企业实行集中管理,严格对外支付税务证明的开具管理,做好情报交换及协查工作,严格执行税收协定,维护国家税收主权和国家利益。强化房产、土地两税管理。开展房产税、土地使用税税源普查,建立"两税"管理分户电子档案,推行双向申报制度。采取"先税后证"管理办法,委托国土部门代征土地使用权交易环节各项税收,建立起土地税收综合治理体系,促进了土地税收精细化管理。强化资源税管理。开发GPRS远程监控系统,利用现代电子称重技术、远程数字视频、计算机技术和通讯技术对资源开采企业实行源头控管,随时查询、监控各矿区的产量,准确掌握申报数据,开辟资源税管理新途径。邳州局研发电子计量衡税控器填补了国内资源税税控控管的空白。强化车船税管理。按照"地税主管、社会协税、群众护税"的思路,加强部门协作配合,强化税法宣传、税源调查、源头控制和登记管理,构建起网络化的车船税委托代征体系。创新社保费征缴模式。坚持

税费同征、同管、同查，构建税费一体化管理体系，全面提高缴费遵从度。按照缴费能力科学划分缴费户级别，实施分类管理。研发“社保费实时交换系统”，实现社保费征缴数据全部网上推送、零时差交换，有效破解了数据手工传递带来的效率低下难题。2000-2008 年累计征收社保费 209.71 亿元，切实将服务民生落到实处。

二、征收管理

夯实征管基础 不断改进税务登记、纳税申报、核定征收、定期定额征收、代扣代缴等一系列制度，完善征管措施。以审验、换发税务登记证、联合办证为契机，加强基础管理，清理漏征漏管户。完善税收管理员制度，切实解决实际工作中“淡化责任，疏于管理”问题。整合信息资源，利用税收征管综合软件，形成集中的信息数据库；加快税库银联网，推行申报缴款同步模式；开展国、地联合办理税务登记、核定个体税额、评定纳税信用等级、开展税务检查协调。简并涉税资料，减轻了基层的工作量。简化办税程序，减少审批环节、简化审批手续、缩短审批时限，调整办税服务厅的窗口设置，提高窗口集中审批办结率。开发《征管资料档案管理系统》，将纳税申报表资料、税务登记资料、稽查评估资料、税收票证等，全部纳入系统管理，提高了征管资料管理的质量和效率，提升纸质资料的利用率，加强事后的监督。深入开展纳税评估，开发应用纳税评估软件，成立专业化纳税评估机构，提升纳税评估绩效。全面落实纳税信用等级评定，规范诚信纳税体系建设。推行 ISO9001 质量管理体系。在全省地税系统首家通过贯标认证，贯标的成功经验在全省推广。建立了以“自我约束、自我改进、自我完善”为主要特征的长效管理机制，促进了税务管理工作由事后监督转变为过程控制、事中监督，促进了各部门由相对独立运行转变为系统联动、整体协调，促进了管理方式由经验管理转变为科学管理、规范管理。使全系统税收征管科学化、精细化管理水平提高到一个新的高度，实现了征管质量的根本性突破。加强发票管理。1997 年，全市采用全国统一的新版防伪发票，并启用了全省统一的新地税发票专用章。1998 年，对发票的印制、领购、使用、保管进行了规范，并指定了发票的集中统一印制。1999 年，建立了发票缴销存根、审核、填用报告、检查登记等制度。开发《电脑防伪税控发票应用软件》，在信息共享、方便查询的基础上，实现防伪税控。2002 年起，在建筑安装、交通运输、房地产开发等营业税行业中取消了手工版发票的使用，全面推行使用电脑版税控机打发票。从 2003 年起，在市内的服务业、娱乐业推行“发票抽奖”活动。2005 年，全市使用电脑税控发票的纳税人已达 3500 余户。2001-2008 年，全市地税系统严厉打击发票制假、售假、倒买倒卖发票等违法行为，取得了明显的成果。构建综合治税网络。坚持专业管理和社会监督相结合，紧紧依靠地方党委、政府的统一领导和大力支持，建立健全较为完善的工作协调机制和税源监管机制。建立健全综合治税组织机构，加强国地税协作，与公安部门加大联合执法力度。加强与工商、银行、财政、公安等部门的配合，寻求外部信息资源利用的最大化，实现综合治税的法制化、规范化、信息化，逐步形成“政府搭台、部门唱戏、信息共享、齐抓共管”，覆盖所有税（费）种和纳税人的社会综合治税新格局，为税源监控与管理创造良好外部环境。累计获取有价值的涉税信息 30 余万条，征缴、查补税费 20 多亿元。

三、信息技术

大力推进计算机在税收征管中的应用 加快计算机运用软件的开发，加快实现税收征管现代化，推进科技兴税工作的全面开展。2004 年，徐州市局顺利与省局实现了广域网联接，实现了新税收征管信息系统软件的“单轨”运行。全局以启动税收征管数据大集中为契机，通过机构改革、业务重组、信息系统整合，顺利完成了全市税收业务数据的集中管理。2005 年，顺利完成了全市社保费的集中处理，实现了税费信息一体化。开发计算机应用软件，2001 年，开发了“徐州市地税系统内部网站”、“计算机无纸化系统”、“电子邮件系统”等软件应用系统。2002 年，修改了适合徐州地税工作需要的计算机公文处理系统。2003 年，基本实现了公文处理无纸化和初步的办公自动化。积极参与省局征管信息系统 2.0、3.0 软件开发。2007 年，财税库银横向联网 TIPS 系统正式上线，实现了网上自动采集涉税财务数据，税费网上申报、缴款、入库“零时差”，为提高征管水平提供了先进的技术平台。硬件建设装备到位，截至 2008 年，全市共装备小型机 2 台，微机服务器 86 台，网上运行

微机2287台。拓展征管信息系统功能,研究开发征管资料档案管理系统、税收会计、票证电子档案综合管理系统、电子计量衡税控器、机关档案管理软件、税收票证档案综合管理系统、个体户自动定税系统,高效运行个人所得税管理软件、企业所得税管理软件、法规库软件、报表和重点税源软件、交通运输业发票管理和比对软件、土地使用税普查系统等单项应用类软件。实现网络间的数据、IP电话、视频会议的"三网合一"。逐步实现12366纳税语音服务与国际互联网的内外互动。2006年,作为全国税务系统唯一一家被确定为国家信息安全等级保护试点工作的单位,通过认真准备,精心组织,圆满完成了试点工作任务,受到了公安部等国家四部委及总局、省局的高度评价,为国家信息安全保护工作积累了经验。

四、纳税服务

注重理论研究,积极营造氛围　编辑《纳税服务》杂志,出版50余万字的《纳税服务理论研究》、60余万字的《纳税服务实践探索》。2006年,联合河海大学成立了"纳税服务体系建设项目组",依托专家学者提供理论指导和智力支持。制定了《徐州地税局纳税服务工作实施纲要》,明确了纳税服务远景规划。先后邀请总局征管司纳税服务处、省局科研所专题讲授纳税服务知识。开展纳税服务专题征文、书画赛、"纳税服务与税收执法"税企辩论会,征集"纳税服务品牌口号"和《徐州地税之歌》等,提炼"尚德明法、笃行创优"徐州地税精神。CIS税务形象视觉识别系统得到了总局的充分肯定,并在全国税务系统推广运用。整合服务资源,再造业务流程。建设了"一个中心"——纳税服务中心,开辟了"四条通道"——办税服务厅、12366热线、地税网站和政务公开,打造出一个具有丰富服务内容、较强服务能力的纳税服务"超市"。在机构设置上,2006年7月组建纳税服务中心,承办所有直接面向纳税人的涉税业务,实现了"三个整合"。在服务流程上,按照"办税在前台集中,服务在外部拓展,业务在内部流转,质量在后台控制"的原则简化办税程序。实现"同城通办"。2007年6月1日在全市推行"有区域管理,无区域申报"的"同城通办"征管模式,实现办税业务"快、易、通"。纳税人不受经营地点和所属税务机关的限制,可以到市区任何一个办税服务厅办理纳税申报、发票领缴代开、涉税申请、税务咨询等有关项目。纳税人的办税时间比以往缩短了50%,纳税人满意率达100%。涉税业务"同城通办"被徐州市评为首届"十佳法治事件"。建立新闻发言人制度。2007年,在全省地税系统和徐州市政府机关职能部门率先建立了新闻发言人制度,先后组织新闻发布会26次。新闻发布会形式新颖、灵活多样,将新闻发布会搬到办税服务厅、大型集会,向纳税人发布最新税收政策,诚恳接受纳税人的咨询,受到了地方政府、社会各界和纳税人的一致好评。构建宣传网络。形成了办税服务厅、新闻媒体、12366咨询热线、徐州地税网站、举办宣传活动、公益广告相辅相成、综合互动的"六位一体"税收宣传网络。2006年"诚信纳税遍古彭——'个十百千万'"创新项目、2007年"马庄税校唱响和谐新农村"系列宣传项目被总局表彰为"税收宣传月优秀项目",2008年"万名老总学税法"受到总局表彰,7篇好新闻在全国获得奖项,7件作品在全国税法动漫大赛获奖。打造"维权360°"品牌。2008年11月联合市工商联合会在全省率先组建纳税人维权中心,并依托行业协会与社区街道等多类组织建立"纳税人之家",通过完善纳税人参事机制、民主评税机制、政策服务机制和监督评议等机制,将"办税服务"转换成"权益服务",健全了纳税服务工作链条。上线TIPS系统。2007年11月在全省率先成功上线运行TIPS财税库银横向联网系统,签约上线企业达2.8万户,占全市正常纳税企业(2.9万户)的96.55%。2008年,全国人大法工委和人民银行总行国库局专程到徐州调研,2009年全省财税银TIPS交流推广会在徐州召开,徐州地税做了经验介绍。破解征管难题。研发便携式税款征缴系统并在全省地税系统推广应用,将纳税服务由办税服务厅、便民征收点等固定场所向乡村、水上、社区、集贸市场等外部无限延伸,破解零散税源征缴难题,拓展了纳税服务空间领域,提高了税收征管效率,促进了执法公开透明,确保了税收资金安全。

五、税收执法

全面启动税务行政审批制度改革　在全市范围内开展了税务行政审批制度改革,改变了以往"前接后核、层层审批"的模式,将审批权限直接下放到窗口,开创了"前台即办即批、后台强化监督"

的新模式。对188个涉税审批事项下放审批权限，简化审批环节，缩短审批时限。全过程实施风险管理。一是关口前移，建立税收执法风险事前防范机制。查找征收管理、税政管理、税收保全和强制、行政处罚等方面139个风险点，开展风险责任评估，并确定一至三档风险等级。依据不同的风险点类别，实行动态管理，全程问效。二是重心下移，建立税收执法风险事中控管机制。通过全员参与、四项联动、四措并举，构建了执法风险管理机制、税收征管评查互动机制和行政审批执法内控机制，对审查发现不符合政策规定的呈报审批事项退回时一并追究一线经办人员的执法责任。三是堵漏纠偏，建立税收执法风险事后查纠机制。加强日常执法检查与执法监察、专项执法检查工作的结合，构建税收执法风险自我查纠机制，形成了督查合力，提高了税收执法监督的效能。全方位推进政务公开。把公开内容、公开形式、法规政策、办税事项、业务流程、监督举报内容在办税服务厅进行公示，充分利用新闻媒体、税收公告、地税网站、12366服务热线等形式，及时、全面、准确地公开税收政策、办税程序、服务标准、工作纪律等，使地税机关的行政职责、办事程序、办事结果、监督方式等信息，为纳税人广泛知晓，把税收执法置于各方严格监督之下。在徐州日报、都市晨报开辟专版对市区所有个体工商户的税收定额进行公示，让纳税人缴纳“明白税”、“放心税”。大力开展税务稽查。积极开展房地产和建筑业、娱乐业、金融保险业、邮电通讯业、煤炭生产及运输企业、汽车市场、交通运输业营业税、中介机构、涉外企业和涉农企业车船使用税、货物运输业、个人所得税、出租汽车行业、所得税汇缴、固调税清理、房屋租赁等专项检查，严肃查处了特大偷税案、暴力抗税案、假发票案等，震慑了偷、抗、骗等违法分子，优化了税收法制环境。突出四个集中，开展重点稽查。集中科学选案，锁定稽查对象；集中稽查人才，实现聚能效应；集中检查审理，维护执法公平；集中依法执行，打击偷税行为。严格按照《税收征管法》有关规定实施税收保全措施和强制执行措施，集中依法执行，确保税款及时、足额入库。行政处罚率和滞纳金加收率均达到100%。认真落实税收优惠政策。树立“不认真落实国家税收优惠政策也是收过头税”的观念，积极贯彻落实营业税起征点税收政策、下岗再就业税收优惠政策、促进个私经济快速发展税收政策、企业技术改造国产设备投资抵免所得税、研发费用加计扣除、高新技术产业发展税收政策，做好非营利组织认定、公益性社会团体捐赠税前扣除资格评审的税收管理工作，促进社会事业不断发展。落实小型微利企业、转制文化企业税收优惠政策，积极扶持中小企业，推动社会主义文化大发展、大繁荣。2004年参加市政府举办的行政许可法知识竞赛，获团体总评二等奖。2007年市局被省政府评为“省级依法行政示范点”。

六、队伍建设

深化思想政治教育　全市地税系统根据不同时期的工作重点，针对性地开展思想政治教育。加强组织领导，形成党组统一领导、政工部门主体负责、职能部门“一岗两责”、工青妇协同配合、全体干部积极参与的思想政治工作格局。认真学习历次党代会和政府工作报告，时刻围绕国家大政方针，把握发展方向，强化思想引领，谋划地税工作。积极开展“科学发展观”、“三个代表”、“社会主义荣辱观”、“三讲”、“先进性教育”等学习和教育活动，理论学习有了新认识，解放思想有了新突破，为纳税人服务有了新举措，服务经济发展作出了新贡献。先后开展了向孔繁森、丁晓莲、丁万万、徐州下水道四班学习活动，“三看、三比、三珍惜”群众自我教育。组织开展了“万名党员进万户，边听意见边服务”、“走进老百姓，弘扬先进性”等系列教育活动，“讲三德，树九心”主题教育活动，为税收事业科学发展提供了有力的思想政治保障。

深化人事制度改革　以提高素质、优化结构、改进作风、增强团结为重点，抓好领导班子建设，使之成为创新型团队、实干型集体、廉洁型班子。深入推进干部人事制度改革，建立人才库，坚持“有为才有位，靠能力素质和工作实绩求进步”的竞争激励机制，注重实绩用干部，注重能力素质用干部，注重发展潜质用干部，将工作能力与绩效评定、个人评优结合起来，激励干部职工不断提高学识、知识、业务能力和思想政治水平。先后出台了《副科级领导干部竞争上岗意见》、《股、所长竞争上岗意见》、《科级干部竞争上岗实施方案》、《科级非领导职务设置的实施意见》等制度。构建了较完备的干部选拔任用管理体系，在扩大民主、完善考核、推进交流、加强监督等方面都取得了实质性的进展，有力推进了干部管理工作的科学化、民主化。1998-2008年,先后6次采取竞争上岗、公推公选形式选拔了34名科级领导干部。2005年起,在市区各基层分局推行了科、所长聘任制,聘期满后重新竞聘,目前,已经开展了两届竞聘。先后通过外派挂职锻炼、下派基层税务所挂职锻炼等形式,提升了干部的综合素质和领导能力。

深化在岗教育培训　以改善知识结构，增强创新能力,提高综合素质为目标,按照“重点干部重点培训，优秀干部加强培训，年轻干部经常培训,紧缺人才抓紧培训”的要求,坚持面向高层次人才的培养,面向复合型人才的培养,进一步健全培训与使用、分级与分类、培训与考评三大机制,逐步形成多层次、多渠道、大规模的教育培训工作新格局,努力在全系统建设一支“学历上高层次,知识上复合型,业务上过得硬,结构上多元化”的人才队伍。积极开展“5+X”公务员培训。在省局组织的各类竞赛中脱颖而出，在全省地税系统税收征管能手竞赛、税收管理员岗位能手竞赛等多次总局、省局组织的业务竞赛中，徐州局均名列前茅,展示了较好的业务素质。认真组织学习贯彻新征管法及实施细则，在省局组织的电视大赛中取得第一名,代表省局参加总局组织的考试。参加省局组织的行政法规知识竞赛，取得团体第一名的好成绩,5名选手均进入全省前20名。

深化政风行风建设　努力建设“秉公执法、严守纪律、爱岗敬业、文明服务”的地税行风,坚决纠正损害纳税人利益的不正之风，维护地税良好形象，不断提高干部队伍的执行力。按照行风建设“零投诉”、涉税事项“零差错”、政策之外“零收费”、纳税服务“零距离”、涉税办理“零障碍”、稽查案件“零积压”的“六零”既定工作目标,开展“明查”、“暗访”,组织“第三方调查”。逐步完善地税网站、12366热线、局长信箱、征求意见箱、问卷调查、政风行风监督员座谈会六位一体的监督网络。1998年,在徐州市首次行风评议中,徐州局位居参与评议单位之首，并连续多年保持前三名的优势地位,多次在在机关效能建设大会上作典型发言。

深化党风廉政建设　认真落实党风廉政教育和以税收执法权、行政管理权为内容的反腐败三项工作的要求,严格查处违法乱纪案件,逐步建立起事前防范、事中监督、事后查究的纪检监察工作机制。各级领导干部坚持清正廉洁,自觉反腐倡廉,认真履行“一岗双责”;坚持标本兼治、综合治理、惩防并举、注重预防的方针,建立健全适应地税特点的教育、制度、监督并重的惩治和预防腐败体系；深入开展党风廉政宣传教育工作，大力加强地税系统廉政文化建设，全系统形成“以廉为荣、以贪为耻”的良好风尚,为地税事业的健康发展提供坚强的政治保障。2008年,研制开发了“勤廉测评预警系统”,纳税人可以通过申报平台评价每个税收管理员的工作业绩和廉政情况,得到了省局、市纪委的充分关注。着力深化党风廉政建设和“廉洁地税”创建活动,廉政文化建设取得了丰硕成果,先后有3家单位成为省级廉政文化示范点,其他各单位均为市级廉政文化示范点。在市委、市政府“廉洁徐州”创建考评中连续多年荣获第一名。2007年,省委常委、省纪委书记冯敏刚专程到徐州局视察廉政文化建设情况,并给予了高度的评价。

深化税务文化建设　坚持“文化治局”方略,培养和弘扬税务精神,使全体干部明确价值取向,提高精神境界,增强综合素质,把个人的价值实现与税收事业发展目标紧密结合起来，不断增强干部队伍的凝聚力,激发干部队伍的活力。徐州地税把2007年定为“税务文化年”,成立文体兴趣俱乐部，举办职工运动会，组织书法作品及摄影书画展,丰富了群众文体生活;评选出15名“业务标兵”,以榜样示范营造争先创优的文化氛围;机关处长“每月一讲”及专家讲座大大提升干部职工的文化品位;编制了文化成果系列丛书,提炼了“尚德明法、笃行创优”的徐州地税精神、“地税兴我荣、地税衰我耻”的地税共同价值观,进一步提高干部职工的综合素质,大大增强了组织荣誉感、向心力、凝聚力。

深入开展精神文明创建　坚持以聚财为国、执法为民为宗旨,以服务人民、奉献社会为总体要求,以内强素质、外树形象为主要目标,积极推进精神文明创建活动。全系统先后有多家单位被表彰为国家级先进集体、省创建文明行业示范点,省级文明单位、全省地税系统先进集体、省级青年文明号、最佳办税服务厅获得者等170多项荣誉称号。涌现出了全国先进工作者李欣,全国五一劳动奖章、全国税务系统精神文明建设先进工作者、江苏省先进工作者赵继光，省五一劳动奖章获得者乔学虎，省“巾帼建功标兵”付姝芳，江苏省先进工作者袁永良等先进人物。

深入推进工作创新　遵循税收工作发展规律，结合自身优势，立足实际工作需求，围绕重点、热点、难点问题，积极推进税收工作各领域新理念、新制度、新举措、新载体的调研、设计、论证、实施、推广，理念创新、方法创新、制度创新、机制创新、管理创新、组织创新实现新突破，2004年-2008年共评选出各类创新奖近70项，“实行税务人员与纳税人签约述评制度”、“建立勤廉电子测评系统”先后被市纪委评为反腐倡廉创新奖。便携式完税凭证系统、建立风险管理体系、分级分类检查等项目被省局评为创新奖。马庄税校税收宣传等项目分别总局、省局被评为优秀税收宣传项目。说理式文书、模拟法庭等活动被省局处室通报表扬。

七、绩效考评

早期的江苏地税，为提高工作质量，在不断探索的基础上，形成了千分制考核、执法责任制考核两个考核平台，2004年，全省地税系统贯标ISO9001成功，形成了千分制考核、执法责任制考核、贯标考核的三大考核体系。丰县地税局率先整合三大考核体系，初步形成了标准化的考核体系。2005年，围绕省局“建设三型税务，构建和谐地税”的总体目标，确立了“走在全省地税系统的前列，走在全市执法部门的前列”的努力方向。2006年，省局提出规范化管理综合考核，解决了多头考核、交叉考核问题。徐州局在认真落实规范化管理综合考核办法的基础上，形成适合徐州地税工作实际、科学、规范、系统的考核和管理体系，促进全系统规范化管理水平的全面提高。2008年，在“三型税务”（学习型、服务型、法治型）的基础上，省局进一步提出努力打造“一流的干部队伍、一流的服务水平和一流的工作业绩”的战略目标。徐州地税系统以省局“三个一流”为总揽，锐意进取，改革创新，取得明显成效。加强思想认识发动，组织全系统“争创‘三个一流’服务和谐社会”主题文艺汇演，展示“三个一流”工程建设中涌现出的先进典型和优秀工作成果，进一步凝聚发展合力，让“三个一流”真正成为干部行动的纲领、工作的标尺。在目标定位上，坚持“已领先的指标不满足、能达标的指标不麻痹，暂时落后的指标不放弃”原则，提出“所有责任都要分解、所有项目都要量化、全面提高考核基础平台”，月考核、季通报，挂牌督战，督促跟进，以超常规手段凝聚争创合力；在考核方法上，坚持双倍加、减法相结合，必成基础指标用减法，鼓励性期成指标用加法，放大每一工作点的分值效应，确保将各项工作做实、做细。坚持机考为主，严格控制实地考核指标数量，维护指标刚性，增强实地考核针对性，确保查深查透；在责任归属上，以责任捆绑，利益共享实现上下联动。凡是基层被扣分值，处室都要共同承担，督促处室主动履行指导、协调、调度、服务等职能，加大处室对考核的贡献度；在考核载体上，建立《考核通报》、《考核台账》制度，根据考核动态，按月或按季编发《考核通报》，展示指标落实情况、发现存在问题，反馈工作建议，激发竞争意识、实现整体推进；在结果问责上，运用倒逼机制，各单位（部门）第一年没有成果的，对主要负责人提出批评，第二年诫勉谈话，第三年采取组织措施，以组织的强力推进，提高各项部署的贯彻落实。得到了市委、市政府的重视，徐鸣书记、曹新平市长专门对地税工作作出批示。在全省地税系统“三个一流”首年考核中，徐州地税以第五名的成绩进入全省地税优秀行列，为率先基本实现“三个一流”打下了坚实基础。

常州市地方税务局

概　　述

一、基本情况

(一)机构

1994年9月,常州市地方税务局成立,内设7个职能科室:办公室、人事教育处、监察室(与纪委合署办公)、税政一处、税政二处、计划会计处、征收管理处;4个党群机构:纪委、政治处、工会、团委;7个行政机构:一分局、二分局、天宁分局、钟楼分局、戚墅堰分局、郊区分局、稽查分局。1995年11月,成立常州市地方税务局事务所。1996年12月,成立常州市公安局驻地方税务民警办公室。1997年5月,成立常州市恒盛会计师事务所。1999年3月1日,中共常州市委、常州市人民政府批转常州市地方税务局等部门关于本市地方税务机构试行垂直管理体制的实施方案的通知。改革后,常州市地方税务局为省地方税务局的直属机构,武进、金坛、溧阳三辖市为常州市地方税务局的直属机构;常州市地方税务局天宁、钟楼、戚墅堰、郊区、新区分局为常州市地方税务局的派出机构,三辖市地方税务局各分局(所)为本市地方税务局的派出机构。2006年9月,成立常州市国际税收研究会。2010年4月,耕地占用税与契税征收管理所划归地税局管理。

(二)队伍

常州地税局成立时,全市地税系统共有干部职工575人,其中市区221人,党员80人,团员47人。至2011年年底,全系统有在职干部职工1175人,其中,本科及以上学历956人,有注册税务师118人、注册会计师29人、律师执业资格证7人。

二、组织收入

1994年9月以后,地税机关负责征收的地方税税种主要包括营业税、城市维护建设税、资源税、土地使用税、固定资产投资方向调节税、印花税、土地增值税、房产税、车船使用税、屠宰税等。2001年,全市组织入库市县级地方税收首次突破20亿元。2002年,突破30亿元。2007年,常州市地方税收超过一百亿,成为江苏省第四个税收超百亿的省辖市。2008年,各项收入总额突破200亿元大关,达到220.55亿元。

为促进有关行业发展,集中财力,加强全市社会事业建设,常州市人民政府从1994-2007年,先后开征并委托地方税务局代征代收的各类规费及基金共20多项。2002年,征缴社会保险费突破10亿元,基金、费突破20亿元。截至2008年,常州共筹集各类基金、规费85.3亿元。

三、征收管理

(一)税务登记

1994年9月国地税机构分设后,外商投资企业和外国企业、个体工商户和属主营营业税项目的内资企业全部由地税局受理,并按规定核发税务登记证件。1994年地税成立后,共有征管户34188户,其中纯地税户3098户。

1995年11月1日期,全市全面开展地方税务登记。凡从事生产、经营、独立或非独立核算缴纳地方税的纳税人,都应按规定向地方税务机关填报税务登记表或注册税务登记表,当年共办理地方税务登记9807户,注册登记880户。1996年6月1日起,进一步理顺国、地税关系,确保中央和地方财政收入,经市政府同意,调整国、地税征管范围,将个体工商户和鸡毛市场税收以及涉外税收中原由国税局代征的营业税、个人所得税及其他除涉外企业所得税以外的地方税种移交给地税局负责征收管理。市区共调整户管12116户,集贸市场46个。1996年全市建立"以纳税申报和优质服务为基础,以计算机网络为依托,集中征收,重点稽查"的新型征管模式。

1994-2008年常州市地方税务局组织收入情况表

单位：万元

项目 / 年份	税收收入	其中：市(县、区)级收入											
		营业税	企业所得税	个人所得税	资源税	固定资产投资方向调节税	城市维护建设税	房产税	印花税	城镇土地使用税	土地增值税	车船使用税	屠宰税
1994年	47799	24024	15811	436	44	913	1752	2555	869	950	0	362	0
1995年	70980	29074	19685	2077	126	1305	12496	3626	946	931	0	633	6
1996年	92558	40461	22574	6763	108	1494	13094	4469	1206	1021	9	1032	188
1997年	115228	44620	32832	10542	163	1895	15261	6055	1346	977	56	942	321
1998年	129801	56612	27631	14695	192	1600	16702	7933	1830	1107	102	1040	357
1999年	145596	61520	32671	18263	173	1254	18216	8448	2387	1064	150	986	464
2000年	186909	68166	56467	23062	170	1031	22056	9661	3363	1116	221	1120	476
2001年	258415	79654	97960	35330	249	217	26678	10965	4238	1884	286	860	94
2002年	318950	111837	98272	50906	472	61	30837	16305	5348	3219	550	1143	0
2003年	399249	147591	108194	67961	918	2	39137	20698	7150	4451	2021	1126	0
2004年	534176	194456	150215	88987	2108	0	47061	22312	11485	4601	11629	1322	0
2005年	687904	250897	192129	105958	3257	0	55497	36117	12718	8734	20932	1665	0
2006年	854631	327456	220358	135056	4658	0	70337	28801	16644	9615	29493	2213	0
2007年	1147655	437121	258406	195988	4657	0	86862	36464	22171	62822	40024	3140	0
2008年	1352534	485177	299308	216487	5309	0	98694	56069	28051	100543	53008	9888	0

1994–2008 年常州市地方税务局基金、费征收情况表

单位:万元

项目/年份	社会保险费	教育费附加	文化事业建设费	地方教育附加费	人民教育基金	旅游事业发展费	防洪保安基金	粮食风险基金	市场物价调节基金	人防建设基金	残疾人就业保障金	垃圾处置费	职教基金工会经费	其他基金	合计
1994 年	0	437	0	0	0	0	0	0	0	0	0	0	0	584	1021
1995 年	0	691	0	0	0	0	0	0	0	0	0	0	0	6319	7010
1996 年	0	2136	0	0	0	0	0	0	0	0	0	0	0	7811	9947
1997 年	0	4071	0	0	0	0	0	0	0	0	0	0	0	3723	7794
1998 年	0	4865	83	0	0	0	0	0	0	0	0	0	0	3140	8088
1999 年	0	6912	109	0	0	0	0	0	0	0	0	0	0	3605	10626
2000 年	19571	7964	665	0	0	0	0	0	0	0	0	0	0	9123	37323
2001 年	117613	9318	681	2508	0	64	2870	2821	2598	0	0	0	0	48990	187463
2002 年	142256	8033	951	2678	508	141	4637	3602	3726	348	1610	547	197	50905	220139
2003 年	176147	9948	985	5031	454	148	4366	3368	3909	447	3370	537	4831	70104	283645
2004 年	254529	21550	1212	7047	946	223	8749	5005	5009	846	4495	767	8185	69136	387699
2005 年	327165	25407	1338	10141	987	282	9472	5822	4976	895	6456	568	9348	78921	481778
2006 年	409286	32689	1578	13831	1042	217	10154	6746	1725	950	8477	627	12251	82466	582139
2007 年	505139	40975	1939	17991	1169	280	13600	8541	1621	1080	9704	515	15045	81394	698993
2008 年	654714	46438	2380	20494	639	270	12543	8498	611	934	11452	393	18026	75583	852975

1994–2008 年常州市地方税务局组织收入情况表

单位:万元

年　份	税收收入	基金、费	小　计
1994 年	47799	1021	48820
1995 年	70980	7010	77990
1996 年	92558	9947	102505
1997 年	115228	7794	123022
1998 年	129801	8088	137889
1999 年	145596	10626	156222
2000 年	186909	37323	224232
2001 年	258415	187463	445878
2002 年	318950	220139	539089
2003 年	399249	283645	682894
2004 年	534176	387699	921875
2005 年	687904	481778	1169682
2006 年	854631	582139	1426770
2007 年	1147655	698993	1846648
2008 年	1352534	852975	2205509

1999 年 6 月起,开展税务登记换证工作,对全市各类专业市场纳税人和其他个体工商户共 64056 户纳税人换发税务登记证。

2001 年 4 月,对税务登记进行验证,共验证 27875 户,验证率达 98%。

2005 年 10 月,国地税实行联合登记制度,地税系统全年办理税务登记 4896 户,登记率 100%、入库率 100%、申报率 98.40%。

2006 年 8 月,国地税联合换证,地税负责纯地税户的登记换证工作,共换发企业税务登记证 1178 户,个体工商户 14021 户,换证过程中清理漏征漏管户 235 户,补征税款 26.38 万元。

2008 年,试行网上办理税务登记工作,全市受理新办税务登记 19722 家,变更登记 12015 家。

（二）申报征收

1. 申报方式

常州地税采用申报征收方式主要有:直接申报、代理申报、电子申报等。1994 年至 2002 年年底,常州地税采用的是纳税人自行到税务机关办理纳税申报或委托税务事务所代理申报。

2001 年在市区一、二分局试行推广二维条码申报,在新区分局试行远程电子报税。2003 年 1 月起,对具备条件的纳税人运用“网上电子自动报缴税系统”(简称“网上电子报缴税”)申报缴税。不具备电子申报条件的纳税人可以委托社会中介机构进行代理电子申报,至 2009 年,全市自行网上申报和代理网上申报户数已达 64484 户,网上申报户已占全市正常征管户的 93.8%。

2. 纳税申报期限

常州各个税种的纳税申报时间为:营业税、城建税、资源税、教育费附加、综合规费、文化事业建设费,次月 10 日前,按季征收的则在季后 10 日前;印花税,书立或领受时,2000 年 1 月起按销售收入定率征收销售(加工)合同印花税的,次月 10 日前;土地增值税,按核定期限,2003 年 7 月起按销售收入附征的,次月 10 日前;房产税、土地使用税,2006 年以前按年征收,具体征收时间由税务机关按规定确定。2007 年起企业按季、个体按半年缴纳,按季的季后 10 日前,按半年的半年后 10 日前;企业所得税,核率征收户为次月 10 日前,查账征收户季后 15 日前,年后 4 个月内汇缴;车船使用税,按年征收,按季缴纳,委托代征的,次月 10 日前结报;资源税,次月 10 日前;个人所得税,次月 7 日内或年后 30 日内,个体工商户个人所得税随营业税、城建税一并于次月 10 日前,按季征收的则在季后 10 日前。

（三）发票管理

常州地税负责营业税行业所需发票的管理(统称营业税发票),对发票的印制、领购、开具、保管、检查和处罚都作出严格的、可操作性强的规定,积极推广税控装置和电脑发票,每年对发票的印制、使用、保管情况进行专项检查,较好地发挥“以票控税”、“以票促管”的作用。

1995 年 1 月起,启用市地方税务局监制的新版普通发票,3 月起,清理全市性的营业税发票;1998 年初,在饮食行业使用剪额发票;1999 年,对各类服务业发票试行抽奖。2002 年,在服务业、娱乐业纳税户中积极推广使用电脑发票和税控发票,初步形成以税控发票和远程系统为主的发票管理体系,更好地发挥了以票控税的作用;2005 年,地税发票全面换版,换版率 100%。

2006 年,全面开展发票换牌工作,取消手工发票,推广电脑发票,全年完成纳税人发票换牌 1290 户,全系统发票使用量比上年增长 40.38%。

7 月起在饮食业、住宿业、娱乐业、沐浴业等使用有奖定额发票。定额有奖发票采用数码防伪和数字喷码技术印刷。2006–2009 年，全局有奖发票使用量达到 16679 万份，全年共兑付奖金 3395.69 万元。

(四)委托代征

2007 年，在全市地方系统积极推行委托街道代征个体及零星税收管理制度和相关操作规程。委托街道、镇代征个人房屋出租税收；委托财政契税征收部门代征个人转让房屋的税收；委托市建管部门代征外来建筑施工单位税收。

(五)信息化建设

1995 年，常州地税实施税收征管信息化建设，实现微机征收开票、结报，结束了地税手工开票的历史。1997 年起，先后开发并推广应用《个体划卡征收管理》、《工商税务信息交换系统》、《地税网上综合业务系统》、征管数据 2.0 系统、税务稽查软件系统、建立了地方税收数据库，并开通常州市地方税务局网站，探索申报方式及缴库方式多元化，2003 年，全面实行网上申报和个体工商户施行信用卡划征税款，私营以上企业特别是重点税源户和部分三资企业实行网上电子申报。2005 年，试行“一户式”查询。2007 年，地税与市人行进行税库联网，实现税、费(基金)和社保等的国库扣缴模式。2009 年，实现全省数据大集中和征管系统 3.0 顺利升级。

四、依法治税

(一)税收宣传

1994 年地税局成立后，坚持每年四月份的全国税法宣传活动，在区域、层次、模式上不断推陈出新，形式多样，内容丰富，效果明显。开展税企沙龙、校企共话诚信纳税、企业缔结诚信联盟、税宣青少年教育基地、税收动漫、税宣助推科技创新、纳税人信用等级评定等活动多次，为全市营造诚信纳税的气氛起到了积极的作用。

(二)税收执法

认真贯彻《行政许可法》和国务院《全面推进依法行政实施纲要》，“依法治税，依法行政”，营造公平、公正、公开的社会纳税环境，强化税源税基控管。1995 年至 2009 年，开展税收执法检查，分别对个人所得税、个体工商户、运输、汽车、医药、房地产行业等进行专项检查；同时，规范行为，加大责任过错追究，坚持每年开展税收执法监察，通过自查、抽查、专项查的模式，发现问题，除责令限期整改外，对相关责任人员，按照执法责任追究办法规定进行严格处理。

(三)纳税服务

2004 年 12 月 25 日，常州地税 12366 纳税服务热线开通，该系统以计算机系统为支撑，运用电话、网络等手段与纳税人进行信息互动，具有办税指南、税务公告、政策咨询、机构查询、报缴提醒、涉税举报、投诉等多项功能。2007 年，全面推行一窗式办税服务，完善以“一话、两网、两屏”为重点的政务公开工作。一话，即 12366 纳税服务热线；两网，即常州地税网和内部办公网；两屏，即办税服务厅电子显示屏和触摸屏。贯彻市企业生产宁静日制度。实行“首问责任制”、“服务承诺制”、“跟踪回访制”，开辟“办税绿色通道”，做到急事急办、特事特办、实事细办。

(四)税务稽查

1994 年 9 月，常州市地方税务局稽查分局成立，实行二级稽查模式，主要负责对辖区内纳税人进行重点抽查、对重大税务案件的检查和承办人民来信、举报和反映有关税务违章案件的查处。1994 年，国税、地税首次联合组织税收大检查，取得了显著成果，当年全市地方税收大检查共查补地方各税 685.93 万元。2001 年，实施重大税务案件审理制度。2001 年 12 月 10 日，举行首例税务行政处罚听证会。2003 年，实行一级稽查模式，做到选案、检查、审理、执行四分离。实施查前预告、查中辅导、查后建议、税案公告制。2007 年，按年纳税标准确立 A、B 类纳税人，分级分类稽查 78 户，查补税款 2606 万元。

五、管理与服务

(一)ISO9000 质量管理

2004 年 7 月，推行 ISO9000 质量管理体系，专门编写质量管理手册、21 个程序文件、105 个工作流程、60 个工作规范，梳理出表证单书 968 个，形成涵盖征收、管理、稽查、计会统、业务法规、干部人事、纪检监察、文明创建、行政后勤和党务、工会、共青团在内的所有地方税收工作的体系文件。当年 11 月中旬通过中国质量认证中心组织的 ISO9000 质量管理标准认证。2005 年、2006 年分别通过第三方认证机构中国质量认证中心江苏评审中心的监督审核。2007年,ISO9000质量管理标准在地税系统的工作中延伸,广泛接受纳税人和社会公众的监督,规范税收执法行为,提升税收管理质量,提高纳税服务水平,人民群众的满意率达97%。

(二)纳税评估

从2004年起,市局试行纳税评估工作,2005年,税务总局出台纳税评估工作规范,常州局遵循强化管理、优化服务、分类实施、因地制宜、人机结合、简便易行的评估原则,充分利用数据平台资源,多角度进行分析,使纳税评估工作成为日常性的管理活动。至2008年,共实施纳税评估5303户(次),补征税款总额达26015万元,移交稽查部门处理8户。

特色工作

1994年

常州市地方税务局分设成立　根据《国务院关于组建国家税务局在各地的直属税务机构和地方税务局有关问题的通知》和《国务院办公厅转发国家税务总局关于组建在各地的直属税务机构和地方税务局实施意见的通知》及苏政办发(1994)49号通知精神,9月,市税务局分设成立江苏省常州市国家税务局和常州市地方税务局。分设人员比例根据国家税务局和地方税务局的税收收入任务,按原有人数7:3确定。分设后的常州市地方税务局系统按行政区划设置,名称为市、县(市)地方税务局,列入同级人民政府序列,为市、县(市)一级局建制,常州市区设分局,为市地方税务局的派出机构。税务所原则上按经济区划设置,为县(市)局或分局的派出机构。常州市地方税务局内设机构为6个行政职能处室:办公室、人事教育处、监察室(与纪委合署办公)、税政一处、税政二处、计划会计处、征收管理处,4个党群机构:纪委、政治处、工会、团委;7个行政机构:一分局、二分局、天宁分局、钟楼分局、戚墅堰分局、郊区分局、稽查分局;事业单位暂未设置。

市政府常政发(1994)128号《关于建立地方税务局的通知》明确,市地税局为主管全市地方税收的职能机构,其主要职责是:①贯彻执行各项地方税收法律、行政法规和规章,结合常州实际,研究制定具体的实施办法,并组织实施。②负责组织全市地方各项税收收入计划的编制、分配和考核,努力完成各项地方税收收入任务。③负责营业税、个人所得税、土地增值税、城市维护建设税、车船使用税、房产税、屠宰税,资源税、城镇土地使用税、固定资产投资方向调节税、地方企业所得税(包括地方国有、集体、私营企业)、印花税、筵席税、地方税的滞补罚收入、按地方营业税附征的教育费附加以及市政府规定征收的地方性基金等征收管理工作(不包括已明确由国家税务局负责征收的地方税部分)。④制定全市地方税征收管理制度,建立科学、严密、有效的地方税收征管体系。⑤参与宏观经济的决策和管理,为市政府领导提供地方税收资料和依据。⑥负责本市地方税收规范性文件的起草、审核、清理和汇编工作,以及税务行政复议和诉讼工作。⑦开展促产增收,积极培植税源,围绕经济建设中心,运用政策,信息、智力、资金、管理等多种形式开展促产活动,充分发挥税收职能作用,为常州经济发展服务。⑧负责对县(市)地方税务局的业务指导,监督检查各级地方税务机关和各部门、各单位贯彻执行各项地方税收法律、行政法规和规章的情况。⑨扎口管理常州市地方税务系统干部的教育培训工作、思想政治工作、精神文明建设、基层建设和监察工作。⑩承办市政府和省地方税务局交办的其他事项。常州市地方税务局系统实行地方人民政府和上级地方税务局双重领导、以地方人民政府领导为主的管理体制,地方税务局的人员编制、机构设置、干部管理和经费开支按同级人民政府的有关规定办理;市、县(市)地方税务局局长人选分别由市、县(市)委征求上一级地方税务局党组(委)意见后按干部审批程序任免。各级税务机构均实行国家公务员制度。

开展地税征管"三清"　9月,地税局分设成立后,各县(市)地税局、地税分局在及时做好征管资料移交接工作的同时,组织对户管、税源情况进行调查,做到资料清、户管清、税源清。全市地税系统共有征管户 34188 户,其中纯地税户 3098 户。市区有征管户 11088 户,其中纯地税户 1119 户;武进县有征管户 16207 户,其中纯地税户 1232 户;金坛市有征管户 3806 户,其中纯地税户 448 户;溧阳市有征管户 3087 户,其中纯地税户 299 户。

1995 年

微机征管试点　4 月,按照税收征管改革纳税申报、税务代理、税务稽查一体化的总体要求,进行微机征管试点。市地税局成立领导小组,召集有关人员,全面规划地税征管和自动化信息系统,按照高标准、高要求、高效益的要求,集中时间精力整理出一套业务需求资料,召开不同层次的研讨会,广泛征求意见,反复进行实用性、先进性、推广性的论证、修改。选定地税二分局为试点单位,进行微机征管一步到位试点。投入资金 300 万元,请市协通计算机公司设计开发软件及配备硬件设备,开发由 13 个子系统(即税务登记、税款征收、税源管理、基金费管理、税款核算、发票管理、财务指标管理、减免税管理、执法监督、资金管理、查询分析、税务法规、纳税人查询)组成的地税征管系统。通过各方努力,新的征管模式在试点分局正式启动,12 月微机征管试运行。基本符合要求,对存在问题继续组织修改调试。

公开招考录用干部 120 名　3-12 月,市、辖管市人事局和地方税务局按照"公开、平等、竞争、舞优"的原则,分别向社会公开招考录用地税干部共 120 名,其中市区 20 名,武进市 75 名,金坛市 25 名。在招干过程中,注意把好"三关":一是明确招考对象、条件和考试录用办组织,把好出卷、考试、阅卷关,委托外地高校或其他有关部门按考核要求严密组织出卷、阅卷,确保公平竞争;二是坚持体检、政审条件,严把录用关,按《招干简章》规定的比例,从高分到低分确定体检政审名单,不事先向本人通知体检医院,体检单不记名只编号的办法,政审工作事先拟定《政审提纲》,明确政审要点和不予录取的种种情况,录取名单严格按考试、体检、政审的结果和既定的条件择优确定。

争创"青年文明号"活动获全国最佳组织奖　遵照团中央、国家税务总局创建"青年文明号"活动的整体要求,年内在全市地税系统认真开展创建活动。1 月,成立由团市委、市局分管领导和有关业务处室负责人参加的领导小组,与团市委联合下发《在我市地税系统开展创建"青年文明号"活动的通知》,明确 15 个科、所为创建集体。通过拟订组织收入、征收管理、廉政建设、税法宣传、窗口服务考核标准,设置创建台账,接受外部监督等等措施,把建"青年文明号"活动与思想教育、业务工作、提高素质、树立形象相结合,保证税收任务的全面完成。二分局在担负征管改革试点中,充分发挥团员青年先锋突击队作用,组织青年突击队,吃住在分局,不分昼夜,连续奋战 15 天,录入信息 22 万条,为征管试点成功作出重要贡献。为促进青年岗位成才,组织团员青年开展电脑岗位练兵,市区有 38 人取得"三学"合格证书;积极参与全局的"我为地税献一计"活动,337 条良计中 80%以上为团员青年所献。年评出各类先进个人 103 人次,其中 35 岁以下占 67%;先进集体 12 个,其中 6 个集体的负责人在 35 岁以下。在创建"青年文明号"集体考评中,有 6 个被评为局级"青年文明号",5 个被评为市级"青年文明号",2 个被申报省级"青年文明号"。地税局获得全国创建"青年文明号"最佳组织奖。

1997 年

实行投资许可证制度　3 月 14 日,市政府下发《关于实行投资许可证制度、强化固定资产投资方向调节税征收管理的意见》的通知,要求凡在全市范围内的各类固定资产投资项目,不论资金来源和所有制形式及税率大小(包括零税率项目),一律凭项目批准文件向所在地地方税务机关申报办理项目税务登记及有关纳税手续,根据地方税务机关核发的纳税凭证领取投资许可证。根据国务院有关规定不征收投调税的项目,仍需凭有权机关批准的年度计划正式文件直接领取投资许可证。4 月 23 日,成立常州市投调税征管和投资许可证发放联合办公室。至年底,有 91 户企业主动到联合办公室办理 98 个项目投调税的纳税鉴定,应纳税款 232.19 万元。

1998 年

首次对房改房上市征收税款　1998 年,按照市政府颁发的《常州市市区房改房上市交易试行办法》及其实施细则的规定,市地税局研究制定了相应政策和操作方法。凡市区个人出售房改房,统一使用江苏省常州市个人房屋出售统一发票，并按5%缴纳纳税保证金，房改房出售前后1年内重新购买商品住宅、私有住房的，如新购房价值超过房改房价值的，按新购房价值占房改房价值的比例退还纳税保证金，其差额部分作为综合税款征收入库；出售人应在到期后3个月内向原征收部门办理调换税单手续，过期不再办理，并将税款解缴入库。为方便房改房上市交易，确保综合税款、纳税保证金的征收和发票的开具，市地税局印发了《常州市市区房改房上市缴纳保证金须知》和《常州市市区房改房上市退还保证金须知》，并派专人到房地产交易所负责征收和开票。至年底，共办理个人房改房上市税款征收手续181户，收取综合税款62.53万元，对20户换购户退税7.34万元。

个体税收实现“无纸化”征收　3月起，市地税局对天宁、钟楼区个体工商户试行“无纸化”征收税款。即地税机关将个体户的应纳税款及涉税资料，运用计算机网络在税务、银行间进行数据交换，并委托银行从个体户持有的信用卡账户中直接划缴税款。次月初银行将信用卡对账单和委托收款凭证邮寄给纳税人，作为纳税人完税凭证。对划不到款的，银行及时反馈信息，税务部门组织催缴和检查。实行“无纸化”征收后，既方便了纳税人，纳税人不必每月上税务机关缴税，只要信用卡上备足余额即可，又实现了银行、税务部门间的信息共享，降低了税收成本，促进了税务部门征管工作的规范化。至年底，“无纸化”征收税款已推广至全市区个体工商户。

1999年

地方税务机构实行垂直管理　3月1日，中共常州市委、常州市人民政府批转市地方税务局等部门关于本市地方税务机构实行垂直管理体制的实施方案的通知，就机构、编制、干部、财务的管理和组织实施提出具体的意见。改革后，常州市地方税务局为省地方税务局的直属机构，武进、金坛、溧阳三辖市地方税务局为常州市地方税务局的直属机构；常州市地方税务局天宁、钟楼、戚墅堰、郊区、新区分局为常州市地方税务局的派出机构，三辖市地方税务各分局(所)为本市地方税务局的派出机构。市和各所辖市地方税务局的人员编制和领导职数由省机构编制管理部门会同省地方税务局统一核定管理。

全面换发税务登记证件　6月中旬至9月底，全市开展全面换发税务登记证件工作。共换发各类税务证件64056本，其中内资企业税务登记证27630本；注册税务登记证4013本；外商投资企业登记证929本（含港澳台商投资企业492本）；外商分支机构税务注册证26本；个体工商户31464本。同时，与853个企事业单位签订《委托代征税款协议书》，并换发《委托代征税款证书》；分别对39086个纳税人办理代扣代缴个人所得税税款和156个纳税人办理扣缴单位等有关登记手续；结合换证清理漏征漏管户2022个，均按规定办理了有关税务登记手续，补税罚款31.52万元。

首次开展“四个专项”检查　按照全省统一部署，5-6月，全市地税系统首次开展“四个专项”检查，即对证券公司的营业税、对境外购买无形资产的工业企业的营业税、对国有企业和事业单位的企业所得税、对会计师事务所和律师事务所纳税情况等进行专项检查。结合本市实际，坚持专项检查为主，其他各税统查的原则，共检查纳税户535个，查出有问题的432个，查补各种税款2202.66万元，加收滞纳金27.7万元，处以罚款26.98万元。

2001年

整顿和规范税收秩序　6-12月，市地税局集中时间和人员对税收秩序进行整顿和规范。开张打击伪造、倒卖假发票的专项斗争，共摧毁假发票窝点2个，抓获票贩13人，收缴假发票2万余份，现金2.5万元，有2人被逮捕。并摧毁1个“地下税务所”，2名犯罪嫌疑人被刑事拘留。专项斗争中，还检查运输、劳务开票点191个，连云企业98户，税控收款机332台，客运出租车和中巴车385辆，共查补税款214.75万元，罚款47.36万元。加大重点稽查力度，在全市范围内开展对交通、餐饮、旅游行业和营业税、个人所得税、企业所得税专项检查。加大举报查处力度，市局成立税务举报中心，公开举报电话，制定举报奖励办法，全年共受理举报案件105件，查处91件，查补各项税款247.92万元，兑现举报奖励6000余元。全年全系统共检查各类企业8109户，其中有问题5613户，违纪面达69.2%；查补收入共计12746.24万元，其中查补税款9914.98万元，罚款

2287.86万元，滞纳金543.4万元，处罚率达23.07%。查补税款10万-50万元的149户，50万-100万元的18户，100万元以上的7户。

研制开发二维条码申报系统 年初，市地税局与市三晶数据公司联合研制开发二维条码申报系统。该系统采用美国SYMBOL公司先进的二维条码技术，误码率极低，识别率高，保密防伪性好，使用成本相对较低。传统的一维条码信息容量小，商品上的条码仅能容纳13位数字。这次研制开发的二维条码采用国际通用的PDF417标准，涉及地税的各类申报、财务数据都能在PDF417条码中进行存储。2月，在市区所属的一、二分局和天宁分局、钟楼分局、戚区分局、郊区分局的400余户企业中推行二维条码申报，运行情况良好。该技术的推广，既规范了纳税人申报数据的填报，方便对纳税人数据的填报。同时也极大地提高了办税效率。

首次使用远程电子报税 10月，市地税局与深圳瀚海科技公司共同开发的电子报税系统在新区分局的600余户企业中推行。该系统具有以下特点：1.申报器通过电话线路将纳税人的申报信息传送到税务机关，纳税人足不出户就可完成申报。2.申报器存储有纳税人的税务登记信息、各税种核定的征收方式、申报期限等信息，并且申报软件具有自动计算、规范控制等优点，保证了纳税人按要求申报，提高了申报表的填写质量。3.实现税务机关和纳税人之间信息的双向传输。纳税人可向税务机关传递申报信息和意见建议等，税务机关也可向纳税人传输通知等信息。同时，税务机关对申报器软件的定期升级可实现远程更新。4.与地税征管软件相衔接，确保电子申报数据准确转入征管系统。同时，税务机关可对所接收的纳税人信息实行批量处理、批量打印。

举行首例税务行政处罚听证会 12月10日，钟楼地税分局举行自《中华人民共和国行政处罚法》实施以来的首次税务行政处罚听证会。40余名地税干部和社会各界群众参加旁听。钟楼分局在对常州市某信息咨询有限公司的税务稽查中发现，该公司存在虚开发票17张、虚开金额39万余元、虚假申报等偷税事实。根据《税收征管法》的有关规定，对该公司作出补缴企业所得税105682.82元、处以所偷税款1倍的罚款处理。该公司在接到钟楼分局的《税务行政处罚事项告知书》后，依法提出听证要求。听证会按调查、辩论及最后陈述3个阶段依次进行。

2002年

全面实施新一轮征管改革，完善征管、稽查外分机制，理顺工作职责，初步建立起一个上下协调一致、横向联系紧密、相互监督制约、运转高效有序的机构体系。完成省地税局《征管信息系统》的推广应用，对28735户、30余万份户管资料进行重新清理、审核、录入。研制开发使用新的税款电子缴库系统，实现税款申报、划解、入库和对账核算全过程的电子化处理，加快税收资金入库渠道，提高税收信息的准确性和时效性，受到国家税务总局的肯定。市地税系统809名干部参加全国税务执法资格考试，通过率98.5%。武进地税局魏村分局被国家税务总局和共青团中央联合命名为全国“青年文明号”。

常州市地方税收征管信息系统通过市级科技成果评审 2月16日，常州市地方税务局和常州市协通软件系统公司联合研制的《常州市地方税收征管信息系统》通过市科委组织的科技成果评审。地税征管信息系统从1995年8月起着手研制，至1996年年底系统建设基本完成，应用软件在市区各分局正常运行，并在开发区、金坛市、溧阳市推广使用。该系统由管理服务、申报征收、税务稽查、复议保全、查询分析和系统维护6个部分共16个子系统组成，它全面覆盖地税业务，把计算机运用贯穿于地税征、管、查的全过程，并对税务法规，税源信息、征纳税情况进行微机处理，实现资料规范、信息共享网络运行。评审认为，该系统符合地税征管改革的要求和业务操作需要，实现地税征管业务管理的计算机应用，操作方便，易学易用，可维护性强，在全省地税系统中处于领先水平。

全国地税系统个体工商业户建账建制培训班在常州举办 8月9-11日，全国地税系统个体工商业户建账建制培训班在常州举办。各省、自治区、直辖市、计划单列市地税局70余名有关负责人参加培训。这次培训班是为贯彻《国务院关于批转国家税务总局加强个体私营经济税收征管强化查账征收工作意见的通知》文件精神，并组织相关

业务骨干交流经验，加强培训，部署任务。

2003 年

常州地税 12366 纳税服务系统开通　该系统于 12 月 25 日向社会开通。12366 纳税服务系统以计算机系统为支撑，运用电话、互联网等手段与纳税人进行信息互动，具有办税指南、税务公告、政策咨询、机构查询、报缴提醒、涉税举报、投诉等多项功能；12366 咨询热线的服务方式包括人工接听、自动语音、留言信箱、网络咨询。

2004 年

全面导入 ISO9000 质量管理体系标准　8 月，全市地税系统整合内部资源，健全新的岗位责任体系，全面导入 ISO9000 质量管理体系标准，并于 11 月中旬全面通过第三认证审核，成为市级机关较早实行质量管理标准体系的政府部门。

2005

地税收入超百亿　2005 年，全市组织各项税、费、基金收入 116.97 亿元，比上年增收 24.87 亿元，增长 27%。其中，组织入库省级税收 3. 38 亿元，完成省局下达年度计划的 111.90%，增长 23.50%，增收 6429 万元；组织入库市县级地方税收 65.41 亿元，增长 29.10%，增收 14.72 亿元；征缴社会保险基金 32.72 亿元，增长 28.7%，征缴率为 97.63%；征收其他各项基金、费 15.46 亿元。提供财政一般预算收入 51.26 亿元，占全市一般预算收入的比重为 54.07%，位居全省第二。

推行个人所得税全员全额明细申报工作　按照国家税务总局、省地税局的要求，年内在全市范围内推行个人所得税全员全额明细申报工作，扣缴单位全市达 3653 个，个人所得税明细数据上报 40 万人。并做好对个人所得税重点纳税人的信息比对及高收入群体个人所得税的管理工作。

房地产业税收成为地方税收的第一大产业　年内，虽受国家宏观调控的影响，下半年房地产行业税收增势减缓，但全年房地产税收依旧保持增势，全年房地产行业入库地方税收 16.50 亿元，比上年增收 5.60 亿元，增长 51.40%。

2006 年

常州市国际税收研究会成立　9 月 16 日成立。该会是研究国际税收科学理论的群众性学术团体，由常州市地方税务局、常州国家税务局以及其他从事涉外经济工作的人员自愿组成。研究会主要开展国际税收研究，服务税收工作实践，促进全市开放型经济和税收事业的发展，是学术性的非营利性社会组织。

推行即开式防伪有奖发票　7 月 1 日起在全市推行。即开式防伪有奖发票主要在餐饮、住宿、美容美发、健身、网吧、沐浴、桑拿、茶坊、照相、复印、洗染、歌舞厅、酒吧、网吧等行业推广。至年底，增加相关税收收入 4450 万元，共有 54.5 万人次（份发票）兑现奖金及手续费 505 万元。

2007 年

广泛建立协税护税网络　在全市地税系统积极推行委托街道代征个体及零星税收管理制度和相关操作规程，代征税收 2.2 亿元，比上年增长 74.3%，增收 9519 万元；委托街道、镇代征个人房屋出租税收 25319 户、2564 万元，增长 70%，增收 1056 万元；委托财政契税征收部门代征个人转让房屋的税收，代征税收 7002 万元，增长 81%，增收 3138 万元；委托市建管部门代征外来建筑施工单位税收，代征税收 18666 万元，增长 65.5%，增收 7389 万元。

2008 年

税收优惠　2008 年，常州市享受税收优惠的企业面明显扩大，一些高新企业、科技开发投入较大的企业得到较大的税收优惠。2008 年之前，全市享受高新技术企业税收优惠的仅有 31 家，享受税收优惠约 6600 万元，新企业所得税法实施后，2008 年全市共认定高新技术企业 169 家，其中地税主管的 93 家高新技术企业享受企业所得税减免 1.25 亿元。积极为接纳下岗失业人员的企业实体、政策执行未到期的新办服务型企业给予减免税优惠，至年底共征前减免 66 家上述企业各项税费 433.33 万元，其中营业税 390.39 万元，促进下岗失业人员安置 1276 人。

建筑业、房地产业项目化管理　2008 年，市地税局出台项目化管理办法，研究开发项目管理软件，规范全市建筑业、房地产业税收管理。根据企业经营规模和财务核算情况核准 276 家建筑业自开票纳税人，实现建筑项目的属地化管理，理顺建筑业税源在区域内税收管理秩序，提高建筑业税收的管理效率。在经济速度放缓、企业资金周转困难的情况下，全市建筑业营业税入库 14.24 亿元，增长 25.8%，比营业税整体增幅高 15.36 个百分点。

推进个人年收入12万元自行申报工作　2008年,市地税局加强对高收入行业、重点企业、重点纳税人的税法宣传及其涉税信息的保密工作,强化对案头申报资料的审核和信息比对,有效防范个人申报和企业代申报过程中出现隐瞒收入、申报不全等税款少申报和不申报行为。2008年,常州市个人年收入12万元自行纳税申报人数16563人,比上年增长5928人,增幅55.74%,申报年所得639263元,申报税款104205万元,补税2161万元。

成立纳税服务中心　2008年,市地税局成立纳税服务中心,主要负责纳税服务体系建设,制订并组织实施纳税服务工作规范、具体操作流程及相关制度,负责办税服务厅、12366服务热线、网站等纳税服务平台的管理等。纳税服务中心的成立,实现了纳税服务的归口管理,标志着税收工作由"管理"向"服务"转型。

苏州市地方税务局

概　　述

一、简介

苏州地税局成立于1994年9月。1999年1月1日起，根据省政府苏政发〔1998〕126号文件，省以下地方税务机关实行上级地方税务机关和同级政府双重领导，以上级垂直领导为主的管理体制。苏州市地方税务局由江苏省地方税务局和苏州市政府双重领导，以江苏省地方税务局垂直领导为主。

主要负责全市营业税、企业所得税、个人所得税、城市维护建设税、印花税、土地增值税、房产税、车船税等税种以及社会保险费、教育费附加等基金（费）的征收管理工作。目前，全系统共有在编干部职工1840人，大专以上学历占97%，党员占74%。

多年来，苏州地方税务局在江苏省地税局和苏州市委、市政府的正确领导下，以邓小平理论和“三个代表”重要思想为指导，深入贯彻科学发展观，牢固树立“聚财为国、执法为民”的工作宗旨，以服务经济社会发展大局为己任，以打造“一流的干部队伍、一流的工作业绩、一流的服务水平”为目标，坚持组织收入原则，严格依法治税，落实税收政策，优化纳税服务，规范税收管理，加强队伍建设，推进反腐倡廉，各项工作取得显著成效。

1994年至2008年，全市地税系统共组织各项收入2640亿元，其中组织税收收入1432亿元。特别是“十五”期间，税收收入进入一个快速增长的周期，年均增长41.6%，几乎每两年翻一番。“十一五”以来，年均增长26.3%，税收总量居江苏省第一，占全省的25%以上。2008年，在高起点、紧环境、多挑战的情况下，攻艰克难，勤征细管，组织收入总量632.25亿元，其中税收收入超414.28亿元，为苏州经济社会又好又快发展作出了新的贡献。

苏州地税局被中宣部、中央文明委授予“全国文明单位”，全市地税系统先后4次被评为“江苏省文明行业”、多次被评为“苏州市文明行业”和市“财税工作先进单位”；所属多个单位和组织被授予“全国税务系统先进集体”、“全国青年文明号”、“全国巾帼文明岗”、“江苏省十佳基层工会”、“江苏省五四红旗团委”等荣誉称号。

二、机构设置

内设机构　1995年1月3日，苏州市地税局内设机构为：办公室、人事处、监察室（与纪检组合署）、税政一处、税政二处、税政三处、征收管理处、计划财务处、发票管理处、政策研究室（与税政二处合署）。

1995年7月27日，增设稽查处，与征收管理处合署办公。

1996年4月23日，增设涉外税收稽征处，为科级机构。

1996年12月30日，苏州市地方税务局的内设机构调整为：办公室、人事处、税政一处、税政二处（政策研究室）、税政三处、税政四处、计划财务处（微机管理处）、发票管理处、涉外税收稽征处（涉外税收征收分局）、征收管理处（稽查处）。

1999年4月23日，明确监察室为局机关行政处室，与纪检组合署办公。

1999年12月15日，苏州市地税局内设机构调整为：办公室、人事处、基层工作处、计划财务处、征收管理处、税政一处、税政二处（基金管理处）、政策法规处、信息管理处、监察室（纪检组）。

2004年11月17日，成立苏州市国际税收研究会。

2007年10月19日，苏州市地税局成立机关后勤服务中心、纳税服务中心、数据分析处理中心。其中：机关后勤服务中心为正科级单位，纳税服务中心为市局办公室下设副科级单位，数据分析处理中心为市局计财处下设副科级单位。

涉外税务管理处更名为税政三处，其职能归并到税政一处。

2008年12月19日，纳税服务中心升格为正科级单位。

直属机构　1999年6月30日，按照征管与稽查分离的原则，建立稽查局、涉外税务分局。

2003年6月12日，检查一、三分局更名为稽查局第一分局；检查二、四分局更名为稽查局第二分局。涉外税务分局与涉外税务管理处合署办公。

派出机构　1995年1月3日，苏州市地税局派出机构设置为：一分局、二分局、三分局、四分局、河西新区分局、工业园区分局、检查分局。

1999年1月21日，建立苏州市工业园区地税局、直属省地税局领导。

1999年6月30日，苏州市地税局派出机构调整为：征收管理一分局、征收管理二分局、征收管理三分局、检查一分局、检查二分局、检查三分局、新区分局。

2001年6月29日，检查一、三分局合署办公，检查二、四分局合署办公。

2003年6月12日，苏州市地税局派出机构调整为：第一税务分局、第二税务分局、第三税务分局、第四税务分局、第五税务分局、张家港保税区税务分局。

县(市)地税局　根据党中央、国务院关于国税、地税机构分设的统一部署，1994年9月，组建常熟市地税局、张家港市地税局、昆山市地税局、太仓市地税局、吴江市地税局、吴县市地税局。

2001年2月26日，吴县市地税局更名为苏州市吴城地税局。

2003年5月，撤销吴城地税局，建立苏州市吴中地税局、苏州市相城地税局。

三、组织收入

苏州市地方税务局组织收入情况表

单位：万元

年　度	累计入库各项收入	税收收入入库	非税收入	教育费附加	社保收入
1995年	161601	145521	16080	6315	
1996年	209690	191978	17712	7400	
1997年	242267	221961	20306	8386	
1998年	264230	246604	17626	9098	
1999年	314056	287710	26346	10115	
2000年	451385	388663	62722	13932	29515
2001年	832875	556928	275947	16803	224724
2002年	1200863	769018	431845	23762	339692
2003年	1723612	1139707	583905	32637	462146
2004年	2496674	1749956	746718	65613	595718
2005年	3228553	2207604	1020949	71480	833072
2006年	3854252	2635455	1218797	89686	989831
2007年	5198795	3523304	1675491	110131	1372231
2008年	6322536	4142824	2179712	114828	1837279
2009年	6760524	4576890	2183634	119062	1864819
2010年	8558604	5947973 (含两税)	2610631	139606	2237407
2011年	11413583	7885909 (含两税)	3527674	304033	2865086

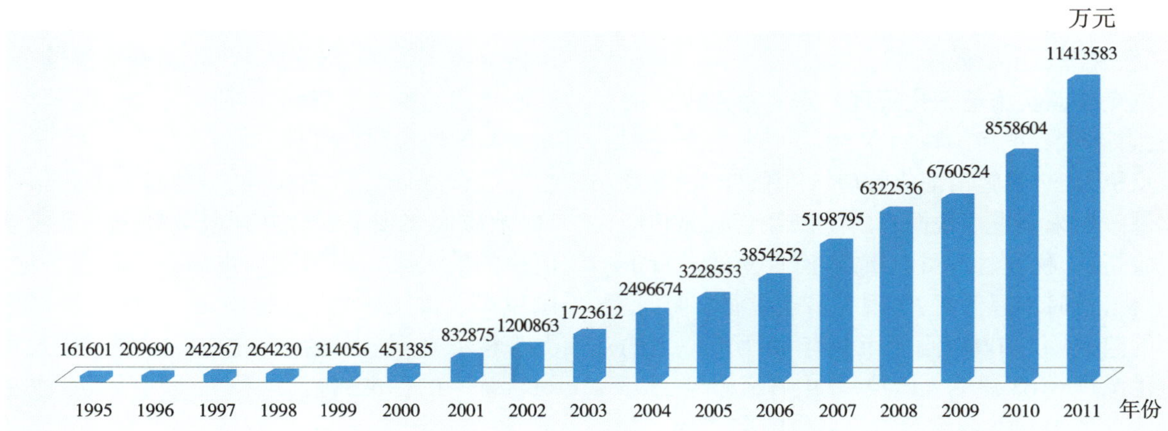

苏州市地方税务局 1995–2011 年历年收入数据示意图

特色工作

一、征收管理

(一)税务登记

1. 户管情况

年　度	总户数	其中:个体工商户
1995 年	69881	10452
1996 年	77165	27348
1997 年	119665	55183
1998 年	110858	57992
1999 年	119317	63159
2000 年	133274	71658
2001 年	145819	77289
2002 年	158068	79339
2003 年	193282	98951
2004 年	234185	124717
2005 年	277638	154491
2006 年	316432	178313
2007 年	347009	193716
2008 年	388981	222693

2. 税源管理

税收属地管理。为理顺市区税收征管关系，营造公平的竞争环境和良好的纳税环境，按照市委、市政府统一部署，从 2003 年 1 月 1 日起，苏州地税局先在市区实行地方税收属地征管。

属地征管的基本原则。对市区所有纳税人、扣缴义务人以及代征单位按所在行政区实行属地征收管理；纳税人注册地与实际生产经营地不在同一行政区内的，以实际生产经营地为准。

属地征管的主要收效。通过属地征管，重新构筑了分税制财政体制的新平台。按行政区域分配税收收入，区域利益趋向合理，促进了税收征管，增强了税收宏观调控的作用。主要收效有以下几个方面：

适应了税收征管改革的需要。实行属地征管以后，对企业的征收管理不再纠缠于工商注册、企业投资主体及所属行业等问题，户管范围和财政级次更为清晰。

税源得到了有效的监控。实行属地征管，一条街的企业就只有国、地税各一个征管分局负责，管理部门可以逐户建立征管资料，稽查部门可以沿街逐户检查，漏征漏管现象大大减少。

进一步增强了税收经济观。明确了税源的范围与归属，税收收入分级入库，预算级次清晰，有利于增加地方税收收入。

“三级税源”管理。苏州地税局积极探索税源分类管理的新思路，建立起“重点税源精细化管

理、一般税源标准化管理、零星税源社会化管理”的“三级税源”,主要做法是:

重点税源实施精细化管理。建立重点税源的动态监控体系,把年纳税额在50万以上的企业列为重点税源户,实施精细化管理。利用TRAS等管理软件按期采集重点税源户的生产经营状况和经济税收指标,税收管理员有重点、有针对的进行审核、分析,及时掌握信息,实现对重点税源户实时、全面的监控。仅2007年,全市共有50万元以上的重点税源户6163户纳入监控(其中省级监控2143户),这些监控户共缴纳地方税收210.93亿元,占当年入库地方税收总量的59.87%。

一般税源实施标准化管理。加大对一般税源的监控力度,在全面实施属地管理的基础上,对市区分局的内设机构进行了调整,按责任区把税源管理分解到每个税收管理员,责任到人;加强税收管理员制度建设,规范业务流程、统一管理标准、明确岗位职责、加强日常考核;对建筑、房地产实行项目管理,对运输等特殊行业实行专人管理,个案评估与行业评估相结合,建立纳税评估效能利用机制;加快信息化建设,全面推行电子申报、CA认证,增强网上办税功能,实现涉税数据的电子化采集。

零星税源实施社会化管理。对个体税收、个人出租房屋税收和集贸市场税收等零星税源实行社会化征收。制定并实施“要素·系数法”个体税收定额管理办法。以各地政府牵头成立专职协税部门为主体,设立便民、高效的代征中心,与国税局紧密合作,实行联合委托代征,实现了一张税务登记证、一个定额标准、一套统一文书、一张银行卡缴税以及一体化的管理软件,不断加强对代征工作和协管工作的指导,通过制定《委托代征税款管理办法》,明确委托代征的范围、权限及违约责任等内容,规范了代征单位的权利与义务,保证代征工作的有序开展。

3.集中办理税务登记

2002年8月,以苏州市行政服务中心成立为契机,苏州市地方税务局将市区范围内企业纳税人税务开业、变更、注销登记集中于中心统一受理。2006年9月,又将市区个体税务登记进入行政中心办理。

中心地税窗口严格把好纳税服务第一关的服务质量。利用市各部门集中办公的有利条件,在中心工商等窗口做办理税务登记宣传工作。同时,窗口做好办理流程、报送资料、收费标准等的公示,热心接待纳税人的咨询、申请。

4.国地税联合管理

联合办证。从2003年1月起,苏州市国税局、地税局实现了联合办理税务登记。凡缴纳增值税的纳税人,向国税局申请办理税务登记,由国税局收取工本费;其他纳税人,向地税局申请办理税务登记,由地税局收取工本费。国地税局执行统一的标准,包括纳税人适用的税务登记类型、税务登记表、税务登记证、税务登记代码的编制规则等,标准的制定应符合《税务登记管理办法》的规定和要求。

个体工商户的联合委托代征。为提高个体征管质量,堵塞征管漏洞,方便纳税人,提高服务效能,2010年8月在昆山试点的基础上,共同研发国地税个体一体化征收管理系统,以实现对个体工商户国、地税税款一体化征收和管理。

国地税个体一体化征收管理系统的开发是为了对个体国地税共管户的征收实现“二个一致,三个同步”。即在“国地税联合办证”的基础上,对个体共管户的征收实现“二个一致,三个同步”,即税务登记信息一致、征管状态一致,同步核定定额、同步超定额补税、同步催报催缴。

(二)纳税申报

电子申报。从2002年8月起,开始实行纳税申报方式的改革,推出了电子申报。根据省局统一部署,2005年10月启动了免费版WEB方式电子申报软件推广工作。截至目前,全市电子申报企业户数量约占正常申报企业的95%。

银行划缴申报。这是一种简易的申报征收方式,适用于实行定期定额征收的纳税人。具体流程为:纳税人在税务机关指定的一家或几家银行办理账户(或银行卡或存折),由主管税务机关定期通知银行进行扣缴入库,这类纳税人不再办理纳税申报,缴款视同申报。目前苏州市地方税务局辖管的实行定期定额征收的个体工商户95%采用这种申报方式。

CA认证。为落实总局“两个减负”精神,全面实施“三个一流”工程,依托信息化建设,提高税收征管质量和效率,苏州地税在2008年3月昆山试点的基础上于9月在全市推广网上办税CA认证

(数字证书),不仅有效解决网上申报电子数据的法律效力问题,而且在方便纳税人办理各类涉税事项的同时,切实降低纳税人办税负担、节约办税时间,使纳税人真正实现“足不出户,网上办税”,次年实现CA认证全覆盖。

“苏州地税电子档案库”。树立数字化管理理念,运用新型电子储存归档方式,建立“苏州地税电子档案库”,推进涉税资料管理信息化,克服了传统纸质档案库储存空间大、整理工作繁重、不易查找等弊端。采集省级大集中回流数据、第三方数据、公文数据、办税大厅窗口扫描数据,实现规范归档并海量储存,可存储400G的电子资料;健全信息数据管理制度,从数据档案的录、审、调、存、转、用等各环节全面加强管理,提供快捷的全文检索功能和历年查询功能,能在海量数据中快速找到所需的数据,提高数据档案的利用率和易用度,从管理纸质档案的烦琐工作中解脱出来,提高涉税资料管理水平及档案信息化水平。

(三)发票管理

1994年起,苏州市启用由地方税务局监制并套印“全国统一发票监制章”的发票。

1996年10月1日起,苏州市公园、动(植)物园及其他各种浏览、娱乐场所使用的门票一律使用地方税务局监制并套印“全国统一发票监制章”的门票。

1997年1月1日起,按全国统一换版要求,苏州市更换使用了具有统一防伪措施的新版普通发票。新版普通发票发票联采用专用SW水印纸印制,发票监制章和发票号码采用有色荧光油墨套印,印色为大红色,在紫外线灯下呈橘红色反应。

1997年4月1日起,苏州市文化、体育、园林、宗教场所使用的门票一律使用地方税务局监制并套印“全国统一发票监制章”的门票。

1998年8月1日起,苏州市出租汽车陆续使用计价器打印机打发票。

1998年10月1日起,苏州市公路汽车运输“定额客票”和“客运包车票”由原交通运政管理部门监制并套印“江苏省公路运输票证章”,改为由地方税务局监制并套印“全国统一发票监制章”,纳入发票管理。

1999年起,苏州市公路汽车运输客票电脑票、补充客票陆续改为由地方税务局监制并套印“全国统一发票监制章”,纳入发票管理。

1998年年底税控装置试行推广。

1999年4月1日起,苏州市区在餐饮、服务、娱乐行业正式推广使用税控装置。

2001年起,苏州市在全市范围内餐饮、住宿、服务、娱乐、广告、建筑行业全面推广使用税控装置。至2005年底全市在用税控装置约1.5万个。

2003年7月1日起,苏州市区范围内对苏州市饮食业定额发票、苏州市机动车停车费定额发票、江苏省公路汽车客票、苏州市室内车库寄存定额发票、苏州市非机动车寄存定额发票、苏州市货运(搬运装卸)定额发票等启用新版发票。新版定额发票在旧发票防伪措施基础上,背面增加印有“SZDS”及“苏州地税”字样的温感油墨标记(遇热变红)。

2004年7月1日起,公路内河货物运输业务统一使用江苏省地方税务局监制的《公路、内河货物运输业统一发票》,纳入全国统一管理。

2005年4月1日起,按全国统一换版要求,苏州市更换使用了具有统一编码规则的新版普通发票。新版普通发票具有12位发票代码和8位发票号码。

2005年4月1日起,苏州市陆续启用有奖发票,对普通发票实施即开即奖有奖管理。2005年全市累计兑付有奖发票奖金及手续费197.98万元。

2008年起试点网络开票,按照“网络发票为主,国标税控为辅,定额发票为补充”的发票开具管理要求,积极尝试利于管理、便于使用的发票开具模式,保障发票开具信息来源渠道畅通,致力提高发票开具信息采集的全面性和时效性,掌握信息管理主动权。

2008年实行“网上购领发票”。在承建“网上办税厅扩建”项目的基础上,为进一步服务纳税人,借助国标税控推广、发票简并换版和改造发票后台管理系统的契机,昆山地税局率先于2008年成功开发“网购发票,EMS配送”系统,并在苏州全市逐步推广。该系统实现了纳税人足不出户购领发票,进一步推进了网上办税流程一体化进程。网购发票实现了纳税人购领发票网上申请、网上审核、网上验旧、ETS扣款和EMS配送,形成发票购领的管理闭环,是拓展网上办税厅功能的重要举措。

二、依法治税

(一)开展依法行政示范单位创建

以创建依法行政示范单位为契机，充分发挥依法治税示范单位在推进依法治税工作中的引领作用，探索新思路、新方法，拓展思路，开阔眼界，不断探索，为全面工作提供更多的新思路、新方法、新经验，真正推进全市依法治税工作水平。不断提高依法行政的主动性和自觉性，所辖昆山、张家港、吴江、常熟局四个单位取得省级“依法行政示范单位”称号。

(二)推进税务行政指导，开辟柔性执法新路

面对复杂多变的宏观经济环境，苏州地税局积极推进税务行政指导，探索出了一条高效益、低成本的税收执法新路。

以制度创新为突破口，积极构建行政指导工作机制。制定一个工作意见，建立两层组织机构，推行四项实施办法，明确六类指导项目，创新使用六种指导文书，为积极有效开展行政指导提供了有力的制度保障。

以优化纳税服务为基点，丰富行政指导内涵。一是推出大企业(集团)联络员制度，专人关注世界500强企业、知名外资企业等近百户大企业(集团)的涉税情况，及时做好提示和指导工作。二是经常性地与建筑企业项目经理及财务人员进行座谈，并向外来建筑企业邮寄《致建筑业纳税人的一封信》，帮助其熟悉相关税收政策以及地税的管理模式和办税程序。三是降低纳税人涉税风险，发挥行政指导柔性补充作用。四是以提高办案成效为抓手，运用行政指导推进税法落实。

(三)积极开展涉税财产价格鉴证工作

与市物价局联合发文，制定下发《苏州市涉税财产价格鉴证操作规程》，从涉税价格鉴证的委托和受理、鉴证方法及原则、鉴证结论书的出具以及文书的统一使用等方面进行规范，在基层全面推开，将创新工作贯彻到日常工作之中，为依法行政获取司法系统可采信的依据和规避执法风险提供了制度保障。

(四)实行“阳光稽查”制度

坚持稽查服务理念，科学处理好服务与执法的关系，不断深化“阳光稽查”工程，初步实现了稽查人员从工作理念到行为方式的转变、稽查工作由“单纯执法”向“执法服务”转变、稽查手段由“权威性执法”向“人性化执法”的转变，将稽查工作置于“阳光”之中，主动抵制“潜规则”侵袭，取得了显著的成效。

三、税种管理

(一)“二三产分离十五法”

“二三产分离十五法”是苏州地方税务局提出的在制造业企业中分离设立服务业企业十五种方法的总称。包括以下十个部分的内容：部分混合销售；生产后续服务；大型企业的主副业；制造业企业中的物流；工业企业中的科技研发部门；工业企业中的营销、策划；外来物流企业整合；部分供应快餐的企业；零散业户；分离企业的业务整合等十个部分的十五种具体方法。该方法在全省首创，具有一定的推广应用价值，受到省委常委、苏州市委书记蒋宏坤等领导的充分肯定。

(二)土地增值税清算要素鉴别法

积极探索税收管理新思路，制定且全面推行《土地增值税清算要素鉴别法》，科学开展土地增值税清算工作。首先，在吴中和太仓进行试点研究土地增值税清算要素鉴别法。其次，组织业务骨干进行了多次研讨和交流，特别是对扣除项目中土地成本、拆迁补偿、建造成本、配套设施等项目的审核进行了研讨，并结合实际，重点明确了政策界定和审核方法。然后，在总结太仓、吴中地税局试点经验的基础上，对房地产项目的收入认定、扣除项目认定等方面的33个难点要素，编写了《土地增值税清算要素鉴别法》，并在全市范围内推广运用。

(三)研发费加计扣除操作规程

策划加计扣除宣传活动，激发自主创新热情，营造良好纳税氛围。梳理编辑《研究开发费加计扣除政策指引》，指导企业规范研究开发费的会计核算工作，推动政策贯彻的普及性，激发企业自主创新的热情。组织精干人员，系统梳理涉及自主创新、科技进步、转型升级等各类企业所得税优惠政策，汇辑成《发挥税收调节作用，服务“三区三城”建设——苏州地税解读促转型、调结构所得税优惠政策》读本。通过12366服务热线、网络、新闻媒体、办税服务厅显示屏、政策读本等形式多层次、全方位宣传研究开发费加计扣除所得税优惠政策。优化加计扣除服务手段，提高自主创新速度，构建和谐征纳关系。向纳税人发放《企业研究开发

费用税前加计扣除有关事宜的通知》，进一步提升服务主动性。精简加计扣除配套审批事项，进一步简化办税程序。开展政策落实反馈调查，进一步完善税收服务。细化加计扣除具体政策，彰显自主创新联动支持，提供有效的合力保障。在全省率先出台《企业研究开发费用税前加计扣除操作规程》，增强政策的可操作性。创新各部门协作综合治税模式，增强政策执行的联动性。

（四）企业所得税核定征收“五化”管理

在企业所得税分类管理的基础上，围绕“五化”管理，积极探索核定征收管理新举措。主要措施：以健全制度为抓手，优化核定方式。以“一张申报表”和“一项实施意见”为抓手，着力完善核定征收制度建设。出台《关于企业所得税核定征收工作的实施意见》，为全面推进核定征收工作提供了制度保障。以规范管理为基础，细化核定内容。明确“整体查账，部分核定”的管理模式，形成了一整套针对部分项目核定的实施方法，直接核定企业实际发生的与生产经营活动有关但又难以准确核算的部分成本费用或应税收入额，引导企业规范会计核算，逐步向查账征收过渡。以公正执法为前提，强化核定范围。强化核定征收范围的管理，除国家税务总局规定的房地产开发企业、实行汇总纳税的总分机构、经济鉴证类中介机构等特殊类型的纳税人不得预先核定征收企业所得税外，对不得核定征收企业类型进行补充和完善。以公平税负为目标，量化核定依据。实施“一户一核”原则，参照个体工商户定额“要素系数法”管理方法，兼顾不同地段企业的级差收益，综合考虑企业兼营项目的盈利能力，以确定不同企业适用的应税所得率。

（五）以便民服务为核心，简化核定程序。

以公开透明、简化流程为原则，大力简化核定征收程序，节约纳税人办税成本。取得成效：在2008年度核定征收企业实际汇缴户比上年同期减少1914户以及新税法贯彻实施的背景下，全市2008年度核定征收企业实际应纳税额2.92亿元，部分核定征收企业对照扩展申报表，在汇缴时主动申报了主营收入以外的其他收入，扩大了税基，核定征收企业所得税同比增加8000万元，增幅达37.74%。

四、纳税服务

苏州地税局本着“始于纳税人需求，基于纳税人满意，终于纳税人遵从”的原则，积极采取有效措施，创新创优纳税服务。一是从加大宣传力度入手，帮助企业用好税收优惠政策。为便于广大企业能够更好地理解和掌握税收优惠政策，更好地依法保护自己的合法权益，编印各类税收优惠政策辅导读本，并赠送给广大纳税人。成立专家宣讲团，举办“企业税务政策报告会”，宣讲、解读和辅导有关地方税收政策，增进税企沟通。二是从降低纳税成本入手，努力减轻企业办税负担。全面取消税务登记工本费，降低企业的办税成本。扎实推进网上办税企业CA认证工作。认证费用全部由两级税务部门或地方财政承担，不收企业一分钱。推行网上打印缴款书，实现企业能足不出户办税，进一步方便企业。三是从提升服务水准入手，不断满足企业发展的合理需求。进一步丰富服务内容，完善服务体系，努力为企业排忧解难。加强纳税服务平台建设。通过加强12366服务热线、登记窗口、办税服务厅和地税外网等纳税服务平台建设，进一步整合服务资源，打造服务品牌，提升服务水准，为企业提供专业化、规范化、人性化、多元化的纳税服务。提供全天候的纳税服务。实行“周六对外服务”，“预约迎候服务”，开展“局长接待日”和“局长服务进企业”活动。四是从维护企业权益入手，着力营造良好的税收环境。健全企业权益维护组织。通过在外网设置“维权服务中心”、办税服务厅设置“廉政行风投诉箱”和“涉税案件举报箱”、纳税服务中心设立“纳税人之家”等，加强对企业纳税人具体权益的维护。依托社会中介、工商联、商会等组织，建立“税法援助站”，授予维权责任，开展维权活动。搭建由注册税务师、律师和高校专家组成的维权论坛，开展涉税维权理论研讨。

苏州地税12366纳税服务热线于2003年8月正式投入运行。热线秉承“热心、诚心、细心、耐心、专心”的服务宗旨，为纳税人提供税收法律法规和政策、征管规定、涉税事项办理程序及手续的咨询，涉税软件操作的指导，发票真伪、申报情况等涉税信息的查询，举报、投诉问题的指引以及意见建议和争议问题的反映与反馈等服务。热线主要通过工作日每天工作时段的人工接听与全年每天24小时的IVR自动语音相结合的电话服务手段,同时为更好的满足纳税人的咨询需求,还提供网上问答、自动传真、邮件回复等服务方式。随着12366知名度与美誉度的提高,咨询总量不断递增。2003年,咨询总量10811次,其中人工电话4847次、自动语音5848次,网络咨询116次。2008年,咨询总量177321次,其中人工电话62644次,自动语音111778次,网络咨询2899次。5年间,咨询总量增长16倍,人工电话增长13倍,自动语音增长19倍,网络咨询增长25倍。12366已成为纳税人涉税咨询的重要渠道。通过多年努力,苏州地税12366以其专业的服务水平、热情的服务态度、规范的服务流程成为了苏州地税的服务名片以及全省地税系统12366服务热线的先进单位。2003年至2005年,12366连续三年在苏州市地方税务局考核评先中获集体嘉奖;2005年度12366获苏州市"青年文明号"荣誉称号;2008年获苏州市第四届"五一文明岗"称号;获苏州市级"十佳青年文明号"称号;一名座席被授予苏州市地税系统第一届"青年服务标兵"称号。

五、信息化建设

苏州地税局充分利用信息技术为税收管理提供现代化的手段,走"科技兴税"的道路。深入贯彻"科技加管理"的方针,推进优质服务,提高工作效率,遵循"抓建设、促应用、求创新、上水平"的工作思路,大力加强税收信息化建设,不断优化税收管理机制,实现信息化支持下的税收征管专业化、现代化。

(一)硬件平台建设

小型机:从1994年的0台到2008年的9台,其中:98年市局采购了第1台IBM小型机,标志着苏州地税微机平台以从服务器向小型机过渡。

服务器:从1994年的4台到2008年年底的181台。

微机:从1994年的50台到2008年的4984台。

(二)网络建设

局域网:1994年全系统局域网4个,到2005年年底近100个。

广域网:2000年完成以128KDDN专线为主干系统广域网建设,标志着市地税系统计算机应用已实现了由单机向网络应用模式的过渡。2003年完成从128KDDN至2MDDN线路的升级,2005年完成市局至县市局100M、至市区分局10M的广域网建设。2008广域网联通节点数164个。

(三)应用系统

1995年年底完成开票软件的推广,取消了手工开票。

1996年实现了与人民银行、国税、财政局的横向联网。在全国财税库联网评比中,苏州地税局获得了由中国人民银行、财政部、国家税务总局授予的"财税库计算机联网先进单位"的光荣称号。

1996年完成苏州地税征管软件的推广,实现了企业管理业务的信息化管理。1996年12月,该系统通过了市科委鉴定并获得了1997年度苏州市科学技术进步奖三等奖。

2000年完成总局DDPS公文系统的推广,实现了办公无纸化。

2000年市地税局自行开发完成社保费征收系统,与社保局实现了基于DDN专线的网络互连,顺利接受并完成了社会保险费征收任务。

2001年完成全省征收管理软件1.0的推广。

2003年完成了12366系统及苏州地税网站建设,并投入运行;完成了地税局内部行政系统的建设;启动了电子申报的推广工作。

2004年,完成苏州地税网络管理系统的建设,在全省率先配置了以BETA网管系统,PACKETEER6500企业级流量管理系统为主要内容的网管平台,实现了对主机、数据库、应用进程、设备的全方位监控;全面完成了TERITAS数据存储备份系统的建设,形成了一套比较完善的数据备份和恢复机制。

2005年,完成全市地税系统数据库大集中工作;完成了个人所得税全员建档系统建设;全面完成税银库系统的建设,实现了税、费征收无纸化。

2006年企业电子申报比例已达90%以上,申报方式市县已从传统的申报向网上申报转变,并建成IP电话和视频会议系统,视频会议系统与省局实现对接,拓展了上、下沟通途径,提高了工作效率。

(四)专业队伍建设

计算机技术人员队伍由期初的10人扩大到近80人,其中计算机研究生4人,计算机本科生50余人,为系统内的各类计算机应用和开发工作提供了有力保障,45岁以下的税务干部全部取得了计算机中级水平合格证书。

(五)信息化应用支撑

全面支撑征管业务。《江苏省地方税收征管信息系统》的推广使用,实现了计算机对税务登记、纳税申报等各项税收工作的基本管理。为适应苏州地税管理实际的需要,提高数据利用水平,苏州市地方税务局还逐步开发了一户式管理、综合查询分析系统以及税收管理员电子手册等软件,进一步拓展了系统应用范围,形成了科学化的辅助管理体系。此外,纳税评估、执法责任制、有奖发票管理、个人所得税全员建档、企业所得税汇算清缴等系统的应用,对税源的管理、监控以及内部管理水平的提高,起到了较好的作用。加强外部税源监控,积极推广税控装置,已覆盖了餐饮、娱乐、服务、建筑、中介和运输等行业,使纳税人的经营状况得到了真实的反映。

积极探索现代化办公。在充分调研的基础上,建成了内部的协同办公系统。系统采用统一登录的方式,依据不同的角色设置不同的信息获取权限,系统会自动展现针对角色权限的各种信息;税务干部不仅可以从系统中获得苏州地税的相关电子化信息,而且借助这个内部平台,可以实现部门与部门、部门与个人、个人与个人之间的信息交互,处理各种内部办公事务,也可以充分利用平台所提供的多种电子服务手段,沟通交流。依托这个平台,内部法规库、公文处理等系统得到广泛推行,办公自动化逐步深入,市、县局机关及基层分局实现了无纸化办公。

加强横向部门的信息共享。近几年来,全系统加强了与财政、国税、社保等相关政府部门、各商业银行等网络互联工作,全面完成了税银库一体化建设,实现了税款缴库电子网络化进程。特别是与国税开展了联合办理税务登记证、联合对纳税人进行信用等级评定、发票抽奖等多项工作,并打算进一步就城建税税基“两税”数据、生产企业出口货物免抵增值税数据、货运发票信息审核比对和加强机动车辆管理有关数据等进行交换,提高数据利用效率。

推进政府信息公开工作。信息化建设为建设电子政府,推行政务公开提供了技术支持。通过信息技术的应用,发布政务公开内容的载体越来越丰富多样,除了触摸屏、公告牌等传统载体,地税网站、12366服务系统等成为政务公开的窗口。

六、队伍建设

国地税机构分设以来,苏州地税坚持“聚财为国、执法为民”的工作宗旨,以提高执政能力为重心,全面加强领导班子建设;积极实施人才兴税战略,提高税务干部的素质和能力;进一步规范机构设置,理顺工作职责;加强和改进思想政治工作;努力造就一支政治坚定、业务熟练、作风优良、执法公正、服务规范的高素质干部队伍,促进了各项税收工作任务的圆满完成。截至2008年年底,我市地税系统干部职工总人数为1788人。其中:

1. 人员性质结构:公务员1721人,行政附属46人,事业性质19人,聘干2人。

2 性别结构:女554人,男1234人。

3. 学历结构:研究生64人,本科1223人,专科415人,中专33人,高中以下53人。

4. 政治面貌结构:党员1265人,民主党派14人。

5.年龄结构:30岁以下200人,31至35岁479人,36至40岁319人,41至45岁406人,46至50岁176人,51至54岁117人,55岁以上91人。

6. 职务层次(公务员):正处级领导干部1人,副处级领导干部8人,副处级非领导干部4人,正科级领导干部28人,正科级非领导干部16人,副科级领导干部58人,副科级非领导干部89人,科员及以下1519人。

(一)领导班子建设

注重理论学习,激发领导班子内在动力。党组中心组坚持每月集中学习不少于一次,提高把握大局的能力。召开“坚持以人为本执政为民理念、发扬密切联系群众优良作风”专题民主生活会,围绕民主集中、组织纪律、廉政建设和作风建设等重点内容,开展对照检查。局党组一班人深入学习贯彻科学发展观,自觉服从大局,服从党组集体领导,执行党组决议决定,认真落实“一岗两职”,带头执行廉洁自律的各项规定,自觉接受各方面的监督,班子团结,工作扎实。严格执行民主集中制,增强班子的战斗力。按照“集体领导、民主集中、个别酝酿、会议决定”原则和民主集中制的各项规定,局党组坚持对事关全局的重大问题,在广泛征求意见的基础上,召开党组会议集体研究,集体决策,不搞个人说了算。班子成员根据集体的决定和分工，认真执行党组的决策部署，履行职责，顾全大局，维护班子的权威。不断优化结构，截至2008年，两级领导班子成员全部具备大专以上学历，其中：市局领导班子7名成员中，研究生有3名；县(市)局、分局领导班子成员50人中，具有大学本科以上学历的达到76%，研究生以上文化程度达26.3%。市(县、区)局领导班子平均年龄为46岁，市区稽查局、各分局领导班子平均年龄为47岁，机关中层领导干部平均年龄为44岁。

(二)党风廉政建设

落实党风廉政建设责任，结合党风廉政建设和反腐败工作的任务要求，把贯彻落实党风廉政建设责任制内容以《党风廉政建设责任状》的形式，层层进行签订。筑牢思想道德防线，依托职能部门专业力量开展预防职务犯罪系列教育。把各级领导干部作为重点对象，严格落实党组中心组学习制度、专题民主生活会制度、思想政治工作联席会议制度和深入基层调查研究制度，落实个人重大事项报告、收入申报、述职述廉制度。充分发挥廉政文化在机关反腐倡廉中的教育、示范、熏陶、导向作用，营造“以廉为荣、以贪为耻”的廉政文化氛围。健全惩防体系。加强科技防腐，深化网上办税服务厅建设，实现涉税事项办理网络化，涉税事项监督全程化；依托地税行政权力网上公开透明运行系统，对容易产生执法风险和廉政风险的指标进行重点监控；依托勤廉测评预警系统，开展网上勤廉测评，及时发现和解决一些带有苗头性、倾向性的问题。

(三)推进干部人事制度改革

按照干部队伍“四化”方针和德才兼备标准，建立健全干部选拔机制，积极推进干部人事制度改革。初步形成了“竞争上岗”、“交流轮岗”、“到龄退岗”等一整套行之有效的干部管理制度。大力推行竞争上岗，截至2008年，全系统共有35名干部通过公推竞岗走上了科级领导岗位。基层一大批科所长通过竞争上岗，成为工作骨干和后备干部来源。所有干部的选拔任用严格按照《党政领导干部选拔任用条例》规定执行。深入开展干部交流，1997年，印发了《苏州地税系统干部交流暂行办法》，干部交流轮岗常态化。其中：科以上领导干部同一岗位任职满10年全部交流，7个党组局“一把手”均为异地提拔。加强后备干部队伍建设，1997年，市局制定下发了《苏州市地税局后备干部管理暂行办法》，规定后备干部的产生，要通过民主推荐、组织考察、公示等程序，由党组统一研究确定，然后建立档案，实行动态管理。截至2008年，先后建立3个批次84名科级后备干部。

(四)干部教育培训

认真实施人才兴税战略，坚持以人为本，采取有力措施，促进税务干部队伍素质不断提高。按照“注重综合素质，提升岗位能力，创新培训方式，实施全员培训，促进终生学习”的培训思路，加大干部培训力度，开展了全方位、多层次、新形式的税务培训工作。截止2008年年底，全系统开展各类培训2002期次，培训人员达160427人次。

南通市地方税务局

概 述

为贯彻落实国务院实施分税制财政体制和党中央、国务院关于组建两个税务机构的重大决策，1994 年 9 月 12 日，南通市地方税务局成立，受南通市政府和江苏省地方税务局双重领导，以南通市政府领导为主。自建局起，南通市地方税务局始终坚持正确的思想方向，紧紧围绕“带好队，收好税”的总体工作思路，面对税种多、税源零散难征、地方小税征管基础薄弱、企业经济效益滑坡以及经费紧张、条件落后等重重困难，励精图治、艰苦创业，以艰苦为乐，以奉献为荣，初步实现地税增长方式由粗放型向质量型的转变，地税工作重点由侧重抓收入向组织收入和加强队伍及征管基础建设并重的转变，积极打造既适应南通经济发展、又能促进税收稳步增长的工作模式。

1999 年 1 月 1 日起，根据省政府《关于全省地方税务机构管理体制问题的通知》（苏政发〔1998〕126 号）精神，南通市地方税务局接受江苏省地方税务局和南通市政府双重领导，以江苏省地方税务局领导为主。同时对启东、海门、通州、如东、如皋、海安六县（市）地方税务局实行垂直领导。地税管理体制实现由以块块领导为主向以条条领导为主的重大转变。

2011 年 3 月 2 日，根据《江苏省市县地方税务系统机构改革的意见》（苏编办发〔2010〕10 号）和《江苏省机构编制委员会办公室关于印发江苏省南通地方税务局及所辖县（市、区）局主要职责机构设置和人员编制规定的通知》（苏编办发〔2010〕27 号）精神，南通市地方税务局更名为江苏省南通地方税务局。

自 2001 年起，市局党组坚持从本地实际出发，大胆探索符合南通地税特点的发展路子，每三年制定一轮发展规划，以规划蓝图的调研和启动，推动干部思想的解放和工作活力的挖掘。2001 年-2003 年，市局党组以地税“二次创业”为思想基础和战略决策，全面实施改革创新、税收法治、形象建设三大工程，各项工作跨入全省地税系统先进行列；2004 年初，出台 2004-2006 年三年发展规划，提出“在六个一流的基础上，实现两个全面”的奋斗目标；在圆满实现“六二”发展规划目标的基础上，按照省局“三个一流”工程建设的总体要求，出台并实施 2007-2009 三年发展规划，全力打造公众满意、充满活力的新型组织，实现地税工作的全面创优；2010 年起，南通地税以全面实施“创新引领”和“文化引领”战略为核心，全面开启地税事业新一轮发展征程，努力建设“和谐卓越”的税收管理新格局，积极打造更高水平的“三个一流”。

一、组织收入规模持续扩大

南通市地方税务局自觉置身于经济社会发展大局，积极发挥税收聚财职能，坚持鼎力地方财政、服务南通发展，始终遵循“依法治税，应收尽收，坚决不收过头税，坚决防止和制止越权减免税”的组织收入原则，连年超额完成各项收入任务，地税收入对地方财政贡献份额稳步攀升，为地方经济社会的持续稳定发展提供了坚实的财力保障。

截至 2011 年，收入总量由 1994 年地税机构分设初期 4.6 亿元上升至 421.3 亿元，增长 92 倍；地税收入占地方政府可用财力比重也由 1994 年的 33%上升到 60.1%，实现历史性跨越。“十五”期间，地税收入年均增长 29.35%，五年中有四年增幅列全省前茅。“十一五”期间，全市地税系统累计组织收入 990 亿元，年均增长 27%以上，税收总量高出“十五”445 亿元，平均增幅高出全省平均水平 4.4 个百分点，列沿江各市之首，地税

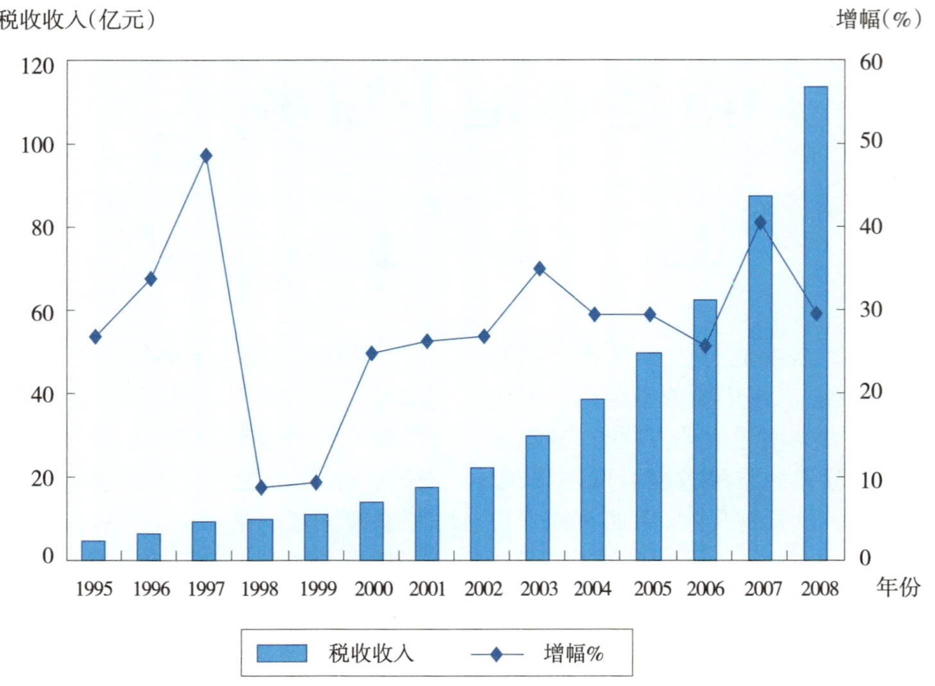

1995-2008 年南京市地方税务局税收收入情况示意图

收入占一般预算收入的比重从“十一五”期初的48.3%上升到期末的59.8%。其中,2006年,年组织收入总量首次突破百亿元;2009年、2010年和2011年,征收总量相继突破两百亿元、三百亿元、四百亿元。

二、税收征管格局日趋完善

机构分设以来,全市地税系统先后实施征管查分离、属地管理改革、行业专业化管理试点、税源专业化管理等一系列征管体制改革。

1995年5月,南通地税按照省局统一部署,按照“以纳税申报和优化服务为基础,以计算机网络为依托,集中征收,重点稽查”的模式,拉开征管改革序幕。在推行征管改革进程中,抓住分清征纳双方的权利义务这一核心问题,确立税务机关和纳税人是税收管理中两个同等重要的主体的观念,全面推行纳税人自行申报纳税制度;2000年,在全系统推广征管信息系统1.0版本;以现代信息技术为手段,把申报与缴库方式的多元化作为税收服务的突破口,大力推行税银一体化、税费实时划缴系统及电子申报方式,方便纳税人申报缴纳各项税费。

2001年,启动第二轮征管改革,率先在全省实行税收属地管理,因地制宜调整和收缩基层执法机构,税务资源配置得到有效的重组和优化,在全市建立起适应市场经济需要和南通经济发展特点的“以信息化管理为支撑,集中征收、贴近式服务、集约化稽查”的现代征管格局。征管组织模式不断完善,按照经济区域设置征管分局,2006年设立第五分局,对建筑房地产、交通运输业实行专业化管理;实行征管与稽查两分离改革,构建全新的地税稽查运行机制,形成一级稽查体系,凸显稽查专业化职能,使稽查工作初步实现由收入型向执法型的转变;重组征管业务岗责体系,以环节管理为核心的指导思想贯穿于税收征管全过程,征管业务流程经过试运行趋于规范;以电子申报和税银库联网为主要内容的申报和缴款方式多元化改革稳步推进;征管基础工作不断强化,税源管理、税种管理、税户管理、发票管理和个体税收管理得到不断加强与规范,促进征管质量和效率的全面提高。同时,启动与征管改革配套的人事制度改革和行政管理改革,进行资源重组和整合。

在征管改革中，信息化建设体现出强大的业务支撑能力。2003年以来，围绕数据大集中这一主线，提高信息化应用水平，加快税务管理电子化进程，搭建内部办公网、外部纳税服务网和社会综合治税数据交换网及核心数据库“三网加一库”的信息化框架。2004年，实现市区和各县(市)区征管信息的集中处理。2006年，建成覆盖全系统的三级计算机广域网络，形成包括税收业务管理系统、税务行政管理系统及外部信息管理系统在内的完整的应用体系；积极推行电子化申报缴库方式改革，成功开发运用新版电子申报系统、委托代征管理系统、税费实时划缴系统、个体户划卡征收系统等一系列应用软件，形成以“征税网络化、申报多元化，办税社会化”为手段和特征的现代化税收征缴服务体系。2007年起，南通地税信息化建设从投入扩张阶段迈向管理应用阶段的重要时期，突出税源管理，加大数据深度挖掘和综合分析力度，2007年-2009年全系统通过数据信息挖掘产生的税收贡献份额分别达到当年税收总量的6.7%、7.4%和9%，有效促进税源管理方式的优化转型。2009年，启动并运用省级数据大集中上线，对组织管理模式、资源配置、信息化建设带来深刻的变革。

三、依法治税进程稳步推进

南通地税立足于维护市场经济秩序和国民经济发展大局，始终将依法行政作为生命线，贯穿于税收工作各个环节，不断加强税收法治化建设，深化税收执法责任制，建立健全确保税收政策法规有效执行的源头控管、规范运行、监督考核、风险治理和权益服务保障机制，努力实现有法可依、有法必依、执法必严、违法必究，全面形成税务机关依法征税、纳税人依法纳税、全社会综合治税的良好税收法治环境。

以税务稽查为抓手，着力开展依法治税工作。1994年，成立南通市地方税务局稽查分局，2002年8月24日，更名为南通市地方税务局稽查局，负责地税税务稽查工作。1994年9月-2002年5月，实行两级稽查，稽查分局(局)负责专项检查、专题检查、专案检查和举报涉税案件的检查，地税分局的稽查所负责日常检查和具体开展专项检查、专题检查。2002年5月以后，实行一级稽查，即稽查局负责专项检查、专题检查、专案检查和举报涉税案件的检查等。同时稽查局内部实行“选案、检查、审理、执行”四分离的稽查模式，全面推行了查前预告制度和稽查建议制度，促进了稽查办案质量的提高，不断规范了稽查干部的执法行为。2010年，市局稽查局调整为副处级建制，下设2个检查分局，均为正科级建制。其中，市稽查局第二分局本次机构改革暂不实施到位，相关检查职能暂并入市稽查局。按照一级稽查的内在要求，以市局稽查局为主导，整合优化全市稽查资源，统筹全市稽查工作，实行“风险排序、科学分类；一级稽查、两级联动；指定管辖、集约检查”的分类分级管理模式，严厉打击偷、骗、抗税的违法行为，有效推进依法治税的工作进程。

在法制化建设方面，严格实施规范性文件合法性审查制度，按照法定权限与程序执行各项税收法律法规和政策。2005年起，在系统内全面推行税收执法和行政管理两大责任体系，全面建立起一种“齿轮式”的工作机制，实现制度、机构、岗位、人员、责任的有机结合。率先出台配套的《税收执法过错责任追究办法》和《行政管理过错责任追究办法》，严格执行有责必究的“买单制”，形成鲜明的责任导向，从而使机关作风建设的责任机制得到进一步巩固，也有效防范重大违法违纪问题的发生。

四、纳税服务质效不断提升

强化纳税服务既是国际税收征管改革发展的潮流和方向，也是税务组织转变治税理念和工作职能的重要举措。南通市地税局坚持以纳税人需求为导向，经过多年的探索，形成“南通地税真诚面对您”的系列服务品牌，建立与社会需求相匹配的、全方位、立体式、多元化的服务体系，实现征纳权利的正确归位，使各级政府、社会各界、广大纳税人更加满意，地税部门成为公众最满意的政府执法部门之一，多年来社会综合满意率保持在98%以上。

2003年11月，在全省率先成立纳税服务中心，设立“12366语音特服系统”等涉税服务项目，全面实施为纳税人办好包括优化办税手段、建立特色服务体系、实施地税春风行动等在内的八件实事，并向全社会推出零距离、零障碍、零收费、零差错、零投诉的“五零”服务承诺。2008年12月，成立纳税服务中心，主要工作职能包括纳税服务体系建设；纳税服务工作的调研策划、组织实施、考核评价工作；12366服务热线、地税网站等纳税服务平台管理建设；纳税人权益平台、税企通短信平台的管理，各类税收宣传、纳税辅导，有关纳税服务投诉、举报的受理以及组织开展法律援助和救济服务，指导税务争议的调解等。

2009年4月，“南通市纳税人维权中心”挂牌成立，同时依托家纺、建筑、房地产、餐饮等行业商会一并成立了12个首批“纳税人维权分中心”；局纳税服务中心内设“纳税人维权服务中心”，有效调处地税部门与纳税人之间的纠纷和分歧，加强联系与沟通，创造和谐的征纳环境。加快行政审批制度改革，简化涉税审批环节，将15类逐年审批的政策性减免税全部改为一次性审批制；凡纳税人主动申请办理的各类日常涉税事项，一律到办税服务厅办理，实行“一窗式”受理，对资料齐全、符合办理条件的，给于当场办结或限时办结。2009年10月，全市地税系统对已纳入正常税收管理的纳税人办理的申报纳税、税款缴纳、领购(验旧)发票以及税务机关代开发票四项业务实行“同城通办”，降低纳税成本，方便纳税人办税。2010年，完成办税服务厅公共管理系统的上线运行和“网上办税厅”的培训应用，大力推行全功能窗口办税模式，做优做强前台服务，办税服务秩序与质量得到改善；对地税网站、12366系统进行优化升级，不断拓展服务功能，努力构建专业化的网上办税平台和咨询服务体系。

紧紧围绕“为民、便民、利民”的总体要求，认真贯彻落实省局制定下发的“三服务60条措施”，坚持用足用好用活一系列扶持经济、促进发展政策，优惠政策落实率达到100%，为涵养税源、保持全市经济平稳较快增长提供了有力支撑。支持高新技术企业发展、鼓励创新变革，并将税收优惠全部纳入信息化管理，2008年-2010年来为全市205户次高新技术企业共计减免企业所得税4.7亿元。有248户次企业享受研究开发费用加计扣除政策，优惠金额达1.3亿元。

五、干部队伍建设显著加强

1994年，国地税机构分设时，全市地税系统实有在职人数1118人，其中市区168人。2011年年底，全市地税系统在职人数1581人。自地税部门成立以来，坚持人本立局的理念，突出人才的基础作用，逐步摆脱传统的人事工作思路，把加强干部能力建设和推进事业发展紧密结合起来，初步构建起以能级管理机制为核心，以人力资源全面开发和有效利用为主线的人力资源管理体系，努力创造鼓励人才谋事业、支持人才干事业、帮助人才成事业的环境。

深化干部人事制度改革，进一步优化领导班子结构，实行以竞争上岗为主体的干部选拔方式，在全市范围内普遍推行股职干部竞争上岗、科职领导干部公推公选和干部选拔党组差额票决制。完善领导干部职务任期与交流机制，全面推行领导干部履职考核和科职干部任期考评办法，形成以能力加绩效为重点的考核评价机制。2004年，导入全新的能级管理模式，每三年实施一轮能级管理，把能力建设作为创建工作的长效之举来抓，彻底打破用人和分配制度的传统体制。

牢固确立“人才资源是第一资源”的管理理念，以“岗位技能达标工程”为总抓手，以积极鼓励报考“三师”为推力，积极推进全员培训、全员学习的全员教育，贯穿税收工作始终和干部职业生涯全过程的全程教育，提高干部综合素质和能力全面的素质教育，建立多层次、多类别、专业化的教育培训工作格局。着力优化职称及专业资格结构，鼓励税务干部参加注册会计师、注册税务师、律师等专业资格考试，各类人才比例显著提升，截至2011年年底，全系统具备“三师”资格的人员223人，占比14.61%。

层层落实党风廉政建设责任制，大力构建以干部党风党纪教育和岗位勤廉教育为核心的惩防体系建设，深入推进廉政风险防范工作，持续构建三风建设长效机制，不断提高反腐倡廉建设科学化水平，相关工作得到省纪委、市纪委领导的的充分肯定。市局机关在省局“三个一流”综合考核中连续5年位居先进行列，连续7年被评为“南通市最佳办事单位”，并获得“全国文明单位”荣誉；信息管税、绩效管理、发票联动管理、党风廉政建设和机关作风建设、干部能力建设、专业化管理等多项工作得到上级领导的充分肯定和行业内外的普遍关注。

特色工作

一、文化建设

自地税成立以来，尤其是2001年全面启动“二次创业”以来，全系统上下围绕文化建设体系的构建进行初步的的探索和尝试。2003年-2006年，围绕文化建设，系统上下边实践边总结、边完善边提升，各种精神文化、制度文化、行为文化、物态文化不断成熟，发展氛围日趋浓郁，并在具体实施中得到全系统干部的广泛认同和积极参与。这一阶段南通地税文化建设体系已具雏形。2007年以来，正式提出文化引领战略，制定出台文化建设的实施意见，集中力量对全系统文化建设进行了系统地思考、研究和规划，地税文化建设进入定型和系统实施阶段。在精神文化方面，总结凝炼地税干部共同信奉并付诸实践的价值体系，包括南通地税的核心价值观、共同愿景以及八大工作理念，形成广大税务干部一致认同的精神追求、价值取向和行为准则；积极参与社会公益事业，开展“地税春风行动”、“扶贫济困送温暖”、“结对帮扶”和“进万家、送温暖、解难题”、“优质服务企业行”等主题实践活动；精心构筑地税文化长廊等宣传阵地，加强地税展馆、文化月等文化品牌建设，积极推动丰富多彩、寓教于乐群众性业余文化活动的广泛开展。在制度文化方面，顺应税收征管改革和业务流程再造的要求，完善业务管理制度体系，形成权力层层分解、工作环环相扣、相互联系制约的科学严密的管理链条；健全干部管理各项制度以及机关内部政务、事务、财务等管理办法，保持良好工作秩序；通过工作巡查、明查暗访、工作考核等形式，对各项制度的落实情况进行经常性的督促检查，做到令行禁止、违者必纠。在物态文化方面，统一南通地税形象标识，规范办税服务厅的建设和管理；加大文化建设设施投入，制定下发基层建设实施意见，完善公共利益投入机制，加快基层“五小建设”，打造统一、规范办公、办税场所环境和秩序。在行为文化方面，做大做强能力与心力最佳融合的绩效文化，按照目标导向与考核导向相结合，刚性管理与柔性管理相结合，能力输入与能力输出相结合的总体要求，实现从传统绩效管理到现代绩效管理的自然演进；创设组织长远发展的“5+1”(即目标激励、评价激励、培训激励、岗位激励、关爱激励和负向激励)动力机制；连续三届举办廉政文化论坛，组织廉政书画作品展、勤廉双优标兵评选等，重视教育防范在先，营造浓厚的廉政文化氛围。

二、“四分四专”的税源专业化管理

2005年，南通地税以属地管理为根本，积极研究、加快实施对重点行业实行分类管理和对重点税源户监控的管理方法。2006年，设立第五分局，对建筑房地产、交通运输业实行专业化管理。2010年4月，按照“以风险管理为基本导向，以信息管税为基本支撑，以专业化管理为基本模式的新型税收征管格局”的目标定位，全面启动新一轮基层征管改革，稳步推进各项改革措施，实现征管体制的重大转型。整合市、县局机关信息管税职能。市、县两级成立信息管税领导组，下设“税源管理中心”，统筹税源管理和信息管税工作。理顺基层征管机构及职能。县(市、区)局成立重点税源管理局，主要负责纳税总额达到100万元左右的纳税人；房地产开发企业；大型集团企业及其关联企业；管辖纳税人投资建设的工程项目和县级以上投资建设的重点工程项目管理，管户占比5%左右、税收收入总额的60%-70%。适当收缩基层税务分局建制，按经济区域3-5个乡镇设置一个基层税务分局；加快推进局机关税收管理的实体化进程，逐步将部分风险监控应对、专项评估分析、重点税源户监控、重大事项管理等职能，从基层分局管理员职能中分解上收，由局机关的职能部门承担。推进分类管理改革。创新专业化的税源管理工作模式，根据现有纳税人户数和税收规模、行业特点、税源分布等实际情况，打破地域界限，建立分行业、分规模、分类型、分事项的“四分四专”税源专业化管理模式。全面推进个体税收社会化征管。在市、县两级政府的统一领导下，以国地税个体税收全面联合委托代征为基本方式，将个体税收集中在一个管理部门管理，人员全部融入到综合治税组织，全面推行个体税收社会化征管新模式。推进纳税服务的实体化运作。整合纳税服务资源，适度收缩办税服务厅设置，市县两级纳税服务中心实施集约化、专业化、全程化的税收宣传、纳税咨询、办税服务、权益保护和相关事项的调查核实、催报催缴等日常管理工作。

三、信息管税

2006年以来，南通地税在全面实现电子化办税和税收数据集中共享的基础上，率先组建起了全市统一的数据处理中心，初步构筑起一体化、数字化、智能化的数据信息深化应用体系。2010年起，以构建风险导向型信息管税新格局为总体目标，坚持面向决策层、面向执行层、面向纳税人，深化科技信息手段在税源管理领域的应用，有效促进全系统税源管理方式、业务管理模式、组织领导方式、内外工作协调机制和税务资源优化配置的五大转型。严把信息管税的数据入口。拓展纳税人涉税信息采集渠道，重视第三方信息采集，强化综合治税部门数据交换；建立前堵、中审、后验的数据保真回路、逻辑审计规则和数据质量验收制度，不断修正各类数据规则；明确数据采集的频率和时间节点，建立数据集中管理平台，将来源于不同渠道的数据信息加以归集，实现“一次采集、多方共享”。搭建信息管税的分析体系。突出税收征管质量的异常波动预警、税源管理的越位缺位错位预警等重点，先后开发应用“数据审计平台”、“数据加工分析平台”和“信息推送平台”等数据信息分析应用系统，有效弥补税收征管中的管理性失控、政策性失控、机制性失控带来的风险。建立健全系统化的分析主题、常态化的分析机制、模型化的分析方法、集约化的分析模式和专业化的分析队伍，发挥数据分析效能。完善信息关管税的工作制度。先后专门成立“数据管理中心”和“税源风险管理中心”，建立和完善相关制度，形成规范有序信息管税工作体系。实行计划管理“动态制”，税收计划分解偏差率一直控制在5%以内；实行征管质态“披露制”，对税收征管效能实施披露，强化税源管理情况的跟踪、考核和问责；实行信息推送“任务制”，根据风险程度不同，形成征管任务并通过计算平台推送到管理员桌面，及时实施税源监控、风险评估和税收检查；实行信息处理“反馈制”，基层责任人员实施推送任务的一次性处理，并在计算机系统中反馈核实情况和处理结果，纳入纳税人“一户式”电子档案。统筹集约化的任务管理体系。梳理税源管理关键领域和重点事项的风险特点，准确提炼风险规则，实现事项类、税种类、行业类三个风险库和通过风险排序归集形成以纳税人为索引的一个大风险库的有效归集，形成“3+1”风险特征库，提高风险识别归集能力。强化风险任务管理的“三个一”模式，即“一户式”归集涉税风险、“一单式”发布待处理风险、通过大集中系统“一窗式”发起风险应对任务。全面推行“三会(汇)”制度，强化上级、本单位和基层单位的风险任务发起协调。

四、绩效管理

2001年，南通地税率先在全省地税系统实施以绩效考核为主的绩效管理；2004年起，推行能级管理，通过对绩效元素的系统挖掘，逐步建立了完善的南通地税绩效管理工作体系，实现了从“关注考核结果”到“绩效文化认同”的根本转变。深化“源自能力与心力最佳融合”绩效理念的灌输和宣传，加快形成具有时代和行业特色的机关组织文化，绩效管理工作得到人社部和总局有关领导的充分肯定，并分别在全系统和市级机关专题现场会议上推广；撰写的《基于“心力”与“能力”最佳融合的文化自觉》，获得全国税务文化论坛一等奖；编撰的《南通地税绩效管理文化透视》被中组部党建出版社列入中国行政改革案例丛书。确立在科学发展观基础上的绩效目标。始终把目标建设作为绩效管理的首要项目来抓。在市局层面上，每三年出台一轮发展规划，每年确定一个工作主题，每季度抓一个工作重点，并把各阶段工作目标分解细化；在基层单位层面上，全面推行领导班子任期目标制；在个体层面上，要求每个员工制定个人职业生涯发展规划；在全系统全面实施3年一周期的“岗位技能达标工程”，进一步营造了培育个体创新、尊重个人价值的工作氛围。建立全面系统的考核评价体系。针对不同层面设计了不同的考核办法，涵盖“三位一体”的考核对象和“三位一体”的考核内容，包括全员岗位责任考核、领导干部履职考核和基层单位工作绩效考核。在抓好全员岗位责任考核和基层单位绩效考核常态化、规范化的同时，突出加强对各级领导干部的履职考核，实现自上而下的压力传递，使个体潜能的发挥反映在组织效能的提高上。2009 年，在省级数据“大集中”的框架下，成功研发全国领先的“南通地税电子绩效管理系统”，积极构建起全方位、立体化、全覆盖的电子化绩效考核评价体系，得到国内著名专家的高度肯定。重视考核结果的增值应用。在正确获取考评结果的基础上，通过绩效辅导和面谈，及时帮助被考核对象制订有效的绩效改进计划，达到提高长远绩效的根本目的。同时将考核结果与利益挂钩，与干部选拔任用挂钩，与评先评优挂钩，与能级管理动态积分挂钩，与单位的工作绩效考核挂钩，放大考核效果，让干部感受到考核评价的重要份量和无形的影响力。

五、教育培训

以“贴近实际需求”为导向，以“创新培训模式”为推动，南通地税局积极探索、大胆实践，成功构建了以“情境培训、基地培训、实战培训”为主要内容的“三训一体”的教育培训新机制，为提高税务人员综合素质、推动地税事业持续快速发展提供了强大的人才保障和智力支持。创设“情境培训”模式，加快培训成果转化。在“情境交流”中提高业务技能。发挥传统的“师徒式”的带队优势，定期组织税务干部通过参与典型案例的模拟检查、模拟审理等过程，在“看现场、听经验”的过程中掌握检查技巧；开展工作成果的交流、评比、观摩活动，让税务干部、税务组织走进先进单位或者参加经验交流现场会，彼此学习，取长补短，共同提高。创设“基地培训”模式，促进培训效果提升。建立基层培训基地，作为新进公务员的岗位技能培训基地。建立企业培训基地，培养“管理精英”，促进税源管理水平的普遍提升。发挥高校优势，建立拓展基地，在全系统建立分级分类梯次教育培训体系，分别在清华大学、南京大学等高校建立领导力提升培训基地，在上海财经大学、扬州税务进修学院等学校建立岗位履职能力培训基地，在南通市委党校建立一线干部岗位技能培训基地，形成了满足多类培训需求的教育培训基地体系。注重利用高校师资力量，大规模地组织对办税服务厅人员、税收管理人员、稽查人员、税收统计分析人员、信息管理人员的“五员”培训，提供了强有力人才保障。依托自行开发的“南通地税网上税校”提供持续学习平台，以“岗位技能达标”促进持续学习。“岗位技能达标”工程三年为一个周期，每年进行一次达标测试，测试结果与干部的工作岗位、干部任用、福利待遇等挂钩，促进干部持续学习、持续提升。创设“实战培训”模式，增强干部实战技能。模块化培训，让干部在工作中学习。依据年度重点工作设置模块化培训项目，定期开展竞岗交流，确保每个干部都能到不同的岗位得到锻炼，全方位地学习业务知识、丰富工作经验。启发式探究，让干部在工作中感悟。结对企业换位学习。组织税收干部与管理水平较高的企业建立“一对一”的互学对子，使一线税务人员在“知己知彼”中提升管理与服务能力，培养行业税收专业化管理人才。归纳法总结，让干部在工作中提升。及时总结归纳重点工作中好的做法、注意事项、系统方法等内容，为今后实施相关工作提供积极、有效的帮助。

六、纳税服务

2003 年 11 月 28 日，南通地税局在全省系统率先成立纳税服务中心，深入践行“南通地税真诚面对您”的服务理念，侧重整合服务资源、提升机关效能，纳税人满意度、政府信任度和社会认同度不断提升。着眼于服务经济发展大局。牢固树立“聚财为国，执法为民，心系江海，力兴税业”的核心价值观，探索建立税收政策与经济形势分析的工作机制，抓好综合性税收优惠政策的贯彻落实，服务地方经济社会发展。主动接轨市委、市政府经济战略，充分发挥地税职能，2008 年，研究出台支持困难企业、房地产、高新技术企业和“三农”发展的服务经济发展三十条措施，制订落实服务重点企业八项举措，对重点企业实行程序保护、风险保护和信用保护；2011 年，认真研究长三角一体化和江苏沿海开发两大国家战略相关联的税收政策，重点在促进基础投入、科技创新、农业投入和资本投资等方面，出台 14 条具有地域特色的税收优惠举措；下大气力培植有效税源，重点支持那些带动能力强、财税贡献率大、增加就业率高的项目，发挥好税收政策的杠杆作用，增强发展内生动力。着眼于优化创新服务模式。积极探索融“全程服务”和“集约服务”于一体的纳税服务新机制，积极探索融“全程服务”和“集约服务”于一体的纳税服务新机制，全面推行全功能窗口、同城通办、办税效能公示、免填单服务、“一站式”服务、现场核准即办制等系列举措，切实减轻纳税人办税负担，提升地税服务效能。呼应纳税人需求,提供延时服务、预约服务和“绿色通道”快捷服务等贴近服务;以电子化为导向,推广应用网上办税服务厅、电子档案系统、“影印系统”等载体,实现网上办税与实体办税服务厅业务的基本同化,确保纳税人能够“足不出户”地办理绝大部分涉税事宜;扎实开展12366日常受理转办各类纳税人举报投诉、税企争议等维权事项,12366接通过率均超过95%,纳税人投诉得到快速解决,回访纳税人满意达100%;建立“纳税人学校”,打造“三培两考一评”办税能力建设品牌,举办“江海地税大讲坛”,邀请专家学者授课培训,有效提高办税人员的自主办税能力。着眼于保护纳税人合法权益。构建南通地税特色的“维权360°”品牌,牵头成立“纳税人维权服务中心”和维权分中心,切实维护纳税人合法权益;制定下发《“纳税人之家”活动实施意见》,明确凡是涉及制定征管措施、定额公示等关系到纳税人切身利益事项必须在“纳税人之家”等互动平台上进行意见征集;建立“税企心桥QQ群”、开发应用“税企通”权益平台,定期编印“税企心桥”专刊向纳税人发布最新政策,保障纳税人的知情权、监督权。

七、党风廉政建设

南通地税始终把党风廉政建设作为“带好队,收好税,服好务”的重中之重来抓,坚持在“抓教育,建机制,重监督”下工夫、求实效,进一步增强干部职工的党纪政纪观念和职业道德观念,促进了税风税纪税貌的根本好转,带动了全系统党风廉政建设不断迈上新台阶。该局党建和纪检监察工作连续两届被省委、省政府表彰为“先进基层党组织”、“纪检监察先进集体”;全系统成为南通市级廉政文化示范点,其中有四个机关成为江苏省级廉政文化建设示范单位。廉政教育常抓不懈。遵循思想教育领先的原则,牢固确立“让人民赋予的权力在阳光下运行”的廉政理念,先后开展了“为国聚财、为民执法、为发展服务”的三为教育和“责任感、紧迫感、使命感”的三感教育,连续5年举办廉政文化论坛,持续多年开展“优质服务企业行”、“地税春风行动”、“5.10”思廉日等主题活动。在全系统开展“感动地税人物”、“十佳风尚人物”、“十佳巾帼英雄”、“二十佳勤廉先进个人”等评选活动,举行先进事迹巡回演讲,把思想道德和社会诚信“两大体系”建设的内容、标准和要求宣传到每一个家庭、每一个干部职工。廉政制度强基固本。坚持用制度管权、用制度管事、用制度管人。实施行政权力网上公开透明运行,创新研发税收执法风险“预警防范平台”,增强干部职工廉政风险防范意识。着力完善反腐倡廉制度建设框架体系,出台《行政管理过错责任追究管理办法》和《税收执法过错责任追究管理办法》,建立了《“两权”运行内控管理办法》、《私费旅游管理规定》、《税务干部进户检查廉洁告知制度》、“五条铁纪”、“六条禁令”等一系列廉政建设制度,增强干部的自律意识和约束能力。创新建立基层监督制度,每个基层分局通过民主推荐、组织审查产生3至5人为成员的基层监督委员会,赋予其建议权、调查权、监督权、参与权,充分发挥其内部的监督职能。廉政文化深入人心。建立“两窗、三室、四基地”的宣传教育;在所有工作电脑上制作廉政桌面和廉政屏保;在办税服务厅、办公场所设置廉政宣传书画,在电子显示屏滚动播放廉政标语;在干部职工进出机关的醒目位置建立廉政文化长廊,把廉政贺年卡、廉政短信廉政书信等送到地税干部及其家庭,并与干部家属签订“廉洁家庭承诺书”。开展廉政文学作品和警句格言征集活动,市局党组书记、局长黄林华撰写的《消除道德行行背离的几点思考》获得南通市第一届江海清风廉政文学创作一等奖。

八、作风建设

南通地税狠抓机关作风建设,营造一流发展环境,全系统上下大局意识、服务意识和责任意识明显增强,办事效率、服务质量和工作效能全面提升,机关作风建设呈现出稳步推进、逐步深化的良好局面。健全“需求导向型”决策运行机制,找准机关作风建设支点。充分依托多元化的互动沟通体系,充分关注和呼应纳税人、基层干部以及社会各界的需求,切实提高纳税人和基层对改进机关作风的协同度,增强决策公信力、导向力。自2001年以来,立足上级领导的决策部署,立足干部职工的目标愿景,立足纳税人的期待要求,立足作风建设的现实需要,集思广益,论证研究,相继以“治庸提效”、“有效执行”、“效能建设”、“纠风促廉”等为作风建设的核心主题,全面深化机关作风建设,2009年,确立了服务发展、服务基层、服务纳税人的机关作风建设主题,深入推进争创最佳办事环境活动，掀起了新一轮加强机关作风建设的高潮。健全“内生动力型”组织推进机制，激发机关作风建设动力。始终坚持人本立局的观点，把做大做强干部能力建设和推进机关作风建设紧密结合起来，通过实施全员能级管理、组织技能达标测试竞赛、推广应用“网上税校”、创建“学习型税务”和“十强型班子”等举措，初步构筑起了学习型、竞争型、勤廉型的人力资源体系。始终坚持文化引领的理念，依靠激励、感召、启发、诱导等方法进行柔性管理，通过宣讲地税核心价值观、传唱“地税之歌”、军事拓展训练、文明礼仪培养、“地税春风行动”等实践尝试，优化心智模式，锤炼过硬作风，充分发挥地税文化在作风建设中的组织引领功能。始终坚持系统管理的要求，从机制创新着手，建立了以规范高效的执法机制、优质便捷的服务机制和严密精细的执行机制为主体的标准化制度规范体系，把机关作风建设引入规范化、长效化的轨道。健全“绩效优先型”考评问效机制，提升机关作风建设质态。加强评价考核，严格责任追究，是推进机关作风建设的必要手段。广泛应用电子化考核评价手段，深化绩效评估机制，推行领导干部任期履职考核，完善对税务干部、基层单位、领导干部及领导班子三个层次的考核体系，并综合运用绩效考核结果，让干部感受到考核的重要份量和无形的影响力，促使税收执法效能、服务效能和内部管理效能以全面提升。健全“勤廉双优型”形象塑造机制，彰显机关作风建设成效。自觉置身于全市经济社会发展大局，全力发挥部门职能，实现了作风建设和有效履职的紧密结合和互动展示，大力塑造规范、高效、清廉、文明的行业形象。2009 年，社会满意度在省局调查中列全省首位；2011 年，民主评议政风行风在全市 13 个被评单位中名列第二。

九、风险预控平台

南通地税加强税收执法风险及其规律的研究，准确评估和处置税收执法风险，于 2011 年构建税收执法风险预控平台，有效地防范税收执法风险的发生。开发风险预控平台。制定全市《税收执法风险指引》，对各执法风险点进行分值设定，确定能运用省局大集中系统分析产生的执法风险点和纳税风险点，对纳税风险点进行后续管理要求设定，以使平台自动产生不同等级的执法风险点并对一定等级风险点进行自动推送。明确职责分工。成立市局层面的执法风险预防和控制领导小组和办公室，办公室定期收集本期产生的执法风险，发起特定事项的执法风险分析，和数据管理部门共同分析执法风险的数据特征，和征管、税政等部门研究风险产生的原因，提出改进建议报领导小组讨论确定并落实责任部门，办公室跟踪并定期进行风险点的调整。规范运作流程。把税务干部日常执法中对税源风险的处理情况和处理结果通过日常和定期自动分析比对发现执法风险点，按照不同的等级确定执法风险点的不同处理方式，对达到一定等级的执法风险点通过风险平台自动推送到税务干部的桌面，并要求执法人员自动纠正，对未达到一定等级的风险点推送给执法人员由其自主决定处理方式；定期对执法风险进行收集整理，编发执法风险通报，对本期发生的执法风险进行分析，以提醒全系统执法人员引起关注。

十、十强型班子创建

为适应现代税收管理需要和有效实现组织目标，建设南通地税政治思想合格、组织结构合理、内部协调团结、作风清正廉明，具有凝聚力、创新力、战斗力的高效运转的组织领导团队，南通地税从 2004 年开始，逐步推进“十强型”领导班子创建活动。明确创建标准和目标。十大创建标准为，政令畅通执行力强、素质过硬学习力强、凝心聚智决策力强、协力同心团结力强、开拓进取创新力强、内外融通协调力强、廉洁从税自律力强、贴近实际指导力强、关心群众亲和力强和作用明显战斗力强；五项创建目标为思想建设有新建树、组织建设有新发展、作风建设有新进步、廉政建设有新成效和能力建设有新跨越。严格申报评定。“十强型”领导班子创建每年进行一次，按照自查申报、资格预审、考评验收、市局党组审核批准的程序进行。三年为一周期，在一个周期内已经命名表彰的“十强型”领导班子，由市局创建活动领导组通过抽查的办法进行复查，复查合格的继续保持荣誉，经复查不合格的取消其荣誉，收回匾牌。

十一、能级管理

为有效地全面提升广大税务干部的心智模式和综合素质，放大和激活人力资源管理效能，建立科学合理、客观公正、公开透明的人才培养、发现、使用和评价体系，形成个人能力与团队心力最佳融合的核心竞争力和组织发展力,自2004年以来,南通地税系统全面推进、实施以能级管理为核心,以人力资源开发、使用、配置为主线的全员能级管理。设置定岗定级。把税务人员的工作岗位划分为综合管理、行政执法及信息技术三个系列,能级划分为“三级六档”,围绕发现能力、评价能力、使用能力和开发能力,制定了《税务人员岗位能级管理暂行办法》、《岗位能级管理综合测评实施方案》、《岗值量化和能酬匹配实施方案》、《岗位能级动态管理实施方案》以及《岗位能级管理首次评定实施方案》。注重规范操作。考前,就考风考纪问题进行专题动员教育,签定考风考纪责任状。在资格审查、能力考核、技能考试、能级评定等各环节都分别进行公示,对公示有异议的,及时进行调查核实,确保结果准确无误。能级评定的结果与领导干部的选拔(干部竞争上岗)、任用、换岗、交流挂钩;与全员的岗位、职责配置挂钩;与广大干部职工的考核、奖惩挂钩。通过全员能级管理的深入推进,彻底打破用人和分配制度的传统体制,通过严格的技能考试和能力考核,对税务人员实行按能定级、按能定职、按能定酬、动态管理,构建全新的能力评价、能力开发和能力使用机制,干部知识结构、能力水平进一步优化提升,内生动力不断激发,为地税事业发展提供强大的智力支撑和人才保障。

连云港市地方税务局

概 述

1994年9月，江苏省连云港市地方税务局成立。2008年，经过建局后历次税务体制机构改革，连云港市地方税务局下辖赣榆、东海、灌云、灌南4个县局，稽查局、涉外分局2个直属机构和7个城区分局。市局机关内设办公室、人事处、基层工作处、监察室、计划财务处、征收管理处、税政一处、税政二处、政策法规处、信息管理处、监察室和机关党委12个内设机构，全系统共有干部职工800名，大专以上干部学历占总人数的92%，承担着全市地方各税及有关基金、费的征收工作。

连云港地税成立以来，全系统广大干部职工不断发扬“用心极致、追求卓越，崇德上进、止于至善”的连云港地税精神，以打造“三个一流”为中心，以促进社会满意度、税法遵从度为目标，以干部队伍建设、优化纳税服务、打造“蓝莲花”税务文化品牌为主线，扎实推进各项工作，为地方经济社会事业又好又快发展作出了积极贡献。1994年至2008年连云港市地税各项收入总量由1994年的2.28亿元上升到2008年的67.27亿元，增长29.5倍，年均增幅达25.31%。2007年、2008年组织收入实现两级跳，收入总量连续突破了50亿、60亿元大关。十几年来，连云港地税连续多年蝉联“建设连云港有功单位”，全系统文明单位覆盖率达到100%，先后涌现出荣获“全国精神文明建设工作先进单位”、全国“三个代表”学习教育活动先进单位、“全国税务系统文明单位”、“全国巾帼文明示范岗”、“江苏省文明行业”等多家先进单位和先进集体，文明创建硕果开遍全系统。

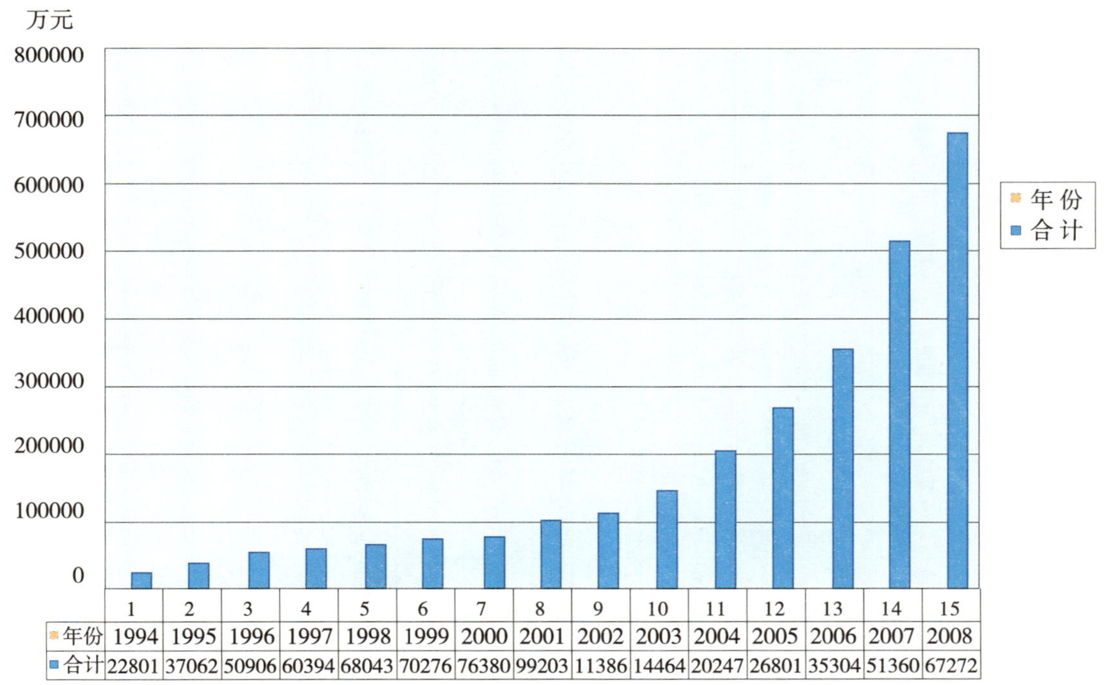

	1	2	3	4	5	6	7	8	9	10	11	12	13	14	15
年份	1994	1995	1996	1997	1998	1999	2000	2001	2002	2003	2004	2005	2006	2007	2008
合计	22801	37062	50906	60394	68043	70276	76380	99203	11386	14464	20247	26801	35304	51360	67272

1994–2008年连云港市地方税务局组织收入情况统计表

1994-2008 年连云港市地方税务局税收分地区入库情况表

单位:万元

单位	1994 年	1995 年		1996 年		1997 年		1998 年		1999 年		2000 年		2001 年		2002 年		2003 年		2004 年		2005 年		2006 年		2007 年		2008 年	
	实绩	实绩	比上年增减%	实绩	比上年增减%	实绩	比上年增减%	实绩	比上年增减%	实绩	比上年增减%	实绩	比上年增减%	实绩	比上年增减%	实绩	增减%	实绩	增减%	实绩	增减%	实绩	增减%	实绩	增减%	实绩	增减%	实绩	增减%
全市合计	21976	35656	62.25	49301	38.27	58341	18.34	65434	12.16	66860	2.18	58768	-12.10	65583	11.60	72284	10.22	86126	19.15	114796	33.29	157076	36.83	208950	33.02	306088	46.49	421057	37.56
一、四县	7395	15427	108.61	23110	49.80	28424	22.99	34312	20.71	32442	-5.45	20748	-36.05	19372	-6.63	21965	13.39	24105	9.74	31786	31.86	44946	41.40	71375	58.80	130435	82.75	186255	42.80
赣榆县	2331	5568	138.87	8528	53.16	10795	26.58	13153	21.84	11968	-9.01	7088	-40.78	6364	-10.21	7722	21.34	7934	2.75	10466	31.91	14854	41.93	22522	51.62	38584	71.32	56222	45.71
东海县	2420	5535	128.72	8118	46.67	9363	15.34	11259	20.25	10338	-8.18	6494	-37.18	6433	-0.94	6816	5.95	7086	3.96	8842	24.78	12976	46.75	21176	63.19	36712	73.37	47119	28.35
灌云县	1454	3033	108.60	4613	52.09	5688	23.30	6923	21.71	6902	-0.30	4099	-40.61	3360	-18.03	3930	16.96	4952	26.01	6681	34.92	9310	39.35	14941	60.48	28313	89.50	43677	54.26
灌南县	1190	1291	8.49	1851	43.38	2578	39.28	2977	15.48	3234	8.63	3067	-5.16	3215	4.83	3497	8.77	4133	18.19	5797	40.26	7806	34.66	12736	63.16	26826	110.63	39237	46.26
二、市区	14581	20229	38.74	26191	29.47	29917	14.23	31122	4.03	34418	10.59	38020	10.47	46211	21.54	50319	8.89	62021	23.26	83010	33.84	112130	35.08	137575	22.69	175653	27.68	234802	33.67
市本级	6282	7808	24.29	10910	39.73	11198	2.64	12544	12.02	15234	21.44	17786	16.75	21361	20.10	20969	-1.84	24717	17.87	29919	21.05	36153	20.84	21358	-40.92	30032	40.61	41055	36.70
开发区	2353	4126	75.35	5102	23.65	5885	15.35	5883	-0.03	6541	11.18	6449	-1.41	8665	34.36	11240	29.72	12409	10.40	18761	51.19	28482	51.81	32935	15.64	41101	24.79	52736	28.31
新浦区	1423	1822	28.04	2574	41.27	2976	15.62	3387	13.81	2978	-12.08	3248	9.07	4023	23.86	5719	42.16	8072	41.14	13498	67.22	18840	39.58	36487	93.65	53201	45.81	75343	41.62
海州区	561	860	53.30	1482	72.33	1651	11.40	1830	10.84	2131	16.45	2352	10.37	2820	19.90	3147	11.60	5440	72.86	6275	15.35	7255	15.62	10203	40.63	12836	25.81	18177	41.61
连云区	3405	4662	36.92	4858	4.20	5466	12.52	6110	11.78	6076	-0.56	6632	9.15	7636	15.14	8995	17.80	11082	23.20	14557	31.36	21400	47.01	36592	70.99	38483	5.17	47491	23.41
云台区	557	951	70.74	1265	33.02	2741	116.68	1368	-50.09	1458	6.58	1553	6.52	1706	9.85	249	-85.40	301	20.88										

注:2004 年起云台区税务部门撤销税收停征。

1994-2008 年连云港市地方税务局税收分税种入库情况表

单位：万元

税种	2001 年		2002 年		2003 年		2004 年		2005 年		2006 年		2007 年		2008 年	
	实绩	增减%	实绩	增减%	实绩	增减%	实绩	增减%	实绩	增减%	实绩	增减%	实绩	增减%	实绩	增减%
税收合计	65583	11.6	72284	10.2	86126	19.1	114796	33.3	157076	36.8	137575	22.7	175653	27.7	234802	33.7
一、省级合计	5186	-24.9	4489	-13.4	4526	0.8	5661	25.1	6989	23.5	7797	46.2	11977	53.6	16902	41.1
1. 省级营业税	4424	-9.3	4244	-4.1	4372	3.0	5461	24.9	6781	24.2	7772	47.3	11997	54.4	16902	40.9
2. 省级所得税	762	-62.4	245	-67.8	154	-37.1	200	29.9	208	4.0	25	-55.4	-20	-180.0		-100.0
二、市县级合计	60397	16.5	67795	12.2	81600	20.4	109135	33.7	150087	37.5	129778	21.5	163676	26.1	217900	33.1
1. 营业税	24459	8.7	31123	27.2	40013	28.6	54802	37.0	72461	32.2	60341	28.0	77484	28.4	84789	9.4
2. 个人所得税	8687	26.5	10896	25.4	12713	16.7	17362	36.6	24155	39.1	21334	17.9	26112	22.4	43568	66.9
3. 企业所得税	16671	61.2	13919	-16.5	15645	12.4	19112	22.2	25779	34.9	22975	6.8	22390	-2.5	38855	73.5
4. 城建税	5414	6.4	5865	8.3	7321	24.8	9105	24.4	12329	35.4	11730	21.1	16895	44.0	23761	40.6
5. 车船税	972	19.3	865	-11.0	429	-50.4	497	15.9	546	9.9	198	8.8	393	98.5	1627	314.0
6. 房产税	2160	-3.7	2633	21.9	2864	8.8	3461	20.8	4991	44.2	4542	18.4	5274	16.1	6386	21.1
7. 土地税	865	73.0	823	-4.9	805	-2.2	1059	31.6	1591	50.2	1662	36.9	5617	238.0	8686	54.6
8. 屠宰税	34	-98.2														
9. 印花税	464	7.2	731	57.5	897	22.7	1370	52.7	2507	83.0	2296	15.7	3248	41.5	4193	29.1
10. 投资方向税	184	-69.1														
11. 土地增值税	-3		22		118	436.4	1305	1005.9	3899	198.8	4326	69.4	6475	49.7	5717	-11.7
12. 滞纳金																
13. 资源税	490	-14.6	918	87.3	795	-13.4	1062	33.6	1829	72.2	374	-37.2	-212	-156.7	318	-250.0
其中：盐资源税	283	-29.4	596	110.6	505	-15.3	464	-8.1	551	18.8	200	-55.9	-430	-315.0	28	106.5

特色工作

一、征管改革

1995年连云港市地方税务局制定了征管改革试点实施方案,开始建立了有现代化技术支持的、相互协调制约的申报、代理、稽查相结合的税收征管格局。推行纳税人"自核自缴"的纳税申报制度和税务代理,积极推广计算机在征管领域的运用,在税务系统内部实行网络化管理,并逐步与银行、工商等部门进行联网。

1995年,连云港市地方税务局在连云分局进行征管改革试点。取消了专管员,变"管户"为"管事",将35%的人员充实到稽查和咨询服务方面,形成征收、代理和稽查三位一体的格局。

1996年,连云港市地方税务局在连云分局试点改革的基础上,制定完善了《征收管理规程》,按职能设置税务机构模式,税收征管体制逐步完善,实行纳税人自觉上门申报纳税制度,并实行跟踪管理,为纳税人提供优质服务。

1997年,市地方税务局建成办税服务厅(室)30个,购置计算机,组织专门人员进行征管业务培训和征管软件的开发研制工作,征管信息化在税务系统取得进步。

1998年,连云港市地方税务局新建了办税服务厅(室)16个,初步形成了以计算机网络为依托的集中征收体系,为征管、稽查外分离机制逐步建立创造了条件。

1999年,连云港地税上报了按经济区划设立征收分局的方案并获得批准,全面开展县、区办税服务厅规范化达标活动。

2001年,全市各级地税部门按照"分步推进、扩大试点、突出城区、兼顾农村"的思路,加大征管改革力度。在市区大力改善办税服务厅的软硬件设施,认真开展办税服务厅规范化建设达标活动,实行以职定岗,以岗定责,进一步完善了各环节的岗位责任制。在农村,按照经济区划平均3-5个乡镇设立征管分局,征管分局驻地以外的乡镇设立征收点,并分片设立税务检查分局,实现了征管和稽查的两线运行。在连云港市行政审批服务中心设立了地税窗口,与工商、国税等部门配合,实行内部传递、办证一条龙服务。

2003年,全市地税系统合理收缩和调整基层征管机构,取消全职能税务分局,成立专业稽查机构,实行征管查"两分离"或"三分离",推进了税收专业化管理。

2004年,市地税局全面启动ISO9000质量管理体系的引入和认证工作,8月1日正式上线运行,并顺利通过了中国质量认证中心江苏评审中心的验证性审核。

2005年,全面推行税收执法责任制。制订下发了连云港市地方税务局《税收执法责任制岗责体系和工作规程》、《税收执法责任制评议考核办法》、《税收执法过错责任追究办法》等一系列规范性文件,层层签订了税收执法责任书,初步建立起一种"齿轮传动式"的工作机制,干部的执法行为不断规范。

2007年,在全市范围内扎实开展"标杆责任区"和"标杆管理员"创建活动,制定了《"标杆责任区"和"标杆管理员"创建标准》,统一了税收征管表证单书,印发了《税收管理员工作手册》,明确工作职责,细化工作要求,规范作业标准,统一工作流程,向税收全方位无缝隙管理迈出了坚实的一步。

2008年,全市各级地税部门以创建标杆责任区和标杆管理员为重点,加强税收科学化、专业化、精细化管理,完善了《连云港市日常税务检查工作规范》,理顺日常检查和税务稽查的关系;与国税部门密切协作,扎实做好国地税个体税收联合征管工作;率先在全省推出"税费一体化征缴管理信息系统",全市1.3万余户参保单位可在网上直接申报缴纳社保费并可自行打印缴费凭证,15.84万名自由职业者也可就近选择银行网点缴纳社保费。

二、依法治税

自1994年建局,经过历年税务体制机构改革，全市地税部门牢固树立税收经济观、税收法制观和税收服务观，本着“为国家聚财、为政府分忧、为纳税人服务”的宗旨，自觉地把税收工作置于全市经济建设的大局之中，坚持依法治税，确保税收应收尽收。十几年来，连云港地税大力整顿和规范地方税收秩序，至2008年累计检查纳税户近万户，查补各项税费、滞纳金及罚款逾3亿余元，并配合公安部门先后侦破查处了云台伪造定额完税证案、东海制售假普通发票案等大要案件，严肃了税制，震慑了犯罪分子，也为广大纳税人营造了税负公平、公平竞争的市场经济环境。

1994年到1995年，坚持大税紧抓不放，小税不欠不漏，保证了当年税款足额入库。1996年，全市地税系统在完善目标管理的同时，在各行业，尤其是高薪单位普遍建立了代扣代缴制度，并适时开展专项检查，年终达到了个人所得税首破4000万元大关。

1997年，加强重点税源户企业管理，实现重点税源户入库税收占全市总收入的50%以上。积极发挥小税种“以小补大”的作用，全市的房产税、车船税、屠宰税等小税种累计入库近7000万元，占整个收入的15%以上。同时从加强稽查基础建设入手，大胆探索选案、稽查、审理、执行四个环节的内分离模式。

1998年至1999年，全市地税部门加强收入计划管理，加强各地个体私营经济建账建制工作，对个体私营税收以及涉外税收等新兴税源进行强化管理，使其成为地税新的增长点之一。在全系统深入开展税收执法大检查，纠正了执行税收政策尤其是涉农税收中出现的问题和偏差。市地税局还加大执法力度，增强税收刚性，纠正“以补代罚、以罚代刑、以罚代法”等错误做法。

2000年，全市地税机关强化基础管理，加强纳税人税务登记管理，把市区企业税务登记集中到市行政审批服务中心地税窗口办理，并与工商、国税等相关部门建立了定期联系制度，相互传递户管情况，在全市统一了《委托代征证书》，规范对委托代征单位的管理；加强售付汇税收管理，完善税源监控渠道。

2001年，全市开展税务登记验证清查工作，验证户数达33316户，其中国有企业1555户，集体企业2102户，私营企业538户，个体工商户28041户。制定委托代征管理办法，规定了委托代征的范围、对象、内容、票证管理、税款入库以及监督管理、责任追究等，对全市的税收委托代征行为进行统一规范；启用电脑版建安发票。从5月份起，在全市统一使用电脑版建安发票，不仅堵塞了建筑业税收流失的漏洞，还维护了发票管理秩序；对实行定期定额征收的个体户，实行“阳光作业”调整税收定额公布上墙，促进了非公有制经济的公平竞争和有序发展。成立了案件审理委员会，制定了《关于搞好重大税务案件审理工作有关问题的通知》，明确了重大税务案件的审理标准，对重大税务案件审理，由“案审会”集体会审定案。全年共审理重大税务案件数30件，审理率为11.81%。建立涉税文件定期清理制度，对全市地税系统成立以来735份内部涉税文件和市政府有关涉税文件进行全面清理，严肃了税收法纪。

2003年，全市各级地税机关以落实“征管措施落实年”活动为贯穿全年的工作主线，加强税收征管规范化、制度化建设，建立征管质量分析会制度，采取按月考核的办法，及时通报考核结果，促进了征管质量和效率的不断提高；制定出台了《连云港市地税局纳税评估工作规程》，开展纳税评估工作。

2004年，税收征管科学化精细化逐步加强，完善委托代征制度，加强零散税源控管，防止了税收流失；积极推行“片管员”制度，建立“守土有责”的约束激励机制，使“淡化责任、疏于管理”现象得到了有效改观；建立了国、地税协作联席会议制度，定期互传税务登记、会统报表、个体税收定额等税收信息，并在全市范围内联合开展纳税信用等级评定工作，促进了征管工作的有效开展。全面启动ISO9000质量管理体系的引入和认证工作。清理规范了36个涉税行政审批事项，取消和下放了19项税收审批权限，推动了行政许可法的贯彻实施。建立和落实稽查工作查前告知制度、案件复查制度、案卷交叉互审制度，促进了依法行政水平的提高。

2005年，全市地税部门全面推行税收执法责任制，制定下发了《连云港市地税局税收管理责任区管理暂行办法》和《连云港市地税局税收管理员考核办法》，明确了管理员主要职责，积极开展税收“标杆管理区”的创建工作，不断提高征管质效。

2006年，对市区建安房地产两大行业实行了统一集中管理,加强连盐、连淮高速公路等重点交通建设工程的税收跟踪管理,在上年全省地税系统建安房地产税收增长趋缓的形势下,全市两大行业税收保持了49%的强劲增长势头,同时也有效遏止了市县之间、区与区之间争抢税源、吸税引税等不正常现象。

2007年,出台了《关于在货物运输业税收管理中实行责任追究的通知》,严格自开票纳税人认定工作,加强对代开票纳税人的管理,重新确定货运发票“警戒线”,严格责任追究,切实规范货物运输业税收管理秩序;加强税收宣传,在全市范围内深入广泛地开展“弘扬企业社会责任,促进依法诚信纳税”大型公益宣传活动,通过隆重表彰全市A级纳税人、向全社会发出倡议等多种形式,积极引导企业履行依法纳税的责任和义务。深入推行分级分类稽查。

2008年,全市地税部门坚持“依法治税,重在治内”的方针,全面贯彻省地方税务局依法治税达标工程要求,研究制定了《连云港市地方税务局依法治税评价标准》,制定控制自由裁量权的6项管理制度,规范税务行政处罚相关文书。贯彻依法征税组织收入原则,开展税收执法检查,加强“两权”行使监督,对检查中发现的违规征收税款问题及时进行纠正和处理。

三、税收信息化建设

1994年至2008年,全市地税系统信息化建设坚持高起点规划,高标准建设,到2008年全系统拥有小型机2台,PC服务器64台,投入运行局域网5个,上网运行的工作站数1090个,实现了办公自动化、税收征管信息化、纳税申报网络化。

1994年,全市地税系统实行手工开票。1995年,税收征管模式开始由手工开票陆续转向计算机开票。

1996年,完善了《征收管理规程》,计算机运用开始逐步普及,全市大征管软件的修改、完善基本完成。

1997年至1998年,建成办税服务厅(室)40多个,累计投入征管改革资金230多万元,办税服务厅规范化建设达标率为70%,全局还进一步加强计算机的管理、开发,编制、使用新的会计软件程序,初步形成了以计算机网络为依托的集中征收体系。

2000年,全市地税系统先后建成40多个征收服务厅,实现了由上门收税向申报缴税、管户制向管事制的转变,初步建成了1个广域网、1条专线、100多台计算机相配套的信息化网络,同时架设FTP数据传输系统,改变了过去落后的MUT传输方式,提高了县地税局与市地税局之间、市地税局科室与省地方税务局之间的数据传输效率。同时,把征管改革向农村渗透、延伸,按经济区划设立征收分局的改革在四个县局也初具雏形。

2001年,征管信息系统如期正式上线运行,初步建成了1个广域网,11个局域网、一条专线、100多台计算机相配套的信息化网络。大力抓好办公自动化系统推广应用工作,实现了市地税局与省地方税务局信息和文件资料的网上运行,极大的提高了工作效率。

2002年,全市地税系统信息高速公路基本建成,建成一个拥有计算机360台,服务器25台,局域网13个,包含联接省、市、县、分局(所)的城域网和广域网的征管网络化运行体系,使税收成本降低,工作效率提高。成功开发了乡镇、股(所)查询功能的外挂模块和开发了税银一体化外挂模块,进一步方便了纳税人和办税服务厅人员。

2003年至2005年,税收信息化建设得到稳步推进。市地税局制订了《2003-2006年连云港市地税信息化建设实施纲要》,明确了今后一段时期信息化建设的工作重点和努力方向,2004年9月1日,财税库行联网在市区全面上线,同时推广省局开发的机关业务管理软件、稽查选案系统及法规库软件,并开发应用了企业版个人所得税代扣代缴软件。2005年,数据大集中于同年8月份正式上线运行,征管信息系统在全省各省辖市地税局中较早实现了市级应用集中。积极开发征管信息综合查询系统,开展财税库银和社保软件的升级工作,完成了IP电话、视频会议系统的安装和调试。

2006年至2008年,先后推广应用省地方税务局局开发的执法管理信息系统、NTSS税收资料调查软件和数据审计软件、公路内河货运发票税控系统以及城建税比对软件。积极开发并应用建安房地产税收管理系统。加强个人所得税管理,研发个人所得税管理系统并在全市推广应用。在全系统推广应用网络版趋势防病毒系统、升级货运发票开票及采集汇总软件。研发电子户籍一户式查询系统，为日常税收管理提供方便快捷的查询工具。在原有连云港地税网站基础上进行升级，门户网站成功推广上线。积极开展财税库银、电子申报、社保软件和12366系统的升级工作。

四、纳税服务

1994年组建市地方税务局后，税收服务水平不断得到提高，开始逐步实行财税库行联网，先后建成了信息资源共享的一体化电子办税系统，推行了纳税人自行电子申报、邮寄申报、银行扣缴等多元化申报方式。同时，地税部门还广泛开展了“满意在地税”、“最佳办税服务厅”“人民满意公务员”等争先创优活动，全系统先后涌现出被国家税务总局和人事部联合授予“文明单位”称号的云台分局，被中央文明委授予“全国精神文明建设工作先进单位”的东海县地税局，被评为全国“三个代表”学习教育活动先进单位东海县地方税务局浦南分局，被全国妇联授予国家级巾帼示范岗的第三税务分局管理二科等一大批先进集体。全市地税系统两次被省委、省政府授予“省级文明行业”称号。

1995年开始，不断加强税收宣传力度。1996年，首次主动与国税、财政联系，与市委宣传部、市财办、市司法局、市教育局等十一个部门和单位联合成立全市税法宣传领导小组，开展声势浩大的宣传活动。十多年来，不断拓宽纳税服务宣传阵地，运用各种舆论宣传阵地，采取现场咨询、税法培训、有奖竞答、曝光税案、表彰先进等多种方式，宣传税收法规，将税收知识送到千家万户。1997年，连云港局针对港城日资、韩商较多的特点，积极为企业的经营管理提供优质服务，涵养地方税源，出台了《为外商投资提供优质服务的若干政策》。2001年，在全系统广泛开展“满意在地税”优质服务活动，加强基层建设和行风建设，开展业务技能、税容税貌等七赛活动，为纳税人提供十项服务，办好十件实事，并把纠正行业不正之风和改善经济发展软环境结合起来。2002年，为提升纳税服务水平，在全系统深入开展了“整顿作风、提高素质、优化服务”主题活动，市地税局领导轮流走进市电台《行风热线》直播室，通过接听热线电话，回答群众投诉，接受听众咨询，为广大听众和社会各界架起空中电波，提供沟通桥梁，解答和解决群众提出的各类涉税问题。

2003年，全市各级地税部门还以全市发展项目大推进和服务环境大建设活动为契机，全力打造纳税服务“绿色通道”。推出咨询宣传、受理引导、告知承诺、回复送达、预约提醒等“五项服务”，对涉及全币重点企业以及100个“直通卡”项目。积极推进政务公开工作，通过地税网站、政务公开栏、“行风热线”等载体广为宣传。同时，着力抓好12366电话语音综合服务系统的推广应用工作，从2003年11月1日起对外运行开通，全天候为纳税人提供全面、规范、准确、便捷的涉税综合信息服务，标志着全市地税服务水平跃上一个新的台阶。

2004年至2005年，不断加强12366纳税服务热线建设，2005年该服务品牌被授予全市首批优质服务品牌。不断深化政务公开，建立健全了政务公开制度，包括主动公开和依申请公开制度、政务公开评议考核制度、政务公开责任追究制度等三项制度，编制了全市地税系统《政务公开目录》。2006年，大力开展“服务型”创建活动，加大与省内兄弟市局的学习交流力度，进一步简化办税流程，拓展纳税服务热线功能，12366分别被省总工会和省妇联授予“江苏省五一巾帼标兵岗”和“巾帼文明岗”称号。

2007年，推进纳税服务改革。组建纳税服务中心，在市区范围内实现了纳税申报同城通报、税款入库同城通缴、地税发票同城通售、代开发票同城通办、涉税事项同城受理，通过业务重组、流程改造，真正实现了“一站式”服务；积极落实“两个减负”，对42项办税工作流程进行了认真梳理，简化程序12项，减少纳税人在办税过程中需提供的资料9种，进一步提高工作效能，切实减轻纳税人和基层税务部门的负担；拓展电子申报系统的应用功能，在原有系统基础上，增加了纳税人自助打印完税凭证的功能，不仅节省了征税成本，纳税人也真正实现了足不出户轻松办税。截至年底，全市查账征收的纳税人90%以上实现了电子申报。

2008年，打造优质高效纳税服务体系。在对市区纳税服务资源进行有效整合，实现市区范围内“有区域管理和无区域服务”基础上，各县局也相继成立了纳税服务专职机构，不断优化纳税服务流程，将税务登记、纳税申报等17项日常性服务工作全部由纳税服务机构统一集中办理，在全市范围内基本上实现了所有涉税事项的“同城通办”和“一站式”服务。与此同时,贯彻落实《江苏省地方税务局税务行政处罚实施办法》,通过举行税务行政处罚模拟听证会等活动,切实增强纳税人权益保护意识。贯彻《政府信息公开条例》,制定了《政府信息公开暂行办法(试行)》、《政府信息公开指南》等规范性文件,并对市地方税务局门户网站进行改造建设,遵循“公开为原则,不公开为例外”的总体要求,及时通过有关载体准确公布相关税务信息。围绕“税收、发展、民生”,举办税收新闻发布会、建立全省青少年税收教育基地以及评选“诚信纳税示范街”等活动,开展第17个税收宣传月活动,增强社会各界对地方税收的认识和了解。

五、组织文化

自1994年建局以来,连云港地税始终坚持以正确的价格观念,先进的管理理论和共同的发展愿景凝聚全系统干部职工,不断探索,逐步走出了一条有连云港特色的组织文化建设之路。特别是进入2006年,连云港地税以“动文化之力,强地税之魂”为宗旨,先后在全系统深入开展“组织文化研讨年(2006)”、“组织文化推进年(2007)”以及“组织文化深化年(2008)”系列活动。经过持续的建设,总结提炼确立“用心极致、追求卓越,崇德上进、止于至善”的地税核心价值观,并确立以“蓝莲花”为连云港地税文化品牌,举全局之力打造这一文化品牌。深入开展全员阅读学习研讨活动,举办“传承优秀文化·打造书香地税”系列讲座,以及深入开展“责任·荣誉·地税”、“道德文化建设大家谈”、“加强道德修养、坚持廉洁从税”征文,举办蓝莲花摄影比赛,汇编《盛开的蓝莲花》、《璀璨的蓝莲花》文集及《超越》、《蝶变地税》宣传画册,倾力打造“蓝莲花”廉政文化品牌,努力使“重德、尚德、明德、立德”逐步成为全体干部的自觉行动。同时以“关怀和爱”为主题,通过深入开展“心系蓝丝带,服务创一流”大型税收公益宣传活动、举办“与蓝丝带同行,为创一流奉献”主题演讲比赛、开展“我心中的蓝丝带”有奖征文、参加“海洋环保行动”、设立“蓝莲花扶贫帮困爱心基金”以及扶贫济困、无偿献血等爱心公益行动等,提升地税文化品牌社会影响力。此外,为使全系统组织文化生活更加丰富多彩,使干部精神风貌更加昂扬向上,还成立机关文体俱乐部,积极开展拓展训练、户外远足、书画摄影棋牌、女子健身操比赛等多姿多彩的文体活动,为工作开展创造了良好的氛围和环境。

以打造“蓝莲花”文化品牌为契机,不断加强廉政文化建设和文化创建工作。1994年,建立了系统内部和企业外部双向监督机制,在全系统开展了经常性地执法情况和廉政建设“双查”活动,加强廉政文化建设。1995年,在廉政建设上,制定了《连云港市地税局领导干部廉政责任制及考核办法(试行)》,在系统内部相继成立了市局、县(分)局廉政建设领导小组,各税务所配备了兼职监察员;在系统外部设置了举报信箱和举报电话,指定专人负责受理。聘请了人大、政协、纪委等机关和企事业单位及纳税户的187名监察通讯员,加强了地税系统的廉政建设,在广大税务人员中形成了拒收礼、拒吃请、秉公执法、优质服务的良好风气。

1996年至1997年,广泛开展精神文明建设,开展“创建文明税务所”、“青年文明号”、政风评议、展“讲文明、树新风”活动和“做表率、树形象、创一流”主题教育活动等活动。同时,积极参加“五星级行业”示范窗口的创建工作,系统中“以文明修身、用文明共建、做文明风范、与文明同行”蔚然成风。

1998年至2000年,全市地税系统积极开展创文明行业、文明机关、文明单位活动,切实加强基层建设和行风建设。市局采取“走出去、请进来”以及致函纳税户等形式,把地税干部的是非功过交与特邀监察员和企业办税人员评说,自觉接受他们的意见和建议,进行有针对性地整改。全系统上上下下实行文明办税,公开办税;推行文明用语,着装上岗,承诺服务,为广大纳税人营造了良好的纳税环境。市软环境办公室多次通报了全市营造地税工作软环境的做法。市地税局被市纪委、市文明委等单位联合授予全市改善经济发展软环境“十佳单位”荣誉称号。全市地税系统被省委、省政府授予“1999-2000年度江苏省文明行业”称号,被市精神文明建设指导委员会授予“1999-2000连云港市文明单位”称号,全系统还有两人被授予“江苏省劳动模范”称号,云台分局荣获全国税务系统“先进集体”,受到了总局和人事部的联合表彰。

2001年,全系统认真开展“三个代表”学习教育活动，先后分两批在四个县局、市部分分局和农村基层分局集中开展“三个代表”学习活动。加强软环境建设，全市地税系统进一步纠正行业不正之风，增强地税工作的透明度，从小事抓起，从点滴做起，充分发挥电子显示屏、纳税指南手册、税法公告栏、服务监督卡、举报箱、举报电话、特别服务卡的作用，全面推行政务公开、服务承诺和文明用语；从教育、防范、查处和保护的目的出发，认真对待群众来信来访，从严查处违法违纪案件，此外，还深入推进税务执法监察介入，进一步完善对基建支出、大宗物品采购支出等大项经费审批，积极推行公开招标、政府采购等制度，先后就1996年以来全系统新开工的50万元以上各类基建工程项目公开招标情况、办公家具及信息化建设过程中电脑、各种配套设施等大宗物品的采购情况，副科级干部的任命和四个县局领导班子的调整工作，进行了监督检查，加强权力运行中的监督制约。

2002年，开展创建文明行业和文明单位活动，东海县地税局浦南分局获得了全国“三个代表”学习教育活动先进单位和省级“青年文明号”称号。连云地税分局、云台地税分局、赣榆县地税局直属分局3家单位的办税服务厅获得省级“巾帼示范岗”称号，赣榆县地税局海头分局获得省级“青年文明号”称号。

2003年，认真开展争创“文明行业”、“文明单位”、“最佳办税服务厅”、“人民满意的公务员”等争先创优活动，公开向社会作出承诺，为纳税人提供便捷、诚信的纳税服务，改进工作作风，提高工作效率。市地税局被市委市政府评为2003年度“建设连云港有功单位”、“全市发展服务业先进单位”、“农村扶贫开发工作先进单位”，全市地税系统被省文明委授予“江苏省文明行业”、东海县地税局第二分局被国家税务总局评为“全国税务系统文明单位”，7个基层单位被省文明委评为“江苏省文明单位”，19个基层单位被市委、市政府评为“文明单位”。

2004年，巩固省级文明行业创建成果，进一步深化政务公开工作，优化各项办税服务，全系统有6个单位被授予省级“巾帼示范岗”称号，1个单位被授予省级“青年文明号”称号，2个单位分别当选“连云港市十佳文明服务窗口”、“连云港市用户满意服务明星班组”，1人被授予江苏省“巾帼建功标兵”称号，2人被授予“全省地税系统先进工作者”称号，1人入选“连云港市第八届精神文明建设十佳新人新事”，1人当选“连云港市十佳文明服务标兵”。

2005年，党风廉政建设工作取得成效。认真开展领导干部经济责任审计工作，积极稳妥地推行廉政保证金制度，开展了“规范执法行为，优化税收服务，强化廉洁自律”专题教育活动，不断加强机关效能建设。群众性精神文明创建活动在深度和广度上有了新的拓展，全市地税系统及四个县地税局再次被省委省政府授予“江苏省文明行业”称号，东海县地税局被中央文明委授予“全国精神文明建设工作先进单位”，第三税务分局管理二科被全国妇联授予国家级“巾帼示范岗”，全系统有35家单位被市委市政府授予市级“文明单位”称号。

2006年至2008年，与推进组织文化建设同步，扎实干部廉政文化进机关、进基层、进家庭“三进”活动和“加强道德修养，促进廉洁从税”主题教育活动；并通过参观花果山唐朝“廉石”、孔望山“戒贪缸”，举办“廉洁地税·少儿版画作品展”、“为政清廉”廉政书画笔会，征集廉政格言，开展廉政文化网页等不断加强系统内廉政建设，使“蓝莲花”不仅成为地税组织文化品牌，更成为地税廉政文化的一张名片。深化“软环境二次革命”和精神文明创建活动，全系统再度成功争创2005-2006年度市级文明行业，市局及11个基层单位被市文明委推荐申报江苏省文明行业，灌云县局何柏连同志被授予全国税务系统先进工作者称号，赣榆县局刘秋亮同志被评为全市10佳勤廉公仆。2008年，在扬州大学开设全省地税系统首个公共管理硕士(MPA)班，加强高素质人才教育培训。

淮安市地方税务局

概　述

1994年9月12日,淮阴市地方税务局成立。机构分设初期,负责地方税收,各项基金(费)以及社保费的征收管理,机构列入同级人民政府序列,内设6科2室、2个事业单位,另设党组纪检组和机关党委。辖盱眙、金湖、洪泽、淮阴、涟水、泗阳、泗洪、沭阳、灌南、宿迁10个县局和县级淮安市局。1996年9月,原淮阴市行政区划调整后,沭阳、泗阳、泗洪三县划归地级宿迁市管辖,灌南县划归连云港市管辖,所涉及的5个县(市)局随之划出原淮阴市地税系统。1999年1月1日起,地税系统实行省以下垂直领导管理体制。2001年2月淮阴市地方税务局更名为"淮安市地方税务局"。目前,市局下设处室11个,辖涟水、淮阴、楚州、洪泽、金湖、盱眙6个县(区)局,市区5个税务分局和1个稽查局。

1994年至2000年

国、地税划分税收征管范围后,地税沿用机构分设前的模式,实行"一员进厂,各税统管"的"保姆"式管理。税收工作的重点"向基层转移、向征管转移"。先后出台《地税干部行为规范》、《岗位目标考核办法》和《征管质量考核办法》等,制定了税收征管改革实施意见,确定市区直属分局、金湖县局、淮阴区局、泗阳县局为试点单位,取消税收专管员制度,实行纳税人上门申报纳税。该局加快征管改革步伐。全市地税建成7个征收服务大厅,各自建立计算机管理局域网,10个农村税务所配备了计算机,全市40%地税干部通过了全省计算机应用能力初级考试;成功开发税收征管信息光电录入系统。

加强普法教育。"二五"、"三五"分别被省法治宣传教育领导小组评为法制宣传教育先进集体,"四五"被淮安市委、市政府评为法制宣传教育先进集体;全市有6个基层税务所(分局)被省地税局、团省委命名为"文明单位"和"青年文明号",有3人被省局授予"征管能手"称号。

研制开发计算机多媒体光盘——《税务法规指南》,原国家税务总局党组书记、副局长项怀诚欣然题词"成功的尝试"。确立"以纳税人自行申报和优化服务为基础,以计算机网络为依托,集中征收,重点稽查的税收征管改革模式"。制定《淮阴市地税系统农村征管改革实施意见》。

推出"征收、检查、执行、管理、代理和后勤""六线一体"的工作流程。举行全省首例税务行政处罚听政会,《中国税务报》在头版头条进行了报道。表彰了"市直1996年度缴纳地方税收十强企业",有36家被评为"纳税信得过单位"。

结合省局部署的"建文明窗口,树地税形象",出台了《机关工作效能查办督办制度》、《机关工作纪律考核制度》等,在市区纳税企业中开展"您心目中的好税官"评选。当年,创建省级"文明税务所"、"青年文明号"7个;市级"文明税务所"、"青年文明号"13个。1998年,受亚洲金融危机影响,经济低速运行,部分企业经济效益滑坡,税源萎缩,加之地税收入连续四年高基数、高增长,完成当年收入任务相当艰辛。全体税干牢固树立全局观念,增强责任意识,做到"大税小税一起抓,陈欠新欠一起清"。强化重点税源监控,保持收入稳定增长。强化税收宣传工作。4月,地税与市纪委、市委组织部、市级机关工委联合举办了3期地税知识专题讲座;与团市委、淮阴电视台联合举办了全市"个人所得税知识书面竞赛和电视大赛"。10月,在全市范围内开展打击伪造、倒卖假发票专项斗争,抓获制造销售假发票者7人,缴获伪造、作废发票11.3万份,票面金额1034.1万元,查补税款38.8万元,罚款24.3万元,移送司法机关处罚22人。强化征管工作目标考核,对市区纳税户税收征管情况通过计算机进行动态管理,将纳税申报率、税款遵期入库率列入考核范围。全市征管资料实行规范化管理。

2000年,面对预算性增收与政策性减收的双重压力,以及收入任务连年高增幅增长后带来的税源与任务矛盾日益突出的严峻形势,坚持依法治税,强化税收征管,大力组织收入。围绕国家税务总局十六项内容,对“收‘过头税’、‘空转税’、有税不征、串级混库、设立过渡户”等开展税收执法检查。对在检查中发现的凡与税法相悖的文件,立即停止执行并限期整改。

市局党组认真开展“三讲”教育活动,坚持高标准、严要求,认真对照群众提出的意见和建议,自觉排查问题,解剖原因,着力纠正错误和群众的实际问题,在全系统开展“三看、三比、三珍惜”群众自我对比活动,增强广大地税干部的责任感和使命感,开展以“胡长清、成克杰等重大典型案件”的警示教育,开展“人该怎样做,权该怎样用,法该怎样执”大讨论,建立全系统86名副科级以上干部廉政档案。

2001年至2005年

出台社会保险费征收考核办法,按月考核,按季通报,对于年度基本养老保险征缴率低于92%的单位实行诫勉。当年,全市地税系统运行使用了“公文处理软件”系统,实现了办公自动化,使公文处理“无纸化”成为现实。在全省地税率先制定税控收款机管理办法,对税控收款机推行范围、购置、使用、维修、管理、处罚作出具体规定。

确立“最大限度地方便纳税人”和“不给税干犯错误机会”工作理念,实施机构、人事和征管“三位一体”的综合性改革。彻底改变“保姆式”的管理方式,实现税收征管“管户”向“管事”的转变。并在试点的基础上,成功为1200余户纳税人提供了“一站式”税收优惠的审批服务,后在全系统全面推开,实现从被动分散服务向主动的“一窗式”服务的转变。

开通“12366”热线语音服务系统,以咨询电话、发送短消息等作为宣传渠道,以交互式语音应答(IVR)和人工座席服务为手段,设立了集办税指南、政策咨询、业务查询、举报投诉和建议等为一体的纳税服务平台。

在市区实现了税务、国库、银行之间的联网运行,市区地税系统率先运行税库银联网电子缴税系统。开发使用网上申报的电子申报功能,实现税款适时划缴,使纳税户足不出户申报纳税。从2004年起,“以纳税申报和优化服务为基础,计算机网络为依托,集中征收、属地管理、一级稽查”的全新管理模式正式运行。

按照省局统一部署,于7月1日起开始ISO9000的贯标工作,高质量完成全系统认证工作。全市6个县(区)地税系统开始运行税银联网电子缴税系统,形成了资源共享电子办税系统一体化。同年,组队参加市政府组织的《行政许可法》知识电视大赛,获得第一名。全市地税涌现出全国“五·一”劳动奖章获得者1人,省劳模2人,市级五一劳动奖章获得者4人;创成国家级巾帼示范岗1个、省级巾帼示范岗4个、省级巾帼明星岗2个、市级巾帼示范岗4个;1个单位被团中央表彰为“五四红旗团支部”,1个单位和2名个人被表彰为全省地税系统“文明单位”和“优秀税务工作者”,副局长韦晓梅等五名女税干被市妇联授予“淮安市十佳女税务工作者”荣誉称号。市局连续9年被市委、市政府表彰为行风建设先进单位,连续6年被表彰为市级机关目标管理先进集体。

2006年至2008年

位于淮安市翔宇北道3号的淮安市地方税务局新办税楼于2006年1月1日正式投入使用,市区地税实现集中办公。统一了征管机构及征管模式,市局及各县(区)局第一分局均为征收分局,负责税务登记、申报征收、发票管理、涉税受理及审批等面向纳税人的各种涉税事项;按管理区域分设若干管理分局;另设专司查处税收违法案件的稽查局,实现“征、管、查”三分离,纳税人涉税办理,全部由第一分局扎口管理;税务机关需要纳税人办理事项的,由管理局和稽查局根据工作分工分别处理。单设第二分局为信息化分局,为淮安地税信息化的发展提供了组织保证。为切实提高定期定额户的征管水平,在楚州地税局试点的基础上,市局于2006年8月在全市餐饮、洗浴、娱乐等行业全面推行简易电子定税办法,并在定额管理全过程中实现“阳光”操作。根据国家税务总局部署,淮安市国、地税机关对纳税人统一换发了税务登记,并通过联合办理税务登记,实现了一个机关受理、一套登记资料、一个税号管理、一套证件通用、一次登记收费。同年 12 月,省委研究室《调查与研究》刊发《机关效能建设的成功实践——淮安市地税局“三项改革”情况调查》专题,介绍该局征管改革、人事改革和行政管理改革的做法和成效。

在总结下放税务行政审批权限经验的基础上,在全国税务系统率先提出取消涉税审批权,改审批为备案。即纳税人在办理减免税、延期缴纳税款、停复业、税前扣除等事项时,只要提供的资料完整、准确,即可当场备案、办结,以前一、两个月才能办结的事项,实现了窗口“立等可取”。并向纳税人作出郑重承诺:“只要大厅办不了的事,找地税局的任何人都不能办;只要大厅办得了的事,不用找地税局的任何人都能办”,树立了淮安地税的服务品牌。健全事后监督机制,即由稽查局负责对管理分局事后调查工作质量进行监督核查。规定,经稽查局核查后撤销原审批决定的,由市局、县(区)局根据执法责任制规定追究事后调查人员责任,并对其作出规范化考核扣分处理,从而大大提高事后调查的工作质量。该局“创新涉税审批机制”项目荣获淮安市人民政府首次评选的政府工作创新奖。

为优化纳税服务形象,提升纳税服务层次,2007 年全面导入 CIS(企业形象识别系统),对市局及六个县(区)局共七个办税服务厅统一设计和整体改造,统一形象背景墙,统一税法宣传资料,统一服务评价系统,统一排队叫号系统,统一大厅布局,从而借助整体传达系统,将地税文化与服务理念有效地传达给纳税人和社会各界,提高了纳税服务品牌的认同感和认知度。

为规范行政处罚自由裁量权,该局对纳税人未按规定时限办理设立(变更、注销、换发)税务登记证件、未按规定时限办理纳税申报、未按规定时限缴纳税款、未按规定时限报送财务报表、非正常户转正常户、证件失效户转正常户、发票违章等行为区分不同情节明确了对应的处罚标准。

建立税收分析与纳税评估、税务稽查间良性互动机制。明确第二分局数据部门承担税源比对分析任务,负责对纳税人纳税申报、发票开具、财务报表和外部交换数据等资料的分析比对,对发现疑点问题按月向市区各管理分局下达评估计划。管理员在规定时限内完成评估任务,并向市局二分局数据部门反馈评估结论。经评估仍不能消除疑点,或在评估中发现有偷、骗、抗税行为的,必须按规定程序转稽查部门实施稽查。

成功研发网上办税系统,取消涉税审批权,突破了一般网上办税系统仅具“预约”功能的瓶颈,使得纳税人足不出户就可以办理 90%以上的涉税事宜,逐步弱化实体办税厅功能。中共淮安市委《淮安内参》刊发专题《深化行政审批制度改革的有益探索——市地税局取消涉税审批权改革的调查与思考》,原市委书记丁解民阅后批示:“市地税局的行政审批制度改革走在全市前列,创造了宝贵经验,应在市直机关全面推广。”

2008 年,全市地税系统取消税务登记工本费和税务机关代开统一发票工本费。在全市地税系统推广应用网上办税系统。借助网上办税系统优势,完善事后监督机制,明确第一分局受理、备案减免税、税前扣除、国产设备投资抵免企业所得税事项后,按 10%的比例随机确定核查对象,直接由稽查部门列入次年稽查计划,对纳税人提供资料的真实性和合法性实施监督,既减轻了事后核查工作量,又提高了威慑效果。同时,在市区 3300 名纳税人中推行以 CA 认证登录网上办税服务厅办理涉税事项,取消该部分纳税人需要报送的各类纸质报表和资料。6 月,市局认真总结五年的征管改革成果,编辑印制了《征途无驿站——淮安市地方税务局税收征管改革历程》一书,分别从“机构模式——由‘全职能’到‘专业化分工’”、“征管模式——由‘保姆式’到‘提醒式’到‘稽查式’”、“审批模式——由‘审批’到‘下放’到‘取消’”、“服务模式——由‘传统式’到‘微笑式’到‘效率式’”和“内控模式——由‘人管人’到‘制度管人’到‘制度管人+机器管人’”等五个方面系统阐述了淮安地税征管改革所经历的不平凡的历程和所取得的不平凡的成果。

为切实减轻基层负担,要求机关各部门转变工作观念,把为基层服务的理念落实到具体日常工作中。规定凡是信息系统中处室能够查询、统计、产生的报表一律不得要求基层报送;凡是基层已经报送的数据或情况无变化的报表一律不得要求再次报送;凡是基层无法调查统计或在规定时限内根本无法完成调查统计任务的报表,一律不得要求报送。市局机关未经局长办公会议同意而超文件规定的范围要求基层报送报表资料的，在综合管理考核中作扣分处理。8月，网上打印电子完税凭证系统正式推行。该系统首开全国之先河，将代扣代缴的个人所得税税款一并纳入查询、打印范围，纳税人无需再跑税务机关或银行窗口排队打印传统的完税凭证，节约了征收成本和办税成本。据省局测算，仅打印完税凭证一项，全省地税系统即可节约征收成本1000万元。9月，市局就加强和规范对非正常户、停业户和注销户管理制定了统一要求。10月，淮安市地方税务局纳税服务中心正式成立，市政府召开专门会议推介市局创新纳税服务品牌的先进经验。国家税务总局收入规划司朱建国处长、省地方税务局顾长虹副局长、市政府戚寿余副市长出席会议并作重要讲话。2008年淮安市地方税务局导入ISO9000质量管理体系及规范行政处罚自由裁量权工作分别在全市会议上作了典型经验介绍。由市地税局党组书记、局长陈建浦同志撰写的《预防与化解税务行政争议的方法及其途径》发表于国家税务总局《税收研究资料》，并获省局二等奖。12月，省委常委、省纪委书记冯敏刚到该局视察调研时，详细了解了办税服务厅前台窗口及“一机双屏”的运行情况，查看网上财务报销、人员行为实时监控过程，视察了地税文化景观。在听取了地税工作汇报后，冯敏刚书记说：“我在淮安跑了不少单位，你们这里我听得最清楚，看得最高兴。最大限度地不让税务干部有犯错误的机会，就是最大限度地爱护干部，在这里工作的人是有安全感的。正确处理好执行税法与改革审批权、简化办税流程之间的关系，淮安市地税局‘健全内控机制、强化适时监控、注重内控实效、防范廉政风险、强化制度再监督、构建长效机制’的这些经验要认真研究，并尽快推广出去”。市委书记刘永忠在市地税局调研后指出：“市地税局的经验可学、可信、可操作、可借鉴、可推广。”《中国纪检监察报》、《中国税务报》、《新华日报》、中纪委《研究与动态》、省委《调查与研究》相继报道和转发了淮安地税的权力内控机制建设经验。这一年，也是淮安市地税局连续12年被市委、市政府评为“行风建设先进单位”、连续7年表彰为“软环境建设十佳单位”。

1994-2008年淮安市地方税务局组织收入情况表

单位:万元

项　目	1995年	1996年	1997年	1998年	1999年	2000年	2001年	2002年	2003年	2004年	2005年	2006年	2007年	2008年	年均增长率%
税务部门组织收入合计	26794	36889	46312	52905	62640	86738	132303	156080	192968	243696	299067	371094	509447	681144	28.3
一、税收收入合计	23484	32431	41478	47888	56424	62920	72045	80122	100721	132745	164736	198785	294287	390311	24.1
其中:省级收入	3682	6134	6458	4892	5401	5232	5709	5024	5550	7070	9067	9831	13364	19528	13.7
市县级收入	19802	26297	35020	42996	51023	57688	66336	75098	95171	125675	155669	188954	280923	370783	25.3
(一)营业税	10362	14190	16150	18094	21435	24337	24564	30327	41345	57560	68817	85849	131972	172420	24.1
(二)企业所得税	3401	4388	6769	6207	7804	9215	17619	14664	13870	17503	26715	30049	39740	49381	22.9
(三)个人所得税	419	1391	3181	5859	6926	8506	11122	12822	15735	18229	23631	26778	40751	53445	45.2
(四)资源税	246	294	430	509	736	849	1103	1425	1583	2446	2800	3905	3806	7950	30.7
(五)土地使用税	501	496	520	494	486	771	976	1170	1219	1429	2137	2699	12188	21931	33.7
(六)投资方向调节税	1125	1289	2143	2561	3530	786	19								
(七)城建税	4659	6673	7763	8794	9647	11253	11641	14259	20105	25403	28534	33805	41929	53417	20.6
(八)印花税	256	304	383	409	448	553	755	923	1219	1769	2435	3115	4820	5830	27.2
(九)土地增值税		6	25	29	18	13	6	57	441	1227	2363	3970	8057	10230	
(十)房产税	977	1393	1816	2134	2328	3072	3246	3604	4447	5462	6736	7965	9970	12933	22.0
(十一)车船使用税	548	649	697	748	831	1008	920	871	757	806	568	650	1054	2774	13.3
(十二)屠宰税	990	1358	1601	2050	2235	2557	74								
二、教育附加	1850	2048	2350	2460	3115	3551	4964	5840	6973	7601	11335	15882	19119	24586	22.0
三、文化事业建设费				35	32	46	38	40	61	82	100	94	146	203	
四、各项基金收入	1460	2410	2484	2522	3069	4027	5105	6075	7391	9100	10827	12457	14784	17351	21.0
五、社会保险费征缴总额						16194	50151	64003	77822	94168	112069	143876	181111	248693	

特色工作

一、地税征管模式

1994 年 9 月，淮阴市地方税务局按纳税人隶属关系设立直属分局、清河分局、清浦分局和开发区分局。各分局负责本辖区范围内纳税人的税务登记管理、发票管理、税款征收、税务检查和日常管理。

2004 年 1 月 1 日起，淮安市地方税务局按行政区划设立第三税务分局（清河）、第四税务分局（清浦）、第五税务分局（开发区）三个管理分局，撤销直属分局建制，原隶属直属分局管理的市直以上纳税人按属地原则分别划归三、四、五分局管理。另设立第一税务分局，负责市区税务登记管理、发票管理和税法宣传工作；设立第二税务分局，负责受理市区纳税人纳税申报和税款征收工作。第一税务分局、第二税务分局分别进驻第三、四、五分局办税服务厅，实现市区纳税人申报缴纳税款和购领发票的无区域化。另设立稽查局，实现征收、管理、稽查的三分离征管模式。

淮安市各县（区）地方税务局自 2005 年 1 月 1 日起，淮安市地方税务局自 2006 年 1 月 1 日起，由第一税务分局集中受理税务登记、纳税申报、税款征收、发票管理工作，按行政区划设立管理分局，另设稽查局。

二、纳税服务形式

机构组建初，仍沿用原先税务机关税收专管员制度，行政执法属管理型为特点。纳税服务工作尚未明确提出，主要以深入企业和纳税户，了解生产经营情况，适时辅导税收法律法规和政策、办税手续等，不定期组织税法宣传活动，设立咨询服务台，印发宣传材料，通过报纸、广播、电视等传媒宣传税法知识。设立为纳税人集中办理涉税事项，提供办税服务厅是地税机关联系纳税人的重要场所。借助市委、市政府在全市开展经济发展软环境建设活动为契机，全系统开展了“满意在地税”优质服务百日竞赛活动，塑造新时期地税干部“热爱税收的奉献者、公正廉洁的执法者、精通业务的进取者、文明高效的服务者”新形象，努力为纳税人提供良好的办税环境、公开的办税程序、文明的服务态度，展现良好的人员素质和先进的办税手段，组织“文明示范点”观摩，通过对办税环境、基础资料、精神面貌、生活设施、优质服务等方面互相对比。

为贯彻落实国家税务总局加强纳税服务工作的通知精神，通过广泛的宣传和教育，使全体干部在管理理念上发生了由过去单纯的管理、执法者转换为执法服务者的根本性转变。首先将政务公开工作列为优化纳税服务的重要内容之一，拓展纳税人的知情权和监督权，编印《淮安市地方税务局政务公开手册》和《下岗职工再就业税收优惠政策》，赠送纳税人。为更好地方便纳税人，将纳税服务从以往微笑服务、文明用语、便民措施等浅层次基础性工作向简化办税程序、开展纳税评估、推广多元化申报、完善“一站式”服务等新领域、深层次上拓展，在清河分局进行试点，缩短业务传递链条，减少内部办事环节，成功为 1200 余户纳税人提供“一站式”税收优惠审批服务，并在全系统全面推开。推出个体“双定”户委托银行划缴税款方式，既方便纳税人，又提高了纳税申报率；网上申报、电子申报等多元化纳税申报方式相继开通，与银行、财政部门共同研发运行了“财税库银”联网工程，形成了资源共享的电子办税系统一体化，实现了网络应用层面的互联互通，提高了工作效率和资金使用效率，纳税户足不出户就可以进行申报纳税，最大限度地方便了纳税人，纳税人办税效率达到全面提高，办税成本逐步下降。通过“12366”纳税服务热线，以自动语音和人工座席为主要方式，涵盖纳税咨询、办税指南、涉税举报、投诉监督等服务功能，为纳税人和社会公众提供公开、及时、权威、规范、准确的服务 。“以纳税申报和优化服务为基础，计算机网络为依托，集中征收、属地管理、一级稽查”的全新的管理模式正式启动，对税收业务和工作流程进行重组和优化，建立一套完整的以信息技术为依托的适合于专业化管理、便于操作的岗责体系和一种具有高敏锐度和反应能力的信息化组织机构,简化办税程序,合理减少审批环节,方便纳税人,杜绝办税门槛多、程序复杂、效率不高的现象,对岗位设置和业务流程进行调整、简化和合并,营造一条方便办税的“绿色通道”,实现“进一个门,办全部事”。简化后的17项涉税审批权全部下放至前台,对分类、分期进行的审批项目,只要申报(请)手续资料规范、完整,就能一次性申报(请),一次性审核,当场办结延期申报、缓缴税款、购领发票、减税免税等涉税审批手续,后台强化事后监督,明确责任,实行跟踪管理。推行了新的减免税操作流程,把市局及其以下地税机关权限的减免税,一律下放到纳税人主管税务机关,由办税服务厅窗口直接受理并办结,取消了实地调查程序,直接进入监督管理程序。2008年,取消了税务机关为纳税人代开发票的收费及纳税人申请办理税务登记证的收费项目,并对纳税事项实行预约服务、对重点企业领购税务发票如有不便可送票上门,并每年自费编印《地税工作笔记》发放给广大纳税人。

借助网上办税优势,持续优化办税流程,全面推广应用网上办税和CA认证方案,积极打造“电子办税服务厅”,“网上打票”、“个人所得税网上查询打印软件“创新项目在全市推广,“财务报表采集应用系统”开发应用,全市纳税人足不出户实现申报、纳税、获取缴款凭证,并可适时查询纳税情况,纳税人的满意度大增,“电子办税服务厅”建设跨上了新的台阶。该局还导入纳税服务形象识别系统,调整、优化纳税服务职能,成立纳税服务中心,创新纳税服务领域和服务手段、拓展服务内容,开展纳税服务需求及满意度调查,完善纳税服务体系。

三、税收征管改革

“九·五”到“十·五”期间,淮安市地方税的改革主要集中在税收征管改革上,而在地方税制的改革上则做了大量的调查研究工作,为地方税制的改革作出了积极的贡献。

1994年地税局成立后,即着手筹划税收征管改革,市地税局先后组织相关人员编写了征管改革方案,提出三年规划。征管改革的重点是在征收领域引入计算机管理。由于地税局是新成立单位,资金严重缺乏,但淮阴地税人勒紧腰带挤出微薄的资金,投入税收征管改革,地税人通过借(借款)、贷(贷款)、集(集资)、拨(争取拨款)、挤(挤出办公经费)五个一点的办法,全市共筹集资金200多万元、购买了70多台微机。初步解决了计算机硬件投入的问题。全市又采用“挤出房子办办税大厅,调剂房子办办税大厅,租借房子办办税大厅”因陋就简的办法,多渠道建设办税大厅,各县(区)局办税大厅的建成使税收征管改革迈出了坚实的步伐。计算机被引入税收征收和管理中,市区和县城区实现了集中征收。依靠市局组织的10多位计算机“行家”的连续攻关,开发完成了8个模块,120个子项的征管软件,办了20多期培训班,使200多名税干拿到了计算机初级证书,纳税申报、税款征收、政策咨询等办税项目溶入了计算机管理,实现了专管员由“管户”各税统管,一人说了算向“管事”管理具体事项的转变,节约了人力和时间,税务稽查力量得了加强,形成了市县二级稽查网络,强化了税务部门的执法地位。1996年,在江苏省地税系统征管工作会议上,淮安市地税局介绍了农村征管改革的经验,并在全省得到推广。

淮安市局开发的《税收法规指南》软件,得到国家税务总局肯定,项怀诚局长题词“成功的尝试”给予勉励。

1998年,淮安市开发发票税控系统,强化以票管税力度,在服务业发票管理上实行“双控双紧”制度,《中国税务报》以《一把金钥匙》为题详细地介绍了淮安的经验,《中国财政金融大典》详细地报道了这一经验。

改革四年,地税收入平均年递增33%,高出全省4个百分点,个人所得税4年增长13倍。《中国税务报》连续8次报道淮安地税征管改革的情况,《新华日报》、《江苏税务》多次报道淮安地税征管改革经验,有六省十五个市的税务同行前来淮安观摩学习。期间,朱海曙同志撰写的《认识农村税收征管特点,因地制宜地深化农村征管改革》论文入选1998年《中国税官论税制改革》一书,该论文并被评为省优秀科研成果二等奖。1999年,李达善、朱海曙同志撰写的《坚持邓小平理论,不断加强税干思想建设》一文入选《中国税官论税制改革》一书,向全国同行介绍了淮安地税加强思想政治工作的经验。2001年,陈建浦、朱海曙在《蓝色神韵》一书中发表报告文学《春到溪头荠菜花——

来自淮阴地税的报告》系统地介绍了淮安农村征管改革的经验和做法。

1998年以后,淮安地税的征管改革进入调整,巩固和完善阶段，这阶段淮安在税制改革中主要是总结经验,分析问题,完善模式。1998年到2001年探索主要是在完善税源管理上，对组织机构地相应作了一些调整，形成了征管与检查彻底分离的模式。这一阶段的工作为后一阶段深化征管改革打下了基础。

从2001年开始,淮安市地税系统开始谋划新的改革方案,全面推进税务工作的各项改革,局党组组织了专门班子,研究征管改革、人事改革、行政管理改革方案，组织成立了计算机软件需求和开发两个攻关小组，在强化计算机支撑作用的条件下全方位地推进税务改革。淮安市地税以“以纳税人为中心,最大限度地方便纳税人;强化制约监督,不让税干有犯错误的机会;以人为本,以实绩论英雄”为理念,开始了以“制度创新为核心的三项改革”。

2001年年底，淮安市地税局拟定了新的改革方案。在局党组的领导下,对税务工作实施全面改革。

组织体系创新。从2002年起,地税系统全面推进税务改革和创新。撤消全职能的分局和税务所,依据专业化、流程化、系统化的理念,设立管理分局、征收分局、纳税人服务中心、稽查局,实行征、管、查彻底分离,全面实施属地管理,无区域申报,税务稽查实行集中管理,一级稽查。组织机构实现了扁平化管理。

管理模式创新。推行层级管理责任制,一级对一级负责,分片分线领导包干,各负其责;重点部门、重点事项、重点监管,市局直接负责。按专业化、贴近化、简捷化的要求设置了岗责体系,推行执法责任制和过错责任追究制。

纳税服务机制创新。简化办税流程,在2002年、2003年整合税务流程的基础上,地税局解放思想对办税流程进行全面的精简,将原受理、审核调查、上报、集体审议、批准执行、评估检查七个环节简并为“受理审批、调查审核”两个环节,把直接与纳税人发生联系的办税流程缩减为一个窗口,当场办结。全面下放审批权,将所有涉税申请中原属于局长、分局长、科长、管理员审核审批的权限一律下放到前台窗口，改审批前调查审核为事后监督。推行网上申报,自动划卡缴税。建立“税库银”联网工程,自主开发网上申报软件,使纳税人足不出户就可以实现纳税申报和缴纳税款。全面推行政务公开,将所有涉税内容、程序、法规、制度、流程等全部公开,实行一机双屏,让纳税人直接监督办税人员的操作,开设12366声讯服务热线,引入“免填单”服务、预约服务、友情提醒等服务,建立首问负责,再问终结制度,重点项目跟踪服务制度等。实行ISO9000质量管理,全面推进管理的标准化、规范化、制度化。

四、干部人事制度改革

全市地税系统改革用人制度,坚持公开选拔、竞争上岗、一级聘用一级、双向选择,以及“一岗”、“二岗”制度。不唯学历、不唯职称、不唯资历、不唯年龄,注重实践经验、实际能力和业绩效果,全市地税拿出29个副处(科)局长和57个副科(股)所长后备人选，委托市组织部门按照群众测评、笔试、面试和组织考察进行公推公选,一大批年富力强的干部脱颖而出。干部人事制度改革充满生机和活力。

干部任用引入竞争机制。实行竞争上岗和公推公选、末位淘汰制。实行全员双向选择,市局处室和分局正职选择副职和办事员，办事员和副职选择领导。选不到岗位的由人事部门安排辅助岗位,拿基本工资。建立激励机制。实行个人收入与岗位能级,工作实绩挂钩。拉开岗位补贴差距,补贴向一线岗位、艰苦岗位、技术岗位倾斜。严格内部管理制度。出台《淮安市税务局工作人员违反工作纪律处罚办法》、《淮安市地税局考勤的有关规定》,明确了违纪和迟到早退、旷工的处罚标准。

五、行政管理改革

推进后勤服务社会化。将办公区内的安全保卫,保洁绿化,设备维护保养,服务保障等委托给物业公司管理。对车辆实行配额管理。车辆实行集中管理和统一调度。根据分局和处室职能实行用车里程包干,结余奖励,超支自付。财务支出上网管理,支出全部实行上岗管理,使各种经费使用和管理置于严格的监督之下。

淮安市地税局改革工作丰硕成果,2006年9月市委书记丁解民在调研后作出重要批示:“市地税局开展的‘三项制度改革’成效十分明确:提高了效率，最大限度地方便了纳税人；从源头上治理了腐败，最大限度地保护了干部；引入竞争机制，最大限度地调动了税干的积极性和创造性；实行科学管理，最大限度地发挥了资源效益。地税局的经验在市级机关有着广泛的指导意义和推广价值”。

2005年，陈建浦局长获全国“五·一”劳动奖章，市地税局连续9年被市委、市政府表彰为行风建设先进单位，连续5年被表彰为全市“十佳”单位。

盐城市地方税务局

概　　述

一、基本情况

1994年9月10日，根据《国务院办公厅转发国家税务总局关于组建在各地的直属税务机构和地方税务局实施意见的通知》(国办发〔1993〕87号)文件精神，原盐城市税务局分设为"江苏省盐城市国家税务局"和"盐城市地方税务局"。盐城市人民政府印发《关于建立盐城市地方税务局的通知》(盐政发〔1994〕192号)，明确盐城市地方税务局为一级局建制，列入政府序列。盐城市地方税务局正式成立。1994年10月，盐城市机构编制委员会印发《关于市地方税务局机构设置及人员编制的批复》(盐市编〔1994〕50号)，盐城市地方税务局机关内设办公室，人事教育科，监察室(与纪检组合署)，税政一科(负责除所得税以外的地方各税收)，税政二科(负责所得税和集体企业财务管理)，计划财务科，征收管理科；下设税务稽查分局，税务一所，税务二所，税务三所(科级所)四个直属单位；另设2个行政附属事业单位：市地方税务局计算机管理站，市地方税务局机关后勤服务中心。同年，11月，盐城市属各县(市)、及盐城市郊区人民政府分别发文：成立东台市地方税务局；大丰县地方税务局；建湖县地方税务局；射阳县地方税务局；阜宁县地方税务局；滨海县地方税务局；响水县地方税务局；盐城市郊区地方税务局。分别列入各县(市)及盐城市郊区政府序列。盐城市城区人民政府发文，建立盐城市地方税务局城区分局，列入政府序列。负责征收的地方税税种主要包括营业税、城市维护建设税、资源税、土地使用税、固定资产投资方向调节税、印花税、土地增值税、房产税、车船使用税、屠宰税等；负责市政府委托代征代收的各类规费及基金共20多项。

1994年9月盐城市第三届人民代表大会常务委员会第九次会议审议通过，任命张炳贤为盐城市地方税务局党组书记、局长；1996年9月任命彭正国为盐城市地方税务局党组书记；1996年11月任命季步江为盐城市地方税务局局长；1999年5月，中共江苏省地方税务局党组任命彭正国为盐城市地方税务局党组书记、局长；2002年1月，中共江苏省地方税务局党组任命文亚和同志为盐城市地方税务局党组书记、局长。2008年2月，中共江苏省地方税务局党组任命黄林华同志为盐城市地方税务局党组书记、局长。

1994年以来，盐城地税历经税制改革的洗礼、机构分设的考验、管理体制的变革，走过艰辛坎坷的创业之旅，踏上改革发展的兴业之路，全市地税系统在市委、市人大、市政府、市政协和省地税局的正确领导下，在社会各界的大力支持下，坚持以科学发展观为指导，紧紧围绕经济社会发展大局，致力于服务地方经济建设，大力推进"三个一流"建设进程，组织收入、依法治税、纳税服务、科技兴税、队伍建设等各项工作取得了显著成绩。全系统上下呈现出团结和谐、朝气蓬勃、事业兴旺的喜人景象。

1994年至2008年，全市地税系统累计征收各项地税收入415.6亿元，年均增长26.1%。市县级税收收入、一般预算收入、社会保险费收入增幅稳居全省前列。全市累计依法办理各类税收优惠减免退税达29.5亿元，认真落实扶持失业、下岗人员再就业政策，为3044户从事个体经营的下岗失业人员办理了减免税手续，减免税收8395万元，为241户吸纳下岗失业人员的企业办理减免税认定手续，减免税金额691.86万元；三次提高营业税起征点，全市约有5万余户个体经营者因此受惠，一年约减轻个体户税收负担8000万元。引导企业用好高新技术产业的各项税收优惠政策，积极扶持和推动第三产业发展，累计审核减免营业税14.48

亿元，为5499户企业办理政策性减免地方税收4.7亿元,办理国产设备投资抵免5.78亿元,处理税前弥补资产损失5.2亿元，税前弥补亏损7.84亿元,为促进全市经济发展、产业结构调整和社会稳定作出了重大贡献。

从1998年起,盐城地税按照总局提出的“两个转移”的要求,在全省率先推行了以“集中征收”模式为内容的农村征管改革，地方税征管实现了由分散征收向集中征收、管户制向管事制、零散检查向重点稽查的转变。2000年,按照总局确定的“以申报纳税和优化服务为基础,以计算机网络为依托,集中征收,重点稽查,强化管理”的税收征管模式，实施了以征管查专业化分工制约为主要内容的第二轮征管改革，税收征管机制得到进一步规范。2002年年底,全面启动了以信息化为依托的新一轮征管改革，江苏省地方税收征管信息系统在盐城地税系统正式全面上线,高效、快捷的税收征管方式得到了纳税人的广泛认同。2006年，围绕提升征管质效,建立了税收管理员制度,深入推进社会综合治税,建立了以税源管理为导向,分税种向分行业延伸、内部专业管理向社会综合控管的征管规范,2007年以来,共收到各部门传递的有效涉税信息18.1万条，涉及税款500多万元。2008年,大力推行税务行政集中审批制度改革,开展纳税信用等级评定,对纳税人进行分类管理,不断深化纳税评估,进一步拓展“同城通办”范围,市区范围内的纳税人可以在任意一个办税大厅办理所有涉税事宜,逐步建立起科学化、专业化、精细化征管体系,征管质量和服务水平有了明显提升。

全市地税系统坚持科技兴税,锐意创新,税收信息技术应用历经了从单机操作到网络运行等一系列重大变革，信息化建设一直走在全省前列。2000年建成了覆盖市区和各县范围的三级广域网,初步实现了税收征管信息的网上传递。建立了盐城地税内部办公网站和外部网站,开通了12366纳税人服务咨询热线,纳税人的咨询、举报、投诉等事项，全部由12366热线人员第一时间作出受理和回复,极大地方便了广大纳税人。2002年在全市推广使用了省局“税收征管信息系统”和“公文处理系统”,自行开发了“所得税汇算清缴管理系统”、“社保费征收信息系统”、“个人所得税管理系统”等10套税收业务软件,为税收征管全方位提供各类数据的查询、预测和分析,税收基础管理和征管效率得到明显提升。2005年,通过整合、升级省局网上申报软件，建立了内部纵向联网以及与外部财政、国库、商业银行横向联网相结合的模式,积极实施财税库行联网,全面推广网上申报，纳税人网上申报率一直保持在90%以上。2006年,结合“金税三期”工程的总体规划要求,进一步加大投入力度,积极推进网上地税局建设,实施了“全市业务应用大集中”、“外挂应用软件整合”、“视频会议系统建设”和“网上学校”四大工程,纳税人足不出户便可以办理相关纳税事宜。2008年我局对市县广域主干网进行了改造和扩容，全面改版了“盐城地税”门户网站,将12366与网站进行整合,实现互联互通,信息化对税收的业务支撑作用得以充分发挥，为省级大集中工程打下了坚实基础。

1994年至2008年,全市地税干部职工热心公益事业,关注弱势群体,组织开展了牵手致富、捐资助学、扶贫帮困、结对共建等公益活动,各项捐助资金达360多万元。全系统干部职工积极参与“手拉手”、“爱心妈妈”和“春蕾行动”等捐资助学活动,先后资助279名失学儿童重返校园。市局机关党员与童家沟社区、燕舞总厂等120多名城市特困户和下岗职工开展“结对帮扶”,捐资40多万元与射阳四明镇148户农户结对实施“牵手致富工程”,引导他们走上脱贫致富之路。市地税局与盐城机场驻军开展军民结对共建，捐赠空调、彩电、电脑、书籍等累计达40多万元。在2002年春夏之交的洪涝灾害中，全市地税干部义务捐款22.14万元,2008年四川汶川大地震期间,全体地税干部再次慷慨解囊,奉献爱心,全系统涌跃捐款58.6万元、缴纳特别党费44.2万元,受到了社会各界的广泛好评。

1994年至2008年,全系统扎实开展“深入解放思想,推进科学发展”、“党员先进性教育”和“学习实践科学发展观”教育实践活动,深入推进“三型税务”建设,着力打造“三个一流”工程。积极推行干部人事制度改革,实施公开选拔、竞争上岗和轮岗交流等制度,形成了“能者上、平者让、庸者下”,充满活力的用人机制。坚持不懈地开展党风廉政建设,制定了税务人员廉洁自律“六条禁令”等制度,层层签订党风廉政责任状,切实加强“两权监督”,廉政工作成效显著。大力推进分层次、大规模的教育培训，广泛开展岗位练兵活动,全体地税干部的履职能力和基本岗位技能不断提高。我们以群众性争先创优活动为载体,先后开展了“五优化、八到位、让投资者满意”、“三创三建一树立”和“五大文明工程”等活动。以争创文明行业为目标,积极开展创建“文明单位”、“文明行业”、“青年文明号”和“巾帼示范岗”等活动,三个文明建设成果丰硕。全系统连续十年被省文明委命名为江苏省文明行业、“江苏省文明单位”,十次被市委、市政府表彰为“三个文明建设综合奖”,全系统各单位先后被授予全国文明单位、全国精神文明建设工作先进单位、全国税务系统先进集体、全国青年文明号,受市以上表彰累计达451次。同时,涌现出一大批先进个人,有多名同志被授予全国税务系统优秀税务工作者、全国、省五一劳动奖章获得者、江苏省劳动模范等称号,有512人(次)受到市以上表彰,涌现出了常唐华等一批全省地税系统的先进典型,充分展示了盐城地税人新的风采。

二、组织收入

1994年,国、地税分设,划分了各自税收征管范围,地税机构独立实行税收征收管理。机构分设初期,盐城市各级地税机构以“树立地税形象,开创新局面”和服务地方经济为己任,在地税系统实现了税收工作的重点“向基层转移、向征管转移”,确保各项收入任务的完成。

“九五”期间,盐城地税系统累计组织入库各项收入464812万元,其中,组织地方税收总量达395827万元。2000年组织入库各项收入112564万元,比1996年的71922万元增长了近56.51%,年均递增11.85%。2000年组织入库税款94684万元,比1996年的60269万元增长57.1%,年均递增11.96%。

“十五”期间,盐城地税系统累计组织各项收入142.20亿元,其中,组织征收地方税收总量达75.67亿元,是“九五”期间的1.91倍。自2001年起,税收收入连创新高:2001年税收收入为10.16亿元，首次突破10亿元大关,2002年实现11.61亿元,2003年为14亿元,2004年为17.52亿元,2005年为22.38亿元，首次突破20亿元大关,税收收入除2001年外，均保持了两位数的增长,年均递增率达21.83%。“十五”期间,征收教育费附加4.5亿元,年均递增10.2%;征收各项基金、社会保险费61.99亿元,年均递增22.06%。

“十一五”时期,盐城地税系统紧紧围绕“优化纳税服务”和“强化依法治税”的工作理念,深化税收征管改革,大力提高税收工作质效。组织地方收入总量达到512.97亿元,年均递增率达36.56%,与“十五”时期相比增收370.78亿元,增长3.6倍。其中,税收收入290.91亿元,增收215.21亿元,增长3.8倍。“十一五”期间,征收教育费附加4.5亿元,年均递增19%;征收各项基金、社会保险费61.99亿元,年均递增22.1%。从而为盐城经济社会的发展、民生工程的实施和“十一五”规划项目的实施提供了强有力的财力支撑。

特色工作

一、税收征管

自地税成立以来,盐城地税始终坚持将“创新征管举措,提高征管质量”作为税收征管工作的立足点和出发点,大力推进征管改革,不断完善地税部门的税收征管流程和方法。一是以ISO质量管理推进税收征管规范化。2003年,盐城地税率先全面导入ISO9000质量认证管理体系,对征、管、查的业务划分和职能范围不断进行明确，对涉税审批事项进行全面清理,试行审批项目“一个窗口对外”,规范了行政审批行为。整合服务资源、规范机构设置、优化服务流程,成立了纳税服务中心,进一步优化了征管查的机构设置。二是以多部门联合加强纳税人户籍管理。强化税收管理的源头控制,从加强纳税人户籍管理入手,依托外部信息交换与比对软件，与工商等部门的纳税人登记信息进行自动比对，实行国地税联合办理税务登记证工作,对纳税人施行一个税号管理,对注销户的管理联手实施严密监控。联合开展税务登记换证

盐城市地方税务局组织收入情况表

单位：万元

年份	各项收入总量	营业税	企业所得税	个人所得税	资源税	固定资产投资方向调节税	城市维护建设税	房产税	印花税	城镇土地使用税	土地增值税	车船使用税	屠宰税	滞罚收入	其中：基金、费
1994年	37015	9898	9556	588	1113	1550	4044	1768	257	672		989	925	63	
1995年	59183	18349	12739	721	626	2450	5314	2068	397	699	1	1212	2122	114	5214
1996年	71922	15967	13801	3168	169	3046	6152	2186	610	758	12	1462	2632	144	11653
1997年	85672	20408	15647	6833	978	3558	6905	3217	688	697	10	1591	3211	89	13603
1998年	93478	26317	11790	9707	1400	3996	8162	3740	801	708	12	1803	3860		12878
1999年	101176	31209	11867	11777	1244	3097	9534	4241	956	980	52	2127	3971		12971
2000年	112564	30971	17445	13031	722	1461	10444	4699	1093	1109	22	2149	4072		17880
2001年	189640	33460	23694	15103	349	142	10588	5467	1383	1864	21	2113	32		88052
2002年	219749	43546	20635	17973	770	58	11956	7002	1843	1968	89	2701			103653
2003年	264670	58452	22105	21626	802	321	13757	7853	2524	2133	39	1881			124639
2004年	329940	77190	26810	26673	742	72	15760	8499	3272	2389	1726	1961			154716
2005年	417971	91747	36752	35868	1077		19716	10671	4307	3553	4799	2142			194213
2006年	513414	124477	43632	42770	1392		23811	13349	5526	4736	9293	1819			226586
2007年	710803	162413	56272	59718	1057		33310	14859	7240	19828	14539	2491			318557
2008年	951938	235304	77031	75404	1112	78	38344	21192	9687	34972	18414	4663			407963
2009年	1167910	317170	85053	93156	795		49113	26647	11375	46635	32774	6378			466808
2010年	1785670	410837	127146	127908	901		69194	33270	18383	57558	93792	7531			800673
2011年	2588893	622213	157281	201107	1506		119051	51145	24306	67777	204670	9245			733153
合计	9701608	2329928	769256	763131	16755	19829	455155	221873	94648	249036	380265	54258	20825	410	3693212

工作，开发并推广运用税务登记基础数据管理软件，汇集了工商、质监等外部数据，实现了对税务登记关键流程的全方位控管，提高了换证信息采集录入质量和外部信息交换效率。三是以指标体系模型建设强化纳税评估。制定《纳税评估操作规程》，建立完善纳税评估案例分析报送制度。开展特定评估，规范评估计划的制定、评估软件的应用、部门协作及督查考核等管理，出台了全市地税系统纳税评估常用指标体系，全面推广应用纳税评估管理软件，建立了建筑业、房地产业、交通运输业、中介服务业等分行业的评估模型，提高评估的有效性和针对性，全市纳税评估的税收贡献率逐年上升。在纳税评估的基础上，积极试行纳税信用等级制度，与国税部门联合开展纳税信用等级评定工作，为纳税人分类管理奠定了基础。四是广有奖发票促进发票规范管理。2003 年起，该局对发票印制采用内网传输方式进行无纸化审批，全面启用电脑发票。2004 年，开发了发票印制管理软件，在全市实行发票审批数据集中管理，并推广和规范使用税控装置。2005 年，在全市统一发票票样，简化归并了发票种类，统一了发票代码和发票号码，开发了通用开票软件。2006 年，组织开展发票代码清理工作，开发发票真伪查询软件，实现地税外网网上查询发票真伪。在盐城市区范围内的服务业和娱乐业推行使用有奖发票。启用新版有奖发票管理系统和发票真伪网上查询系统，提高对虚假发票等发票。五是以电脑定税带动个体税收管理。对市区餐饮、沐浴等行业实施“电脑定税”，建立电脑定税推广进度报告制度，加强对系统录入数据的审核把关，积极开展民主评议工作和电脑定税软件自查和互查活动。利用工商登记信息对比软件，加大片区巡查力度，加强信息比对结果的后续管理。开展市区电脑定税系统纯营业税典型户调查测算，修正电脑定税典型户数据，对分局间典型户进行了税负平衡，个体税收管理得到进一步加强。

二、依法治税

该局以创建依法行政示范单位为载体，从加强法制建设、规范执法行为、强化执法监督等角度出发，全面构建依法行政工作网络。一是率先全面推行政务公开。2003 年，盐城地税作为全省地税系统政务公开试点单位之一，先后制定了《政务公开实施方案》、《实施细则》及《政务公开工作考核及违纪行为责任追究办法》等文件，规范了全市地税系统对内、对外公开的 30 项内容，建立了两网、两屏、两栏、一册等 12 个政务公开阵地，编印《你问我答》问题汇编，在主流新闻媒体开设专栏，扩大了公开的范围，促进政务公开实现常态化，得到省政府办公厅的高度评价。二是着力规范执法行为。定期对涉税文件进行清理，统一文书格式和告知法定程序，下放涉税审批权限，不断简化办税手续，并规范后续管理办法。出台《税务行政执法证据规则》，规范取证行为；制定《税务行政处罚自由裁量适用规则》等，对税务行政处罚自由裁量权进行相对明确规定，进一步提升税务行政执法的合法性和有效性。建立“互动式”行政执法机制，出台了《预防化解行政争议试行办法》等 9 项制度，汇编成《高危环节防范措施操作手册》，扎实开展重大税务案件审理工作，不断强化税收执法的内外部监督，有效防范执法风险。三是充分发挥稽查打击职能。该局通过不断完善税收稽查制度，先后出台了《稽查管理制度》和《稽查操作规程》等，并与国税、公安等部门建立了联合协作办案机制，严格落实稽查案件报告制度、督办制度和首查责任制。积极推行“阳光稽查”，建立对纳税人查前预告、查中辅导、查后建议相结合的人性化稽查机制，为依法高效开展稽查打击提高可靠的制度保障。积极开展税收专项检查、发票打假、举报查案和分级分类检查等活动，对全市建筑安装及房地产业、旅行社、通信、金融、保险等行业和市区双定户进行了检查，有力打击了涉税违法行为，促进地方税收秩序的进一步好转。四是积极探索执法责任制建设。出台《执法责任制操作规程》、《执法评议考核办法》及《执法责任过错追究》等执法责任制基础文件和《执法岗位文书处理办法》等 5 项执法责任配套制度，全面完善执法责任制体系。利用计算机网络和相关软件，推广执法管理信息系统，以注销登记、涉税减免、税务稽查、行政处罚等 17 个流程为重点考核对象，加强对执法工作的人机结合考核和动态监管，进一步规范了税收执法各环节管理，被盐城市委市政府表彰为“法治盐城建设先进单位”。

三、信息化建设

信息管税是税收征管现代化、科学化的一项

重要内容,是提高税收征管质量,加快地税事业发展的强大动力和技术支撑,盐城地税坚持从“加大硬件投入,改善软件环境,强化信息深度利用”出发,不断加快税收信息化进程。一是加大信息软件的开发应用力度。该局高度重视对各类系统软件的开发和应用,通过信息化来带动地税各项工作的全面提高。在全面推广应用省局征管信息系统等五大主体系统的同时,自主开发了建筑业税收征管软件、车船使用税征管软件、所得税汇算清缴管理系统、个人所得税管理系统、税务登记外挂系统、纳税鉴定外挂系统和乡镇电脑门临开票系统、社会综合治税信息平台、零散税收委托代征系统、社保费零散费源征收系统,在提高税收征管效率和质量上提供了强大的技术支撑。二是不断强化网络的功能和范围。2003 年实现了与行政审批中心、建筑招标办等单位的业务数据交换,加快了与财政、工商、国税、金融等部门网络互通和信息交换。2004 年,加强内外部网站的建设,完成与 12366 纳税人服务系统的整合工作。2005 年,积极实施“财、税、库、行”联网工程,实现了县(市)级税款缴库、税款退库等业务的信息化。2006 实施了主干网络升级改造工作,实现了市、县、分局三级网络线路的全面升级,在全省地税系统第一家建立起覆盖全市的视频会议和培训系统。2007、2008 年间,全面改版了“盐城地税”门户网站,建成了集教学培训、信息发布、互动交流、申报缴税等功能于一体的网上办税系统,被市委、市政府评为“十佳政府网站”。三是网上办税的效率不断提高。2006 年在省局要求的基础上,建立了系统内部纵向联网以及与系统外部财政、国库、商业银行等部门的横向联网相结合的模式,并在全市范围内大力宣传和推广网上申报软件,对省局软件进行了重新整合、升级,使其涵盖了所有的地税税种、基金,并对纳税人进行大规模培训和纳税辅导,在办税服务厅开辟了网上申报自助服务区,从 2003 年全市 137 家企业实行网上申报,2.3 万个体双定户实行划卡缴税,到 2004 年网上实时扣缴超过 3000 户,再到 2008 年网上申报率达 94%,申报税款 30.8 亿元。

四、纳税服务

多年来,盐城地税在强化税收征管、严格依法行政的同时,不断强化纳税服务,旨在通过提供一流的服务,提升纳税人的税收遵从度和服务满意度。一是注重纳税服务四个平台建设。不断加快四个平台建设,即服务平台、语音平台、网络平台和宣传平台。对全系统服务厅实施规范化建设,统一了涉税标志和服务标准,强化服务厅的人员和资源配备,并于 2007 年成立了纳税服务中心,对全市纳税服务工作进行统一领导和协调,有效提高了纳税服务工作的整体合力。2003 年,该局开通了“12366”纳税人咨询服务系统,在税收政策、税收业务等方面接受纳税人咨询和举报投诉。加大网上办税平台的升级改造,在网上申报、审批和实时扣缴等业务进行创新,实现纳税人足不出户就能办理涉税业务。二是不断创新纳税服务举措。在市区推行涉税事项“同城通办”,实现了纳税申报、税款征收、发票领购、代开发票等涉税事项的“有区域管理,无区域服务”。实行申报纳税“一窗式”管理,在市区进行集中审批制度改革,为纳税人提供“一站式”服务。全面推广刷卡交税,安装了网络版电子纳税服务评价器,实现了纳税服务评价、分析和改进的一体化运作。大力推行全程服务、预约服务、提醒服务、延时服务等个性化服务,促进了纳税人自主办税能力的提高,提升了党委政府、纳税人及社会各界的综合满意度。三是逐步建立纳税服务长效机制。出台《办税服务厅窗口服务规范》等服务文件,全面完善服务内容、服务标准、涉税事项告知等制度,严格落实涉税服务首问负责制和跟踪落实制,实行纳税服务一次投诉查实待岗制,强化对一线服务岗位的责任落实,加强了对优化服务的规范和约束。开展“纳税服务之星”评比等服务岗位技能竞赛活动,建立纳税人意见征询、分析和改进机制,并将纳税服务工作质效纳入全系统千分之考核和“三个一流”考核的重要内容。四是不断创新税收宣传形式。该局坚持日常宣传与专题宣传相结合,税法宣传与税收宣传相结合,借助全国税收宣传月主题活动等重要节点,不断创新宣传方式方法,整合税收宣传资源,打造“六位一体”的宣传模式。在报刊媒体宣传、街头咨询等常规宣传的基础上,开展税收宣传创新项目评选活动,先后举办了税法彩铃、电话语音、诚信纳税一条街、旅游景点宣传等活动,扩大了地税的影响,公民的纳税意识得到增强。积极参与全国组织的各类税收宣传竞赛活动,策划制作了面向网民的FLASH动画和税法宣传公益广告,先后有多部作品多次在全国大赛中获奖。不断扩大12366热线和网站等的宣传效应,同时,及时解答纳税人的税务信息咨询和纳税人的举报投诉,为纳税人提供“听得见的纳税服务”。五是坚持落实税收优惠,促进地方经济社会发展。该局牢固树立不落实税收优惠政策就是收过头税的税收优惠观,通过扎实开展“送税收优惠政策到户服务月”、“机关为企业服务月”等活动,积极落实优化环境、服务经济的十项措施,并根据经济运行和国家产业调整的变化,制定《落实优化经济发展环境的十项制度》、《促进中小企业发展60条税收服务举措》等,重点做好民政福利、资源综合利用、国产设备投资抵免、教育劳务、现代服务业扶持以及再就业税收优惠政策的落实,支持和促进地方经济发展,并对税收优惠政策落实情况进行台账管理和跟踪管理,此举受到广大纳税人和社会各界的广泛认可,多次获得市委、市政府荣誉和表彰。

五、教育培训

随着税收发展形势的不断变化和税收征管改革的不断深入,盐城地税在提升干部素质上下功夫,在增强履职能力上做文章,不断创新教育培训的形式和载体,取得了显著的效果。一是在全系统推行学习积分制。为提高税务干部学习培训的积极性,该局将学习、培训、竞赛、调研等各项活动纳入学习积分制考核,并将考核结果与每年度公务员考核挂钩,注重全面提高税务干部素质。对网上学校学习、业务培训、学习笔记、业务竞赛和科调研等进行明确规定,要求每名税务干部在规定的时限内完成相应的学习积分,并作为年度奖惩和干部任用的一项重要依据。二是构建全方位教育培训格局。在教育培训内容和形式上进行全面拓展,坚持以思想政治学习为主导、征管业务学习为支撑、道德素质修养为提升的教育培训理念,创造了分类、分级、分项为主要特征的“三分培训”模式。通过加强与国家行政学院、扬州税务进修学院等高校的合作,强化内部师资人才队伍建设等,不断拓宽教育培训的师资平台。以征管业务一口清、税收征管能手、查账能手、计算机操作能手等活动为抓手,深入开展专业知识竞赛、岗位技能竞赛、综合业务竞赛等,全面检验税务干部业务技能和实践操作水平。开办“盐城地税高层讲坛”及时掌握税收管理、行政管理、队伍建设等领域的一线动态,促进各项素质的全面提高。

六、廉政建设

该局多年来一直高度重视党风廉政建设工作,将廉政建设视为地税工作的生命线,坚持与税收中心工作同抓同管,始终保持廉政工作无差错运行。一是注重加强党风廉政教育。该局高度重视廉政教育在党风廉政建设中的地位和作用,从树立正确的人生观、名利观和价值观出发,不断创新廉政教育的形式和方法,以喜闻乐见、简单易懂的形式,在地税干部中筑牢思想防线。自该局成立以来,在内网上继续开设“廉政时空”栏目,为税务人员提供教育平台,坚持开展“廉政教育日”、“510廉政自警日”、廉政读书、“节前学廉政”、组织专题测试等活动,邀请纪委、检察院作讲座以案释法,参观监狱和农村,让犯罪人员现身说法等多种形式让廉政教育入心入脑。二是注重加强防控体系建设。该局注重从加强内部制度建设、强化内部管理减少地税干部廉政风险,对税收管理、行政管理等领域的各个执法环节进行认真梳理,制定了《六条禁令及处理规定》、《一次投诉查实待岗制》等一系列制度。强化税务干部全天候管理,出台了《加强干部八小时外管理办法》、《连环监保制度》等。还与市检察院联合制定《关于预防职务犯罪工作实施意见》,建立了工作联系制度和预防网络。在制定制度的同时,狠抓各项制度的落实和督查,不定期开展明查暗访活动,对节日期间遵守廉洁自律情况进行检查,对工作日期间禁酒规定落实情况等进行暗访。积极拓宽外部监督渠道,设立廉政监督举报专线,聘请纪检监察员,构建全方位的内外防控体系。三是推进科技防腐工程。在内部廉政风险防控体系理论的指导下,该局对税收执法流程进行了全面梳理,将流程利用信息化的形式加以固化,对各个减免税、登记注销等各个环节进行风险点排查,设置相应的风险预警值,开发出了廉政风险360°防控信息系统,对税务干部廉政情况进行全面监控。同时深化税收执法责任制系统、行政权力网上公开透明运行系统等反腐败信息系统的应用,为科学防腐、高效防腐提供了有力的技术支撑。四是坚持廉政文化引领。在“团结、创新、务实、公廉”的文化建设理念的指引下,该局以创建省级廉政文化建设示范点为抓手,不断创新廉政文化建设载体,大力开展廉政文化建设活动,全面推进市局、县局、分局三级廉政文化建设。该局结合身处革命老区的实际,在革命烈士纪念馆、陆秀夫纪念馆等重要地建立了地税系统廉政文化建设基地,学习革命先烈和历史名人爱廉、崇廉、倡廉的廉政情结。组织开展廉政宣誓、廉政签名、清风读书、廉政演讲活动,开通地税系统《廉政视窗》和《廉政论坛》,设立廉政长廊、廉政桌面,书写廉政格言等,大力营造以廉为荣,以贪为耻的廉政氛围。截止目前,全系统已有5家单位通过省级廉政文化示范点验收。

七、作风建设

盐城地税连续多年坚持不懈狠抓机关作风建设,全系统上下服务意识、责任意识、效率意识明显增强,机关作风建设工作成效显著。一是以服务型机关建设推进作风建设。该局牢固树立大服务的理念,不断转变作风建设思路,以开展服务型机关建设为抓手,提出"为经济发展服务、为社会民生服务和为纳税人服务"的工作目标,先后制定服务"两个率先"的"八项措施"、加强机关作风建设十项规定,在加大纳税服务工作力度的基础上,还在全系统深入开展"服务企业家家到"等多项创建活动,组织"比热情、比效能、比服务、比奉献、做表率"作风建设大讨论,认真落实优化经济环境承诺制、责任追究制度和领导干部带头挂钩联系企业,参与企业服务、"扶贫"对接、结对共建、爱心妈妈等活动。二是以文明创建带动作风建设。该局坚持以"大创建"带动"快转变",扎实开展人民满意公务员集体、省级文明行业、全国青年文明号等各类群众评议活动和文明创建活动,从不同层面加快全系统作风转变。坚持一年一个作风建设主题,先后开展了"三建三创一树立"活动、创建文明处室活动、创建"五好机关党组织"和"五好共产党员"活动等多项创建活动,机关作风效能建设得到大幅提高,近年来,在全市组织的万人评议机关活动中,该局始终居于全市行政机关前列。三是以量化考核强化作风建设。为解决机关作风建设无法量化评价考核的问题,该局通过与国内高校的研究机构共同组织人员进行技术攻关,初步建立了涉及服务质量、行政效能、决策执行等分类分项的量化考核指标体系,并在全系统范围内进行试点运行。在此基础上,该局还将作风建设量化考核与税收征管质量考核、纳税人评价等相结合,建立更加全面、科学的作风建设考核体系。与此同时,该局还从社会各界聘请行风监督员,对全市地税系统进行明查暗访,查找机关作风建设方面存在的突出问题和薄弱环节,着力提升机关效能和服务水平。

扬州市地方税务局

概　　述

1994 年 9 月 1 日，扬州市地方税务局正式挂牌成立，为扬州市人民政府的县处级建制工作部门，所属 5 个县（市、区）的地税机构组建作也于 9 月底前全部完成。扬州市局内设办公室、人事教育科、监察科、税政一科、税政二科、税政三科、征收管理科、计划财务科 8 个科室，下设税务稽查局、直属分局、广陵分局、城郊分局。自 1999 年 1 月 1 日起实行垂直管理，市地税局为省地税局的直属机构，在干部管理上，按照统一领导、分级管理、下管一级的原则，实行地税局和同级政府双重领导，以上一级地方税务局机关管理为主的体制。垂直管理以后，撤销人事教育科，设置人事科、基层工作科，增设政策法规科。2003 年 5 月 9 日系统机构改革后，内设办公室、人事处、基层工作处、计划财务处、征收管理处、税政一处、税政二处、政策法规处、信息管理处，另设监察室、机关党委、工会三个党群机构；下设稽查局、涉外税务分局、第一税务分局、第二税务分局、第三税务分局、第四税务分局。2005 年 7 月 22 日编配第五税务分局。2007 年 8 月，在扬州市化学工业园区设立第六税务分局。截至 2008 年年底，市地税局下辖宝应、高邮、江都、邗江、仪征 5 个县（市、区）地方税务局。市区设 1 个征收分局，5 个管理分局，1 个稽查局，全系统共有 58 个基层分局，干部职工 979 人，其中大专以上学历 926 人，占 94.6%。

扬州市地税局牢固树立“税收经济观”，始终把“大力组织税收收入、全力促进经济发展”作为地方税收工作中心。从税源控管入手，坚持大小税源一起管，大小税种一起抓，实施“以小补大”、“以零补整”的征管策略，努力做到应管尽管、应收尽收。在地方税收大幅增长的同时，以社会保险费为主体的各项基金费收入也同样获得大丰收，征缴率不断上升，地方税收促进经济社会发展的职能作用日益增强。

1994 年以来，扬州市地税局受到国家税务总局金鑫、项怀诚、谢旭人等领导莅临指导。全系统文明单位覆盖率达到 100%，有 3 个单位被评为全国税务系统“文明单位”，50 多名干部被评为全国和省、市劳模和先进个人。各级地税机关连续多年被党委政府评为目标管理和优质服务单位，人民群众对我市地税机关及其干部的满意和基本满意率达 98%以上。

特色工作

一、税收征管

（一）征管改革

1994 年，市地税局成立初期，实行“征管、检查两分离”的征管模式。市区设立四个征管分局，各分局实行征收与管理检查分离，征收部门负责对纳税人税、费（基金）的征收以及计会票统工作；管理部门负责对纳税人的税源管理及履行纳税义务情况的检查。各县（市、区）地方税务局也参照市局实行同样的征管模式。

1996 年，继续深化税收征管改革，建立以纳税申报和优化服务为基础，以计算机网络为依托，集中征收，重点稽查为特点的新征管模式，制发税务登记、纳税申报、税款征收等 7 个方面的制度；按照集中征收的要求，先后在直属分局、广陵分局、

1994-2008年扬州市地方税务局组织收入情况表

单位:万元

项　目	1994年	1995年	1996年	1997年	1998年	1999年	2000年	2001年	2002年	2003年	2004年	2005年	2006年	2007年	2008年
地税部门各项收入	44134	58511	67473	73855	82101	88848	123002	202650	245121	307829	435025	542609	688665	890276	1108905
(一)税收收入合计	37950	44838	52524	57210	64769	70796	83014	102577	119146	158300	217982	277176	356297	471754	586938
分项一:省级收入	6608	8047	11693	11662	11864	9937	10873	10035	9824	10912	12610	15180	18141	2665	35363
市县级收入	31342	36791	40831	45548	52905	60859	72141	92542	109322	147388	205372	261996	338156	444989	551575
其中:一般预算收入	26842	31967	35464.6	38485	44730	51749.8	58836	74196	87319	118229	167574	211349	273090.8	360560.6	437867.2
分项二:营业税	18306	21924	27927	28597	33154	35174	36801	46462	53179	74790	106805	128905	165642	211533	252555
个人所得税	1359	2051	3403	5204	7716	9305	11339	13885	20552	25006	31135	39969	50259	66845	88788
土地增值税		2	28	40	77	34	15	31	36	108	3248	9278	14392	19724	19387
城市维护建设税	6785	8075	8494	8048	8541	9903	13419	13381	15326	19181	25315	30374	38156	50669	54339
车船使用税	475	657	600	640	699	659	664	521	448	732	741	850	967	1463	4738
房产税	1418	2127	2273	2792	3488	4241	5171	6709	7444	8293	10971	13644	16523	18293	23204
屠宰税	293	400	482	495	482	585	632	175							
资源税	392	435	502	535	548	603	432	563	760	552	474	801	1593	1527	1946
土地使用税	786	591	642	640	677	1206	1345	1646	2086	2094	2351	3224	4104	19305	29998
印花税	580	780	706	992	971	1183	1485	1850	2499	3209	4480	5183	6206	8499	11117
固定资产投调税	1384	1625	1673	2246	2248	1715	473	80	94						
滞纳金及罚款	31	8	18	75											
企业所得税	6141	6163	5776	6906	6168	6188	11238	17274	16722	24335	32462	44948	58455	73896	100866
(二)教育费附加\地方教育费附加	2557	3408	3544	3044	3557	4236	4361	5182	6178	7481	16225	18472	22925	31232	34919
其中:教育费附加									4358	5424	13904	13527	16832	22549	24928
其中:地方教育费附加									1820	2057	2321	4945	6093	8683	9991
(三)文化事业建设费					45	75	73	91	159	171	214	230	223	316	290
(四)基金	3627	10265	11405	13601	13730	13741	14654	14817	17694	18776	22678	25832	32491	36434	40912
(五)社保费							20900	79983	101944	123101	177926	220899	276729	350540	445846

新城分局、仪征胥浦分局、江都直属分局、高邮直属分局等13个单位建立集税费(基金)征收、受理纳税人涉税事项、税务咨询、发放涉税资料等功能于一体的办税服务厅,为纳税人办理纳税申报提供“一条龙”服务。

1997年,税收征管改革逐步深化,实行由专管员“管户制”逐步向“管事制”的转变,全面建立纳税人自行申报纳税制度;由管理型向服务型转变,实现从税务登记、发票领购、申报纳税到税法咨询的全方位一条龙服务;由分散征收向集中征收转变,全市共建立征收服务厅(室)17个;由落后的征管手段向以计算机为依托的先进手段转变,全年计算机受理税额3.72亿元;

1998年,继续深化税收征管改革,逐步取消专管员,在城市建立办税服务厅,采取集中征收方式,实行征收管理与稽查两分开;在农村有条件的地区,建立以中心所(分局)办税服务厅与各乡镇征收点相结合的征收体系,实行征收在点(所)、检查在中心所(分局)的分离办法。当年,地税系统投资638万元,新建成10个办税服务厅;投资400多万元,购置小型计算机,建成地税系统市区广域网。市局还进一步规范征管规程,完善征管制度。

2002年,为强化税源监控,提高税收征管质量,在全市三资企业、重点税源户中试点推行纳税评估:地税局运用一定的技术手段和方法,对纳税人一个纳税期间内纳税情况和扣缴义务人代扣代缴税款情况的真实性、准确性及合法性进行综合评定,及时发现并处理纳税人在生产经营中出现的错误和异常现象。

2004年,江苏省地方税务局在市地税局试点导入ISO9000族质量管理体系贯标工作。自4月21日开始,市地税局集中80多名税务干部、历时50天、经过16次修改,编写出由1份质量管理手册、21个程序文件、88个工作流程、66个工作规范及1057个表证单书检成的体系文件。11月10日,市地税局一次性通过ISO9000族质量管理体系第三方现场认定。

2005年,市地税局在市区全面推行征收、管理、稽查三分离的税收征管模式,初步建立“集中征收、重点稽查、强化管理”的税收征管格局,实现了“无区域申报、有区域管理”,促进对税收执法过程的有效制约与监督。同年,按照“革除弊端、发挥优势、明确职责、提高水平”的要求,本着“重点税源专人管,一般税源分片管,零散税源委托管”的原则,建立税收管理员制度。税收管理员是基层税务机关及其税源管理部门中负责分片、分类管理税源、负有管户责任的工作人员。

2006年,深化税收征管改革,税收科学化管理水平明显提高。结合市局新大楼启用后办公场所的调整,对原有的58个业务流程、28个业务规范做了修订,在市区全面推行征收、管理、稽查三分离的税收征管模式,构建起“集中征收、重点管理、一级稽查”的税收征管新格局,实现了“无区域申报、有区域管理”,加强了对税收执法全过程的有效制约与监督。

2007年,构建八大工作体系,开辟了地税事业科学发展的新路径。面对新的形势和复杂局面,市局党组紧紧围绕“半年构建框架、两年基本建成、三年完善提高”的思路,通过全局上下两年的不懈努力,“八大工作体系”已经初步建立,为地税事业的规范化、科学化、法制化发展奠定了坚实的基础。同时,大力推行社会综合治税,形成了社会各界齐抓共管的新格局。

2008年,全市共实施纳税评估7190户,累计评估入库税款4.13亿元。从9月份开始,全系统开展了“纳税评估服务月”活动,抽调全系统60名业务骨干,组成30个评估小组,利用两个半月时间,对全市150户重点税源户开展集中纳税评估,主动上门帮助纳税人减少因非主观因素导致的违法风险。

(二)税务登记

1995年,市地税局开展税务登记验证工作,从6月1日起至7月31日止,对全市负有缴纳地方税义务的纳税人的税务登记进行验证,这是全市地税系统第一次组织验证。全市共为2814户缴纳营业税的新办企业及时办理税务登记,验证30553户,查出漏管户697户,查补税款84.75万元。

1996年,开展税务登记证换证工作,共换发税务登记证26412户,其中集体企业16718户,个体9694户,清理出漏管户69户,查补税款7.9万元。

1998年,从3月1日起在市区范围内开展税务登记验证工作,共验证7367户,清理出漏管户1400多户,查补税款55万元,建立新的税务登记库。开展漏征漏管户清查,积极落实整改措施。6

月份起在全市范围内开展对漏征漏管户的清查工作,整个清查共查出漏征漏管户3783户,查补税款204万元。

1999年,开展税务登记换证工作,全市共换发税务登记证38935户，其中国有经济2231户、集体经济10139户、股份制1195户、外商投资企业177户,换发注册税务登记620户,清理漏征漏管户1169户。

2001年,加强税务登记验证,印制宣传材料5万多份,历时2个月,全市共办理验证48736户,发放贴花48736张。

2002年,在全市范围内开展税务登记资料复查,与工商、国税、银行等部门建立信息交流和协作关系,加强对变更、停业、失踪、注销户及非正常户的认定管理,明确相关要求和程序。在政府行政审批中心设立税务登记窗口，专门负责开业、变更税务登记和税务咨询工作,实现税务登记集中管理。

(三)发票管理

从1995年4月1日起,全面使用地方税务局监制发票,旧发票一律作废。共印各种新版普通发票60万本,清理缴销旧版普通发票1235万份。

1996年,针对纳税人对普通发票使用认识不够,大头小尾、串开、代开、转让等违章行为较新税制实行前有明显上升的趋势，统一使用全省地税发票新式样。做好发票统一防伪措施、发票定点厂管理、饮食服务行业使用剪额发票,专门下发对行政事业单位经营性票据、歌舞厅、娱乐场所等门票套印发票监制章的通知和驾驶员培训单位培训驾驶员使用专用发票的通知。

从1997年1月1日起,统一使用新版普通发票，及时收缴和销毁21966本计1469830份旧版发票;3月1日,在市区饮食行业开始启用剪额发票;与市经委、交通、工商、物价等部门合作,对全市联、托运市场进行清理整顿,联合下发《关于加强联运、托运企业市场管理意见》,加强此类企业的发票管理。

1998年,将打击税收违法犯罪行为专项斗争和打击长江沿岸仿造倒卖发票专项斗争宣传有机结合起来，通过多种形式开展声势浩大的宣传活动,累计发放宣传资料30万余份,接受群众咨询1万多人次。对饮食业、服务业、娱乐业、交通运输业发票组织专项检查。针对假发票泛滥,涉税犯罪严重的现实问题,开展打击涉税犯罪专项斗争。

1999年,自4月份起至6月份止,历时3月,全面开展普通发票清理检查工作，共清理检查8835户，自查面达到100%，其中重点清查3233户,占自查面的37%,查出违规使用发票1111户,罚款54.3万元,补税280.24万元。大力查处发票违规行为,对群众举报的70起发票违规行为全部进行严肃处理,罚款3.2万元。扩大发票管理范围,针对市区交通运输业货运发票假票现象严重的情况,与市国税局联合下发《扬州市区交通运输业货运发票查验暂行办法》,加大对这一行业发票管理力度。为打击偷逃税行为,与国税、高通信息公司联合开展“凭发票中幸运大奖”活动,鼓励支持广大消费者向商家索取发票参加抽奖。

2000年,市地税局推广使用税控收款机,确定市区沐浴业规模较大的30多户纳税人进行试点和推广应用。开展发票专项检查,受理举报发票违章案件55起,全部及时查结,合计罚款3万余元。

2001年,加强制度建设,规范发票管理,先后出台,《发票印制管理办法》、《扬州市区发票缴销、销毁管理办法》等一系列发票管理制度,以制度形式对发票的印制、购领、使用、缴销、销毁等环节进行明确和规范,促使全市发票管理有章可循、责任明确。扩大税控收款机(或发票软件)应用面,在餐饮、娱乐、服务业推广税控收款机1500台,占应推广面的80%以上,20户使用电脑开票,1200辆出租车安装税控计价器并使用机打卷筒发票。

2004年,在全市范围内对定额发票和部分机打票实行发票即开即将(“刮刮奖”)制度,激发了消费者索取发票的热情。

2005年1月1日起至4月1日止,完成全市范围发票换版工作。本着“精简、统一,广泛使用电脑发票、减少并逐步取消手开发票”的原则,参照省地税局发票档本确定全市发票票种，确定套印扬州市地税局监制章的统一发票23种,使用省地税局监制章发票16种，发票种类由原先98种减为38种。其中,机打发票26种,手开发票2种,卷式发票1种,定额发票9种,机打发票占全部发票种类接近三分之二。新版机打电脑发票均采用中英文对照印制,并根据纳税人需要增加联次。全市使用地税发票的1万余户纳税人中，使用税控收款机、电脑开票的占60%。推进有奖发票扩面工作，利用发票换版契机，将有奖发票推广应用至全部行业。全市使用发票1150万份，比去年周期增长60%，有31046人次兑付资金37.2万元，其中33人喜获大奖。

2006年完善了发票兑奖、举报奖励制度，有奖发票使用量达到1500万份，增长30.4%；全年共兑付奖金65万元，增长70%。切实加强货物运输业税收管理，加强货运发票比对审核。

（四）纳税申报

1996年，全市地税系统纳税申报率、税款入库率均达到90%以上，广陵分局企业准期纳税申报率由原来的75%上升到95%以上。

1998年，改革纳税申报方式，与邮政部门联系推行邮寄申报，与国税、银行部门联系，对个体工商户中的“定期定额”户采取划卡申报、缴纳方式。

1999年，以计算机网络为依托，对纳税人纳税项目进行分项管理，强化申报功能和制定逾期申报的处罚标准和处理制度，确保纳税申报准期率和准期入库率，城镇纳税申报率达96%以上，农村达到85%以上。改革纳税申报方式，与邮政部门联系推行邮寄申报，与国税、银行部门联系，对个体工商户中的“定期定额”户采取划卡申报、缴纳方式，促进了纳税申报质量提高。

2001年，市地税局与金融部门联手，在市区、广大农村地区和个体工商户中实行税银一体化新的申报和缴库方式，将个体业户的税款委托银行划卡征收，纳税人可就近申报纳税。

2002年，改革纳税申报方式，推行多元化申报缴库方式，对具备条件的纳税人推广使用计算机网上纳税申报，对不具备条件的小型纳税人，通过直接上门、电话、邮寄等方式进行纳税申报，对定期定额户推行税银一体化建设，逐步实现银行扣税的模式。市地税局与国库、各专业银行、戈德公司等相关部门单位联合开发出“税银库企一体化”系统，并在部分企业中进行试运行，申报、自动扣除成功率达100%。推行多元化电子申报方式，全系统共推广电子申报1500户，定期定额户刷卡缴税1万多户。

2003年，全市纳税人采用划卡简易方式申报的有21211户，推广面达90%以上，使用二维条码申报的有8632户。在工商银行开户的673户纳税人实现“税银库企”一体化缴库，涉及税款3298万元，扣款成功率及税款准期入库率均达到100%；有1023户纳税人实现网上申报。

2004年，为方便纳税人选择适合自己的纳税申报方式，市地税局实行上门、邮寄、电话、划卡、二维条码、网络等多形式申报方式，申报纳税更加公开、透明和公正。全市纳税人采用划卡简易方式申报7778户，推广面达95%以上；使用二维条码申报1332户；市区使用税、银、库、企一体化缴库790户；10249户纳税人实现网上“阳光”缴税。

2005年年底，全系统年纳税额万元以上的查账征收户基本实现网上申报，电子缴库8985户，个体划卡缴税推广面达95.42%。多元化电子申报系统的推广应用，节省大量人力，避免纳税人在征收期内为缴税往返辛劳和因人工操作可能带来的数据错误和系统错误，有效提高税务信息的准确性和安全性。

2006年，不断夯实征管基础，税收精细化管理水平明显提高。推进纳税评估精细化。制定了《2006年度纳税评估工作指导意见》，强化评估的针对性、准确性、规范性、实效性和指导性，全市通过纳税评估增加税收5000万元。各地结合清理漏征漏管户，扎实做好税务登记换证工作。进一步规范临时经营业户和行政事业单位的征收管理。

2007年，运用国地税信息比对系统发现并补交纳税人少申报城建税、教育费附加等近3000万元，发现并及时修订企业所得税鉴定错误1140户。

2008年，完善征管资料“一户式”管理。抽调专人对税收征管资料的管理流程、资料目录进行了整合完善，资料管理质量有了进一步提高。

二、税收服务

（一）税收宣传

1994年，税务机构分设后市地税局税收宣传主要围绕“税收与改革”这一主题，突出税制改革和地方税收工作的职能、作用这两个重点，有计划、有步骤、多渠道、分层次开展新税制的宣传活动。通过税收主题宣传活动，广大地税干部的执法水平和征管业务技能得到提高，把为纳税人服务纳入税务机关重要职责的意识得到了强化，同时增强了纳税人的纳税意识，架起了与纳税人沟通的桥梁。发挥出地税部门积极贯彻执行各项税收政策，关注社会弱势群体，全力支持全民创业、扶持个体私营经济，促进社会经济和谐发展的职能。市地税系统还利用《扬州日报》等新闻媒体开展税收宣传,使新税制的主要精神得到广为宣传,让纳税人进一步了解新税制，为纳税人自觉维护自身合法权益和实施对地税机关执法行为的监督提供保证。

市地税系统还积极主动编印各类资料进行税收宣传,1997 年印发各类宣传材料 14 万余份(册)。1999 年向市区 20 所小学赠送 200 套图文并茂,通俗有趣的税法宣传图书。2000 年编印《关于支持与促进国有企业改革和发展的若干现行税收政策汇编》，为外商投资企业整理出 17 条具体的优惠政策;2001 年向扬州市少儿图书馆赠送《小强学税法》、《税收的故事》等 100 多册税收知识图书,汇编并印发《政务公开手册》等涉税公开资料 6 万余份。

(二)办税服务厅建设

1996 年以来,市地税局不断规范办税服务厅建设。7 月,市地税局率先在直属分局、广陵分局、新城分局、仪征胥浦分局、江都直属分局、高邮直属分局建立办税大厅，办税服务大厅作为新的纳税服务载体从此应运而生，当年全市全年共建立征收服务厅(室)17 个。1998 年,市地税局按照“优美环境、优良秩序、优质服务”的要求,在全系统广泛开展办税服务厅规范化服务达标和最佳办税服务厅创建活动,开始实行首问负责制和“一站式”服务。1999 年,市地税局制定出台《办税服务厅管理暂行办法》以及《办税服务厅规范化服务达标考核办法》，对全系统办税厅建设进行统一规范,明确“窗口设置、服务功能、办税效率、行为规范、环境卫生、廉政监督”六个方面的创建达标标准;完善“优质服务”措施,按照《考核办法》,各征收单位在办税服务大厅普遍采取便民措施；大厅内实行总值班制,推行“首问负责制”;建立和实行税法公告制度,定期公告税收政策,受到纳税人及社会各界的一致好评。2004 年 7 月份,市地税局在第四税务分局从方便纳税人出发,按照“公开、便捷和有利监督”的原则,在全省地税系统率先推出“一厅对外、一窗全能、一人负责、一线审批、一次办结”的“一窗式”办税服务方式,使纳税人在办税厅的任何一个窗口，能够一次性办结所有的涉税事项。2007 年 12 月 1 日,正式实施了涉税审批流程改革，涉税审批流程改革核心内涵是简化审批流程、强化事后监督;根本宗旨是促进和谐发展、实现征纳双赢;理论依据是以法律为准绳、以纳税人诚信为基础、以规范纳税人责权利为目的、以强化事后监督为保障。通过改革,将过去 20 多个涉税审批环节,简化为在办税窗口当场办结,引起了良好的社会反响,受到了广大纳税人的普遍欢迎。

(三)12366 咨询热线

2003 年 10 月,组建 12366 纳税服务中心,11 月 1 日顺利试运行，试通 2 个月共受理各类咨询电话 800 多个，较好地发挥 12366 咨询热线为纳税人解难释疑、提供全天候涉税服务的功能。2004 年,共受理、答复各类咨询电话 8621 个。2005 年,对 12366 税收咨询系统进行全面升级，打造成集传真、收发短信、电子邮件、纳税人历史资料查询为一体的全能型服务热线，已成为检验地税机关作风建设的窗口，密切地税机关与纳税人关系的连心桥,树立政府执法部门良好形象的标杆,全年共受理电话 11245 次。2008 年,强化 12366 咨询服务功能,将 12366 建设成为集纳税咨询、税案举报、投诉受理等功能于一体的综合性、专业化服务平台,进一步凸显“税企桥梁”的作用。

(四)减免税

1994 年以来,市地税系统不断解决企业减免税,下岗失业人员减免税等实际问题。2000 年全年为 363 家企业减免 1999 年度企业所得税 983.5 万元，为 15 家企业办理 1999 年度国产设备投资所得税 1037.1 万元,为安置失业、下岗职工企业减免税收 79.43 万元。2001 年全年办理企业所得税减免 1.36 亿元,营业税减免 6150 多万元。2003 年全年对符合条件的 979 户下岗失业人员和 15 户吸纳型企业办理减免税近 300 万元，全系统共为 68 户企业办理减免营业税 8384 万元,为各类纳税人办理所得税减免 1.68 亿元。2003 年全系统还为受“非典”影响的纳税人办理减免税费 4272 万元。坚持把各项税收政策不折不扣地落实到位，让所有符合条件的纳税人都能享受到实实在在的好处;编印了 9 大类《税收优惠政策汇编》免费向纳税人发放,帮助 32 家企业获得了高新技术企业资格。2008 年,全系统依法为企业和个人减免税收 6.13 亿元,充分发挥了税收政策的职能作用,有力促进了地方经济的发展。

四、税务稽查

（一）稽查制度与模式

1994年实行新税制后，市地税局成立专门稽查机构，编制8名稽查干部，内设一股二所。将纳税人申报纳税情况纳入常规检查。工作的侧重点由原稽查队侧重于对“三大税”的检查转为侧重对地方税和所得税的检查。从1996年开始，市地税局在国家税务总局制定颁布的《税务稽查工作规程》基础上，结合扬州实际，研究制定《市地税局稽查工作规程》对稽查程序和要求进行统一规范。设立选案组、稽查组、定案组，实行查定两分离；同时完善稽查与征收的衔接，初步建立起二级稽查模式。稽查局主要负责检查以前年度的纳税情况，主管征管分局的稽查部门主要负责检查当年的纳税情况。同年7月，为强化地方税收征管，市地税局赋予稽查局“查外监内”的职能，实现由被动检查向主动检查、由无序性检查向有序性检查、由松散性管理向紧密性管理的转移。1996年，坚持每月突出一个重点开展税收检查，先后对娱乐、供电、金融保险、烟草、新闻出版、房地产、外地来扬建筑安装等行业进行检查，共查补入库工商税收1934万元。

1997年，国家税务总局明确提出“向基层转移、向征管转移”的要求，市地税局按“集中征收，重点稽查”的新模式要求，建立起分类稽查制度，将稽查分为日常稽查、专案稽查三类，研究制定税务稽查执法标准文书使稽查工作走上规范化道路，初步形成“严密、科学、规范、有序”的具有快速反应能力和强大威慑力、与征管改革相配套、相衔接的新的地税稽查体系。在体制上加紧健全税务稽查机构，一、二级稽查的基本模式初步确立。

1998年，制定《税务稽查工作计划管理制度》、《税务稽查立案报批制度》、《税务案件审理制度》、《税务稽查文书管理制度》等工作制度，加强转变稽查职能，提高个案质量。由过去追求收入型向加强征管型转变；由重点查案型向优化稽查管理型转变；由追求案件数量型向重点个案型转变。成立稽查合议小组，对企业的税收检查进行集体审议；制订稽查工作具体规定，做到权责分明；加大稽查力度，明确每年稽查面不得小于所辖纳税人总数的三分之一。有效地突出稽查工作“重中之重”的地位。

1999年，按照“集中征收，重点稽查”的总体要求，调整机构，充实队伍，全系统专职稽查人员已达230人；进一步完善了一、二级稽查模式和日常检查、专项检查、专案检查管理制度，日常检查面达30%。

2000年研究制定《税务稽查案件复查管理制度》、《税务案件移送管理制度》对《税务稽查工作规程》进行细化，提出稽查的四环节标准，即：“选案的科学性、查案的真实性、审理的公正性、执行的严肃性”。全系统按照“集中征收、重点稽查”的总体要求，调整机构，充实队伍，至当年底全系统专职稽查人员有118人。

2001年制定《重大案件审理制度》，开始研究实施新一轮稽查体制改革，逐步实行一级稽查体制，由稽查局进行一级稽查，对稽查实行归口管理，避免多头检查、重复检查。全年共对3905户纳税人实施税务检查，查补总额7118万元，入库6942万元。

2002年市地税系统和稽查工作突出规范化重点，制作税务稽查文书模板、制定实施《税务稽查告知制度》。全年共对3190户纳税人实施了税务检查，查补税款6094万元。

2003年制定《税务检查必查项目制度》。市地税局实行机构改革，逐步建立征、管、查三分离的专业职能机构。实现稽查工作三个转变，即收入型稽查向执法型稽查转变，由普查型稽查向重点打击型稽查转变，由全功能型稽查向专业职能型稽查转变。对举报案件实施A、B、C三类管理：A类为重大案件，指预计案值20万元以上，且线索、材料详尽的举报，进行重点检查；B类是普通案件，指预计案值在20万元以下，有一些具体线索的举报，作为日常检查；C类为情况不明、线索不明，明显带有主观猜测或道听途说的举报，对于该类案件，待线索清楚、材料详尽后再按规定处理。全年共对1181户纳税人实施税务检查，查补总额4215万元。

2004年全年共对1231户纳税人实施税务检查，查补总额3127.60万元。

2005年，推行《税务稽查四项服务制度》，实行查前预告、查前约谈、查中宣传、实行查后整改，有效提高稽查效能。全年共对1033户纳税人实施税务检查，查补总额3209万元。

2006年,税务稽查职能有效发挥,稽查威慑力得到彰显。以建设依法、规范、震慑力强的税务稽查体系为目标,日常检查常抓不懈,专项检查重点突出,举报案件从严查处。密切与国税、公安部门的配合,建立税警协作机制,进一步整顿和规范税收秩序,充分发挥税务稽查以查促管、以查促收的作用。全系统稽查部门共对791户纳税人进行了检查,查补入库税款4216万元,滞纳金501万元,罚款1222万元,总的加起来近6千多万元。

2007年,进一步细化、量化自由裁量空间,减少执法人员的随意性,较好地解决了裁量余地过大、执法随意的问题;不断加大执法检查力度,严格执法过错追究,促进公正执法。

2008年,全系统查处涉税案件418件,审理重大税务案件7件,查补入库税费1.05亿元,有效促进了纳税人依法诚信纳税。严格执行自由裁量规则。根据省局《行政处罚管理办法》,进一步细化了《行政处罚自由裁量规则》和《行政处罚自由裁量执行标准》,较好地解决了裁量余地过大、执法随意的问题。

(二)专项、专案检查

1994年,全市地税系统在全市范围内开展个人所得税、房屋出租营业税、外地来扬建筑安装营业税和投资方向调节税等专项检查,查补税款1016.8万元。加大对涉税违法案件的查处力度,进行专案检查,严肃查处市区几家大的饭店、宾馆的漏欠税案件;专门设立举报热线,当年接受举报11件,查处或转办10件,查处率达90%,查补税款4.21万元。

1995年,开展营业税、个人所得税、投资方向调节税、车船使用税和建筑、装潢、出租汽车、房屋租赁等专项检查,共查补税款400多万元。

1996年,采取以点带面,以条带块的方法分别对金融保险、建筑与房地产,邮电与供电、文化与教育等行业和部门进行专项检查,其中市区共检查387户,查补税款663.8万元。同年进行专案检查,查办涉税案件43件,其中百万元以上案件3件,查补税款660余万元,协税护税510万元,挽回损失680余万元。

1997年,共组织5次专项检查,检查405户纳税人,重点是对各类市场、社会中介机构、个人所得税、饮食业剪额发票、外地来扬装饰装潢企业、所得税汇算清缴和24户工业骨干企业等专项检查,查补税款848.7万元。收到举报案件43件,其中按行政隶属关系转办14份,专案检查查补税款254.4万元。

1998年,开展分税种、分行业类型的各种专项检查,分别对金融保险业、电脑业、机动车培训行业、浴室美容美发业等专项检查,检查445户,查补税款884万元。在做好专项检查基础上,做好人民来信来访举报偷税案件的查处工作,共办理200余件,补税罚款300万元。公安驻地税办公室发挥了重要作用,联合办案2起,查补税款150多万元。其中邗江化工设备厂虚列人数偷逃个人所得税案,补税罚款共210万元。

1999年,对全市境外收购无形资产的工业企业、国有企业、事业单位、证券公司和会计师事务所、审计事务所、律师事务所四个行业计631户企业事业单位进行税收专项检查,共查补税款1178.48万元。专案检查工作1999年共受理举报案件77件,查补税款405万元。在查处华运公司偷税案的过程中,密切与公安、工商、国税等部门合作,补税罚款共计383万元,并在多家新闻媒体公开曝光。2000年,开展行业税收专项检查,查补税款、罚款共484万元。强化涉税举报案件的查处,全年共查结60起税务违法举报案件,查补入库总额1094万元。

2001年,对上市公司及改制企业、各集资单位、交通运输企业、房地产开发企业、国有企业、有境外所得企业等重点对象组织专项检查,查补入库税款3243万元,罚款347万元。根据省公安厅、省国税局、省地税局统一部署,市国税局、地税局会同市公安局,从8月中旬起至年底在全市联合开展严厉打击涉税违法犯罪专项整治活动。与公安机关联合办案28起,查补税款450万元,抓获犯罪嫌疑人23外,移送起诉11名。

2002年,对金融保险、建安房地产、重点税源户等547户进行专项检查,查补税款1329万元,与公安、国税等部门联合下发《涉税违法犯罪案件移送办法》、《关于开展涉税违法犯罪专项治理行动的通知》,进一步完善了协作办案机制,共接收群众举报案153起,自办10起,转办143起,查补总额302万元。

2003年,组织开展建筑安装、房地产以及个人所得税专项检查和普通发票专项调查活动，共实施检查1181户，查补税款2737万元，处以罚款1132万元，加收滞纳金325万元。专案检查共受理举报案件175起，结案率100%，查补税款502万元，加收滞纳金34万元，罚款284万元，全年共兑付举报资金6700元。

2004年，组织开展货物运输业、医药生产及购销企业、房地产行业、汽车市场、邮电电信行业进行专项检查。共检查1001户纳税人，查补税款1937万元，处以罚款325万元，加收滞纳金225万元。全年专案检查共受理举报案件103件。公安部门按程序介入海德地产有限公司涉税专案检查，对该企业纳税资料进行全面搜查，调取全部账簿进行检查分析，并对相关责任人分别实施讯问及监视居住等措施，查清该企业的全部偷税事实，查补税款105万元，加收滞纳金10.7万元，罚款106万元。

2005年，组织对个人所得税、交通运输业、建筑安装企业、房地产业专项检查。个人所得税专项检查共查补税款145.86万元，交通运输业专项检查共查补税款56.65万元，建安行业专项检查共查补税款2500万元，房地产行业专项检查共查补税款1000万元。专案检查受理查处举报案件192件；协助公安办捣毁2个开具假发票窝点。

2006年，对2005年以来税收征管、税收稽查、税收计会统、税务行政处罚等工作采取单位、项目逐项过堂，全面深入开展执法检查，共查出7个方面的问题195条，对检查情况进行了通报，各个单位认真抓整改，税收执法水平有了进一步提高。

2007年，细化自由裁量权，建立了规范全系统行政执法的新机制。加强对自由裁量权的研究，制定出台了《税务行政处罚自由裁量规则》，对税务行政处罚自由裁量的原则、标准进行了规范，使执法人员有据可依。

2008年，组织税收执法检查。对注销税务登记和税收执法监察重点进行了检查，有效提升了执法质量和水平。市局分别被市委、市政府授予“法治扬州建设示范单位”、“依法行政示范单位”。

五、信息化建设

自市地税局成立以来，全市地税系统积极实施“科技兴税”战略，信息化建设为地税事业的蓬勃兴起提供强大的技术支持。纵观其发展历程，信息化建设从机构分设时没有1名专业计算机人员，壮大到拥有一支30多人的计算机专业技术队伍；从原先的几台微机，发展到拥有小型机4台，PC服务器40多台，PC机1200多台，人均占有1.2台计算机；建成联接省、市、县地税局和基层分局的广域网和城域网；纳税申报方式发生根本变化，从传统的人工申报、简易申报，到二维条码申报，从财税库行企一体化工程，到足不出户的“网上申报纳税”；从单机操作走向内联外通的网络时代；从最初仅限于会计核算和文字处理，正逐步发展为全方面、全领域支撑税收工作的命脉。

1994年，国、地税机构分设时，信息化建设尚处于起步阶段，其职能仅限于会计运算、文字编辑和简单的打印税票程序。1996年，市地税局开发适合本市实际的征管软件，包括税务登记、纳税申报、税款征收、发票管理软件。1997年，市地税局开发和完善《地税计算机征收管理系统》征管软件，建立健全操作手册、技术手册、配套制度等各种配套资料，并顺利通过省科委科学技术成果鉴定，被评为扬州科技进步三等奖，4人获得科技奖，标志着地方税收信息工作跃上一个新台阶。1998年，市地税局按照国家税务总局提出的“依法治税、从严治队、科技加管理”三篇文章要求，加快税务管理信息系统的深层次开发，全年投资400多万元购置小型计算机，建成市区城域网。1999年，结合计会改革实际，对计会报表的软件进行重新修改。2000年，市地税局投入90多万元资金，购置近100套计算机设备，更新征管一线的全部PC机；对原有计算机城域网进行提速升级，各种数据信息得到及时交换和备份；对原征管软件进行修改完善工作，增加一些功能模块，重新编制征管质量考核模块，开发建筑营业税项目管理等单项软件；个体分局成立后，对市区个体户进行汇总、统计，建立起个体纳税人数据库；由于社会养老保险基金改为在地税征收，及时开发社保基金征收管理软件，并与市社会保险处、商业银行进行联网；建立办公自动化系统，30台计算机与省局联网，实现局部无纸化办公。2001年，市地税局累计投入684万元，建成全市地税系统主干广域网，初步实现全市地方税收信息资源的共享；在全系统全面推广应用《江苏省地方税收征管信息系统》。2002年，全系统先后投入700多万元，对主机系统和广域网进行全面升级改造，将DDN专线全部升级到光纤宽带网，彻底打通网络传输瓶颈，提高系统运行效率，基本建成省、市、县、乡四级计算机广域网络；与金融部门联手，在市区和广大农村地区实行税银一体化，推出新的申报和缴库方式；成功开发个体定期定额户自动划卡申报、缴库的税银一体化系统，率先在个体分局投入正常使用，当年全市实现自动划卡申报、缴库的定期定额户已达1万多户；市局建立“扬州地税网站”服务广大纳税人。2003年，随着新一轮机构改革，计算机中心正式更名为信息处，正式作为市局机关的一级处室。完善和全面推广《征管基础信息审计软件》，对税务登记、纳税鉴定等环节的基础信息进行审核和检查，及时发现和纠正征管系统基础数据的错误。研制开发出以全电子信息交换、实时缴款为核心的“社保、税务、银行”一体化的《社保征收系统》。完成纳税评估系统的开发，为及时发现并处理纳税申报中的错误和异常申报现象提供技术支撑。对《税收信息资源查询分析系统》进行完善，征管系统运行效率明显提高。

2005年，市地税局完成新办公大楼弱电工程、计算机中心机房工程的设计、施工、安装、调试等工作。先后完成省局《票证管理软件》和《土地使用税税源管理软件》的推广应用工作，自行研制开发《房产交易管理软件》。全力推进“数据大集中”工作，全市征管数据库集中处理，实现地方税收信息资源高度共享。建成“税库银”系统，初步实现“财税库行”横向联网，实现纳税人网上申报、税务局集中受理扣款、国库银行清算对账的一条龙业务流程服务，根本解决长期以来让纳税人排长队、跑多腿的问题，使纳税人足不出户就能轻轻松松完成纳税申报、税款缴纳等工作，当年累计受理业务2.5万笔，扣款5.51亿元。在“税库银”模式工作流程的基础上，市地税局又组织力量对市区社保费征收方式进行全面整合，开发出“市区社保费实时征收管理系统”，将社保中心、地税、国库、银行有机连为一体，全面实现社保费的无纸化征收，当年8月份在市区全面投入使用，全年累计扣款3.36亿元。大力推行网上申报和电子缴库方式，全市纳税人网上申报达19528户，网上申报内容涵盖所有地方税和基金、费。2006年，构建计算机网络体系，税收现代化管理水平明显提高。

镇江市地方税务局

概　　述

镇江地税组建于 1994 年 9 月，1998 年 12 月上划江苏省地方税务局垂直管理，党组织关系属地管理。镇江市地方税务局现下辖丹阳、句容、扬中、丹徒四市(区)地税局和稽查局、五个市区分局。市局机关内设办公室、人事处、基层工作处、监察室、规划划财务处、征收管理处、税政一处、税政二处、政策法规处、信息管理处、纳税服务处 11 个职能处室和党工团青妇等群众组织。全系统现有干部职工 982 人，45 岁以下人员大专以上学历比例达到 98%以上。

镇江地税成立以来，全系统广大干部职工秉承"为政府分忧，为财政解难；为发展加油，为稳定出力；为群众服务，为地税争光"的工作定位，全力打造"为纳税人维权"特色服务品牌，努力建设一流的干部队伍、一流的服务水平、一流的工作业绩，坚持狠抓组织收入中心工作不动摇，紧紧服务全市经济社会发展的大局，以更加昂扬的斗志和更加务实的作风，为地方经济社会事业又好又快发展作出了积极贡献。1995-2008 年，全系统连年超额完成各项收入任务，组织入库各项收入累计达 413 亿元。2009 年，全系统组织入库各项收入首次突破百亿大关，实现了镇江地税发展史上的全新跨越。近十年来，镇江市地方地方税务局先后获得全国青年文明号，江苏省文明行业、江苏省文明单位、镇江市跨越发展有功单位、江苏省依法行政示范点等一系列荣誉称号。

1995-2008 年镇江市地方税务局组织收入情况表

单位：万元

年　份	总收入	税收收入	其他基金(费)
1995 年	38876	35228	3648
1996 年	47558	46226	1332
1997 年	55815	53959	1856
1998 年	62983	60771	2212
1999 年	72590	70064	2526
2000 年	105155	97,066	8089
2001 年	190049	117,960	72089
2002 年	215832	138853	76979
2003 年	288968	174816	114152
2004 年	360310	219445	140865
2005 年	450835	279449	171386
2006 年	566521	354051	212470
2007 年	773845	491947	281898
2008 年	906086	546115	359971

特色工作

1995 年

强化征管基础建设　年初制定了《全市地方税收征管改革五年规划》、《全市地方税收征管工作规程》、《目标管理考核意见》等工作制度和实施意见,并按要求开展工作。突出抓征管微机的开发运用,在征管基础建设工作中开展了全市范围的拉网武征管情况普查,推行了 ABC 分类管理办法。进一步完善了代扣代缴制度,强化了税收深泉控管。强化税收检查,完善征管体系。

促进全市经济发展　根据"落实税收政策,解决技术难题,投入适量资金,主攻企业管理"的指导思想,对老区范围内有发展潜力、效益较好和大量利用本地资源的企业实施重点帮促。五月下旬,市局与市人大、政协、经委、科委、财政等部门联合开展了"促扭亏、增效益"活动,扶盐城邀请了全省著名的扭亏专家王延虎同志来镇向全市亏损大户和经济主管部门的领导介绍经验,并选择了二十户亏损企业作为联系点,实行跟踪服务,活动中税务部门提出的 48 条扭亏建议得到企业认可和实施。

全方位开展税收宣传　围绕国税总局确定的"税收与法制"的主题,九五年镇江市地税系统通过各种形式进行了广泛宣传。一是开展了"百千万"活动,以"让社会了解地税,支持地税工作"为主题,百人题词、千人书法、万人签名。二是在《镇江日报》开辟了"地税指南";在电台开辟了"地税热线",在电视台开辟了"地税之窗",建立了地税宣传的固定阵地。三是贴进征管工作实际,从四月份开始,根据地方税开征或申报纳税相对集中的时期,一月一税,集中宣传。

建设地税"形象工程"　强化建设有中国特色社会主义理论学习,提高全体人员的政治理论水平;建立规范化的干部业务培训制度,培养干部"三懂、三会",即:懂政策、懂理论、懂业务,会操作、会辅导、会稽查;做深入细致的思想政治工作,提高队伍的凝聚力和战斗力;狠抓廉政行风建设,增强干部的拒腐防变能力;学先进树典型,把开展学习孔繁森等先进模范人物与树立身边典型人物结合起来;广泛开展创建"文明税务所"、"青年文明号"和开展"三爱一树立"活动,掀起比、学、赶、帮、超高潮。

1996 年

加强精神文明建设　一是把精神文明建设切实摆在突出位置。以"形象工程"建设为龙头,研究、分析、解决精神文明建设中的新情况、新问题,规范了各级领导"一岗双责"的精神文明建设领导体制。市局率先建立了局机关党校。二是把"形象工程"作为精神文明建设的活动载体。制定了《"形象工程"纲要》,争取一年打基础,两年上水平,三年见成效。三是把群众性精神文明创建活动抓出成效。形成了地税系统市级"青年文明号"的管理办法,2 个单位被命名为省级"青年文明号",工交分局还同时被命名为全国"青年文明号"。四是把思想道德素质的提高作为精神文明建设的核心内容。各单位都在落实教育的基础上,坚持"考廉日"制度,做到了警钟长鸣。

狠抓干部教育培训　一是着力抓了党员干部的党性教育。成立了机关党校,用一年多的时间就完成了上级规定三年的教育课程。二是加强对所长的培训。除以学代训、以会代训外,专门对所长进行了分类指导。三是重视专业培训。采取短期培训和组织交流等形式,提高干部的业务能力。四是精心组织公务员过渡培训。遵照省局的指示,对公务员过渡培训进行了周密计划、精心实施,全部通过了考试。五是科学文化知识学习取得了新的成绩。全系统中专以上学历人数已上升了 9 个百分点,丹阳市局中专以上学历人数达到 94.4%,丹徒县局中专以上学历人数达到了 96%。现在全市系统已有 50%以上的干部通过了江苏省计算机培训考试。

加强基层建设　把基层建设放在头等重要的位置上,舍得花人力、花物力。市直系统在今年四月前，根据地税运转一年来的情况，重新调整配备了基层所长，调整面达30%。市局挤出了一千多万元，所有分局配备了微机。为所有的基层所解决了交通工具，为6个税务所购买了办公用房，在三个所办起了职工之家。在公务员过渡培训专业课学习中，市局还专门成了教学班子，分头下到各县（市）分局进行辅导，既保证质量，又方便了基层，受到了一致好评。

1997年

突出稽查重点　对市区7个分局撤股建所，统一按照征收、管理、稽查三个系列设置征管机构，建立了以稽查功能为主划分职责的相互协调制约的组织管理体系。完善了《稽查工作管理制度》、《集体定案制度》、《案例分析制度》等十多项稽查制度。先后组织开展了固定资产投资方向调节税、个人所得税的专项检查，分别查补入库税款526万元和1066万元。抓好举报检查，做到了件件有着落，事事有韧声，结案率达98%以上，查补税款入库率达100%。

推进征管改革　在市区逐步建立“以纳税人自觉申报和优质服务为基础，以计算机网络为依托，集中征收，重点稽查”新征管模式的同时，加快了农村税收征管改革步伐。及时召开了农村征管改革工作座谈会，各县（市）局在地方政府的支持下，分别以城区和中心乡镇为轴心，设置了中心征收所（分局），年内全局城市征管改革面达100%。镇江市地方税务局开发的《镇江市地方税务局微机征管软件》获得了九六年度镇江市科技成果二等奖、省科技进步四等奖，市局被评为镇江市科技工作先进单位。精简机关人员，加大对基层征管单位建设的投入，加强干部基本技能建设。开展了多种形式的岗位练兵和业务轮训活动。全市地税系统在省局组织的税收业务考核中及格率、优秀率分别为100%和4%。

加强行风建设　积极响应国家税务总局倡导的争创文明行业活动，按照省局“建文明窗口，树地税形象”活动和镇江市关于开展“职业道德年”建设的要求，结合镇江市地方税务局“形象工程”建设，切实改进工作作风，强化文明服务意识。编印了由周大平市长亲自题写《学先进树形象》的镇江市地税系统先进事迹汇编手册，做到人手一册。市局机关党委充分发挥机关党校的阵地作用，坚持按期上党课，请市委有关理论专家开办理论、形势专题讲座，取得了较好效果。市局党校被评为镇江市先进基层党校，市局1997年先后被评为镇江市“双学”先进单位，省“三观”主题教育活动先进单位。1997年，工交分局连续2年被评为全国“青年文明号”，系统内4个单位获得省级“青年文明号”称号，7个单位被评为省级“文明税务所”，涌现了12个市级“青年文明号”、11个“文明税务所”，京口分局继市局被授予审级“文明单位”后，被授予1997年度省级“文明单位”称号。丹徒县局殷洪亮副局长和丹阳市局“十佳局长”、优秀党员丁万万同志，被评为市勤廉好干部，丁万万同志还被评为省勤廉好干部，全国税务系统先进个人，树立了系统的勤廉标兵。

1998年

注重欠税清缴、清理双漏、税务稽查三个要点　一是规范税收执法。全年共清理欠税3371.5万元，欠税余额由1997年的883.3万元下降到1998年的5785万元，下降了34.5%。二是强化执法检查。市局成立了“行政执法责任制领导小组”，设立行政执法责任制办公室，制定了《行政执法岗位责任制》、《行政执法过错追究办法》等12项规章制度和工作规程。三是强化税务稽查，打击税收违法取得成效。全市全年累计查补税款6985.6万元，比上年增加1031.9万元，占总收入的11.8%。

把握微机应用、档案建设、发票管理三个热点　一是开发微机征管软件。全市已配备微机155台，征收单位基本实行了微机征管。市局及市区各分局实现了与财政、金库、国税的计算机联网，为全市地税系统与财税库联网打好了基础。二是加快税务档案建设。市局人事档案通过了市委组织部一级档案的检查考核，市局综合档案室顺利通过了市档案局二级档案室的检查验收，被命名为镇江市二级档案室。三是规范发票管理。针对餐饮等行业偷漏税现象严重的状况，市局在餐饮、旅馆、娱乐、沐浴4个行业推出了控票、控管、有奖举报、公开摇奖（简称“双控双奖”）办法。市区共出售4个行业的定额发票2.13亿元，比去年净增6000多万元。

抓好干部培训、文明创建、廉政建设三个重点　一是大力组织干部培训。组织了包括知识经济理

论在内的专题理论辅导报6次,一年来90%以上的中层干部都撰写了有一定质量的理论学习文章,并有十几篇文章在市级以上刊物采用。成功承办了第三届镇江青年奥林匹克地税业务知识竞赛。二是大力开展文明创建。形成了《文明行业示范点具体实施意见》,1998年,镇江市地税系统先后又有4个集体分别获得省级“三八红旗集体”和“青年文明号”,有6名个人获得市级以上表彰,其中丹阳市稽查分局局长丁万万同志荣获全国“人民满意的公务员”称号,成为江苏省获此殊荣的第一人。市地税局再次被镇江市委、市政府评为“文明单位”。三是巩固廉政建设防线。建立了在职干部职工《个人重大事项报告制度》,在全市地税干部家庭中实行自学条规卡、自律确认卡、自励奋进卡办法,使“一对廉”活动趋向制度化。镇江市地税系统行风廉政建设的做法和经验,在全省地税系统党风廉政建设暨精神文明建设工作会议和市纪委六次全会上进行了介绍和交流。

1999年

落实税收政策　全市减免地方税收近14000万元,积极参与企业改制,加强改制企业税收管理,清产核资工作被国家税务总局评为全国先进单位。税收调研发挥积极作用,“税收成本与效率”课题研究被总局《税收研究》资料采用。对312国道镇南立交桥建筑单位是否纳税问题的调查,得到省局肯定,省局并据此对《关于营业税若干征税问题的补充通知》进行了完善。营业税调查工作被评为全省先进单位,土地使用税税源普查被确定为全省三个试点城市之一。

加强征管基础　征管改革达到建局初制定的“五年规划”目标,以税源调查、税源分析和税源管理三个环节为主体的税源监控体系基本形成。积极开展征管资料管理达标工作,实行征管基础资料档案化管理。制定“个体工商户定期定额管理暂行实施办法”,对定期定额户重新核定和调整定额,全年入库个体税收同比增长24.26%。税收管理向电子信息化迈进,与四通公司联合开发成功餐饮服务业“地方税收税控系统和ECR-1100T税控专用机”,183户企业已投入使用。在3月份召开的系统展示会上,得到来自全国地税系统100余名行家的高度评价,总局、省局给予了充分肯定,在系统内产生了一定影响。

加强文明创建　全市地税系统获江苏省创建文明行业工作先进市行业。丹阳直属分局被国家税务总局命名为“文明单位”,工交、京口分局被省委、省政府命名为“文明单位”,扬中三茅所、句容后白分局被省局命名为“文明单位”。开展办税服务厅达标创建活动,商贸分局办税服务厅被省局评为“最佳办税服务厅”。丁万万同志作为全省唯一的“人民满意的公务员”代表参加了国庆50周年庆典。巩固廉政建设立体防线,抓制度建设,建立《局长接待日制度》、《信访督查制度》等;抓外部监督,聘请外部行风监督员450名,定期走访召开座谈会,发放《公开信》、《行风建设公众印象测评表》5000份,社会满意率达98.6%。

2000年

提高征管质量　开展了“税收征管质量年”活动,以重视基础工作,加强纳税人的户籍管理,下发了《征管质量考核细则》,明确了征管质量责任人,落实税源片管责任。为了保证征管质量的提高,一是积极推广税控收款机的应用,二是农村征管改革取得了进展,三是改革发票“双控双奖”方式,四是广泛开展税收宣传。把依法纳税、依法治税的观念植根于广大市民心中。

落实税收政策　贯彻落实省局下发的《技术改造国产设备投资企业所得税实施办法》,做好宣传解释工作和企业上报申请资料的调查审核工作。落实清理固定资产投资方向调节税。按照边追欠、边入库、边清理的原则,组织力量对房地产开发企业的固投税进行了清理。在全市范围组织个人所得税专项检查。重点检查了烟草行业、外贸企业以及委托外贸企业代理出口的个体工商户。在加强日常检查的同时,针对税收征管实际工作中存在的漏洞,开展了专项稽查,全市共查补地方各税6833万元,其中市区稽查210万元。根据省局对征管改革的统一要求,从四月份起,成立了直属分局、检查一分局,对市直以上企事业单位税收征管工作实现了稽查外分,组织收入工作基本做到了依法征收。

确保社会保险费征收到位　一是主动汇报,加强协调。各级地税部门及时向市、县(市)区政府领导进行了专题汇报,提出征收工作意见,得到了各级政府的重视与支持。加强了与劳动、财政等部门的沟通与协调。二是加大宣传力度。编印了《社会保险费征收手册》，向社会发放；利用报纸、电台、电视台等新闻媒体进行广泛宣传；通过会议、宣传栏、横幅、咨询电话、发放通知等形式进行大力宣传和辅导。三是强化培训市局在7月下旬专门举办了两期业务培训班和操作培训班，邀请劳动部门讲课。8月1日，社会保险费征收工作在如期开展，到10月底，全市劳动部门提供应征户数3744户，已入库11279万元，征缴率85%。其中，丹阳、句容等县（市）局、京口、新区等分局征缴率均达到92%以上。

提高队伍素质　从4月份开始，市局集中两个月时间在局领导班子和领导干部中开展了以“讲学习、讲政治、讲正气”为主要内容的党性党风教育。在“三讲”教育中，坚持边整边改和“两手抓、两手都要硬”的方针，既按省局要求完成了“三讲”教育的各项任务，又促进了税收工作。全系统广泛开展了学习“三个代表”的重要论述。采用上大课、党课进行教育，组织专题学习等形式进行交流，开展“三看三比三珍惜”活动，结合实际深刻领会“三个代表”的重要思想。深入开展文明创建活动。专门编写了镇江市地税系统《文明创建工作手册》，对“税务公开”的具体内容做了详细说明和公开承诺，自觉地地接受社会监督。积极组织社会各界人员和本单位相关职能部门进行经常性的明察暗访活动，检查文明服务的执行状况。这些活动使创建工作取得了丰硕的成果：丹阳市局副局长丁万万同志今年被评为全国“先进工作者”，全系统被市委、市政府命名为“文明行业”。

2001年

加强法治基础建设　改革行政审批制度，保留了10项权限，下放了5项权限。发挥税务稽查作用，积极开展专项稽查、专案稽查和日常稽查推动了整顿和规范地方税收秩序工作，全市共检查8642户纳税单位，查补地方各税9262万元，入库8726万元，入库率达94.2%，对偷税及发票违章行为罚款1417万元，平均处罚率达18.07%。促使全市100余户高收入行业单位、416家机关事业单位建立了代扣代缴个人所得税工作制度。认真落实税收减免政策，全年减免税收达1.8亿多元，其中营业税3248万元，资源税1016万元，所得税1.4亿元。

推进税收信息化　全面推广运用省局《征管信息系统》软件。全系统放弃休息时间，加班加点，保质保量地进行了数据采集、资料审核、输机复核、后台运行等工作，到12月底，征管信息系统已在全市地税系统顺利上线试运行，2002年1月1日起全面进入前台运行阶段。顺利推广运用了办公自动化、会计电算化、重点企业税源管理系统，初步建成了税收信息化网络，配备专门人员，对相关业务骨干进行同步培训与辅导，及时解决推广应用中出现的问题，为科技基础建设提供了保证。同时加大税控系统的推广应用，将税控系统扩大到餐饮、旅馆、沐浴、娱乐、建筑、出租车六个行业。

加强基础建设　把贯彻落实省局《规范化管理综合考核办法》作为一项重要的基础工作，坚持以两个文明协调发展为目标，强化责任。市局进一步细化了省局考核办法，修订下发了“考核细则”，实行与奖惩挂钩，与岗位职责挂钩。为把内部考核落到实处，市局先后两次组织机关部门负责人，下基层进行检查辅导，从严要求，从严规范，并对基层考核中发现的问题下发“整改通知书”，提出整改措施。

提高干部素质　把学习贯彻“三个代表”重要思想与创建省“文明行业”工作、完成税收收入任务相结合。坚持“两手抓，两手都要硬”，实行税收业务与廉政建设的“一岗双责”，层层签订了《廉政责任状》，开展以“正直的官德、高尚的品德、纯洁的道德”为内容的“为官三德”大讨论。实行了审核权与审批权的分离，在税务稽查上实行了选案、检查、审理、执行四个环节的分权制约，在税务处罚上实行了查审分离、罚缴分离，强化了监督。全系统有8家基层单位被省局重新确认为全省地税系统“文明单位”，3家单位被新命名为全省地税系统“文明单位”，镇江市地税局统被授予“江苏省文明行业”的称号。

2002年

推进依法治税　根据省局要求，在全市调整营业税起征点，将起征点由400元提高到800元，降低纳税人税负，为个私经济发展拓展空间。做好税收减免税工作，全年共办理营业税减免税70户，减免金额4335万元，为361户企业审核、审批所得税税前扣除金额15257万元。深入开展以整顿地方税收秩序为重点的专项检查，全市共对8645户进行了税收检查，查补地方税收7061万元，入库6751万元，入库率达95.6%。查处举报案

件141起,查补税款527万元,罚款154万元。全力查处发票违章行为,查处发票违章案件43件,处罚35件,补税罚款2.2万元,有13人获得举报奖金,抓获犯罪嫌疑人2名,缴获伪造发票60本。

落实科技加管理　按新《征管法》要求,初步建立了工商、税务部门信息交换制度。大拉网检查的力度,漏征漏管户大为减少,全市全年共办理税务登记53662户,比去年底增加6000多户。全系统全面运行省局征管信息系统,并做好日常维护。积极探索多元化申报方式,在全市推广个体工商户定额税款委托银行扣缴办法。加大税控系统推广力度,全市共有554户纳税户使用税控系统,同比增加114户。对电脑税控系统用户进行检查,对运行不正常的15户用户取消使用资格。

实施政务公开　下发《关于推进政务公开,建设服务型机关的实施意见》,以大楼装潢改造为契机,建立规范化的征收服务厅,在办税服务厅内普遍实行“一公开、二设立、三挂牌、四上墙”,设立“回音壁”、举报箱和举报电话,在全局实行挂牌办公、挂牌上岗、挂牌收费,将机构示意图上墙、办事程序上墙、办事依据和收费依据上墙、办事结果上墙。建立镇江地税网站,在各个办税大厅设立电子触摸屏。编写新《地方税纳税指南》,赠发给纳税人。向社会发放征求意见书,得到了各界人士的好评。

坚持从严治队　在继续开展农村基层分局“三个代表”重要思想学教活动整改提高和回访复查工作的基础上,着重组织学习江泽民同志的5.31重要讲话和党的十六大报告。注重发挥市局党校主阵地作用,加强对中层干部的政治思想教育。将税收执法权和行政管理权“两权”分解为若干个重点环节,确定若干个监控点,建立起“两权监督”的岗责体系。建立行政执法责任追究制度,加大监督检查的力度。开展内部财务审计等活动,制订《镇江市地税系统与企业廉政守法签约制度》。贯彻执行《公民道德建设实施纲要》,开展主题教育,组织知识竞赛,深入开展检查,进一步提高了全系统的道德素质。

2003年

开展“征管措施落实年”活动　根据省局“征管措施落实年”活动的要求,提出了“四四三”工作要求,即构筑四大体系:完善征收管理体系、探索纳税服务体系、建立纳税评估体系、拓展多元化申报体系;实现四大目标,即基础建设全面达标、欠税缓缴管理规范、纳税评估实现突破,业务竞赛名列前茅;形成三大机制,即建立征管工作保障机制、征管质量评估机制、征管效能激励机制。通过“四四三”工作的开展,全面落实各项征管措施,进一步夯实了征管基础,全市的征管质量明显提升。

加强税收法制建设　全局上下按照“内外并举,重在治内,以内促外”的指导思想,初步建立了执法责任制。制定了《重大税案审理操作规程》,对重大税案审理程序和操作办法进行了规范,加强对重大税案审理工作的考核和监督。印发了《关于做好2003年税收执法检查的通知》,把执法检查纳入日常考核内容。积极落实优惠政策及时到位,共办理各类税费基金减免达39363万元,其中,落实非典期间税收优惠政策,减免税费基金5000万元,落实下岗失业人员再就业税收优惠政策,减免税费基金3000万元,及时落实营业税起征点两次上调政策,使全市26800户个体工商户受惠5300万元。

推进信息化建设　按照省局“完善主体,拓展两头”的工作思路,通过政府采购,共购入服务器、交换机、磁带机、10千伏不间断电源等设备10余套,电脑近100台,全系统PC机总量达到260台。同时在现行征管软件的基础上,先后开发了“登记底册查询”、“征管考核软件实时查询”、“分税种分户纳税情况查询”等外挂软件,使省局征管软件的使用更加便利。全面推行多元化申报纳税,目前全市有近5000户企业采取了电子申报方式,近3万户个体双定户采用了委托银行扣缴税款的方式。同年,12366税收咨询系统全面运行。

打造“三型”机关　实施建局以来规模最大的机构改革。全系统共撤销科级分局6个,新建科级单位2个,撤销农村基层分局46个,新建34个。科级领导转任非领导职务4人,股级领导干部改任非领导职务21人;轮岗交流344人,占干部总数的44%(其中,镇江市局轮岗交流面达77%)。全局上下以此为新起点,大力开展“学习型、服务型、勤廉型”机关建设,地税队伍的精神面貌焕然一新。

2004 年

加强基础建设　一是完善征管基础制度。合理划分征、管、查职能，正确处理好日常检查与税收稽查之间的关系。二是规范纳税评估工作。在信息化的基础上，全年共对 10500 户纳税户进行了纳税评估。三是强化以票控税手段。加大对运输行业发票管理力度，加强对自开票纳税人和代开票纳税人的控管。四是严格征管质量考核。在全系统继续开展了征管质量月度考核，使征管质量显著提升。五是整合征管业务流程。对原有的管理流程进行了全面的梳理、补充和完善。六是顺利完成贯标工作。根据省局要求，把推行 ISO 9000 质量管理体系作为全局的重点工作加以推进，于 11 月份顺利通过了省局和第三方组织的外审认证。

推进依法行政　一是严格贯彻税收执法责任制。在全系统组织学习《税收执法责任制》，进一步增强干部的责任意识、法制意识和危机意识。二是正确执行税收政策。全面落实营业税起征点制度，强化个人所得税管理，着力抓好企业所得税汇算清缴工作。三是加大稽查力度。一年来，全市各级稽查部门共对 870 户单位进行了专门检查，查补地方各税 2500 万元，入库率为 96 %，平均处罚率为 29.5%。四是落实行政许可，简化审批程序。认真组织学习《行政许可法》，努力精简审批程序。五是落实优惠政策，培植后续税源。严格执行调增营业税起征点政策，使全市近 1 万户小规模个体纳税人受益。为全市近千名下岗职工办理税收优惠手续，减免税款 300 多万元。

实施科技保障　一是网络信息交流不断加快。实现了网络主干的双通道，完成了与辖市（区）局的专线网路的升级改造，为数据大集中奠定基础。二是软件推广取得进展。完成了征管信息系统、双定户银行扣款系统、社保费征缴系统的软件升级，编制了满足我局需求的国地税比对程序。三是成功运作了税银一体化。在完成财税库行联网程序基本功能开发、进行大量数据测试的基础上，实现了税银一体化的动作模式。

提高队伍素质　一是以十年局庆为契机，凝聚团结向上的地税精神。通过开展地税十年征文、制作纪念章、组织编辑《十年历程》大型纪念册等活动，总结出十年来形成的地税精神。二是以千分考核为抓手，落实规范管理的责任意识。三是以文明创建为导向，营造争先创优的浓厚氛围。局机关党校被评为省级先进党校，创建省一级档案工作也取得圆满成功。四是以廉洁治税为标准，丰富两权监督的有效途径。以两个《条例》为重点，对党员干部进行六观教育。五是以纳税服务为突破，铸造优良高效的地税形象。在全省地税系统率先广泛开展“创服务品牌”活动，推出了服务品牌“税企同舟”。市局设在市行政服务中心的窗口被评为群众最满意的四大窗口之一，受到了市政府的通报表扬。

2005 年

加快依法治税进程　通过大力推进税收执法责任制，建立合力机制，完善培训体系，量化执法标准，健全考核制度。按照税收执法责任制 136 个岗位和 ISO 9000 标准化管理体系和绩效考评管理机制，使税务执法人员的依法行政意识得到进一步增强，执法行为得到进一步规范，纳税人的合法权益得到了进一步维护，依法治税能力得到了进一步提升。市局被市政府评为“四五”普法教育先进集体。在全市组织的行政执法单位行政处罚案卷评比中，我局荣获二等奖。

提升科学化精细化管理水平　市局推行了“二级评估”，做到日常评估和专业评估相结合。全年共对 10928 户开展了纳税评估，户均评估税款上升了 50%，专业评估的户均税款达 7000 多元。全年个体征税比例上升到 39.58%，比去年同期增长了近 10 个百分点，个体税收收入完成 14425 万元，比去年同期增收 3776 万元，增长 35.5%。全面推广使用税控机开票，辅之以定额发票，基本取消手工票，旧版发票已全面收缴，对全国统一代开票系统实行本地化。以全系统征管系统数据集中处理为目标，全面提升信息技术对现代税收的支撑力。修改了社保费征收开票程序，搭建了社保费征收财税库行联网扣款系统，设计开发了“无区域申报，有区域管理”征收软件。

优化税收服务　全面落实省委、省政府和省局关于加快发展现代服务业的相关政策，向全社会公开了“优化软环境建设服务承诺方案”，将部分税务准入审批承诺为即时办理。认真落实税收优惠政策，全市地税系统共办理各类税收减免 27637 万元，其中国产设备投资抵免企业所得税 1970 万元，劳服企业和再就业工程 2470 万元，民政福利企业 14900 万元。建立无区域申报大厅，简并纳税申报表,改版升级了“镇江地税网站”,建立具有10000多条业务问题的数据库。大力推行阳光稽查,全年共发出《自查通知书》1000余份,自查补缴税款、滞纳金507.77万元。

加强基层建设　加强领导班子建设,扎实开展保持共产党员先进性教育活动。强化人事制度建设,在民主中提升队伍的凝聚力。认真抓好干部教育培训,在学习中提升干部的创新力。全系统1个基层单位获得全国税务系统先进集体,2个基层单位获得“全国巾帼文明岗”称号,2个基层单位新获“江苏省文明单位”称号,市局工会获“江苏省模范职工之家”称号,1名同志获“江苏省五一劳动奖章”,1名同志获得“江苏省新长征突击手”称号,市局先后荣获镇江市“文明机关”等十多项集体荣誉。

提高反腐倡廉防控能力　积极推进“润廉工程”建设,市局成为全市廉政文化建设四个“示范点”单位之一,廉政文化建设的经验在全省廉政文化建设推进会上进行了书面交流。党风廉政建设“一对廉”活动成为全市响亮的品牌,受到市纪委的充分肯定,市纪委、妇联、监察局三部门专门向全市转发了镇江市地方税务局《开展家庭“一对廉”活动,打造勤廉税务官形象》的经验材料。

2006年

提高精细化管理水平　一是全面推行税收管理员制度。根据总局和省局关于税收管理员制度有关规定,结合镇江实际,建立了镇江市税收管理员制度。二是开展了税收征管专项整治。市局对49家餐饮企业开展餐饮行业专项纳税评估,累计查补税款297万元。认真清理检查86户劳务派遣企业的发票使用情况,查补税款637万元,对严重违规的4户企业移送公安进行依法查处。三是强化了税收征管质量考核。完善了市局、辖市区局(市区各分局)和基层分局(市区稽核评税科)的三级征管质量考核体系。四是加大了个体税收征管力度。全市共调整个体定额53222户,个体税收实现稳步增长。五是改进了五项管理。完善了发票管理办法和建筑业税收管理办法,建立了房屋出租委托代征管理办法,征管工作联系点制度和注销登记管理办法。

提升稽查效能　一是分级分类检查成效凸现。以查促管,以查促收,共对全市26户企业实施了分类分级稽查,查补地方各税合计2500万元。二是大要案查处实现重大突破,全年共查处100万元以上的大要案件5户。三是阳光稽查获得双赢。实现行业性“查前预告”制度,通过报纸、电台等媒体进行宣传通告,纳税人自查申报入库税款、滞纳金计5645.79万元。

推进信息化建设　一是全面完成主机系统升级。全面完成省局和各辖市区局主干网及市局三层架构的局域网改造。二是顺利实现全市数据集中。9月份全面完成全市征管数据应用级集中工作,为纳税评估、稽查选案、税源管理等税收管理工作提供了数据应用平台。三是按时完成省局货运发票税控系统的上线试点工作。四是综合查询和交流平台投入运行。

加强税收法治建设　一是全面推广应用税收执法信息系统。二是强化税收执法检查。市局下发了《关于开展2006年税收执法检查的通知》,进一步明确了执法检查的时间和重点。三是认真落实减免税优惠政策。加大鼓励企业改组、改制和自主创新,促进高新技术产业和民族支柱产业发展力度。四是积极推进无缝隙管理。在按照执法流程统一配岗的同时,实施了A、B岗管理办法,结合ISO9000的质量控制管理,做到流程不少、岗位不漏、岗职对应、人岗对应。

加强队伍建设　一是以主题教育为载体。全系统捐款捐物价值65440元,结成常年帮扶对子152个,资助失学儿童48名。二是持续开展精神文明创建活动。全系统25个基层单位通过市级文明单位复检,9个单位通过省级青年文明号复核验收,市局团委、扬中市局团支部分别被命名为“江苏省五四红旗团委”、“江苏省五四红旗团支部”,全系统共获市级以上先进集体28项,文明单位、青年文明号、巾帼示范岗等各类市级以上荣誉在基层覆盖面已达到100%。三是开展“建设三型税务,构建和谐地税”系列创建活动。在省局组织的以“建设三型税务,构建和谐地税”为主题的征文和演讲比赛中,镇江市地方税务局获得二等奖。四是加强干部轮岗交流。全系统共对142名干部进行了轮岗交流,其中市局干部调整面达到32%。

转变工作作风　一是建立调查研究工作制度。市局全体党组成员深入基层调查280余人次,为基层解决实际困难和问题68起,收到种类意见和建议200余条。二是积极实施“百千万”工程。三是大力开展“创建人民满意基层站所”活动。四是不断加强廉政文化建设。该局党组以“税务廉政文化推进年”为契机，积极开展“廉政文化进机关、进基层、进家庭”活动，镇江市地方税务局被省纪委评为“江苏省廉政文化建设示范点”。五是大力推进“三个民主”建设。促进全局民主决策、民主管理、民主监督制度建设。在接受省、市两级政务公开工作考核检查中，获得了一致好评。

2007年

提升征管质效　一是落实税收管理员制度措施得力。开发了电子版本的《税收管理员手册》，有效敦促管理员深入企业掌握税源。二是重点税源和建安企业集中管理优势彰显。全面推行了重点税源、重点行业专人管理的办法。全年，全市共认定重点税源户1479户，实现税款361639万元，占税收总收入的74.83%。三是征管联系点制度积极推进。在全系统选择有代表性的8个基层单位为市局征管工作联系点。四是纳税评估水平稳步提升。全年共对14773户企业进行了纳税评估，实现税款11587万元。报送省局参评的两个纳税评估案卷分别被省局评为一等奖和二等奖。五是有奖发票以票控税扎实高效。全市于6月1日起对服务业、娱乐业、文化体育业三种行业推行了有奖发票。

规范税收执法　一是落实各项税收优惠政策。坚决执行“不落实税收优惠政策就是收过头税”的组织收入原则，不断加强减免税管理和审批。二是加强执法监管力度。认真贯彻国家税务总局新出台的《税收执法检查规则》，进一步加大税收执法检查力度。三是全面提升稽查效能。全面推行分级分类稽查，规范稽查执法行为。案件数量比去年增长了1倍，案值比去年增长了1.5倍。在分级分类稽查工作中，确定了A、B、C三类标准，建立分类分级稽查案源库。

推进科技兴税　一是全面启动连接省局和各辖市(区)局主干网及市局三层架构的局域网改造工程，保证了数据大集中后网路线路的稳定畅通。二是完成了小型机设备安装调试，实施新老征管系统切换，实现征管系统在小型机上运行，为数据集中工作准备好了硬件平台。三是与专业公司合作开发完成了镇江市地税系统有奖发票布奖软件和税收管理员“巡查走访”模块，提升了“综合查询”系统的功能。

优化纳税服务　以“两个减负”为基调，推行“软环境建设年”活动。向社会各界公开了“优化软环境建设服务承诺”，被市纪委推广。全局纳税服务工作取得突出成绩，被市委、市政府授予“行风热线建设先进单位”的荣誉称号。全年，12366服务热线共受理咨询电话2.6万次，镇江地税网站点击次数累计达到260万次，成为镇江市点击率最高的政府门户网站。外网共更新和发布涉税信息2200多条，网上解答纳税人提出的涉税疑难问题1440余条。

加强队伍建设　一是加强领导班子建设。重视抓好局党组中心组的理论学习，经常组织会议集体学，传阅文章推荐学，交流谈心现场学，在交流互动中提高学习效果。二是加强干部能力建设。根据省局要求，结合镇江地税实际，大力实施“132”教育培训工程。三是加强精神文明建设。做好新一轮省级文明行业、文明单位的评选推荐工作，开展了第三届江苏省文明行业的申报工作全系统有2个单位获得“全国巾帼文明岗”称号，4个基层单位申报了市级“巾帼文明岗”。四是加强党风廉政建设。按照“教育在先、预防为主”的工作思路，进一步夯实廉政教育工作基础，进一步推进廉政文化向纵深发展。

2008年

打造“三个一流”　新一届党组围绕“解放思想，科学发展，争创三个一流”的主题，引导和激励广大干部职工增强创新意识，提高创新能力，努力营造理念创新、制度创新、管理创新、机制创新、服务创新的浓厚氛围。制定下发了《关于工作创新的实施意见》，实施的集体创新项目达39项、个人创新项目达46项，理念的创新推动了实践的创新，实践的创新促进了地税事业的发展。

夯实征管基础　一是联合办证，加强协作。成功开发国地税联合办证软件，并于当月在镇江市区进行了试运行，目前已在全市范围内推广。二是税收调研，项目管理。从8月份开始，集中开展“走进企业、深化服务、共谋发展”的调研活动。在各级领导与税务干部对年纳税额50万元以上的847户企业进行了走访。三是推广网上申报。实现了网上申报率从年初的61%提高到当前的

96.07%，个人所得税全员全额申报率已达到100%的可喜成绩。

强化税收执法　一是税务稽查职能有效发挥。积极实施分类分级稽查、专项检查、涉税举报“三大检查”。全年组织了对153户纳税户的分级分类稽查，检查面达23%，查补税款4271万元，成效全省领先。二是全面清理规范性文件。切实做好税收规范性文件审查、备案和清理工作。对1995年以来市局出台的各类涉税规范性文件进行了彻底清理，共清理规范性文件61件。三是各项税收优惠政策有效实行。坚持做到“符合政策的坚决办，两可之间的从宽办，不懂政策的辅导办，所有减免及时办”。全年共减免营业税13660万元、企业所得税17873万元，税前扣除以往年度财产损失4053万元。

优化纳税服务　一是成立纳税服务中心。4月份成立了第四分局(纳税服务中心)，集中纳税服务的各项功能。完善“一站式”服务大厅，拓展“一窗式”纳税服务，增设了排队叫号系统。二是攻坚网上申报系统整合。针对推广应用到位的要求，组织市区200多名干部，利用双休日，对市区和丹徒区的11000户纳税人进行了免费培训。三是深入开展“两个减负”工作。制定实施《纳税服务工作规范》，下发了《关于落实“两个减负”优化纳税服务工作的意见》。四是推进政府信息公开，完善网站功能。上网公开了18大项56小项270条行政信息，全年12366服务热线共受理咨询电话28024次，网站点击次数累计达到300.4万次。

加强队伍建设　一是加大干部选拔轮岗力度。全系统共选拔、调整了38名科级领导干部，选拔配备了46名股级领导干部。交流轮岗了214名干部，交流人数达干部总数的25.6%。二是狠抓作风建设。坚持做到公平、文明、高效服务，用“心”为纳税人服务。全系统开展了“假如我是纳税人”大讨论活动。三是精心组织培训。出台了《镇江市地方税务局干部教育培训三年规划》，全系统有80名同志报名参加MPA(公共管理硕士)研究生班，41名未达本科学历的干部报名参加市局举办的省委党校本科学历教育。四是惩防体系逐步完善。制定下发《违反优化经济发展环境相关政策规定的处理办法》，加强信访举报和信访案件调查工作。始终保持着对干部勤廉作风的跟踪监督，净化了地税机关风气，推进了干部队伍遵纪守法，保持了廉洁从税的队伍形象。

泰州市地方税务局

概　　述

泰州地税组建于1994年9月，随着1996年8月地级泰州市的设立，同年11月地级泰州市地方税务局正式成立。1998年12月上划江苏省地方税务局垂直管理，党组织关系属地管理。泰州市地方税务局现下辖靖江、泰兴、姜堰、兴化四市地税局和稽查局、五个市区分局。市局机关内设办公室、人事处、基层工作处、监察室、计划财务处、征收管理处、税政一处、税政二处、政策法规处、信息管理处、纳税服务处11个职能处室和党工团青妇等群众组织。全系统现有干部职工970人，45岁以下人员大专以上学历比例达到98%以上。

泰州地税成立以来，全系统广大干部职工不断发扬"依法治税、廉洁敬业、文明高效、争创一流"的泰州地税精神，认真贯彻"法治、公平、文明、效率"的新时期治税思想，全力打造"亲民税务"特色服务品牌，努力建设一流的干部队伍、一流的服务水平、一流的工作业绩，坚持狠抓组织收入中心工作不动摇，积极开展"服务企业、服务投资者、服务项目"三服务活动，为地方经济社会事业又好又快发展作出了积极贡献。1995-2008年，全系统连年超额完成各项收入任务，组织入库各项收入累计达444亿元，年平均增幅27.45%。2008年，全系统组织入库各项收入首次突破百亿大关，达104亿元，实现了泰州地税发展史上的全新跨越。近十年来，泰州市地方地方税务局先后获得江苏省文明行业、江苏省文明单位、江苏省文明单位标兵、泰州市十佳人民满意机关、泰州市人民满意的公务员集体、泰州市作风建设先进单位、泰州市十佳服务地方发展单位、第二批省级廉政文化示范点、江苏省依法行政示范点、全国精神文明建设工作先进单位和全国文明单位等一系列荣誉称号。

泰州市地方税务局组织收入情况表

单位：万元

时　间	总收入	税收收入	基金费收入	时　间	总收入	税收收入	基金费收入
1995年	30846.4	30524.5	321.9	2002年	219924	136168	83756
1996年	59828.7	58991.3	837.4	2003年	277489	164350	113139
1997年	71216	69435.3	1780.7	2004年	370037	215779	154258
1998年	88696.5	74395.9	14300.6	2005年	472524	274597	197927
1999年	96313	73137	23176	2006年	586710	350366	236344
2000年	120130	90995	29135	2007年	813804	472075	341729
2001年	192972	114905	78067	2008年	1039983	593460	446523

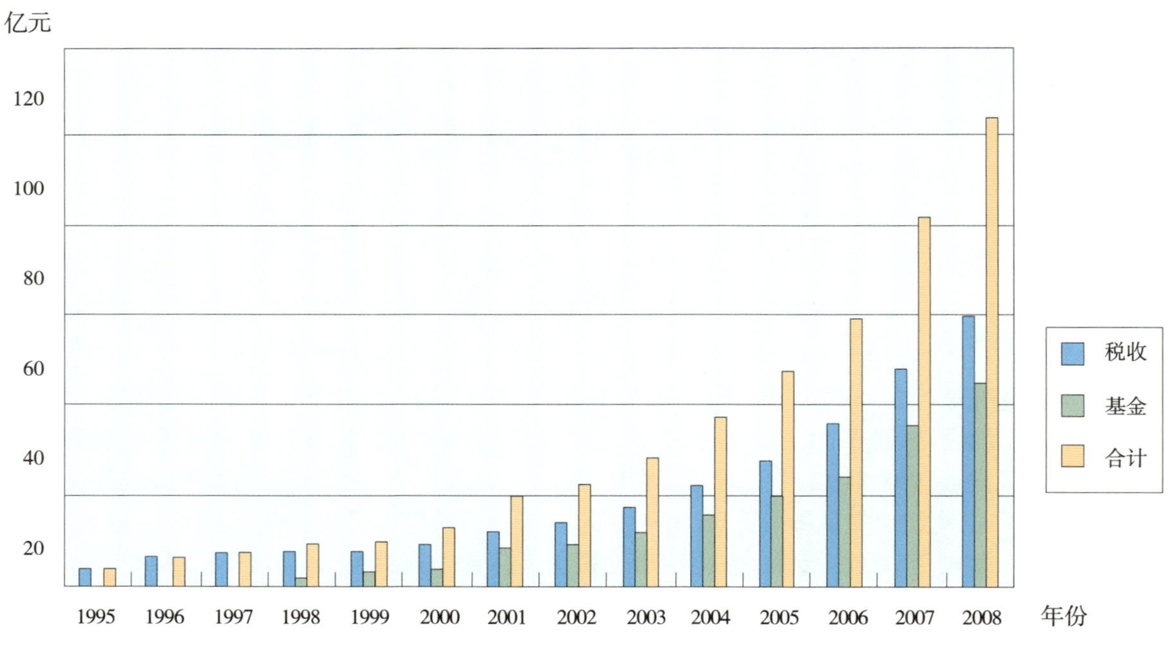

泰州市地方税务局组织收入情况示意图

特色工作

一、征收管理

泰州地税组建以来,始终将强化征收管理、大力组织收入作为第一要务。局党组一班人团结带领广大地税干部,艰苦创业,务实求进,深入开展税源调查,强化税源监控,圆满实现了“依法征收、应收尽收”的目标。多年来,该局以创新为抓手,不断夯实征管基础,出台了一系列富有地方特色、并在全省地税系统具有一定影响力的征管措施。

落实精细化征管举措。按照总局、省局关于开展精细化征管的要求,结合泰州实际,该局就重点行业、关键环节出台并落实了一系列精细化管理措施:(1)积极落实房地产税收“一体化”管理办法。加强与建设、国土、财政等部门的协作,坚持“先税后证”原则,建立了房地产营业税、房产税、土地使用税、土地增值税等税收的“一体化”管理体系,确保了宏观调控政策的有效落实。(2)严格货物运输业税收管理。制定下发了《货物运输业税收征收管理暂行办法》,统一规范了货运发票的信息采集、汇总、传递工作要求。(3)规范零散税收管理。针对网吧行业税收定额不一、征管矛盾突出的问题,下发了《关于加强市区网吧行业税收定额管理工作的通知》,统一了定额标准;认真贯彻落实《江苏省个人出租房屋税收征管暂行办法》,统一了征税依据和标准。(4)实施专业化税收征管。根据城区个体工商户多而杂的现状,专门成立了个体税收征管科,对个体工商户实行集中管理,抽调骨干充实征管一线,同时对个体户实行了分类管理,有效提高了个体工商户税收管理水平;针对建筑房地产业项目多、项目结算跨年度、发票使用混乱的情况,专门成立了建筑安装管理科,与国土、建设、规划等部门加强信息沟通,对开工项目逐一进行登记管理,采取实地调查等方式掌握工程项目进度,从而提高了对建筑房地产业的专业化管理水平。

高效开展纳税评估工作。该局对纳税评估工作高度重视,早在2003年,就出台了纳税评估实施意见,对评估的范围、重点、评估比例和评估程序等问题提出了明确要求。统一设计了与纳税评估程序一一对应的七种税务文书,为纳税评估工作的规范化打下了良好的基础。全系统各基层单位采取专职人员常年开展纳税评估和兼职人员定期开展纳税评估两种方式进行，指定工作责任心强、业务精通的同志负责纳税评估工作，并将纳税评估工作与日常征管工作、各阶段的中心工作紧密结合，针对征管薄弱环节，着重加强对纳税异常户、重点税源户和重点税种的纳税评估。该局在实施纳税评估过程中，摸索总结出不少好经验、好做法，如发票审查法、动态比较法、科目对比法、科目与申报表联系法等，这些经验对提高纳税评估工作的整体水平大有裨益，推动了地税部门职能由“管理型”向“服务型”的快速转变。该局多次开展纳税评估优秀案例评选活动，通过优秀案卷的示范作用，引导各单位更好地开展纳税评估工作。据统计，2004 年全系统共对 6204 户纳税人实施了纳税评估，发现问题户 1700 户，自查补缴入库税款 6429.76 万元，责令补缴 1308.47 万元。2006 年，该局在全系统逐步推广纳税评估应用软件，建立了符合地方特点的纳税评估模型。这一年，全市共对 4844 户纳税人进行了纳税评估，发现问题户 1385 户，纳税人自查补税 3114.76 万元，税务机关责令补缴税款 80.93 万元，该局报送的案例在全省纳税评估优秀案例的评选中被评为一等奖。

实施具有地方特色的税收管理员制度。2005 年，该局在靖江取点，试点实施税收管理员制度，取得了成功。此后，该局结合泰州特点，建立了以税源管理为核心，将“管户”与“管事”相结合、管理与服务相结合、属地管理与分类管理相结合的税收管理员制度，并在全市全面施行。根据总局《税收管理制度（试行）》的有关规定，在充分调研论证的基础上，先后制定下发了《推行税收管理员制度的实施意见》和《税收管理员巡查办法》，对税收管理员的 13 项基本职责、10 项工作权限和 7 大项工作要求以及业绩考核、责任追究等事项逐一进行了明确，规定了税收管理员在户籍巡查、生产经营巡查、财务管理巡查、涉税违法违规处理结果巡查、发票管理巡查等方面的具体内容。制定了《泰州市地方税务局税收管理员工作规范》，对税收管理员实行岗前培训、岗位练兵、轮岗交流制度。试行税收管理员准入机制，定期对税收管理员实施考核，根据考核结果，确立税收管理员等级，并将税收管理员的能级管理与纳税人的分类管理结合起来，实施动态管理，充分调动了税收管理员的积极性。

二、纳税服务

不断更新服务理念，优化服务机制，把纳税人满意度为评判地税工作成效的第一标准，实现了由被动服务向主动服务、由一般服务向特色服务的转变。在全省地税系统率先成立了纳税服务中心，制定出台了一系列服务制度和考核办法，对地税网站、12366 热线、纳税人之家、税信通、QQ 税务顾问等纳税服务资源进行梳理整合，建成了以“泰州地税网站”为载体，以“12366”纳税服务咨询热线为链接，以“局长接待日”制度为支撑，以公示栏、显示墙、触摸屏、资料册为辅助，以“税务政务公开” 为保障的地方税收纳税服务运行机制。大力推行文明办税“八项服务”和“五个零距离”服务，实施文明办税“十公开”，向社会公布了地税机关“十项服务承诺”和“八条禁令”。泰州地税“亲民税务”服务品牌被省文明委授予“江苏省第二届优质服务品牌”称号，并应邀参加了全国机关品牌论坛。

倾力打造“亲民税务”服务品牌。该局在不断优化服务举措的基础上，于 2004 年向社会推出了“亲民税务”服务品牌。重点对已开展的纳税服务工作进行全面梳理，按照系统化、规范化的要求加以完善，制定出了统一规范的纳税服务各项制度，全面提升了纳税服务工作的质量和效率。从长远建设来看，“亲民税务”品牌建设的目标是，通过税务文化的建设，全面提升税务干部的“亲民”理念，即全心全意为纳税人服务、在一切工作中保障纳税人的合法权益，从而为建设一支一流的税务干部队伍打好思想基础；同时通过集中纳税服务资源、优化服务流程、建立健全纳税服务监控和评价机制、全面构建贯穿于整个税收工作的纳税服务体系，真正做到为纳税人提供一流的服务，创造一流的工作业绩，使泰州地税的总体工作水平进入全国先进行列，使“亲民税务”品牌全国闻名。

健全完善税收服务体系。(1)优化程序性服务。不断加强办税服务厅窗口建设，简化办税流程和手续，推行“一窗式”服务。针对群众反应的社保费缴费“两头跑”的问题，及时与社保部门协调，在海陵区和高港区两地社保部门增设了社保费征收窗口，方便了纳税人。(2)突出权益性服务。通过施行定期催报催缴制度、稽查预告制度和纳税评估制度，提醒和鼓励纳税人自行查补申报税款，帮助纳税人提高诚信纳税意识,维护了纳税人合法权益。(3)强化职能性服务。该局主要负责人和业务部门负责人多次走进《行风热线》直播室,面对面为纳税人解释税法和落实税收难题,同时还与省地税局一起共同参与了省纪委等部门主办的“聚焦民营经济政风热线大型户外直播活动”,现场将促进民营经济发展的各项税收优惠政策送到了广大私营企业主手中。为确保促进下岗再就业的税收优惠政策真正让应得的纳税人得到实惠,对减免税情况实行了全面公开,接受全社会纳税人的监督,堵塞了政策漏洞,维护了税法的严肃性和公平性。

优化创新纳税服务措施。(1)开通“直通车”服务。将全市50强企业、外商投资企业以及投资超亿元的民营企业列为重点服务对象,对其开通“直通车”服务,从税务登记、纳税申报、涉税审批、发票管理、减免税审批等方面开通绿色服务通道。同时设立“直通车”咨询专用电话,广泛接受“直通车”服务对象和社会各界的监督。(2)创办“纳税人之家”。全市地税系统共成立了302个“纳税人之家”,共有会员近4000个。纳税人之家围绕“宣传税收法律法规”和“加强执法监督、增强沟通交流”两大主题,采取提醒式服务、约谈式服务和上门服务等方法,认真落实纳税人参事机制、民主评税机制、咨讯服务机制和监督评议机制等四项机制,和谐了税企关系。(3)推行纳税人网上打印缴款凭证。为实现纳税人足不出户就能办税,最大程度上方便纳税人,在全面推广电子申报、电子缴税申报方式的基础上,成功推行了网上打印电子缴款凭证,实现了所有电子缴款单位的税款、基金、社保费等的网上打印发票。(4)设立办税服务“自助税吧”。为向不具备上网条件的纳税人开展电子申报提供方便,该局在城区办税服务厅统一建立了“自助税吧”,成为提供新型纳税服务的新阵地。“自助税吧”设施齐全,为纳税人提供了从纳税申报表的填报和财务报表的提交,到各类涉税报表查询、打印输出等电子申报全过程服务。通过配备“导税员”,纳税人在申报过程中还能得到最为便捷的咨询服务。这一举措,有效地解决了电子申报扩面和办税大厅申报拥挤的问题。(5)开通“税信通”短信服务平台。该平台独立于“12366”纳税服务平台之外,能够免费为纳税人提供自动催报催缴、纳税事项提醒、税收政策宣传、涉税信息查询等多项服务。该平台与新改版运行的“12366”纳税服务平台配合运行,成为了地税机关为纳税人提供“零距离”服务的又一渠道。

不断扩大税收服务外延。在税收服务方面一如既往地坚持为民、爱民和服务社会的宗旨,在履行自身职责,发挥自身职能的同时,时刻关注民意、民声,关爱社会弱势群体,积极投身“五城同创”工作,将税收服务外延不断扩大。(1)认真听取市人大代表和政协委员的呼声,对税收征管、稽查以及纳税服务方面的薄弱环节和热点问题逐一落实处理到位,建议提案办理工作多年保持100%的满意率。(2)定期召开行风监督员座谈会,向全社会发放《征求意见表》,开展纳税人满意度调查,充分听取纳税人和社会各界对地税服务的意见和建议,及时调整税收征管和服务措施。(3)深入开展扶贫济困送温暖活动。将市社会福利院作为长期挂钩联系点,定期组织干部职工到市福利院看望孤儿和老人;组织走访慰问了市特殊教育学校,为学校食堂捐赠16台吊扇,解决该校食堂夏季气温过高的状况;先后与30多名城镇贫困居民和5个居委会挂钩联系,帮助他们解决再就业和温饱问题,积极支持社区基层组织建设;有计划地安排专项资金,确立扶贫项目,对市委、市政府确定的扶贫乡镇和“三个代表”学教活动挂钩联系点进行帮扶,累计投入数百万元,用于兴化市钓鱼镇北芙村、泰兴市刘陈乡和河失乡、海陵区泰东镇北马村的扶贫工作。

开展“弘扬亲民税务,携手和谐之路”主题服务活动。为进一步扩大“亲民税务”服务品牌的影响力,该局紧紧围绕“诚信”与“和谐”主题,策划开展了一系列税收服务活动。(1)组织开展“走近你我他·亲民税务行”下访服务活动。选择陵光石化集团等10户具有代表性的重点项目企业和重点税源企业作为服务对象,在前期调研的基础上,分头走进这些单位开展下访活动,进行现场办公,为企业解决涉税难题,进一步理顺和密切了征纳关系。(2)开展“地税系民生·普惠纳税人”挂钩服务活动。与全市100名下岗职工、100名残疾人员、100名退役士兵、100名大学毕业生结成挂钩服务对子,帮助他们自谋职业和自主创业。(3)组织开展“个税礼包万人送”活动,将税收法规库、政务公开事项、税法常识、常用办税软件等资料刻录成光盘，与税法宣传纪念品一起制作成“大礼包”，分送市、区（县）各党政机关领导、人大代表、政协委员、部分企事业单位人员以及其他高收入行业和高收入者，进一步扩大税收工作的影响力。

三、依法治税

按照依法治税的要求，牢固树立新的法治理念，把依法治税、从严治队作为地税工作的重要职责，不断加强税务行政法制建设，积极规范税务行政执法行为，依法行政水平稳步提高，执法环境明显改善。大力开展税法宣传活动，使得外部执法环境明显改善，各地地方党委、政府对地税工作更加重视和支持，公民的税收观念明显增强，社会各界协税护税意识明显提高，依法治税逐步成为全社会的普遍共识，成为了广大地税干部的自觉行动。2007年10月，该局被省全面推进依法行政工作领导小组表彰为“江苏省依法行政示范点”称号，并于次年3月召开了全省基层执法评议工作现场会；2008年被市委市政府表彰为法治泰州建设依法行政示范单位，被市依法治市领导小组授予“法治泰州建设学法用法先进单位”；同年，在全省基层执法评议工作现场会上，该局被列为现场观摩点，“构建三项机制，打造阳光税务”的做法，得到了与会代表的肯定，省委常委、省政法委书记林祥国对此给予了高度评价。

深入开展“依法行政示范点”和“学法用法示范点”争创活动。该局认真做好创建资料的整理工作，建立了“五五”普法台账，完善了考核管理台账和文件、图片资料的立卷归档工作，编写了创建宣传脚本，制作了电视宣传片。通过“两个示范点”的创争活动，使广大税务干部规范执法、公正执法、文明执法的意识普遍增强。

率先实施税收执法责任制和执法过错责任追究制度。该局认真开展每年一度的税收执法检查活动，并将执法检查与组织收入、增强内部管理、清理落实政策法规、纠正行业不正之风紧密结合，使之成为发现问题，促进整改、提高的重要途径。积极办理税务行政复议案件，坚决纠正错误的执法行为，切实维护纳税人的合法权益。在全省率先推行并落实了税收执法责任制和执法过错责任追究制度，逐步夯实税收法制基础，以制度管人、以制度管事，建立起既分工协作又相互制约的运行机制，促进了税收执法行为的规范化和规范执法良性机制在全系统的形成。

率先实行涉税案件“一案双查”制度。在全省率先推出涉税案件“一案双查”制度，开发了“一案双查”软件。制定了《泰州市地方税务局涉税案件一案双查暂行办法》，该办法规定在税务机关对涉税案件进行检查时，既外查纳税人、扣缴义务人的税收违法行为，又内查税务机关、税务人员的执法过错和为税不廉行为，使税务系统反腐倡廉和税收法制工作落到实处。为进一步规范税务行政处罚自由裁量权，出台了《泰州市地方税务局规范行政处罚自由裁量权实施办法》，对税务干部的自由裁量权实施了规范，保护了纳税人和扣缴义务人的合法权益。在全省省级依法行政示范点经验交流会上，该局作为泰州市唯一代表就“一案双查”工作进行了交流发言在充分调研的基础上。同时，该局积极推行税收稽查陪审员制度，加强了税收稽查执法的外部监督，受到省内外同行的高度关注和社会各界的一致好评。

全面上线运行税收执法管理信息系统。按照分步实施、稳步推进的策略，该局在五个基层征管单位成功试点应用的基础上，对该软件系统可上线运行的57个流程进行了全面推广。及时研究出台了《税收执法管理信息系统考核暂行办法》，明确了人机结合的考核方法、考核内容、过错责任分类、扣分标准和过错线索传递移送等内容。对考核中发现的执法过错行为和事项，严格按照规定进行了责任追究。通过配套制度建设，确立了系统考核的权威性，保证执法责任制的全面贯彻落实，使税收执法管理更加规范，执法监控更加高效有力。推广应用了税收执法责任制电子考核软件，研究编制了《泰州市地方税务局税收执法责任制操作规程》，将执法责任追究办法和流程进一步规范化、标准化，大大提高了税收执法监督效能。

四、科技兴税

泰州地税成立以来，税收信息化建设经历了一场由白手起家到全方位覆盖的革命性变迁。多年来，该局牢固树立新的管理理念，实施“科技兴税”战略，以税收征管广域网为依托，实现了税收信息资源的高度共享和公文的自动化处理，形成了以电子申报为主体的等多元化纳税申报格局，地方税收征管实现了由“管户制”向“管事制”、由“人治”到“法治”、由“重点征收”到“重点稽查”、由

“以查促收”到“以查促管”、由“收入任务型”到“征收管理型”、由“执法打击型”到“管理服务型”的六大转变。征管信息系统、税收执法管理信息系统、土地使用税管理软件、个人所得税全员全额扣缴软件、纳税评估软件等近30个业务软件被推广应用,信息数据基本实现了网上交换和传输。2009年,该局在全省地税系统率先实现省级数据大集中系统的全面上线运行,实现了泰州地税信息化建设的全新突破。

深化完善电子申报方式。(1)拓展征管信息系统的广度和深度。将所有应该纳入、能够纳入计算机办理的事项都尽可能的通过计算机来运作,所有能够由计算机自动生成的数据,都以计算机自动生成的结果为依据。(2)建立统一规范的电子申报平台。财税社库行横向联网系统在市区和所辖四市全面推行,全市申报入库税款可全部通过联网系统直接划解国库。纳税人自行打印电子缴款凭证在靖江市局取得试点成功后,泰州市政府发文在全市推广应用。(3)狠抓电子申报的后续管理工作。要求基层征管部门将工作任务分解落实到人,确保凡取得电子申报授权码的单位都能通过网上申报。截至2008年年底,全系统已有3584户企业实行了电子申报,市区近80%税款实现了网上申报。(4)对定期定额户银行划卡缴税进行扩面升级。以征管信息系统为依托,加快推进并已基本实现了税银联网,保证了定期定额户自动扣缴税款工作的顺利进行。

全面完成市级数据应用集中工程。在完成小型机系统二期建设工程的基础上,对全系统的征管数据进行清洗、转换、合并测试和迁移,实现了征管数据市级全集中统一存储、加工和管理。为进一步加强全系统信息数据管理,保证征管数据系统代码统一规范,及时制定了《泰州市地方税务局数据管理暂行办法》等数据集中后的配套管理措施,确保了集中后的征管数据能够成为一个可靠、准确、稳定的决策参考依据。

率先在全省完成主干网改造工程。双2M连接主干网络线路改造的相关经验做法被省局在全省地税系统进行推广。核心网络改造为双星结构,两台CISCO 6506交换机和两台CISCO 7206路由器分别组成了高可用局域网环境和一个上联省局、下联四个县市局和市区各分局、覆盖全市地税系统的计算机城域网环境,进一步优化了市区与四市网络配置,提升了整个网络系统的承载能力。完成了远程数据备份系统改造工作,网络系统的稳定性和安全性得到大幅度提升。安装和使用了网络管理软件,网络监控管理能力得到进一步的加强。大力开发网络增值应用服务,积极做好IP电话和视频会议系统的建设、维护和管理工作,“腾讯通”实时通信系统被推广应用。

行政管理信息化水平大幅提升。电子政务建设逐步推进,公文处理全面实现“无纸化”单轨运行。在制发公文和收文阅办两个环节同时取消了纸质公文的流转,降低了行政办公成本,提高了公文流转效率。该局还被列为泰州市电子政务平台首批试点单位,成功接入了该平台,与地方各党政机关部门实现了信息互通和共享。

五、队伍建设

不断加强干部队伍建设,大力发扬“四种精神”(不断进取、争创一流的创新精神,奋发有为、敢为人先的开拓精神,知难而进、乐于奉献的拼搏精神,顾全大局、同心协力的团队精神),努力争创“三个一流”(一流的干部队伍、一流的服务水平、一流的工作业绩)。通过保持共产党员先进性教育活动,学习“三个代表”重要思想、科学发展观理论和构建社会主义和谐社会主题活动以及学习党的十七大精神专题教育等一系列思想政治教育活动,不断提高思想政治素质。定期邀请省委党校、市委党校的专家教授为广大干部授课,组织编印反映系统内先进典型的《先进模范人物事迹选编》、《闪光的税徽——全市地税系统先进模范人物事迹选编》、《闪光的税徽——全市地税系统先进集体事迹选编》等宣传手册,组织开展全系统先进模范人物巡回报告会等,在系统内掀起了学习典型、赶超先进、争当模范的争先创优高潮。全系统有30余人次受到地市级以上表彰,全系统文明单位覆盖率100%,人民群众对地税机关及干部的满意和基本满意率达到96%以上。

精神文明创建工作扎实有效。根据“两手抓,两手都要硬”的工作方针,该局把“创文明行业,树地税形象”和“服务人民,奉献社会,带好队,收好税”作为总体目标,通过完善各项规章制度,提高干部队伍素质,规范征收征管,使全系统的精神文明建设不断上水平、上台阶。在创建文明单位工作中，全系统建立和健全组织网络，加强对创建工作的领导。主要领导亲自抓、分管领导全力抓、职能部门具体抓、工青妇组织协助抓、自上而下级级抓的齐抓共管的局面基本形成。同时坚持以人为本，坚持用正确的理论引导人，用崇高的事业感召人，用良好的机制激励人，用模范的行为带动人。狠抓系列教育和激励措施的落实，不断提高广大干部职工的业务素质。通过抓好讲学习、讲政治、讲正气为主要内容的党风党纪，“三讲”教育，强化地税干部无私奉献意识，增强全体干部的凝聚力。在日常工作中，突出窗口建设重点，广泛开展文明规范化达标活动，细化规范化服务标准，在优美环境、优良秩序、优质服务上下功夫，使全系统基层窗口单位的办税环境进一步优化，服务水平普遍提高，征纳关系显著改善。全系统还十分重视树立典型，大力开展创优争先活动。通过召开经验交流现场会和组织实地观摩等形式，先后树立了泰兴市局稽查局、兴化市局周庄分局、靖江市局和兴化市局等先进集体典型。该局继 2005 年被国家文明委表彰为“全国精神文明建设先进单位”后，于 2008 年又被授予“全国文明单位”荣誉称号。

党风廉政建设成绩显著。(1)抓各级领导干部的廉洁自律。全系统层层签订党风廉政建设责任状，坚持一级抓一级，同时建立领导干部党风廉政建设档案。(2)抓好廉政教育。通过学习制度、上党课、听报告、看录像、参观教育基地等多种形式，引导全体地税干部联系实际，剖析正反两方面的案例，不断增强法制意识和拒腐能力。(3)健全完善各项廉政规章制度。坚持以领导干部、一线执法人员和人财物、征管查等易产生廉政风险的岗位、环节为重点，以分权制衡权力为核心，加大制度创新力度，将干部人事管理、财务资产管理、行政事务管理、税收业务管理、监督管理等制度分类汇编成册。(4)开展廉政文化建设影响大。该局制作的《廉政漫画集》得到总局领导的肯定和表扬，并在全国税工会上展出，进一步扩大了江苏地税和泰州地税在全国的影响力。

着力突出人本管理。制定下发了《泰州市地方税务局关于开展群众性业余文化活动的实施意见》，根据干部职工的爱好和特长，成立了八个方向的兴趣活动小组，拨出专门经费，用于各类活动，进一步丰富了干部职工业余文化生活，激发了广大干部爱岗敬业的热情，有效推动了地税文化建设。

宿迁市地方税务局

概　述

宿迁市地税局成立于1996年。1999年2月10日宿迁市地税机构管理体制改革工作会议召开,标志地税部门"垂直管理"的改革启动。此后,改革工作在省地税局和市委、市政府的正确领导下稳步实施。6月,中共宿迁市地方税务局党组经市委批准正式成立;6月底,宿迁地税局领导班子到位;省编办、省地税局7月下文核准基层人员编制,12月中旬批准宿迁地税局内设机构和基层征管机构的设置方案。宿迁地税局党组也陆续对各单位的领导班子进行了明确。全市地税系统经费的基数确定和上划工作也于1999年年底前基本完成。

组建之初的1996年，宿迁地税部门总收入、税收收入分别为17821万元、17211万元,2008年这两个数据分别达到402459万元和301765万元,年均增幅分别为达到30.2%、28.2%。2000年宿迁地税开始征收社会保险费，当年征收金额为2170亿元,而2008年征收额达到81197万元。在收入快速增长的同时,"两个比重"稳步提高:2008年地税收入占全市GDP的比重达到4.47%,较1996年的1.38%上升了3.09个百分点;二是2008年地税一般预算收入占财政同口径比重由2002年的36.8%提高到53.3%。地税部门收入已经成为宿迁财政的重要支柱和经济建设、社会发展的有力保障。

1996-2011年宿迁市地税系统各项收入情况统计表

单位:万元

项目＼年份	1996年	1997年	1998年	1999年	2000年	2001年	2002年	2003年
总收入	17821	23698	28504	33179	40251	52512	63031	73612
税收收入	17211	22856	25985	30787	36363	36351	42944	48869
一般预算收入	15979	21090	25500	30263	35206	35284	35170	40530
社保费收入					2170	14106	18208	21277
其他基金费	610	842	2519	2392	1718	2055.1	1878.6	3466.2
项目＼年份	2004年	2005年	2006年	2007年	2008年	2009年	2010年	2011年
总收入	93819	121518	172300	281569	402459	531708	826603	1266682
税收收入	62999	81898	121275	209012	301765	397762	654597	1007753
一般预算收入	51040	69096	102809	173679	247777	324086	547030	792123
社保费收入	26354	32613	40651	58316	81197	107999	135617	201816
其他基金费	4466.2	7007	10374	14241	19497	25947	36389	57113

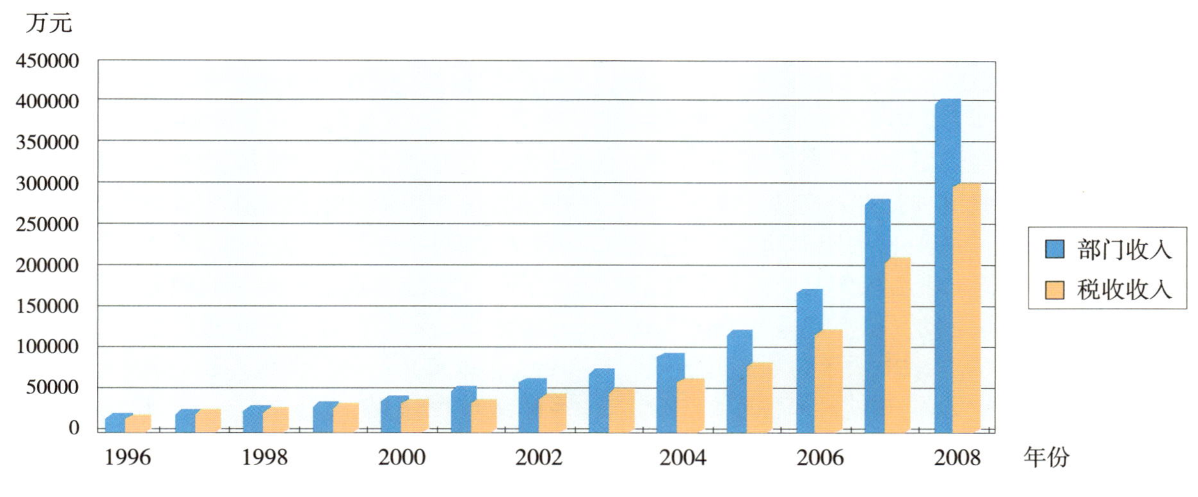

宿迁市地方税务局组织收入情况图

特色工作

一、服务地方经济社会发展

1996年，对现行税法进行精心梳理，先后落实兑现34条促进个体私营经济发展、下岗职工再就业和企业改革的税收优惠政策。为资金周转困难的企业办理税款缓缴手续，累计缓缴税款6000多万元。争取财政信贷资金200万元，专项用支持市区个体私营大户和下岗职工再就业工程。1997年和1998年，先后投入资金20万元帮助泗洪县上塘镇石庄村新建校舍、安装自来水、实施农电线路改造。宿迁地税局机关25名干部还与扶贫村25户贫困户结成对子，实行一对一帮扶。1997年年底，该村如期脱贫，市地税局也被市委、市政府评为扶贫工作先进单位。1999年又投资3万元，为宿豫县仰化乡新桥村修筑桥涵16处，送化肥6吨，捐款9000余万元。

2000年，切实执行固定资产投资方向调节税停征、技术改造设备投资抵免企业所得税等政策；审批减免营业税602.27万元、企业所得税504.5万元；向宿豫县仰化向新桥村拨出专款4万元，帮助该村16户农民实施“草改瓦”工程，在夏收期间购买6吨化肥，送到该村贫困户手中。

2001年，积极参与全市经济发展软环境综合整治，开展“维护纳税人权益百日行动”。积极为改制企业提供政策服务、业务服务、配套服务和管理服务。主动呼应省及苏州对宿迁的扶持，苏州市地税局建立了挂钩合作关系。认真兑现税收优惠政策。全年共审批和报请省地税局审批减免地方税收1400余万元，报批19户企业财产损失5013万元。编印《地方税收优惠政策汇编》8000余本，发放到各级党政领导和广大纳税人手中。市地税局在2001年度综合目标管理考核中获“先进单位”称号。

2002年，积极配合市委、市政府的发展战略和产业导向，兑现各项优惠政策，经省局、市局审批，税前扣除财产损失27户、计3980.05万元，弥补亏损企业13户、计668.96万元，提取管理费4户、计296万元，减免营业税9户、计1049.77万元，减免企业所得税16户、计为1079.55万元。完成了400万元的招商引资任务。在2002年度目标管理工作总结大会上，被授予“目标管理完成奖”。

2003年，在全省地税系统率先全面推行政务公开，在泗阳县局王集分局举办了“送税法下乡暨局长接待日活动”。不折不扣落实再就业优惠政策，两次调整营业税起征点，全市纳税人因此受益近1500万元，全年还办理再就业税收减免逾2000万元。在市政府2003年度年度目标管理工作中，宿迁地税局被授予“目标管理完成奖”,4 项单项考核全部进入先进。

2005 年,认真开展“三个更加灵活”大讨论,统一了《税收服务承诺》。全年累计审批减免各类税收 5200 万元以上。在泗阳县局开展了新一轮政务公开试点,并将“集中、专职、统一、规范”的公开模式推广到了全系统。突出公开、服务功能,对宿迁地税公共服务网进行了重新规划设计,并实现了和 12366 服务热线的互动。积极推进电子化申报和缴款,部分农村分局采取电话预约、税务代开等方式方便纳税人开具发票。市地税局被市委、市政府表彰为“招商协作组优秀组织奖”。在行风建设和 2005 年度目标管理总结表彰大会上,市地税局被市委、市政府表彰为“2005 年度政(行)风建设满意单位”,获得了“目标管理完成奖”,双拥、挂村帮扶等单项工作继续保持在先进行列。

2006 年,招商引资招商实绩居条管部门第二,在分档表彰中列第一方阵。全年累计办理减免税 3839 万元,办理缓缴税款 3400 万元。宿迁地税连续十年进入行风评比先进行列、获得政(行)风“满意单位”称号,被市委、市政府表彰为“2006 年度目标管理先进集体奖”,并且在条管部门中同时获得这两项殊荣的仅地税部门一家。

2007 年,双获 2007 年度“目标管理先进集体”和“政行风建设先进单位”称号,成为全市唯一连续两年同时获得这两项殊荣的条管部门。法制建设、政务信息、双拥、扶贫等单项工作也跻身地方考评先进,获众多表彰。

2008 年,为及时应对金融危机影响,及时出台“优化税收服务、促进企业发展的十五条意见”,获市政府主要领导予批示肯定。深入落实“工业突破”战略,宿迁地税局机关共引进各类项目 6 个、投资总额达 1.2 亿元。全年累计办理减免税 6806 万元,办理缓缴税款 3163 万元。市地税局机关通过“全国精神文明建设先进单位”验收,泗阳县局被表彰为“全省依法行政示范点”,泗洪县局一分局、宿豫地税局一分局分别被表彰为“全国青年文明号”和“全国三八红旗集体”,宿迁地税局二分局、沭阳县局三分局申报省级青年文明号也通过验收。

二、依法治税

2000 年,大力开展税收宣传,在《宿迁日报》开辟了地税宣传阵地,开通了“宿迁地税之窗”网页,编纂了《宿迁地税年鉴(1997-1999)》。严厉打击税收违法,稽查部门加收滞纳金 330 万元、罚款 383 万元,发现税收犯罪案件线索 3 起、移送司法机关处理 2 人。加强制度建设,制订了《宿迁市地方税务局依法治税工作实施方案》,出台了《税务行政执法过错追究办法》等 11 项制度。开展了税收执法重点检查和涉农税收专项检查,并对各地自行制订的涉税政策进行清理,共清查出 1999 年以来县各(区)涉税违轨、违法文件 10 份,乡镇级涉税违规、违法文件 4 份,全部通过政府部门要求整改。

2001 年,市、县地税局分别成立重大税务案件审理委员会,共集体审理重大案件 28 起,涉案金额 360 余万元。开展部、省属企事业单位、改制企业、房地产开发企业、交通运输企业及国有企业专项检查,共检查 422 户,查补税款 2023 万元,罚款 305 万元,加收滞纳金 119 万元。对 973 名高收入者建立了个人所得税管理档案,并开展高收入行业和个人进行专项检查,查补个人所得税 458 万元。开展发票违法犯罪专项斗争,查处各类发票违法、违章案件 65 起、涉案发票 5904 份,其中倒买倒卖发票 760 份,有 2 名涉案人员被移送公安机关处理。2001 年 7 月,宿迁市地税局被依法治省领导小组命名表彰为“江苏省 1996-2000 年法制宣传教育先进集体”。

2002 年,法制教育培训实现了制度化,保证了全体税干每年轮训一次;利用新《税收征管法》及其《实施细则》施行等时机,广泛开展法制辅导。2002 年共开展了个金融保险、建筑房地产、重点税源户等 10 个专项检查,检查纳税人 264 户,累计查补各项税收 1711 万元,加收滞纳金 50.1 万元,罚款 173.4 万元。农村税收征管不断规范,2002 年 11 月在沭阳召开农村税收征管现场会,总结推广沭阳县局加强“五小车辆”税收征管经验。

2003 年,先后组织开展了《征管法》、征管业务规范、税收相关法律知识三个专题学习、考试。出台了《进一步加强依法治税工作的意见》,实行《稽查建议制度》,税收执法监督体系进一步完善。向社会公布 A 级纳税人名单,公开表彰个人所得税代扣代缴和社保费缴纳先进单位。强化税务稽查力度,全年稽查案件 526 个,查补、罚款和滞纳金收入累计 1947 万元。

2004 年，确立“规范年”主题，优化流程、细化岗责、完善制度，初步形成了较为完整、适用的岗责制度文本和运行机制各单位都建立了考评、追究办法，并严格考核和实施责任追究。

2006 年，大力开展税收宣传，市地税局、泗阳县地税局同时被表彰为“2001-2005 年全省法制宣传教育工作先进单位”，市地税局还被评为“全市法制宣传教育示范单位”。全面实施“分级分类稽查”，全年累计检查纳税人 475 户、查补收入 3305 万元。出台了《偷税若干问题适用法律指导意见》，获得全市“依法行政创新奖”；在沭阳县地税局试点基础上形成了《关于规范税务行政处罚自由裁量权的管理规定》；全面推广应用“执法责任制管理信息系统”，顺利通过省地税局局检查验收。市地税局被确定为宿迁市首批“行政执法示范单位”。

2007 年，宣传月期间组织的“流金税月”主题宣传活动，被国家税务总局主管的“中国税网”评为“第 16 个税收宣传月税宣方案二等奖”。积极实施分级分类稽查，全年宿迁地税局稽查局集中力量检查纳税人 22 户，查补税款 1053 万元，加收滞纳金、罚款累计 223 万元。组织开展了“行政处罚案件评审”活动。按照“优化岗责、强化考核、规范追究”的原则对执法责任制进行了全面修订。宿迁市地税局获“省级依法行政示范单位”称号。

2008 年，加强个人所得税全员全额管理，申报面和申报税款比重均达到 90%。组织开展土地使用税、房产税税源清查，连续第十一次蝉联“全省税收资料调查工作先进单位”。充分发挥技术支撑作用，成功开发建安房地产管理软件、个人所得税全员全额管理软件以及车船税税源监控管理信息系统，并率先应用征管信息系统社保模块。强化政策执行力度，组织修订税收执法责任制，两次开展税收执法检查，建立了税务行政处罚集体审理机制。在“中国税网”举办的“聚焦税宣月”摄影大赛中，全系统有 7 件作品获奖，占获奖总数的 16%。稽查部门全年共检查 577 户，查补税款 5585 万元、同比增长 4.62 倍，加收滞纳金、罚款 1577 万元，有效打击了税收违法行为。

三、征管建设

1997 年，宿迁市地方税务局总结沭阳县“建立健全协税护税网络、加强农村税收征管”的经验，并于 3 月底提请市政府在沭阳召开全市农村税收征管现场会；市政府专门出台了《关于进一步加强农村税收征管的意见》。以此为依托，在全市形成了由乡镇政府牵头，以地税部门为主体，以协税护税网络为保障，各部门齐抓共管的征管新格局。1997 年，全市农村税收入库 7151 万元，同比增长 65%。1997 年 3 月到 1999 年年底，全市没有发生一起因地税征收不合理而引发的农民上访事件。

2000 年，组织重点地段管户集中清查，新办税务登记证 10314 户；根据市政府关于调整泗阳、泗洪县财政体制的决定，将洋河、双沟酒厂移交市地税局直属分局征管；出台了《关于进一步加强发票管理的规定》，要求各地建立健全发票账簿，推广使用定额发票，严格控制购票数量，加强发票审核；积极推广税控收款机和定额发票，市区 30 户饮食业户使用了税控收款机；加强发票使用的过程管理，对建安、运输等行业使用的发票采取逐份审核、统计，遏制虚开、代开等发票违章。

2001 年，层层签订收入目标责任状，对省级、市县级、个人所得税、基金、费收入分别考核，调动全员抓收入的积极性；健全由公安、交通、建设、居(村)委会等组成的协税护税网络，对运输业、房屋出租业、建筑安装业等税收实行委托代征代缴；开展大规模的漏征漏管户清理，2001 年年底登记户数达到 3.8 万户；强化以票控税措施，新推广使用税控收款机 70 台；全年营业税收入达到 14707 万元，占总收入的比重首次超过 40%。强化社保费征收，协同劳动、财政部门开展社会保险费基本情况调查，并对调查结果进行“四方认账”，夯实了征缴基数。

2002 年，对漏征漏管户开展“拉网式”清查，年底净增 9000 余户；加强个私税收管理，采取“分级定位、量化定额、民主评议、系数调整”的办法重新核定定期定额，同时积极引导、帮助符合建账条件的私营企业建账建制；开展集贸市场税收专项整治，共整治专业市场 70 个，清理漏征漏管户 1365 户，调整了 2085 户定期定额，查补税款 23.18 万元；出台了《宿迁市地方税务局纳税信誉等级评定管理暂行办法》，全面开展纳税信誉等级评定；强化发票管理，在餐饮、娱乐、服务业税控收款机推广面达到 70%。

2003 年，出台了《征管质量考核办法》，按季考核并通报。开展了IT市场和交通运输业税收专项整治，推广沭阳县局房地产业税收管理经验，推广宿迁地税局一分局高收入个人所得税建档管理办法。

2005年，认真落实国家税务总局《纳税评估管理办法》和省地税局《操作规程》，积极推广“评估软件”，出台了建安房地产行业企业所得税评估专项办法，并组织了优秀评估案例评选。建立《征管质量报告》制度、《服务指导意见书》制度。土地使用税税源管理软件的应用、企业所得税税源分类管理的推行、个人所得税全员全额管理的实施等，有效提高了税种管理水平。与国税、城建等部门建立正常的信息交换渠道，依靠村（居）民委员会加强出租房屋税收管理。

2006年，确立并落实“重点税源重点管理，一般税源规范管理”税源管理新思路。大力推行税收管理员制度并完善其运行机制，开发了“税收管理员信息管理系统”，其核心功能被江苏省地方税收征管信息系统2.0版吸纳。应用纳税评估软件，评估质量得到有效提高，全年评估4000余户次，评补税款1787万元、移送稽查部门处理18户。按照省局统一部署调整了土地使用税定额；结合税务登记换证对房屋、土地、车船税源进行了清查，宿迁地税局已连续九年蝉联“全省税收资料调查和土地使用税税源普查工作先进单位”称号。货物运输业税控系统上线运行。

2007年，对税源分类管理的探索进一步深化，300余重点税源户入库税款占全部收入的60%。全面实施“基层分局长管户制度”，所有基层分局长直接管理1–3户较大规模管户。纳税评估进一步加强，在省局组织的案例评选中宿迁地税又有2篇被评为优秀。先后发布了餐饮、洗浴、交通运输、房地产、建筑5个行业税收负担率。按月编制《征管质量报告》。

2008年，按照“集中精力抓大、规范管理控中、解放思想定小”的税源管理思路，推进精细管理，开发了“征管数据管理系统”。全市纳入“精管”范围的1020户重点税源企业，全年累计入库税款达到19.27亿元。深入贯彻《江苏省地方税收征管保障办法》，初步建立起市、县、乡三级社会综合治税网络体系。全面推广有奖发票。加强纳税评估，全年评估3963户次，评补税款2693.2万元。

四、信息化建设

1996年，7月份开发推广基于Foxpro平台的税收征管信息系统，替代手工操作，辅助电子数据处理，标志宿迁地税信息化建设正式起步。

2000年，6月份开始在宿迁地税局机关应用ODPS公文处理系统。虽然省地税局未把宿迁列为全省统一征管信息系统首批推广应用地区，但宿迁地税局积极做好运行准备，拟订网络建设方案，统一了税户信息采集格式和标准，并在市地税局直属分局试运行。

2001年，局党组作出“群策群力，穷办苦干，用2–3年的时间，逐步完成税收信息化工程”的战略决策。9月底全面推广应用省地税局征管信息系统，并出台了《征管信息系统推广应用工作奖励和责任追究办法》。从9月底到12月，全市地税系统投资一千多万元，购置主机、终端、网络设备和外围设备，建设了高标准的“市局—县局—分局”三级计算机广域网络，满足了征管数据实时传递的需要。采取派出去、请进来的办法对计算机专业人员进行了多次技术培训，并组织了100余人次的骨干师资培训。2002年1月1日，地税征管信息系统在全市范围一次上线成功。

2002年，覆盖全市、延伸到各征收点的全市地税计算机广域网不断完善，计算机等现代办公设备的拥有量达到400余台（套）。征管信息系统的应用不断深化，建立了市局查询、县局会计核算、分局开票征收的管理新模式；稽查模块投入使用；实现了数据集中到县，并被省局确定为数据大集中试点单位。公文处理、财务、人事、教育等软件得到广泛应用，有效提高了行政办公效率。能够满足网上申报、税案举报等功能的宿迁地税网站在2002年年底投入使用。

2003年，作为全省三个数据大集中试点单位，宿迁市地税局在9月底实现复制式数据集中，圆满完成省地税局下达的数据大集中试点一期任务。地税大厦的中心机房在11月正式投入使用，硬件水平大幅提高。积极参与市政府“网上政务大厅”建设，宿迁地税网站在市政府组织的评比中名列40多个市直部门网站第二名。

2005年，市地税局中心机房两台小型机先后上线运行，地税广域骨干网络升级到10兆ATM线路，以市局为单位实现了征管业务数据全集中。

税银、税库和国地税联网基本到位，内、外网站成功改版上线，新版电子申报、税收会计核算、土地使用税税源管理、机开发票、IP电话和视频会议等软件系统相继投入应用。

2006年，宿迁地税被省局确定为征管信息系统2.0版首批推广应用单位，并第一个上线运行。2006年11月20日宿迁地税征管信息系统2.0版一次上线成功，运行质量在磨合中不断提高，受到省地税局充分肯定。信息化应用程度进一步提高，企业电子申报户占查账征收企业比例、通过税库银联网系统实时划缴税款占企业入库税款比例均超过70%。

2007年，被省局确定为《国库信息处理系统(TIPS)》首批试点单位，征管信息系统2.0版社保费管理模块第一个试运行单位。适应征管信息系统2.0版的外围软件改造稳步推进，新版电子申报软件如期上线。查账征收户中电子申报面超过80%，电子申报税款占比超过50%，个体工商户银行划缴面超过90%。

五、征管改革

1997年，宿迁地税全面实施征管改革，积极推进“以申报纳税和优化服务为基础，以计算机网络为依托，集中征收、重点稽查”为主要特征的新征管模式”。6月2日，建筑面积220平方米、设施较先进的宿迁市地税局直属分局征收服务厅正式对外营业。到1999年年底，市区A类企业上门申报率达到95%以上、税款遵期入库率达到90%以上。各县在城区也因地制宜地建设征收服务场所，初步实现上门申报、微机开票。1998年初，泗阳县局城乡税务所因陋就简建立服务室，初步实现稽查、征管两分离，摸索出一条行之有效的农村税收征管改革之路。

2000年4月10日，市政府办公室转发了市地税局《关于进一步深化税收征管改革的意见》，从指导思想、目标步骤、基本模式、机构设置等6个方面对改革作出部署，标志全市地税征管改革进入实质性运作阶段。市地税局于3月底对基层征管机构设置进行了明确，在全市按照经济区域设立27个征管分局，同时按照稽查外分原则，设立13个检查分局。到5月20日，全市40个基层分局全部挂牌成立并开始运行。

2002年，稽查机构进行了收缩、重组，建立了市、县两级稽查组织，形成了一级稽查体系；在泗阳、沭阳等地实现税银联网，实现定期、定额户就近到银行或邮政储蓄网点划缴税款；网上报税系统开通，在宿迁地税局直属分局选择了20户纳税人进行电子申报试点并取得成功，开始在全市推广。

2003年，推行属地管理，市区实现了按地区划分征管范围；大力推进多元化纳税申报，317户企业实现网上申报，全市绝大部分“双定户”实现持卡到银行缴税；开展了纳税信誉等级评定，16户企业被评为首批A级纳税信誉等级单位。

2005年，全面推行税收管理员制度。实施发票改革，将原有120多种发票减并为30种左右，按纳税人类别分类供给，推行机开发票500余户。纳税服务。

2003年，积极筹备并开通了12366纳税服务热线。

2004年，实施办税服务厅硬件升级换代、功能重新整合，自助办税系统、信息查询系统、电子排队系统的应用从无到有、逐步扩展；12366服务热线、地税网站、公开栏等政务公开载体不断完善，内容不断充实、规范；以电子申报、银行划卡缴税为代表的多元化纳税申报方式进一步得到推广。推广“一窗式”服务、汇编《优惠政策百问》、编制《征管操作实务》、出台分行业《纳税指南》、编写《文书填写样本》等人性化服务。组织开展了“纳税人评议地税活动”，各级地税机关严肃查处投诉、举报案件，服务质量的反馈、纠错机制有效运转。

2006年，对12366、地税网站、税收宣传等职能进行整合，成立了“纳税人服务中心”。加强12366服务热线建设，抽调基层税干轮流座席、制定《服务操作规程》、构建延伸服务网络等措施，扩大了热线的社会影响，提高了服务质量和效率。出台了《纳税服务规范》，从12366热线、办税服务厅、征管、稽查等多个层面对税收服务标准进一步明确。与国税部门联合开展纳税信誉等级评定，并在新闻媒体公示纳税前50强。

2008年，按照“税收宣传、纳税咨询、办税服务、权益保护”的职能定位，进一步理清宿迁地税局相关处室工作职责。各县(区)、分局也立足实际、大胆探索，纳税服务工作机构快速到位。组织编印了《纳税服务工作手册》，规范服务项目和标准;依托“星级服务厅”创建,改善办税服务厅基础条件;以泗阳县局为试点,推行涉税事项同城通办的“无区域办税”;在各级服务厅推广“一站式”服务,实行“涉税事项在前台集中、服务在外部拓展、业务在内部流转、质量在后台监控”的管理模式。

六、队伍建设

1996 年,把好进人关,严格按照市组织、人事部门规定的“五湖四海、素质优先、宁缺勿滥”的进人标准选调、划转市局工作人员。攻好素质关,有计划、有步骤加强税务干部政治、业务的教育培训工作,1997 至 1998 年先后组织了两期股、所长培训班和一期稽查业务培训班。过好廉政关,建立健全遏制腐败的监督防范机制,严厉查处各种违法违纪行为,先后有 2 名税干受到党纪政纪处理,有 6 名协税员被辞退。1997、1998 连续两年市地税局在市级机关行风测评中取得第二名;1999 年继以 98.35 分获得民主评议行风第一名后,又取得了市级机关行风测评第一名。积极开展创建活动。到 1999 年年底,全系统已有省级“青年文明号”8 个,市级“青年文明号”23 个;4 个单位被认定为省级“文明单位”,19 个单位被宿迁市委、市政府命名为 1997–1998 年度文明单位。

2000 年,自 4 月 27 日开始进行了为期两个月的“三讲”教育,达到了预期目标。年初制订了详细的培训规划,全年共完成了 46 个培训,1800 人次受训。出台了《关于加强干部职工学历教育管理工作的意见》,鼓励干部职工参加各种形式的学历教育。组织人员参加全省地税系统依法治税业务竞赛,荣获第三名。组织编写《宿迁市地税工作应知应会知识读本》,并印发到每一税干手中。加强机关建设,先后印发了《宿迁市地税局机关工作规范(试行)》和《宿迁市地税系统工作人员岗位行为规范》,使人员管理走上制度化、规范化轨道。在 2000 年度全省地税系统规范化管理综合目标考核中,宿迁地税局以总分第四的成绩被省局表彰为先进单位。

2001 年,全年共组织各类培训 52 次,受训人员达 4000 余人次。开展“满意在地税”百日竞赛活动,有 2 个单位、7 名同志被省地税局分别表彰为“优质服务红旗单位”和“优质服务标兵”。市地税局直属分局、沭阳县地税局的刘文才同志分别被省人事厅、省地税局联合表彰为全省地税系统先进集体、先进个人。宿迁地税局直属分局被人事部、国家税务总局联合表彰为“全国税务系统先进集体”。宿迁地税系统被省委、省政府命名表彰为“江苏省文明行业”。宿迁市地税局以总分第一的成绩被市委、市政府表彰为“行风建设先进单位”,并被给予“2002 年度行风免检”待遇。“七一”前夕,市地税局党总支部被省委表彰为“先进基层党组织”。

2002 年,通过广泛开展初任培训、岗位技能培训、更新知识培训和加强学历教育,全市税干学历层次、专业知识、计算机能力与岗位技能水平有了较大提高,全系统干部职工大专以上学历从 1997 年的 33%上升到 2002 年的 75%,通过计算机中级考试的达到 100%。廉政监察的机制基本形成,廉洁从政形象牢固树立。到 2002 年年底,全系统受省局和市委、市政府表彰的文明单位达到 27 个(次),获得省部级荣誉 5 个。

2003 年,大力开展学习型组织创建,采取“请进来、走出去”的办法开展了 7 次培训。鼓励争先创优、彰显亮点,4 个县局的综合档案室全部通过“省一级”验收,信息工作在省局和市两办的评比中都进入先进行列,完成的“社保费征收调查”课题在全省评比中荣获一等奖,市局信息管理处王红哥同志被总局表彰为“信息化建设先进工作者”,全系统有 4 个单位获得省以上文明称号。宿迁地税局班子落实党风廉政责任制工作顺利通过市委、省局验收,并被评为“优秀班子”,4 名班子成员全部被定为优秀等次;全系统顺利通过省、市两级文明行业验收,群众测评满意率达 97%;在 2003 年度市级机关行风评议中宿迁地税局得分第一,被授予行风“满意单位”称号,并享受行风免评一年待遇。

2004 年,鼓励“彰显亮点”,组织多种形式的考核、督查,形成了鲜明的工作实绩导向。全面开展组织智商建设、倡导“没有管理的管理”、鼓励做好“自选动作”、开展“五本书”学习活动,促进了部门风气明显改进。不断加大对基层的投入,农村基层税干扎根基层、安心工作,系统内凝心聚力干事业、谋发展的氛围日渐浓厚。

2005 年,组织 100 余人开展了 2 期征管、稽查业务专题培训;成立了业务研讨小组,开展“送税法到分局活动”;通过选拔考试,分别组建了征管、稽查、法规人才库;组织了模拟法庭活动,加强了对税务应诉案件的演练。着眼系统和谐,宿迁地税局党组成员和各县、分局班子成员一对一谈心,到农村分局和一线税干面对面交流;组织各类问题活动,提升税干的归属感、增强了组织的凝聚力,宿迁地税局还因此被授予"江苏省全民健身先进单位"荣誉称号。民主理财推广到了所有基层分局,获省地税局充分肯定。各级地税机关严格按照地方党委部署落实先进性教育各项活动措施,圆满完成了先进性教育任务,在当地组织的相关考评中都名列前茅。2005年"七一"前夕,宿迁地税局机关党委作为市级机关中的唯一一家被市委表彰为"十强基层党建示范点"。

2006年,在洪泽湖劳改农场设立了警示教育基地、定期组织警示教育,大力开展廉政文化建设,认真落实党风行风制度,同时狠抓违法、违纪行为的查处,通报了一批典型案例,在系统内引起了强烈震动。修订内部综合考核办法,实行"橄榄型"考核结果认定,制定与之相配套的争先创优积分管理办法和奖励办法,促进了"单项工作有亮点,整体工作上水平"竞争策略的两个方面同步、协调发展。泗阳地税局、市地税一分局各有一个基层单位获得国家级文明称号。

2007年,开发了网上教育培训系统,并针对三个人、中层干部、一线征管人员,组织多期分层次培训。以"三个人"为师资,点对点的基本业务技能培训普遍推开。积极推行褒奖"大多数"、促动"极少数"的"倒激励"机制。市局、县(分)局、基层分局层层建立民主理财组织,运作不断规范。

2008年,着力加强教育培训,全面完成网络教育题库征集工作,全年共举办四期270余人参加的各类专题业务培训。基层单位岗位练兵活动广泛开展,在全省税收管理员岗位能手竞赛、企业所得税法知识竞赛以及全市协助执行、预防职务犯罪、信息化知识竞赛中,均取得了良好成绩。在70个参评单位中,宿迁市地税局以综合得分第二的成绩被市委、市政府表彰为2008年度"政行风建设先进单位",这也是宿迁地税局连续第12年受到表彰。

七、管理创新

实施"双基"建设,夯实基础、做强基层。2003年,宿迁地税局党组逐步确立了以"强化双基"为核心的工作思路,实现了宿迁地税工作重心的战略转移。围绕这一思路,制定了《双基建设规划》,部署开展"精品创建"活动,并先后选择宿豫县局六分局、沭阳县局稽查局进行征管规范化分局、业务规范化稽查局创建试点。这两个单位较好完成了试点任务并通过验收,其经验和做法都被宿迁地税局召开现场会推广。经过近2003年的"启动期"、2004年的"规范期"和2005年的"跟进落实期",宿迁地税双基建设取得了明显成效,全市地税基础、基层工作面貌以及人的精神面貌已发生明显变化,夯实基础、做强基层的目标基本达成。

实施三项建设和三个人建设,着力提高工作质效。2006年初,宿迁市地方税务局启动"基本制度、基础资料、基本技能"三项建设,对宿迁地税双基建设(做实基础、做强基层)以来形成的全面、庞杂政策制度库实施化繁为简改造,打造"法规库的简读本,基层税干的税易通";同时,全面启动三个人建设,在所有基层分局重点培养一个业务分局长、一个办税服务厅主任、一个业务骨干,让他们成为化繁为简的推动者、执行岗责制度的带动者、规范化建设持续改进的维护者。2007年,宿迁地税继续把三项建设作为全年工作主抓手,组织"三项建设突击月"活动,对三项建设应用系统内容集中清理,日常维护机制不断完善;着手把三项建设应用系统从内网向外网迁移;以三项建设应用系统为蓝本,组织大规模基本技能培训、考试。"三个人"的培养和管理在市局、县(分)局两个层面均得到加强。相关做法得到了省地税局充分肯定,缪瑞林市长专门批示要求在全市执法部门推广,总局、省局简报和《中国税务》、《宿迁调研》等刊物均予以推介。

组织基层评议机关活动,促进机关作风转变。2004年初的全市地税工作会议上,宿迁地税局举办了首次基层评议机关活动,并形成了工作制度,长期予以坚持。在评议中,宿迁地税局各处室负责人面对基层同志进行演说,介绍上年工作情况,承诺今年的工作目标和服务基层的措施。与会基层代表结合市局处室平时的工作作风和对基层的服务意识、服务水平进行了现场打分,提出具体意见。宿迁地税局根据评议结果和存在问题在全系统通报,要求相关处室针对问题认真加以整改。评议活动的开展,有效促进了机关作风改进,提高了机关处室工作的积极性、主动性和服务意识、服务能力。

加强组织智商建设,凝聚工作合力。2003年开始,宿迁地税大力开展“组织智商”建设,鼓励干部自我约束、自我管理,努力实现“上级与下级之间默契配合、不同人员之间的能力互补”。2003年宿迁地税局制定出台了《文明单位建设管理办法》,引导和鼓励基层单位开展各类争先创优活动。文件规定,对获得不同荣誉称号的单位,宿迁地税局分别给予1万元到15万元的重奖。同时,对于各类先进典型进行大张旗鼓宣传,在系统内营造学先进、超先进、比贡献的良好氛围。在正面引导的同时,严肃查处各种违法、违纪案件。

实施ISO质量管理,提升运作质效。2002年宿迁市地税局确定了“管理攻坚年”定位,在全市地税系统掀起了学习和借鉴先进管理经验、全面提升管理水平的热潮。沭阳县地税局全省税务系统首家引入ISO9000国际质量管理体系并通过审核认证。在征管信息系统、办公自动化系统等现代办公软件投入应用的同时,严格按照工作流程和职责权限进行分权、授权,有效规范了管理权力的行使,实现了从“盯人管理”向“制度管理”、“机器管理”的飞跃。

苏州工业园区地方税务局

概　　述

伴随着开发区的建设启动和国务院税制体制改革的大潮,1995 年初，苏州工业园区地税系统正式运行。1999 年,地税系统实施垂直管理,苏州工业园区地方税务局正式组建,成为省地税局直属机构。

多年来,园区地税系统依托强化基础、树立形象、做优业绩“三大工程”,围绕工作业绩、服务水平、队伍建设“三个一流”,保持了各项收入稳定增长的好势头,打造了依法治税、科学发展、文明服务的好机制,创造了干部素质稳步提高的好形势,整个地税事业呈现出又好又快发展的好局面。1995 年，园区地税累计组织入库各项收入 921 万元，到 2011 年累计组织入库各项收入 128.17 亿元。目前,园区地税内设八个职能处室:办公室、税政管理处、政策法规处、规划财务处、征管和科技发展处、数据管理处、人事处和督察内审处。其中,督查内审处暂与人事处合署办公。下设三个直属机构:稽查局、征收税务分局(纳税服务局)和涉外税务分局;三个派出机构:第一税务分局、第二税务分局、第三税务分局。其中,第一税务分局暂与征收税务分局合署办公,涉外税务分局和第三税务分局暂与第二税务分局合署办公。目前,全系统共有干部职工 137 人,平均年龄 35 岁,本科以上学历占比高达 96.69%,其中研究生以上学历 57.02%,具有“三师”执业资格的人员也超过 16.53%,是一支年轻而富有朝气的高素质税收队伍。

回顾园区地税征管模式的发展历程,从当初的挨家挨户催要税款,手工填写税票,发展为今天的电子申报、银行自动扣款,网上开票,纳税人足不出户完成纳税申报,多年来,园区地税始终坚持顺应形势发展要求，不断深化征管改革,探索实行了“依托三个载体,深化三化管理”的征管模式,对重点税源、一般税源和零星税源采用分类管理的办法,极大地提高了征管效率。2007 年以来,积极搭建新的征管格局,先后成立征收中心、纳税服务中心,在税款征收上采用集中征收、集中处理、集中分析的方法,大大提高税款入库效率；在办税服务上由纳税服务中心统一指导,对纳税人提供个性化的政策服务;在地税形象的树立上注重提高后勤保障和政务接待水平,全面提升地税工作水平。2011 年 3 月,园区地税局根据省局税源专业化改革的要求,结合园区局“一二三”的总体工作思路,以税源专业化改革为统领,以风险管理为抓手,全面推动征管体制、税务机构和干部选拔任用机制“三位一体”改革,初步建立适应新形势要求的专业化管理的框架。通过机构改革,以科学化、精细化、专业化管理为目标,全面推进税源分级分类管理;利用信息技术,强化数据管理,加强税收风险分析,实现信息管税；全面提高纳税人的税法遵从度和满意度,提高税收征管效能。

与此同时,全系统以培育“团结、拼搏、和谐、友爱”的园区地税精神为主线,把尊重人、欣赏人、理解人、宽容人作为地税团队精神的核心理念,渗透到工作、学习、生活的方方面面,并进一步创新考评机制，实施并不断完善和谐团队积分卡制度,在全体干部中树立起“地税光荣我光荣,我为地税增光荣”的思想理念。多年来,园区地税在全系统开展了创建文明行业活动,文明办税、优化服务、改进作风、提升形象。经过多年努力,园区地税系统及各基层单位被授予“江苏省文明行业”、“江苏省文明行业先进单位”、江苏省地税系统“文明单位”、江苏省地税系统“青年文明号”,“全国青年文明号”等多项荣誉称号。

苏州工业园区地方税务局组织收入情况表

单位:万元

年　度	累计入库各项收入	税收收入入库	其他基金费入库	教育费附　加	地方教育费附加	契　税	耕地占用　税
1995年	921	918		3			
1996年	4636	4558		78			
1997年	7478	7284		194			
1998年	14262	13748		514			
1999年	23124	22270		854			
2000年	44806	42491		2315			
2001年	71898	69087		2811			
2002年	90489	87254		3235			
2003年	151328	146089		5212	27		
2004年	247702	239317		8340	45		
2005年	316523	305842		5342	5339		
2006年	390027	376243	13784	6120	7640		
2007年	557299	537805	19494	8928	10514		
2008年	627673	606012	21661	9102	12448		
2009年	704889	680568	24321	10926	13332		
2010年	879735	828209	26826	11744	15012	22256	2444
2011年	1281684	1201935	79749	49535	30058	88003	5060

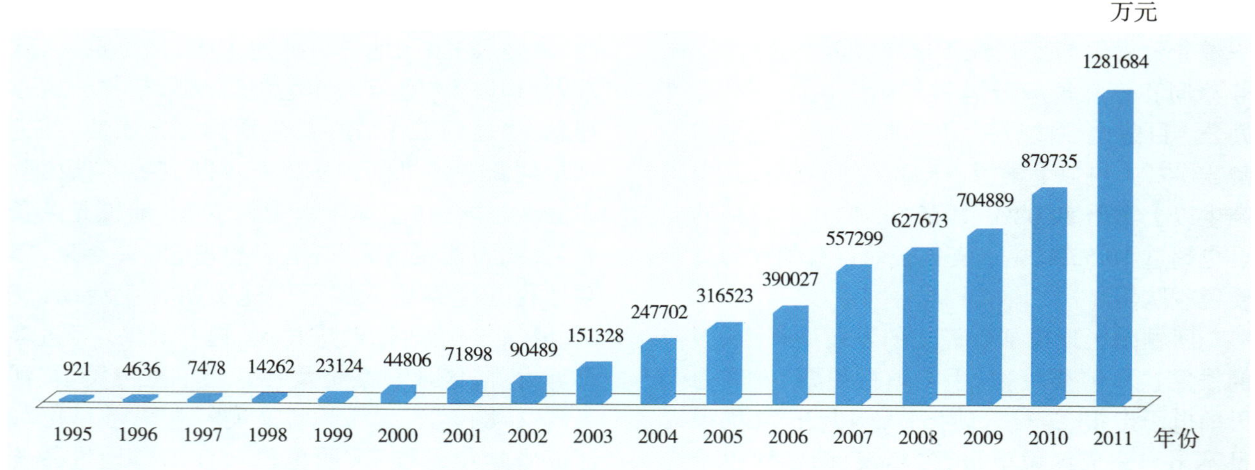

苏州工业园区地方税务局组织收入图

特色工作

一、牢固根植“亲商服务”理念

苏州工业园区不仅各项经济指标在全国开发区中名列前茅，而且在公共管理方面也取得了突出成绩，其中最重要的体现是借鉴了新加坡“亲商服务”理念。“亲商服务”对于地税部门来讲，就是一切以纳税人满意为标准，全心全意为纳税人服务。

园区地税以“三个是否”确立工作思路：一是体制设立是否有利于方便纳税人；二是管理手段是否有利于减少纳税人成本；三是服务是否真正为纳税人考虑。“三个是否”的确立带来了管理上深层次的变化，亲商服务成为贯穿园区地税局整个工作体系的一根主线。

“三个是否”的确立在园区地税系统带来了管理上深层次的变化，全系统确立了任何时候都要把纳税人作为顾客，为纳税人考虑，全心全意为纳税人服务的思想。全局上下形成了“对待工作满腔热情、对待他人态度真诚、把麻烦留给自己、把方便留给他人”的良好的服务态度，亲商服务也成为贯穿园区地税局整个工作体系的一根主线。

苏州工业园区地税局在实行亲商服务中领悟到，亲商服务不止体现在服务态度上，还应为纳税人营造公平、公正、公开的纳税环境。为此，以规范执法程序、执法行为、建立健全执法责任制为重点，强化执法服务，坚持公开、公平、公正执法，积极贯彻落实各项税收优惠政策，最大限度地保护纳税人的利益，为纳税人创造公平税负、平等竞争的税收法制环境；同时，推出了“社会服务承诺制”、“午间休息值班制”、“首问责任制，首办负责制”、“即时服务”、“提醒服务”、“预约服务”等，亮化窗口建设，优化服务方式，构建亲商服务的形象载体；坚持信息化建设，拓宽纳税服务渠道，构建亲商服务的技术载体；坚持干部队伍建设，构建亲商服务的组织载体。

该局多次收集纳税人满意度的信息，评税收服务水平，基本满意率都在98.5%以上。组织廉政监督问卷发放工作，调查结果显示，纳税人对廉政建设工作给予了肯定的评价，分项合格率都在97.5%以上。

二、引入源泉控制理念构建税源控管体系

依法治税是利国利民的大事，是税务机关工作的根本。园区地税局牢记职责，不辱使命，一方面，以依法组织收入为中心，不断夯实征管基础，应收尽收，另一方面，积极贯彻落实国家税收优惠政策，牢固树立“不落实税收优惠也是收过头税”的观念。同时，结合园区实际，创新征管活动方式，大胆引入源泉控制理念，构建税源控管体系。

税源控管体系即“源泉控制、过程管理”，是借鉴源泉控制理念这一基础上建立起来的，真正做到全面覆盖（管到）、分类监控（管好）。在构建这一体系时，重点抓好两个关键：外籍个人和建筑施工。

针对园区外企多、外籍人员多及园区基础建设面广量大的特点，对外籍个人所得税、建筑业营业税分别实行了专项管理。

外籍个人所得税管理方面，从源头抓起，建立与公安部门、社会事业局、外汇管理局、银行、企业及中介机构等多方面的联系合作关系，构筑高效的个人所得税监控网络，及时掌握外籍人员的人数、就业情况、在华时间、收入取得等税源信息，为后续的征收管理提供坚实的基础。同时，制定《外籍人员个人所得税管理办法》，加大跟踪管理的力度。要求征管人员对每一个外籍个人都建立《个人所得税纳税手册》，实施重点征管、全面建档。做到前期进行辅导培训，中期根据建档资料实施跟踪管理，后期进行汇算清缴。在此基础上，利用自行开发的个人所得税征管软件对外籍人员个人所得税申报纳税情况进行审核，实现相关数据的查询、统计和分析。

建筑营业税方面，苏州工业园区地方税务局

改变以企业为单位的征管方式,改为按施工项目进行分类管理,按照以工程项目为核心,以计算机为依托,源泉控制,过程把关,实施工程项目的全面系统动态跟踪管理的征管思路。特别从2006年6月1日起,该局通过依托省局建筑业、销售不动产税控管理系统平台,结合项目管理办法,成功开发并运行了以项目管理系统为基础、以税控管理系统为核心的建筑业税收管理信息系统,实现了建筑业征管的全面信息化。

建筑业税收管理信息系统以项目代码为纽带,实现了信息处理一体化;以项目金额为核心,实施项目管理一本通;以《登记证》为载体,实现办税流程一窗式。使用后取得了明显成效:一是建筑业项目监控面大幅度提高。从2006年6月1日起,在建筑业项目管理系统的支持下,该局将项目登记界限从500万元降至10万元,建筑业项目管理产生飞跃式前进,监控面大幅度提高。2005年6月1日至2006年5月31日期间,新登记项目519个,新登记合同金额1334466万元,涉及营业税税源40034万元;登记项目本期入库营业税20400万元,本期入库建筑业营业税总计57303万元,税源监控率达35.61%。2006年6月1日至2007年5月31日期间,登记项目9746个,同比增长1777.84%;登记合同金额5906112万元,同比增长342.58%;涉及营业税税源177183万元,同比增长342.58%;登记项目本期入库营业税57951万元,本期入库建筑业营业税总计60270万元,税源监控率上升到96.15%。二是建筑业相关税收收入稳步提高。从营业税来看,2007年上半年,实现建筑业营业税收入37598万元,同比增收9170万元,增幅32.25%;建筑业营业税占全部营业税收入117647万元的31.96%。

三、以税务检查为保障,规范稽查执法行为

税务检查是税务机关的另一重要内容。税务稽查深入企业,曝光重大涉税案件,以强大的威慑力,起到了"以查促管"的作用。苏州工业园区地税局在稽查工作中遵循"科技加管理"的方针,初步建立起了由"稽查选案工作底稿制度"、"税务稽查标准化工作底稿制度"、"稽查案件质量四级审理把关制度"、"行业性查前预告制度"等工作内容组成的积极构建稽查管理体系,使稽查行为标准化、规范化、信息化。

实施选案工作底稿制度。这项制度即是采取人机结合的方法,在综合分析纳税评估资料和相关税源信息的基础上确定稽查对象,每次选案均要制作选案工作底稿。工作底稿包括的主要内容有:概况,选案情况,选案结果。概况主要包括当前检查工作开展情况,检查内容,检查重点,及检查户数量等内容。选案情况包括依据已经掌握的内部征管资料如税务登记、财务报表、税款申报及征收、发票使用、纳税评估、税源调查等信息,通过对各种数据的对比、排列、组合而从中发现异常。选案结果即根据选案情况产生最后的稽查对象。

推广应用标准化稽查工作底稿。征管信息系统只规范了内部的稽查工作流程,而具体的户外稽查行为也必需有相应的管理体系来得到约束。为此,苏州工业园区地税局制定了一整套标准化稽查工作底稿,这套底稿一改过去传统稽查底稿不标准、不统一、不完整、不规范的形式,采用统一标准的固定表格形式,分税种分行业设计工作底稿,改"反列举"为"正列举",并将所有稽查取证过程纳入计算机管理。标准化稽查工作底稿把各税种、各必备指标都科学全面的反映出来,而且可以相互取证、相互逻辑核对,形成一整套科学化、程序化的稽查质量管理体系。

实施"四级审理把关制度"。"四级审理把关制度"由会议形式改为自下而上、由前而后的审理记录式,有利于进一步规范审理工作。第一级,实行主、副查制度,由检查科的主查人员全面负责案卷制作质量的第一级把关;第二级,检查科科长把关,对需送审理的案卷进行全面的审核把关,包括初步处理、处罚意见及整个案卷质量,并签字确认;第三级,审理科对送审的案件进行初审把关,先审理人员再审理部门负责人,在审理记录上签署意见,并签字确认;第四级,局领导把关,对案卷及审理科的初审意见进行复审,形成审理意见,局领导如需修改或否定前面各级审理人员的意见,也需书面记录,并签字确认。

实行"行业性查前预告制度"。在开展行业专项检查前,借助新闻媒体,公告专项检查的内容、重点及时间安排,要求该行业所有纳税人在自查期内对检查年度的地税涉税事宜进行自查和补缴税款。自查期结束，有针对、有重点地开展重点检查。

四、以人尽其才为准则，构建人才管理体系

苏州工业园区地税局借鉴新加坡选择聚集各类人才的经验，建立了公开招聘、择优录用、合理流动、人尽其才、才尽其用的新体制，努力形成一个尊重知识、尊重人才的良好环境。

建立优秀人才的引入机制。打破地方保护主义用人机制的束缚，通过"上门求才、发函揽才、公开选才"等积极主动的举措，在全国范围内录用工作人员。1999 年苏州工业园区地税局结合园区实际需要，到东北财大、中央财大、中南财大、天津商学院、苏州大学财经学院等高校选拔人才，然后通过跟班作业、税收检查、文字处理等工作考核，再择优参加全省统一公务员招考后，办理了录用手续。目前，走上园区地税局领导岗位上的两位副局长和部门绝大多数负责人，都是向社会公开招牌的各类人才。

拓展培养人才的渠道，建立优秀人才的培养机制。根据在职干部培训成本低、见效快的特点，苏州工业园区地税局建立了干部管理培训制度，通过经常组织业务学习、专业讲座、技能培训和考试等方法，不断加大在职干部培训的力度、深度和广度。同时注重人才资源的知识更新和素质培养，力图通过学历层次再提高、业务知识再深化、知识视野再拓展、思想觉悟再升华的措施，培养出一批"业务熟练、政治过硬、作风优良"的复合型优秀人才，以适应并跟上区域经济社会快速发展的步伐。

注重人才选拔和使用，建立优秀人才的任用机制。为使人才的使用处于最佳状态，苏州工业园区地税局采用了"干部能上能下，人员能进能出，考核末位淘汰"的动态管理办法，将一批业务好、能力强、觉悟高的同志充实到服务第一线，并委以重任。这种制度激活了优秀人才的潜藏因子，释放出巨大的能量，推动了优质服务意识的持续深化，得到了纳税人的好评。

建立吸引和稳定人才的有效激励机制。为吸引和稳定人才，苏州工业园区地税局制定了一系列必要的符合园区特色的特殊政策，从政治上、工作上和生活上关心人才，并建立健全激励机制，从而使他们安心工作。

五、全省地税系统首家五星级档案单位

在内部机制有序运行下，该局的档案工作成绩也取得了重大突破。2004 年 12 月 23 日，苏州工业园区局以 117.5 分的高分顺利通过档案工作江苏省特一级（五星级）等级认定，是全省首批通过该等级认定的单位中得分最高的单位，是全省地税系统通过该等级认定的第一家单位，是苏州市各行业中通过该等级认定的第一家单位。晋升成功极大地鼓舞了全局人员，有力地推动工作规程和内部管理的进一步规范，为税收工作的顺利开展提供更加完备的服务。

江苏省地方税务局直属税务局

概　　述

一、税费收入

始终以组织收入为中心，坚持依法治税强化税收征管。1994-2008年共组织各项税费收入628.03亿元：其中税收收入358.08亿元，各项基金费收入269.95亿元，为全省地方经济社会健康发展提供财力支持。

（一）税收收入

1994年，直属局组织各项地方税收33231万元，2008年组织地方税收647072万元。1994-2008年累计组织地方税收358.08亿元，年均增幅23.62%。

1.营业税。1994年直属局入库营业税7324万元，2008年入库营业税246550万元。1994-2008年累计入库营业税137.73亿元，年均增幅28.55%。营业税的快速增长主要得益于金融业保险业税收的快速增长，2001-2008年，入库金融保险业营业税50.08亿元，占同期营业税总量的45.13%，金融保险业营业税年均增幅24.3%，高出同期营业税平均增幅3.52个百分点。1994年营业税收入占全部税收收入的比重为22%，收入规模排在企业所得税之后，2008营业税收入占全部税收收入的比重提高到38%，营业税成为全局收入规模最大的税种。

2.企业所得税。1994年直属局入库企业所得税25261万元，2008年入库企业所得税238061万元，年均增长17.38%。1994-2008年直属局累计入库企业所得税153.89亿元，占同期全部入库税收的比重为42.98%，成为对税收收入总量贡献最大的税种。高速公路、外贸、出版等行业入库企业所得税居前，特别是高速公路企业，仅2003-2008年入库企业所得税61.3亿元，占同期企业所得税收入比重达58.91%。

3.个人所得税。个人所得税是直属局收入增长最快的税种之一。1994年直属局入库个人所得税仅47万元，2000年个人所得税收入首次突破亿元，2008年入库个人所得税收入突破10亿元大关，达到12.71亿元，年均增幅超过75%。1994-2008年直属局累计入库个人所得税47.07亿元，占同期全部入库税收的比重为13.14%。

（二）基金、费收入

1994年，直属局组织各项基金费收入225万元，2008年组织各项基金费收入672722万元。1994-2008年直属局累计征收各类基金费269.95亿元。

1.社会保险费。从2003年8月开始，原行业统筹单位和部分省属企业基本养老保险费由直属局征收，2003年8-12月直属局征收基本养老保险费124494万元，2008年征收基本养老保险费595912万元。2003-2008年直属局累计征收基本养老保险费244.33亿元，征缴率始终在99%以上。从2004年7月起，受南京市地方税务局委托，直属局开始代征所辖企业社会保险费，2004年7-12月直属局征收社会保险费8887万元，2008年征收社会保险费57754万元，2004-2008年累计代征社会保险费16.4亿元。

2.残疾人就业保障金。直属局从2005年开始负责征收残疾人就业保障金。2005年入库残疾人就业保障金694万元，2008年入库1854万元。2005-2008年直属局累计征收残疾人就业保障金4849万元，年均增幅39%，为江苏省残疾人就业工作和残疾人事业发展作出较大贡献。

二、收入管理

直属局自成立以来，一直以组织收入为中心，以征管信息化建设为重点，以“依法征税、应收尽收、坚决不收过头税”为组织收入原则，严格依法治税，强化征管，克服种种不利因素，组织收入不

1994–2008 年江苏省地方税务局直属税务局税收分税种情况表

单位：万元

年 份	合 计	营业税	企业所得税	个人所得税	城市维护建设税	印花税	房产税	车船税	土 地使用税	土 地增值税	固定资产投资方向调节税
1994 年	33231	7324	24924	47	530	24		3			379
1995 年	30801	11511	17782	150	977	80	58	8			235
1996 年	75926	41853	30603	447	1475	146	47	12			1343
1997 年	88962	36849	46366	1374	2339	464	207	15			1348
1998 年	107832	58402	42589	2559	3180	302	236	23			541
1999 年	128262	51193	65383	5483	3680	450	506	26	2		1539
2000 年	164751	60397	82270	14659	5360	909	1022	33	1		100
2001 年	189993	65782	93669	21359	6041	798	2002	35	4		303
2002 年	209081	77374	95025	25269	7430	1131	2791	44	17		
2003 年	255420	93478	114991	32723	9485	1300	3371	50	22		
2004 年	369306	127639	186435	37382	11534	1797	4232	44	17	226	
2005 年	382916	141077	172075	46133	13290	2996	5508	24	28	1785	
2006 年	393277	154127	152130	62444	14168	2970	6290	9	380	759	
2007 年	503992	203762	177162	93517	18285	3156	6059	0	402	1649	
2008 年	647072	246550	238061	127130	21858	4301	7715	0	503	1234	–280
合 计	3580822	1377318	1539465	470676	119632	20824	40044	326	1376	5653	5508

断创新高，为省级税收的快速增长作出了贡献。

成立之初，针对纳税人的纳税意识不强，加强税法宣传，通过各种形式的培训辅导，提高纳税人的纳税意识，助推组织收入工作。加强收入管理，按照收入任务，及时排计划，下指标，抓进度，强征缴。克服收入增长的不利因素，深入开展税源调查和测算，关注重点行业、重点企业税源变化情况，全面掌握开票情况、入库情况、税源现状，努力挖掘收入增长点。提高纳税申报率、入库率，促进收入增长。在征收工作中坚持主税种与小税种并重，改变以往轻小税重大税的做法，在抓好营业税、企业所得税、个人所得税的同时，也加强房产税、印花税、土地使用税等小税种征管。

2003 年开始，税收计划管理由以往的计划任务型粗放管理向应收尽收、依法征税的质量型转变，并实行税收计划和征管质量并重，推进组织收入工作由计划型向预测型转变，加大税收分析预测力度、加强对重点行业、重点税种和重点税源户收入监控，做到月度有分析、季度有预测、年度有计划，准确掌握税源动态变化原因，确保收入入库质量。2008 年下半年以来金融危机对江苏省实体经济产生影响，企业效益普遍下降；2009 年年初部分管户调整移交南京市局征管，税源减少，政策减收因素不断增多；面对严峻形势，直属局抓住大集中上线的契机，应用新征管系统，加强减免税审批、延期申报、税务处罚等涉税行为的信息化管理。实现了税务、国库和银行的三家联网，实时划缴扣款。加强对欠税企业纳税申报的审核和税款缴库的监控，对不按期申报、申报资料异常、申报不缴税或少缴税的纳税人，落实催缴措施，大力清缴陈欠，强化税源控管。按照重点税源精细管、一般税源规范管、零散税源委托管的总体思路，制定符合实际的管理办法，推进实施税源分级分类管理，实现税收管理科学化、精细化、专业化，提高管理质量和效率。

特色工作

一、税收征管

（一）税务登记

税务登记是税收机关依据税法规定，对纳税人的生产、经营活动进行登记管理的一项法定制度。遵循“统一集中、规范有序、优质服务、准确高效”的原则，加强税务登记管理。

1993年，省政府为进一步贯彻落实中央关于加强和改善宏观调控的重要决定，深化改革，理顺关系，实现财权与事权的统一，强化税收征收管理，确保省级收入及时足额入库，增强省级宏观调控能力，促进省属企业健康发展，以《江苏省人民政府批转省财政厅、税务局关于江苏省税务局直属分局开展税收征管工作有关问题的请示的通知》批准成立江苏省税务局直属分局。负责在南京地区的应为省级收入所有企、事业单位所得税及“两金”和银行营业税及新成立的省属企事业单位（包括省级各部、委、办、厅、局，省各直属单位及其所属的企事业单位新办的企事业单位，以及由省级单位参与投资兴办的外商投资企业）的各项税收及“两金”的征收管理。

1994年，国、地税分设时，原直属分局整建制划归江苏省地方税务局，负责原江苏省税务局直属分局所有企业的税务管理。

1996年，换发税务登记证。对属于直属局征管的纳税单位开展核发税务登记证件或补办税务登记手续。对企业以国标6位行政区域码加技术监督局编制的9位全国统一代码组成国标识别码，同时作为税务登记证编号。在办理税务登记时，纳税人提供由技术监督部门颁发的全国统一组织机构代码证书。

1998年，外商投资企业税务登记证验证工作列为外经委、工商局、计委、财政局、外汇管理局、海关、国税局、地税局八部门联合年检内容，直属局每年定期参与外商投资企业的联合年检工作。

1999年，换发税务登记证。对1999年7月前已依法领取税务登记证、注册税务登记证、临时税务登记证的纳税人换证。种类包括税务登记证、注册税务登记证等。

2001年，开展验证工作。对纳税人提供的验证表格和资料进行审核。并将纳税人税务登记信息录入征管1.0系统。

2006年，按照总局和省局的部署开展税务登记证换证工作，简化换证环节和审批程序，推行“一次办结、当场取证”的人性化服务，采取多项措施做好换证准备和实施工作。张贴换证公告，编写《换证需知》，利用网站、税法通告、政务公开等渠道，深入开展换证宣传辅导服务。

2007底至2008年以征管2.0系统上线为契机，全面开展纳税户籍清理工作，补正征管基础信息4000余条，确定非正常户32户。

2008年，根据《关于省级在宁部分收入划转为南京市收入的通知》（苏财预（2008）62号）文件规定，确定和南京市地方税务局的纳税人征管范围，确定以下类型企业由直属局负责征管：金融保险系统企业或组织（包括非金融系统各种金融机构），烟草企业（加工业、批发及品牌有限公司），高速公路（桥）企业（组织），省新闻出版企业（组织）及新华书店，省盐业与农垦企业，江苏移动通信有限责任公司，省政府及其主管部门、省属企业（组织）全额投资举办的企业（组织），经营彩票业的企业（组织），省政府批准成立的其他具有重大权重和调节功能的重要企业，省级跨地区经营、集中纳税的企业。直属局依据苏财预62号文件精神并经省局审核认定，将1600多户企业移交给南京市地方税务局征管。

（二）发票管理

1993年江苏省税务局直属分局成立后，履行管理省属企事业单位税收征收管理工作，提供销售、服务等所有发票。

1994年5月1日，根据国家税务总局增值税改革方案，企业销售行为一律使用增值税专用发票。原来提供一般销售发票改为增值税专用发票和小规模普通发票。1994年7月国税、地税分设后，地税直属分局履行代理国税局管理职能，为企业提供增值税专用发票，至1996年5月1日江苏省国家税务局直属分局成立止。

1996年启用计算机软件售票，将发票销售环节纳入计算机管理，提高了效率及其准确性。

2003年启用餐饮业剪式发票，控制大头小尾工作成效显著。

2003年7月，根据国家税务总局规定，启用公路内河货物运输业发票及联运发票，利用总局开发软件开具货物运输业发票，取消了一批不符合规定的纳税人开票资格。当时共认定自开票企业15户，代开票纳税人7户。并逐年年检。

2003年全国发票换版，采用发票代码及发票号码定义新版发票。重新简并各种发票，纳入科学化管理。

2004年征管软件1.0系统正式上线。发票管理上了新台阶。

2005年从天目票证公司接手发票印制工作，发票印制工作重新纳入分局管理。当年印制发票8000万份。共确认6家指定印刷厂家。

2006年4月税务机关代开统一发票进入征管系统1.0管理，严格执行税收政策。

2006年12月公路内河运输业发票采用税控盘开具，严格控制自开票纳税人，认定自开票纳税人14户，取消代开票纳税人。

2007年新版建筑业，销售不动产发票启用，采用省局开发软件进行管理，直属局认定自开票企业150余户。取消了一批不符合规定的纳税人开票资格。

2007年11月征管系统2.0上线，发票印制管理工作纳入2.0系统管理，发票管理逐渐规范化。

2007年税务机关代开统一发票换版。

2007年取消联运发票，合并为公路内河运输业发票。

（三）纳税申报

1993年10月1日成立后，直属局征收科征收申报全部手工操作进行，企业申报税收和各种基金，征收科手工开具缴款书，企业到开户银行转账入库。征收科与省中国人民银行国库处进行核销税票。进行对账和会计统计工作。

1996年使用fox语言编写的征管软件，建立了直属局的第一个局域网，申报方式只有前台受理。

1997年与上海埔东发展银行合作使用专门的税务专用账户。

1998年使用和商业银行，人民银行联网的税库银扣款系统，减少了纳税人扣缴税款的中间环节，提高了入库率。

2000年使用征管系统1.0版。

2003年将征管系统1.0升级为征管系统1.3，同时增加了邮寄申报方式。

2006年开始网上申报系统的试运行。

2007年12月开始使用征管系统2.0同时使用了新的TISP扣款系统。

2008年6月与专业计算机运维公司合作，加强了网络安全管理和日常硬件维护。

2009年6月开始使用征管系统3.0，至2010年网上申报户占全局管户98%。

（四）税源管理

直属局对年税额在50万元以上的企业列为重点税源户，对申报、入库、欠税、稽查、纳税资料、主要经济指标等方面实施重点控管。对重点税源户的经济信息、资产流动、财务状况、税源动向等数据的分析和管理，及时做好重点税源户管理台账，实行一户一册，按月或按季记载。按季对重点税源户进行收入分析 。检查管理人员对重点税源户的稽核分为申报纳税的后台稽核、纳税评估中的案头稽核和办公室审核。检查管理人员深入企业了解企业当年度生产经营情况和纳税情况，及时发现企业经营管理中的异常情况，督促企业及时调整相关账户，依法纳税申报。2002年以后，各管理科广泛开展重点税源户管理，重新确定重点税源户名单，建立以重点税源户统计分析为主要内容的税源监控体系。对重点税源户的申报率、入库率实施有效监控，加强对重点税源户的纳税评估。2004年，补充重点税源户管理相关要求，将本单位需纳入重点税源户管理的企业名单分解落实到具体管理员。重点税源户管理实行专户专管，明确责权。进一步落实好重点税源定点联系制度，对重点税源户的税源情况进行全过程跟踪管理，提高管理力度，使管理内容落到实处。对重点税源户台账的记载，由税收管理人员填写，将台账与相关管理资料按户归档，一户一袋。根据重点税源户管理要求和纳税评估有关要求,开展对重点税源户的纳税评估。对重点税源户进行税源分析,记载台账。每月20日将本单位重点税源户管理信息进行归集汇总,生成重点税源户管理月报。全面掌握重点税源户的分类、生产经营情况、应缴已缴税款、企业整体税负等基础情况。根据变化及时对重点税源户进行动态调整,分析税收增减变化原因,监控税源变化。2005年,重点税源户管理以严格执法、公正执法、文明执法的执法规范为前提,依托税收征管信息系统,建立健全有效动态监控运转协调机制,加强重点税源信息静态与动态的分析、研究和应用,促进宏观和微观控管能力的全面提高。2009年直属局出台重点税源户管理办法,重点税源户管理的目标定位于建立税务机关内部岗责设置科学、工作任务明确、管理责任落实、监督制约有力、运转协调高效,对重点税源户管理目标细分、管理内容全面、管理方法有效、管理手段先进的重点税源监控管理机制,切实提高税务机关控制税基、税源的能力和重点税源户纳税遵从度,最终达到依法依率计征和提高征管质量与效能的目标。

(五)纳税评估

2001年直属局在外税科设立审核评税岗,开展审核评税工作,主要针对企业纳税申报差异进行重点审核,2005年结合征收与检查,以密切监控重点税源为中心,纳税评估工作进一步得到完善,根据省局下发的《纳税评估管理暂行办法》将纳税评估分为日常评估、专项评估和特定评估三类;纳税评估程序包括选定对象、评估分析、询问核实、评定处理四个步骤;纳税评估对象的确定主要采用重点税源户选择法、行业选择法和其他选择法;纳税评估的结论分为纳税正常符合性结论、纳税差异符合性结论、纳税异常待查性结论、纳税异常恶意性结论等四种结论。2006年直属局进一步强化纳税评估工作,对评估岗位的人员进行调整充实,按照“科学选户、深入评估、稳步推进、注重实效、不断提升”的工作思路,拟定了详细的工作流程及具体的评税办法,合理改进和完善评估指标体系。2001-2008年共计评估户数430多户,补缴税款共计1200多万元。

(六)税务检查

直属局加强检查管理、规范操作流程,依托信息化,创新创优检查方法和手段,提高检查质量和效率。充分发挥税务检查作用,以查促收、以查促管。维护良好的税收秩序、营造公平的税收法治环境。

根据职责划分、税收管理要求和分管企业特点,直属局将税务检查分为:日常检查、专项检查和专案检查。

日常检查:主要针对企业税收情况变化异常、企业纳税行为异常,企业税务登记注销,以及报批需审核涉税事项展开。同时,对重点税源户所有制形式、职能、经营模式等发生重大转变时开展指导性检查。

专项检查:结合企业所得税汇算清缴对企业开展各税统查,对重点税源行业展开行业专项检查以及各税种专项检查。

专案检查:根据举报,接受省稽查局委托,对涉嫌偷税犯罪的企业开展专案检查。

税务检查分为:选案、实施、审理、执行四个步骤。

选案:针对检查类型,根据审核评税、各税务管理科室意见,提出初步案源名单,结合信息化管理系统,由直属局统筹安排,确定税务检查对象,做到人、机选案相结合;根据举报确定税务检查对象;根据省稽查局、外单位要求协办确定税务检查对象。

实施:税务检查主要由各税务管理科室采取实地检查和调账检查两种方式实施检查。税务检查取证、拟定处理意见、撰写检查报告等一系列过程实行双人或多人办案制。检查过程中为解决人手不足也从其他各业务科室抽调(具有检查资质)人员参加。

审理:税务检查实施完毕后,检查人员根据案件事实、证据鉴别、性质认定提出综合性意见。严格按照《国家税务总局关于印发全国统一税收执法文书式样的通知》,制作《税务处理决定书》、《税务处罚决定书》,并上报税务管理科、税政科、分管局长逐级审核,录入征管信息系统。

执行:检查人员根据审理、审核确定的税务处理决定,首先履行向纳税人告知的义务,告知被查单位听证的权利或法律救济的途径;同时,督促被查单位根据《税务处理决定书》、《税务处罚决定书》履行应尽的义务;对已执行完毕的税务处理、处罚的税务票证取证归档,录入征管信息系统。

(七)税收征管模式

成立之初，直属局沿用各税统管的专户管理税务模式，按管辖纳税人的经济类型、行业特点、和工作简繁配置专管员，负责南京城区内部分省属企业税收、基金等的管理。

1994年1月起我国全面实施国务院《关于实行分税制财政管理体制的决定》，推行税制改革，新老税制平稳过渡。根据“分税制”的指导原则，1994年7月江苏省地方税务局直属分局成立，管理职能调整为负责南京地区省属企业地方税和基金的征收管理，并暂代征原省直属分局负责管理的属于国家税务局征收范围的税收。同时期，国家税务总局要求试行“纳税申报、税务代理、税务稽查”三位一体的税收征管体系并逐步取消专管员固定管户制度。直属分局根据实际，完善征收部门的职能，将税款征收、税票、发票领购、计会统计的工作制度化、流程化。专管员制度由原来的“保姆式”管理细化为以完善税管资料台账为支点、税收跟踪管理为重点、税收检查为突破点的管理模式。

1995年按照国家和省税收征管改革的总体目标和实施方案，直属局以“实事求是、逐步到位、稳妥推进”的指导思想，制定了适合自身的改革方案，设立管理、计会征收、外税和综合四个职能部门，将纳税人按条线进行分类管理，引入计算机开票系统和征收管理系统，告别手工开票，设立功能性的征收大厅，建立了第一个计算机征管局域网络和以“自行申报”为基础的纳税申报制度以及重管理、促征收的征管制度。

1996年江苏省国家税务局直属分局成立，直属局将省国家税务局委托代征的税收，全部移交省国税局直属分局。1997年国家税务总局提出建立“以申报纳税和优化服务为基础，以计算机网络为依托，集中征收、重点稽查”的税收征管改革方案。征管模式和管理范围的变化促使。要调整工作重心和征管体制，鉴于直属局的特殊管理职能，本着“立足自身、实事求是促改革”的原则，根据地方税收管理任务和工作职能划分情况，经省局党组决定，重新设立综合、征收、外税、税政管理、检查管理五个职能部门，全面实行自行申报纳税，使用税库银税款扣缴系统，减少扣税流程，提高了入库率。调整专管员的职能，由管户向管事过渡，充实管理部门的力量。

2000年，全省地税系统深化征管改革方案要求地税系统职能部门的设置以及每个岗位的职能划分必须科学、规范，并且，稽查外分后，要确保征管与检查机构职能划分清楚、工作协调配合。依照征管改革的要求，直属局推行稽核管理员制度，将稽查管理科更名为稽核管理科，进一步明晰了征管与检查的职能划分。为了理顺征管关系，调整相关内容，制定征管操作规程，明确内部职责。随着全省统一的征管系统1.0软件上线运行直到2009年使用征管3.0系统并推行税收管理员制度，直属局初步实现了建立在信息化基础上的，以专业化为主，综合性为辅、流程化、标准化的分工、联系和制约的征管模式和工作运行机制。

(八)信息化建设

1996年，使用FOX语言编写的征管软件，建立了第一个局域网征管系统。

1998年，和人民银行合作开发税库银扣款系统，并在全省首次运行，该系统的使用减少了纳税人扣缴税款的中间环节，同时也提高了入库率。

2000年，上线运行省局征管1.0系统。在餐饮行业和出租车行业推广使用税控机。

2003年，将省局征管系统由1.0升级为1.3版本。开发了社保征收软件，负责对原行业统筹单位和部分省属企业基本养老保险费的征收。

2006年，开通网上申报。

2007年，上线运行省局征管2.0系统，在省局和中软公司的支持下，结合直属分局的工作特点完成省局征管信息系统2.0版的上线方案、税库银接入方案、系统测试计划，数据迁移方案和培训方案的制定。完成税务机构、税务人员、地理位置、税种税目等198张代码表的编制和确认，并进行新老系统代码的整理、分析、对照，实施新老系统数据迁移和校验，并在测试环境里对税务登记、申报征收、发票管理、票证管理、会统管理等模块进行两轮功能性测试并提交修改意见。于11月27日正式上线运行。

全省第一批试点税库银TIPS扣款系统。税库银系统是全省地税系统试点项目。通过和人民银行以及商业银行的通力协作，开展了具体部署和实施。对三方协议导入程序做功能性测试，完成征管2.0系统生产环境的升级，对征管系统内清算行号、开户行行号、核算机关、收缴国库与人行及各商业银行进行核对,并导入征管 2.0 系统的生产环境。对征管 2.0 系统中 TIPS 的功能岗位职能进行配置,完成基金预算科目、预算级次、收缴国库、清算行号、开户行行号、核算机关的维护,进行三方协议的批量验证。于 2007 年 11 月 27 日正式上线运行。

推广使用全国统一的货物运输发票税控管理系统和建筑安装业和销售不动产业自开票系统,对原有货运发票、建筑安装发票、销售不动产发票的数据进行批量处理,对自开票纳税人、税务机关税控盘进行批量处理,完成税务机关代开票本地系统的部署及上线工作。

2008 年,将网络安全管理和日常硬件维护工作实施服务外包。

2009 年,6 月 19 日上线运行江苏地税省级大集中税收管理信息系统,在省局项目组的指导和大力支持下,制定了大集中系统的上线方案、系统测试方案、数据迁移方案和运行维护方案。对征管流程差异进行分析并确定了机构、人员、岗位、角色及权限。修改了初始化工作中涉及的 2000 多条数据,核对了 50 多张代码参数表。进行了三轮数据迁移和数据校验并对迁移后的数据进行了清理,确保上线数据的准确性。开发了社保外挂软件并成功接入大集中系统。于 6 月 19 日正式上线运行。对进一步强化直属局的信息化应用能力,完善税收征收管理手段,提高纳税服务水平起到了很重要的作用。

二、纳税服务

直属局以纳税人需求为导向,全面整合纳税服务资源,提升纳税服务理念、丰富服务内容、拓宽服务渠道、优化服务流程、完善服务制度,做到“服务全程化、征纳零距离”真正实现“纳税人满意度明显提高、税收征管效率明显提高、税收征纳成本明显降低的奋斗目标 。局领导亲自做“纳税服务理论研究实践与探索”的专题讲座,并组织干部下企业调研,开展党员干部进企业边听意见边服务的活动。联系百户企业,实行贴近服务,建立税企联系卡,24 小时全天候为企业提供纳税服务。为了充分体现纳税服务由被动服务向主动服务转变,把全员、全程、全方位服务落到实处,对现有的纳税服务资源进行三个整合,一是对办税服务厅的整合,二是对咨询宣传阵地的整合,三是对受理涉税事项的整合。全面推行网上申报、邮寄申报、电话申报、上门申报等多元申报方式,为 A 类企业百分之百的开通了网上办税功能,让纳税人把办税服务厅带回了家。对上门申报的纳税人免费提供资料复印、税收动态、上网报税,配备便民服务箱,添置排除叫号设备,使办税服务厅在功能上最大限度的满足纳税人的办税需要。其次对咨询宣传阵地进行了整合,12366 是地税系统特色服务项目,直属局开通 12366 税收咨询热线以来,在依托现代通信技术和数据大集中工程网络的基础上,12366 的服务功能不断完善,操作规范运行稳定。“12366 服务平台”体贴周到的服务,把微笑融入声音,在纳税人心中塑造了一道看不见的风景线。直属局还开设了江苏省地方税务局直属税务局网站,设置了政务公开、政策法规、纳税服务、局长信箱、廉政行风投诉、涉税案件举报、办税指南、资料下载、网上申报、在线咨询等模块,在方便快捷提供纳税服务的同时也大大提高了纳税人对直属分局认知度。网站开通以来,共解答网上答疑 1000 余件,每年通过网上申报受理的涉税事项有 1 万多户次。第三,对现有涉税事项进行了分类和整合把所有涉税事项集中到办税大厅统一受理,绝不让纳税人多头跑、来回跑、重复跑,真正做想纳税人之所想,急纳税人之所急。

对重点税源企业,直属局领导亲自上门开展税法宣传,提供纳税服务,细心周到的人性化服务措施深受纳税人的欢迎。税收、发展、民生,以税收促发展,发展是为了民生,税收与公民的生活密切相关,和谐税收的主题贯穿于直属局税收工作的全过程。

三、队伍建设

1996 年江苏省地方税务局直属分局组织结构设置图

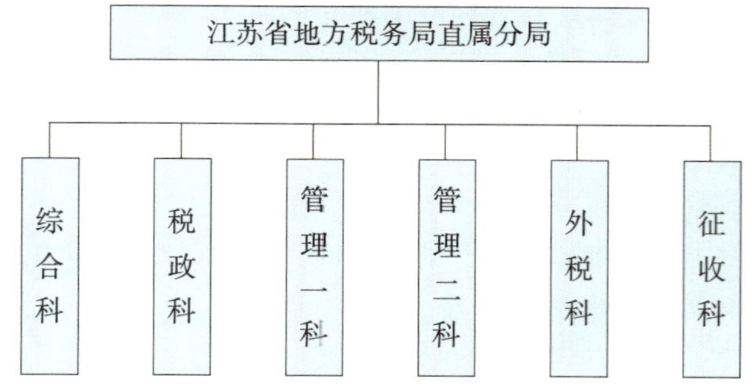

2009 年江苏省地方税务局直属税务局组织结构设置图

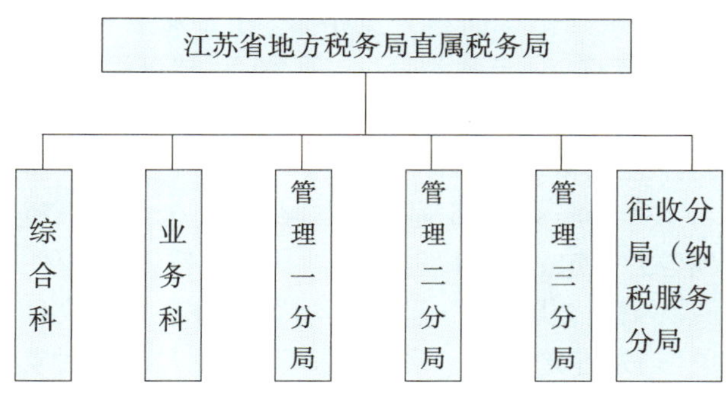

1994 年江苏省地方税务局直属分局组织结构设置图

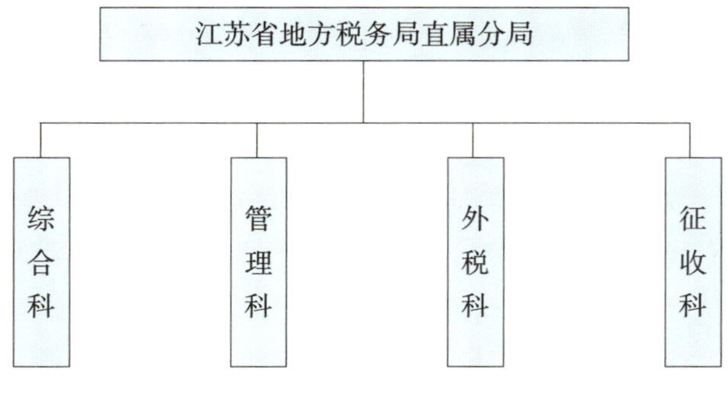

（一）机构沿革

1993 年 9 月，江苏省税务局成立直属分局。1994 年 7 月江苏省税务局分设为江苏省国家税务局和江苏省地方税务局，原直属分局整建制划归江苏省地方税务局，即江苏省地方税务局直属分局。2000 年江苏省省级党政机关机构改革，直属分局更名为直属征收局。2004 年为适应《中华人民共和国税收征管法》要求，直属征收局更名为直属分局。2009 年直属分局更名为江苏省地方税务局直属税务局。

（二）组织构成

建局初期，直属局共有干部职工 18 人，其中党员 9 人。内设四个科室：综合科、管理科、外税科、征收科。1996 年，为满足征收业务扩大的需要，撤销管理科，增设税政科、管理一科、管理二科。2009 年江苏省地方税务局进行机构改革，直属局的内设机构有了较大调整，分别为：综合科、业务科、征收分局（纳税服务分局）管理一分局、管理二分局、管理三分局。直属税务局先后历任三位局长：夏永福、孙传绪、蔡建勋；七位副局长：刘培寅、陈金池、刘要武、胡永花、姚振标、胡小青、宋燕南。截至 2010 年 6 月，直属税务局共有干部 42 人，其中党员 33 人。

（三）文化生活

直属局党支部一班人注重加强组织文化建设，培养干部职工的团队协作精神，因地制宜地开展丰富多彩的活动，娱乐身心，陶冶情操，有效提高了以直属局党支部为核心的凝聚力，逐步形成了“地税兴我荣，地税衰我耻”的共同价值观，以及团结拼搏、干事创业、争先创优、和谐共进、风清气正的独特文化氛围。

每年在省局举行的新年联欢会上，直属局干部自创自演的节目以其整齐的阵容、独特新颖的编排受到欢迎，屡获节目评比一等奖。直属局独具特色的包饺子比赛、摄影比赛、演讲比赛等活动吸引了干部职工踊跃参与。直属局干部在省局举办的多项文体赛事中都获得好成绩。

2003 年非典疫情发生后，直属局党支部号召大家健身强体，提高身体素质。开展了每周一次的全局登山活动，组织成立了游泳、登山、羽毛球、乒乓球等体育活动兴趣小组，经常举行篮球、羽毛

1994–2010 年江苏省地方税务局直属税务局领导成员一览表

姓　名	行政职务	党内职务	任职起讫时间	备　注
夏永福	局　长	支部书记	1993–2000	
刘培寅	副局长	支部委员	1993–1994	
陈金池	副局长	支部委员	1996–1998	
刘要武	副局长	支部委员	1998–2002	
胡永花	副局长	支部委员	2001–	
孙传绪	局　长	支部书记	2000–2009	
姚振标	副局长	支部委员	2002–2010	
胡小青	副局长	支部委员	2006–2011	
蔡建勋	局　长	支部书记	2009–	
宋燕南	副局长	支部委员	2009–	

球、乒乓球、跳绳、飞镖、扑克牌、划龙舟等比赛,极大地调动了大家的参与热情。2010年8月开始,每天上午十点直属局全体人员准时集合做广播操,取得了良好成效。

(四)党风廉政建设

直属局党支部坚持从严治队,完善干部管理机制,加大党风廉政建设,加强“两权”监督,全面梳理权利事项,深入排查风险点,制定切实可行的预控措施,将预防腐败的关口前移,过程监控,从源头上加强党风廉政建设。着力加强作风建设及廉政文化建设,进行坚持不懈的警示教育,组织党员干部观看警示教育专题片,参观南京铁心桥监狱、浦口监狱,请省检察院和省局监察室的同志做反腐倡廉报告。带领大家到梅园新村、雨花台烈士陵园等传统教育基地参观,重温入党誓词,加强自律。征集党员格言,并分发至各党小组,互相学习,自我教育。以孔繁森、郑培民、李元龙、吴大观等先进模范为激励,增强党员干部的公仆意识和奉献精神。

直属局党支部“收好税,服好务,带好队”,受到各方肯定。直属局曾获全国扶残助残先进集体,两次荣获全国“五一劳动奖状”,多次获得省文明单位、先进党支部、省级机关青年文明号等多种奖励。直属局干部多人立功受奖,多人分别获得省劳动模范,省模范军队转业干部、省级机关优秀青年公仆,团省委先进青年等荣誉称号。

第四部分 重要文献

制度性文件(选录)

全省地方税务系统征管改革实施意见

苏地税发〔1995〕089号 1995年5月16日

为适应税制改革的新形势，逐步建立科学严密的税收征收管理体系，根据国家税务总局有关文件精神，结合江苏省地方税收工作的实际，现对全省地方税务系统征管改革提出如下实施意见：

一、征管改革的指导思想和基本目标

征管改革的指导思想：坚持依法治税，健全征管法规，规范征纳行为，科学分工，优化服务，改进技术手段，增强监控能力，最大限度地防止税款流失，全面提高税收征管水平。

征管改革的基本目标：到2000年，在全省建立起适应社会主义市场经济要求的，具有现代化技术手段的，征收、管理、检查相互制约，申报、代理、稽查相互结合的地方税收征管新格局。具体目标如下：

（一）市区建立集中统一的申报服务大厅，下设若干个税款申报征收点，在农村税务所设置专门的申报窗口和服务柜台；全面实行纳税人"自核自缴"的申报制度。

（二）调整机构设置，人员优化组合，科学划分征管工作系列，规范征管程序和业务流程。

（三）逐步直至全面取消税务专管员制度，改管户为管事，税收工作实行专业化管理。

（四）税务代理机构普及，省、市、县全面建立并完善税务代理机构，广泛开展税务代理的各项业务。

（五）建立强有力的税务稽查系统，省、市、县成立专门的稽查局或分局，城市可以实行稽查外分离，农村可以实行"征管在所，稽查在县（市）"的模式。

（六）税收征管广泛应用电子计算机，建立统一的税收信息系统，实现全省税务系统内联网，有条件的地区实现与银行等部门的计算机联网。

（七）建立税法公告制度，纳税人获取税收信息的渠道畅通，税收环境优化。

二、征管改革的主要内容

征管改革是继税制改革后又一项重大改革，必然涉及税收工作的各个方面，要坚持重点突破与整体推进相结合，今后几年，征管改革要着重抓好以下四个方面：

（一）严格纳税申报制度，推行纳税人"自核自缴"

随着新税制的巩固完善和征管范围的重新划分，地方税务系统人少事多的矛盾日益突出。严格纳税申报制度，推行纳税人"自核自缴"，把税务人员从大量的繁重的核税征收等事务中解脱出来，已成为征管改革的重要任务。一是要统一纳税人税务代码。通过全面发放税务登记证，采用由国家技术监督局统一编制的专用于企、事业单位的9位码，以及由公安部门统一编制的专用于个人的15位码作为税务代码。凡是涉税的各种证件、文书、表格、档案将统一使用税务代码。二是规范纳税表格。尤其要统一各税的纳税申报表、税款缴款书等表式，并规范其内容。三是修订纳税程序。要对现行的纳税程序进行修订，实行纳税人"自核自缴"，即在法定的纳税申报期内，由纳税人自行计算核税，填开缴款书，并向有关银行缴纳税款然后持自行填好的纳税申报表，并附盖银行收讫税款印戳的缴款书报查联，向税务机关办理申报。这一办法应分步推行，首先在财会核算健全的企业中实行，随着条件的成熟，再逐步扩大到其他纳税人。推广应用计算机的地区，也可实行纳税人申报，到税务机关开票，然后到开户银行缴纳税款的办法。

（二）积极推行税务代理

税务代理是国际上通行的做法，尤其是地方

税税种多、税源零星分散、纳税对象广泛,是纳税人及代理人愿意建立代理和被代理关系的基础。为此要从以下几方面着手:首先,要建立税务代理机构,这是推行税务代理的前提条件。各级地方税务机关必须加快建立税务代理机构,并要加强对税务代理工作的指导,使之发挥应有的作用。其次,要建立能满足地税工作需要的合格的税务代理人队伍。通过贯彻《税务代理人资格考试、考核及认定办法》,进行专门的税务代理人资格统考和资格认定,培养税务代理专业人才,壮大税务代理服务队伍。再次,要建立健全税务代理规章制度。依据有关规定,对税务代理人资格条件,资格认定、税务代理范围、税务代理人的权利与义务以及法律责任等加以规范,以利于税务代理活动合法、有序地进行。

(三)大力加强税务稽查

随着纳税人“自核自缴”和税务代理制的推行,税务机关的主要工作将转向税务稽查。要健全税务稽查机构,充实人员,明确职责,省、市、县都要设立单独的税务稽查机构,并要做到机构名称规范,职责清楚,税务稽查人员占税务人员的比重逐步提高。省辖市建立稽查局或分局,按行政区域或行业设置分局或所,实行垂直管理;县建立稽查局或分局,按经济区域下设稽查所。同时,要加强培训税务稽查人员,着重在现代会计实务、税务检查技巧和会计计算机技术等三方面进行强化训练。培训重点应根据税务稽查人员管辖的纳税人不同而各有侧重。

(四)推广计算机在税收征管领域的应用

实施计算机管理是提高征管效率,严密税收监控必不可少的手段。各地要把推广应用计算机作为征管改革的重点予以突破。要制定全省税收管理电子化的战略规划,从1995年开始,利用5至6年时间,在税收征管领域推行计算机化管理,基本实现税务系统的计算机联网,并且逐步实行与银行及其他有关部门的计算机联网。为此,要对目前各地自行开发使用的征管软件系统要加以维护和完善,最大限度地发挥其作用;对尚未应用计算机进行税收管理的地区,要坚持高起点,注意选择适宜的计算机系统建设模式,可先把计算机应用于征收,然后再扩大到其他方面。在目前经费比较紧张的情况下,各地都要挤出一定的财力,加大开发应用计算机的经费投入。计算机应用于征管不求一步到位,先予运行,逐步规范,待省局统一的税收管理应用系统完成后,在全省地方税务系统全面推广。最终把从税务登记的建立、纳税申报的处理、税款的收缴与核销,到税务检查对象的筛选以及综合税收信息的统计、分析等整个征管过程纳入计算机管理。

三、征管改革的配套措施

(一)加强税收法制建设

税收法制建设的主要任务是:一方面,从国家来说,是巩固完善新税制,适时完成实体法的立法程序,加快税收立法工作;另一方面,从地方来说,要对税务行政执法和执法监督中具体问题的处理,通过地方人大、政府制定地方性法规或规章加以配套、完善。从税务机关来说,要抓紧制定颁布诸如税务登记、强制征收、税务检查等征管制度以及税务机关征管工作程序和衔接配套制度,明确各岗位的工作职责,促进征管工作制度化、规范化,进一步促进依法治税。

(二)科学划分税收征管系列及其职责

按照征管改革的要求,科学划分征管系列及其职责,对税收管理形式实施转换,把税务人员从管户变为管事,并将现行征收管理职责进行归集分配,逐项纳入管理服务、征收数控、税务稽查和复议应诉四个系列。管理服务系列主要负责管理税务登记、发票供应、税法宣传以及受理纳税人提出的其他有关税务申请等;征收数控系列主要负责受理各种纳税申报、税款缴库、监控申报和税款滞纳、催报催缴以及强制征收、税收会计核算、统计分析等;税务稽查系列主要负责根据税务检查分析标准筛选的对象进行稽核审计、调查与处理各种税收违法案件。复议应诉系列主要负责审理税务行政管理相对人依法提出的各种复议案件,参与税务行政诉讼案件的应诉工作。

(三)切实改善税务机关的服务

为方便纳税人纳税,要在城市和县城逐步建立申报服务大厅,设置受理纳税申报、办理税务登记、提供税务咨询、发售发票、受理其他有关税务申请等各种税务服务窗口,实行专业化管理。并要积极创造条件,在申报服务大厅设立银行服务专柜,动员所属征管企业在银行服务专柜开设专项账户，使纳税申报、开票征收、税款解缴在大厅内一次完成。同时，要大力开展税法宣传，除国家公布税务局行政法规、规章、制度和其他规范性文件外，省地方税务局将定期汇编《税务公文》以及介绍税款计算、申报表填写等纳税实务知识的材料，提供给纳税人，以确保税收法规信息的及时传递和纳税人了解税法的渠道畅通。

（四）适时合理调整机构设置和人员配备

推行征管改革，尤其是建立申报服务大厅后，要及时研究调整人员配备和机构设置，转变工作职能，相应归并和转移基层征收机关内部管理科室的职能，将征收、税政、稽查等部门的管理职能逐步分解落实到申报服务的各个窗口，使机构设置与其工作职责调整相适应。同时，要理顺市、县地方税务局与基层税务机关的税收征、管、查工作关系，加强系统指导和组织管理，以适应征管改革的需要。要在坚持和完善“征、管、查”分离的基础上，进一步加强征收，优化服务，强化稽查，积极创造条件，逐步取消专管员制度。

四、征管改革的实施步骤

征管改革是实现税收管理现代化的关键，力求规范、统一、协调、实用。为确保改革切实有效，必须在设计上统一规划，在实施过程中循序渐进，积极稳妥，长计划短安排，分步组织实施。在实施步骤上，要区别城市与农村，苏南与苏北，实行分类指导，各地要紧密结合本地的实际，因地制宜地组织实施。整个改革准备大致分为三个阶段：

（一）试点阶段

从1995年起，省局选择部分市、县进行征管改革的综合改革试点，力求利用一年半左右的时间，建立起适合地方税收的征管改革示范系统。各市都要抓好本地的改革试点，探索和积累经验，同时要做好征管改革推进阶段的各项准备。

（二）推进阶段

从1996年－1998年，这是征管改革的关键阶段。争取利用三年左右的时间，将税收征管改革分步推向全省。在推进过程中，坚持先税源集中的地区，后收入较少的地区；先城市，后农村；先具备条件的地区，后条件尚不具备的地区。做到立足城市、兼顾农村，点面结合，形成辐射。

（三）完善阶段

从1999年起，利用一、二年左右的时间，对照征管改革的预定目标，进一步完善征管改革，达到规范统一，基本实现税收工作的现代化管理。

五、征管改革的具体要求

征管改革是一项复杂的系统工程，改革的任务异常繁重，需要各方面的配合与协作，需要长期不懈地努力，为此，提出如下要求：

（一）统一思想，提高认识

各级地方税务机关和广大税务干部要充分认识征管改革的重要意义，增强改革的紧迫感，克服不想改、不愿改、没条件改等无所作为的思想，树立信心，增强改革的自觉性。

（二）切实加强领导

征管改革能否搞好，关键在于领导，各级税务机关要把征管改革列入重要的议事日程，象对待税制改革那样搞好征管改革，主要领导要亲自负责。省地方税务局决定成立征管改革领导小组，明确专人，专门负责改革实施的组织、协调工作。各市、县地方税务局也要相应成立此类机构，贯彻实施征管改革。

（三）认真规划，精心组织

各地要从实际出发，制订征管改革的规划，确定分阶段的具体目标，并要认真组织实施。同时，要严格目标管理，加强检查督促，及时总结和推广征管改革的经验和做法，推动征管改革的不断深入。

江苏省地方税务局税务行政执法规则(试行)

苏地税发〔1999〕138号　1999年11月16日

第一章　总　　则

第一条　为了规范税务行政执法行为，提高税务行政执法水平，保证国家有关税收法律、法规、规章、规范性文件的正确实施，保护纳税人和其他税务当事人的合法权益，根据《中华人民共和国税收征收管理法》、《中华人民共和国税收征收管理法实施细则》、《中华人民共和国行政诉讼法》、《中华人民共和国行政处罚法》的有关规定，特制定本规则。

第二条　各级地方税务机关及其工作人员的税务行政执法行为均应依照国家有关法律、法规、规章及本规则的规定执行。

第三条　本规则所称税务行政执法行为包括税务抽象行政行为和税务具体行政行为。

税务抽象行政行为是指税务机关为了进行税收征收管理而起草规章和制定、发布规范性文件及具有普遍约束力的决定、命令的行为。

税务具体行政行为是指税务机关在税收征收管理中依法对公民、法人和其他组织采取的影响其权利、义务的行为。

第四条　税务行政执法必须坚持以下原则：

(一)“有法必依、执法必严、违法必究”的原则；

(二)实事求是的原则；

(三)公平、公正、公开的原则；

(四)廉洁、高效、及时、便民的原则。

第五条　公民、法人和其他组织有权监督税务行政执法，对税务行政执法人员在执法过程中的违法行为可向有关部门提出申诉和控告。受理的税务机关应依法查处，并为申诉人、控告人保密。

第二章　税务行政执法人员

第六条　本规则所称税务行政执法人员是指税务机关内具备国家公务员身份的人员。

第七条　税务行政执法人员必须具备良好的政治素质和职业道德，精通税收法律、法规、规章，熟练掌握税收业务技能和执法程序，具有胜任税收工作的相关知识。

第八条　税务行政执法人员必须遵守国家有关法律、法规，必须秉公执法、文明执法、正确执法，模范遵守职业道德，严格依法办事。

第九条　税务行政执法人员在实施税务检查时，必须出示税务检查证件。

第十条　助征员、协税员及其他不适合税务行政执法工作的人员，不得独立进行税务检查和处罚。

第十一条　税务行政执法人员在工作中对涉及国家机密、商业秘密、技术秘密或个人隐私等依法应当保密的，不得擅自公开、泄露。

第十二条　税务行政执法人员在执法中遇到须回避的情况，应主动申请回避，当事人也可申请执法人员回避。是否准许，由执法人员所在的县以上地方税务局(分局)局长决定。

第十三条　税务行政执法人员应自觉接受税务行政执法监督部门的监督检查，如实反映执法情况和执法结果，对税务行政执法监督机关作出的处理决定有异议的，可向上级税务机关反映。对上级税务机关作出的处理决定必须执行，不得拒绝或拖延办理。

第三章　税务抽象行政行为

第十四条　各级地方税务机关起草地方税收

规章、制定税收规范性文件应以法律、行政法规、地方性法规为依据。

第十五条　各级地方税务机关制定的涉及税收当事人权利义务的规范性文件，必须有法律、行政法规或规章的授权，不得超越权限自定计税依据、税率、征收率或擅自作出税收的开征、停征以及减税、免税、退税、补税的决定。

第十六条　各级地方税务机关起草税收规章、制定税收规范性文件，一般应按照调查研究、分析论证、起草审议、批准公布等法定程序进行，力求结构严谨、概念准确、条理清楚、文字简练，并应明确立法目的、立法依据、适用范围、主管部门、具体的行为规范、法律责任、解释权及施行日期等。

第十七条　各级地方税务机关起草税收规章、制定税收规范性文件，应经本级地方税务机关的法制部门从立法依据、立法权限、立法技术、立法程序等方面先进行审核会签后，方可报本级领导签发。

需审核会签的税收规范性文件不包括：

（一）地方税务机关内部的具体工作制度、规定、工作部署及其他文件；

（二）对具体事项的布告、公告以及行政处理决定；

（三）原文转发上级税务机关或者上级税务机关与其他部门联合制定的规范性文件；

（四）有关计划财务、供应指标的分配、各种报表的填报、税源调查等文件；

（五）宣传、教育、监察、人事方面的文件。

第十八条　各市、县地方税务机关为加强税收征收管理，可以结合本地实际制定具体的征收管理措施，也可以制定内部的工作制度、考核办法等，但不得与国家有关法律、法规、规章和上级税务机关规范性文件相抵触。

第十九条　各级地方税务机关向本级政府的法制部门报送的会提意见，由各级地方税务机关的法制部门承办，相关部门会办。

其他部门转来的规范性文件需同级地方税务机关会提意见的，凡内容只涉及地方税务机关内部一个业务部门的，由该业务部门承办，法制部门会签；凡内容涉及地方税务机关内部二个及二个以上业务部门的，由法制部门承办，相关部门会办。

第二十条　税收规章和税收规范性文件应定期向社会公告。

第二十一条　税收规章和税收规范性文件应定期进行鉴定清理，鉴定清理工作由各级地方税务机关的法制部门负责组织。

第四章　税务具体行政行为

第二十二条　各级地方税务机关及其工作人员作出的税务具体行政行为必须以法律、法规、规章为依据，否则该税务具体行政行为无效。

第二十三条　各级地方税务机关及其工作人员必须在法律、法规、规章授权范围内行使税务行政执法权，超越权限作出的税务具体行政行为没有法律效力。

第二十四条　各级地方税务机关及其工作人员实施具体税务行政行为时，须掌握确凿证据并听取当事人的意见。

第二十五条　税务具体行政行为一经作出便具有法律效力，不得随意更改或撤销。对确需更改或撤销的，须报作出具体行政行为的县以上地方税务局（分局）局长批准，特别重大的应集体讨论决定。

第二十六条　纳税人、扣缴义务人和其他当事人在申请办理税务登记时，凡符合法律、法规、规章规定的条件，各级地方税务机关及其工作人员必须依法办理，不得刁难、推诿或无故不办理。

第二十七条　纳税人、扣缴义务人和其他当事人在依法办理纳税申报时，各级地方税务机关及其工作人员不得无故拒收或附加条件受理。

第二十八条　各级地方税务机关及其工作人员在征税过程中，必须给纳税人开具税收缴款书或完税证。不得贪污、挪用税款；不得私设税款账户；不得以单位的名义设立税款过渡账户，截留、滞留税款。

第二十九条　各级地方税务机关不得违规审批缓缴税款和越权审批减免税。

第三十条　各级地方税务机关责令纳税人提供纳税保证金或提供纳税担保，实施税收保全措施，实施行政强制执行，阻止纳税人出入境等，必须严格按照规定的权限与程序进行。

第三十一条　各级地方税务机关对纳税人、

扣缴义务人和其他当事人的欠税行为，按照《中华人民共和国税收征收管理法》的有关规定应加收滞纳金的，必须加收滞纳金。

第三十二条 各级地方税务机关在发票管理过程中，对违反发票管理办法的违法行为，必须按照《中华人民共和国发票管理办法》及有关法律、法规给予行政处罚或移送司法机关处理。

第三十三条 各级地方税务机关及其工作人员不得改变税种属性、混淆入库级次，不得包税、摊税、收过头税。

第三十四条 处理税务违法案件应做到事实清楚、证据确凿、定性准确、依据充分、程序合法、手续完备、处理恰当。

第三十五条 各级地方税务机关及其工作人员在实施自由裁量权时，必须合法、适当，不得畸轻、畸重。

第三十六条 各种税务执法文书必须符合省局统一规定的格式，并严格执行文书送达的有关规定。

第三十七条 除对个体工商户及未取得营业执照从事经营的单位、个人罚款数额在1000元以下的由税务所决定外，行政处罚必须依法由县以上地方税务局（分局）作出，并加盖县以上地方税务机关印章。

第三十八条 按照《中华人民共和国行政处罚法》的有关规定，对同一违反税收法律法规的行为，不得给予二次以上罚款的处罚；

偷税等违法行为二年内未被税务机关发现的，或违法事实不清的，不得给予税务行政处罚。税务违法行为处于连续状态的，自行为终了之日起计算。

第三十九条 纳税人、扣缴义务人和其他当事人因偷税等违法行为应受处罚的，各级地方税务机关必须依法给予税务行政处罚；按照规定应移送有关部门处理的，必须向有关部门移送，不得以补代罚，以罚代刑。

第四十条 对公民处以50元以下、对法人或其他组织处以1000元以下罚款的行政处罚，可以当场作出处罚决定。

第四十一条 税务行政执法人员当场作出处罚决定，应依照下列程序进行：

（一）告知税务当事人作出行政处罚决定的事实、理由、依据和陈述申辩权、诉权。

（二）听取税务当事人陈述申辩意见。

（三）填写规定格式的《行政处罚决定书》，当场交付税务当事人，并要求其到指定的银行缴纳罚款。

（四）当场处罚后于二日内向所属税务机关负责人报告并备案，填写《当场处罚登记表》。

第四十二条 有下列情形之一的，税务执法人员可以当场收缴罚款：

（一）依法给予20元以下罚款的；

（二）不当场收缴事后难以执行的；

（三）因在边远、水上、交通不便地区，税务当事人向指定的银行缴纳罚款确有困难的。

第四十三条 当场处罚并收取现金的，应出具“当场处罚罚款收据”。

第四十四条 当场收缴的罚款，应当自收缴之日起次日内交至所属税务机关；在水上或偏远地区当场收缴的罚款应当自返回之日起次日内交所属税务机关，并填写《当场处罚登记表》。

第四十五条 税务行政处罚必须按规定使用统一格式的《税务行政处罚决定书》。

第四十六条 各级地方税务机关在适用一般程序作出税务行政处罚决定前，必须按规定向纳税人发出处罚事项告知书，告知陈述权、申辩权、听证权。

在向纳税人、扣缴义务人和其他当事人发出税务行政处理决定书、税务行政处罚决定书时，必须告知复议权、诉权。

在责令提供纳税担保和缴纳纳税保证金、实施税收保全措施、行政强制执行、阻止出入境等执法行为时，必须向纳税人、扣缴义务人和其他当事人告知复议权和诉权。

第四十七条 各级地方税务机关的法制部门负责对听证工作的指导。在办理听证时，应指定非本案调查人员担任听证主持人，并公正、公开举行听证。

第四十八条 各级地方税务机关在复议过程中，必须本着实事求是的原则，切实保护纳税人、扣缴义务人和其他当事人的合法权益。

第四十九条 各级地方税务机关必须将发生的听证、复议、应诉案件情况连同有关材料逐级报上一级地方税务机关，不得隐瞒不报。

第五章　税务行政执法责任

第五十条　各级地方税务机关的主要负责人,应对本机关负责制定、实施的税收规范性文件负全面责任。

第五十一条　各级地方税务机关的职能部门负责人，对因本部门的错误具体行政行为造成的错案负主要责任。

第五十二条　税务执法人员违反有关规定，作出错误的具体行政行为，由执法人员负主要责任,分管负责人负领导责任。

第五十三条　各级地方税务机关及其工作人员违反本规则的有关规定,发生重大违法行为的，追究有关负责人的责任。

第五十四条　税务行政执法人员在征税过程中贪赃枉法、徇私舞弊,不征或少征应征税款的，应按照有关规定给予行政处分;达到《刑法》规定标准的,应移送司法机关处理。

第五十五条　执法责任的承担方式：

(一)批评教育;

(二)责令作出书面检查;

(三)扣除岗位考核奖金;

(四)取消参加先进评比资格;

(五)通报批评;

(六)责令承担一定数额的赔偿责任;

(七)调离执法岗位;

(八)行政处分;

(九)触犯刑法的,移送司法机关处理。

第五十六条　省地方税务局政策法规处负责对全省地税系统的税收执法情况进行检查。

第五十七条　对下级地方税务机关发生的违法行政行为，上级地方税务机关有认定权、处理权、纠正权,对发生的错案有权根据有关错案追究办法的规定进行处理。

第五十八条　被追究责任的税务行政执法人员对处理决定有异议的，应于接到处理决定通知之日起三十日内向原处理机关提出申诉，原处理机关应当自收到申诉之日起三十日内作出复查决定;对复查决定仍不服的,可以自收到复查决定之日起三十日内向上级地方税务机关申请复核,上级地方税务机关应当自收到复核申请之日起六十日内作出复核决定。

复查、复核期间,不停止原决定的执行。

第六章　附　　则

第五十九条　本规则由江苏省地方税务局负责解释。

第六十条　本规则自公布之日起执行。

江苏省地税系统基层税务干部岗位行为规范(试行)

苏地税发〔2000〕124号 2000年11月22日

为进一步加强全省地税系统的社会主义精神文明建设，推动争创文明行业和文明办税活动的深入开展，提高基层税务干部的职业道德水平，更好地为纳税人提供“文明、优质、高效”的服务，在全社会树立地税的良好形象，特制定本规范。

一、仪容仪表规范

(一)税务人员执行公务活动必须着制服，非公务活动时应着便装。

(二)上岗人员必须做到税容整洁，举止端庄。

(三)上岗人员必须佩戴服务标牌(左胸前)，讲究礼貌，文明办税。

二、服务质量规范

(一)税务人员必须爱岗敬业，熟练掌握税收业务知识和计算机操作技能，在规定的时间内优质高效完成工作。

(二)税务人员为纳税人服务时要态度热情，语言和蔼，不讲服务忌语和粗话、脏话，不得以任何理由与纳税人争吵。

(三)实行首问负责制，税务人员要主动服务，耐心细致地解答纳税人的每一个问题。

(四)开展文明服务承诺，税务人员要做到“五个一样”：对大户小户一样；生人熟人一样；忙时闲时一样；标准条件一样；表扬批评一样。

(五)税务人员在办理涉税事务时，要严格按照政策，依法办事，做到无遗漏、无差错、及时准确、稳妥高效。

三、岗位纪律规范

(一)严格遵守《国家税务总局关于税务人员廉洁自律若干规定》，自觉做到清正廉洁，秉公执法。

(二)严禁向纳税人“吃、拿、卡、要、占、报”，不得以权谋私、假公济私、损公肥私。

(三)工作尽职尽责，工作时间不脱岗、串岗、聊天嘻笑、打闹、玩电脑游戏以及从事其他与工作无关的活动。

四、环境卫生规范

(一)确立环境卫生意识，搞好办公区域的绿化、美化、净化，营造优美、整洁的办公环境。

(二)办公场所窗明几净，秩序井然，各类设施及办公用品摆放统一有序，无灰尘污垢。

(三)落实环境卫生制度，做到每天一小扫，每周一大扫，保持办公场所室内外整洁。

(四)养成良好的卫生习惯，不乱扔废纸杂物，不随地吐痰，不在公共场所吸烟。

五、文明用语规范

(一)问候性的用语：您好，您早。

(二)招呼性用语：同志，先生，女士，小姐。

(三)接听电话时的用语：您好，××地税，有事请讲。

(四)接待纳税人的用语：您好，请把表格递过来。请您稍等。请您到××处办理(查询)。

(五)发现报表不合规范时的用语：您报表××处不合规范，请您重新填写。

(六)需要纳税人配合，做某项事时用语：劳驾，打扰您。这样行不行？谢谢。感谢您的合作。

(七)接受纳税人申请报告时用语：您的申请报告我们已经受理，××期限内给您答复。

(八)税务稽查用语：您好，我们是××地税局来执行检查任务，请您配合。

(九)回复纳税人致谢时的用语：不用谢，没关系，这是我们应该做的。

(十)办完业务时的用语：谢谢合作，再见。

江苏省地方税务局税收执法检查实施办法

苏地税发〔2001〕164号　2001年12月27日

第一章　总　　则

第一条　为规范税收执法检查行为，保证税收执法检查工作的顺利进行，根据《中华人民共和国税收征收管理法》及国家税务总局《税收执法检查规则》（以下简称《规则》）的有关规定，结合江苏地税工作实际，特制定本实施办法。

第二条　税收执法检查是各级地税机关对本级地税机关及其直属机构、派出机构或者下级地税机关的行政执法行为组织实施检查和处理的工作，是税收执法监督制约机制的组成部分。

第三条　各级地税机关必须依照《规则》和本实施办法进行税收执法检查。

第四条　税收执法检查必须遵循以下原则：

（一）“有法必依、执法必严、违法必究”的原则；

（二）积极稳妥，实事求是的原则；

（三）公正、公开、廉洁、高效的原则。

第五条　执法检查的范围和内容是各级地税机关行政执法的全面情况，具体包括：

（一）查看涉税文件是否符合国家税法的规定；

（二）检查具体行政行为是否符合国家税法的规定；

（三）检查以前查出问题的纠正情况。

第二章　税收执法检查形式及组织管理

第六条　税收执法检查的形式有全面执法检查、专项执法检查、日常执法检查、专案执法检查。

（一）全面执法检查是指各级地税机关在本辖区内按统一的检查时间、检查方式、检查要点对税收执法情况进行全面检查的形式。

（二）专项执法检查是指各级地税机关在本辖区内开展的以某一特定税收执法内容为主题的执法检查形式。专项执法检查可由有关业务部门提出意向，由承担执法检查工作的机构统一协调布置。

（三）日常执法检查是指各级地税机关对本级所属直属机构、派出机构及下级地税机关的具体行政行为和执法检查纠正情况，进行的不定期检查的执法检查形式。

（四）专案执法检查是指各级地税机关根据公民举报、有关部门转办、上级税务机关交办等情况确定的税收执法检查。

第七条　省局政策法规处具体负责全省各项税收执法检查的组织、指导工作。省辖市局政策法规科（处）具体负责辖区内各项税收执法检查组织、指导工作。各县（市）局由负责法制工作的机构具体负责各项税收执法检查的组织实施工作。

第八条　税收执法检查必须实行扎口管理。年初各业务部门向法制工作部门提出执法检查计划，法制工作部门统筹安排，并提出建议交局长办公会议讨论决定后，由法制工作部门具体落实，各业务部门积极配合。

第九条　各省辖市地税局应于每年12月底前向省局报送执法检查工作总结和有关报表、资料以及下年度的执法检查计划。在实施税收执法检查过程中如发现重大问题必须向省局报告。

第三章　税收执法检查人员

第十条　税收执法检查人员必须具备较强的政治业务素质，精通税收法律、法规、规章，熟练掌握税收业务和执法程序，具备胜任税收执法检查工作的相关知识。

第十一条　税收执法检查人员必须遵守国家有关法律，法规、规章，模范遵守职业道德，廉洁自律，秉公办事，文明检查，正确办案。

第十二条 各级税收执法检查人员由法制工作部门从现有的税收行政工作人员中，通过考核确定,组成执法检查人员库,颁发税收执法检查聘任书,定期组织各种形式的培训、教育。在组织实施执法检查时，从执法检查人员库中抽调相关人员组成执法检查组。

第十三条 省局统一为税收执法检查人员发放符合规定格式的税务执法检查证，从事延伸到纳税人的调查取证。

第十四条 税收全面、专项执法检查组组长由法制工作部门提出人选，由局领导委派。日常、专案执法检查由法制工作部门工作人员担任组长。

第四章 税收执法检查程序

第十五条 全面税收执法检查和专项税收执法检查必须按以下程序进行:

(一)拟定税收执法检查内容、对象、步骤、方法。

(二)委派税收执法检查组组长、选派执法检查人员、组织执法检查组。

(三)发出税收执法检查通知书。

(四)实施检查。

(五)税收执法检查组向被查对象通报检查结果,并由被查对象有关人员在检查底稿上签字确认。

(六)税收执法检查组向派出局领导报告检查情况并提出处理建议。

(七)局领导对被查对象执法情况和处理建议进行审议,形成处理意见。

(八)法制工作部门负责向被检查对象送达《税收行政执法纠正通知书》和《处理建议书》。

(九)各级法制工作部门对查出问题的纠正情况进行跟踪督办,必要时可予以通报。

第十六条 日常税收执法检查按以下程序进行:

(一)法制工作部门按年、按季、按月拟定税收执法检查计划,并报局领导批准后按计划实施。

(二)法制工作部门抽调有关人员组成税收执法检查组。

(三)向被查对象发出执法检查通知书,实施检查。必要时,也可不发通知,实施突击检查。

(四)向被查对象通报检查情况,并由有关人员签字确认。

(五)法制工作部门拟定处理意见并报局领导批准。

(六)法制工作部门向被查对象发出《税收行政执法纠正通知书》、《处理建议书》,并跟踪督办。

第十七条 专案税收执法检查按以下程序进行:

(一)法制工作部门接到上级税务机关交办、上级领导批示、或其他部门转来的反映税收违法执法行为的来函或公民来信、来访、来电举报,进行登记。

(二)法制工作部门负责人签署意见并向局领导汇报。

(三)经局领导批准后,由法制工作部门或法制工作部门会同有关部门派出检查组实施检查,检查组人数不得少于2人。

(四)检查组将检查情况向法制工作部门负责人汇报,法制工作部门综合意见后向局领导汇报,并提交调查报告和处理建议。

(五)经局领导批准后,形成处理意见,对存在的问题下发《税收执法纠正通知书》,并跟踪督办处理情况。

(六)根据需要向有关方面或个人通报处理情况。

(七)按一案一卷实行归档。

第十八条 需延伸到纳税人进行调查取证时，执法检查人员需向纳税人出示税务执法检查证。

第五章 税收执法检查证据

第十九条 税收执法检查证据包括书证、物证,当事人陈述、证人证言,视听资料,鉴定结论等。

第二十条 税收执法检查组有权要求当事人提供或者补充证据,被查对象不得拒绝。被查对象在规定的时间里没有提供依据、证据的,税收执法检查组可以认定该行政行为没有依据、证据,进行责任追究。税收执法检查组根据需要可向有关单位调取证据。

第二十一条　税收执法检查组在调查情况时，必须如实做好询问笔录，在笔录中必须有检查人、被检查对象的签名或盖章。

第二十二条　调取书证时，可用复印件，但必须注明原件出处并由原件保存单位或当事人签注“与原件核对无误”字样，并由其签字或盖章。

第二十三条　在执法检查过程中，采集证据必须有 2 人以上参加，并出示工作证及有关检查证件。

第二十四条　税收执法检查必须有检查底稿，检查底稿须详实，如文件号、案卷号、执法单位、行政相对人、违法事实、违法金额以及有关数据、资料、谈话内容等。检查底稿必须有 2 名执法检查人员的签字。

第二十五条　被查对象的有关当事人拒绝签字的，不影响事实的认定，但检查人员必须注明不签字的原因、情况。

第六章　责任追究

第二十六条　收执法检查中发现执法过错行为时，由上级进行追究，检查实施单位应向被查对象发出《处理建议书》，被查对象须按《处理建议书》的要求进行纠正并按执法过错追究制度追究有关负责人和直接责任人的责任。

第二十七条　执法检查中发现的违纪行为，交由税务纪检监察部门查处。

第二十八条　对执法检查中发现的各种问题，法制工作部门应及时向局领导反映，并提出建议。

各级地税机关对重大执法问题应建立通报制度。

第七章　附　　则

第二十九条　执法检查工作应与执法监察相结合，加大检查工作力度。

第三十条　各省辖市局可根据本实施办法制定具体操作规程。

第三十一条　本实施办法由江苏省地税局负责解释。

第三十二条　实施办法自 2002 年元月 1 日起执行。

中共江苏省地方税务局党组关于进一步加强对各级地税机关领导干部监督管理的实施意见

苏地税党组〔2002〕26号　2002年7月4日

各省辖市及苏州工业园区地方税务局党组：

为进一步加强对各级地税机关(以下简称“各级”)领导干部的监督和管理，促进党风廉政建设和领导干部思想作风建设，特提出如下实施意见：

一、加强对各级“一把手”的监督和管理

(一)各级“一把手”在思想上、政治上要与党中央保持高度一致，认真贯彻执行党的路线、方针、政策和税收法律法规，自觉遵守和维护党的纪律。

(二)各级“一把手”要自觉贯彻执行民主集中制原则，坚持集体领导制度。凡涉及国家税收政策的贯彻、年度工作任务的部署，干部任免、调动及奖惩，基建项目和大额资金的使用等重要事项的决定以及其他重大问题，必须经党组集体讨论作出决定。

(三)全面落实党风廉政建设责任制。各级“一把手”要对本地区、本单位党风廉政建设和反腐败工作负总责，领导班子成员要切实抓好分管范围内的党风廉政建设。领导班子成员发生违纪违法问题，要追究“一把手”的责任；部门主要领导发生违纪违法问题，要追究分管领导的责任。

(四)各级“一把手”不准干预和插手工程招标发包，不准推荐包工队伍，不准参与各类物品采购，要严格执行工程招投标和政府采购制度。

(五)各级“一把手”要带头执行廉洁自律的有关规定。在公务活动中带头不送、不收“红包”、礼金，自觉抵制各种不正之风。

(六)建立“一把手”年度“述廉”制度。各级“一把手”每年年底要向上一级党组织、纪检监察部门报告工作，报告的内容包括完成党风廉政建设和反腐败工作情况、落实党风廉政建设责任制情况、遵守廉洁自律的情况和解决群众反映强烈的热点、难点问题的情况，在一定范围接受民主测评。

(七)各级“一把手”调整交流或提拔任用前，要进行离任审计。

(八)各级纪检监察、人事等部门要认真落实对下级“一把手”监督管理工作的各项要求，经常分析干部考察、民主评议以及通过信访渠道所反映的“一把手”存在的问题，及时向本级局党组报告。

二、加强对各级领导干部廉洁从政的监督和管理

(一)严格执行《中国共产党党员领导干部廉洁从政若干准则(试行)》。各级领导干部要廉洁奉公，忠于职守，禁止利用职权和职务上的影响谋取不正当利益；在公务活动中不准收受现金、有价证券和支付凭证；不准到纳税人和下属单位报销个人费用；严禁领导干部为配偶、子女及亲属经商提供优惠条件。领导干部要带头遵守厉行节约制止奢侈浪费的规定，禁止用公款吃喝玩乐，不准利用职权和工作之便，安排和参加用公款支付的歌舞厅、夜总会等娱乐活动。

(二)严格执行收入申报、礼品登记、重大事项报告制度。收入申报、个人重大事项报告由人事部门受理；收受的可能影响公正执行公务价值在200元以上的礼品，向办公室(或监察室)登记上交。各级纪检监察部门，要加强对落实“三项制度”工作的监督和检查，对不申报、报告、登记或不如实申报、报告、登记的责令其改正，并视情节轻重予以处理。

(三)实行政务公开。各级领导班子的工作规划、决策程序、办事规则等，凡能公开的，都应以适当方式公开。重大决策的实施、重大问题的处理以及与干部职工利益密切相关的事项，事前必须广泛征求群众意见，接受群众监督。事后要向群众反馈，增强政务活动的透明度和自觉接受群众监督的意识。

（四）坚持民主生活会制度，努力提高民主生活会质量。会前要通过召开座谈会、发放《征求意见表》等方式，广泛征求党内外群众的意见，并向领导班子成员反馈。要把是否根据群众意见认真开展批评与自我批评作为衡量民主生活会质量的标准，并作为评价领导班子和领导干部的一项重要内容。上级党组、纪检监察和人事部门要加强对下级党组民主生活会的检查指导。党组民主生活会情况要以书面形式上报，并在一定范围内通报。

三、加强对各级领导干部日常监督和管理

（一）积极发挥群众监督作用。各级局党组对群众来信来访反映领导干部的问题，要予以高度重视，及时进行核实和调查，所反映问题属实的，要依法依纪处理；对苗头性、倾向性问题，要及时提醒，适时进行诫免谈话；所反映问题失实的，在一定范围讲清楚，以保护干部；对恶意诬陷、诬告者，要追究责任。

（二）健全党内监督制度。上级党组织要加强对下级领导班子及其成员的监督；领导班子主要负责同志要加强对其他班子成员的监督；班子成员之间要加强相互监督。如因监督不力而发生问题的，追究连带责任。

（三）加大舆论监督的力度。要充分发挥新闻媒体的监督作用，对违法违纪的干部予以曝光，起到教育干部的作用。

（四）各级纪检监察部门要充分发挥职能作用。加强日常监督检查，发现同级领导干部有违反党的纪律的情况，有权进行初步核实，并直接向上级纪检监察部门报告；需要立案查处的，按有关规定报批。

四、加强对干部选拔任用工作的监督和管理

（一）任职前考察。选拔领导干部必须认真执行《江苏省地方税务系统干部选拔任用管理暂行规定》和相关制度规定，坚持“四化”，深入考察，实行考察责任制，把好“入口”关。提拔任用干部必须进行民主测评，事先征求纪检监察部门的意见，凡被纪检监察部门否决或民主推荐票不超过半数的，不得提交党组会讨论。对考察合格，局党组讨论决定拟提拔任用的人选，都要实行任前公示，广泛听取各方面意见后，再正式作出任用决定，并实行一年试用期。

（二）任职期考察。按照干部管理权限，由上级党组对下级领导班子进行任期中考察，了解和考察领导班子及其成员履行职责的情况和政治思想作风表现。对在年度考核中，群众意见多，民主评议不称职票达三分之一以上的领导干部，应免去其现职。

（三）积极稳妥地推进干部制度改革。继续有计划、有组织地扩大干部上下交流，重点抓好各级“一把手”的交流；加大机关中层干部定期轮岗交流的力度。要继续推行公开选拔、竞争上岗和试用制等改革措施，健全和完善干部选拔机制。

江苏省地方税务系统贯彻落实党风廉政建设责任制实施意见

苏地税党组〔2003〕19号　2003年4月16日

为全面贯彻落实党风廉政建设责任制,保证各级领导班子、领导干部切实履行党风廉政建设职责,深入推进全系统反腐倡廉工作,根据《省委办公厅、省政府办公厅印发〈关于实行党风廉政建设责任制的报告制度(试行)〉和〈关于实行党风廉政建设责任制的检查考核办法(试行)〉的通知》、《中共江苏省委、江苏省人民政府印发〈关于实施党风廉政建设责任追究的暂行办法〉的通知》等有关文件精神,结合地税系统实际,制定本实施意见。

一、责任范围

各级领导班子对本系统的党风廉政建设负全面领导责任;党组书记、局长对本系统的党风廉政建设负总责;党组其他成员对所分管部门和单位的党风廉政建设负主要责任;部门和单位领导对本部门、本单位党风廉政建设负直接责任。各级纪检监察部门协助局领导班子抓好党风廉政建设,履行组织协调和监督检查职责。

二、责任内容

(一)各级领导班子对本系统的党风廉政建设承担以下领导责任:

1. 坚持贯彻"三个代表"重要思想,认真落实"两手抓,两手都要硬"的方针,充分发挥各级党风廉政建设领导小组的作用,严格执行"一岗两责"制度,自觉把党风廉政建设和反腐败工作与税收工作、政治文明建设、精神文明建设和其他业务建设紧密结合,一起部署、一起落实、一起检查、一起考核。

2. 及时传达贯彻中央和省、国家税务总局关于党风廉政建设的部署和要求,结合部门实际制订工作计划,抓好任务分解,认真组织实施,狠抓反腐败三项工作和各项专项清理任务的落实。

3. 加强对税务干部的教育管理,努力提高人员素质。有计划地组织党员干部学习马列主义、毛泽东思想、邓小平理论和"三个代表"重要思想,学习党纪、政纪及相关法律法规,运用正反典型,大力开展理想信念和廉政勤政教育,筑牢思想道德和党纪国法两道防线。

4. 贯彻落实中央和省、国家税务总局制定的党风廉政法规制度,结合实际,建立健全相关配套的规章制度,切实加强对税收执法权和行政管理权的监督制约。

5. 认真履行监督职责,对全系统的党风廉政建设和对所属领导班子、领导干部廉洁自律和廉洁从政情况以及对违反中共中央、国务院《关于实行党风廉政建设责任制的规定》(以下简称《规定》)的行为实施责任追究的情况进行监督、检查和考核。

6. 严格按照《党政领导干部选拔任用工作条例》选拔任用干部,防止和纠正用人上的不正之风。

7. 对所辖范围内发生的违法违纪案件和明令禁止的不正之风敢抓敢管,依法领导、组织和支持纪检监察部门履行职责,并为其有效地开展工作创造必要条件。

(二)各级党组书记、局长对党风廉政建设承担以下领导责任:

1. 全面履行党风廉政建设职责,对党风廉政建设和反腐败工作负总责,对本系统的领导干部廉洁自律和廉洁从政情况进行管理和监督,对应当追究责任的按规定实施追究。

2. 认真执行民主集中制原则,对重大事项、干部任用等重要问题,应按照议事规则和程序进行集体讨论决定。

3. 按规定主持召开民主生活会,对贯彻执行党风廉政建设责任制情况进行对照检查,开展批评与自我批评,解决领导班子中存在的问题。

4. 遵纪守法,带头执行领导干部廉洁自律和廉洁从政的各项制度规定，接受组织和群众的监督。

5. 对配偶、子女和身边工作人员严格要求，严格管理。

（三）各级党组其他成员对党风廉政建设承担以下领导责任：

1. 协助党组书记、局长，对所分管部门和单位的党风廉政建设工作具体指导、督促和检查。

2. 深入调查研究，及时发现和解决所分管部门和单位党风廉政建设中存在的苗头性、倾向性问题，并采取防范措施。

3. 参加分管单位领导班子民主生活会，帮助解决存在的问题。

4. 组织和配合有关部门查处发生在所分管部门和单位的违法违纪案件和纠正明令禁止的不正之风。

5. 遵纪守法，带头执行领导干部廉洁自律和廉洁从政的各项制度规定。教育、管理好配偶、子女和身边工作人员。

（四）各级部门、单位领导对党风廉政建设承担以下直接责任：

1. 结合业务工作实际，对本部门、单位承担的党风廉政建设工作进行具体计划、部署，并组织实施。

2. 建立健全有关工作制度，从源头上预防和制止不廉洁行为的发生。

3. 积极协助有关部门查处发生在本部门、单位的违法违纪案件和纠正明令禁止的不正之风。

4. 监督检查本部门、单位干部职工执行党风廉政建设有关规定和廉洁从政情况，及时解决和纠正存在的问题。

5. 遵纪守法，带头执行领导干部廉洁自律各项制度规定。

三、责任报告

各级领导班子及其成员对党风廉政建设责任制和廉洁自律有关规定执行情况，每年年底前要向上一级党组和纪检监察部门作出书面报告。遇有重要情况，应随时报告。领导班子成员的报告应由本人独立完成。

四、责任考核

各级党组负责领导、组织对下一级领导班子和领导干部党风廉政建设责任制执行情况的检查考核工作。党风廉政建设领导小组和纪检监察部门负责具体实施。检查考核工作应由局领导带队，党风廉政建设领导小组成员和纪检监察部门人员参加。检查考核坚持实事求是，客观公正，分级负责的原则。

（一）检查考核的方式方法

各级党组每年应组织自查，自查可与领导干部述职述廉、领导班子和领导干部年度考核一并进行，也可单独进行，自查情况要及时报告上一级党组和纪检监察部门。上级党组对下级党组的检查考核，要与领导班子和干部考核、规范化管理综合考核等结合进行，必要时也可以组织专门检查考核。

（二）检查考核的基本程序

1. 听取被检查考核单位领导班子的汇报；

2. 组织对领导班子和领导干部民主测评；

3. 组织个别访谈、座谈和明察暗访；

4. 查阅党风廉政建设工作资料；

5. 征求所在地纪检监察机关的意见；

6. 进行综合评定；

7. 采取适当方式，与被检查考核的领导班子、领导干部交换意见；

8. 通报检查考核结果；

9. 被检查考核的领导班子和领导干部制定整改意见。

（三）检查考核结束后，应认真进行总结。对检查考核中发现的问题，进行分析研究，提出加强和改进的意见。

（四）检查考核结果的评定和运用

1. 对检查考核结果的评定（检查考核测评标准见附录 1），采取定性和定量分析相结合的方法进行。

领导班子检查考核结果分为好、较好、一般、差四个等次。

领导干部检查考核结果分为优秀、称职、基本称职、不称职四个等次。民主测评不称职票超过三分之一的，经组织考核认定为不称职等次。

2. 检查考核结果应及时向同级党组报告，并在适当范围内通报。

3. 按照干部管理权限，检查考核结果分别抄送纪检监察和人事部门，归入干部档案，作为领导干部业绩评定、奖励惩处、选拔任用和责任追究的重要依据。

五、责任追究

各级领导班子和领导干部不履行或者不正确履行党风廉政建设责任制规定职责的，要按照实施党风廉政建设责任追究的有关规定(见附录2)，实施责任追究。实施责任追究要坚持从严治党、从严治政、实事求是、客观公正的原则。

(一)实施责任追究采取的方式

1. 批评教育、责令作出检查;

2. 组织处理,包括对领导班子进行整顿调整，对领导干部予以调离、免职、责令辞职、降职等;

3. 党纪政纪处分。

以上方式可以单独使用,也可以合并使用。

(二)领导干部违反中央和省、国家税务总局有关党风廉政建设责任制规定的，由其所在单位领导或者上级主管机关负责查清情况，按照干部管理权限、处分审批权限及有关程序,追究有关人员的责任。

需要作出批评教育,责令作出检查处理的,按谁主管、谁负责的原则办理;

需要作出组织处理的,由人事部门提出意见，提请任免机关研究决定;

需要追究纪律责任的，由纪检监察部门调查处理。

(三)实施责任追究应分清集体责任与个人责任、主要领导责任与直接领导责任,不得以集体责任代替个人责任。

领导干部对职责范围内发生的问题，敢于揭露,主动查处,挽回损失,认真整改的,可以酌情从轻、减轻或者免予处理。对职责范围内发生的问题进行掩盖、袒护、不查不究,造成严重后果的,应从重或加重处理。

实施责任追究应注意听取本人意见和申辩。

(四)实施责任追究不受领导干部的职务变化和任职期限的限制。

(五)纪检监察部门负责对责任追究的实施情况进行监督检查。对应该追究责任故意不追究的，由上一级纪检监察部门依照有关规定，给予负直接领导责任的主管人员纪律处分。

(六)各级党组及其职能部门应将实施责任追究的情况及时向上一级党组和纪检监察部门作出书面报告。对领导干部实施责任追究的有关材料，按规定归入干部档案。

附件:

1. 实行党风廉政建设责任制检查考核测评标准

2. 实施党风廉政建设责任追究的有关规定

附件1

实行党风廉政建设责任制
检查考核测评标准

一、领导班子检查考核测评标准

领导班子检查考核测评标准分为：优秀、合格、基本合格、不合格四个等次。

(一)优秀:1. 把党风廉政建设和反腐败工作纳入领导班子、领导干部目标管理,注重结合实际，研究制定党风廉政建设工作计划和规章制度,并认真组织实施;2. 重视从源头上预防和治理腐败，实行标本兼治、综合治理;3. 对分管范围内的领导干部严格要求、严格教育、严格管理、严格监督;4. 对所辖范围内发生的违法违纪案件和明令禁止的不正之风敢抓敢管,依法领导、组织和支持纪检监察部门履行职责;5. 党风廉政建设和反腐败工作成效显著,群众满意度高。

(二)合格:1. 比较重视党风廉政建设和反腐败工作,有计划、有部署、有检查;2. 源头治理工作开展较好;3. 对分管范围内领导干部的教育、管理、监督措施比较落实;4. 支持纪检监察部门查处所辖范围内发生的违法违纪案件和明令禁止的不正之风;5. 党风廉政建设和反腐败工作成效比较明显,群众满意度较高。

(三)基本合格:1. 把党风廉政建设和反腐败工作摆上了一定的位置,工作虽有计划、有部署,但检查落实不够;2. 源头治理工作缺乏深度和力度;3. 对分管范围内的领导干部教育、管理、监督措施不够落实,工作一般化;4. 对所辖范围内发生的违法违纪案件和明令禁止的不正之风查处不够有力;5. 党风廉政建设和反腐败工作成效不够明显，群众满意度较低。

(四)不合格:1. 没有把党风廉政建设和反腐败工作摆上应有的位置,责任制流于形式;2. 治本措施不落实;3. 对所辖范围内发生的明令禁止的不正之风不制止、不查处，或者对严重违法违纪问题隐瞒不报，压制不查，或者对上级领导机关交办的党风廉政建设责任范围内的事项拒不办理； 4.群众对党风廉政建设和反腐败工作不满意。

测评结果优秀、合格得票率达到90%为“好”的等次；在70%-89%之间为“较好”等次；在50%-69%之间为“一般”等次；不足50%为“差”等次。

二、领导干部检查考核测评标准

领导干部检查考核测评标准分为：优秀、称职、基本称职、不称职四个等次。

（一）优秀：1. 认真履行中央《规定》和省、国家税务总局《贯彻中共中央、国务院〈关于实行党风廉政建设责任制的规定〉实施办法》（以下简称《实施办法》）中对领导干部的责任要求，对分管范围内的党风廉政建设和反腐败工作有部署安排，有检查考核；2. 立足教育，着眼防范，对分管范围内的领导干部严格要求、严格教育、严格管理、严格监督；3. 坚持原则，敢抓敢管，对分管范围内的领导班子、领导干部发生的违法违纪问题和明令禁止的不正之风及时报告，并支持纪检监察部门严肃查处；4. 自觉遵守党纪国法和领导干部廉洁自律、廉洁从政各项规定，严格要求配偶、子女和身边工作人员。

（二）称职：1. 较好履行中央《规定》和省、国家税务总局《实施办法》中对领导干部的责任要求，对分管范围内的党风廉政建设和反腐败工作比较重视；2. 对分管范围内的领导班子、领导干部违反廉洁自律、廉洁从政规定的倾向性、苗头性问题，能予以教育制止；3. 支持纪检监察部门履行职责，查处分管范围内发生的违法违纪案件和明令禁止的不正之风；4. 无违反党纪国法和领导干部廉洁自律、廉洁从政规定的行为，对配偶、子女和身边工作人员要求比较严格。

（三）基本称职：1. 能够履行中央《规定》和省、国家税务总局《实施办法》中对领导干部的责任要求，基本完成分管范围内党风廉政建设和反腐败工作的年度目标，但工作实绩不突出；2. 对分管范围内的领导班子、领导干部违反廉洁自律、廉洁从政规定的倾向性、苗头性问题，重视不够，制止不力；3. 对纪检监察部门履行职责，查处分管范围内发生的违法违纪案件和明令禁止的不正之风态度不够明朗，支持不够有力；4. 能够遵守党纪国法、基本做到廉洁自律，但某些方面还有差距，对配偶、子女和身边工作人员教育、管理不够严格。

（四）不称职：1. 不履行中央《规定》和省、国家税务总局《实施办法》中对领导干部的责任要求，对分管范围内党风廉政建设和反腐败工作不抓不管；2. 对分管范围内发生的明令禁止的不正之风不制止、不查处，或者对上级领导交办的党风廉政建设责任范围内的事项拒不办理，或者对严重违法违纪问题隐瞒不报，甚至阻挠、干扰调查；3. 有违反领导干部廉洁自律、廉洁从政各项规定之一的行为，造成不良影响，或者有其它违法违纪行为问题，对配偶、子女和身边工作人员利用其职权和职务上的影响获取非法利益知情不管，甚至包庇、纵容。

附件2

实施党风廉政建设责任追究的有关规定

一、领导班子违反中央和省、国家税务总局有关党风廉政建设责任制规定，有下列情形之一的，给予批评教育，责令作出检查；问题严重的，对该领导班子进行整顿调整，并追究正职领导干部的领导责任，给予相应的组织处理：

（一）对中央和省、国家税务总局有关党风廉政建设和反腐败工作的部署和要求不认真贯彻落实，对职责范围内的党风廉政状况不认真分析研究，未制定党风廉政建设工作计划，未分解下达责任目标，或者虽有工作计划、责任目标，但组织实施不力的。

（二）违反《党政领导干部选拔任用工作条例》规定选拔任用干部，造成不良影响的。

（三）对查处违法违纪案件和纠正明令禁止的不正之风不重视，不支持纪检监察部门履行职责的。

（四）对本系统的党风廉政建设和对所属领导班子及领导干部廉洁自律、廉洁从政情况不按规定进行监督或监督不力的。

（五）不按规定实行党风廉政建设责任制检查考核和报告的。

（六）其他违反中央和省、国家税务总局有关党风廉政建设责任制规定的行为。

二、领导干部违反中央和省、国家税务总局有

关党风廉政建设责任制规定,有下列情形之一的,给予批评教育,责令作出检查,情节较重的,给予相应的组织处理:

(一)对本系统的党风廉政建设和对所属领导班子及领导干部廉洁自律、廉洁从政情况不实施有效监督、检查,对违反党风廉政建设有关规定的行为不纠正或纠正不力的。

(二)不按规定召开、参加领导班子民主生活会,或者不主动检查执行党风廉政建设责任制情况,不开展批评和自我批评,不及时解决领导班子和自身存在问题的。

(三)对职责范围内发生的违法违纪案件和明令禁止的不正之风问题不及时报告,或者不组织和配合有关部门进行查处的。

(四)直接管辖范围内发生重大案件,致使国家、集体资财和人民生命财产遭受重大损失或者造成恶劣影响的。

(五)违反领导干部廉洁自律、廉洁从政有关规定,对配偶、子女、身边工作人员利用该领导干部职权和职务上的影响获取非法利益,造成恶劣影响,或者对配偶、子女、身边工作人员严重违法违纪知情不管的。

(六)其他违反中央和省、国家税务总局有关党风廉政建设责任制规定的行为。

三、领导班子在党风廉政建设责任制年度检查考核中被评定为差的,应责令整顿,限期改进,必要时采取组织措施予以调整。领导干部在党风廉政建设责任制年度检查考核中,经民主测评不称职票超过三分之一,或者连续两年未完成年度工作目标,工作实绩差,经组织考核认定为不称职的,应免去现任职务。

四、领导干部违反中央和省、国家税务总局有关党风廉政建设责任制规定,有下列情形之一的,给予党纪处分:

(一)对直接管辖范围内发生的明令禁止的不正之风不制止、不查处,或者查处不力的,致使不正之风严重、群众反映强烈、长期得不到治理的,给予负直接领导责任的主管人员警告、严重警告处分,情节严重的给予撤销党内职务处分。

(二)对上级领导机关交办的党风廉政责任范围内的事项拒不办理的,或者对严重违法违纪问题隐瞒不报、压制不查的,给予负直接领导责任的主管人员警告、严重警告处分,情节严重的,给予撤销党内职务处分。

(三)直接管辖范围内由于失职发生重大事故、恶性事件,致使国家、集体资财和人民群众生命财产遭受重大损失或者造成恶劣影响的,给予负直接领导责任的主管人员严重警告、撤销党内职务或者留党察看处分。造成巨大损失或者特别恶劣影响的,加重处分。

(四)违反《党政领导干部选拔任用工作条例》规定选拔任用干部,用人失察失误,造成严重后果的,给予负直接领导责任的主管人员警告、严重警告处分;情节严重的,给予撤销党内职务处分;提拔任用明显有违纪违法行为的人的,给予严重警告、撤销党内职务或者留党察看处分,情节严重的,给予开除党籍处分。

(五)授意、指使、强令下属人员违反税收财务政策,弄虚作假的,给予负直接领导责任的主管人员警告、严重警告处分;情节较重的,给予撤销党内职务处分;情节严重的,给予留党察看或开除党籍处分。

(六)授意、指使、纵容下属人员阻挠、干扰、对抗监督检查或者案件查处,或者对办案人员、检举控告人、证明人打击报复的,给予负直接领导责任的主管人员严重警告或撤销党内职务处分,情节严重的,给予留党察看或开除党籍处分。

(七)对配偶、子女、身边工作人员严重违法违纪包庇、纵容的,给予撤销党内职务处分,情节严重的,给予留党察看或开除党籍处分。

需要追究政纪责任的,比照所给予的党纪处分给予相应的行政处分;对担任党政双重领导职务的责任追究对象,情节严重的,应当同时给予党纪、政纪处分;涉嫌犯罪的,移交司法机关追究刑事责任。

其他违反中央和省、国家税务总局有关党风廉政建设责任制规定的行为,凡是法律、法规、规章已有规定的,依照其规定处理。

全省地税系统政务公开工作实施意见

苏地税发〔2003〕184号 2003年9月10日

根据省委、省政府关于实施政务公开的有关要求，为推动全省地税系统政务公开工作的深入开展，结合地税工作实际，特制定本意见。

一、指导思想

以“三个代表”重要思想为指导，以依法治税、从严治队和加强社会主义政治文明建设为出发点和落脚点，进一步巩固扩大基层地税机关税务公开成果，全面实施省、市、县地税局机关政务公开，推进全系统政务公开工作的制度化、规范化、正常化，促进税收服务质量不断提高，执法行为更加规范，党风、行风进一步好转，纳税人合法权益得到有效维护，树立勤政、务实、廉洁、高效的地税形象。

二、工作目标

在全系统全面推行政务公开，围绕“一条主线”，构筑“两个系统”，落实“三项工作”，实现“四大目标”。

“一条主线”：紧紧围绕依法治税这条主线，遵循公开、公正、公平的原则，建立健全依法治税的地方税收监督管理机制。

“两个系统”：构筑地方税收行政执法的责任与制度系统；建立促进地税机关依法行政的信息化支持系统。

“三项工作”：强化对行政执法权力运行的监督制约，努力遏制消极腐败现象；努力提高地税工作质量和效率，方便纳税人依法纳税；严格依法管理各类税收事务，进一步提高依法行政水平。

“四大目标”：健全一个适应社会主义民主政治建设的地税机关民主决策、民主管理、民主监督制度体系；建设一支政治过硬、业务熟练、作风优良、执法公正、服务规范的地税干部队伍；建立一个依法行政、监督有效、服务优质、管理科学的地税管理体制；创建一流的工作业绩、树立一流的地税形象。

三、公开内容和范围

联系地税机关实际，政务公开工作在巩固扩大基层地税机关税务公开工作成果的基础上，重点抓好省、市、县三级局机关的政务公开工作。

（一）全系统基层单位（税务分局、征收大厅等）政务公开的内容和范围

1. 税务法规公开。凡国家和地方有关的税收法律、法规和规章，各地方税种的征收管理办法、征收范围、税率、税额等公开。

2. 岗位职责公开。税务机关各办税岗位和各办税窗口的职责公开。

3. 办税程序公开。纳税人办理各项涉税事务的步骤和方法公开。

4. 服务标准公开。税务机关制定的各项服务项目、标准和承诺公开。

5. 办税时限公开。税务机关为纳税人办理各项涉税事务的规定时限公开。

6. 违章处罚公开。税务机关定期将纳税检查情况、对纳税人处罚结果和依据公开。

7. 收费标准公开。税务机关所有收费项目的标准和依据公开。

8. 纳税定额公开。个体纳税户的纳税定额及确定依据公开。

9. 工作纪律公开。税务人员守则、税务人员职业道德、工作纪律和有关廉政规定公开。

10. 权利义务公开。纳税人依法享有的知情权、申请减免退税权、陈述权、申辩权、申请行政复议及行政诉讼等权利公开；纳税人（扣缴义务人）依法申报办理税务登记、设置账簿、申报纳税、接受税务检查等义务公开。

11. 社会监督公开。税务机关受理纳税人投诉的单位和举报电话公开。

12. 其他事项公开。欠缴税费（基金）情况、涉税案件的查处、减免税审批等。

上述内容面向社会公开。

（二）省、市、县三级局机关政务公开的内容和范围

1. 对社会公开的内容。

（1）税务法规公开。凡国家和地方有关的税收法律、法规和规章，各地方税种的征收管理办法、征收范围、税率、税额等公开。

（2）机关职能公开。各级地税机关各内设机构的职能、工作职责公开。

（3）办事程序公开。地税机关的办事程序、相关事项的处理结果公开。

（4）社会监督公开。税务机关受理纳税人及其他有关人员投诉、举报的电话号码公开，实名举报人来信、来访、来电反映事项的处理情况和结果，面向实名举报人公开。

2. 对内公开的内容

（1）人事管理事项公开。干部选拔任用的原则、标准、程序和纪律公开；干部竞争上岗的职位、程序、办法、要求和任职资格公开，入选人员的笔试、面试、民主测评等成绩张榜公布，应试人员成绩通知本人；提拔干部实行任前公示；年度考核评鉴为优秀等次者进行公示；公务员招录的有关信息公开，考试成绩按人事部门规定程序公开。

（2）财务管理及大宗物品采购公开。财务管理规章制度公开；年度预算公开；年度决算公开；固定资产购置情况公开；大宗物品采购计划及执行结果公开；财务审计结果公开。

（3）基本建设管理公开。基本建设法规制度公开；基本建设项目公开；招投标制度公开；基本建设项目决算审计结果公开；房改政策和现有公有住房公开。

（4）其他事项公开。与机关干部职工利益密切相关及干部职工普遍关心的事项公开。

四、公开形式

各级地税机关要因地制宜、灵活多样的开展政务公开，主要采取以下几种方式：

1. 设立政务公开栏。各级地税机关、各基层窗口单位、各涉税场所均在醒目位置设置政务公开栏，并结合一段时期的工作重点，及时更新政务公开的内容。

2. 设置电子显示屏。有条件的地区要在局机关大厅、办税服务厅等场所，设置电脑触摸屏、电子显示屏等多媒体设备，利用电子设备开展政务公开。

3. 印发税收宣传资料。及时将税收法规等政策规定通过手册、汇编、卡片等形式发送到纳税人手中。

4. 开展税收宣传活动。充分利用社会传媒，开辟税收专栏，举办税收专题，特别要开展好每年4月份的税收宣传活动。

5. 利用网络技术进行公开。利用网络技术及“12366”电话语音系统宣传税收法律、法规及政策规定，提供政策咨询、纳税辅导，指导纳税人办理各项涉税事宜，征集纳税人的意见和建议，受理举报、投诉，反映地税工作动态，曝光涉税案件等。

6. 其他形式。向社会公布地税机关网站地址、咨询服务热线及举报电话号码，设立群众举报信箱；地税机关各基层征收管理、稽查分局工作人员挂牌上岗，实行首问负责制；各基层办税大厅工作期间设专职值班人员，及时帮助纳税人解决涉税问题；各县（市）局、城区分局制定并落实接待日制度，负责处理群众关心的涉税问题。

五、实施步骤

（一）全面实施阶段（9-10月）

召开全系统政务公开工作会议，总结推广政务公开试点单位的经验，在全系统全面部署政务公开工作；各地按省局统一要求，全面实施政务公开。

（二）考核总结阶段（11-12月）

组织各省辖市局进行政务公开工作开展情况互查；省局抽查；针对政务公开工作中存在的问题，进行整改；报送政务公开工作总结；省局对各市局政务公开工作开展情况进行考核验收；提请省政府有关部门对地税机关政务公开开展情况进行验收。

六、监督保障

（一）提高认识，统一思想

政务公开是一项系统工程，公开内容多，涉及面广，影响范围大。推行政务公开是实践“三个代表”重要思想，坚持执政为民的具体体现；是加强民主政治建设，促进依法行政的重要环节；是进一步转变机关职能，应对加入世贸组织挑战的重要措施；是强化对权力的监督制约，加强党风廉政建设的治本之策。必须充分认识推行政务公开的重

大意义，将推行政务公开作为贯彻“三个代表”重要思想，加强地税系统社会主义精神文明建设，增加地税收入，为地方经济发展多作贡献的重要举措。要围绕目标，细化内容，开拓进取，稳步推进，确保政务公开取得成效。

（二）加强领导，精心组织

省局成立政务公开工作领导小组，负责全系统政务公开工作的组织领导；政务公开工作领导小组下设办公室，负责全系统政务公开工作的具体实施。

全省地税系统政务公开工作领导小组：

组　长：郑　坚

副组长：顾长虹　徐锦辉　于阜宁

成　员：刘晓明　谢燕铭　马美华　姜　枝

陈　筠　赵灿奇　夏永福

全省地税系统政务公开工作领导小组办公室：

主　任：刘晓明

副主任：谢燕铭　马美华

各市、县地税机关也要成立相应机构，切实加强对政务公开工作的组织领导，把政务公开摆在重要议事日程，精心组织，统筹安排，全面推进，努力将政务公开工作抓紧、抓实、抓出成效。

（三）制定方案，建章立制

为确保全系统政务公开工作规范、有效、持久地深入进行，各级地税机关要加强政务公开基础建设，进一步完善政务公开工作制度。一是对各项法律法规和规章制度要认真执行，充分发挥制度的保障作用；二是要积极探索与政务公开相配套的制度和措施，制定具体实施办法，并狠抓落实，保证政务公开工作的深入持久、扎实有效开展。

（四）加强监督，注重实效

把政务公开作为衡量基层工作成绩的重要方面，定期对相关情况进行检查、验收。通过多种监督检查方式，如跟踪检查、聘请监督员、设立监督电话等，广泛接受人民群众对地税机关政务公开情况的监督，在全系统建立起政务公开监督体系，促进政务公开工作计划的落实，防止政务公开工作搞形式，走过场。对政务公开开展不力、实施不好、敷衍应付的单位，及时通报批评，问题严重的要追究责任，同时将政务公开作为文明创建、评选规范化服务达标单位、全省地税系统正规化管理综合考评工作的重要内容。

（五）广泛宣传，扩大影响

把推行政务公开作为加强行风建设、公开接受社会监督的有力措施，作为向全社会扩大地税影响，展示地税形象的有效形式，加大对这一工作的宣传力度。充分利用各种媒介，采用多种形式，宣传政务公开的内容和途径；跟踪各地政务公开开展情况，编发政务公开工作简报，及时通报政务公开信息、推广政务公开经验，努力营造一个良好的政务公开氛围，调动广大人民群众参与政务公开的积极性和热情，使这一举措广为群众了解和接受，促使各级地税机关进一步做好政务公开工作，接受社会各界的监督。

中共江苏省地方税务局党组关于开展巡视检查工作的意见

苏地税党组〔2006〕24号　2006年5月9日

各省辖市及苏州工业园区地方税务局党组，常熟市地方税务局党组：

为进一步加强地税系统党风廉政建设工作，健全完善监督管理机制，根据中央、省委和国家税务总局关于建立巡视工作制度的要求，现就开展巡视检查工作提出如下意见：

一、巡视检查工作的指导思想

坚持以邓小平理论和“三个代表”重要思想为指导，全面落实科学发展观，坚持聚财为国，执法为民，认真贯彻党要管党、从严治党的方针，进一步强化对领导班子及其成员的监督，维护党的纪律和民主集中制，加强领导班子和干部队伍建设，促进党风廉政建设和反腐败工作，为全面完成各项地税工作任务提供坚强有力的组织保证。

二、巡视检查的对象和主要内容

省局巡视检查的对象：

各省辖市(含苏州工业园区)地税局领导班子及其成员。

巡视检查的主要内容：

(一)执行党的路线、方针、政策、决议和国家法律法规的情况；

(二)执行民主集中制的情况；

(三)依法行政、执行税收政策和完成工作目标任务的情况；

(四)落实党风廉政建设责任制和廉政勤政的情况；

(五)执行《党政领导干部选拔任用工作条例》的情况；

(六)省局党组要求巡视和交办的其他事项。

重点巡视检查领导班子主要负责人执行民主集中制、落实党风廉政建设责任制、选拔任用干部和廉洁自律的情况。

三、巡视检查组的建立和要求

(一)根据巡视检查工作的需要，省局建立巡视检查组，在局党组领导下开展工作。组长由在职正处级以上干部担任，副组长由在职副处级以上干部担任。巡视检查组一般由4–5人组成，必要时可适当增加人员。

(二)巡视检查组成员的基本要求：坚持原则、作风正派、责任心强、工作深入，能密切联系群众，有较强的政策水平和调查研究、综合分析能力，熟悉党务政务和税收业务知识。其人选由人事、纪检监察部门提出建议，局党组研究决定。

(三)巡视检查组实行组长负责制，副组长协助组长工作，根据工作需要，巡视检查组副组长也可代理行使组长职责。巡视检查组直接对省局党组负责。

(四)巡视检查组要认真履行职责，坚持原则，秉公办事，客观公正，实事求是，执行规定范围内的任务，不干预被巡视检查单位的正常工作，不处理被巡视检查单位的具体问题，不承办具体案件，对重大问题不作个人表态。严格遵守保密、廉洁自律等有关规定，自觉接受被巡视检查单位干部群众的监督。

(五)巡视检查工作由人事部门组织实施，纪检监察及有关部门配合。计划3–5年内，省局对13个省辖市及苏州工业园区地税局巡视一遍。

四、巡视检查的程序和方法

(一)巡视检查准备

1. 制定方案。根据省局党组确定的巡视检查工作任务，巡视检查组要制定具体的巡视检查工作方案，经党组同意后实施。

2. 集中培训。巡视检查前，巡视检查组要组织巡视检查组成员进行必要的集中学习培训，明确工作职责和任务，掌握工作的方法和要求。

3. 了解情况。巡视检查前，巡视检查组要向相关部门了解和掌握被巡视检查单位领导班子及其成员的有关情况。

4. 下发通知。巡视检查组一般提前7天向被巡视检查单位发出书面巡视检查通知，并委托被巡视检查单位在办公地点的醒目位置张贴和在局域网上发布巡视检查预告。

（二）巡视检查实施

1. 沟通情况。巡视检查组抵达被巡视检查单位后，巡视检查组组长要及时与被巡视检查单位主要领导或领导班子成员进行沟通，明确工作要求。

2. 开会动员。召开被巡视检查单位机关全体干部职工、直属单位和区、县（市）局主要负责人参加的巡视检查工作动员大会，参会人数不少于应到人数的80%。巡视检查组组长作巡视检查工作动员，提出有关工作要求。

3. 民主测评。在动员大会上组织参会人员对被巡视检查单位领导班子及其成员进行民主测评。测评表当场填写收回。

4. 听取汇报。听取被巡视检查单位党组的工作情况汇报和与巡视检查内容有关的专题工作汇报。

5. 个别谈话。与被巡视检查单位的领导班子成员和干部群众进行个别谈话。

6. 组织座谈。召开不同类型的座谈会，广泛听取和收集群众的意见和反映。

7. 问卷调查。根据工作需要，巡视检查组可采取发放问卷调查表、征求意见表等方法，广泛征求干部群众对领导班子及其成员的意见和建议。

8. 设意见箱。巡视检查期间，在被巡视检查单位办公地点的适当位置设置意见箱，意见箱由巡视检查组人员开启并负责查阅处理。

9. 查阅资料。调阅、复制有关文件、会议记录、账目凭证等资料。

10. 走访了解。走访当地党委、政府以及组织、人事、纪检监察等有关部门，征求意见和反映；深入被巡视检查单位的下属单位调查了解情况；采取明查暗访和走访纳税人等方式了解情况。

11. 受理信访。巡视检查组在巡视检查期间对反映被巡视检查单位领导班子及其成员问题的来信来访来电，应认真受理，按照管理权限分别处理；重要问题要及时报告，根据领导的要求，就有关问题进行深入了解。

（三）巡视检查情况的反馈

1. 梳理情况。巡视检查组在巡视检查工作期间，要及时分析、归纳、梳理有关情况，集体研究对被巡视检查单位领导班子及其成员的评价和意见。

2. 撰写报告。巡视检查工作结束后，巡视检查组要向省局党组写出巡视检查报告，全面汇报检查工作情况，对被巡视检查单位的领导班子和领导干部作出客观公正的评价，提出处理问题和改进工作的建议。

3. 反馈意见。经省局党组同意，巡视检查组向被巡视检查单位党组反馈巡视检查期间了解的有关情况，并就存在的问题提出整改要求。

五、巡视检查结果的运用

要把巡视检查的结果作为对被巡视检查单位税收执法检查和规范化管理综合考核的参考依据；对巡视检查报告中反映的重要情况和重大问题，作为考察、调整、选拔任用干部和查处违纪违法案件、处分违纪人员的参考依据；对需要廉政谈话或诫勉谈话的，按照干部管理权限进行，有关材料要归入本人廉政档案。人事、纪检监察部门对被巡视检查单位有关问题的整改落实情况进行督促检查。

江苏省地税系统实施“三个一流”工程方案(试行)

苏地税发〔2008〕37号　2008年5月6日

党的十七大从深化财税体制改革、提高宏观调控水平、强化税收调节等不同角度对新时期税收工作提出了新目标、新任务、新要求。为认真贯彻党的十七大精神，积极落实省委十一届三次全会和全国税务工作会议要求，省局新一届党组联系全国特别是全省地税工作实际，认真总结和继承建设“三型税务”的发展思路和经验做法，面向全局、面向未来，提出了进一步解放思想、开拓创新，通过三至五年的努力，全面打造“三个一流”的工作思路。围绕推进党的建设新的伟大工程，努力打造一流的干部队伍；围绕“四位一体”的总体布局，努力打造一流的服务水平；围绕贯彻落实科学发展观，努力打造一流的工作业绩，全面实现江苏地税又好又快发展，确保各项工作走在全国税务系统前列。

一、实施“三个一流”工程的重要意义

打造“三个一流”，是一项全局性、战略性、系统性工程，是贯彻党的十七大精神、落实科学发展观、服务经济发展、促进社会和谐的重要措施，是江苏地税谋划新发展、实现新跨越、再上新台阶的开拓创新之举，对实现江苏地税又好又快发展、推进全省“两个率先”和“全面达小康、建设新江苏”具有重要意义和长远影响。

(一)打造“三个一流”工程，是贯彻党的十七大精神，实现江苏地税又好又快发展的客观要求

近几年来，全省地税系统坚持科学发展观，按照省委、省政府提出的率先发展、科学发展、和谐发展的要求，把“建设‘三型税务’、构建和谐地税”作为总体目标，促进了各项工作的深入开展。打造“三个一流”工程，是站在全省地税事业发展的新的历史起点上，深入贯彻落实党的十七大精神，针对税收工作新形势和新任务，确立新思路、谋划新发展、寻求新突破的创新之举。通过先进的目标理念、务实的思路作风、有力的措施保障，引领全省地税系统各项工作再上新台阶，实现新跨越，推动江苏地税又好又快发展。

(二)打造“三个一流”工程，是履行税收职能，更好地为全省“两个率先”和“全面达小康、建设新江苏”服务的有力保证

胡锦涛总书记在参加十七大江苏代表团审议时要求江苏在科学发展的道路上迈出更加坚实的步伐，把江苏的明天建设得更加美好。省委十一届三次全会提出了“全面达小康、建设新江苏”的宏伟蓝图。打造“三个一流”工程，是从实际出发，解放思想，统筹全局，推动实践，全面认识面临的新形势、新任务，积极探索和把握税收发展的基本规律，正确处理税收与经济、总量与结构、成本与效益的关系，通过打造一流的工作业绩，努力使江苏地税各项工作走在全国税务系统前列。

(三)打造“三个一流”工程，是适应政府体制改革，建设服务型税务的重要举措

党的十七大提出了社会主义经济、政治、文化和社会建设“四位一体”同步发展的总体目标，党的十七届二中全会又指出要深化政治体制改革，保障人民民主权利，维护社会公平公正。落实到税务机关，就是要求税收要为经济发展、社会和谐服务。打造“三个一流”工程，就是通过治税理念的重构、工作定位的转变、税务形象的再造、服务者素质的提升，充分发挥税收职能，聚财为国，执法为民；强化依法治税，切实保护纳税人合法权益；发挥调节分配作用，维护社会公平公正；改进管理服务，全面提升服务效能，进一步改善征纳关系，促进社会和谐。

(四)打造“三个一流”工程，是造就一支作风好、业务精、素质高、能力强的干部队伍的有效途径

一流的业绩需要一流的队伍，一流的队伍培养一流的人才。打造“三个一流”工程，是在正确分

析当前干部队伍建设中存在的新情况、新问题的基础上，以党的执政能力建设和先进性建设为主线，以坚定理想信念、加强廉政建设、提高履职能力，规范工作行为为主要内容，按照提高素质、优化结构、改进作风、增强团结的总体要求，积极探索干部队伍建设的新方法、新措施，努力造就一支作风好、业务精、素质高、能力强的干部队伍，为地税事业发展提供强有力的组织保证。

二、实施“三个一流”工程的指导思想

打造“三个一流”是在全省地税事业发展新的历史起点上提出的新愿景、新理念、新思维，是全省地税系统的前进动力、价值取向和共同追求，是今后各项税收工作的目标导向和行动纲领。打造“三个一流”的指导思想是：深入贯彻党的十七大精神，以邓小平理论和“三个代表”重要思想为指导，全面落实科学发展观，牢固树立“聚财为国、执法为民”的工作宗旨，锐意进取，开拓创新，紧紧围绕省委、省政府和总局的工作部署和要求，加强依法治税，优化税收服务，创新管理机制，提升工作效能，努力打造一流的干部队伍、一流的服务水平、一流的工作业绩，推进江苏地税各项事业发展走在全国税务系统前列，更好地服务全省经济和社会发展大局，为早日实现“两个率先”和“全面达小康、建设新江苏”作出新的贡献。

三、目标和内涵

实施“三个一流”工程，就是经过全省各级地税机关三至五年的共同努力，实现“一流的干部队伍、一流的服务水平、一流的工作业绩”的目标，确保江苏地税发展走在全国税务系统前列。

（一）一流的干部队伍

目标：管理机制科学、履职能力突出、作风建设优良。

内涵：坚持以人为本，强化机制创新，着力加强思想建设、组织建设、能力建设、作风建设、文化建设和廉政建设，努力打造一支“政治坚定、业务过硬、执法公正、作风优良、服务规范、廉洁高效”的一流干部队伍，促进地税机关行政效能的不断提升和组织形象的不断改善，为地税事业又好又快发展提供强有力的保障，实现组织与个人的共同发展。

（二）一流的服务水平

目标：税收执法公正、组织运转高效、服务发展到位。

内涵：以依法治税和优化税收公共服务为导向，在建设服务型政府的总体要求下，整合利用各种资源，健全纳税服务体系，规范税收执法行为，维护纳税人合法权益，不断推进税务形象建设，为社会和经济的发展提供一个执法公正、运转高效、全面规范的税收服务环境。

（三）一流的工作业绩

目标：管理质量过硬、征管效率领先、税收成果丰硕。

内涵：牢固树立正确的政绩观，妥善处理好税收管理与服务、收入总量与结构、税收成本与效益、税收与经济社会等方面的关系，积极推进改革创新，使管理质量、征管效率、税收成果均走在全国税务系统的前列，在更高水平上实现地方税收事业全面、协调、可持续发展。

四、实施“三个一流”工程的评价方式

根据“三个一流”的目标要求，运用一套科学、完整、具体的指标体系，对“三个一流”的实施进行考核评价。

（一）“三个一流”指标体系的功能

1. 描述功能。指标体系对“三个一流”各项目标内涵进行了具体描述，为江苏地税未来发展勾勒愿景蓝图，明确价值使命，阐明目的要求。

2. 评价功能。指标体系可以对“三个一流”实施情况进行考核评价，通过确定各项工作的规范流程和标准要求，可以跟踪过程，评价结果。

3. 解释功能。指标体系对“三个一流”目标要求进行了解释说明，明确了“三个一流”的文化内涵、目标导向、实施方式和要求标准。

4. 监测功能。指标体系可以对“三个一流”实施过程进行监督控制，根据指标完成情况，随时掌握实施“三个一流”工程的进展情况。

（二）“三个一流”指标体系的设置原则

1. 指导性原则。指标体系要突出“三个一流”目标，加强对全省各级地税部门的指导评价，进一步明确标准要求，强化管理控制，推广经验做法，注重改进提高，充分发挥对被评价对象的引领示范作用。

2. 科学性原则。指标体系要有系统的设计思路、严谨的逻辑结构、客观的评价方式和完善的配套机制，要把考核与评价、过程与结果、定性与定量进行有机结合，准确客观地反映出被评价对象的实际情况。

3. 分类性原则。指标体系要围绕“三个一流”要求，在横向分类，反映不同方面的协调制约；在纵向分层，反映不同层次的递进包容。指标在内涵和外延概念准确、结构合理、层次清晰，全面系统地反映出被评价对象的实际情况。

4. 操作性原则。指标体系要与实际工作紧密结合，突出“三个一流”的目标导向，突出重点工作，以定量指标为主体，以关键指标为核心，相关信息和数据易于获取，便于操作，切实可行地反映出被评价对象的实际情况。

5. 可比性原则。指标体系要充分体现“三个一流”的指导思想，加强与全国税务系统和全省有关部门的横向纵向比较，具体指标突出可比性、先进性和前瞻性，客观可比地反映出被评价对象的实际情况。

五、指标体系

（一）一流的干部队伍

关键指标：

1. 领导班子创新意识强，干部管理机制健全，队伍建设充满活力，每年有1项以上重点工作受到省级以上党委政府或国家税务总局的表扬、肯定和推广。

2. 行风及机关作风建设成效显著，省辖市地税局作风行风评议位居地方政府执法部门前5名，省地税局位于执法部门前列。

3. 党风廉政建设深入，班子成员无违法违纪行为，干部违法违纪发生数逐年减少并低于全国税务系统平均水平。

具体指标：

一级指标	二级指标	三级指标
管理机制科学	班子建设机制健全	领导班子创新意识强，每年有1项以上重点工作受到市级以上党委政府或上级税务机关的表扬、肯定和推广
		建立健全班子民主决策、分工协作、作风建设等各项制度机制，领导班子及成员的民主测评优称率在95%以上
		健全后备干部的培养、选拔和使用机制，建设一支德才兼备的后备干部队伍
		班子成员之间加强协调、密切配合，营造团结和谐的内部氛围
	干部管理机制完善	干部管理机制健全，每年有1项以上干部管理机制的创新成果、经验做法被当地有关部门或上级机关表彰或推广
		干部选拔任用机制完善，建立健全激励约束和考核评价机制，鼓励干部创业、创新、创优，不断激发干部队伍活力
		领导干部交流机制健全，严格执行《江苏省地税系统处级以下领导干部交流工作暂行办法》，领导班子成员在同一职位任职满5年的有计划地进行交流，任职满10年的交流面达到100%
履职能力突出	学习进取意识强，综合素质高	注重干部学历层次和知识结构的更新，45岁以下干部本科以上学历的比例超过80%
		专业人才（取得注册会计师、注册税务师、律师等资格）在干部队伍中的比例超过12%，每年增加1%
		加强理论调研，每年有1篇以上调研文章在国家级期刊发表
	教育培训效果好，岗位能力强	加强税收业务知识和岗位技能培训，90%以上的干部能够独立履行岗位职责，胜任本职工作
		每年组织一次业务技能（知识）竞赛活动，每年每名税务干部参加培训时间不少于12天
	绩效管理考评优，岗责体系健全	规范机构编制管理，建立健全干部执法岗位责任体系，工作职责分工明确
		建立绩效管理考评体系

一级指标	二级指标	三级指标
作风建设优良	作风行风建设扎实，组织形象良好	作风行风评议位居地方政府执法部门前5名
		加强干部思想政治和职业道德教育，认真落实思想政治联席会议制度和谈心活动
		地税文化建设主题突出，氛围浓厚，理念鲜明，载体丰富，每年在省级以上媒体有宣传报道
	精神文明创建广泛，创优氛围浓厚	每年获得上级和地方党政机关表彰的先进集体在10个以上
		受地市级以上党政机关表彰的先进个人比例在5%以上
	党风廉政建设深入，惩防体系完善	贯彻落实领导班子管理监督各项规定，市县局班子成员无违法违纪行为
		党风廉政建设惩防体系完备，干部违纪违法发生数逐年减少，违法犯罪率低于全国税务系统平均水平
		纪检监察信访举报数逐年减少，信访按期办结率达90%以上

（二）一流的服务水平

关键指标：

1. 建立健全内部监督约束机制，促进税收执法公正、公平，规范税收执法的各项工作处于全国税务系统前列。

2. 健全和落实各项服务制度，促进税收服务便捷、高效，服务平台建设和服务质量水平处于全国税务系统前列。

3. 优化经济发展税收环境，促进经济发展工作在政府评价中位居前列。

具体指标：

一级指标	二级指标	三级指标
税收执法公正	推行政务公开，实行阳光办税	按照规定全面公开相关内容
		按照规定对公开内容及时更新
	规范税收行政执法自由裁量权，保障税收执法的公平合理	建立规范税务行政自由裁量权管理制度
		税收核定公平、合理、规范
		税务行政处罚正确、公平、合理
	建立健全内部监督约束机制，及时纠正税收执法过错行为	本系统和外部监督部门税收执法检查未发现重大问题
		及时全面纠正税收执法检查发现的问题
		按照规定对税收执法过错行为进行责任追究
	严格执行法律救济制度，保障纳税人的合法权益	无行政诉讼败诉案件
		无被上级机关撤销的具体行政行为和抽象行政行为
		及时、妥善处理纳税人的投诉
组织运转高效	建立服务制度，优化服务体系	落实“一站式”服务、预约服务、首问负责和限时办结制度
	合理设置服务窗口，加强服务基础建设	合理规范办税服务厅服务窗口设置
		按照规定设置便民服务设施
	加强电子税务建设，建立多元化的服务平台	电子申报率达到一定比例以上
		电子缴库率达到一定比例以上
		完善12366服务热线建设
服务发展到位	认真落实优惠政策，促进地方经济发展	优化经济发展税收环境
		充分落实税收优惠政策
	加强税收宣传，提高社会对税务工作的理解度和纳税遵从度	按照要求开展税收宣传月活动
		及时宣传新的税收政策
		准确、及时答复纳税人的咨询
	认真履行各项服务承诺，促进诚信税务建设	采取多种形式公开服务承诺
		对违诺行为进行责任追究
		地税机关的社会满意度达一定比例以上

(三)一流的工作业绩

关键指标:

1. 组织收入总量和质量位居全国地税系统前列:组织收入原则贯彻落实到位,应收尽收,不收过头税;组织各项收入总量、税收总量、社保费总量均保持在全国前列,征收率逐年提高;促进产业结构优化,服务业税收占总税收收入比重逐年提高,服务业税收增幅不低于税收收入增幅。

2. 征管机制科学性位居全国税务系统前列:对内,横向征管查分工科学、衔接有序,税源管理、税收分析、纳税评估、税务稽查四位一体,良性互动;纵向各级税务机关协同运作、上传及时准确,下达整合统筹。对外,国地税协作紧密,政府部门间信息共享、联动监管,综合治税体系有效运转。

3. 信息化应用水平位居全国税务系统前列:省级大集中系统科学性、功能性、操作性等在同类软件中位居一流,应用深度、应用质量全国领先;网上税务局功能丰富、实用性强,CA认证、税控装置推广工作全国税务系统领先。

4. 纳税评估、税务检查质量位居全国税务系统前列:纳税评估对税收收入的贡献、税务稽查查实率、百万元以上大要案查处力度全国领先。

具体指标:

一级指标	二级指标	三级指标
征管质量过硬	征管机制科学	建立税源管理、税收分析、纳税评估、税务稽查“四位一体”良性互动机制
		征、管、查分工科学,衔接有序
		构建综合治税体系,实现部门联动监管
		国、地税协作领域广泛、协作效果明显
	征管基础扎实	登记率达到一定比例以上
		非正常户认定准确率达到一定比例以上
		申报率达到一定比例以上
		入库率达到一定比例以上
		税收管理员人均评估户次达到一定标准以上
		评估有问题率达到一定比例以上
		评估对税收收入贡献率达到一定比例以上
		检查查实率达到一定比例以上
		对A、B、C类纳税人每年检查面达到20%以上,省局直接检查A类纳税人面不低于1%
		欠税清理率达到一定比例以上
		征收率达到一定比例以上
	专业管理到位	货运数据上传率达到一定比例以上
		建筑业房地产营业税项目管理落实面达到一定比例以上
		汇算清缴面达到一定比例以上
		新企业所得税法及相关配套制度贯彻落实到位
		地方税税源登记率(分地方税税种)达到一定比例以上
		地方税税源登记准确率(分地方税税种)达到一定比例上
		个人所得税全员全额扣缴申报率达到一定比例以上
		个人所得税全员全额扣缴申报税款占个人所得税税款比重达到一定比例以上
		社保费及其他基金(费)与税款同步征缴,并按规定入国库或财政专户
		税收预测平均误差率低于一定比例

一级指标	二级指标	三级指标
征管效率领先	信息化支撑有力	基础平台设施配置科学、合理，有一定前瞻性
		按照规定实施省级大集中系统建设和应用
		系统运行正常率达到一定比例以上
		软件功能覆盖面达到一定比例以上
		数据采集准确率达到一定比例以上
		内部信息实现共享，由相关部门统一扎口实行一次性采集纳税人信息
		外部涉税信息共享率达到一定比例以上
		涉税信息利用率高
		税控装置安装使用率达到一定比例以上
		CA 认证面达到一定比例以上
		网上税务局功能覆盖面达到一定比例以上
		根据省局的部署，及时安装、推广相关软件系统；根据税收业务的调整情况，对软件系统进行及时维护
	征收成本低	人均收入增长率（分税收和非税收入）达到一定比例以上
		征收成本变动率在合理区间内
		每百元税收成本在合理区间内
税收成果丰硕	财政贡献率高	组织收入总量（分税收与社保费等）达到一定规模
	经济影响良好	宏观税负增减率在合理区间内
		服务业税收占总税收收入比重达到规定标准
		服务业税收收入增长率在合理区间内

六、工作要求

实施“三个一流”工程是全省地税系统在今后三至五年的一项重大战略性任务，为确保“三个一流”工程的顺利实施和目标的早日实现，今后几年，省局将根据方案确定的指标体系和评价标准，结合实际，与时俱进，各有侧重，逐年下达具体的考核评价指标。全省各级地税机关要充分认识打造“三个一流”的重要性和必要性，加强领导，优化措施，明确责任，狠抓落实，确保“三个一流”目标的早日实现。

（一）统一思想，强化领导。各级地税部门要充分认识打造“三个一流”是江苏地税今后一个时期的奋斗目标和行动纲领，统一思想，提高认识，明确意义。要切实加强组织领导，建立健全组织机构，明确分工，细化责任，狠抓落实，为打造“三个一流”工程提供有力的组织保证。

（二）周密部署，营造氛围。各级地税部门要对打造“三个一流”工程进行认真筹划和部署，把省局“三个一流”的各项目标要求分解细化，制定切实有效的方案措施，统筹兼顾、形式多样、重点突出。要加强思想发动和广泛宣传，树立先进典型，推广经验做法，在全省地税系统形成对打造“三个一流”的广泛认同，营造浓厚氛围。

（三）联系实际，注重效果。各级地税部门要坚持从实际出发，结合税收中心工作和各级政府部门的工作要求，针对新时期地税工作面临的新形势、新任务和新要求，不断创新工作方式和方法，着力解决税收工作中存在的主要矛盾和突出问题，确保打造“三个一流”工程取得实效。

（四）认真总结，及时反馈。各级地税部门在打造“三个一流”工程的过程中，要加强学习，注重思考，认真总结，及时反馈。要紧紧围绕“三个一流”的组织目标，通过切实有效的创建活动，凝聚广大地税干部的智慧和力量，提高基层建设水平和质量，坚定信心，抢抓机遇，乘势而上，确保各项税收工作任务的圆满完成，为实现全省地税事业又好又快发展作出更大贡献。

（五）加强考评，持续改进。打造“三个一流”既是地税各项工作的总体目标，也是检验各项工作成果的绩效考核评价机制。各级地税部门在扎实推进“三个一流”工程中，要加强对这项工作的考评，抓好考评结果的运用，形成激励制约机制，以此推动和促进各项工作目标的实现。同时要结合实际，对目标体系不断完善，持续改进，使打造“三个一流”始终保持生机和活力。省局每年将对各地开展这项工作的情况进行考核评比和总结表彰。

附：1.“三个一流”指标说明(略)

2. 2008 年“三个一流”考核评价具体指标（略）

江苏地税系统“十二五”发展规划纲要

苏地税发〔2011〕28 号　2011 年 3 月 25 日

“十二五”时期，是全省地税系统承前启后、继往开来的重要战略机遇期。编制发展规划，明确未来五年的行动纲领，对于统一思想、凝聚力量、抢抓机遇、加快发展，具有十分重要的意义。

发展现状

“十一五”时期，全省地税系统坚持用科学发展观统领全局，全力打造“三个一流”工程，地税事业呈现出快速发展的良好态势，迈进了一个全新的发展阶段。同时发展过程中也出现了许多新情况、新问题，必须采取有效措施，认真加以应对和解决。

一、发展基础

（一）主要成就

1. 税收收入快速增长。全系统组织收入总量和质量不断提高，对地方财政的贡献份额稳步攀升。“十一五”期间，全省地税系统累计组织税收收入 8114.75 亿元（不含契税、耕地占用税），是“十五”时期的 3.2 倍，年均增长 24.1 %，其中 2010 年组织税收收入 2449.95 亿元，是 2005 年的 2.9 倍，地税部门组织的一般预算收入（含“两税”）在全省财政一般预算收入中的占比达到 58.8%；全系统税费收入规模从 2005 年的 1378.8 亿元增长到 2010 年的 3814.15 亿元（不含“两税” 376.85 亿元），为全省经济社会发展提供了强大的财力支撑。

2. 依法治税深入推进。围绕规范执法行为、规避执法风险、严格执法责任追究等重点，加强税收法制建设。深入贯彻落实执法责任制，组织开展专项执法检查和执法监察工作，引导各级地税机关正确应对执法风险，提高规范用权的自觉性和主动性。以全省征管数据大集中为依托，以完善管理员制度、责任区管理制度为重点，优化整合业务流程和岗位职能；完善并落实重点税种、重点行业管理、社会综合治税、以票控税、日常检查、纳税评估、税务稽查等各类税源税政管理制度，高效运转的税收管理体系日益完备，税收征管质量和效率明显提升。

3. 服务体系基本构建。不断深化改革，下放审批权限，推出以“一站式”、“一窗式”、“同城通办”等为主要内容的多种服务措施；建成省级 12366 服务热线、短信平台、地税网站，加强与社会、纳税人的沟通交流；通过多种方式为纳税人提供纳税咨询、办税辅导、涉税提醒等个性化服务；推行办税公开，强化责任追究，充分保障纳税人合法权益；建立健全税收信用体系，积极构建和谐征纳关系；认真落实结构性减税政策，为应对国际金融危机冲击、保持经济平稳较快发展和改善民生作出了积极贡献。

4. 信息技术应用加快。坚持科技兴税的发展战略，研发并成功运行省级数据大集中系统，强化数据信息深度挖掘和增值利用，初步建成“功能齐全、信息共享、监控严密、安全稳定、保障有力”的信息技术支撑体系，税收征管工作实现了由“经验判断型”向“信息导向型”、“粗放型”向“集约型”、“业务驱动型”向“流程驱动型”的初步转变。

5. 队伍素质明显提升。加强干部业务技能培训，鼓励干部参加各类学历、资格考试，初步形成了全员学习、系统培训、终身教育的格局，各类人才比例不断提升。“十一五”期末，全系统具有“三师”执业资格的人员占比达到 11.5%，居于全国税务系统前列。不断深化干部人事制度改革，建立健全选拔任用、交流任职和挂职锻炼等各项管理机制，基层领导班子结构明显优化。加强和改进思想政治工作，积极推进政风行风建设，落实党风廉政建设责任制和“两权”监督制约措施，构建惩治和预防腐败体系，反腐倡廉取得显著成效。深入开展各类争先创优活动,文明创建硕果累累,一大批基层单位和个人受到各级各类表彰。

6. 改革实践亮点纷呈。深入贯彻落实科学发展观,牢牢把握解放思想这一思想武器,打破思维、行为定势,积极寻求发展的新思路、新办法,在化解制约事业发展的“瓶颈”问题上不断取得新的突破,形成了税源管理、数据应用、纳税服务、教育培训、干部选拔等方面的若干特色品牌,促进了全省地税事业的全面、快速发展。

(二)存在问题

依法治税的环境有待进一步优化,地区之间执法水平还不平衡。征管体制尚不完全适应时代发展的要求,在职能界定、制度建设和资源配置等方面的矛盾较为突出,“疏于管理”的现象依然存在。“信息管税”的理念有待进一步深化,依托信息技术有效控制和化解涉税风险的管理体系还有提升的空间。围绕纳税服务标准化、规范化建设的制度、流程有待进一步完善,纳税人的办税能力、遵从意识有待增强。干部能力素质尚不适应形势发展的要求,队伍内生动力相对不足,少数干部安于现状、集体意识淡薄的现象还没有从根本上解决。内外环境变化所引起的干部“两权”风险不断加大,极少数干部为税不廉、“权力寻租”的现象还时有发生。

二、发展环境

(一)发展的机遇

1. 全省经济发展的优势因素交汇叠加,有利于地方税源的稳步增长。“十二五”时期全省经济保持平稳较快发展的基本条件和长期向好的基本趋势不会发生根本改变。产业结构调整、经济转型升级将取得实质性进展;沿海、沿江、徐州老工业基地等多个核心经济圈带将进入新一轮发展机遇期;全方位、多层次、宽领域的开放型经济向纵深推进,为税源的可持续增长创造了良好机遇。

2. 全系统税收服务能力的进一步增强,有利于治税环境的持续改善。随着地税收入总量、增量的不断扩张和税收职能作用充分发挥,助推地方经济发展各项举措的不断优化,各级地方党委政府更加重视地税工作,更加关心地税事业发展,为地税部门进一步理顺关系、推进改革、解决难题,创造了更加有利的环境。

3. 现代理念、科技手段的引入和应用,有利于管理方式的加速转型。信息管税、风险管理、遵从管理、人本管理、文化管理、绩效管理等现代管理理念和手段的引入,正在影响和支配着我们的思维行为方式,并将由此引发业务管理模式、组织领导方式、内外工作机制和税务资源配置的重大转型。

4.“三个一流”工程建设集聚的发展能量,有利于全面开启新的征程。“三个一流”工程的实施,为江苏地税积累了厚实的发展成果,集聚了巨大的发展能量。系统内外对江苏地税的认同度、满意度、赞誉度普遍提升;规范有序、科学高效的组织运营机制逐步建成;全系统各项工作齐头并进,硕果累累,多项工作走在全国税务系统的前列,为“十二五”期间的税收工作提供了强大的基础保障和活力源泉。

(二)面临的挑战

1. 面临民主法治建设的新考验。以“民主、法治”为主要特征的政治文明建设的深入推进,对政府管理能力和服务水平提出了新的考验。作为政府重要职能部门以及与纳税人接触的第一窗口,税务部门理应坚持以人为本,把构建公平、公正、法治、和谐的税收环境作为民主法治建设的根本任务。

2. 面临部门有效履职的新压力。在“十一五”期间高增长、高基数的平台上确保地方税收的可持续增长是全系统新时期组织收入工作面临的重大挑战;经济结构多元化,经济主体行为复杂化,对税收管理提出了新要求;面对纳税人多元化、个性化的服务需求,纳税服务的内容、程序、手段有待进一步规范化和精细化;经济社会转型发展中各种新的矛盾对运用税收政策发挥调节功能提出了新课题;创新和构建以专业化、信息化管理为基本格局的税收征管机制面临许多矛盾和困难。

3. 面临加快事业发展的新使命。在全国税务系统竞相发展的大环境中,先进与落后的差距在逐步缩小,优势在包容和交替。江苏地税前有“标兵”,后有“追兵”,保持领先地位的压力越来越大,持续超越的难度越来越大。同时,受编制、职数和薪酬制度等体制机制的制约,人才队伍建设在规模、质量和机制等方面面临许多深层次的矛盾和问题,抓班子、带队伍的任务十分艰巨。

指导思想和发展目标

一、指导思想

深入贯彻落实科学发展观，紧紧围绕“依法治税、服务发展、共创和谐”的组织使命，把“持续推进税收征管、纳税服务和干部动力机制创新”作为转变事业发展方式的主攻方向，把提升干部内生动力和社会税收遵从作为转变事业发展方式的根本出发点和落脚点，全面深化改革、促进管理转型，全力建设更高水平的“三个一流”，全面加快税务管理现代化进程，为富民强省和“两个率先”作出新的贡献。

二、工作方针

制订科学的工作方针是全省地税系统正确实施“十二五”规划、全面实现共同愿景的根本保证，是驾驭各种复杂局面、解决各类难点热点问题的基本方略，也是贯穿全系统各项工作的行动指南。

(一)坚持服务大局不动摇。紧扣发展第一要务，围绕加快转变经济发展方式和改善民生，着力健全有利于科学发展的税收体制机制，充分发挥税收职能作用，促进产业、区域、城乡等方面协调发展；支持重点领域和关键环节改革，推动增加就业、调节收入分配等民生问题的解决；更好地服务经济社会发展，自觉地把地税工作放在地方经济和社会事业发展的大局中谋划和落实。

(二)坚持依法治税不动摇。以制度建设为抓手，巩固并完善依法治税的工作机制；有效规范税收执法行为，严格按照法定权限和程序行使权力、履行职责；整顿和规范地方税收秩序，强化执法刚性、树立执法权威；加强普法教育，完善综合治税体系，优化税收环境；认真落实税收政策，积极推行政务公开，充分保护纳税人合法权益。

(三)坚持以人为本不动摇。从地税事业长远发展和提高地税事业核心竞争力的高度，切实加强对地税干部的培养、教育和管理，营造发展人、完善人的和谐环境，最大限度地激发每一名干部的积极性和创造性，为税收事业发展提供坚强保障；注重把严格执法与人文关怀有机结合起来，理解纳税人，尊重纳税人，努力构建和谐文明的征纳关系。

(四)坚持改革创新不动摇。积极营造能够弘扬创新精神、激发创新意识和释放创新能力的环境和机制；用创新的思维和创新的举措来破解发展中的难题，引领事业发展；通过观念创新、制度创新和科技创新，不断改革、完善和优化管理模式、管理机制和管理手段，在税务工作的各个方面创造更多的、更有影响力的特色品牌，形成江苏地税的“地理标志”。

(五)坚持统筹发展不动摇。高度关注影响整体工作提升的薄弱环节，统筹部署各个阶段、各个环节的各项工作，做到协调联动、整体推进；加强税收管理理念、要素、方式、机制的研究，建立符合时代发展要求和江苏地税工作特点的组织管理体系，合理配置税务资源；在严格管理的同时加强思想政治工作，大力推进地税系统组织文化建设，营造干事创业的良好氛围，凝聚事业发展的精神力量，努力开创政治建设与业务建设齐头并进、事业发展与个人发展良性互动、税收征管与纳税服务有机融合、管理机制与管理手段相互支撑的协调发展的局面。

三、发展目标

(一)总体目标

建设更高水平的“三个一流”，率先基本实现税务管理现代化。

——建设更高水平的“三个一流”：“十二五”期间，“三个一流”建设的标准要更高，措施要更实，业绩要更显。要把江苏地税建设成为一流队伍的集结区、一流服务的示范区和一流业绩的领先区。

——率先基本实现税务管理现代化：税务管理现代化包括理念、体制、制度、技术、文化、成员和行为方式等的现代化。“十二五”期间率先基本实现税务管理现代化，就是要充分吸取和借鉴当代最先进的管理理念和方法，推动体制、机制和制度的变革，构建简明、高效、可控的组织营运体系，率先基本实现税收业务管理、内部行政管理和干部队伍整体素质的现代化。

(二)具体目标

1.组织收入目标。税源管理的方式、手段更加科学，现代管理和科技成果得到充分应用；税收收入质量和结构进一步优化，在各税种之间、地区之间、行业之间分布更加合理，税收总量保持全国领先。在现行财税体制、征管范围和税收政策基本稳定的前提下，“十二五”期间税收年平均递增16%，至2015年税收收入规模力争比2010年翻一番，地税部门组织一般预算收入在全省一般预算收入中的占比达到60%左右。

2. 税收征管目标。“以税收风险管理为导向，以实施信息管税为依托，以实现分类分级管理为基础”的专业化税收征管格局全面建立，税收资源得到有效配置，税法遵从得到明显提升；“十二五”期间税收征管机制创新全国领先，各项征管质量指标高于全国平均水平，主要指标位居全国前列，宏观税负水平逐年提高，地税机关征税成本和纳税人纳税成本不断降低。

3. 依法治税目标。干部法制意识与依法行政能力明显提升，税收执法更加规范；执法岗责体系、过错追究制度更趋完善，自我防范风险能力普遍增强；查管联动、以查促管的作用充分发挥，各类涉税违法犯罪势头得到及时有效遏止；税收管理所依存的环境更为法制化，各级党政部门支持配合地税机关税收执法，社会综合治税成效显著；地税机关公平正义的形象进一步树立，税收执法水平在全国税务系统居于领先。

4. 纳税服务目标。合理配置服务资源，建立集约化纳税服务组织架构，形成大服务格局；加强纳税服务标准化建设和平台建设，纳税服务组织体系、服务流程和服务规范日益健全；不断创造实用性强、影响力大的服务产品，全面建成全省集中统一的12366纳税服务平台，江苏地税网站成为功能齐全、方便快捷、高效互动的服务品牌；纳税人合理需求得到较好呼应，合法权益得到充分保护，办税能力、遵从意识普遍增强，征纳关系和谐融洽，纳税服务工作保持全国领先。

5. 队伍建设目标。科学完善的干部培养开发、评价发现、选拔任用、激励保障、监督管理体系全面构建；领导班子结构明显改善，专业化人才队伍梯次齐备；防范税收执法和廉政风险能力明显增强，行业风气进一步好转；先进、科学、民主的特色文化氛围加速形成。“十二五”期末，全系统纳入总局级各类人才库的人数居全国税务系统前列，纳入省局级各类人才库的人数达到1000人，其中专家型人才200人；大学本科以上学历达到80%以上，研究生以上学历人员达到6%；获得注册税务师、注册会计师、律师等执业资格的人数比“十一五”末增长40%或达到15%；行政管理、执法服务、信息技术人才比例适当，干部队伍普遍具有较强的现代管理能力，并成为税务管理现代化的坚实保证。

发展任务

一、突出有效作为，履行税收职能

按照国家“十二五”期间“积极构建有利于转变经济发展方式的财税体制”的总体要求，不断增强服务大局的自觉性和使命感，把税收工作置于全省经济社会发展的总体布局中去把握和定位，努力在组织财政收入、调节经济发展和维护公平正义上有新作为、新突破。

（一）依法履行组织收入职能

着力提高税收收入质量。深入贯彻“依法征税，应收尽收，坚决不收过头税，坚决防止和制止越权减免税”组织收入原则，兼顾财政需要与经济发展实际，科学制订和下达税收计划，坚决制止有税不收和人为调节收入进度，坚决杜绝“寅吃卯粮”、收“过头税”、转引税款和虚收空转。创新组织收入管理体系。综合考量税收计划完成率、税收计划与区域相关经济指标的协调性，构建税收负担率、税收弹性系数、征管效能位差等多项综合指标体系，积极推进组织收入由“计划任务型”向“质量管理型”的重要转变。健全税收分析预测机制。运用科学的税收综合分析预测方法，做好区域税源、行业税源、重点税源等的调查、分析工作，为实施科学化、专业化、精细化的税收征管和科学的政府决策提供依据；建立科学的税收预测模型，着重从国民经济运行、税收政策调整、征管措施落实、重点税源变化等情况，分析预测其对税收收入的影响程度，增强组织收入工作的预见性、针对性、科学性和有效性，牢牢把握组织收入的主动权。

（二）依法履行调控经济职能

认真落实国家出台的一系列有利于产业结构升级和服务业发展的税收政策以及关于推进税制改革的相关部署，建立健全长效机制，充分发挥其在推动经济发展方式转变中的引导、管理和服务作用，支持新兴产业、中小企业、现代服务业发展，推进产业结构转型升级、企业自主创新、节能减排、实施“走出去”战略。认真研究长三角区域规划和江苏沿海沿江开发相关联的税收政策，制定更具针对性的落实办法。健全信息收集、专项报告制度，加强税收科调研工作，及时全面反馈政策执行情况，分析存在问题，提出对策建议。进一步拓展主动型税政的职能空间，在现行法律框架下、法定权限内，根据经济转型和国家发展战略的需要，推动出台相关政策文件，由税收政策服务，延伸到经济结构调整的直接参与。

（三）依法履行维护公平职能

落实下岗失业人员再就业、安置残疾人企业和中小企业、教育、文化、卫生、社会保障等事业发展的税收政策，促进改善民生，鼓励自主创业。配合个人所得税制度改革抓好落实，强化高收入者、非劳动所得的个人所得税征管，发挥税收对收入分配的调节作用。按照国家房地产税改革的部署要求，做好房地产税收管理工作，通过税收杠杆抑制房地产过度投机。加强基金（费）政策落实情况监督检查，为完善社会保障体系筹措充足资金。针对当前经济发展中出现的突出问题，加大税收执法力度，做好税收专项检查和区域税收专项整治工作；建立打击发票违法犯罪的长效机制，探索新形势下税务协作的新途径和新方法，严厉查处涉税违法案件，深入整顿和规范税收秩序；统一规范全省税收政策执行的口径和措施，推行行政执法自由裁量权基准制度，加大对涉税违法案件的曝光力度，为各类经济主体营造公平税负环境。

二、突出制度建设，完善执法体系

以制度建设为重点，以规范执法权力、岗位职责为主要内容，努力构建“制度严密、执法规范、监督有力”的税收执法体系，充分发挥税收制度建设对于税收事业科学发展的基础和保障作用。

（一）推进税收法制建设

完善依法治税考核指标体系，开展“依法治税示范单位”创建活动，发挥目标导向作用。建立重大行政决策集体审理制度。完善税收规范性文件公开征求意见、合法性审查制度，加强实施效果的评估及清理工作。落实执法人员资格认证制度，建立提前预防、动态监控、风险处理三位一体的税收执法风险防范机制。积极推进稽查转型，优化稽查资源配置，完善稽查内部四环节相互监督制约机制。

（二）加强税政制度管理

以大集中系统为依托，建立分行业各税种综合联动管理机制和数据共享平台，加强营业税计税依据、企业所得税税基、个人所得税全员全额扣缴明细申报、房地产计税价格和房、土两税税源登记等涉税信息的采集与利用，全面推行营业税差额扣除项目明细申报，建立和完善高收入者个人所得税纳税评估指标体系、企业所得税特殊事项以及分行业管理办法、房地产税收一体化管理、土地增值税预征和清算等各项制度。围绕跨境税源监控，制订和完善反避税案件专家小组会审制度和国际税收情报交换工作指导意见。

（三）规范执法权力运行

全面贯彻落实税收法律、法规、规章及其他执法管理制度，规范行政审批、行政处罚、行政保全和强制、行政征收等行政执法行为。规范执法程序、执法标准和执法文书，建立和完善税收执法中的回避、告知、听证、说明理由等各项程序制度。深化行政审批制度改革，创新审批方式，加强后续管理。积极运用纳税评估、纳税约谈、纳税辅导等柔性手段实施税务执法。加强对税收政策执行和落实情况的督查，做好政策分析，注重跟踪问效，确保税收政策执行到位。创新稽查工作方法，优化选案机制，提高稽查信息化水平，规范稽查取证，健全重大税务案件的集体审理方式，加强税务稽查统筹与部门协同。

（四）落实税收执法责任

认真落实税收执法责任制，按照执法岗位、工作职责和流程要求，及时修订完善岗责体系，建立有效衔接和相互制约的业务链，将监督制约贯穿到税收执法的全过程。加强执法行为的考核评议，严格过错追究，依托大集中系统实现人机考核的有机结合，保证考核评议的公平、公正。强化执法检查、案卷评查、稽查复查等内部执法监督工作。积极推行集体审议、阳光问责，提高执法透明度和公信力。坚持正面激励和责任追究并重的原则，深化执法考核结果运用。

三、突出遵从引导，优化纳税服务

以提高税法遵从度和纳税人满意度为目标，最大程度地响应服务需求，把握纳税服务的方向。充分运用现代化的服务平台和多元化的服务渠道，创新服务手段，完善服务机制，提升服务能力，加强纳税服务和税收征管的协同推进，构建全员、全方位纳税服务格局，最大限度地引导和促进纳税人自觉依法纳税,构建和谐的税收征纳关系。

(一)开展差别化宣传辅导

根据不同人群涉税信息关注重点、接受能力、渠道偏好的差异性,分类确定税法宣传的对象、内容和方式,提高涉税信息对受众的效用。统筹各类信息推送渠道,增强税法宣传与政务宣传、政府信息公开等工作的协调,促进税法宣传与纳税咨询、纳税人权益保护等工作的互动。建立健全纳税辅导制度,依托税务网站和实体服务场所,建立“纳税人学校”,组织税务机关和专业机构的师资力量,分类开展经常性纳税辅导,有效提升纳税人办税能力。

(二)实行专业化纳税咨询

加快建设“统一入口、分类处理、规范管理、资源共享”的集中咨询服务模式,规范税收管理员等岗位人员的咨询答复行为,逐步实行由专业人员统一提供咨询服务。加强咨询业务管理,健全专家座席和远程座席制度,依托纳税咨询知识库及相关支撑机制,提高答复准确率和咨询工作效率。引入客户关系管理理念,在咨询答复时提供提醒告知、催报催缴等增值服务措施。加强纳税咨询热点和难点问题的分析,促进税收业务管理的规范化。

(三)推行标准化办税服务

加强税收业务改革创新,提高税收风险管理水平,持续优化办税流程,分类精简涉税资料,逐步统一服务标准,最大限度地节省纳税人的办税成本。优化服务程序,完善管理系统,实现“窗口受理、内部流转、限时办结、窗口出件”的“一站式”服务格局。尊重纳税人个性化办税需求,建立网上办税为主体,上门办税、电话办税、邮寄办税等方式为补充的多元化办税体系,为纳税人办理涉税事项提供多种选择。调整和优化办税服务厅功能,科学合理布点,完善服务措施,探索涉税事项的国地税联办和跨区域通办。

(四)提供人本化权益保护

充分利用“纳税人之家”等平台,扩大纳税人对税收征纳事宜的知情和参与,加强征纳互动和平等沟通,保障纳税人更切实地享有、实现税收权益。优化税收风险识别,建立防控有效、沟通顺畅、税企双赢的涉税风险防范内控机制;提高管理和检查的规范性,约束税收执法中的自由裁量,公正、合理地处理各类税收事项,提高税收执法的合理性。建立常态化的涉税意见建议征集制度,拓宽涉税民意表达渠道,引导纳税人和相关利益群体以理性、合法的形式表达税收利益诉求。妥善处理举报投诉,畅通复议、信访等纳税人权利诉求渠道,快速、有效地查实和解决纳税人反映的问题,积极推行税务争议的和解、调解。

(五)鼓励社会化服务参与

鼓励中介参与税收事宜,强化行业监管,维护委托自由,鼓励良性竞争,优化涉税中介发展环境。将涉税服务和涉税鉴证行为全面嵌入税收征管和纳税服务的流程,探索将纳税辅导等事务委托或外包涉税中介机构,对不同信誉的涉税中介机构,给予差别化的税务行政监管措施。加强与公益团体的协作,倡导建立纳税服务志愿者组织,引导和支持社会力量参与税收公益服务。积极加强与金融机构、邮政企业、行业商会等方面的合作,为纳税人提供更加便利的服务。

(六)打造立体化服务平台

建设标准、统一的办税服务厅、税务网站群和纳税服务热线,在人力资源、软硬件设施、运行机制、后续管理上综合推进,建设集成式、集约化的办税服务体系。发挥互联网优势,以税务门户网站为核心,建立纳税服务基础平台,扩大网上办税功能,推进与实体办税场所的业务同化和功能优化,纳税人“足不出户”办税全面实现。建立以12366热线和税务网站为主体的信息服务网络,以税务网站和办税服务厅为主体的办税服务网络,以“纳税人之家”和税务网站为主体的权益服务网络,以社会信用平台为依托的信用服务网络。

四、突出业务创新,推进管理转型

以征管机制创新为抓手,以促进遵从为目标,合理配置征管资源,全面推进征管业务变革,建立健全程序规范、机制完善的税收专业化管理模式,形成有机联系、运转流畅且相互制约的税收管理体系。

(一)强化税收基础管理

以开展税收征管绩效监控为抓手,进一步夯实征管基础,持续提升征管质效。建立科学的征管质效考核评价体系,深入开展纳税人税法遵从分析、征管权力运行分析以及相关税收经济分析,促进征管高效运转。推进户籍管理,加强部门协助和地区间协作,加强非正常户管理,完善注销管理,做好纳税人源头控管；深化发票改革，以推广网络发票为抓手，以完善需方市场的管理手段为重点，实施发票从印制到缴销“全生命周期”的信息化闭环管理；加强申报征收管理，坚持纳税人自主申报纳税制度，在尊重纳税人权利的同时，落实纳税人的义务和责任，促进纳税人自我管理税收事务；改革税收管理员制度，按照税源专业化管理要求，探索建立适应不同专业事项要求的税收管理员岗位设置、工作职责、专业培训和激励机制。

（二）推行专业管理模式

遵循精简、效能、统一的原则，突破按属地划片配置职能的单一分类方法，实施组织机构集约化、扁平化改革，强化税源管理和纳税服务职能，规范全省征管机构设置，合理调整基层税务组织配置和布局，明确机构内部职能分工，减少重叠交叉。设立专司税款征收的直属机构，形成税款征收、税源管理、税务稽查相互分离、相互衔接的征管组织架构。根据税源结构及其风险特点，设立相应的重点（规模或行业）税源和一般税源管理分局。按照风险管理要求设立风险评估机构，实现与税源管理机构在风险管理上的职能分离。推进机关实体化，以集约化税源管理为重点，整合管理资源，实行协同运作，建立健全纵向互动、横向联动的税源管理一体化运行机制。加强税收征管的社会协作，建立纵横结合的协税护税网络，积极推进与相关部门实施联合监管，健全社会化税收管理机制。

（三）完善分类管理机制

对征管对象和管理事项进行科学分类，深入推进税源专业化管理。根据税源结构及其风险特点，以行业分类为主，兼顾规模、特定类型，对税源进行科学分类。对大企业推行相对集中统一管理，引导和帮助大企业建立健全涉税风险内部防控机制，加强跨区经营企业汇总纳税控管。对中小企业按照纳税人行业特征，构建风险模型，实施针对性管理。对个体工商户以委托综合治税组织代征为主要方式，本着有利于税源控管和方便纳税的原则，实施社会化征收。对自然人以全员全额扣缴明细申报为基础，重点加强非劳动所得和高收入者管理，推进自然人税源登记和自主申报；对取得我国境内所得的非居民“走出去”企业和个人加强税收管理，及时控制其税收风险。在按管理对象分类的基础上，合理分类税收管理事项，进一步明晰管理职责和人员分类。

（四）深化遵从风险管理

依托遵从风险管理平台，运用评估指标和模型，对纳税申报的真实性、合法性实施评估，把有限的征管资源优先投放于风险大的管理环节，实现征管普管制向风险管理的转变。建立风险特征指标和模型，通过人机结合的方法，识别各类税收风险，识别遵从风险分布的主要区域、领域、群体及其表现形式；根据风险分析识别成果，按纳税人归集风险点，确定纳税人风险等级；针对不同风险实施差别化应对，分别采取宣传辅导、纳税评估、检查稽查以及移送司法等应对措施；对评估模型的应用效果开展跟踪分析，不断提高评估模型的实效性。根据遵从行为记录，结合风险管理流程，完善纳税信用评定指标体系，实现纳税信用的动态管理；根据不同信用等级，合理调配资源，提高税收管理和纳税服务的综合效能；在保护纳税人秘密信息的前提下，为社会提供税收信用查询服务，积极推进信用信息共享，形成失信行为联合惩戒机制，促进社会信用和纳税遵从水平的提高。

（五）再造征管制度流程

按照科学、规范、高效的原则，重组税收业务流程。以风险管理为引导，根据专业化管理岗责体系的调整，对基于传统管户制的流程进行改造重组，简并、统一征管流程和表证单书，提高征管效率和纳税服务质量。对各类表证单书进行系统地调查、梳理和分类，依托信息技术，实现任意业务类别、时间口径的自动生成，减轻征纳负担。充分发挥信息技术对管理方式的推动作用，减除工作中不必要的环节，进一步推进行政审批制度改革，强化后续管理。根据征管业务流程和机构岗位的变化，及时制定和完善全省统一的征管工作制度；统筹各层级、各部门出台的征管制度，推进征管制度一体化和标准化建设；加强专业化管理机构和岗位间的协调联动。

五、突出数据利用，深化信息管税

完善优化信息化建设的总体规划和具体方案，按税源专业化管理要求，全面实施大集中系统的升级改造，加快推进与“金税三期”的衔接融合，完善发票管理系统、风险管理系统、行政管理系统、纳税服务平台等，充分发挥信息技术在税源管理、风险控制、决策支持、纳税服务、绩效考评等多个层面的支撑作用,努力实现业务管理方式、组织领导方式和资源配置方式的快速转型。

(一)强化三个理念

一是业务与行政协调推进的理念。打破行政与业务的管理层级和物理时空阻隔,将信息管税的内涵由管“税源”拓展到管“税务”,以税收工作引导信息技术的运用和发展,以信息技术推动税收工作的创新和完善,实现税务与技术的“一体化”升级。二是风险防范与控制有机结合的理念。构建以“风险的识别、排序、分析和推送”为主要内容的税源风险预警管理,由重点税后防范逐步向税前、税中转移,实行税前、税中和税后的全过程风险防范和控制以及税务机关控制税源风险和纳税人自我控制税务风险的良性互动。三是数据质量与管理责任同步落实的理念。将“数据管理质量反映征收管理质量,数据管理水平体现决策管理水平,数据管理责任就是税收执法责任”的意识融入工作流程,完善数据标准规范,健全数据质量管理机制,落实数据管理责任。

(二)服务三个面向

把信息管税的服务功能具体定位在“三个面向”上。一是面向执行层。研发应用“数据审计平台”、“数据加工分析平台”和“信息推送平台”等数据信息分析应用系统,根据风险程度不同,将通过系统加工的异常信息,划分为提示、预警和任务类信息,对与税源密切相关的重要疑点问题,形成征管任务并通过系统平台推送到管理员桌面,及时实施税源监控、纳税评估和税收检查,有效弥补税收征管中的管理性失控、政策性失控、机制性失控带来的风险,实现“自我管理”。二是面向纳税人。大力推进网上申报、网上开票、网上审批等多种电子办税方式,实现纳税申报、税款征收等办税信息的网上流转,最大限度方便纳税人及时快捷办理涉税事项;利用互联网加强与纳税人的沟通交流,提供集约化的纳税辅导、税收法规查询、涉税友情提醒、受理举报投诉等,使信息技术在提高办税质量和效率,降低税收成本,提升纳税人的办税能力和税收遵从度等方面发挥重要作用。三是面向决策层。利用信息技术控制业务处理流程,减少自由裁量,落实行政执法责任,实现对执法行为的监督制约。充分依托和发挥信息客观性、可比性特点,通过信息分析推送,全面检验和展示基层税收征管质效和税务干部工作绩效,总结成败得失,挖掘薄弱环节,为各级领导提供直观的信息决策支撑。运用协同技术与理念,以知识管理为核心,以工作流管理为关键,建设全省统一的行政管理信息系统,在推进“数字化办公”和“协作办公”的基础上,实现行政机关的办公现代化、信息资源化、传输网络化和决策科学化。

(三)搭建三大平台

从信息流产生的过程入手,优化数据的采集维护与加工利用流程,确保信息管税价值的最大挖掘。一是搭建采集校验平台。建立数据标准,完善数据质量控制体系和逻辑审计规则,在录入环节实施前台自动检测和过滤,严把数据入口关。强化信息采集的平台支撑,优化数据采集维护流程,进一步拓展信息集中的范围,推行网络发票、税控装置、自助开票,探索与大企业 ERP 系统或财务系统的对接,建立健全外部数据交换系统,高效采集各方涉税信息。深化主题数据库建设,建设法人数据库和自然人数据库,以法人或自然人为主题,分类序时归集,保障法人或自然人在全部生命周期中数据的完整性。构建法规数据库,为纳税人和税务干部提供政策法规支持。构建房地产一体化管理数据库,为房地产一体化管理提供数据支撑。二是搭建加工利用平台。建立系统化的分析主题,梳理“菜单式”的分析内容,有效地涵盖征、管、查各个环节;建立模型化的分析方法,以数据模型作为数据分析和风险识别的主要载体,建设行业管理、税收风险、业务绩效、税种管理等模型,有效分析收入结构,识别涉税风险,进行风险排序,实施风险控制,全方位加强税源监控。以多视角数字化评价体系为依托,通过风险管理系统,提供智能化综合分析报告、智能化一户式风险检测报告、智能化数据获取工具和智能化信息提示,根据风险程度不同,将通过系统加工的异常信息,直接推送到管理员桌面或纳税人端口。三是搭建运维保障平台。成立“信息管税”专职机构,扎口负责数据信息在税收管理各层次、各领域、各环节的综合应用管理。对现行业务制度按专业化、标准化及流程化要求进行全面梳理,构建与征管改革方向和信息化要求相匹配的业务标准体系。建立健全数据管理日常工作机制,规范数据采集、维护、储存、加工、发布等机制流程，形成规范有序信息管税工作体系。建立覆盖税务信息系统网络、硬件、应用、管理各个方面的信息安全体系，确保信息安全。建立相对集中的省、市局技术支持运行维护队伍，按照“以我为主”的原则，逐步实行社会化管理，对应用系统进行统一的技术支持和维护。

六、突出以人为本，打造精英团队

把握人才成长规律，实施人才强税工程，以提升人才队伍素质和优化人力资源配置为核心，不断创新队伍建设的体制机制，大力推进组织文化建设，有效激发人才队伍的活力和内生动力，努力建立一支能力型、竞争型、勤廉型的人才队伍。

（一）深化教育转型

研究出台“十二五”期间干部教育培训指导意见，突出技能培训和心智培训两大重点内容，抓住教育培训和实践锻炼两个关键环节，努力造就高素质的人才队伍。建立统一规范的基层干部能力素质指标体系，大力实施全员岗位技能达标工程，定期开展岗位练兵、业务比武、知识竞赛，积极探索积分制管理办法。完善需求调查分析制度，根据干部文化层次、实践能力的差异，建立在岗自学、脱产轮训、网络选学、业务研讨、选调进修、境外培训等多层次、多类别、多形式的教育培训体系。以急需、紧缺、高层次人才培养为重点，引导和鼓励税务干部积极参加注册税务师、注册会计师、律师等执业资格和工程师等职称考试。建立适应专业化体制的能力标准和教育培训、达标考核、竞赛激励机制。建成全省统一的“网上税校”，加强网络教学课件建设。制定教育培训师资管理办法，大力实施传帮带“青蓝工程”。加强培训项目的管理和评价，推行“培训机构准入制”。试行“学科带头人”制度，建立各级领导人才、行政执法人才、综合管理人才、专业技术人才等四类人才储备库。

（二）健全用人制度

不断完善公开选拔、竞争上岗等选人用人机制。积极实施差额推荐、差额考察、差额票决等选拔方式。健全民主推荐、民主测评、能力测试、考察预告、任前公示、试用期等各项制度，每年通过竞争性选拔方式产生的各级领导干部，应不少于三分之二。全面推行干部选拔任用工作“一报告两评议”制度。统筹推进领导班子建设，优化班子成员配备，形成班子成员年龄、经历、专长、性格互补的合理结构。到2015年，省、市局机关部门处、科级领导干部中具有两年以上基层工作经历的应达到三分之二以上。完善从基层一线选拔干部制度，合理使用各年龄段干部，加大年轻干部、女干部、后备干部培养使用力度，形成正常的更新交替机制。推进锻炼性交流、回避性交流、任职期满交流的规范化和制度化建设。完善领导干部任期制，有计划地实施省辖市局主要负责人跨地区交流、新提任的市（县）局主要负责人异地任职、班子成员分管工作定期调整制度。加大上下级机关的干部交流力度，积极开展领导干部到党委、政府及兄弟省市税务机关的挂职交流，增加岗位阅历。

（三）完善惩防体系

继续落实党风廉政建设责任制，坚持党风廉政建设领导体制和工作机制，着重抓好责任分解、责任考核、责任追究三个关键环节；认真落实《关于实行党政领导干部问责的暂行规定》，对出现问题的，严肃追究相关人员的责任。构建党风廉政大预防工作格局。完善从源头上有效预防腐败的各项制度，全面推进部门内控机制建设，结合新一轮机构改革和税收征管改革，进一步完善业务管理制度体系，形成权力层层分解、工作环环相扣、相互联系制约的科学严密的管理链条，强化权力制衡，有效防范风险。建立健全权力运行的监督体系，重点加强对“两权”运行重点岗位和关键环节，特别是干部选拔任用、经费使用、税额核定、行政审批、行政处罚等权力行使事项的监督。深入推进行政权力公开透明运行，增加税收工作的透明度，保障纳税人和社会公众的知情权；深化应用电子监察系统，对权力运行情况进行网上实时监督、分析和控制；建立健全与决策、执行相匹配的督察内审体制，对税收征管、财务管理和决策管理实行专业化、系统化、常态化督察内审，加强内部风险防范；建立有关部门参与的监督协作机制，增强监督实效。加大违纪违法案件的查办力度，严肃查办滥用职权、贪污贿赂、腐化堕落、失职渎职案件。筑牢拒腐防变的思想道德防线，把反腐倡廉教育贯穿于地税干部培养、选拔、管理、使用的全过程；巩固扩大廉政文化建设成果，形成“以廉为荣、以贪为耻”的良好风尚。进一步完善作风建设长效机制，研究完善地税系统政风行风建设的意见，深入开展纠风专项治理,坚决纠正损害纳税人利益的行为。

(四)创新激励机制

建立目标激励机制。分解细化各个年度的工作项目,明确工作标杆;全面推行领导班子任期目标制和单位绩效目标巡查制,为领导干部履职评价提供依据;积极稳妥地推行岗位目标管理,鼓励干部制定个人发展规划蓝图,完成职场愿景、知识储备、技能达标等方面的自我设计。建立荣誉激励机制。通过开展各种形式的争创、竞赛活动,营造争先创优的工作氛围;按照精神激励和物质奖励相结合的方式,进一步加大对工作表现突出、工作成绩显著的单位和个人的奖励力度,形成良好的工作导向。建立岗位激励机制。科学设置工作岗位,按照能力、资历、经历、绩效等要素合理配置岗位人员;完善岗位优选机制,根据岗位特点和实际需要,加快人力资源的科学流动;按照总局行政执法类公务员的职务序列和管理办法,积极推进公务员分级分类管理改革,形成非职务晋升通道,体现人才的差别激励。建立关爱激励机制。进一步深化关怀人、爱护人、尊重人的激励机制;落实谈心、交心制度,及时掌握思想动态;探索满足各类群体身心健康、生活、文化等方面合理需要的新途径和新方式。

(五)培育特色文化

按照“统筹规划、分级管理、分步实施、整体推进”的原则,制定下发全省地税系统文化建设指导意见,明确文化建设的原则、内容和目标。积极探索新形势下思想政治工作的新形式,整合“三个一流”建设精神成果,提炼灌输广大干部一致认同的精神追求、价值取向和行为准则。创新税务文化建设载体,充分发挥工青妇、老干部党团组织作用,积极开展健康、活泼的文体娱乐活动,做到思想性、趣味性、艺术性的有机统一,不断增强干部队伍的生机和活力。将精神文化融入到制度建设之中,确保各项工作有据可依、有条不紊。改善纳税服务的场地和设施,重点改善税务管理的技术装备,全面推广应用江苏地税视觉识别系统,增强税务文化的外在表现力和感染力。紧贴实际和需要,确立文化建设的主攻方向,重点打造地税系统的公信文化、执行文化和创新文化。自觉接受法律约束和社会监督,充分体现公平正义的价值追求;不断加强信用制度建设,保持政策、制度的连续性和稳定性,大力推行执法服务承诺制,最大限度地提升行业公信力。规范内部行政管理,层层建立抓落实的领导责任、督查机制和问责制度,加大制度落实的力度和执行的刚性;支持、保护和重用执行力强的干部,营造敢抓、敢管、敢负责的干事创业环境。完善和落实好全系统创新工作的实施意见,从调研、论证、确定创新项目,到实施、试点、推广和总结奖励,形成与之相适应的组织运行办法,进一步激发干部的创造愿望,催生更多的实践活动和创新成果。

实施保障

一、健全规划的分解体系

“十二五”规划包括总体规划、区域规划、专项规划。为顺利实现规划目标,省局统筹组织编制并实施纳税服务、税收征管、队伍建设、信息化建设等若干重点专项子规划,并制定相关配套措施;各省辖市局可依据省局规划,结合当地实际编制相应的区域发展规划,从而形成统一完整的规划体系,使总体规划目标任务通过各区域规划和专项规划的实施得到落实。切实加强各规划之间的衔接,确保在总体要求上方向一致,在空间配置上相互协调,在时序安排上科学合理,提高规划的管理水平和行政效率,确保规划目标的顺利实现。

二、做好规划的宣传引导

采取各种形式,利用各种渠道,在全系统广泛发动,使规划的总体思路、主要目标和重点任务深入人心,达成最广泛的干部动员,在系统上下形成了解规划、关心规划、自觉参与规划实施的氛围。进一步重视基层、关心基层、服务基层、建设好基层,为实现税收事业科学发展奠定坚实基础。在做强事业的基础上,策划相关沟通主题,积极营造良好的公共舆论环境,争取各级党政给予更多的财力、物力支持,接受广大纳税人的评议、监督。

三、强化规划的组织实施

统揽全局,协调各方,精心组织,狠抓落实,把本规划作为新时期全省地税工作的一个纲领性文件,把各项地税工作都纳入规划的整体部署之中。坚持严格有序的组织管理,最大限度地确保各项工作按照预定计划及时落实,使每个干部的言行与组织目标协调共振。

全面优化决策机制。进一步提高领导干部的思想水平和理论素质，强化实事求是、实地调研的工作作风，健全决策前的调查研究、可行性论证、专家咨询等制度，紧紧围绕战略性、全局性重大问题，问计于基层，问计于纳税人，提高税收科调研成果的实践性和应用性，做到情况明、决策准；制定和完善重大决策的运行规则和程序，对决策方案进行论证优选，对执行情况进行跟踪督查，不断提高各级领导班子的执政能力。

全面推进绩效管理。完善“三个一流”验收标准，建立科学合理的评价体系，在巩固完善层级绩效考核、全员考核做法的基础上，重点完善对各级领导干部的履职考核和对各级机关工作人员的考核，确保考核工作全覆盖；把考核结果与用人导向、利益激励有效挂钩，促进工作改进，提升行政效能；完善以“诊断”为主的绩效评估、巡视检查方法，实现从关注结果到关注过程的转变。

全面提高创新价值。坚持以实际需求为导向，遵循税收事业发展的内在规律，合理把握改革创新的时机、力度和节奏。一方面调动和保护好改革创新的积极性，对各地个性化的选择加强指导和管理，寻求干事兴业的新思路、新对策；另一方面对全省征管服务体制、基本业务流程、基本制度和基本软件进行统一整合并固化，以形成微观效率和宏观效率共同提高的长效运行机制。

全面落实两个减负。清理各种文件和规章制度，从源头上为基层一线化解制度风险；应用信息技术手段，实现数据一次录入、多个层级共享；充分考虑基层实际，合理确定工作要求；统筹组织各类会议，合并多头重复的检查、考核，减少不必要的活动、竞赛；充分发挥省市县三级机关在创新创建工作中的组织主体作用，引导基层抓好创新创建举措的落实；建立政府购买服务制度，大力推进行政服务外包，增强机关后勤服务保障能力。

四、推进规划的跟踪修编

健全规划实施评估制度，检查规划落实情况，分析规划实施效果，找出存在问题，提出对策建议。完善省、市两级工作联系点制度，加强调研与跟踪分析，畅通与基层单位的沟通渠道，一方面准确把握宏观形势的变化，及时提出完善、补充规划内容的意见和建议；另一方面对规划的落实情况广泛开展调查研究，总结经验，发现问题，持续改进。

工作报告(选辑)

抓住机遇　奋力进取
开创地方税务工作新局面
——在全省地方税务工作会议上的讲话

郑　坚

1998年1月10日

全省地方税务工作会议今天开始。这次会议是在全省地税系统深入学习贯彻党的十五大精神，连续四年出色完成各项工作任务的形势下召开的。会议的主要任务是：贯彻落实党的十五大、省委九届七次(扩大)会议、全省经济工作会议及全国税务工作会议精神，总结地方税务机构建立以来的工作，部署1998年工作，努力把江苏省地税工作提高到一个新水平，为江苏省国民经济和社会发展作出新的贡献。

一、回顾成绩，总结经验，坚定前进信心

税务机构分设以来，全省地税工作在省委、省政府的正确领导下，以党的基本理论和基本路线为指针，根据建立社会主义市场经济体制的要求，坚持依法治税，加强征收管理，推进征管改革，抓好队伍建设，大力组织收入，各项工作均取得较大成绩。

(一)地方税制不断巩固

地方税制是国家财税体制基本框架的重要组成部分。三年多来，各级地税部门狠抓新税制的贯彻落实，及时研究解决地方税制实施中出现的新情况、新问题，建立健全各项地税征管制度，采取了一系列有利于地方税制实施、符合江苏实际的配套措施。通过认真开展一年一度的新税制执法检查，越权制定税收政策、擅自减免税和协商办税的现象得到了有效制止。随着新的地方税制普及教育的深入，各项政策法规和具体操作规定已为地税干部所掌握，为广大纳税人所逐步了解。实践证明，“统一税法、公平税负、简化税制、合理分权”在江苏省已初步实现，各项地方税收政策在江苏省实施并基本到位，新的地方税制框架已基本确立并不断巩固。

(二)地税收入逐年高速增长

全省地税系统组织的地方工商税收从1995年的73.73亿元上升到1997年的127.22亿元，累计完成306.62亿元，年平均增收24.17亿元，增长32.48%，比全国税收平均增长幅度高15.88个百分点。地方税收连续三年高速增长，连续三年超额完成当年收入任务。特别是1997年，地税收入在已连续高基数增长，且经济增长速度相对趋缓，一些企业经济效益欠佳，组织收入难度加大的情况下，仍实现全省地方工商税收收入较上年增收21.55亿元，增长20.39%，完成年度计划105.41%的好成绩。地方税收占地方财政收入的比重也逐年提高，已从地税部门成立初年的49.66%上升到1997年57.45%，为江苏省财政收入保持较快增长速度、并基本实现收支平衡作出了贡献。在组织地税收入的同时，地税部门还承担大量的省政府预算外收入的征收任务，据不完全统计，1995年以来累计征收省政府开征的各项基金(费)27.19亿元。

(三)地方税收新的征管运行机制基本建立

地税机构成立后，各级地税部门进行了前所未有的税收征管改革，“一员到户，各税统管”的传统征管模式已逐步被“以申报纳税和优化服务为基础，以计算机网络为依托，集中征收，重点稽查”的新模式所取代，一个适应市场经济和现代税制要求的地方税收征管运行机制已在全省初步形成。表现在：结合江苏省实际，省局起草并经省政府办公厅批转下发了《江苏省地方税务局关于深化税收征管改革的实施方案》，为全省深化征管改革指明了方向；完善各项征管法规和办法，组织编写并在全省试行《税收征管业务操作规程》，规范征管行为，基础建设得到加强；全面推行纳税人自行上门申报纳税制度，试行邮寄申报和电子申报，改善和优化税收服务，简化纳税环节，纳税人自觉申报纳税蔚然成风；高度重视税收电子化工作，截至去年底，全系统共筹措资金约 8200 万元投入计算机开发应用，购置微机 3100 台，投入运行的局域网 250 个，部分省辖市还开通城域网，全省省辖市分局和 90%以上的县（市）城关分局已实现征收管理计算机化，提高了征管效率，优化了征管秩序，降低了税收成本，税收征管由此发生了历史性的变化；省局还组织编写了《江苏省地方税收征管业务需求》，为统一征管软件、加快计算机应用提供了条件。

（四）稽查工作逐步加强

通过税收征管改革，税务稽查成为税收征管重中之重。各级地税部门健全稽查机构，充实稽查人员，全系统已建立起自上而下、比较完备的稽查体系。加强稽查工作基础建设，积极推进稽查改革，规范了稽查选案、实施、审理、执行四个环节的具体操作程序，全省已有 80%的省辖市局稽查局和一半以上县（市）局稽查局实行了稽查选案、审理与实施、执行两分离，部分地区还实行了稽查选案、实施、审理、执行四分离。加速税务稽查手段现代化，各地因地制宜，积极探索通过计算机选案，运用计算机稽查，同时配备必要的交通、通讯和办案设备，增强了稽查能力。各级地税部门抓住重点，注重计划性、针对性，认真做好日常检查、重点检查、专项检查和每年一度的税收大检查，加大涉税案件的查处，严厉打击各种偷抗税行为。三年多来，全系统通过税务稽查查补的税款达 23 亿元，税收监控不力、处罚不严及税款流失较多的现象有了很大改变。

（五）个人所得税征管成绩显著

地税机构成立后，各级地税部门一改过去对个人所得税认识不足、征管力度不够的现象，把个人所得税征管作为工作重点、放在突出位置，按照省局提出的“目标管理、双向申报、代扣代缴、专项检查”的要求，加强个人所得税征管。一是对个人所得税单列计划、单独考核，掀起了个人所得税征管比、学、赶、超的热潮。二是不断完善征管制度，狠抓个人所得税自行申报和代扣代缴，许多地区已与辖区内的所有纳税户建立起了扣缴网络，并与非纳税户逐步建立扣缴关系，加强了源泉控管。三是各级地税部门健全稽查机构，充实稽查人员，全系统已建立起自上而下、比较完备的稽查体系。加强稽查工作基础建设，积极推进稽查改革，规范了稽查选案、实施、审理、执行四个环节的具体操作程序，全省已有 80%的省辖市局稽查局和一半以上县（市）局稽查局实行了稽查选案、审理与实施、执行两分离，部分地区还实行了稽查选案、实施、审理、执行四分离。四是把个人所得税专项检查作为堵塞收入漏洞的有效措施，每年都明确重点，抓住时机，有目的地开展检查，严处大案要案，三年多来共查补个人所得税 8.5 亿元。经过努力，全省个人所得税征管已步入规范化、正常化的轨道，个人所得税收入实现三年三大步:1995 年在 1994 年 2.84 亿元的基础上完成 5.1 亿元，1996 年 9.74 亿元，1997 年 15.3 亿元，入库绝对数、同比增收数、增长百分比等指标均居全国前列。省委、省政府领导对个人所得税工作非常关心，省委常委、副省长俞兴德获悉 1997 年全省个人所得税提前一个月完成任务后，作出批示：“地税局在加强个人所得税工作中力度大，成绩显著，望总结经验，继续抓好。”

（六）税收宣传取得成效

机构分设以来，全省各级地税部门坚持经常宣传与集中宣传相结合，广泛宣传与重点宣传相结合，税收宣传与税收征管相结合，积极探索新形势下开展地方税收宣传的方法和措施。各地在每年的税收宣传月中，利用多种渠道，采用多种形式，广泛深入地宣传地方税收，取得了很大成效：通过电视、广播、报纸等传播媒介，直接走进机关、企业、学校等部门和单位，走进千家万户，确保了税收宣传的广泛性和有效性；大胆创新，利用拍摄电视剧、文艺演出、开通地税热线电话等，开辟了税收宣传的新天地；注重将宣传形式与宣传内容融为一体,采用案件曝光、有奖竞答等方法,达到了通俗化、形象化、具体化,受到纳税人欢迎;各地还普遍建立了税法公告制度。通过宣传,广大群众对地方税收工作有了进一步的了解,纳税意识不断增强,社会各界更加理解和支持地税工作,地方税收的社会影响逐步扩大。

(七)基层面貌有明显改观

机构分设初期,基层地税工作面临很多矛盾,特别是只有30%左右的基层单位有办公用房,其他设施也严重短缺,这一客观因素给地税工作开展带来很多困难。各级地税部门认真落实“两个转移”工作方针,解放思想,狠抓落实,本着先基层、后机关的原则,在人、财、物上向基层倾斜,同时积极争取地方政府的支持和帮助,千方百计筹措资金,不断改善基层单位的办公条件和生活条件。省局也在资金十分困难的情况下优先考虑基层需要,三年多来,已拨专款5525万元用于支持基层基础设施建设,拨专款2140万元用于基层单位购置微机、建造办税服务厅。各地都认真按照征管改革的要求,加快建设办税服务厅、按经济区划设立中心税务所的步伐,全省办税服务厅(室)已增至506个。各级地税部门注重完善基层工作制度,广泛推行公开办税和文明办税,同时在优化环境、改善职工生活上下工夫,建成了一定数量的适应社会主义市场经济需要、能充分展示和体现地税形象的窗口单位。

(八)干部队伍素质不断提高

各级地税部门坚持“两手抓,两手都要硬”的方针,加强精神文明建设和干部队伍建设,培养了一大批高素质的地税人才。各地认真组织地税干部学习邓小平建设有中国特色的社会主义理论,学习党的方针政策,广大地税干部的思想政治觉悟不断提高。加强勤政廉政教育,健全反腐败领导机制,完善勤政廉政工作制度,反腐倡廉已贯穿于地税工作全过程。据初步统计,1997年全系统就有115个市、县局及税务所在当地行风测评中获前三名或被评为“先进单位”、“文明单位”称号。全系统认真开展“建文明窗口,树地税形象”活动和创建 “文明税务所”、“青年文明号”活动,已有7个地税所(分局)被评为国家级文明单位,154个地税所(分局)被评为省级文明单位。1997年又有5个基层分局被总局评为先进集体,受到表彰。各地努力发现、培养和树立地税系统的先进典型,先进集体、模范人物不断涌现,去年下半年,省局组织了全省地税系统先进模范事迹报告团到各省辖市巡回演讲,弘扬了先进,教育了干部,掀起了学优创优热潮。全方位、多层次地开展干部业务培训,改善干部知识结构,干部教育已走上正常化、规范化、制度化的轨道。三年多来,全系统共举办各类业务培训500多期,参训4万多人次,同时顺利完成了公务员过渡培训及考试,地税干部业务素质、征管能力明显提高。

江苏省地税工作在地税机构成立初期,即迈出关键性的、富有成效的一步,是在各级党委、政府正确领导下,高举邓小平理论伟大旗帜,认真贯彻落实党的各项方针政策的结果;是解放思想,抓住机遇,积极推进和深化改革的结果;是全省13000多名地税干部转变观念,开拓进取,扎实工作的结果。江苏地方税收史将永远记下这重要、辉煌的一页。

面对江苏省地税工作取得的成绩,省委、省政府给予了充分肯定。几年来,省委、省政府领导多次作重要批示,肯定地税成绩,鼓励地税干部加强征管,增加收入,为江苏经济和社会发展多作贡献。最近,在省局工作报告上,省长郑斯林又欣然批示:“感谢地税系统广大干部职工的辛勤工作”。省委常委、副省长俞兴德也批示:“省地税系统振奋精神,强化征管,提前完成了地税任务,值得表扬。尤其个人所得税征管力度加大,征收数额已由第七位上升到第四位。望总结经验,发扬成绩,争取更好的成绩。”在此,我代表省局党组对全省地税系统的广大干部职工表示衷心的感谢!

在充分肯定成绩的同时,我们也要清醒地看到,由于地税管理体制有待完善,征管工作还处于改革之中,难免存在一些矛盾和问题:一是依法治税有待进一步加强;二是税收征管改革需进一步完善;三是干部队伍素质需要进一步提高;四是基层基础设施建设还需要进一步改善。这些问题,必须引起各级地税部门的高度重视,并采取有力措施加以解决。

总结机构分设以来的地方税收工作,有以下几条经验值得我们总结:

地税工作必须依靠各级党委和政府的支持。地方税收工作成绩,是在各级地方党委和政府的重视、支持、帮助下取得的,他们支持地税部门依法治税、强化征管，为地税干部撑腰，在人员、经费等方面给予倾斜，为地税部门解决了很多实际问题。今后，即使地税管理体制有所变化，但要把地税工作做好，仍然必须一如既往地依靠各级地方党委、政府的重视和支持。

地税工作必须坚持依法治税的基本原则。地税机构分设以来，地税收入基本实现应收尽收、及时入库，这是在依法治税的前提下取得的。自立章法、收过头税或擅自减免的错误做法，最终将造成征管混乱，税负不均，阻碍企业的发展，也影响税源的培植。只有坚持依法治税，保证税收政策的贯彻落实，才能公平税负，促进企业健康发展，确保地方税收稳定增长。

地税工作必须以组织收入为中心。地方税收的聚集财力、参与宏观经济调控、调节社会分配不公等职能都是通过组织收入来体现的，只有在依法治税的原则下，大力组织收入，才能有效地发挥税收的作用。任何时候，组织收入在税收工作中的中心地位都不能动摇。

地税工作需要建立一个适应市场经济发展的征管运行机制。征管改革之前的税收征管模式在计划经济时代发挥了积极作用，但这一模式已不适应建立社会主义市场经济体制的需要。必须认清形势，按照改革开放和建立市场经济体制的要求，实施征管改革。实践也证明，建立新的税收征管模式，促进了纳税人主动申报纳税，推动了地税收入的增长。因此，地税事业能否适应形势的要求，完成历史赋予的重任，深化征管改革是重要前提。

地税工作需要建立一支高素质的干部队伍。人是决定的因素，只有带好队，才能收好税。加强思想政治工作，是我党的优良传统，也是我们地税工作不断前进的根本保证。实践证明，哪个地方的队伍建设得好，干部素质高，哪个地方就能取得突出成绩，并树立较好的地方税务形象。

二、抓住机遇，奋力进取，努力做好 1998 年地方税务工作

1998 年是全面贯彻落实党的十五大精神的第一年，也是实施“九五”计划的重要一年。做好各项地方税收工作，对于巩固和发展当前好的形势，把江苏省社会主义现代化建设事业全面推向二十一世纪，具有重要意义。

今年江苏省地税工作的指导思想是：高举邓小平理论伟大旗帜，认真学习和贯彻党的十五大精神；坚持依法治税，大力组织收入；深化征管改革，加强税收管理；提高队伍素质，创建文明行业；发挥税收职能作用，支持企业改革发展，为促进江苏经济持续、快速、健康发展作出新的贡献。

（一）坚持以组织收入为中心，确保完成全年税收收入任务

根据省政府的安排，今年江苏省地方工商税收收入任务是 140.16 亿元，比去年增长 11.5%。我们要完成省政府确定的这个繁重的收入任务，困难确实很大。但是我们应当看到有很多完成收入任务的有利条件：一是江苏省经济仍然保持较高的增长速度，第三产业发展速度较快，为完成收入任务提供了丰富的税源；二是各级党委、政府加强对地税工作的领导以及各有关部门对地税工作的积极支持和配合，极大地调动了地税干部组织收入的积极性；三是随着征管改革的进一步深化和税收征管的不断加强，税收流失会进一步减少，这是完成今年收入任务的重要保证。我们要充分认识到完成地税收入任务的有利条件，增强使命感和责任感，千方百计确保今年收入任务的完成。

及时落实收入任务，坚持从早从紧抓起。各地要把这次会议下达的收入计划，尽快向当地党政领导汇报并及早分配下达。要坚持地方税收的增长与经济增长相适应的原则，不能追求脱离实际的高速度。要进一步建立健全收入目标管理岗位责任制，加强对组织收入情况的检查与考核，从早从紧抓起，争取主动。要认真做好收入计划执行情况的分析，密切注意收入中出现的新情况、新问题，采取切实措施，认真加以解决。各地要在 2 月底以前，把今年的收入计划安排及分配落实情况向省局作书面报告。

加大执法力度，做到应收尽收。各级地税部门的工作人员特别是领导干部，要牢固树立法制观念，严格执行国家税收政策法规。要坚决纠正随意变通税收政策和乱开减免税口子的行为，坚决纠正摊税、派税的错误做法，杜绝收过头税、寅吃卯粮和混级串库现象。要严格执行各项税收政策，堵塞跑、冒、滴、漏，查处偷、逃税。要大力清缴欠税，严格缓欠税款审批手续。要认真做好企业所得税汇算清缴工作，加强对涉外企业的征收管理，抓好文化事业费征收工作。要狠抓征管上的薄弱环节，

针对各行业、各税种的不同特点,采取有效措施,制定具体办法,加强管理。要进一步完善代扣代缴办法,加强对零星税源的征收,努力减少税收流失,保证税款及时足额入库。

加强对税源的调查、分析和管理,最大限度地挖掘税收潜力。各级地税部门要认真总结三年多来的税源调查工作经验,进一步做好税源调查工作。认真测算企业转制对税源结构的影响,摸清底数,寻找新的增长点,最大限度地挖掘税收潜力。今年要开展营业税、企业所得税、房产税、城镇土地使用税、固定资产投资方向调节税等税种的税源调查。要建立重点税源监控体系,实行重点税源报告制度。坚持定期汇报、分期检查和预测收入情况,随时掌握税源变化情况和计划执行中存在的问题,加强指导,切实推动组织收入工作的顺利开展。

(二)深化征管改革,进一步提高征管工作水平

今年是深化和巩固征管改革的关键一年,全省地税系统税收征管工作总的要求是:巩固深化城市征管改革,大力推进农村征管改革,强化征管基础建设,加强发票管理,促进征管工作水平的进一步提高。重点抓好以下几个方面的工作:

继续推进和深化征管改革。要坚持“巩固提高、规范统一”的原则,进一步深化和巩固征管改革。城市征管改革要巩固已取得的成果,根据征管改革要求理顺和合理设置机构,逐步向征管、稽查外分离过渡。今年的农村征管改革要按照省政府批转的方案要求,达到以下目标:所有征收分局(中心税务所),全面推行征管改革,所有地区按经济区划设置征收分局(中心税务所),建立办税服务厅(室),实行集中征收,有条件的征收分局要与所属的区、县局以电子信箱或公用分组交换方式进行联网。同时要注意处理好与乡镇行政体制、财政体制关系,确保农村征管改革的顺利进行。

抓好软件开发工作。根据国家税务总局对地税系统提出的“一个省一套征管软件”的要求,省局将在年内完成统一软件的开发工作。目前,在联合开发单位和各级地税局的大力配合下,开发全省统一的征管软件的前期准备工作已基本就绪,现在正转入软件开发的具体实施阶段。在统一软件推广应用前,各地可以对现有征管软件进行完善,继续使用,不要再开发新的征管软件,以免造成浪费。全省统一征管软件的开发是一项系统工程,涉及面广、工作量大、要求高,城市与农村业务模式、网络条件、资金支持、技术实力和应用水平等方面存在差异,给统一软件的开发增加了难度。因此,在统一软件的开发过程中,各级地税部门特别是联合开发单位和开发依托单位要齐心协力,通力合作,确保软件开发成功。

强化征管基础建设。一是要规范征管档案资料管理。实行新的征管模式后,基层税务干部的职能由“管户”向“管事”转变,外部档案资料管理也应由分户管理相应地改为分类管理。除立案稽查的卷宗以户归档外,其余外部资料可分类归档。基层税务分局(所)都应建立资料室,实行专人管理,市、县要建立档案库。二是要加强地方税务登记管理。今年要重点加强行政事业单位、外国企业常驻代表机构、集贸市场、临时经营户的税务登记管理。省局拟制定《江苏省地方税务登记管理办法》,报请省政府审议作为地方性规章颁布实施,以进一步明确税务登记的范围和具体要求,切实加强税源税户管理。三是要建立健全与征管改革配套的规章制度,完善和规范内部传递制度,制定相应的考核和奖惩办法,全面推行岗位目标责任制,以事设岗,以岗定责,加强考核,确保征管改革的巩固和深入。

加强发票管理。《江苏省普通发票管理实施办法》将待省政府讨论后正式下发,各地要广泛宣传,认真贯彻落实,要积极探索新的发票管理办法,进一步改进和加强发票管理。去年许多地方对餐饮、旅店、服务等行业实行了定额发票、剪额发票,对发票违章行为实行举报有奖制度等,这些办法都取得了显著的效果,要大力推广。今年要选择部分市、县在出租车、快餐业试行税控收款机,取得经验后逐步推广。要开展对交通运输、建筑安装、劳务等发票专项清理整顿工作,大力打击非法印制、倒卖、虚开发票的违法犯罪行为。今年下半年,省局将与有关部门相互配合,对倒卖假发票进行一次集中整治。

进一步搞好税务代理。今年江苏省将组建省级税务代理领导机构和注册税务师管理机构。各地要采取切实措施,加强对现有税务代理机构和人员的管理,坚决制止强行代理和超标准收费的现象,确保税务代理工作的健康发展。要按照总局

的统一要求，组织首次注册税务师的资格考试，全面实施注册税务师资格制度。

（三）突出重点，认真抓好个人所得税征管

今年是江苏省地税工作再创新局面的一年，各地在抓好各项税收工作的同时，要继续突出重点，把个人所得税作为挖潜增收的重要工作来抓，努力实现个人所得税突破20亿元的目标。

进一步提高对征收个人所得税重要意义的认识。搞好个人所得税的征收，不仅具有重要的经济意义，而且具有重要的政治意义。正如江泽民同志在十五大报告中指出："调节过高收入，完善个人所得税制，开征遗产税等新税种。规范收入分配，使收入差距趋向合理，防止两极分化。"各级地税部门的领导必须认真贯彻这一讲话精神，充分重视个人所得税的征收工作，切实把它摆到突出的位置上来抓紧抓好，抓出成效。

不失时机地分解落实任务，抓好旺季征收。各级税务部门要进一步强化目标管理，及时落实个人所得税的收入任务，尽快把应征的个人所得税征收入库。一季度各单位年终奖金、红利集中兑现，是征收个人所得税的旺季，各地必须抓住有利时机，认真开展旺季征收与检查工作。

进一步规范代扣代缴制度，完善扣缴网络，建立正常的纳税申报制度。由支付个人应税所得单位和个人代扣代缴个人所得税，是税法规定的应尽义务，为了严格代扣代缴制度，省局统一制定了《个人所得税扣缴义务人须知》，希望各地尽快印发到扣缴义务人手中。税务部门要在推行法人支付与个人收入双向申报的同时，加强源泉控管，加强对高收入行业和高收入个人的征收，清除死角。要突出重点，加强对建筑包工头、各类承包人、演员等高收入者和外籍个人的征收管理，建档立卡，防止税源流失。

继续开展个人所得税专项检查。严格执法，强化税务检查，是组织税收收入的有效手段，也是搞好个人所得税征收的重要措施。对有偷逃税行为的扣缴义务人和纳税义务人，必须按照规定进行处罚，罚款数额不得低于应纳税额的一倍。要通过加强对大案要案的检查处理，公开曝光，增强地方税收检查的威慑力，扩大地税检查的影响。要积极会同监察等部门，强化对重点行业、重点大户、重点个人的专项税收检查，打击偷逃税违法行为，以查促管，以查促收。

进一步加大个人所得税税法宣传力度。要继续运用多种形式，开展个人所得税税法的宣传工作，通过宣传，增强公民纳税意识，争取全社会的支持和协助。通过加强宣传，在全社会形成一股合力，共同抓好个人所得税征管工作。

（四）采取措施，抓好个体私营建账建制工作

各级地方税务机关要认真贯彻国务院1997年12号文件精神，进一步加强个体私营经济的税收管理。把促进发展与加强管理结合起来，做到监督与服务并重，增强做好个体私营税收征管工作的责任感和紧迫感，采取措施，抓好个体私营经济的建账建制工作，促进江苏省个体私营经济税收征管工作上一个新台阶。

今年的建账建制工作要突出解决以下四个问题：一是个体私营业户不愿建账；二是不会建账；三是建假账；四是建立了真账但因种种原因难以据实征收。通过去年各地的努力，地税系统的建账建制工作已经有了一个良好的开端，今年这项工作要在全省全面推开，私营企业建账建制面要超过80%，个体户建账建制面要达到应建账户的30%以上。在建账过程中，要纠正把建账和征税相分离的做法，努力实现查账征收的目的。要从以下六个方面推进这项工作。一是制定具体办法和措施规范建账建制。二是加强检查监督推进建账建制。三是加大稽查力度促进建账建制。四是坚持正面教育和典型示范引导建账建制。五是利用中介机构代理建账建制。六是加强组织领导，保证建账建制各项工作顺利开展。

加强部门配合，形成个体私营建账建制工作综合治理的大环境。要与工商行政管理部门共同组织力量，对持有工商登记证的业户进行清理，对营业执照和税务登记证进行核对，防止出现漏管户。对不按规定建账和造假账的业户，要责令其停业整顿、限期改正。要与司法机关密切配合，认真查处涉税案件，对建假账偷税情节严重构成犯罪的，以及拒绝、阻碍税务人员依法执行公务，有意扰乱税收治安秩序的，要移送公安机关依法予以惩处。要与金融部门积极协作，清理多头开户，依法检查有偷逃税行为的业户存款账户，并及时采取税收保全措施和强制执行措施。要充分发挥个体劳协等护税协税网络的作用，推动个体私营经济建账建制。要根

据建账户提供的资料,对按规定不建账户定期调整定额,以平衡税负,鼓励建账。要加强日常检查,堵塞征管漏洞,巩固规范建账建制。

(五)加强稽查工作,推进依法治税

目前,全省税务稽查工作仍然存在一些问题,稽查机构和职责需要进一步理顺,从统计的数字看,专职稽查人员只占一线税务人员总数的15%,离总局要求占40%以上的目标差距还很大,而且稽查队伍中具有独立查账能力的人员所占比例偏低,掌握现行财务会计制度的人员不多,懂法律的人员缺乏,不能很好地适应新形势的要求。税务稽查制度建设还有待于进一步科学化、系统化。同时办案经费紧张、装备不足也制约了稽查工作的开展。从执法上看,以补代罚,以罚代刑问题比较突出,税务执法形势依然相当严峻。因此,要加强税务稽查制度建设,强化案件查处工作,建立严密高效的税务稽查网络,建立监督制约机制,使稽查工作"重中之重"的内涵充分体现出来。

进一步完善税务稽查机构。市、县级税务稽查机构要行使管理和办案双重职责。要充实一部分法律专业人员和掌握涉外会计知识的专业人员,以提高稽查水平。要进一步理顺稽查办案经费的来源渠道,保证各项工作的正常开展。

加快稽查工作改革步伐。今年省辖市稽查局必须按照稽查工作改革的要求,实行选案、检查、审理、执行四分离。县(市)必须实行两分离,有条件的,要实行四分离。通过深化征管改革,逐步把全省地税系统的日常稽查、专项稽查和专案稽查集中归口到稽查局负责。

建立和完善稽查工作规程。在进一步完善《税务稽查工作规程》的基础上,着手建立健全税务行政处罚规则、税务违法案件举报工作制度、协查制度、公告制度和税务稽查工作报告制度。各级地税机关要严格按照《行政处罚法》和《税收征管法》及其实施细则开展稽查工作。要搞好与公安、检察机关的合作,依法做好涉税刑事案件的移送工作。

不断扩大稽查面。在对企业和行政事业单位应纳的各项税收进行全面检查的同时,对收费的行政事业单位、邮电、高档娱乐业、房屋出租等行业开展税收专项检查。要集中力量重点查处一批有较大社会影响的涉税案件,依法加重处罚力度,以形成对涉税违法犯罪活动的强大威慑力。春节后,省局将在全省组织金融保险业营业税专项检查。

(六)全面加强税收管理,进一步优化税收环境

总局在这次全国税务工作会议上提出:要全面加强税收管理,努力实现税收管理的法制化、规范化、科学化、制度化。要充分认识到,集中主要精力全面加强税收管理,是"管理兴国"的重要内容,是社会主义法制经济的重要条件,是巩固完善税制改革成果的基本保证,是保持税收收入持续稳定增长的根本要求。要完成新时期地方税务部门担负的繁重任务,必须全面加强税收管理。

继续抓好"两个转移"。要继续把税收工作的重心转移到征管,转移到基层。通过加强基层建设、基础建设,不断提高税收文明程度和干部业务素质,提高征管质量。

不断规范税务执法行为。要建立健全法制工作机构,加强内部的检查和监督,认真开展税收政策执行情况的检查,严格杜绝收"关系税"、"人情税"以及随意减、免、缓等执法违法行为。要加强税务行政法制建设,以贯彻实施《行政处罚法》为契机,不断改进税收执法工作,树立良好的执法形象和执法权威。要重点检查行政处罚的设定权、实施行政处罚的主体资格、当场处罚和处罚决定与罚款收交分离等制度的执行情况,以促进江苏省地税系统税收执法工作上水平。

加强监控管理。实行新的征管模式以后,逐步实现了税务人员由"管户"向"管事"的转变,明确了税收法律责任,理顺了征纳关系,促进了税收工作的开展,受到了纳税人的普遍欢迎。但也应该看到,在"管户"向"管事"转变过程中,税收管理职能在部分地区弱化,造成对企业经营真实情况不够了解。由于全社会的纳税意识还比较淡薄,还没有形成自觉依法纳税的良好社会氛围,我们的税收工作特别是税收征管工作同社会主义市场经济的要求还有一段距离,因此我们必须下大力气做好大量的日常事务性管理和监控工作。一是在监控管理内容上,由过去大包大揽,改为专项监控,对税务登记、申报、税款入库、欠税回收、发票回收、发票购用存、违章处罚、文书送达等进行全面监控;二是在监控管理形式上,认真研究,因地制宜,大胆实践,积极探索出一套符合地税实际的、行之有效的管理办法;三是要落实具体的职能部门,保证监控管理工作的正常开展,防止部门之间相互

扯皮和推诿、责任不清等问题的发生。

加强部门配合，健全税收司法保卫体系。各级地税部门要积极争取地方党政领导的支持，并与各有关部门搞好协调配合。要充分利用政法部门的威慑力量打击涉税犯罪活动，利用有关经济执法管理部门的优势，加强协税护税；要与公、检、法机关密切协作，进一步研究新形势下健全税收司法保卫体系的措施，努力提高执法的刚性；要依据全国人大通过的有关法律法规，从重从快惩办骗税犯罪分子，维护国家利益不受侵害。

深入持久地开展税收宣传活动。一个良好的税收环境是提高税收管理水平的重要条件，我们要把税收宣传工作摆到重要的位置，加大组织力度，完善宣传办法，初步实现税收宣传工作的经常化、规范化、制度化。

要紧紧围绕税收收入这个中心开展税法宣传。要加强税收知识、税收法制、税收理论等方面宣传，帮助纳税人了解税法，强化公民纳税意识，树立纳税光荣的观念，自觉地进行纳税申报，及时足额地缴纳税款。

要牢牢抓住重点对象开展税收宣传。税收宣传的社会性和多层次客观上要求处理好广度与深度的关系，税收宣传既要注意普及税收知识，又要根据不同层次的宣传对象，有重点地把税收法规政策讲深讲透。

要经常利用各种契机开展税收宣传。全面增强公民依法纳税意识，不是一朝一夕就能完成的，必须动员全社会的力量，持之以恒地抓下去。在宣传中，既要很好地利用税收宣传月大造舆论，取得轰动效应，又要在日常工作中抓住各种契机，主动出击，使税收宣传工作长期化、规范化、制度化。

（七）充分发挥税收调控作用，促进企业改革发展

党的十五大提出要建立比较完善的社会主义市场经济体制，保持国民经济持续、快速、健康发展，必须继续深化经济体制改革。对此，我们税务部门必须坚决贯彻，积极运用税收的调控、导向作用，做好促进企业改革发展工作。

正确处理依法治税和发展经济两者之间的关系。正确处理好依法治税与发展经济之间的关系是我们必须坚持的重要原则。依法治税是做好各项税收工作的保证，只有坚持依法治税，国家的产业政策才能得到体现，企业才能有一个相对公平的税收环境，从而体现优胜劣汰的市场经济原则，从宏观上看，这最终是有利于整个经济持续、快速、健康发展的。对此，我们要有一个正确的认识，要通过加强依法治税来努力推进经济的发展。

充分发挥税收职能作用，加快江苏省所有制结构的调整和完善。党的十五大指出，继续调整和完善所有制结构，是经济体制改革的重大任务；公有制的实现形式可以而且应当多样化，一切反映社会化生产规律的经营方式和组织形式都可以大胆利用，要努力寻找能够极大促进生产力发展的公有制实现形式。因此，我们要进一步解放思想，转变观念，用十五大精神去分析解决所面临的新问题。在税收优惠问题上应该一视同仁，公平竞争，不搞税收歧视，从而有效地促进所有制结构的调整和完善。

认真贯彻执行国家税收政策，积极研究改革中存在的问题。十五大以后，企业改组改制工作方兴未艾，随之也产生了一些新问题。主要有三个方面，一是企业合并、兼并、分立、破产、资产（股权）重组、转（受）让等改组、改制、改造过程中的税收政策及征管问题的处理；二是由于新形势下企业性质的变化等原因带来的税收优惠政策如何把握的问题；三是这些企业欠税问题的处理。对于这些问题，凡是财政部、国家税务总局以及省委省政府已有明确规定的，我们要认真贯彻执行；尚未有明确规定的，我们要加紧调查研究，积极反映和请示，不能各行其是，自作主张。随着改制的深入，企业性质发生变化，纳税户数增加，征管难度越来越大，因此，要积极采取措施，加强税收征管，堵塞漏洞。

（八）统一思想，抓好贯彻国务院 34 号文件工作

去年十月，国务院下发了 34 号文件，要求省以下地方税务局实行上级税务机关和同级政府双重领导、以上级地方税务机关垂直领导为主的管理体制，即市、县地方税务局的机构设置、干部管理、人员编制和经费开支由所在省地方税务机构垂直管理。实行垂直管理，有利于维护税法的统一和贯彻公平税负的原则，保证依法征税，从严治税；有利于征管改革的深化、地税队伍的稳定和干

部素质的提高;有利于保证地税收入的稳定增长,以及税收各项工作任务的完成。省政府领导对此非常重视,要求认真贯彻好34号文件。目前,省政府办公厅正按照国务院文件精神,与有关部门研究实施方案。方案一旦出台,希望大家认真遵照执行。为贯彻国务院34号文件,省政府办公厅已下发了《关于冻结地方税务机构编制、人员的通知》,要求各市、县地方税务系统人员、编制暂行冻结,各地一定要坚决执行,不得以任何借口突击增加编制、调进人员。

三、深入学习十五大文件,切实加强精神文明建设,推动各项工作落实

1998年的工作任务十分繁重,为了顺利完成这些任务,我们必须用十五大精神来统一地税干部的思想,进一步抓好全省地税系统的队伍建设,以此来保证、促进各项工作的贯彻落实。

(一)深刻领会十五大文件精神,把广大地税干部的思想统一到十五大精神上来

党的第十五次全国代表大会,是在我国改革开放和社会主义现代化建设事业承前启后、继往开来的重要时期召开的历史性会议。这次大会的最大贡献,是把邓小平理论确立为党的指导思想,并明确写进党章,这对于我国改革开放和现代化建设,必将长期发挥巨大的指导作用。大会科学分析了世纪之交的机遇和挑战,认真总结党的十一届三中全会以来,特别是十四大以来五年的实践经验,对我国跨世纪的发展作出了战略部署。江泽民同志代表党中央所作的报告,突出了“高举伟大旗帜,推进伟大事业”这个主题,表明了以江泽民同志为核心的党中央领导集体把邓小平开创的建设有中国特色社会主义事业全面推向新世纪的决心和信心,反映了时代的要求和全党、全国人民的意志。报告坚持解放思想、实事求是,在改革和发展等一系列重大问题上有新的突破和创造。报告既有很强的思想性和理论性,又有很强的指导性和实践性,是我们党带领全国各族人民迈向新世纪的政治宣言和行动纲领。

学习贯彻党的十五大精神,是我们当前和今后一个时期的重要任务。党的十五大召开以来,江苏省各级地税部门迅速传达和组织学习党的十五大文件,广大地税干部受到了巨大鼓舞和教育。我们要在前一阶段学习的基础上,进一步周密部署,精心组织,突出重点,把学习引向深入。要密切联系改革开放以来,特别是党的十四大以来的实践,联系跨世纪发展的形势和任务,联系地税工作实际,认真思考、加深理解,把思想认识统一到党的十五大精神上来,把力量凝聚到完成十五大提出的各项任务上来。要把握党的十五大灵魂,更加坚定自觉地高举邓小平理论的伟大旗帜不动摇,加深对社会主义初级阶段理论的理解,自觉坚持党的基本路线和基本纲领,深刻领会党中央对跨世纪发展的战略部署,进一步明确今后一个时期的目标任务,充分认识党的十五大提出调整和完善所有制结构是经济体制改革的重大任务,以新的思想解放推动改革的新突破。各级领导干部要做学习的表率,学会运用邓小平理论的观点、方法解决税收工作的实际问题,使大家在思想上牢固树立建设有中国特色社会主义的共同理想,坚持党的基本路线不动摇。

(二)扎扎实实,加强地税系统精神文明建设

大力加强思想政治工作,开创思想政治工作新局面。各级地税部门必须始终坚持“两手抓,两手都要硬”的方针,把“两个文明建设”作为统一的奋斗目标,一起落实,一起检查,切实将思想政治工作摆上重要议事日程。要积极探索思想政治工作的新形式,把思想政治工作贯穿于精神文明创建活动之中,增加思想政治工作的针对性和有效性。要通过实实在在的教育工作,坚定广大地税干部的社会主义信念,提高地税干部的思想道德素质,努力使广大地税干部树立正确的世界观、人生观、价值观,自觉抵制拜金主义、享乐主义和个人主义等腐朽思想的侵蚀,发扬艰苦奋斗、无私奉献的精神,比思想、比学习、比工作、比奉献,努力开创地税工作的新局面。为了总结全系统思想政治工作和精神文明建设的情况,研究新形势下思想政治工作面临的新情况、新问题,省局准备召开全省地税系统的思想政治工作会议,认真解决工作中存在的突出问题和薄弱环节,使思想政治工作取得实实在在的进展。

深入开展创建文明行业活动,树立地税部门的良好形象。省委宣传部、省精神文明建设指导委员会办公室提出在全省开展创建文明行业活动,并确定省地税局为今年十大创建文明行业单位之一。省局提出的创建主题口号是“建文明行业,树

地税形象”,并将与省文明办联合下发《关于在全省地税系统广泛开展创建文明行业活动的实施意见》,对创建工作作出统一的部署。各地要紧密结合自身实际,提出创建规划,制定落实措施。要把创建文明行业和开展“建文明窗口,树地税形象”、“争创文明税务所(青年文明号)”活动结合起来,认真抓好。要深化活动内容,丰富活动形式,提高活动质量,在创优美环境、优良秩序和优质服务上下功夫,努力做到文明办税,优质服务,让群众满意,让党委、政府满意。今年将在全省地税系统树立一批文明服务的示范窗口单位,各地要向示范窗口单位看齐,按照总局提出的文明办税八公开的要求,把窗口建设抓紧抓好,把创建文明行业活动引向深入。

不断提高地税干部的业务素质。各级地税部门要进一步组织地税干部学习各项税收政策法规,开展政策调研活动,不断提高业务水平。要加强计算机专业知识培训,保证征管一线人员都能熟练运用计算机进行操作,并能掌握计算机基本原理。要开展各种形式的岗位练兵和业务技能竞赛,不断提高业务技能。要开展多层次、多渠道、多形式的学历教育,鼓励参加各种形式的在职学习,努力提高地税干部的学历层次。要采取切实有效措施,继续抓好岗位培训工作,省局今年将按总局要求,选派省辖市局长参加处级干部培训班,同时举办1–2期县(市)局长、科(分局)长培训班。各级地税部门也要根据教育工作规划制定出股、所长和一般干部的培训计划。

全面加强基层建设。各地要对基层建设的情况进行一次全面的检查,采取有力措施把基层建设搞好。要重视抓好基层组织建设,发挥基层党支部的战斗保垒作用和党员的先锋模范作用,发挥好工会、共青团的桥梁纽带作用。加强基层文化建设,因地制宜地开展各种健康有益的文化体育活动,省局将在今年适当时候组织文艺或体育竞赛活动。要进一步加大向基层倾斜的力度,不断改善基层单位的办公条件和生活条件,因地制宜搞好基层的“五小”(小食堂、小菜园、小活动室、小图书室、小浴室)建设,关心职工生活,根据条件和可能,努力改善大家的工作和生活条件,省局将继续争取资金,扶持基层的基础设施建设。要加强基层领导班子建设,积极试行科、股级干部竞争上岗,提高基层领导干部水平,把基层建设成为“政治坚定、征管规范、业务过硬、作风优良、纪律严明、完成任务、保障有力”的团结战斗集体。

——切实加强党风廉政建设,加大反腐倡廉工作的力度。各级地税机关的领导要充分认识到加强党风廉政建设是新形势下党的建设的一项重要任务,要把反腐倡廉,塑造人民税务员形象作为一项重要工作常抓不懈。一是要继续深入地贯彻落实党中央关于反腐败斗争的三项工作格局。各级地税部门的领导要切实执行好中央和省委关于廉洁自律的有关规定,严于律己,率先垂范。要坚持“一岗两责”制,认真抓好案件查处和纠正行业不正之风的工作,特别是对发生的大案要案,一定要认真组织力量,严肃查处。要加强党风党纪和廉政教育,加强管理,增强广大税务干部拒腐防变的能力,减少各类案件和问题的发生。二是要坚决贯彻落实党中央、国务院《关于制止奢侈浪费行为的若干规定》和省委办公厅、省政府办公厅关于接待、汽车、住房、电话等四项暂行规定,坚持厉行节约,制止奢侈浪费,保证各项廉政规定落到实处。三是要进一步强化监督制约机制。江泽民同志在党的十五大报告中强调,反腐败要“坚持标本兼治,教育是基础,法制是保证,监督是关键”。因此,要做好反腐倡廉工作,就必须加强监督制约的力度。要抓好党内监督,运用批评与自我批评的武器,努力提高廉洁自律专题民主生活会的质量。要充分发挥群众监督和社会监督的作用,通过召开座谈会、来信来访等方式,了解和掌握行风及廉政建设情况。各级地税部门领导要经常分析本单位行风廉政建设的形势,及时采取有效的措施,防止行业不正之风和各类问题的发生。要认真落实《廉政准则》和各项廉政规定,促进地税系统党风廉政建设再上新台阶。

(三)切实改进领导作风,推动各项工作的落实

工作任务确定以后,各项工作部署和工作措施能否真正落实到位,取得实实在在的效果,关键在于狠抓落实。各级地税部门领导要注重实践,深入基层,真抓实干,力戒主观主义、官僚主义和形式主义。要始终保持奋发的精神状态,励精图治,

艰苦奋斗。江泽民同志在十五大报告中提出“抓住机遇而不可丧失机遇，开拓进取而不可因循守旧”，就是讲要有一个好的精神状态。各级地税部门的领导要结合地税工作实际，创造性地开展工作，注意抓重点，抓关键，抓典型，推动全局。要相信和依靠广大地税干部，在工作中坚持群众路线，引导好、保护好、发挥好广大地税干部的积极性和创造性，推动各项工作的落实，圆满完成1998年的各项工作任务。

同志们，党的十五大为我们确立了跨世纪的行动纲领，指明了前进的方向。让我们高举邓小平理论伟大旗帜，全面贯彻落实党的十五大精神，同心同德，开拓进取，艰苦奋斗，扎实工作，努力开创江苏省地方税收工作新局面。

在江苏省地方税务局成立十周年工作汇报会上的讲话

郑　坚

2004年7月28日

今天，我们在这里隆重集会，庆祝省地税局成立十周年。我们十分荣幸地邀请到了省委、省人大、省政府、省政协的领导，有关兄弟单位的负责同志，关心和支持地税事业的朋友们出席这次会议。我谨代表省地税局党组对大家的光临表示热烈的欢迎和衷心的感谢！

江苏省地税局自1994年7月26日成立以来，已经走过了十年的光辉历程。十年来，全系统坚持为国聚财，强化税收征管，收入规模进一步扩大。收入由1995年的91.35亿元上升到2003年的807.48亿元，占地方财政收入比重由建局初期的49.7%上升到2003年的60%。税收收入由建局的64.29亿元，上升到2003年的482.34亿元，年均增收46.5亿元，年均增长25%。今年1-6月份，全省总收入546.26亿元，同比增收159.46亿元，增长41.23%，其中税收收入347.10亿元，同比增收103.47亿元，增长42.47%，完成年度计划的63.69%。今年总收入有望突破1000亿元，其中地税收入有望突破600亿元。地方税收的快速增长为落实各项税收优惠政策，促进下岗再就业、加快民营经济发展、推进企业技术进步和促进区域经济协调发展，有效发挥税收宏观调控杠杆作用奠定了坚实的基础。

十年来，全系统坚持把依法治税作为税收工作的灵魂和主线，强化尚法意识、制约意识、平等意识、服务意识和道德意识，在全系统形成了坚实的税收法治意识基础。强化制度设计、责任追究和过程监督，建立健全税收执法责任制、涉税文件备查备案和会签会办制度、重大税务案件集体审理制度，建立了科学合理、高效运转的“征、管、查”相分离的分权治衡机制和岗责明确、全程监控的责任追究机制；积极构建以内部监督、环节监督、层级监督、过程监督和社会监督组成的互相联系、互相配合、互相促进的监督网络和监督体系，形成了预防为主、立体交叉的监督制约机制，前移防腐关口，强化过程控制，突出层级管理，扩大社会监督，全面规范税收执法行为，实现了收入型税收向法制型税收的巨大转变。

十年来，全系统以“信息化加专业化”为导向，坚持把深化征管改革和税收信息化建设有机结合起来，基本建立起一个公开、透明、优质、高效的征管运行新机制。坚持“分类指导，逐步到位”的原则，全面推行纳税人自行申报制度，借助计算机及其网络实施税收征管，形成了征收场所、征管资料和信息处理相对集中，稽查机构逐步外分的征管格局。在城市征管改革基本完成后，不失时机地把改革的重点从城市转向农村，在全省基本建立起一个“以申报纳税和优化服务为基础，以计算机网络为依托，集中征收，重点稽查”的新征管模式。多元化申报广泛开展，电子申报和税款银行划缴基本实现“双到位”，电子申报突破9万户，50万个“双定户”实现税款银行划缴，越来越多的纳税人足不出户就能完成申报纳税事宜。统一全省的征管信息系统，全面建成省、市、县三级主干广域网和市、县局城域网，积极推行数据集中处理，建立起全省统一的12366税收服务平台，税收管理的信息化水平不断提高。

十年来，全系统坚持以科学的税务管理为目标，积极推进规范化管理，税收管理的水平不断提高。国、地税分设使地税工作成为一个全新的领域。我们坚持从实践出发，从制度入手，从无到有、由点到面，逐步建立起涵盖地税全部工作的一整套制度体系，明确规定各项工作的内容、要求和岗位职责，使各项工作走上了制度化、规范化的轨道。严格实行规范化管理综合考核,全系统的行业管理水平有了显著提高。坚持“阳光政务”,以电子化为依托,全面推进政务公开,紧紧抓住广大纳税人普遍关注和反映强烈的实际问题,拓展公开内容,丰富公开形式,提高公开实效,推进了各项工作的规范化管理,进一步拉近地税机关和纳税人之间的距离。年底前将全面导入ISO9000质量管理体系,有效整合公共资源,克服凭经验管理带来的基础管理弱化、内部协调不畅、工作职责不清等弊端,进一步提高机关的整体工作效率。

十年来,全系统坚持“两手抓、两手都要硬”,全面推进精神文明建设。以“一流的工作效率、一流的服务水平、一流的工作业绩”为目标,大力弘扬“团结拼搏、务实进取、艰苦奋斗、争创一流”的地税精神,加强“热爱税收,忠于职守,秉公执法,清正廉洁,文明办税,诚信服务”的地税职业道德规范教育,广泛开展争先创优活动,全系统于2001年、2003年两次获得省级文明行业荣誉称号,一大批在全国税务系统和全省有影响的先进单位和模范人物先后涌现,382个单位和155人次受到省级以上党政部门的表彰。“看身边人、学身边事”活动蔚然成风,全系统基层行风评议的综合满意率达94%以上,树立了江苏地税在全社会的良好形象。今年是全系统的“作风建设年”,我们正以省局机关作风建设为龙头,上下联动,整体推进,进一步转变观念、转变职能、转变作风,不断提高为发展服务、为基层服务、为纳税人服务的质量,确保全系统作风建设走在全省的前列,走在全国税务系统的前列。

十年来,全系统坚持以领导班子建设为龙头,不断提高干部队伍的整体素质。强化思想理论学习,持之以恒地开展马列主义、毛泽东思想、邓小平理论和“三个代表”重要思想教育,大力弘扬理论联系实际的学风,加强调查研究,提高各级地税机关领导干部的领导能力和工作水平。加快干部人事制度改革,全系统普遍建立竞争上岗机制,促进了优秀人才的脱颖而出,增强了各级领导班子的战斗力。改进干部管理监督机制,加强“两权”监督,深入开展党风廉政建设,地税干部的良好形象进一步树立。强化干部教育和培训,积极探索人才培养新机制,与南京师范大学合作,举办全系统高素质复合型人才培训班,地税干部队伍的整体素质不断提高。全省地税系统大专以上学历人数比例达85%,45岁以下一线征收干部全部通过了计算机应用能力中级考试。

十年创业结出累累硕果。这些成绩的取得,离不开省委、省人大、省政府、省政协的正确领导,离不开兄弟单位的大力支持,也离不开全系统广大地税干部职工的辛勤工作。为此,我代表省地税局党组向大家表示衷心的感谢和崇高的敬意!

进入新世纪,全省地税事业既面临着必须紧紧抓住的发展机遇,也面临着必须认真应对的严峻挑战。当前,全省正处在十分重要的战略机遇期,国际、国内加快经济发展的环境继续趋好,新的发展优势进一步增强,经济结构进一步优化,支撑新一轮经济增长的基础进一步巩固,经济发展的内生动力进一步增强,为我们完成税收任务提供了坚实的物质基础。但也要看到,我们的税收管理方式还不能完全适应经济社会发展的形势,税收管理的水平还有待提高。我们将遵循社会主义市场经济体制发展的要求,不断改革税收管理方式,最大限度地发挥地方税收的作用,为江苏省早日实现“两个率先”多作贡献。

今后一个时期,我们将坚持以邓小平理论和“三个代表”重要思想为指导,认真贯彻落实以人为本,全面、协调、可持续的发展观,以经济建设为中心,以实现人的全面发展为目的,统筹组织收入与促进经济社会发展,积极落实中央、省关于经济工作的重要决策,强化税收征管,大力组织收入,充分发挥税收职能作用;统筹依法治税与优化税收服务,规范税收执法行为,改进工作作风,建立健全税收服务体系;统筹税收管理与税收信息化建设、干部队伍建设,以税收信息化建设为技术保障,以干部队伍建设为组织保障,不断提高税收管理水平,推进全省地税事业健康快速发展,为江苏“两个率先”作出更大贡献。

第一,牢固树立税收经济观,做到聚财为国。经济决定税收,税收反作用于经济;税收是财政收入的主要来源,又是调控经济的重要手段。我们将紧紧围绕江苏改革发展稳定的大局,正确处理好宏观调控和微观服务的关系,既强化税收征管,依法大力征收,确保地方税收持续稳定的增长,又坚决落实税收优惠政策,有效发挥税收杠杆作用,既着眼于切好蛋糕,更着眼于把蛋糕做大,实现经济税收的协调发展。

第二，牢固树立税收法制观，做到执法为民。依法治税，重在治内；执法为民，贵在公平。我们要从维护最广大人民群众的根本利益出发，坚持“依法征税，应收尽收，坚决不收过头税”的原则，切实规范税收执法行为，既为国聚财，又不给纳税人造成法外负担。认真落实税收执法责任制，全力构建以执法流程为基础，以执法责任为核心，以执法评议考核为手段，以执法过错追究为保障，全方位监督的全面、科学、规范、透明的税收执法责任管理机制。全面开展税收内部执法监督，加强税收执法检查，做好重大税务案件的审理工作。开展法制培训，大力推行税收执法人员执法能级管理，全面提升岗位执法效能。深入开展税收稽查，全面整顿和规范地方税收秩序，切实维护纳税人利益，为全省经济发展创造公正、公平、公开的税收环境。

第三，牢固树立税收服务观，做到全心全意服务纳税人。社会主义税收取之于民、用之于民，维护和实现最广大人民群众的根本利益是税收工作的出发点和落脚点。我们将把广大纳税人满意与否作为检验我们税收服务质量高低的标准，把为纳税人提供便捷、高效的服务作为目标，进一步优化税收服务体系，把方便办税、减轻纳税成本作为纳税服务的重点，竭尽全力为纳税人办好事、做实事、解难事。我们将努力拓宽信息化服务的范围，创新信息化服务的方式，完善征管软件的功能，更好地服务于纳税人；加强与有关部门的协调配合，优化社会办税网络，完善税款网上申报和电子缴库系统，向办税社会化过渡；认真做好纳税信用等级评定工作，对纳税人实施分类管理，以奖励先进，增强纳税人的荣誉感和自豪感；继续开展规范化办税服务厅达标活动，积极推行“一窗式”服务，进一步改善办税服务厅的软、硬件环境，简化办税流程和手续，尽可能减少办税环节和时间，全面提升“窗口”的服务质量。我们将以全省地税机关作风建设为契机，按照“三个转变、三个服务”的要求，在解放思想、拓展政务公开、严格内部管理、落实税收优惠政策、大力组织收入、优化为纳税人服务上狠下工夫，使全省地税系统的社会满意度和社会认可度不断提高。

第四，牢固树立税收科技观，做到税收管理科学化。我们将实施三大工程：信息化建设工程、征管流程优化整合工程、管理制度建设工程。信息化建设工程，就是在全省范围内建立统一的数据库平台、覆盖全省地税系统的广域网和以税收业务为处理对象的税收征管系统、以行政管理事务为处理对象的行政管理系统、以税收分析和决策支持为主要处理对象的决策管理系统、以外部信息交换和为纳税人服务为主要处理对象的外部信息管理系统。各地建立起以省辖市局为中心的综合数据库。征管流程优化整合工程，就是进一步优化和整合税收业务，科学设计业务流程，科学调整并规范基层征管和稽查的内设机构、职责、岗位，以及征管、稽查人员的工作程序，明晰征管与稽查之间的工作职能和联系，建立起完整的基层组织体系。管理制度建设工程，就是在基层单位全面导入ISO9000质量管理体系，建立健全各项规章制度，强化和规范基层单位的内部管理，使各项税收工作及影响税收工作结果的全部因素都处于严格的受控状态，确保各项税收服务达到法治、公平、文明、效率的要求。通过实施三大工程，全面推进基层管理水平再上一个新台阶，努力实现税收管理现代化。

第五，牢固树立科学人才观，做到队伍建设人才为本。干部队伍素质的高低是关系新世纪地税事业成败的决定性因素。我们将按照温家宝总理提出的“政治过硬、业务熟练、作风优良、执法公正、服务规范”的要求，加强领导班子建设、基层建设、党风廉政建设，实施复合型人才培训工程，全面建设一支适应税收现代化新形势的高素质干部队伍。加强和改进思想政治工作，进一步深入学习贯彻“三个代表”重要思想，努力提高干部的政治理论水平。坚持和健全民主集中制，完善科学决策机制，进一步增强各级领导班子的凝聚力和战斗力。进一步深化干部人事制度改革，全面推行竞争上岗，积极推进干部交流，形成选贤任能的用人机制。树立科学的政绩观，建立科学的干部考核体系，加强地税干部队伍管理。强化“两权监督”，全面推进政务公开，深入开展行风测评，推进党风、政风、行风的好转。加强干部教育和培训，加快复合型人才队伍建设，提高干部队伍的整体素质。

回顾过去，我们心潮澎湃；展望未来，我们信心满怀。十年的历程标志着全省地税事业进入新的发展阶段。我们将进一步解放思想、与时俱进，求真务实、扎实工作，以更加优异的成绩为全省加快实现“两个率先”作出新的更大的贡献。

以科学发展观统领教育培训工作 促进江苏地税事业又好又快发展

——在全省地税系统干部教育培训工作会议上的讲话

李小平

2007年8月13日

在全面推进“十一五”各项地税工作的关键时期，召开全省地税系统教育培训工作会议，对于深化人才兴税战略，推进江苏地税事业又好又快发展具有十分重要的意义。会议的主要任务是，贯彻落实中央《干部教育培训工作条例》和全国税务系统教育培训工作会议精神，总结近年来教育培训情况，研究部署当前和今后一个时期教育培训工作任务。

一、近年来全省地税系统教育培训工作回顾

2003年以来，全省地税系统围绕“建设三型税务、服务两个率先”的总体目标，按照注重综合素质、提升岗位技能、创新培训方式、促进终身学习的思路，不断加强和改进干部教育培训工作，提高地税干部队伍的业务技能和综合素质，取得了明显成效。

(一)教育培训的战略地位进一步强化

各级地税机关牢固确立“抓培训就是抓发展、抓培训就是抓后劲”的理念，坚持把干部教育培训作为地税事业发展的基础性、战略性工程，作为加强干部队伍建设的重要抓手。省局党组从高、从严强化自身学习，每年举办全系统领导干部学习会，认真开展“学习三个代表，推进两个率先”、“树立和落实科学发展观”、“构建和谐社会”等理论学习研讨活动，提高思想认识，明确地税发展思路；党组学习中心组定期进行集中封闭学习，邀请专家学者举办讲座，及时了解当前政治、经济、管理方面的新思想、新理念，开阔眼界，拓宽思路。各级领导干部带头参加各类培训，亲自为干部上党课、作专题报告，起到了很好的示范引导作用。省局机关还采取每月一讲的形式，安排各处室主要负责同志轮流主讲，分析工作形势，讲解最新政策变化，有效增强了机关干部的全局观念，提高了服务基层、推进工作的能力和水平。

(二)教育培训方式不断创新

围绕建设学习型、服务型、法治型“三型税务”的总体目标，根据地税工作的专业特点和能力要求，不断完善脱产培训、在岗培训、自我教育“三位一体”的教育培训体系，培育多样性的学习载体与形式，保证广大干部能够通过多种形式、多种渠道、运用多种方法进行有效学习。一是创建学习型组织。树立终身学习、不断进取的现代学习理念，把建设学习型组织作为加强基层建设的重要内容，不断培育以“聚财为国，执法为民”为核心的共同愿景，以基层分局、科、股、所为单位，构建学习团队，发挥业务骨干和老同志的传帮带作用，营造浓厚的学习氛围，逐步实现工作学习化、学习工作化。二是建立干部教育培训基地。2005年12月，江苏省地税系统干部教育培训基地在汤山挂牌成立，依托汤山干部培训中心和南京师范大学优质资源，为全系统提供教育培训服务支撑。扬州市局建立多媒体教学中心，除本系统兼职教师外，还聘请扬州税院的专家学者担任培训中心教授，利用周末和假日组织全员培训，较好解决了培训内容、师资以及工学矛盾等问题。南通市局突出发挥一线骨干特长，先后在六个征管、稽查分局建立技能培训基地，把具体工作岗位变为课堂，通过跟班实践锻炼，促进学习成果的转化。其中，如东县地税局稽查局探索形成的专项授课、跟班体验、模拟实

训、案例分析、探研沙龙“五式一体”的培训方式，还被评为全国税务系统特色培训项目。三是搭建网络教育平台。各地充分发挥税收信息化建设的资源优势，运用现代手段组织广大干部在岗学习，拓宽了教育培训渠道。南京市局网络教育培训平台融教学和管理于一体，功能齐全，目前已累计上线11大类105门课件。2006年该局干部人均参加“在线学习”超过80课时，占全年教育培训课时计划的三分之一，有力促进了大规模培训干部任务的全面落实。无锡市局通过“网络学校”建设，设立月度达标作业、季度汇考和年度统考的模式，实现了学习方式网络化、学习工作一体化、学习组织的层级化、学习结果积分化和学习档案电子化。网络教育平台作为新的学习载体，在干部教育培训中发挥着日益重要作用。四是拓宽渠道，借力发展。针对干部培训需求多元化、高层次的特点，采取“请进来”、“走出去”的方式，充分利用国内著名高校、科研院所、地方党校的资源优势开展干部教育培训。省局与省委党校、南师大、扬州税院、上海财大等院校建立了良好的合作关系，还从省社科院、南京大学、省委党校、南财大、南师大聘请了五位知名学者担任基地特聘教授。盐城市局创办“盐城地税高层讲坛”，先后邀请了重庆大学曾国平教授和总局征管司领导开设讲座，全体干部通过视频实时收看，引起了热烈反响。镇江、淮安、苏州工业园区地税局与多所高校开展合作项目洽谈，精心设计培训方案，有效利用了名校资源，提升了教育培训的层次和水平。

（三）教育培训工作机制不断完善

一是科学规划，规范实施。省局先后制定下发了《江苏省地税系统基层建设三年发展规划》、《江苏省地税系统公务员教育培训指导规范》、《三型税务组织指标体系》等一系列文件，明确干部教育培训的目标任务和实施步骤。各地也根据实际，进一步建立健全相关管理规定，严格按照培训项目和干部管理权限，认真抓好教育培训任务的分解落实，确保“四个到位”，即调研到位、制定到位、调整到位、执行到位。2003年以来，全系统共举办初任培训、任职培训和更新知识培训、专门业务培训1800多期，近5万人次接受了各类脱产培训。教育培训的经费保障水平不断提高，2006年，全系统教育培训实际支出5165万元，人均3541元，与2003年相比，经费总额增长83.74%。二是规范机制，加强管理。建立培训与使用相结合的用人机制，按照干部管理权限，建立“个人培训档案”，及时记录干部参加的培训项目、学习课程、培训结果等情况，作为考核、任用的重要依据，确保教育培训工作取得实效。强化考核激励机制，南京、南通等地全面实施能级动态管理，通过全员考试，促进干部的知识更新和素质再优化。常州、泰州等地完善干部学分制考评，建立积分档案，对学历学位教育、各类在职学习内容、学习成绩评价进行合理分类和分值量化，并按年积分考核。各地还采取考前放假、报销学费等多项措施，鼓励干部参加各类学历学位教育、自学考试以及注册税务师、注册会计师和律师等“三师”资格考试，有效激发了干部自主学习的热情。截至2006年年底，全系统大专以上学历比例达到97.26%，比2003年提高了22个百分点；本科以上学历达到了64.12%；共有1228人获得“三师”资格，占干部总人数的8.4%。三是规范流程，持续改进。全面导入ISO9000质量管理体系，大力开展培训管理标准化建设，在培训计划、培训经费、学历审批、培训档案等方面都制定了科学的规范，编制了《干部教育培训工作流程》，制作了相应的表证单书，各项培训工作均按照ISO9000质量管理体系相关要求进行规范操作和实施，做到“有计划、有记录、有资料、有评估”，促进了培训质量的不断提升。

（四）教育培训工作质量不断提高

一是领导干部能力培训进一步强化。按照分级组织实施的要求，在选派部分处级领导干部参加总局举办的处级干部轮训和各种专题培训班外，集中力量重点抓好县（市）局长、科（分局）长轮训工作，2003年以来，先后举办七期科级干部培训班和全省地税系统首期中青年干部培训班。各地根据干部轮训进度，按时间和任务倒排计划，确定培训班次，抓好组织实施。在培训内容的设置上，突出政策理论、领导艺术、时事政治和社会难点热点等，并引入研究式、案例式教学方式，不断增强各级领导干部解放思想、推进改革开放的本领，发扬民主、集中民意的本领，统揽全局、协调各方利益的本领，求真务实、狠抓落实的本领，典型引路、推进全局的本领。二是高素质复合型人才队伍初步建立。在加强专门业务骨干培训的基础上，从

2003年起,根据地税工作和形势发展的需要,有计划、分步骤地开展高素质复合型人才培训。省局先后在南京师范大学、扬州税院、上海财经大学举办了涉外税收、税收法制、税收管理、税务稽查等四期高素质复合型人才培训班,200名业务骨干参加了培训。高素质复合型人才培训坚持高标准、严要求,逐步形成了入学考试严格,“准入门槛高”,师资力量强大,培训管理严格的鲜明特色,成为江苏地税干部教育培训的一个重要“品牌”。宿迁市局紧密结合工作实际,提出了以建设“三个人”为核心的教育培训新思路,即在所有基层分局,重点培养一个精通业务的分局长、一个具备综合业务处理能力的办税服务厅主任和一个水平突出的业务骨干,实行定期选拔、差别待遇,使能者有动力,给庸者以压力,有效地增强了干部队伍的生机与活力。经过几年来的努力,目前,全系统初步建立了一支素质优良、结构合理的梯次业务骨干队伍,这些业务骨干在各自的工作岗位上,发挥着模范带头作用,成为不同专业领域的中坚力量。三是一线干部的综合素质和岗位技能稳步提高。以“五员”培训为重点,分级分类组织开展大规模干部培训。各地将办税服务厅人员、税收管理员、稽查人员、统计分析人员和反避税人员“五员”培训要求与各类岗位业务技能培训有机结合起来,加强税收法律法规、财务会计、稽查审计、公共管理、信息化等税收基础知识和岗位技能的培训,使一线人员既掌握应知应会的共性知识和技能,也重点掌握了具体岗位的操作要求和专业知识。徐州、苏州、连云港等地针对近年来税收政策调整大、变化多,地税干部知识相对老化的实际,在全系统组织开展“大练兵、大比武”业务竞赛活动。活动贯穿全年,内容涵盖了地税所有业务工作,进一步激发广大干部职工岗位学习的积极性和主动性,有效弥补学历学位教育、脱产培训的不足,达到了普遍参与、全面提升的效果。

在肯定成绩的同时,我们也必须清醒地看到教育培训工作存在的问题和差距。一是重文凭、轻技能,重形式、轻实效的问题还不同程度存在,教育培训的针对性、实效性有待进一步提高;二是少数干部学习的压力不够、动力不足,知识老化、能力欠缺的问题未能得到有效解决,培训与使用相结合的激励约束机制有待进一步强化;三是培训项目设计与地税工作实践结合不够紧密,培训的内容、方法还需进一步创新;四是地税系统教育管理者特别是兼职教师队伍建设亟待加强。对于这些问题,我们必须高度重视,采取有力措施,认真加以解决。

二、认清形势,准确把握干部教育培训工作的指导思想和总体要求

当前,我国已经进入全面建设小康社会、加快推进社会主义现代化的新的发展阶段。要积极应对经济体制变革、社会结构变动、利益格局调整、思想观念变化所带来的新情况、新问题,完成全面建设小康社会、构建社会主义和谐社会的各项任务,关键在党,关键在人。以胡锦涛同志为总书记的党中央,从党和国家事业发展全局的高度,提出了大规模培训干部、大幅度提高干部素质的战略任务。中央颁布实施的《干部教育培训工作条例》,对新时期干部教育培训工作的指导思想、基本原则、管理体制、培训对象、内容方式等作出了科学的规定。胡锦涛总书记在视察中国延安干部学院时,强调干部教育培训工作要联系实际创新路,加强培训求实效,不断探索干部教育培训工作的新方法新途径,不断增强干部教育培训工作的针对性和实效性,不断提高各级领导干部的马克思主义理论水平和运用理论解决实际问题的能力。这为我们进一步落实大规模培训干部的战略任务,不断加强和改进干部教育培训工作,指明了发展方向,提供了强大动力。

去年,省第十一次党代会提出了“全面达小康,建设新江苏”的奋斗目标,对分步推进“两个率先”,更好地实现率先发展、科学发展、和谐发展,作出了全面部署。完成省第十一次党代会提出的目标任务,又好又快地推进“两个率先”,迫切需要提高各级干部的执政素质和执政本领,培养眼界宽、思路宽、胸襟宽的高素质干部队伍。这对地税干部教育培训工作提出了新的更高的要求。此外,随着改革的不断深化和经济的发展,全省地税收入总量连年高幅增长,2006年全系统组织的各项收入已突破1600亿元,管户超过170万户,各级地税机关依法治税、组织收入的压力越来越大,科学化、精细化管理的要求越来越高,人手少、任务重、难度大的矛盾日益凸现。面对新的使命、新的实践,一些地税干部在理论素养和知识结构上,在思想境界和工作作风上，在知识储备和岗位技能上，还存在诸多不适应。我们必须正视困难，迎接挑战，真正把干部教育培训工作放到地税事业发展的大局来认识、把握和推进，教育和引导广大地税干部努力学习，增长才干，提高本领，全面提高地税工作水平。

根据全国税务系统干部教育培训工作会议的总体部署，结合江苏省地税系统实际，当前和今后一个时期江苏省地税系统干部教育培训工作的指导思想是:以邓小平理论和“三个代表”重要思想为指导，全面落实科学发展观，紧紧围绕建设“三型税务”、构建“和谐地税”的总体目标，大力实施人才兴税战略，积极推进“132”教育培训工程，大规模培训干部，大幅度提高干部素质，为江苏地税事业又好又快发展提供坚强的思想政治保证、人才保证和智力支持。

贯彻这一指导思想，干部教育培训工作应着重把握以下基本要求：

必须以科学发展观为统领。以科学发展观统领教育培训工作，首先要坚定不移地实施人才兴税战略，切实把教育培训工作摆在优先发展的战略地位，充分发挥教育培训在地税事业发展中的基础性、先导性、全局性作用，做到工作优先谋划，投入优先保证，需求优先考虑。其次要牢固树立全员培训的理念，不断扩大教育培训的范围和覆盖面，积极创造人人皆受教育、人人皆可成才的条件。第三要把握教育培训工作的客观规律，因地制宜，分类规划，完善机制，科学管理。要认真落实《干部教育培训工作条例》的各项原则要求，更加注重教育培训规模和质量、效益的统一，实现教育培训工作全面、协调、可持续发展。要在教育培训工作中大力实施科学化、精细化管理，运用现代管理方法和信息化手段，按照精确、细致、深入的要求加强教育培训管理，不断提高教育培训工作的实效性。

必须牢固树立以人为本的理念。坚持以人为本，是贯彻科学发展观核心内容，也是构建社会主义和谐社会的客观要求。树立以人为本的理念，就是要牢固树立人才资源是第一资源的观念，把人才建设作为税收事业兴旺发达的一项战略任务，促进受教育者的全面发展。要以优化人才结构、提升干部能力、增强队伍活力、提高队伍素质为目标，把干部作为教育培训的主体，把培训覆盖到全体干部，覆盖到干部职业生涯的全过程，贯穿于干部能力提高的每个环节，延伸到地税人才培养的每个阶段。要树立科学的人才观，做到不唯学历、不唯职称、不唯资历、不唯身份，逐步建立以能力业绩为导向的人才选拔培养机制，积极创造学习条件、研究环境和实践机会，营造有利于人才大量涌现的良好氛围，形成鼓励人才干事业、支持人才干成事业、帮助人才干好事业的良好环境，确保各类人才健康成长和充分发挥作用。要遵循干部的认知发展规律和学习规律，尊重其禀赋和个性发展需求，加快教育培训由行政推动型向行政引导型过渡，探索建立以学习者为中心的教育培训工作机制，高度重视并积极满足干部的各种学习需求，努力使学习者真正成为教育培训的能动主体，充分调动干部参与学习培训的积极性、主动性，实现组织需要、岗位需要、个人需要的协调发展。

必须紧扣地税工作主题。推进依法治税、深化税收改革、强化科学管理、加强队伍建设是税务部门必须长期抓好的四方面重点工作，也是做好地税工作必须牢牢抓住的主题。紧扣地税工作主题，是教育培训工作围绕中心、服务大局的本质要求和具体体现。只有紧扣主题，才能找准教育培训工作的服务方向，增强工作的针对性，把握工作的着眼点；才能为规范税收执法、深化税收改革提供持续强大的智力支持，为科学管理提供优良的专业人才保障；才能从干部的实际需求出发，有的放矢地加强培训，提高干部队伍的整体素质。紧扣地税工作主题，必须从时代的新发展和实践的新要求出发，面向地税工作实际，贴近干部岗位需求，不断丰富教育培训内容，改进教育培训方法，完善教育培训手段，切实增强教育培训的及时性、针对性和有效性。

必须以能力建设为主线。干部是政策的执行者。地税干部的岗位技能决定着工作能力，决定着税收管理能力，决定着税收工作水平。要改变以往那种重学历轻技能、重理论灌输轻实践提高的不良倾向，在注重理论教育和知识更新的同时，强调能力的培养与提高，突出岗位技能的培训和磨炼。要紧紧抓住能力建设这个根本，从岗位技能入手，以干部职业发展为目标，紧扣地税工作主题，坚持面向税收实际,贴近岗位需求,不断增强培训的及时性、针对性和有效性,切实提高各级领导干部把握大局、开拓创新、带好队伍的能力和地税干部依法治税、规范行政、科学管理的能力,为提高税收执法水平、深化税收改革提供持续强大的智力支持,为科学化、精细化管理提供合格、优良的专业人才。

必须以提升质量为着力点。大规模培训干部,大幅度提高干部素质,实现规模和质量、效益的统一是做好干部教育培训工作的关键,这不仅是落实科学发展观的具体体现,也是教育培训工作的内在要求。一方面,税收事业发展对干部队伍整体素质和能力提出了更高要求;另一方面,近几年教育培训工作发展迅速,无论从规模、数量到质量、成效,都已经站在一个较高的起点上。我们必须从教育培训发展这一阶段性特点出发,按照科学发展观的要求,把提升教育培训质量和效果作为着力点,更新培训理念,强化考评机制,创新培训内容方式,促进教育培训工作全面、协调、可持续发展。

三、明确努力方向,大力实施"132"教育培训工程

根据干部教育培训工作的指导思想和总体要求,全省各级地税机关要认真贯彻《干部教育培训工作条例》,大力实施"132"教育培训工程,构建大规模、多层次、高效益的教育培训工作格局,培养造就一支政治过硬、业务熟练、作风优良、执法公正、服务规范的地税干部队伍。

围绕一个总体目标。以建立学习型税务为目标,充分发挥教育培训的载体作用,引导干部制定个人职业发展规划,树立自我学习、终身学习理念,实现理论学习与能力提高、个体发展与组织目标的有机统一。要优化学习机制,构建学习团队,努力为干部提供更多、更好的学习机会。要合理安排脱产培训与在岗自学,把在岗自学作为地税干部提高自身素质的岗位技能的重要方式,采取推荐学习书目、开设学习论坛、组织交流研讨、树立岗位标兵、开展技能竞赛等方式,营造干部自主学习、岗位成才的良好氛围。

构筑三个教育培训平台。进一步抓好社会高校、系统内部培训基地和网络教育三大教育平台资源的优化整合,按照"提高、优化、完善、共享、加强"的原则,逐步建立由干部教育培训主管部门指导、公开平等、规范有序的竞争机制,促进社会高校、培训机构优化服务,提高质量;加强系统内部培训基地建设,要加大投入,改善条件,充分发挥汤山培训基地、如东稽查局培训基地的示范辐射作用和品牌效应,带动全系统内部培训基地进一步提高教学质量;丰富、完善网络教育培训平台的作用,拓宽培训渠道,实现资源共享,为大规模培训干部提供有力保障。

突出两个重点培训。按照分级分类和全员培训的原则,突出抓好干部基本技能和高素质复合型人才培训两个重点,带动地税干部队伍整体素质的全面提升,力争使各级领导干部的领导水平、执政能力和综合素质进一步提升,把握大局、依法治税、科学管理、带好队伍的本领显著增强;干部的思想政治素质、科学文化素质和业务素质明显提高,履行岗位职责的能力普遍增强;适应税收工作需要的高层次复合型人才更加密集,各类岗位的梯次业务骨干队伍基本形成。

围绕"132"工程建设,当前,要重点抓好以下五个方面的工作。

(一)坚持不懈地用马克思主义中国化的最新成果武装干部头脑,在指导实践、推动工作上取得新成效。要认真学习贯彻胡锦涛总书记在中央党校的重要讲话精神,毫不动摇地坚持和发展中国特色社会主义,努力做到"四个坚定不移"。要加强国情和形势教育、社会主义核心价值体系教育,引导干部以开阔的眼光观察和认识世界,把握时代脉搏,增强以爱国主义为核心的民族精神和以改革创新为核心的时代精神。要切实加强宗旨教育,引导干部牢固树立聚财为国、执法为民的宗旨意识。要以迎接十七大、学习贯彻十七大和省第十一次党代会精神为中心任务,不断巩固和扩大先进性教育成果,进一步加强理论武装工作,深入学习宣传十六大以来党中央提出的树立和落实科学发展、构建社会主义和谐社会等一系列重大战略思想,为十七大胜利召开营造良好的思想舆论氛围。十七大召开后,要通过层层组织培训班、中心组学习、专题讲座、研讨交流、党课教育等形式,及时抓好广大党员干部十七大精神的学习培训。要积极倡导党员自学,开展读书活动、知识竞赛以及学习成果交流、学习标兵评选等,激发干部参加政治学习的积极性。要坚持学习理论与指导实践相结合，把学习贯彻十七大和省委“全面达小康、建设新江苏”的重大战略，与推进江苏地税又好又快发展紧密结合起来，引导全系统党员干部把学习中认识问题、分析问题、解决问题的收获转化为指导改造客观世界和主观世界的行为准则，切实做到思想上有新提高、实践上有新进步。

（二）加强三个层次培训，在大幅度提高干部素质上取得新突破。要认真学习贯彻《干部教育培训工作条例》和省委、国家税务总局制定的《条例》实施意见和干部教育培训规划，根据形势发展需要和江苏地税实际，研究确定教育培训工作长远目标和阶段性任务。会后，省局将着手制定《2008-2010 年江苏地税系统教育培训规划》。各级地税机关要认真学习，全面准确地把握干部教育培训工作的新部署、新要求，因地制宜，抓好贯彻落实。要认真总结历年来干部教育培训工作的成功经验，与时俱进，开拓创新，在更高起点上抓好干部教育培训工作，在全系统掀起教育培训工作的新高潮。

要按照统一管理、分级负责、分类实施的要求，开展全员教育培训，推进大规模教育培训工作的深入开展。

一是加强领导干部培训。要以提高领导水平和执政能力为重点，严格执行个人自学、中心组学习和脱产进修“三位一体”的理论学习制度，突出理论武装、实践锻炼、知识更新等环节的教育培训，建设一支政治上靠得住、工作上有本事、作风上过得硬、人民群众信得过，眼界宽善谋大势、思路宽善于创新、胸襟宽善聚人心的地税领导干部队伍。

要把科级以上领导干部的培训，特别是市、县局“一把手”的培训，摆在更加突出的位置。按照分级分类培训的要求，在组织参加“菜单式”选学的同时，下大力气抓好各级领导干部的脱产轮训和任职培训。根据总局的统一安排，继续选送部分处级领导干部和业务骨干到总局党校、著名高校和其他培训机构学习培训。充分利用社会高校、内部基地等教育培训资源，用三年左右时间完成全系统处级干部轮训工作，继续开展科级领导干部轮训，重点抓好县（市）局局长的培训。各级地税机关要结合实际，重点抓好科以下干部的轮训，尤其是股（所）长等基层一把手的培训，提升税收管理能力、基层建设能力和带好队伍的能力。要弘扬理论联系实际的优良学风，领导干部每年都要抽出不少于 2 个月的时间深入基层调查研究，把学习与思考、学习与实践紧密结合起来，做到学以立德、学以增智、学以致用。

二是加强一线干部培训。要以提高执法水平、管理水平和岗位操作能力为重点，以“五员”培训为抓手，加强对基层一线干部的教育培训。加强对办税服务厅人员纳税申报审核、综合纳税服务、发票管理等知识的培训。加强对税收管理员税源管理方法、征管工作流程、纳税评估方法、税收经济分析、税款核定等内容的培训，使其努力做到“五清一会”，即管户及相关行业基本情况清，纳税人生产经营财务状况和资金运用情况清，申报纳税及欠税情况清，发票使用情况清，适用税收政策情况清，会运用掌握的各方面信息对企业进行纳税评估，及时发现其存在的问题，依据政策认真处理。加强对税务稽查人员税收政策法规、财务会计知识、查账技巧等内容的培训。加强对税收分析人员计会统知识、数理统计理论、税收分析方法、税负和税收弹性分析等内容的培训。加强对反避税人员国际税法、转让定价和预约定价、反避税方式和方法等内容的培训。要加强对基层干部培训工作的指导和监督检查，确保基层干部每年参加培训时间不少于 12 天。

要树立岗位成才观念。教育引导干部正确处理学历、文凭和实际能力培养的关系，将工作岗位作为实现人生价值、奉献税收事业的舞台。既支持学历层次的提升，更注重将知识、文凭转化为岗位能力。要认真落实公务员“5+X”培训，完成公共服务、公共政策、公共经济、依法行政、创新能力等课程的学习，提高岗位工作能力。要大力开展岗位练兵、能手比武活动，对岗位能力突出者予以表彰，在干部选拔任用上予以优先考虑，大力营造岗位成才的环境，激发广大干部爱岗敬业、钻研业务的热情。要进一步规范初任培训。根据新录用人员学历、专业等不同情况，以突出岗位适应性为重点组织实施，并严格培训考试考核，切实做到“不培训、不上岗”。对今年新招录人员和军队转业干部，省局将统一组织培训。

三是加强专业骨干培训。要坚持把高素质、高层次、复合型人才队伍建设作为今后人才培养的重要任务。在加强专门业务骨干培训的基础上,每年要组织一些地税工作急需,学科交叉、起点较高、专业性强的培训项目,精选一批有培养潜力的一线中青年骨干,有计划、分步骤地开展高素质复合型人才培训,加快培养一批实际工作急需的税收管理、稽查、法律、统计、计算机、外语、文秘等各类高精尖人才。要抓紧研究制定符合地税工作实际的人才库管理办法,打破单位和地域界限,发挥各类人才的带动、凝聚和示范作用,集中优势人才,解决重点问题,为地税事业发展提供可靠的人才保证和智力支持。要建立以能力提高为核心的终身培训机制,使各类人才的知识得到及时的更新,能力得到及时提高。

今年省局将举办第五期高素质复合型人才培训班,专业方向是税收分析,各地要根据工作需要和人才培养计划,做好学员的组织推选工作。同时,要积极鼓励干部参加注册税务师、注册会计师、综合司法资格考试,不断提升干部综合素质和业务能力,逐步形成层次、专业结构合理的地税干部队伍。

(三)结合工作实际,突出培训重点,在提高教育培训针对性和实效性上取得新进步。当前,干部成长所面临的内部和外部环境、主观和客观因素正在发生深刻变化,培养一支"两个率先"急需的地税干部队伍,迫切需要提高干部教育培训工作的针对性和实效性。在加强理论武装的基础上,要以地税工作需求为导向,突出地税基础知识和基本能力的培训,加强与地税工作密切相关的新理论新技能的培训,引导干部广泛学习现代经济、社会管理、法律法规、信息技术以及文史哲等方面的知识,不断完善知识结构,提高业务素质,成为胜任本职工作的行家里手。

一是加强廉政教育。近年来,全省地税系统党风廉政建设工作取得了显著成绩,但我们必须清醒地看到,系统党风廉政建设和反腐败工作中存在的问题仍不容忽视。少数单位抓党风廉政建设工作力度不够,个别干部为税不廉的问题依然存在,违纪违法案件时有发生。因此,反腐倡廉工作,必须从思想道德教育这个基础抓起,不断夯实廉洁从税的思想道德基础。要健全反腐倡廉"大宣教"工作格局,使地税干部牢固树立正确的权力观、地位观、利益观,提高抵御腐败行为的自觉性,经受住偷骗税与反偷骗税、腐蚀与反腐蚀斗争的严峻考验。要深入开展党的优良传统教育,大力倡导八个方面良好风气,增强忧患意识、公仆意识、节俭意识,弘扬求真务实精神,崇尚勤俭节约的好风气,引导干部保持艰苦奋斗、积极进取的精神风貌,为各级地税机关正确履行税收职能,公正执法,廉洁从税,提供强大的精神动力。

二是加强政策法规培训。依法治税是税收工作的灵魂。要加强法制教育,引导干部深入贯彻依法治国基本方略,加强宪法培训,牢固树立宪法意识,培养基本法律素质。认真学习贯彻公务员法,落实国务院全面推进依法行政实施纲要,不断增强规范行政的意识。组织广大地税干部特别是领导干部深入学习和掌握通用法律法规,继续开展税收程序法和税收实体法等法律法规的培训,不断提高依法治税的本领。凡新出台税收法律法规政策都要及时组织干部学习,弄懂基本要求,严格按法律法规行使权力、履行职责,做到严格、公正、文明执法。

三是加强税收业务知识和岗位技能培训。要在摸清基层岗位技能现状和实际工作需求的基础上,根据干部的业务水平、工作能力和各岗位的要求,探索建立岗位能力标准,科学、合理的确定培训目标与任务,设计培训内容与方式方法,增强教育培训的针对性。要加强宏观经济知识的培训,掌握税收与经济的关系,为加强宏观税负和税收增长弹性分析等工作服务。要加强财务会计知识的培训,使广大地税干部更好地加强纳税申报审核,强化企业纳税评估,有效实施税务稽查。要加强外语知识的学习培训,提高涉外税收管理水平,加强反避税工作,更有效地开展国际交流与合作。要加强计算机知识和技能的培训,充分运用现代信息技术手段,提高税收管理水平。要加强内部行政管理知识的培训,促使地税干部进一步加强协调配合,提高工作质量和效率。

四是加强文化素养教育培训。文化素养是指一个人在科学文化、精神世界等方面的素质和修养,由知识、能力、观念、情感、意志等多种因素综合而成,加强文化素养培训是提升干部综合素质的需要。要根据完善知识结构、提高综合素质的要求,加强科学知识、科学精神、科学方法的培训,引导地税干部培养科学思维，提高创新能力。要加强文学、艺术、历史、哲学等方面知识的学习培训，用人类创造的优秀文明成果充实头脑，提高广大干部的文化品位和审美情趣，促进人文精神的养成。还要注意培养干部塑造健康的人格，倡导豁达、乐观、宽容的精神，以开阔的心胸和积极的心境，正确对待困难、挫折和荣誉，正确对待职级的调整、工作的变换、福利待遇的变化等，正确看待自己、他人和社会，始终保持自我心理的和谐。

（四）加强基础建设，在健全干部教育培训可持续发展的保障体系上取得新进展。加强干部教育培训基础建设，是实现干部教育培训可持续发展的客观需要。

一是加强系统内部培训基地建设。要认真总结南京、南通等地教育培训基地建设的成功经验，因地制宜，不断创新，积极探索新的办学模式和运行机制，深化教学改革，创新培训内容，改进培训方式，完善学科结构和课程设计，提高教学水平。

二是加强师资队伍建设力度。建立师资培养计划，采取举办培训班、高校进修、承担重大科研课题等多种措施，帮助和鼓励兼职教师进行知识更新。建立一支教学水平高、专业技能强的全省地税系统兼职教师队伍，实现优质师资资源共享。

三是加强网络教育培训平台建设。研究制定江苏省地税系统教育培训网络建设总体方案，积极稳妥地推进教育培训管理信息系统和远程教育培训平台的建设，整合现有信息资源，建立教育培训信息采集和电子化管理机制，逐步实现在线学习、视频培训、网上练兵，进一步拓展培训的空间和载体，提高培训效率。

四是健全教育培训工作管理制度。根据干部管理权限，按照“实行分级负责，教育部门归口管理，有关部门协同配合，共同组织实施”的要求，进一步明确各级各部门在教育培训中的职责，加强沟通和协调，形成合力。省局负责制定全系统干部教育培训规划，加强对师资队伍的培训，指导和督促各地开展教育培训工作，直接组织处级、科级领导干部以及专业骨干人才的培训。省辖市局负责组织本地区干部教育培训计划的组织实施、督促落实，直接组织部分科级领导干部和科级以下干部的培训，重点加强对股（所）长等基层一把手和一线干部的岗位技能培训。县（分）局负责组织所属干部的在岗学习和专业知识培训。

建立培训项目管理制度，规范培训项目策划、申报、审定和实施工作，加强培训项目管理和监督。加强教育培训经费的使用和管理，严格培训项目审核，保证专款专用，提高教育培训经费使用效益。要建立和完善干部教育培训档案，把干部参加教育培训情况与干部的上岗、考核、提拔、任用结合起来，坚持不经初任培训不能上岗，不经任职培训不得转正。坚持述学、评学、考学相结合，既要考核其学习培训情况，更要考核其学以致用的工作业绩。通过加强考评，激发干部学习培训的内在潜能和动力，解决“学与不学一个样、学多学少一个样”的问题，实现由“要我学”到“我要学”的转变。

五是加强学风学纪管理。大力倡导勤奋学习、学以致用的良好风气，引导学员潜心钻研，刻苦学习，把政治理论、政策法规、业务知识的学习与提高岗位工作能力结合起来，与解决工作中遇到的问题结合起来。要严肃纪律，切实防止和纠正利用学习培训机会公款吃喝玩乐、公款旅游等不正之风。

（五）把握教育规律，深入调查研究，在培训工作创新上不断取得新成果。要加强调查研究，针对干部队伍建设的新特点新需求，深入分析干部教育培训工作的新趋势新动向，充分把握教育培训工作的内在规律，进一步理清工作思路，创新教育培训工作的理念、内容、模式、方法，切实解决影响和制约干部教育培训工作发展的突出问题。

一是搞好培训需求的调查研究。每年在制定培训计划前，应对队伍知识技能状况和教育培训的内容进行广泛的调查，在集中各方面意见的基础上，分门别类确定培训计划，有针对性地开展教育培训，最大限度地实现“培训”与“求训”的无缝对接，努力解决长期困扰基层的供需脱节、重复培训和低效培训的问题。

二是抓好培训效果的跟踪调研。要在培训计划落实、培训质量、学员反应、组织管理、基础设施、经费使用等方面开展跟踪调研，及时发现工作存在的问题和不足，不断完善培训工作考评指标体系。

三是注重调研成果的转化。干部教育培训工作重点在基层，需求在基层，亮点也在基层。要针对干部教育培训需求差别化、培训方式多样化、培训手段现代化的发展趋势，加强对干部培训工作战略性、前瞻性问题的研究，做好调研成果在实际工作的运用和转化，推广研究式、案例式、情景式、体验式教学等成功经验，把理论培训与实践锻炼结合起来，在培训中提高干部的素质和能力，在实践中锻炼和考验干部。通过锻炼挂职、社会实践等方式，拓宽视野、增长才干，做到学以立德、学以增智、学以致用。要结合地税工作实际，在干部教育培训学分考核、干部教育培训信息化管理等方面加强探索，努力构建有利于干部学习成长的长效机制。

四、加强组织领导，进一步完善齐抓共管的干部教育培训工作机制

胡锦涛同志指出："人才问题是关系党和国家事业发展的关键问题，人才资源是第一资源。"我们要深刻认识新时期加强干部教育培训工作的必要性、重要性和迫切性，进一步加强对教育培训工作组织领导，确保干部教育培训任务全面落实。

各级地税机关和领导班子要把教育培训作为一项战略性、基础性工作列入重要议事日程，统筹部署，精心谋划。主要领导对干部教育培训要全面负责，及时研究解决教育培训工作中遇到的困难和问题。分管领导要具体负责指导、协调各职能部门做好干部教育培训工作。班子其他成员要积极抓好分管部门的干部教育培训工作。加强教育培训工作，领导带头是关键。各级领导干部要严格按照计划参加培训，带动全体干部积极参加培训。

各级基层、人事部门要加强对本级和下级机关干部教育培训工作的协调指导和督促检查，完善考评指标体系，做好培训规划、制度和任务落实情况的检查。要研究措施，把干部的培训与使用很好地结合起来，形成良性互动机制。机关党委(办)、纪检监察部门要分别在组织党务培训、加强廉政教育培训工作中积极发挥作用。各业务部门要及时提出培训需求，提供培训内容，积极参与培训项目的筹划，配合教育部门搞好培训项目的实施。

广大培训管理者要切实加强自身建设，开展以学习、研究、锻炼、成长为主题的练内功活动，成为懂教育、晓税收、会管理的复合型人才，努力提高组织教育培训工作的本领。要加强作风建设，深入基层，深入实际，多向培训对象和培训机构了解情况，多与有关部门沟通，及时掌握基层在培训工作中存在的困难和问题，并及时加以解决。各级地税机关领导要切实关心培训管理者队伍建设，健全管理机构，保证足够的人员编制，充实必要的工作力量，关心他们的学习、工作和生活，为教育培训管理者的成长、成才提供良好环境。

五、关于今后的工作目标

根据省委安排，我于今年6月初到省地税局工作。经过两个多月的接触，我对全省地税工作有了初步的了解，借此机会与大家交流一下对地税工作的一些想法。

全省地税系统自组建以来，各项事业取得了长足的发展。坚持依法治税，认真落实各项税收优惠政策，全面整顿和规范税收秩序，税收服务全省经济社会发展的成效进一步加大。深化征管机制改革，大力推进税收信息化建设，税收征管的质量和效率不断提高。深入开展精神文明建设，努力改进机关作风，纳税服务的层次和水平进一步提升。加强干部队伍管理，大力推进党风廉政建设，干部队伍的凝聚力、战斗力不断增加。全系统组织各项收入由1994年的64.29亿元上升到2006年的1680.56亿元，年均增长31.3%。截至上月末，累计组织税收收入超过5500亿元。税收总量从2000年位居全国第六上升到2006年的全国第三。收入规模和税收总量均实现了跨跃式发展，为全省经济社会发展作出了积极的贡献。这些成绩的取得，是前任领导班子带领广大地税干部辛勤工作、努力奋斗的结果，为我们谋划新发展、实现新跨越、再上新台阶打下了坚实的基础。下一阶段，我们要坚持以科学发展观为指导，认真贯彻落实党的十七大精神，在过去成绩的基础上，面向未来、面向全局，进一步解放思想、开拓创新，努力打造一流的干部队伍、一流的服务水平、一流的工作业绩，确保江苏地税的发展走在全国税务系统的前列。

第一，努力打造一流的干部队伍。以人为本是科学发展观的核心，是做好各项工作的基础。加快江苏地税事业发展，一靠人才，二靠科技，归根结底在于拥有一支高素质的地税干部队伍。因此，我们要把干部队伍建设放在各项工作的首位，坚持不懈地抓紧、抓实、抓好，努力建设一支政治过硬、业务熟练、作风优良、执法公正、服务规范的地税干部队伍。

首先，打造一流的干部队伍，需要打造一流的领导班子。适应全省地税事业发展的需要，把德才兼备、实绩突出和群众公认的人及时选拔到领导岗位上来，让想干事、能干事、干成事的人有为有位。进一步优化领导班子结构，加快优秀年轻干部的培养和选拔，不断提高领导班子的合力。领导班子和领导干部要主动迎接新形势、新任务带来的新挑战，带头加强学习，特别是要加强对十七大精神的学习和把握，不断提高科学判断形势的能力、抢抓机遇的能力、应对复杂局面的能力、依法行政的能力和总揽大局的能力，进一步增进自己的领导水平。

其次，打造一流的干部队伍，需要干部队伍具有一流的素质。要按照这次会议的部署和要求，以新理论、新知识、新技能为主要内容，采取多种方式，分类分层次地对地税干部进行培训，开阔地税干部的眼界、思路和胸襟，努力在全系统兴起学习的新高潮。要特别抓好胡锦涛总书记“6.25”重要讲话和党的十七大精神的学习，用党的最新理论武装头脑、指导实践，从而建设一支具有真正本领、能够为“全面达小康，建设新江苏”作贡献的高素质的地税干部队伍。

再次，打造一流的干部队伍，必须进一步加大干部人事制度改革的力度。要认真贯彻落实公务员法和干部选拔任用条例，建立健全地税部门干部管理制度，积极推行竞争性干部选拔方式，不断提高干部工作的民主化程度。要在科学管理和机制创新上狠下功夫，通过巡视检查、扩大民主、挂职锻炼、离岗学习、交流轮岗、目标考核、激励奖惩等方面的改革措施，不断完善干部人事工作的体制和机制。

最后，打造一流的干部队伍，要把清正廉洁作为基本的要求。地税机关是执法部门，直接和纳税人打交道，一定要从严治队，严格管理。我来地税前，省委李源潮书记对我明确提出了“严管队伍”的要求。包国新书记也多次讲到要加强廉政建设，要求地税干部常想想穷人，想想进监狱的人，算好算清楚腐败的成本。最近出的几起案件给我们敲响了警钟，要引起我们的高度重视，通过加强廉政教育，强化“两权”监督，加大案件查处力度，防止和减少腐败行为的发生。地税部门的工作业绩主要是基层干出来的，但基层地税部门的自由裁量权也比较大。在省级机关作风评议活动中，社会各界对省局反映的意见有很多是在基层。因此，要特别重视对基层干部的监督管理，努力提高基层干部队伍的整体素质，做到政治上靠得住、业务上过得硬、纳税人信得过。

第二，努力打造一流的服务水平。“全面达小康，建设新江苏”是江苏省新时期的奋斗目标。税收作为实施宏观调控和调节收入分配的重要经济杠杆，在构建和谐社会中具有不可替代的作用。我们必须自觉用科学发展观来指导税收工作实践，牢固树立“大税收、大服务”工作理念，以“服务社会、服务经济、服务纳税人”为目标，以“各级党委政府满意、社会各界满意、纳税人满意”为标准，自觉把地税工作的出发点和落脚点置于服务经济建设、支持科学发展、实现和谐社会的大局之中，坚持依法治税，提高征管效率，提升服务质量，充分发挥地税部门组织收入、调控经济、调节分配的职能作用，实现税收与经济、税收与社会、征税与纳税的良性互动。

一要确保地税收入持续、稳定、协调增长，为全省经济发展提供强大的财力保障。税收作为国家财政收入的最规范、最主要来源，是国家实施公共管理、建设和谐社会的“物质基础”。因此，在任何时候都要集中精力、全力以赴完成组织收入的各项工作。《江苏省地方税收保障办法》不久将要出台，我们要按照保障办法的要求，认真落实“依法征税，应收尽收，坚决不收过头税，坚决防止和制止越权减免税”的组织收入原则，建立税收持续稳定均衡增长的机制，提高税收征管的质量和效率，最大限度地减少税款流失，确保完成收入任务，做强、做大收入“蛋糕”。同时，要坚持税费并重的原则，加强社保费等各项基金(费)的征缴，完成政府交办的征收任务。

二要充分运用税收调控手段，促进全省经济又好又快发展。要以支持地方经济发展、引导产业方向、促进结构调整为着力点，加强政策研究，正确把握税收政策蕴含的国家宏观调控意图，结合经济发展态势，积极向各级党委政府建言献策。要采取积极有效的征管措施，严格执行税收政策，全面落实省委、省政府在加快现代服务业发展、促进技术创新、节能降耗和污染减排、产业结构调整、区域协调发展等方面的重大工作部署，努力将各项优惠政策用足用好用到位，切实发挥税收政策的导向作用。

三要积极发挥税收调节收入分配作用，促进社会公平正义。社会公平正义是社会和谐的基本条件。要全面贯彻落实促进下岗再就业、教育、医疗卫生、民政福利、社会保障等与人民群众生活密切相关的税收优惠政策，最大限度地增加弱势群体的就业机会,促进社会公共事业的发展。要切实加强个人所得税的征收管理，推进个人所得税全员全额管理，加大对高收入者个人所得税征管力度，充分发挥个人所得税在调节收入分配差距方面的职能作用。

四要坚持依法治税，为全省经济社会又好又快发展营造一流的税收环境。要严格规范税收执法行为,加大整顿和规范税收秩序的力度,使所有的纳税人都能享受到公平公正的税收待遇，促进各类市场主体各尽所能、平等竞争。要重视和加强对纳税人权利的保护，健全税收行政处罚听证制度,及时、准确地办理好税务行政复议、行政诉讼应诉、行政赔偿等事宜,为纳税人依法行使权利创造必要的制度、组织和物质条件,确保纳税人的正当权益不受损害。

五要优化纳税服务,构建和谐的征纳关系。纳税人有交税的义务,也有享受服务的权利。我们要紧紧围绕与纳税人切身利益密切相关的事项,进一步转变服务理念、创新服务手段,努力做到执法服务公平公正、政策服务主动到位、咨询服务及时准确、行政救济服务主动及时、办税服务便捷高效。要进一步加强行政效能建设,强化服务工作的监督、检查和考核,认真落实各项纳税服务制度,切实解决纳税服务中存在的手续相对复杂、效率有待提高的问题。要摸清社会各界和纳税人对地税部门的态度和看法,针对他们反映的突出问题,采取有效措施切实加以解决，并建立健全机关作风建设的长效机制，确保在机关作风评议等活动中不断争先进位。要进一步加强精神文明建设,深入开展文明行业创建,使文明执法、优质服务在全系统蔚然成风,从而提高地税部门的社会满意度,推进征纳关系的和谐、融洽。

第三,努力打造一流的工作业绩。现在,江苏地税在全国税务系统面临着前有标兵、后有追兵的逼人态势。实现江苏地税又好又快发展,提高江苏地税在全省和全国税务系统的地位与影响,只有靠打造一流的工作业绩。一流的工作业绩,不仅仅要求税收收入的增加和税收总量在全国位次的前移,更重要的是指税收管理水平的提高。我们必须增强争创一流的勇气,明确一流的目标,不断开拓创新,用一流的管理创一流的业绩,使江苏地税在更高起点上实现又好又快发展。

一是始终保持良好的精神状态。精神状态是动力所在。昂扬向上、奋发有为的精神状态,是打造一流工作业绩的必然要求。我们必须始终保持良好的精神状态,增强信心,把握机遇,迎难而上,通过创造一流的工作业绩，努力把握好江苏地税发展的战略机遇期。

二是树立更高的目标。打造一流的工作业绩,客观上要求我们具备宽广的发展视野，把江苏地税的发展置于更加广阔的背景中来观察、认识和思考,在更大范围、更高层次上找座次、定坐标,不断向更高的目标迈进。

三是大力推进改革和创新。改革和创新是我们加快发展,实现新跨越的动力源泉。这就要求我们必须坚定不移地贯彻执行省委、省政府和国家税务总局的各项决策和部署，创造性地开展工作,不断研究新情况、解决新问题、探索新路子。要坚持求真务实,对不利于或者阻碍发展的体制、机制和做法进行改革,积极推进理念创新、管理创新、制度创新和技术创新,使地税工作经常迈出新步伐,不断取得新突破,年年跃上新台阶。

四是推进科技与管理的良性互动。信息化建设是构建现代税收的必由之路，也是提高税收管理科学化、精细化水平的必然要求。几年来,正是由于我们把信息化作为带动地税整体工作迈上新水平的突破口,用信息化覆盖、统领、服务、支撑江苏地税各项工作,才保证了地税事业的飞速发展。随着税收信息化的发展，我们要进一步加强对全系统信息化建设的统筹安排，积极推进省级大集中工程建设，为纳税人提供统一便捷的省级办税服务平台，为地方政府提供全面准确的涉税经济信息,为基层提供集约、规范、高效的税收管理平台。通过税收信息化建设,将现代技术与税收管理相结合,实现科技加管理的良性互动,推动税收整体工作水平不断实现质的飞跃。

以十七大精神指引"三个一流"工程 努力推进全省地税事业又好又快发展

——在全省地方税务工作会议上的讲话

李小平

2008 年 1 月 8 日

这次会议的主要任务是，深入学习贯彻党的十七大、省委十一届三次全会精神，认真落实全省经济工作会议和全国税务工作会议的各项决策部署，总结去年地税工作，部署今年地税工作。

一、深入学习贯彻十七大精神，努力打造"三个一流"

党的十七大是在我国改革发展关键阶段召开的一次十分重要的大会。十七大报告在深刻分析国际国内形势新变化的基础上，确定了继续高举中国特色社会主义伟大旗帜，全面建设小康社会、加快社会主义现代化的战略部署和宏伟蓝图，为我们继续推动党和国家事业发展指明了前进方向，是全党全国各族人民智慧的结晶，是我们党团结带领全国各族人民坚定不移地走中国特色社会主义道路、在新的历史起点上继续发展中国特色社会主义的政治宣言和行动纲领。胡锦涛总书记在参加江苏代表团审议时发表了重要讲话，要求江苏在科学发展的道路上迈出更加坚实的步伐，把江苏的明天建设得更加美好，为新起点上推进江苏发展提供了巨大动力。

深入学习贯彻党的十七大精神，关系党和国家工作全局，关系"全面达小康、建设新江苏"目标的实现，也关系全省地税事业的又好又快发展。我们要深刻领会和把握十七大主题，更加坚定不移地高举中国特色社会主义伟大旗帜。深刻领会和把握十六大以来的重大成就、改革开放以来的宝贵经验，更加自觉地贯彻党的理论和路线方针政策。深刻领会科学发展观的科学内涵、精神实质和根本要求，更加自觉地把科学发展观落实到地税工作中去。深刻领会实现全面建设小康社会奋斗目标的新要求，更加自觉地以实际行动为夺取全面建设小康社会新胜利而奋斗。深刻领会社会主义经济建设、政治建设、文化建设、社会建设等方面的重大部署，更加积极地发挥税收职能作用，为"全面达小康、建设新江苏"作出新的更大的贡献。深刻领会和把握党的建设面临的新情况新任务，以改革创新精神全面推进党的建设新伟大工程。各级地税机关要把学习贯彻十七大精神作为当前和今后一个时期的首要政治任务，不断把学习贯彻引向深入，用十七大精神武装头脑、统一思想、指导实践，推动地税工作全面科学发展。

十七大报告着眼于全面建设小康社会这一战略目标，从深化财税体制改革、提高宏观调控水平、强化税收调节等不同角度对新时期税收工作提出的新要求，对做好新时期税收工作具有十分重要的指导意义。报告指出，要实行有利于科学发展的财税制度，建立健全资源有偿使用制度和生态环境补偿机制；完善有利于节约能源资源和保护生态环境的法律和政策，加快形成可持续发展体制机制；深化财税、金融等体制改革，完善宏观调控体系；深化收入分配制度改革，创造条件让更多群众拥有财产性收入；强化税收调节，打破经营垄断，创造机会公平，整顿分配秩序，逐步扭转收入分配差距扩大趋势等。这些要求对进一步做好税收工作，发挥好税收筹集收入和调控经济、调节分配的职能作用，提出了新的任务和更高的目标。报告指出，要深入学习贯彻中国特色社会主义理论体系，着力用马克思主义中国化最新成果武装全党,建设高素质领导班子,加强干部队伍和人才队伍建设,坚决惩治和有效预防腐败等,为进一步加强税务干部队伍建设指明了新的努力方向。

近几年来,全省地税系统大力推进“三型税务”创建,各项工作全面进步,江苏地方税收总量连续两年位居全国第三,全省地税事业发展站到了一个新的历史起点上。省局新一届党组认真对照十七大对税收工作提出的新要求,认真对照省委十一届三次全会提出的各项中心工作,深入分析时代发展潮流,吸收税收发展先进理念,联系全国特别是全省地税工作实际,认真总结和继承创建“三型税务”的发展思路和经验做法,面向未来、面向全局,提出了进一步解放思想、开拓创新,努力打造一流的干部队伍、一流的服务水平、一流的工作业绩,确保江苏地税的发展走在全国地税系统前列的要求。我们必须正确理解和把握这一变化,紧紧围绕打造“三个一流”,确立新思路、谋划新发展,通过三至五年的努力,实现在全国地税事业发展中位居前列的目标。

围绕推进党的建设新的伟大工程,努力打造一流的干部队伍。推进中国特色社会主义伟大事业,要靠党的建设新的伟大工程来保证。地税机关推进党的建设新的伟大工程,就是要把党的执政能力建设和先进性建设作为主线,坚持从严管党、从严治队,贯彻为民、务实、清廉的要求,以坚定理想信念为重点加强思想建设,以造就高素质、专业化干部队伍为重点加强组织建设,以优化纳税服务、规范税收执法为重点加强行业作风建设,以完善税务系统惩治和预防腐败体系为重点加强反腐倡廉建设,造就一支作风好、业务精、素质高、能力强的地税干部队伍,为地税事业发展提供坚强保证。近年来,地税工作不断取得新的成绩,正是由于我们有一支政治合格、业务精通、能打硬仗的干部队伍。当前,在新的形势下,要正确分析干部队伍中存在的新情况、新问题,努力探索干部队伍建设的新方法、新措施。要以领导班子建设为龙头,进一步提高素质、优化结构、改进作风、增强团结,把各级领导班子建设成为朝气蓬勃、奋发有为、廉洁奉公、团结高效的领导层。要以十七大精神武装地税干部特别是领导干部的头脑,提高干部的政治业务素质,树立起地税干部为民、务实、清廉的良好形象。

围绕“四位一体”的总体布局,努力打造一流的服务水平。社会主义经济、政治、文化、社会建设“四位一体”,是中国特色社会主义事业新的总体布局,对于全面推进社会主义现代化建设具有重要的战略意义和长远的指导作用。我们要在税收工作实践中更加自觉主动地服从和服务于党委政府工作的大局,坚持聚财为国、执法为民的宗旨,加强税收征管,落实税收优惠政策,积极发挥税收职能,促进全省经济、政治、文化、社会的协调发展和共同进步。要高度重视、不断改进和优化纳税服务工作,坚持依法治税,规范税收执法行为,切实保护纳税人的合法权益;要加大税务稽查力度,打击涉税违法行为,建立公平竞争的税收秩序;要改善地税机关内部管理,提高办事效率,为纳税人提供便捷高效的服务,促进征纳关系的和谐。要坚决防止把服务对象、服务措施简单化和把服务与执法对立化的错误倾向,努力提高税收服务的水平。

围绕贯彻落实科学发展观,努力打造一流的工作业绩。科学发展观,第一要义是发展,核心是以人为本,基本要求是全面协调可持续,根本方法是统筹兼顾。我们打造一流的工作业绩,要建立在科学发展的基础之上,要以科学发展观来统领,这既是实现地税事业又好又快发展的直接需要,也是为全省发展大局服务的根本要求。我们必须自觉坚持科学发展观,解放思想、更新观念,统筹全局、推动实践。要从实际出发,全面认识面临的新形势新任务,积极探索和深刻把握税收发展的基本规律,增强工作的系统性、预见性和主动性。要牢固树立正确的政绩观,自觉适应全省经济社会发展呈现的新特征,树立可持续的税收发展理念,积极推进改革创新,妥善处理好经济与税收、收入总量与结构、税收成本与效益、税收服务与管理等方面的关系,更加自觉地走科学发展之路。要以服务好、执法好、队伍好和改革创新力度大为重点,建立健全科学的指标体系,防止单纯以税收总量或增幅论英雄的倾向。

一流的目标和标准是动态的、相对的,打造“三个一流”的工作也要与时俱进。今后几年,是推进全省地税事业又好又快发展的关键时期。要通过改革创新、真抓实干,使全省地税干部队伍综合素质明显提高,忠于税法、忠于事业、勤奋学习、清正廉洁、充满活力的良好形象在全社会进一步树立；地方税收稳定增长，税收总量在全国稳居前列，在促进经济发展、维护社会公平正义上，发挥更加积极的作用；内部管理更加科学，机构设置合理、制度完善、办事高效，为纳税人提供更加优质的服务；税收执法更加规范，征管查配合更加紧密，基本杜绝有税不收和吸税引税、收过头税的现象；税收征管持续加强，税收管理信息化程度不断提高，税收征收率接近或达到国际先进水平。

打造“三个一流”，是一项全局性、战略性、系统性工程，必须建立健全一套科学完整的指标体系。下一步，省局将紧紧围绕省委、省政府的重大战略部署，围绕“两个率先”和“全面达小康、建设新江苏”的目标要求，从地税工作服务全省经济社会发展这一大局出发，紧密结合自身的工作实际，认真分析哪些工作在全省各部门领先，哪些工作可能在全国税务系统有所突破，定出奋斗目标，重点研究，强力推进，抓出成效，打造江苏地税的品牌。各级各单位都要认真联系自身实际，明确奋斗目标，突出工作重点，勇于争先，善于争先，通过更加艰苦的努力，提高地税工作在纳税人、社会各界和党委政府心中的满意度。

二、2007 年工作回顾

2007 年是党的十七大胜利召开之年，也是省局新一届领导班子承前启后的关键之年。全省各级地税机关，深入贯彻落实科学发展观，扎实推进各项工作，积极发挥地方税收的职能作用，为全省经济社会又好又快发展作出了应有贡献。

（一）税收职能进一步发挥

2007 年，全系统组织各项收入 2231.16 亿元，比上年增长 32.8%。其中地方税收 1364.96 亿元，占全国地税收入比重 9.1%，比 2002 年提高 2.7 个百分点；比上年增收 351.07 亿元，增收额接近 2002 年全年税收收入；比上年增长 34.6%。社保费收入 708.13 亿元，增收 168.08 亿元，增长 31.1%。过去五年，共组织入库地方税收 4368.78 亿元，年均增长 29.9%，各项收入共计 7206.08 亿元，是地税机构成立以来收入总量最多、增长最快的时期。

在为国聚财的同时，各地围绕促进全省经济结构调整、推进技术创新、加快现代服务业发展、扶持弱势群体等工作，认真落实税收政策，全年累计减免各项税收达 70 亿元。促进服务业发展税收政策的落实，促进了服务业的发展，服务业税收占税收总量达 60%。各地积极围绕地方党委、政府的中心工作，加强政策调研，当好参谋助手，为改革发展大局服务。省局有关处室对新企业所得税法实施给江苏经济和税收带来的影响，组织开展前瞻性研究，不仅为省委、省政府决策提供了参考，也为下一步落实新法、加强征管提供了依据，受到了省领导的批示表扬。

（二）依法治税深入推进

全面落实税收执法责任制，加强税收执法全过程监督，税收执法行为进一步规范。深入开展税收执法大检查，加强对重点执法环节和税收政策执行情况的监督，及时发现和纠正税收执法过程存在的问题，推进各项税收政策的落实到位。进一步整顿和规范税收秩序，全面推行分级分类稽查和税收检查，突出抓好重点行业和重点税源企业，认真开展专项检查和整治，加强涉税大要案查处，税收秩序不断好转。全系统查补税款 13.31 亿元。加强税法宣传，广泛开展税法宣传月各类活动，社会公众的纳税意识和税法知识进一步提高。

（三）纳税服务水平进一步提升

完善纳税服务组织体系，在着力抓好“一条热线”（12366）、办好“一个窗口”（办税服务厅）、完善“一个网站”的同时，不断推出新的服务产品，丰富纳税服务内容。无锡地税大力建设“纳税人之家”，广泛开展民主评税、税法讲座等服务活动，税收管理和服务进一步迈向民主、开放、平等和维权。盐城地税利用信息化技术，策划制作了面向网民的税法宣传形式——FLASH 动画，还从 12366 热线咨询的问题中梳理编印成《你问我答——税收咨询热点问题汇编》，向纳税人免费发放，受到了纳税人的欢迎。健全纳税服务制度体系，完善涉税事项告知制度，建立纳税人意见征询、分析、改进机制，实施纳税“一窗式”管理，大力推行全程服务、预约服务、提醒服务和首问负责制，实现纳税服务标准化、制度化、规范化。加强服务资源整合，优化办税流程，完善岗责体系，纳税服务的整体效能不断提高。

（四）税收征管质量逐步提高

加强重点税源管理，纳入省局全年重点税源监控户数达 7500 户，监控税收占全省地方税收的 42%。加强税务登记管理，开展与国税、工商、银行等部门的信息比对，强化对纳税人户籍的动态监控。加强纳税评估与税收分析、税务稽查的业务关联,优化工作衔接、资料传递等程序,进一步提高纳税评估工作的质量和效率。认真落实税收管理员制度,规范管理员工作职责。宿迁地税大力实施以“基本制度、基础资料、基本技能”为内容的“三项建设”,有效地提高了税收征管质量和基层干部的业务能力。切实加强各税种管理,建筑业、房地产业营业税初步实现形成项目化、属地化管理模式,货物运输征管实现“登记管户、以票控税、信息传递、网上比对”新模式;加强企业所得税后续管理,认真做好实施新企业所得税法的各项准备工作;全力推进年所得12万元以上个人所得税自行纳税申报,深入开展个人所得税全额扣缴申报管理工作;认真落实新修订的《城镇土地使用税暂行条例》,积极推进车船税正式开征,大力加强地方税征管,地方税总量位居全国第一;进一步完善基金、费征缴管理制度,实现了税费同征同缴。

(五)信息化建设步伐加快

积极稳妥地推动金税工程(三期)江苏地税系统建设各项工作,修订完善《金税工程(三期)江苏地税省级实施方案》。大力实施省级大集中工程,制定《江苏地税省级大集中工程实施纲要》及相关方案,完成《江苏地税省级大集中税收管理信息系统》业务需求的编写和设计工作,实施与省级大集中相关的硬件、网络、基础设施和环境的建设。开展对2.0版征管信息系统的运行维护,保证征管工作的顺利进行。加强网络安全管理体系建设,开展网络安全审计系统建设工作,实现省局对各省辖市局局域网和广域网链路全面有效监控和管理。

(六)干部队伍建设不断加强

加强政治理论学习,切实提高干部职工的思想政治素质。强化对领导班子和领导干部的监督管理,认真做好巡视检查试点工作。积极推进干部人事制度改革,制定出台了处级以下领导干部转任非领导职务和交流轮岗的暂行规定。分级分层次开展干部教育培训,干部教育培训的针对性和实效性不断提高。大力开展廉政文化建设,深入推进政务公开,反腐倡廉建设进一步加强。9个省辖市局、16个县(市、区)局和省局机关成为省级廉政文化示范点。南京地税大力推进政务公开,构建权力阳光运行机制,受到了社会各方的好评。进一步加强机关作风建设,不少市、县局在地方的评议中名列前茅。深入开展文明创建工作,全系统第四次获得“全省文明行业”荣誉称号。

过去的一年,地税工作取得了较大成绩,受到了省委、省政府领导的充分肯定。这是省委、省政府和国家税务总局正确领导的结果,是社会各界和纳税人大力支持的结果,是广大地税干部职工辛勤工作的结果。在此,我代表省局党组向全省地税干部职工表示崇高敬意和衷心感谢!

在肯定成绩的同时,也要清醒地看到,税收工作中还存在不少问题。一是少数地区税收法治观念不够强,存在擅自出台或变动税收政策的行为,有税不收和吸税引税、收过头税的现象也时有发生;二是少数地方基础管理混乱,重点税源不清,一些税收管理员对企业情况不了解,一些单位企业户管资料不健全;三是队伍建设亟需加强,队伍活力不够、动力不足,少数干部业务能力不扎实,“吃、拿、卡、要、报”等行业不正之风仍然没有有效解决,反腐倡廉任重道远。对此,必须高度重视,采取有效措施切实加以解决。

三、2008年工作任务

今年是全面贯彻党的十七大精神的第一年,新一届政府施政的第一年,“三个一流”工程全面启动之年,改革开放30周年和北京奥运会举办之年。做好今年的地税工作,具有特殊重要的意义。我们要正确分析地税工作面临的形势和任务,科学把握新时期地税工作的机遇和挑战。

一要把思想认识统一到中央对今年经济工作的决策部署上来。去年底召开的中央经济工作会议深刻分析了国内经济形势和国际经济环境,明确了今年经济工作的指导思想、总体要求、大政方针和目标任务。会议提出,今年经济工作的基本立足点是坚持好字优先、稳中求进,实现全面协调可持续发展;当前宏观调控的首要任务是“两个防止”,即防止经济增长由偏快转为过热、防止价格由结构性上涨演变为明显通货膨胀,要实施稳健的财政政策和从紧的货币政策,按照控总量、稳物价、调结构、促平衡的基调做好宏观调控工作。自2005年以来的“双稳健”的财政货币政策,变成了“一稳”一“紧”相搭配。围绕经济发展和宏观调控,中央经济工作会议从深化税制改革、完善税收政策、加强税收征管等方面,对税收工作提出了新的任务和要求,这对做好今年和今后一个时期的地税工作具有十分重要的指导意义。

二要正确把握江苏经济发展面临的机遇和挑战。江苏当前正处在率先全面建成小康社会的关键时期,面临着前所未有的机遇和挑战,总体上仍然是机遇大于挑战。世界经济继续平稳增长,发达国家的制造业、服务业加速向全球扩散,为江苏承接国际产业转移、开拓国际市场带来了新的机遇;十七大战略部署的贯彻落实,长三角区域协调发展上升为国家战略,也为江苏拓展发展空间、实现更好更大发展提供了有利条件。但是,当前宏观经济形势复杂多变,世界经济发展中各种不确定因素和潜在风险有所增加,国际上原油等初级产品价格持续走高,全球金融运行的不稳定性上升,贸易保护主义、投资保护主义明显加剧,对外向度较高的江苏经济影响将更为深刻;国内经济增长由偏快转为过热的趋势尚未缓解,价格上涨压力加大,增加了经济运行中的不稳定因素。今年国家将进一步加大宏观调控力度,实施稳健的财政政策、从紧的货币政策和有保有压的产业政策,实施新的企业所得税法,调整出口退税、进出品关税和加工贸易政策,强化节能减排约束力,加强房地产市场调控,这些政策措施对促进江苏产业优化升级和开放型经济转型升级,将产生积极效应,但对地方财政收入、利用外资、外贸出口等方面都将带来一些不利的影响。针对这一形势,省委、省政府明确提出,今年全省经济工作要突出转变经济发展方式这一重点,做到“四个着力”:着力推进改革开放和自主创新,着力优化经济结构和提高经济增长质量,着力加强节能减排和生态环境保护,着力改善民生和促进社会和谐。我们要紧紧围绕省委、省政府今年的各项中心工作,安排好各项地税工作。

三要清醒认识影响今年税收增长的各类因素。全省今年地方一般预算收入预期增长15%,省委、省政府对地方税收的预期目标也大体按相应比例考虑。今年组织收入工作有许多有利条件,也有一些不利因素。从总体看,今年我国经济仍将保持平稳较快发展,江苏的发展将继续走在全国的前列,这为地方税收持续增长奠定了坚实的基础。近年来实施加强征管的措施将会继续发挥作用,某些方面的措施力度还会进一步加大。税收政策的调整,如将外资企业纳入城镇土地使用税征收范围,适当提高城镇土地使用税税额标准,也会带来增收因素。但是也要清醒地看到,国际、国内经济发展存在不确定因素,江苏经济发展面临着不少挑战,尤其是一些政策性减收会对收入增长产生负面影响,去年收入基数中有些一次性收入因素今年也可能不复存在。落实税收优惠政策将形成一部分减收。企业所得税缺乏新增长点,老企业“三转”现象仍然存在,特别是实行新企业所得税法,今年将对全省地税收入造成约50亿元的影响。个人所得税费用扣除标准上调至2000元,将造成约20亿元减收。与投资密切相关的房地产业、建筑业去年税收份额达37.4%,增收贡献达四成,随着行业持续发展政策环境趋紧,地方税收后续增长存在较大的不确定性。我们要保持清醒头脑,充分估计收入工作中的潜在隐忧和制约因素,增强忧患意识、风险意识,做到居安思危,在强化税收征管上下工夫,做到依法征收、应收尽收,确保全年组织收入任务的圆满完成。

四要认清下一步税制改革的新要求。在所得税方面,新企业所得税法今年开始实施,个人所得税制朝着综合与分类相结合的方向进一步改革;在流转税方面,营业税征税范围和税率将作适当调整;在地方税方面,总局今年将研究推进以房地产税制为重点的财产税改革,深化房地产模拟评税试点工作,改革资源税制度,研究推进城建税改革,研究制定环境税方案。我们要进一步增强前瞻意识,超前谋划,努力提高工作的预见性和主动性。

五要深刻认识改革给地税工作带来的影响。主要有三个方面:一是省级大集中将会给全省税收管理体制和机制带来深刻和广泛的影响,如何去认清影响,提出对策;二是《江苏省地方税收保障办法》不久将出台,如何采取措施,抓好落实;三是公务员工资改革即将全面实施,如何解决一些干部职工因个人收入下降,而带来的思想和工作问题。对这些问题,必须深入调研,认真思考,提出有针对性的措施。

根据党的十七大精神和中央、省经济工作会议及全国税务工作会议的部署和要求,结合江苏地税实际,今年全省地税工作的总体要求是:全面贯彻党的十七大精神,高举中国特色社会主义伟大旗帜,以“三个代表”重要思想为指导,深入贯彻落实科学发展观,紧紧围绕省委省政府的中心工作，牢固树立聚财为国、执法为民的工作宗旨，深化改革、开拓创新，坚持依法治税，强化税收征管，优化纳税服务，推进税收信息化建设，加强干部队伍建设和反腐倡廉工作，继续保持地税收入稳定增长，努力打造一流的干部队伍、一流的服务水平、一流的工作业绩，为“全面达小康、建设新江苏”作出新的贡献。重点抓好六个方面工作：

（一）坚持依法治税，规范税收执法行为

一是大力规范税收执法行为。推进依法治税，必须坚持内外并举，重在治内的方针，治人先治己，治税先治内，着重解决好税务机关和税务人员执法方面存在的问题。税收执法不够规范，执法中仍然存在很多随意性，是当前迫切需要解决的主要矛盾之一。规范执法行为是推进依法治税的重中之重，要深入开展税收执法检查，完善行政执法监督制约机制，强化评议考核，严格责任追究，使执法人员不敢违法、不能违法、不愿违法，自觉依法行政。扬州等一些地税局制定出台了《税务行政处罚自由裁量规则》，细化自由裁量空间，有效减少了执法随意性。要构建依法治税指标评价体系，创建规范执法示范单位和示范岗，引导税收执法行为的进一步规范。要进一步完善税收执法制度，制定出台《江苏省地方税务局预防和化解税务行政争议实施办法》和《江苏省地方税务局税务行政处罚实施办法》，预防和化解税务行政争议，规范自由裁量权的行使，切实保护纳税人的合法权益。

二是严厉打击涉税违法行为。认真组织开展税收专项检查，对一些税收秩序相对混乱、发案率较高的地区和行业，集中力量开展税收专项整治。加大涉税违法大要案的查处力度，继续严厉打击各类涉税违法行为。继续推行分级分类稽查，研究建立税务稽查和检查长效机制，将案件稽查和日常检查有机结合起来。凡涉嫌偷逃骗税的，管理部门要及时移交给稽查部门，防止以评代查；加大对涉税违法案件的处罚和执行力度，防止以补代罚。加强稽查案例分析，推进以查促查、以查促管。

三是努力形成依法治税的工作合力。推进依法治税，需要全社会共同努力。《江苏省地方税收保障办法》出台后，各地要主动向党委政府宣传汇报，积极与相关部门进行沟通，形成依法治税的工作合力。

四是加强税法宣传教育。广泛宣传税收法律法规，普及税法知识，重点做好新企业所得税法及其实施条例等的宣传工作。进一步推进政务公开，凡涉税事项，以公开为原则，不公开为例外。认真组织开展好税收宣传月活动，把增强全民的纳税意识和税收实际工作以及人们的现实生活更加紧密地结合起来，切实增强纳税人的纳税责任感和光荣感，努力提高纳税人的税法遵从度。加大对涉税违法案件的曝光力度，震慑不法分子。

（二）认真落实税收政策，服务全省发展大局

紧紧围绕省委、省政府的要求和部署，按照“不落实税收优惠政策就是收过头税”的要求，充分发挥地方税收的职能作用，为全省经济发展、社会和谐稳定服务。一要围绕经济促发展。省经济工作会议提出，做好今年经济工作，核心是坚持好字优先、稳中求进，好中求快、优中求进，真正做到又好又快。我们要坚决执行好国家和省出台的加快高端制造业和现代服务业发展、鼓励企业自主创新、节能环保、促进区域经济共同发展等方面的税收优惠政策，促进和推动江苏省产业结构从一般加工业为主向高端制造业和现代服务业为主转变，增长动力从投资驱动为主向创新驱动为主转变，要素支撑从物质资源为主向人力资源为主转变，加快经济发展方式的转变。二要维护大局促和谐。大力宣传和认真落实促进下岗再就业、缓解收入分配差距、扶持弱势群体、加强社会保障、增加居民收入等方面的各项税收优惠政策，主动积极地参与改善和保障民生，为党委政府分忧，为人民群众解难。三要深入分析提建议。加强对政策执行情况的调查研究，深入分析经济发展和税收增长的内在联系，积极参与谋划经济发展，在促进地方经济发展、壮大税源上，多动脑筋，多出主意，多做贡献，当好党委政府的参谋助手。

（三）优化纳税服务，促进征纳和谐

这次全国税务工作会议上，肖捷局长明确提出，要按照建设服务型机关的要求，牢固树立征纳双方法律地位平等的理念、公正执法是最佳服务的理念、纳税人正当需求应予满足的理念，做到依法、公正、文明服务。这是纳税服务理念的重大突破。我们要在“三个理念”的指引下，进一步拓展纳税服务的深度和广度，促进纳税人自觉主动依法纳税，不断提高税法遵从度。

一是丰富纳税服务内容。以办税服务厅、

12366纳税服务热线、江苏地税门户网站和税法公告为阵地，同时发挥主流媒体优势，帮助纳税人掌握税法知识、熟悉办税程序。认真组织对新出台税收法律法规的免费培训，把税收政策及时送到纳税人手中。进一步推进办税公开，充分保障纳税人的知情权、参与权、表达权、监督权。大力开展税收法律援助，维护纳税人合法权益。

二是改进纳税服务手段和方式。要充分利用现代信息技术，结合大集中系统的开发应用，为纳税人提供更加方便快捷的涉税服务。在地税网站、电子申报、电子公告的基础上，有计划地进行网上登记、网上购票、网上审批、网上开具完税凭证等试点工作。进一步扩大电子缴库应用范围，扩大TIPS系统试点，确保苏北地区全面实现税费电子缴库，苏南地区力争全面实现。在全省网上办税纳税人中推广CA认证，进一步拓宽网上办税功能。加强注册税务师行业监管，促进税务代理业健康发展。

三是进一步减轻纳税人办税负担。正确处理精细化管理与“两个减负”的关系，清理、简并要求纳税人报送的各种报表资料，避免重复报送。与国税部门联合办理税务登记、开展税法宣传、评定纳税信用等级，加强税务检查的协调，降低征纳成本。依托大集中工程，优化业务流程，简化办税环节，提高办税效率。

四是完善纳税服务管理制度。研究制定《全省地税系统纳税服务工作规范》和《纳税服务质量与效率考评办法》，加强对执法服务、政策服务、咨询服务、行政救济服务、办税服务的考核和评价，推进纳税服务规范化。建立纳税人对地税机关纳税服务质量的评价监督制度，及时受理纳税人投诉和举报。

（四）继续大力推进科学化、精细化管理，进一步提高税收管理的质量和效率

一是大力夯实税收征管基础。按照省级大集中的要求，结合本地实际，进一步完善税收征管体制，做到机构合理设置、职能规范统一、岗位职责明确、管理得到加强。抓紧修改完善《江苏省地税系统税收业务管理规程》，研究制定适应省级大集中条件下税收管理的有关制度，完善税收征管机制，规范税收征管流程。加强对税收管理员的管理，出台《税收管理员工作规范》，加强业务培训，严格内部管理，提高从业能力，做到管户与管事、管理与服务、属地管理与分类管理的有效结合。认真落实国家出台的新的发票管理办法及其细则，在餐饮、娱乐、服务等行业推广使用税控收款机，建立面向社会公众的发票真伪查询系统，防止和打击制售假发票活动。加强涉外税收管理，做好国际税收情报交换，积极做好反避税工作。

二是加强税源管理。加大税源信息的采集力度，全方位掌握税源情况特别是重点税源的情况，健全纳税人户籍档案。扩大重点税源户监控范围，强化税收分析，加强纳税评估，开展行业测算和税负预警发布，推进以户籍监控、发票监控、稽查监控为重点的全方位税源监控体系的建立。积极创新个体税收管理办法，推进对个体工商户的国、地税联合征管。对个体工商户在联办登记的基础上，试行统一管理标准、统一征收方式、统一税收检查、联合确定委托代征单位，实现共管户的各项涉税信息的定期交换或实时共享。

三是加强对主体税种和重点行业的管理。以行业管理为抓手，建立营业税纳税评估指标体系，积极推行《建筑业、房地产业营业税项目管理办法》，强化货物运输业、餐饮娱乐业等行业的营业税的征管。认真落实新企业所得税法及其实施条例，进一步加强企业所得税分析评估和汇算清缴，确保征管工作不断档、执行新法不走样，实现新旧税法的平稳过渡。深化和完善个人所得税全员全额扣缴申报管理，重点加强对高收入行业和个人的管理，做好年所得12万元以上个人自行纳税申报工作，逐步建立健全个人所得税自然人档案。加强地方各税种管理，开展好土地增值税清算，认真做好车船税暂行条例实施的后续管理，深化物业税试点工作，加强房产税和城镇土地使用税的征管。进一步规范社保费及各项基金（费）的征缴管理，做到税费同时申报、同步征缴。

四是优质高效地推进省级大集中工程。实施省级大集中，涉及税收管理模式、工作分配、组织结构、责任划分、流程协作、专业分工、信息沟通和干部思想观念等多方面多层次的变革，对于全面提高江苏省税收征管的质量和效率具有十分重要的意义。自去年启动以来，目前正在紧张有序地进行，计划在今年10月份上线运行。各级地税机关要加强领导，有关部门要密切配合，做好上线前的

各项准备工作，确保省级大集中系统如期上线。在此基础上，要加快建立国、地税省级数据交换平台，加强信息共享和联动监管。要结合总局综合办公系统的推广和我局行政管理信息化实际，加快全系统统一的行政管理信息系统建设，提高地税行政管理的质量和效率。

（五）加强干部队伍建设，努力打造一支政治素质高、业务能力强的专业化队伍

打造“三个一流”，关键在人。要牢固树立“一流班子带出一流队伍，一流队伍创造一流业绩”的思想观念，努力造就一支政治过硬、业务熟练、作风优良、执法公正、服务规范的地税干部队伍。

一是加强领导班子建设。按照德才兼备、注重实绩、群众公认原则选拔任用领导干部，让想干事、能干事、干成事的人有为有位，进一步优化市局领导领导班子的年龄、知识、能力结构，提高领导班子的整体素质。加强对领导班子民主集中制、决策机制和议事规则的指导和监督，探索建立决策失误责任追究制度，推进决策的科学化和民主化。加大年轻干部培养选拔力度，组织好新一轮市局后备干部选拔工作。全面推行巡视检查制度，今年选择3–4个省辖市局深入开展巡视检查，加强对领导班子和领导干部的监督管理。

二是积极推进干部人事制度改革。优化领导班子结构，增强干部队伍的活力和动力，必须进一步推进以竞争制、交流制、限龄制、转任制为主要内容的干部人事制度改革。去年底出台的《江苏省地税系统处级以下领导干部转任非领导职务暂行规定》和《江苏省地税系统处级以下领导干部交流工作暂行办法》，从限龄制、转任制和交流制三个方面作出了规定，要完善实施办法及其配套措施，认真加以落实。下一步，要围绕竞争制，建立健全处级以下领导干部公开选拔、竞争上岗、民主推荐、差额考察、任前公示、试用任职和党组票决等制度，扩大干部工作中的民主，建立起民主公开、竞争择优的干部选拔任用机制。要加快干部激励考核机制的改革，根据不同干部的岗位特点，建立体现科学发展观和正确政绩观的实绩考核指标体系、评价标准和激励制度，真正做到用实绩选人。

三是加大干部教育和培训力度。进一步落实干部教育培训规划，大力实施人才兴税战略，分级分类开展全员教育培训。要抓好基层一线人员的岗位技能培训特别是基层业务骨干的培训，建设一支熟悉税法和财务会计、懂评估、会查账、能熟练操作计算机的业务骨干队伍。要加强对中层管理干部的培训，建设一支综合管理能力强、善于解决税收难点问题的管理干部队伍。要加强对高层次、复合型专业人才的培训，造就一支紧跟世界经济社会和税收发展趋势、熟悉社会主义市场经济发展规律、拥有先进管理理念以及懂外语、熟悉西方会计和财务软件、能独立组织开展反避税、税务稽查、税收分析、纳税评估和财产评估等工作的专家队伍。在开展大规模干部培训的同时，要有计划地组织开展岗位技能练兵、业务竞赛等在岗自学活动，建立健全干部学习考核机制，引导和推动地税干部学习新知识，树立新理念，掌握新本领。

（六）坚持从严治队，进一步推进反腐倡廉和机关作风建设

深入推进反腐倡廉建设。去年连续出了几起案件，要引起我们的高度重视。要始终坚持标本兼治、综合治理、惩防并举、注重预防的方针，以加强惩治和预防腐败体系建设为重点，努力形成教育、制度、监督并重的反腐倡廉建设机制。在坚持从严治队，坚决惩治腐败的同时，更加注重治本、更加注重预防、更加注重制度建设，切实做到用制度管权管事管人，让权力在阳光下运行。继续以廉政文化建设为抓手，深入开展反腐倡廉教育，开展“用身边事教育身边人”活动，抓好地税干部“八小时”以外的教育防范，重点在教育的针对性和实效性上下功夫，积极营造清廉、倡廉、尊廉、崇廉的良好氛围。加强“两权”监督，围绕干部选拔任用、人员录用调配、经费审批使用、基本建设、政府采购等重点环节，加强干部监督和审计监督等工作，防止和纠正违反人事、财经纪律的行为。严格执行领导干部廉洁自律各项规定，提高领导干部的拒腐防变能力。充分考虑到公务员工资制度改革后出现的新情况，加大对基层一线执法人员的管理和监督，逐步推行税收管理员“双述双评”工作，提高地税干部防范执法风险和廉政风险的意识。坚决查处违纪违法案件，重点查处地税干部违反税法擅自减免税、收过头税，徇私舞弊不征、少征税款，以及挪用、截留、转引税款等问题，坚决依法严惩腐败分子。

切实开展机关作风专项整顿。近年来，全系统

进一步改进机关作风，纳税人对地税工作的满意度有新提高，地税形象在社会公众心目中有新提升，很多市县局在当地的机关作风评议中取得了较好的成绩，受到地方党委政府的表彰。但是，对取得的成绩要有清醒的认识，不能因为名次靠前，就看不到存在的问题。一些纳税人反映，现在地税部门门好进了、脸也好看了，但事难办的问题还没有得到有效解决，“吃、拿、卡、要、报”等不正之风还较为严重。今年年底，省级机关将对机关作风开展第三次评议活动，不切实解决好这些突出问题，省局机关在评议中不可能有大的进步。我们一定要进一步增强紧迫感，树立争先意识、忧患意识，以更高的标准、更大的力度、更实的措施，在省级机关作风评议中力争打一个漂亮的翻身仗。要紧紧围绕为发展服务、为基层服务、为纳税人服务这个核心，以优化纳税服务和提高税收执法水平为重点，在解决突出问题上下工夫，建立健全作风建设长效机制，推动各地机关作风建设的深入开展。省局党组决定今年将在全系统集中开展对“吃、拿、卡、要、报”等不正之风的教育整治，着力解决地税干部勤政廉政方面的突出问题，切实纠正地税干部损害纳税人利益的行为。要认真落实好省局关于领导干部小汽车配备的有关规定，坚决制止建豪华办公楼、买豪华小汽车等有损地税形象的行为。各级地税机关要对照社会各界提出的意见和建议，认真开展整改情况的检查，重点检查税收优惠政策的落实、机关工作效能的提高、为纳税人减负等情况。要加强对机关作风建设情况的明查暗访，认真组织好由第三方参与的“万人评议地税机关活动”及“双述双评活动”，查准问题，加强对整改工作的督促检查，全面提升机关作风建设的质量。要加大文明创建力度，打造税收服务的品牌，深入开展各类展现地税形象、弘扬地税精神的活动，加强宣传和展示，进一步增进社会各界对地税部门的了解，扩大地税部门的影响。要坚持上下联动、整体推进，树立“人人都是窗口、个个都是形象”的理念，以作风建设争先进位为突破口，推动地税整体工作上新台阶。要多向地方党委、政府汇报工作，争取关心和支持，加强与各部门的联系与沟通，增进理解与配合，为地税工作的开展创造良好的环境。

全面贯彻落实党的十七大精神，推进打造“三个一流”进程，完成今年地税工作的各项任务，关键在领导，重点在提高领导科学发展的能力。一要提高研究新情况、解决新问题的能力。领导干部要带头深入学习领会十七大精神，不断解放思想，勤于学习新知识，善于接受新理念，坚持与时俱进，推动创新实践。认真总结继承过去的经验，虚心学习借鉴兄弟单位的做法，进一步开阔视野、拓宽思路、加大创新力度。深入基层加强调查研究，了解基层的新想法，把握纳税人的新期待，研究实践的新变化，解决工作的新矛盾，及时总结推广基层在实践中创造的新鲜经验。二要提高把握全局、统筹兼顾的能力。统筹兼顾是科学发展观的根本方法，也是重要的领导艺术。领导干部要善于把握全局，正确处理收好税与带好队、执好法与服好务、加强税收征管与落实税收优惠政策的关系，既坚决服务全省发展大局，又善于创造性开展工作，既抓好对全局具有带动作用的重点工作，又兼顾其他各方面的工作，统筹推进地税各项工作协调发展。三要提高抓落实的能力。领导干部要转变作风，扎实工作，深入基层抓落实。加强工作目标和措施的分解，细化工作目标，细化工作措施，细化责任分工，形成重担大家挑、人人有指标、协力抓落实的良好局面。强化督促检查，及时掌握工作落实情况，对重点工作一抓到底。对照“三个一流”的要求，以正确的政绩观为导向，完善工作考核和评价体系，加强对各项重点工作的考核和评比，进一步增加压力、激发动力、释放活力。

省局机关要加强对基层地税工作的科学指导，在提高领导科学发展能力上走在基层前面，当好表率。积极为基层送政策，对上级出台的政策法规，要宣传、解释到位，使基层准确掌握精神实质；积极为基层送办法，工作指导中充分考虑基层实际，制定切实可行的具体措施；积极为基层送经验，挖掘、培养、树立先进典型，推动面上工作开展。要注意倾听基层呼声，帮助基层解决实际困难。总之，省局机关要履行好落实政策、指导工作、关心基层的职责，引领和推动全省地税工作科学全面发展。

在全省纳税服务工作会议上的讲话

李小平

2008 年 9 月 28 日

为进一步加强对全省地税系统纳税服务工作的指导,加快打造一流的服务水平,为纳税人提供优质高效的服务,省局于本月 17 日正式成立了纳税服务处,这标志着江苏地税纳税服务工作向制度化、规范化迈出了关键的一步,必将进一步推动“三个理念”在地税工作中的深入实践和不断创新。今天召开纳税服务处成立后的首次全系统纳税服务工作会议,就是要统一思想,提高认识,明确纳税服务当前的工作任务和今后的努力方向,把纳税服务工作不断推向前进。

一、深刻认识新形势下做好纳税服务工作的重要意义

建设公共服务型政府,是新时期我国政府职能的新定位。这次总局机构改革的着力点,就是围绕转变政府职能和理顺职责关系,从整体上优化机构设置,促进机关职能向服务型、责任型、法治型、廉洁型转变。作为总局机构改革的重要内容之一,设立纳税服务司第一次在总局层面实现了纳税服务的归口管理,提升了纳税服务在整个税收工作中的地位,对现有税收征管模式产生了深远的影响,标志着税收工作开启了从“管理”到“服务”的转型。这种转型不仅是现代市场经济的要求,也是我国税收工作进入现代文明税收阶段的必然途径。

从全国范围看,虽然省局纳税服务处是总局设立纳税服务司后,全国省级税务机关设立的第一家纳税服务处,但早有兄弟省市成立了纳税服务的专门机构,并在实践中摸索出了一条纳税服务制度化、规范化的道路,积累了不少的经验。广东地税在全国纳税服务工作方面敢为人先,于 2000 年 8 月在珠海市地税局试点建立的纳税人服务中心,是全国城市中成立最早的纳税服务中心。截至 2004 年 12 月,广东省、市、县三级共成立了 103 个纳税人服务中心。他们以“为纳税人服务”为宗旨,以“提供一流服务、树立一流形象”为目标,以“党政部门更加满意、社会各界更加满意、纳税人更加满意”为标准,抓好机构、制度、队伍“三大建设”,积极建设以信息化为基础的纳税服务平台,做好受理和办理纳税人咨询、举报、投诉和建议“四项日常工作”,推进服务职能、服务方式、服务形象、服务行为、服务环境“五个规范”,初步构建了现代纳税服务新格局。北京地税的纳税服务工作起步也比较早,于 2002 年 7 月组建了全国首家省级税务机关直属事业单位性质的纳税服务中心。纳税服务中心作为北京地税面向社会的服务窗口,依托“12366”服务热线、网站和办税服务厅,直接向纳税人和社会各界提供涉税服务。他们制定了《纳税服务工作规范(试行)》等一系列的工作制度、规范和具体操作办法,使纳税服务基本走上了制度化、规范化的轨道。兄弟省市的成功实践,既为我们提供了可以借鉴的经验,也给我们带来了巨大的压力和挑战。江苏省在纳税服务方面,尽管南京、徐州等市局起步较早,且已经取得了不少成绩,但从总体情况看,与兄弟省市相比,与纳税人的需求相比,还有比较大的距离。我们必须准确把握纳税服务发展的方向,学习和借鉴兄弟省市的成功经验,奋勇争先,迎头赶上,努力使纳税服务工作走在全国税务系统的前列。

省局党组顺应政府转型的大趋势,站在全省地税事业发展新的历史起点上,提出了“三个一流”的奋斗目标。这是深入贯彻落实科学发展观的创新之举,也是党组自加压力、奋勇争先的开拓之策。打造“一流的服务水平”,重点就是要把纳税服务作为新时期税收工作一项重要内容,把江苏地税纳税服务品牌建设作为纳税服务工作努力的方向，加强和改进服务手段和管理方式，建立健全工作长效机制，更好地为纳税人服务。近年来，经过全系统的努力，我们的纳税服务工作取得了长足的进展，服务手段不断创新，服务质量和效率不断提高，纳税人的满意度也不断增强。但是也要看到，我们的纳税服务还存在许多不足之处，与“一流的服务水平”的目标和要求相比，尚有较大差距，主要表现为：纳税服务缺少总体规划，服务行为不够规范、服务内容不够丰富、服务渠道和方式比较单一，服务的愿望和纳税人的需求还不太吻合。这些问题既有思想认识上的原因，也有社会环境和政策环境方面的制约因素，但相关资源没有整合，纳税服务实行多头管理，制度建设和体系建设缺位是其中的一个重要原因。我们一定要充分认识做好纳税服务工作的重要性和紧迫性，以成立纳税服务专门机构为契机，进一步加强对纳税服务工作的指导，理顺纳税服务工作机制，明确纳税服务岗位、职能、责任，努力提高新形势下纳税服务工作的水平，推进一流服务水平目标的早日实现。

二、认真做好新时期下纳税服务各项工作

加强和改进纳税服务是构建和谐征纳关系的内在要求，是加强税收法治建设的迫切需要，是完善税收征管体制的重要举措。我们必须牢固树立征纳双方法律地位平等的理念、公正执法是最佳服务的理念和纳税人正当需求应予满足的理念，重点围绕实施纳税服务工作评估、制定纳税服务工作规划，规范纳税服务内容、标准和评价体系、科学整合各种纳税服务资源等方面，深入开展纳税服务理论研究和实践探索，不断完善纳税服务体系，不断丰富纳税服务内容。当前，重点要做好以下方面工作：

一要整合资源，为纳税服务提供强有力的组织保障。高起点、高标准、高要求开展纳税服务，必须进一步加强对纳税服务工作的领导。据了解，全省目前成立纳税服务中心的有 6 家，其中南京和徐州是业务全面扎口，统一管理，其他大地方还是各自分工管理。因此，目前最迫切的事就是要整合资源，这项工作开展得越早、抓得越紧就越主动。已建立机构的地方，要把纳税服务职能尽快整合到位，开展工作，发挥其应有的作用；没有设立专门纳税服务机构的，要结合自身实际，积极创造条件，尽快实现资源整合，建立相应的职能机构或指定机构统一履行相关职能。既要把“12366”热线、门户网站和办税服务厅的管理和运作，集中到纳税服务机构，建设以信息化为基础的统一的纳税服务平台，也要整合办公室、税政、征管、法规等处室的相关资源，集中到纳税服务机构，打造一支素质过硬、作风过硬的纳税服务队伍。

二要深入开展调查研究，积极推进纳税服务制度建设。纳税服务不是喊口号、贴标语，而是要建章立制，狠抓落实，通过制定和执行一系列的工作规范、操作规程和考核评议办法，把机构、岗位、职能、责任连接起来，把纳税服务制度化、标准化、体系化。纳税服务最重要的是制度建设，最难的也是制度建设。制度建设决不是拍脑袋，更不能闭门造车，而是要走出来、沉下去，深入基层、深入纳税人当中广泛听取意见，通过全面分析纳税人需求，查找纳税服务工作中存在的突出问题，将纳税人的需求转化为制度建设的着眼点，使各项服务措施真正做到有的放矢。省局近期准备开展两项调研：一是通过调研，着手研究制定江苏省纳税服务工作规范和操作规程以及中长期工作规划。二是开展全省纳税人满意度和服务需求调查工作。通过调查，全面掌握江苏省地税系统纳税服务工作的总体状况，了解纳税人对地税工作的希望和诉求，对纳税服务的各项措施进行评估，在此基础上明确我们制度建设的方向。这次调查工作拟委托专业调查机构进行，采取面访和暗访两种方式，以求调查结果真实、公正、客观。调查结束后，将把调查结果反馈给各单位，并由各单位提出整改意见。请大家支持和配合省局纳税服务处前期的调研工作，为纳税服务制度建设提供智力支持。

三要加强部门协作，为纳税服务营造良好的工作环境。纳税服务是一项全局性的工作，贯穿于税收工作的全过程，税收业务的每个环节都与纳税服务有着密切联系。为纳税人提供依法、公正、文明、高效的服务，仅靠纳税服务机构一家的力量是远远不够的，还需要办公室、税政、征管、法规乃至监察等部门的大力配合和支持。因此，不能偏面地认为纳税服务机构成立后，所有纳税服务工作都是纳税服务机构的事，与其他处室、单位无关。各部门都必须树立服务意识，增进全局观念，加强部门间的通力协作,形成顺畅的工作传导机制,为纳税服务工作创造良好的内部环境。

省局纳税服务处是全省地税系统纳税服务工作的指导部门,要紧紧围绕"税收宣传、纳税咨询、办税服务、权益保护"的工作职能定位开展工作。这次省编办批复省局纳税服务处的工作职责是:负责纳税服务体系建设;制定并组织实施纳税服务工作规范、具体操作流程及相关制度;负责办税服务厅、12366服务热线、网站等纳税服务平台的管理;负责组织协调实施纳税辅导咨询、税收法律救济等工作;负责实施纳税信用体系建设;受理纳税人有关纳税服务的投诉;负责注册税务师管理工作。纳税服务处要围绕职能定位,切实履行工作职责,对上积极配合和支持总局的工作,并为全国纳税服务工作的优化和创新积极出谋划策,创造"江苏地税模式",推广"江苏地税经验";对下加强对全省地税纳税服务工作的领导、指导和统筹,因地制宜、因时制宜地开展纳税服务制度化、规范化和信息化建设,真正使我们的纳税服务工作走在全国税务系统的前列。

调研文章（选辑）

加入 WTO 对地方税收的影响及对策

郑　坚

中国加入 WTO，预示着我国将全方位地融入到国际贸易和世界经济全球化的潮流当中。它无疑会对我国的社会经济生活产生重大的影响和有力的冲击。税收是我国政府与国际贸易和国际投资之间关系的直接体现，必然受到首当其冲的影响。因此，认真研究加入 WTO 对地方税收的影响，并提出有效的应对措施是很重要和迫切的。

一、加入 WTO 对地方税收的影响

（一）加入 WTO 对地方税源的影响

经济决定税收。我国加入 WTO 后，各个产业和各个行业都受到影响和冲击，整个国民经济的总量和结构都将发生变化。反映到地方税收上，必然会引起地方经济税源规模和结构的变化，从而导致地方税收收入的总量和结构的变化。可以预见，地方税源会发生以下变化：(1)加入 WTO 后，我国将对外开放服务业市场，大量的外国服务企业将抢滩我国提供各种服务，如金融保险、邮电通信、交通运输、旅游、注册会计师和律师等行业提供的服务。而这些服务行业主要集中在营业税的征收范围，为此，营业税税源将更加充裕，营业税收入将大幅增长，预测营业税在地方税中的比重也将进一步提高。(2)加入 WTO 后，由于外资企业的大量涌入，其优良的经营业绩、丰厚的工资待遇和良好的纳税意识，会进一步促进个人所得税的增长；同时，随着内资企业的产业产品结构更加优化，经济效益不断稳定提高，企业所得税的税源会进一步拓宽。(3)加入 WTO 后，随着市场准入限制的减少，大量的外商独资企业和合资企业将迅速增加，这将有力地促进地方经济的发展，地方涉外税收收入将出现大幅度增长。(4)加入 WTO 后，江苏省具有比较优势的劳动密集型产品（纺织品、服装等）的出口将大幅度增加，所产生的出口需求将有力地推动国内大量劳动密集型企业的发展；同时，经济的全球化也将带动江苏省高科技企业，有竞争力的民营企业和形成规模优势的内资企业的效益提高，这些均将推动地方经济的发展和地方税收收入的增长。(5)加入 WTO 后，由于受到大量外国产品和外国企业的剧烈竞争，一些劳动生产率低下、技术和管理水平落后、竞争力不强的企业效益将下降。这样，江苏省原有的地方税源将会受到的一定影响。(6)加入 WTO 后，我国将逐步取消农产品的进口配额限制，这将对我国劳动生产率低下、产品质量低劣、价格不高的农业形成明显的冲击，很可能导致农业税收的大幅度滑坡。

总之，地方税收收入的增长将先抑后扬，短期内税收收入的增长可能会面临一定压力，但从长远看，随着江苏省经济的发展，地方税源将稳步增长。

（二）加入 WTO 对地方税制的影响

1994 年以分税制为主要内容的财税改革，基本上理顺了中央与地方的分配关系，改变了沿袭多年的利益分配格局，建立了较为完善的中央税体系，极大地增强了中央的财力和宏观调控能力。但我国现行的地方税制中一些税收政策与 WTO 的国民待遇原则和最惠国待遇原则不相符合，地方税体系的建立与发展相当薄弱和滞后，明显不适应市场经济发展的需要。主要表现为：(1)目前我国仍实行内、外有别的税收制度。在企业所得税方面，内、外资企业实行不同的税法和税收条例，对外资一直实行比较优惠的税收政策；在财产行为税方面。房产税、土地使用税、车船使用税也适用不同的税法和税收条例，城市建设维护税、教育费附加仅对内资企业征收，而外资企业不征收。(2) 现行税制未把许多经济活动纳入税收征税范围，而是由各级政府或有关部采取五花八门的收

费来代替,导致了费多费乱,直接侵蚀了税基,也扰乱了正常的国民收入分配秩序。(3)税收管理权限高度集中,地方政府缺乏必要的地方税收管理权限;现行的中央税、地方税、共享税税种划分标准不够科学,同时存在按税种、企业、行业、部门、课税对象品目等多种标准,导致共享税税种过多,比重过大,而地方税收主体税种缺位,收入规模过小。以上问题的存在,不利于地方挖掘财源的积极性,不利于地方政府行使其职能,更不利于地方运用税收调控手段,促进本地经济的发展。

(三)加入WTO对地方税征管的影响

加入WTO后,随着企业多种组织形式和多种经营方式的出现,税务部门面对的征管对象将更加复杂和多变;跨国、跨地区经营的税收监控难度明显增大,反避税的要求更高;电子商务、网络经济的快速发展给税收提出了新的课题。江苏省地税征管体制虽取得了一些成效,但如何针对征管对象的多样化、财务信息的无纸化、结算支付电子化等特点制定相应的征税办法,并实施有效的税收征管,这成了摆在税务部门面前的重要课题。

(四)加入WTO对地方税收执法的影响

对加入国国内市场透明度的要求是WTO的重要规则之一。我国加入WTO后,必然要求税收工作增加透明度,加快依法治税的步伐,规范税收执法行为,加大执法透明度,为投资者提供一个公平竞争的环境,提供有效的信息、高效的管理和优质的服务。因此,WTO提高透明度的要求,对地方税收的执法、税务人员的素质均提出了更高的要求。

二、加人WTO后的税收对策

(一)培植梯级税源,继续大力组织税收收入

加入WTO后,对经济高度外向的江苏省而言,经济结构和经济规模都将发生重大的变化,地方税源结构和规模也必然发生巨大的变化,一些旧的税源可能会萎缩甚至消失,而涉外税收及来自第三产业等方面的新税源将不断产生和蓬勃发展,税源建设面临着新的挑战和机遇。对此,江苏省地税部门要始终坚持"经济决定税收,税收反作用于经济"的思想,积极支持江苏省外向型经济的发展,充分发挥税收的职能作用,利用江苏省对外开放的优势,做好产业优化升级、发展高新技术企业和第三产业发展对税源影响的预测和分析,大力培植梯缴税源,培育新的税收增长点,积极组织税收收入。

(二)加快地方税制的改革的步伐

加入WTO,应根据国民待遇原则、提高效率原则的要求,采取切实措施,构建分权合理、结构优化、税种完善、制度严密的地方税体系。一是统一内外税制。要尽快合并、统一企业所得税,对内外企业实行统一的国民待遇和统一的税收政策,有利于企业公平竞争。要重新确定城市维护建设税的计税依据,由现行的附加税种改为独立的税种,不区别内外,一律征收。要设置内外资统一执行的房地产税、车船税、土地使用税。二是加快"费改税"的进程。在清理收费的基础上。将一部分具有税收性质的收费改为地方税。如社会保障费改为社会保障税、教育费改为教育税、排污费改为环境保护税等。三是适当向地方下放税权。按照WTO规则,地方政府必须在法定授权内采取的措施才认可。为了使地方政府可以根据需要及时调整政策,以应对加入WTO后更为激烈的经济竞争,要明确界定中央与地方事权,赋予地方相应的税权:对一些税源普遍、税基不易产生区域间流动且具有明显收益性的税种,如车船使用税、房产税、城市维护建设税等,除税收立法归中央外,其他权限下放给地方I在不违背国家税收法律法规,不挤占中央财政收入的情况下,设置特定条件和程序,赋予省级政府对具有明显地域特征的税源开征新税种和出台加强地方税征管法规和权力。同时要深化、巩固和完善现有的地方税制,巩固营业税在地方税体系中的主体地位,改变目前中央收取部分的状况。通过采取一系列措施,完善地方税体系,以增强地方政府运用税收手段管理经济的能力。

(三)建立科学的国际化税收征收管理体制

WTO的宗旨是经济国际化,而经济国际化必然要求税收征管国际化、科学化。为适应加入WTO,必须按照国际惯例和先进国家的做法,在提高征管水平上下工夫。一是切实强化税收管理。进一步明确税收征管改革的目标,克服"疏于管理,淡化责任"的缺点,实行严格的征管质量目标责任制,完善电子商务等税收管理措施。二是调整征管权限划分。特别是企业所得税的征管权限划分,要尽快改变目前接企业隶属关系、经济性质等划分所得税征管权限的方法,避免因不规范的税收征

管操作触及 WTO 最惠国待遇、国民待遇的反补贴规则。三是加强和完善税源监控体系。要加强部门间的协调配合，建立和健全社会办税护税网络，分析和掌握纳税人的增减变化情况，提高税源预测的科学性和准确性。四是加快税收电子化进程。运用计算机手段，实现纳税申报、审核评税、征收、稽查等全过程信息化处理，加强税收监管，提高征管效率。五是积极推进反避税工作。要把反避税摆到重要的议事日程，加强反避税基础建设，进一步强化税收情报交换，加大审计结案力度，在实践中不断探索地方税收中的反避税路子。六是加快税务代理业的发展。税务代理是连接征纳双方的重要桥梁，加快并规范税务代理业，既利于提高纳税人的纳税意识，也利于改善税收征纳关系和提高税收征管水平。

（四）规范税收执法，强化税务干部队伍建设

为适应我国加入 WTO，必须致力于规范税收执法行为，增强税收执法的透明度，提高干部素质，为江苏经济参与国际经济竞争创造一个高效、文明的税收环境。一是进一步强化法治意识，完善行政执法责任制与监督管理机制，促使各级税务机关和税务人员严格按照法定的权限和程序执法。特别要尽快改变税收执法重实体轻程序的做法，规范执法方式、执法文书，用严格的执法程序和规范的执法文书促进规范征管。二是要坚决避免税收征管中的随意性和不规范的征管操作。严禁各级税务机关越权执法，通过执法公示制度、执法检查制度和执法责任制度等，促进税收执法的统一、公开、公正。三是加大税法宣传，增强纳税人自觉纳税意识，推进依法治税。四是加大培训力度，提高干部的素质和水平。要增强税务队伍的紧迫感和责任感，要加大干部的培训教育力度，提高学习积极性，从而形成一批素质过硬、作风顽强、吃苦耐劳、锐意进取，并且熟悉国际税收、财务、经济、贸易、金融、保险、法律、外语、计算机等的复合型的税务人才。

我国现行地方税制改革与探索

江苏省地方税务局课题组

一、地方税现状及地方税制存在的主要问题

(一)地方税收入与财政收入、GDP之间的关系

在我国，现阶段属于地方税的税种有：营业税、城镇土地使用税、房产税、城市房地产税、车船使用税、车船使用牌照税、城市维护建设税、资源税、土地增值税、印花税、固定资产投资方向调节税、屠宰税、筵席税、农业税、契税、牧业税、耕地占用税等。此外，还包括中央与地方共享的地方企业所得税和个人所得税，计19个税种。

其中营业税、企业所得税、个人所得税、城市维护建设税、房产税五税种税收收入占地方税收入比重较大，从江苏省的情况看保持在95%左右(见表1)。

表1　江苏省(1998-2003)地方税五个税种收入及占地方税收的比重(%)

单位:亿元,%

年份	地方税收入	营业税	比重	企业所得税	比重	个人所得税	比重	城维税	比重	房产税	比重	总比重
	①	②	②/①	③	③/①	④	④/①	⑤	⑤/①	⑥	⑥/①	(②+③+④+⑤+⑥)/①
1998年	162.72	74.70	45.9	28.70	17.6	20.69	12.7	18.54	11.4	8.340	5.1	94.0
1999年	184.12	80.54	43.7	35.75	19.4	25.40	13.8	20.78	11.2	9.310	5.1	93.3
2000年	235.59	96.45	40.9	56.38	23.9	33.22	14.1	26.41	11.2	11.83	5.0	95.2
2001年	302.12	110.36	36.5	92.52	30.6	44.49	14.7	30.25	10.1	14.20	4.7	96.6
2002年	369.32	149.15	40.4	90.39	24.5	59.93	16.2	36.58	9.9	20.17	5.5	96.5
2003年	482.34	206.59	42.8	108.45	22.5	79.65	16.5	46.12	9.6	23.16	4.8	96.2

1994年税制改革以来地方税经历了一个从小到大不断发展过程，其收入总量增幅每年都保持在两位数，增幅最高年份达30.63%(2003年比2002年)。但收入总量无论是广义地方税收入还是狭义地方税收入占地方财政总收入比重都有逐年回落的迹象(见表2)。

表2　地方税收收入、地方税收入与地方财政总收入比较

单位:亿元,%

年份	省财政总收入	广义地方税收收入	狭义地方税收收入	增幅%	广义地方税收收入占省财政总收入比重	狭义地方税收收入占省财政总收入比重
1998年	579.90	275.64	162.72	47.50	28.1	
1999年	680.23	314.26	184.12	13.15	46.2	27.1
2000年	865.13	409.14	235.59	27.95	47.3	27.2
2001年	1064.99	523.84	302.12	28.24	49.2	28.4
2002年	1483.68	565.30	369.22	22.20	38.1	24.9
2003年	1968.92	690.53	482.34	30.63	35.1	24.5

分税制以来，特别是1998年以后，地方税占GDP的比重增幅与省财政总收入占GDP的比重增幅未能实现同步增长(见表3)。

表3　江苏省地方财政总收入、地税收入与全省GDP关系

单位:亿元,%

年份	GDP	地方财政总收入	地方财政总收入占GDP比重	地方税收入	地方税收入占GDP比重
1998年	7199.95	579.90	8.05	162.72	2.26
1999年	7697.82	680.23	8.84	184.12	2.39
2000年	8582.73	865.13	10.08	235.59	2.74
2001年	9511.91	1064.99	11.20	302.12	3.18
2002年	10631.75	1483.68	13.96	369.22	3.47
2003年	12451.75	1968.92	15.81	482.34	3.87

由上表可以看出，江苏省财政收入占GDP的比重由1998年的8.05%上升到2003年的15.81%，增幅达96.4%，而地方税占GDP的比重只由1998年的2.26%上升为3.87%，增幅仅为71.2%，增幅落后了25.2%。

(二)地方税制存在的几个主要问题

1. 从税制规范的层面看，现行分税制不够彻底

一是由于财政体制的变更，原来收入归属地方税体系的地方企业所得税和个人所得税调整为共享税，同时2000年又将新办企业所得税划归国税征管，不仅改变了所得税的归属性质，而且模糊了国、地税的征管范围。二是营业税、城市维护建设税的收入总体上归属地方，但又规定国家铁道部、各银行总行、各保险总公司应纳的营业税和城市维护建设税汇总集中向国家税务总局缴纳，税收收入划归中央，使得营业税、城市维护建设税实质上成了共享税。三是国家出台和实施一系列税收减免优惠政策，绝大部分都是对地方税的减免。如“非典”、下岗失业人员再就业、转业军人自主择业、转业军人家属安置、退役士兵、社区服务行业、高新技术、经济适用房等。可以说每一次税收政策的调整都是对地方税空间的挤兑。以上问题的存在，不仅有悖于分税制规范化要求，而且不利于地方税体系的建立。

2. 从征管权限划分的层面上看，税收征收主体权限交叉、职责不清

一是征管权限交叉。现阶段，税务机关对个体户基本上采取定期定额征税的办法。从税务管理权看，地方税务机关对既缴纳增值税又缴纳地方税的纳税人(一般称为“共管户”)，定额上缺乏主动权。这就意味着地方税务机关对“共管户”中属于地方税收的部分难以实施有效的控制和管理。二是征税权与发票管理权脱节。税务机关对普通发票的管理，是按照流转税的管理属性进行划分的。地方税务机关只对单纯缴纳营业税的纳税人具有完整的发票管理权，但对“共管户”则没有发票管理权，这使地方税务机关失去了“以票管税”的有效手段。三是税种管理权限交叉。中央企业、地方企业中金融保险及非银行金融机构、2002年以后新举办企业缴纳的所得税由国家税务机关负责征收管理，而其他地方企业所得税则由地方税务机关征收管理。同时个人所得税征收和管理总体上由地方税务机关负责，但国家又规定居民储蓄利息应缴纳的个人所得税由国家税务机关负责征收管理。

3. 从税制结构的层面看，地方税主体税种不突出

分税制实施以来，税改重点在中央税，对地方税制缺乏足够重视。地方税种中除营业税、企业所得税、个人所得税、城市维护建设税、房产税外，其他税种收入规模相对较小，占地方税收入比重不足5%(见表1)。即使作为地方税主体税种的营业税占地方税收入40%，收入规模虽然呈上升之势，但自1994年分税制以来，就其总量看，大多数年份还不及增值税返还给地方财政25%的总量(见表4)。

表 4　增值税 25%返还江苏省地方财政与地方税主税种营业税收入对照表

单位:亿元

年 份	增值税 25%返还地方收入	营业税收入
1998 年	79.06	74.85
1999 年	86.65	80.27
2000 年	108.64	96.00
2001 年	131.99	109.49
2002 年	153.23	148.32
2003 年	181.43	207.22

从全国来看,2003 年地方级税收收入为 6300 亿元,其中营业税为 2800 亿元,占 44%;城市维护建设税为 550 亿元,占 87%;房产税为 380 亿元,占 5%,其余 10 多个税种所占比重则更低,如土地增值税和车船使用税,分别占 0.59%和 0.51%。由此可见:地方税主体税种不突出。各个税种的财政功能、调节作用非常有限。

4. 从事权与财权相统一的层面看,地方税收入规模偏小

与西方国家相比,我国地方政府不仅要承担本级政府机构的运转所需经费,而且要承担本地区经济和社会事业发展所需的资金。客观上要求作为地方财政收入主要来源的地方税收入具有一定规模。但实际情况如何呢?从 1998–2000 年江苏省地方一般财政收入、税收收入、地方税收收入三者关系(见表 5)可以看出:

表 5　江苏省地方一般财政收入、税收收入与地方税收收入三者关系

单位:亿元

年 份	地方一般财政收入	税收收入	地方税收入	地方税收入占地方一般财政收入比重	地方税收入占税收收入比重
1998 年	269.58	587.30	162.72	60.36	27.70
1999 年	343.36	703.28	184.12	53.62	26.18
2000 年	448.30	918.75	235.59	52.55	25.60
2001 年	572.15	1143.88	302.12	52.80	26.40
2002 年	643.70	1364.04	369.32	57.37	27.07
2003 年	798.03	1744.67	482.34	60.44	27.64

①地方税收入占税收收入比重不足 30%,而且随着目前的总体税改思路,这个比例有可能下降。

②尽管地方税收入占地方一般财政收入的比例 60%左右,但地方一般财政收入通常占地方财政总收入比例不到 50%(见表 6)。也就是说地方税收入占地方财政收入的比重不及 30%。

表 6　江苏省地方一般财政收入占江苏省地方财政总收入比例表

单位:亿元

年份	地方一般财政收入	地方财政总收入	比重%
1998 年	269.58	579.90	46.5
1999 年	343.36	680.23	49.0
2000 年	448.30	856.13	52.0
2001 年	572.15	1064.99	53.0
2002 年	643.70	1483.68	43.0
2003 年	798.03	1968.92	40.0

③广义地方税收入和狭义地方税收入占地方财政的比重都比较低(见表2、表4)。说明地方税的财政功能弱化,地方政府通过地方税体系获取的财力难以满足其履行职能。于是“税不够、费来凑”,将注意力转向了非税收入,由此造成了政府性基金、费的迅速膨胀。有的地区行政性收费项目达到几十项甚至上百项,出现了税收缺位、规费越位的现象。这些制度外资金大量存在,侵蚀了税基、扰乱了正常的经济秩序、加重了纳税人的负担。

5. 从社会政治经济发展的层面看,现行地方税制不适应市场经济发展的要求

随着我国市场化进程的不断推进,我国所有制结构、产业结构、国民收入分配结构以及地区经济发展结构都发生了深刻的变化,但1994年税制改革的重点是流转税和所得税,地方税种改革基本停滞。使得地方税税制落后于我国社会主义市场经济发展的要求和对外开放的新形势。其一,税制老化。一方面地方税种中的农业税、车船使用牌照税、城市房地产税等都是在20世纪50年代出台的,一直沿用至今。其中许多条款在当今已不适用。另一方面,地方税种中的其他税种如房产税、车船使用税、城镇土地使用税、印花税等,制定于20世纪80年代中后期,留有浓厚的计划经济的痕迹,很不适应社会经济的发展。其二,内外税制不一。在现行地方税体系中,有的税种只适用内资企业,外资企业则另外执行一套税制。如内资企业适用企业所得税、房产税、车船使用税等,而外资企业则适用外商投资和外国企业所得税、城市房地产税、车船使用牌照税等。此外,内资企业缴纳的城市维护建设税、城镇土地使用税等,外资企业则不用缴纳。内外税制不统一,有悖于税收的国民待遇原则,不仅不利于内外资企业问的公平竞争和城乡经济的协调发展,也不利于地方税制的统一,违背了税收中性原则,更不利于加入WTO后与国际税制的衔接。

6. 从税权管理的层面看,税权过于集中

目前,地方税种的立法权、司法权、政策解释权、减免税制定权绝大部分在中央。省级政府仅有部分税种实施细则的制定权和征收权。这种税权管理模式与我国幅员辽阔,经济发展情况不一,税源状况千差万别的实际情况不相符。不利于地方政府为承担其事权而采取相应措施取得其相应收入的主动性的发挥,更不利于地方税体系的建设。以至于地方政府不能很好地统筹兼顾中央利益和地方利益,经常出现审计部门指出的:“税务部门有征收不严,征收不到位”的现象发生。

二、地方税改革应遵循的原则及总体设想

基于以上分析,我们认为,要在分税制总体框架下建立起完备的地方税体系,应按照“简税制、宽税基、低税率、严征管”原则,深化地方税制改革。其改革的目标取向是:合理划分税权,使地方拥有一定的、相对独立的税收管理权限,科学设计地方税主体税种,积极推进“清费立税”工作,形成税基广泛、结构合理的地方税体系。在巩固现行中央和地方税收收入分配格局的基础上,确保地方税收入规模,保障各级地方政府经常性开支的需要。

(一)地方税制改革应遵循的原则

1. 财政原则

这是我国地方税制改革应当遵循的基本的、首要的原则。在地方税制设计时,必须考虑,能为地方政府提供稳定充裕的财政收入。在具体税种确立、税率设计时,必须考虑征收的普遍性和稳定增长性,而不应过分强调和夸大其宏观调控的职能作用,因为税收不是万能的。

2. 税收中性原则

市场经济是竞争经济。国家应当为不同经济主体提供公平竞争的环境。税收在参与杜会产品分配的同时,对各经济主体的效益会产生影响,所以在地方税制的设计过程中,必须保证税收中性原则,实现税收公平,这是市场经济的必然选择。

3. 财权、事权相统一原则

无论中央政府还是地方政府,其社会职能的实现,必须以足够的财力作保障。目前,地方政府承担着大量社会职能,由于无法通过地方税体系获得稳定充裕的地方税收入,客观上造成基金、收费等非税世人的迅速膨胀和泛滥。地方税制改革,应遵循事权与财权相统一的原则,建立起科学、完善的地方税制体系,从制度上保证各级政府职能的实现。在保证中央财力前提下和适度分权的基础上,合理确定地方税收入规模。

4. 可持续增长原则

当前,地方税制存在的一个突出问题就是,在

中央税体系不断强化的情况下，地方税源有萎缩的趋势。税源相对不足、税收增长乏力。除了经济因素的影响，关键在于地方税体系缺乏与经济增长密切联系的内在增长机制。在现行地方税税种中，除营业税、城市维护建设税等与经济发展密切相关外，其余地方税种有的是对经济存量课征，有的实行定额征收，与经济增长的相关性不大。因此在地方税制改革时，应建立起地方税随经济增长而增长的内生机制。

(二)地方税税种的设置思路

一要满足地方财政的需要。通过地方各税种的配套设置，筹集到占地方财政收入70%以上的资金。

二要摈弃"税收万能"的观念。地方税税种并不是越多越好，尽量少开征或不开征特定用途的税种。

三要有利于地税部门的征管。提高效率，降低税收成本，能充分利用地税部门现有人力资源、征管手段、技术措施对税源的可控管。

四要避免重复征税。税种之间既要注意互补性，又要考虑排他性。税种设置必须简化，但税目设置要考虑综合性，力求避免税源真空。

(三)科学选择和确定地方税主体税种

地方税制改革要走出"误区"。人们总认为，地方税只是由一些税源分散、收入零星的税种组成。事实上，地方税与中央税共同构成了国家的整体税收体系，其区别仅在于管理和使用的主体不同，而不在于主体税与辅助税的差异。我国20世纪50年代，为调动地方积极性而将部分收入规模较小，税源零星分散的税种划归地方支配，但并不意味着地方税天然就是如此。综观世界分税制的国家，其地方税中大都包括相对重要的税种，这类税种在本国地方税体系中居于主体税种地位。我国目前的税制体系，是以流转税和所得税为双主体税种的复合税制体系。分税制财政体制改革，形成了中央税、中央与地方共享税和地方税三大收入分配格局。在地方税体系中，随着企业所得税和个人所得税成为中央与地方共享税后，地方税体系转而成为以营业税为主，其他税种为辅的单一税制体系。在我国地方税制改革中，应根据事实情况将一部分重要的税种列入地方税体系，而不是单纯地将税源分散、收入零星、征收管理难度大的小额税种作为地方税。有资料显示，营业税占全部地方税的比重一直保持40%左右，营业税作为地方税中主体税种的地位显而易见。但随着税制改革的分步实施，要求扩大增值税征税范围的呼声日见高涨，有人建议将交通运输、建筑安装等行业改征增值税。果真如此，营业税在地方税体系中的主体税种地位将有所下降，地方政府履行公共职能将缺乏稳定、可靠的财力保障。地方税制的改革，应确立地方体系主体税种，以保证地方税收入占地方财政、税收总收入的比重。

(四)确立地方税主体税种

根据十年分税制的实践以及国际惯例，税种的划分，从产业结构划分一般将第三产业的税权划归地方税，将财产性质的税种归属于地方税。从收入规模看，确立为地方税主体税种的各个税种，收入规模必须占地方税收入20%以上。所以，近期应将营业税、城乡建设税、房地产税确立为地方税的主体税种，远期还应包括社会保障税。

1. 完善营业税税制

现行营业税存在的主要问题：

(1)立法层次较低，缺乏权威性，法律效力不足，与主体税种地位不符。

(2)未能与增值税共同覆盖所有的经营活动，存在缺位现象，与普遍征税和税收公平的原则相悖。同时与增值税征税范围交叉甚至两税并征。相互越位或缺位的状况严重。

(3)税制不简明，税率层次多，扣除项目多，税收优惠多，与实际经济运行有所脱节，造成征管难度大，实际税负低于名义税率。

(4)科学化、精细化、信息化管理模式尚未完全建立。与增值税相比，"以票控税"的控管手段和管理力度明显不足。

(5)税收管理权限高度集中，不能及时、迅捷和因地制宜地解决政策执行中出现问题。

改革的具体设想：

(1)加快营业税立法，提高法律层次。从法律上明确营业税的法律地位，稳固营业税在地方税体系中的主体税种地位。

(2)调整征税范围和税目。一是扩大营业税征税范围。将除增值税征税范围以外的其他各种经营行为全部纳人营业税征税范围，实行普遍征税。二是要调整营业税与增值税的征收范围，将所有劳务行为全部纳入营业税征税范围，并修订混合销售的有关征税规定。三是要简并营业税税目，增设综合性税目，减少税目划分。

（3）规范营业税扣除项目，清理税收优惠政策。扩大营业税税基，统一营业税税率，合理调整税负水平，根据当前的实际情况，建议将营业税税率统一为4%。

（4）根据营业税特点和科学化、精细化的要求，加强营业税行业管理，制定分行业具体管理办法，同时要以计算机和网络化管理为依托，加快营业税管理的信息化、现代化建设。

（5）实行营业税分级管理体制，在国家保留营业税立法权和最终解释权的前提下，适当下发营业税政策的解释权，更加有效地为经济、社会发展服务。

通过以上相关政策的调整，江苏省营业税收入规模可达到250亿左右（按2003年统计口径）。

2. 改城市建设维护税为城乡建设税

现行城乡维护建设税制存在严重缺陷。

一是收入规模太小，需求严重不足。难以满足日益发展的城镇建设的基本需求，以江苏省某地级市2002、2003两年的数据为例，该市两年分别入库城建税1.16亿元和1.42亿元，而同期该市的城建资金投入分别为12.85亿元和14.66亿元，城建税未能实现其保障城镇建设资金的作用。二是采取附征形式，征收管理、收入增长等均受制于“三税”，征管难度大。税基不稳，独立性差。三是按地区实行的差别税率，不仅人为造成企业税负不公，而且削弱了急需资金建设的城、乡筹集建设资金的力度。四是内外资税制有别，不能营造公平竞争的环境，有悖于城建税税制在城镇公共设施的使用上“谁收益、谁负担”的设计原则。

为此，我们认为必须对城建税进行改革。

税种名称：将现行城市建设维护税改为城乡建设税。

计税依据：按纳税人实现的生产经营收入作为计税依据。这样既可以使该税种不再受制于流转税，有利于地税机关征收管理，而且税基稳定，收入可随地方经济的发展而稳定增长。

税率：实行0.5%-1%的幅度比例税率。经测算，总体税负增加不大，纳税人可以承受。实行幅度比例税率可以兼顾到不同经济发展水平的地区具体情况，有利于调动地方政府的积极性。

通过改革，江苏省城乡建设税的收入规模可达60-120亿元之多（按2003年口径）。

3. 整合房产税、城市房地产税、城镇土地使用税，开征统一的房地产税

现行税制中涉及对房地产课征的税种主要有房产税、城市房地产税、土地使用税三税并存，矛盾颇多。

一是内外税制不统一，不利于公平竞争。

按照现行政策，内资纳税人应缴纳房产税和城镇土地使用税，外资纳税人只缴纳城市房地产税，不缴纳城镇土地使用税。税制内外有别，不符合国际惯例，有碍税法的统一性，与建立市场经济体系的要求不相适应。

二是征税范围偏窄且难以界定。

国家对房地产和土地课税的目的，一方面是为了加强对房产和土地资源的管理，促进其合理利用，另一方面是为城乡基础建设筹集必要的资金。现行这三税的征税范围，仅限于城市、县城、建制镇和工矿区范围内的生产经营用房产和土地。这样规定，征税范围过小，税基偏窄，不利于公平税负，易引发避税行为的发生，同时也减少财政收入。

三是计税依据和税率设计不科学，税负严重不公。

现行房产税和城市房地产税是以房产原值一次扣除10%-30%后的剩余价值计征，其税率为1.2%，出租房产按租金收入的一定比例计征，其税率分别为12%和18%，城镇土地使用税则按土地面积定额征收。实践证明欠科学，房产税（城市房地产税）的计税依据不能体现公平税负的原则，使用时间越长，税负较轻，反之税负较重，土地使用税以土地面积作为计税依据，既与我国土地使用制度的改革不相适应，又不能反映和调节土地级差收益和时间价值。

四是收入规模偏小，难以发挥地方政府的积极性。

由于现行这三个税种的计税依据相对稳定、税率低，收入规模小，其占地方财政收入的比例仅为5%左右，而且不能随国民经济的发展、物价水平的提高而稳步增长，导致许多地方政府重视不够，部门配合不力，执法难，征管漏洞多，税款流失

严重。

我们认为，上述问题只有通过税制改革才能加以解决。具体设想：

将原房产税、城市房地产税、城镇土地使用税合并，开征统一的房地产税。纳税人确定为在中华人民共和国境内拥有房地产产权的单位和个人。计税依据为房地产的价值。税率确定为1%-3%。具体适用税率，由省、自治区、直辖市人民政府结合本地区的实际情况在规定的幅度内确定和调整。按此方案测算，江苏省房地产税收入可达100亿元(按2003年口径)。

4. 开征社会保障税

为社会成员提供社会保障，是现代政府的一项重要职能，而充足的社会保障资金是社会保障制度存在、发展和不断完善的基础。因此，确立法定的社会保障资金筹集方式是社会保障体系建设中的关键所在。目前，我国社会保障制度存在严重问题。一是社会保障的范围狭窄，仅限于城镇职工，外来务工者、个体经营者和大多数农村人口均未纳入。二是社会保障制度在各级政府间分割，社会统筹层次低，只统筹到市、县。三是法制不健全，征缴乏力，拖欠偷逃缴费现象严重。四是不同地区、行业，企业之间负担不一，不仅不利于公平竞争，而且阻碍了劳动者合理流动。正是由于这些问题的存在，导致了社会保障资金缺乏保障。鉴于上述问题，将社会保障费改为社会保障税具有明显优势。一是社会保障税具有强制性和规范性，有利于加强社会保障资金的征收力度。二是有利于社会保障基金收支两条线的管理，社保基金的安全性有了保障。三是税收形式深入人心，缴费人心理容易接受。四是变费为税，符合清费立税的要求。五是利用地税部门的人、财、物资源进行征管，可以大大降低征收成本。六是有利于公平竞争环境的实现。

具体改革方案是：一是将现行社会保障各项收费改为征收社会保障税。二是将纳税人规定为我国境内的国家机关、社会团体、企业事业等单位的各类人员和个体工商户、自由职业者及农民。三是计税依据为工资性收入包括工资、奖励和各种补贴。对没有工资收入或无法确定工资性收入的，以上年度本地区职工平均收入作为计税依据；对农民，以上年度本地区农民平均收入作为计税依据。四是税目设计为基本养老保险、基本医疗保险、失业保险、生育保险、工伤保险5类，并按税目设计差别比例税率，税率可定在30%左右。五是税款征收实行自行申报和源泉扣缴的办法。社会保障税单位负担70%、个人负担25%、政府负担5%。农民社会保障税，宜采用定额税率，由中央规定一个税额幅度，各地在幅度内确定本地的农民社会保障税税率。由于农民负担能力较弱，政府应当承担农民社会保障税的90%以上。通过这种改革，江苏省社会保障税收入至少可达300亿元。

(五)对地方税其他税种的完善

1. 适时调整契税和证券交易印花税税率

契税虽小，但对房地产市场却有很大的影响。证券交易印花税同样如此，税率稍有变化，就会引起证券交易市场的较大波动。因此，建议契税和印花税税率，应根据房地产交易市场和证券交易市场波动状况，及时调整，充分发挥税收杠杆的调节作用。

2. 完善车船使用税

一是统一内外税制，将车船使用税和车船使用牌照税合并为一个税种；二是改变税种名称为车船税，将现行车船使用税财产税兼行为税双重性质，改变为单一的财产税；三是改变现行按车辆类型或吨位定额征收车船使用税的做法，计税依据确定为车船价值，车船价值高多纳税、车船价值低少纳税，以体现我国税收的社会公平原则；四是，由国家制定车船税幅度税率，以0.5%-3%为宜。具体适用税率由省、自治区、直辖市人民政府根据本地区经济发展状况确定。

3. 完善资源税

一是扩大资源税课税范围。将水资源、森林资源、草原资源以及其他资源纳入课税范围。具体资源种类是否征税，征多少税，由中央立法，授权各省、自治区、直辖市人民政府确定。以配合环境保护工程和生态工程的建设。二是适当提高原油、天然气、有色金属矿等资源税负，限制过度开采、保护有限的不可再生资源。三是将资源收费转化为资源税，推进税费改革。

(六)停征或取消部分税种

1. 取消农牧业税和屠宰税

两个税种的收入不高，但引起的关注并不亚于大税种。原因是两税在征收过程中，缺少应有的规范性，对广大农民造成了极大的伤害。建议取消农业税和屠宰税，实现城乡统一的税制。

2. 取消筵席税、固定资产投资方向调节税、土地增值税

筵席税和固定资产投资方向调节税开征时的政策与经济环境已经不再存在，多年来在全国范围内处于停征状态，而且涉及固定资产投资方面的税收较多，如营业税、所得税、土地增值税等，为体现我国税收的简化原则，避免重复征税，建议取消这两个税种。土地增值税开征 10 年来的实践，证明其调节房地产的目的并没有达到。随着政府运用税收和其他经济手段调控房地产市场的技巧日趋娴熟，其功能将会被其他手段替代，土地增值税已失去了进一步改革完善的必要，取消这一税种也可算是顺势之为。

（七）加快新税种研究

1. 加快对遗产税与赠与税的研究

开征遗产税与赠与税的社会意义大于财政意义。对于调节国民收入再分配，缓解财产分布不均，缩小贫富差距，增强人们社会公共意识，促进公益事业发展等方面具有重要意义。目前世界上已有 100 多个国家开征该税，有许多经验可以借鉴。国内富裕阶层已经形成，税源基础已确实存在。应当积极开展这方面的研究，待条件具备后，适时开征该税种。

2. 开展环境保护税的研究

目前我国的生态环境已相当恶化。提高环保意识，强化环保经济手段，是实现我国国民经济可持续发展战略的重要一环。随着“绿色 GDP”概念的提出，标志着经济发展的理念已经发生变化，由此延伸，从财政的角度，同样有必要提出“绿色税收”的思路，为此应加快开征对环境保护税的研究。为开征该税种打下理论基础。

通过上述改革，江苏省地方税收入规模（按 2003 年口径计算）为 750 亿元左右，加上共享税企业所得税、个人所得税、增值税返还可达 1000 亿元，扣除社会保障税 300 亿元专款专用后，为 700 亿元，占江苏省税收收入比重为 40%，占 GDP 比重为 5.6%左右，占地方一般财政收入 87.5%。基本上形成了以营业税、城乡建设税、房地产税、社会保障税为主体，资源税、车船税、印花税、契税等为补充的地方税体系。

三、地方税制改革的相关配套措施

（一）合理划分税权

税权的划分，是由一个国家的生产力发展水平、政治经济制度、宏观经济管理水平决定的。目前，我国正处于社会主义初级阶段，客观上要求中央拥有宏观调控主动权，确保全国范围内的税负公平，消除地方之间税收的恶意竞争和攀比。同时，我国是一个幅员辽阔的国家，在当前及今后一个相当长的时期内仍处于社会主义初级阶段，各地自然资源、自然条件和经济发展水平很不平衡，财政能力和税源情况有着很大的差别。在这种情况下，赋予地方适度的税权又是非常必要的。这不仅是分税制的需要，体现中央与地方利益的兼顾，同时也是有效配置财政资源的客观要求，促使地方政府根据本地区经济发展的实际，因地制宜地采取某些税收政策措施，挖掘税收潜力，改善财政状况，促进经济发展。

我国的税权划分应结合我国国情，建立起中央立法为主、省级立法为辅，赋予省级人大、政府必要的地方税收管理权，除了对中央税、共享税应当集中税权外，还应当对涉及改革和宏观经济发展、税收规模较大、全国普遍征收的重要的地方税种集中税权，以确保全国市场的统一性。对于收入份额不大、不影响区域间公平竞争、具有明显地方特征的税种，要适当下放税收立法权，以建立起自我约束的事权财权体系。具体来说：

一是对宏观经济影响大、税源较为普遍、涉及社会收入分配公平、在全国范围内统一开征的地方税种，其税种基本法的立法权、解释权可集中在中央，将征收管理权、税款支配权和部分政策调整权划归省级人民政府或省级人大，由地方在公权范围内确定税收起征点、免征额、减税、免税等等；如营业税、社会保障税等。二是全国统一开征但对宏观经济影响较小的税种，如房地产税、车船税、城乡建设税等，中央制定基本税法，赋予地方制订实施办法、税目税率调整、税收减免及其征收管理等权限；三是税源零星分散、征收数额小、征收成本太、对宏观经济不发生直接影响的税种，如契税、资源税等税种，其税权全部下放地方。四是在不违背国家税收法律法规、不挤占中央财政收入的前提下，设置特定条件和程序，赋予省级人大或政府对具有明显地域特征的税源，开征一些新的

税种，出台一些加强地方税征收管理法规或规章的权力，但必须报经国务院批准。

（二）实施“税费”改革

实行地方税制改革必须要清理地方政府为了筹集地方财力而制定的不规范的各类行政性收费项目，并逐步将一些具有税收特点的费改为税。首先要清理整顿现有的收费项目，将既合理又必须以收费形式存在的项目予以保留，并将收费纳入预算管理，进行有效监督：对不合理的收费坚决取缔。其次，在适当时候，将目前的收费、基金中具有强制性、固定性、普遍性征收的部分项目改为征税，以扩大地方税收入规模。例如，对教育费附加、文化事业建设费、农村教育事业收费附加和九年义务教育中的平均摊派部分的收费可统一改征文化教育税；对由公路交通部门征收的养路费可并入车船使用税或改为征收燃油税；对现由环保部门征收的排污费改为征收环境保护税，等等。实行费改税后，由地方税务部门负责征管，财政部门统一支配，既可降低征收成本，又可提高资金使用效率。

（三）建立现金交易流量制度和个人财产登记制度

经济活动中存在的大量的现金交易，是导致税源控制难、税收流失严重的一个极其重要的原因。尽管目前税务机关在相关行业和领域推行税控开票装置，在一定程度上强化了税源管理、防止了税收的流失，但仍没有从根本上解决税源难以控制的问题。西方发达国家如美国，则不允许大量的现金交易行为的存在。所以对经济交易活动中的现金流量必须有明确的限额规定。超过规定限额的，必须采取转账或其他非现金形式进行结付，否则属于违法行为，并给予相应的处罚。建立此项制度也是为将来开征遗产税创造基础条件。

此外，国家还应建立起规范、完善的财产登记制度，实现税收的有效控管，尽可能地降低税收的机会成本。

（四）构架完善的财产评估机制

完善的评估体制的建立，是开征一切税收的基础。房地产税（或物业税）要顺利地实现从价征收，必须建立起完善的财产评估机制。我国房地产估价工作存在着起步时间不长，专业评估机构及估价人员缺乏，估价机制尚不完善等问题，不能适应房地产税改革的需要。因此各级政府和地方税务机关必须重视资产评估市场的培育和专业评估人员的培养，国家要建立起一定数量且具有评估资质的专业评估机构和专业评估队伍，各级税务机关也必须具有一批素质较高的财产税评税估价专业队伍，同时国家还必须成立评估仲裁机构以裁决评估纠纷。

税收征管绩效评价体系研究

江苏省地方税务局课题组

一、征管绩效指标构建的原则和方法

(一)征管绩效指标的构建原则

具体设计征管绩效指标应根据不同层次、不同地区税务机关不同发展时期而不同，但总体原则应是一致的。征管绩效指标的设计应遵循以下原则：

1. 一致性。制定征管绩效评价指标首先必须明确税务机关总的战略目标和业务重点，在此基础上，从组织最高层向各个部门和职位层层分解，以使总体目标与部门目标，具体目标之间保持协调一致，避免职能部门各自为本部门的指标努力，而忽视了部门之间的相互协调和相互支持，以至于损害了征管整体绩效。例如，对财务部门成本控制的绩效考评指标不宜选择成本降低的绝对额，否则就有可能发生财务部门为了控制成本而减少必要的投入，从而影响征管整体绩效的提高。

2. 发展性。绩效指标并非静止不变的。征管改革的内外部环境发生变化以后，组织战略、目标和组织结构都要作出相应调整，与之相适应，征管绩效指标也应随之而变化。即使是制定了明确的战略，并将其分解为一套自上而下协调一致的绩效指标，也必须根据环境的变化不断地调整以保证指标的有效性和适用性。

3. 可控性。指标的可控性是指绩效指标只受被考评部门或个人可控因素影响，使用该绩效指标进行绩效考评时，指标所反映的绩效才是可靠的。不论是从激励的角度还是从学习的角度看，绩效指标的可控性都非常重要。影响征管绩效的原因是多方面的，受自身不可控制的因素影响越大，不可控因素对绩效指标信息的歪曲作用越大，人们的努力也就越容易被这些不可控力量所压倒，以至于很难将个人努力的作用和外在因素的影响区别开来。在制定征管绩效指标时，应尽可能剔除那些不可控因素，公平、合理地衡量部门和个人的努力和贡献。

4. 关键性。税务干部担负的工作职责越多，所对应的相应工作成果也越多，合理的绩效指标体系应该能够全面反映出部门和个人的绩效水平，但并不意味着指标的面面俱到。在绩效指标和工作目标设定时，切忌面面俱到，而是要突出关键，突出重点，选择那些与税务机关战略目标关联度较大、与职位职责结合更紧密的绩效指标和工作目标，而不是整个工作过程的具体化。

5. 定性与定量相结合。定量指标往往能够真实客观地反映真实绩效，横向可比性与纵向可比性均较强，使管理者更容易发现许多具体问题。数字管理和量化考评是科学化、精细化管理的一种重要方式，但定量指标不可能包罗万象。由于公共管理部门的特殊性，很多指标难以量化，只能依靠定性化的描述和说明。定性指标也有自身的优点，如描述说明的范围更广、更全面，更能反映被考评者自身存在的问题和潜质。定量指标与定性指标二者是一种互补的关系，相辅相成。当考评的目的是用来引导、教育而不是物质激励时，可以适当考虑使用定性指标。

(二)征管绩效指标构建的方法

绩效指标构建的方法有很多种，常用的一般有以下几种：“3E”评价法、标杆管理法、平衡计分卡法、关键绩效指标法、全方位评估法（也称 360 度评估法）等。

1. “3E”评价法。所谓“3E”是指经济性(Economy)、效率性(Efficiency)、效果性(Effectiveness)。“经济”指标反映投入成本的降低程度，“效率”指标反映所获得的工作成果与工作过程中的资源消耗之间的对比关系，“效益”指标通常用来描述政府所进行的工作或提供的服务在多大程度上达到了政府的目标，并满足了公众的需求。由于政府在社会中所追求的价值理念（如平等、公益、民主等）和“3E”评价法单纯强调经济性之间存在矛盾与冲突，因此后来又加入了“公平”（Equity）指标，发展为“4E”。

2. 标杆管理法。该方法首先是确定标杆，作为组织奋斗的目标，在每一个实施阶段结束后都把结果与确定的标杆相比较，进行阶段性的总结评估，以对下一阶段的方法作出调整，直至最后达到标杆水平，确定更高的标杆。这里比较和评估完全融为一体，通过比较实现评估，以评估促进与更高水平的比较。

3. 平衡计分卡法（Balanced Scorecard）。该方法将组织经营任务的决策转化为四大部分的指标：财务、顾客、内部过程、学习与成长，将组织战略分解为这四个方面的考察目标，每一考察目标分别设置几个独立的指标，多种指标组成了相互联系的一个系列的指标体系，这些目标和指标既保持一致，又相互加强，构成了一个有机的统一体，从而达到财务指标与非财务指标、短期与长期、内部与外部、过去与未来之间的平衡。

4. 关键绩效指标法（Key Process Indication）。该方法通过对组织内部某一流程的输入端、输出端的关键参数进行设置、取样、计算、分析，衡量流程绩效的一种目标式量化管理。通常先由组织高层对组织未来成功的关键达成共识，在确定组织未来发展战略之后，通过“鱼骨图”对每个成功的关键业务重点及相关的业绩标准及所占比重进行分析，最后根据该职位的任职资格要求对与其相应的业绩标准进行再分解，确定对应于该职位的KPI指标。

5. 360度评估法。又称全方位或全视角评估法，就是由被考评者的上级、同事、下级和（或）客户以及被考评者本人担任评估主体，从多个角度对被考评者进行360度的全方位考评，再通过反馈程序，达到改变行为、提高绩效的目的。

不同的绩效评估方法有不同的运用背景和各自优缺点，具体比较见下图：

具体方法	运用背景	价值准则	指标体系	优点	缺点
“3E”评价法	政府面临严重的财政危机	成本节约	规范化的三指标：经济、效率、效能	指标明确：有利于对政府的财政控制	指标单一、片面，与政府行为本身的难以量化相悖
标杆管理法	政府改革进一步深化，企业化政府呼声越来越高	实现政府效能的全面提升，发挥政府对社会的全方位的引导作用	不固定，可以根据测评需要自主确定	指标确定比较灵活、全面；集评估与比较于一身，有较好的激励效果	随意性较强，易导致指标体系的繁杂；管理主义的强调易忽视政府公共性的本质
平衡计分卡	短期化行为较为严重，导致资源的严重浪费	主张长期战略与短期目标之间的平衡	较规范，在指定的四个领域细化	既注重现实结果又兼顾长远发展	对信息的精细度与质量要求较高，组织结构变更指标体系也须调整，执行成本较高
KPI 指标法	干得多扣分多，干得少扣分少，不干不扣分	主张突出主要矛盾和量化指标	少而精	部门和个人的主要责任很明确，能控制关键要点	指标之间没有明确的内在联系，忽视了部门绩效之间的内在逻辑，不适用不宜量化项目
360 度评估法	全球化竞争要求企业必须鼓励普通员（甚至包括客户与供应商）对管理过程的参与	主张所有绩效相关因素的全面发展	较全面，覆盖面广	避免单方面考评的主观武断，提高绩效考评的信度和效度	各方面信息综合后，会使最终结果难以清晰地反映实际情况，无法做到有的放矢的反馈与改正

税务机关作为公共管理部门，存在着多元价值标准，要求共同实现执法规范、征收率高、成本降低、社会满意的目标。对于这些不同价值标准，不可能用同一种评估方法来衡量。在实际应用中，应根据税务机关各职能部门的具体特点以及管理工作的各个层面来有所侧重地选择价值标准体系，对各种表征不同价值的概念予以准确地界定，根据不同的评估主体、评估内容、评估对象、评估标准选择适当的绩效评估方法。

（三）征管绩效指标的分类

1. 根据“4E”评价法分类。可以分为征管质量指标、成本效率指标、纳税服务指标和公平指标。征管质量指标，主要包括征管质量考核的定量指标、征管质量建设的指导性指标、税务行政复议和诉讼情况等。成本效率指标，主要包括内外部税收成本、流程流转环节、流程运行时限、税收弹性系数、地区税负、行业税负等。对职工个人包括人均工作量、个人工作量、工作偏差率等。纳税服务指标，主要包括纳税人满意度、纳税人投诉情况、投诉办理回复情况等。公平指标，主要体现如何依据科学的标准、方法及规范的程序制定激励机制，以取得大多数税务干部的认可，避免不公平感损伤职工工作的积极性，破坏组织的活力和凝聚力。

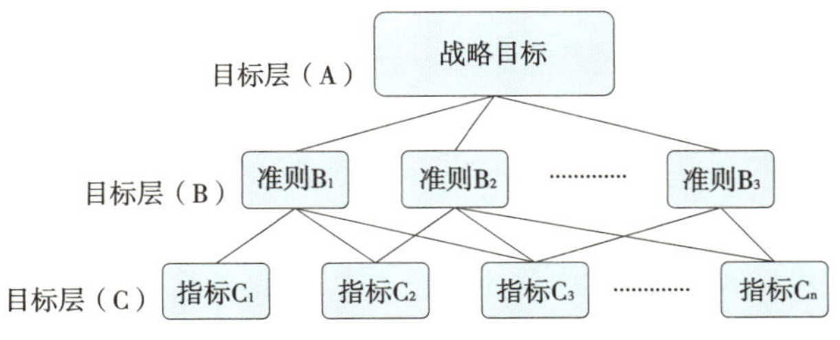

2. 按照标杆管理法分类。根据层次分析法（AHP），可以将税收征管标杆划分为三个层次，即目标层、准则层的指标层，如下图所示：

目标层（A）是指税收征管所要达到的战略目标，即提高税收征管质量和效率，更好地为纳税人服务；准则层（B）是指实现税收征管战略目标所涉及的中间环节，即各项准则，具体可分为税收征管效能、纳税服务品质和组织资源能力三项准则；指标层（C）是指实现税收征管战略目标所选用的操作性方案措施，即各项具体指标。

3. 按照平衡计分卡分类。将税务机关的战略目标按照四个层面分解，在财务层面：由于税务机关的工作职能和特性，主要反映在税收收入的增长和税收成本的降低上，如税收收入增长率和征税成本率等；在客户层面：应该反映税务机关在税收征纳过程中为纳税人提供了什么样的服务，税务机关在纳税人心目中的形象如何，可用投诉率、举报率、纳税人满意度等指标表示；在内部控制和管理层面：重点在导致增加税收收入和纳税人满意的内部控制和管理结果上，即提高征管质量和效率；在学习、成长层面：关注的是税务机关创新、提高和学习的能力，与税务机关的价值直接相连，可以用人员整体成长指数、税务人员满意度和信息系统使用能力等指标表示。

4. 按照关键绩效指标法分类。借鉴企业生产管理流程，可以将征管绩效指标按照“投入—过程—产出—成果”这一逻辑，对不同环节进行分类，如下图所示：

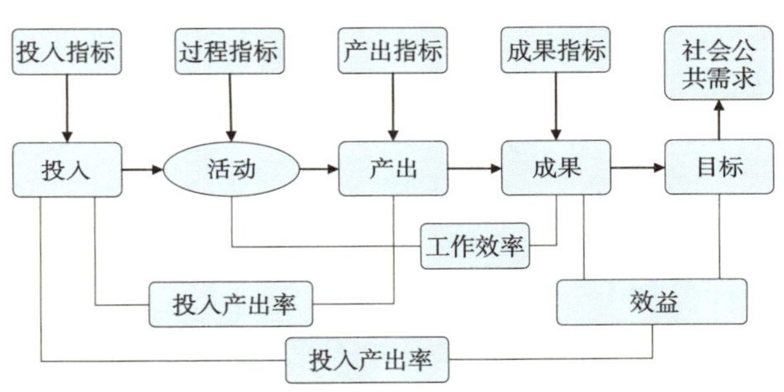

投入类指标主要指征管成本指标，包括税务机关征收成本与纳税人纳税成本，从广义的层次看，除征收成本和纳税成本外，还应包括机会成本，即在一定税收制度下漏征漏管造成的税收损失；过程类指标主要指税务登记、纳税申报、税款征收、税务检查等反映征管过程的指标；产出类指标主要指税收收入指标等；成果类指标主要指宏观税负指标、税收弹性指标等。所谓税务机关的效益是指社会各方面的满意程度。

5. 按照360度评估法分类。可以将征管绩效指标分为：执法规范、征收率高、成本降低和社会满意四个方面。执法类指标，如欠税公告率、违章处罚率、检查结案率、案件移送率、强制执行率等；征收率类指标，如微观税负指标、宏观税负指标、税收弹性系数等；成本类指标，如征税成本指标、纳税成本指标等；社会满意度类指标，如执法满意度、服务满意度等。

二、征管绩效指标评价的实施步骤

(一)归纳考评项目

归纳考评项目是绩效评价的第一步，也是确定关键考评项目的基础，如果考评项目的选择不恰当,那么考评的效果也就无从谈起。考评项目的归纳通常有以下三个渠道：

1. 从职责描述中归纳

在制定具体的绩效考评项目时，职责描述是一个非常重要的依据，因为绩效考评一般是针对绩效结果以及导致结果的行为两个方面进行的。但是一个部门、一个岗位往往有多项职责,每一项职责都进行考评既没必要也不可能，需要从中选择关键项目进行考评。考评一个重要作用是导向作用，而导向作用往往通过选择关键考评项目来完成。在多项职责中选择关键项目需要遵循三个原则:一是体现核心价值的项,比如征管部门的税源管理职责;二是花费工作时间较多的项,比如征管部门的征管信息化职责；三是达到结果难度较大的项,比如征管部门的部门信息交换职责。

2. 从工作计划中归纳

考评项目不能仅仅来自部门或岗位职责,因为部门或岗位职责相对稳定，而有些阶段性或临时性但又十分重要的工作不一定包含在工作职责中,或在工作职责中没有具体描述。比如税源管理岗的岗位职责之一是负责税务登记管理，但税务登记管理中的换证是几年一次的阶段性工作,在岗位职责中没有具体描述，只在工作计划中有具体要求。这样就需要把职责分开,按工作计划一段时间、一段时间地考评。工作有轻重缓急、重要非重要和影响大小之分。从工作计划中归纳考评项目时,一般应选择影响较大、较重要、必须完成且很难完成的工作。

3. 从组织要求中归纳

职责描述是整体性的,不够细致;工作计划是局部性的,不够宏观;而组织目标是对以上两者的补充。有一些任务和职责在岗位说明和工作计划中都没有,但是从组织发展的要求看,需要考评。比如降低征管成本，征管部门的职责和工作计划中通常没有这一项，但事实上这是税务机关一项持续性的重要任务,这一职责就是组织要求。征管改革的不同发展阶段,遇到的问题不同,所以从组织的要求角度来看,考评的项目也应有所不同。

(二)列出计算方式

征管绩效的评价指标以量化指标为主,这就涉及计算方式的确定,具体而言有三种类型的计算方式可供选择:统计型、比例型和倒扣型。每一种类型都有自己的优缺点,都有相应的使用情景。

1. 统计型计算方式及其应用

统计型计算方式的做法是将结果统计，形成一个数值,例如服务电话咨询量、网站访问量的统计。其优点是只需列出数据收集范围与统计方式即可,易操作。其缺点是不易体现实际达成与目标之间的比例关系，比如税收收入总量不能反映收入任务的完成情况，两个税务机关组织税收收入均为一个亿,一个可能已经超额完成了工作计划,另一个可能还没完成工作任务。统计型计算方式较适合用于以下两种情况：一是绝对值比相对值更具有考评价值的项目；二是运用比例型计算方式和数据收集难的项目。

2. 比例型计算方式及其应用

比例型计算方式指的是实际达成值与预计值之比，例如税务登记率。其优点一是通过公式计算,结果比较精确;二是强调的是实绩与目标的比例,更能体现责任者的达成程度。由于涉及计算公式的列举,所以如果公式列举错误,计算结果就不能反映所追求的目标,所以公式列举是该方法的难点。例如，税务登记率 = 已办理税务登记纳税人 / 应办理税务登记纳税人，而应办理税务登记纳税人的公式列举方式有若干种，涉及工商部门办理营业执照户数、技术监督部门办理机构代码户数、民政部门办理社会团体户数以及其他多个相关因素，如列举错误便不能真实反映税务登记管理工作的实际情况。此外,列举公式之后,数据的收集可能需要很多的时间和精力,难度较大。比例型计算方式比较适合以下四种情况：一是数据性较强的项目，如税款入库率；二是数据来源稳定的项目,如催报催缴率;三是强调达成率的项目,如税收收入任务完成率;四是数值绝对值较大的项目,如纳税申报率。

3. 倒扣型计算方式及其应用

倒扣型计算方式是指不统计实际发生的总量，而是直接将典型事例或数据从得分中按规定扣除。比如税务机关丢失票证,一份或一本扣多少分，直至本项扣为零分为止。其优点一是操作简便；二是数据来源直观。其缺点一是偶然性大；二是增分的可能性小，易挫伤责任者的积极性。比如按规定保管税收票证项目总分为5分，当5分全扣完以后，责任人就再也不怕扣分了；三是有时不能客观地反映绩效的结果。倒扣型计算方式比较适合以下二种情况：一是比较重大、禁止发生的事例或数据的项目；二是事件发生比例较小或统计数据的成本太高的项目。

（三）确定项目目标

通常情况下，项目目标都有三个：最低目标、最高目标和考核目标。确立三个指标绝不是多此一举，它们各有自己的作用，综合在一起可以发挥更大的作用。最低目标指的是组织的最低期望，当绩效结果低于这个数据时，该项考评得分为0。设立此项目标的目的是告诉大家，在履行职责时，最低限度应该做到什么样的程度。比如按金额计算的涉税处罚率不得低于50%，低于这个标准是违反《税收征管法》的，是税务机关不可接受的。最高目标指的是现实中有可能实现的目标，但难度非常大。当绩效结果高于这个数据时，该项考评得分为配分的120%或150%。设立最高目标是为了让税务干部有一种突破的感觉、不一样的感觉。根据需求层次理论，人都有追求成就的需要，通过设立这样一个目标，使税务干部能够在达到目标时，有一种成就感，从而产生一种激励，调动大家的积极性。考核指标指的是组织的正常期望，并且70%的被考评者通过正常努力可以达到的指标。确立项目目标概括起来主要有三种方法：内部历史数据法，即本地区本部门以往时期实际征管绩效数据；外部竞争数据法，即其他地区、其他部门的征管绩效数据；假设求证法，即各地税务机关以前均没做过的事项同，通过设一个试行阶段求出一个结果，比如第一个推行电子申报的税务机关对电子申报率的考评目标，可以在试行半年以后，推算出一年通过努力可以达到的推广面。

（四）确定数据来源

考评数据的来源对于考评的效果影响非常大，因此，需要特别关注考评数据的来源问题。确定数据来源问题，需要注意以下四点：一是避免征管绩效数据来源与考评对象为同一人或同一部门；二是分子分母的每一个数据都应有具体的来源；三是数据来源于多个岗位或部门要甄别；四是多个部门相互提供绩效数据要验证。做到这四点，有以下几个好处：第一，可以防止考评数据作假。如果征管绩效数据与考评对象为同一人或同一部门，那么很容易出现作假现象。同样，如果分子分母的每一个数据不能找到具体的来源，就不容易得到验证，数据作假的可能性就大。第二，有利于征管绩效的改善。如果绩效考评的数据是真实的，就容易及时发现存在的问题，进而采取针对性的措施进行改善。第三，有利于建立团队意识。因为有些数据来源于多个岗位或部门，且多个部门相互提供绩效数据，这样岗位和部门之间，在业绩上会出现相互影响，为了共同改善业绩，他们会主动合作起来。比如征管移送稽查案件查实率，既是对征管部门移送案件准确性的考评，又是对稽查部门稽查质量与效率的考评，有利于促进征管部门有针对性移送稽查案件和稽查部门及时认真地检查移送案件，有利于促进征管与稽查的部门协作。

（五）确定评价主体

为确保评价结果的客观、公正，税收征管绩效评价体系的主体应由三部分组成：

1. 税务机关。税务机关是税收征管工作的具体承担者，也是税收征管绩效评价最主要的主体，主要职责应该是建立评价制度、制定和发布相关政策、实施指南的技术规范等，组织评价，综合利用评价信息改进征收管理、提高决策能力。

2. 具有专业判断能力的专家组。由来自于高等院校、科研机构、中介机构等技术人员组成的专家组，主要负责解决一些技术上的难题，协同税务机关确定指标、标准，对征管绩效进行分析。

3. 纳税人。纳税人则是对税务机关的服务质量、服务效果进行评价。税收征管的绩效在很大程度上取决于能否充分满足纳税人的合理合法需求，税收征管绩效的评价过程中应通过调查获得纳税人满意度信息。

三、征管绩效指标的具体构建

税务机关的征管职能主要体现在加强管理和优化服务两个方面，税收征管效能和税收服务品质从两个不同侧面反映了对征管绩效的职能要求，而组织资源能力则说明产生和支持征管绩效的内在基础，是征管绩效持续发展的保证，在很大程度上反映了征管绩效的发展潜力。

征管绩效指标的具体构建可参见下表：

（一）税收征管效能指标

	一级指标	二级指标	三级指标
税收征管绩效指标	税收征管效能（管理性职能指标）	税收征管质量（征收率高）	税务登记率、纳税申报率、税款入库率、大要案发生率
		税收征管效率（成本降低）	单位收入成本、人均征收成本、单位纳税成本
		税收执法水平（执法规范）	政策合法率、执法正确率、复议维持率、诉讼胜诉率
	税收服务品质（服务性职能指标）（社会满意）	经济服务能力	税收收入贡献率、资产税收贡献率、人均 GDP 税收产出率
		社会服务能力	综合满意度指数、税收公平性指数
		纳税人服务能力	电话咨询量、网站访问量、电子化报缴率、户均投诉率
	组织资源能力（发展性潜力指标）	信息技术支持能力	信息化投入比重、户均税收征管信息量、纳税数据处理集中度、涉税信息共享率
		管理制度支持能力	组织决策机制完善度、行政执法制约机制完善度
		组织文化支持能力	组织使命认同度、组织文化保障能力
		人力资源支持能力	大专以上学历人员比重、研究生学历人员比重、信息技术应用能力合格率、人均培训天数

税收征管效能指标所评价的是税务机关的基本职能，是征管绩效指标体系的主体。

1. 税收征管质量。税收征管质量是指衡量征管工作优劣程度的指标，主要体现税收征收率高的要求。三级指标有：

税务登记率：是指一定时期内实际办理税务登记户数与应办理税务登记户数之间的比例。主要用于衡量税务登记管理对漏管户的控制程度，反映了强化税源控管，清理和减少漏管户的要求。该指标构成了税务登记质量管理的主要内容。

纳税申报率：是指纳税人在法定申报期内实际办理纳税申报的户数与应申报户数之间的比例。主要用于衡量纳税人依法申报的遵从度，反映了改善纳税服务措施、强化管理和提高遵从水平的要求。该指标构成了纳税申报质量管理的一项主要内容。

税款入库率：是指纳税人当期实际缴纳入库的税款与按期缴纳税款之间的比例。主要用于衡量纳税人实际履行税款缴纳义务的程度，反映了采取多种形式确保税款及时、足额入库的要求。该指标构成了税款征收质量管理的主要内容。

大要案发生率：是指一定时期内查处金额在一定标准以上的案件与检查总户数之间的比例。主要用于衡量税源税户的监控水平，反映了通过提高税收检查针对性、准确性和处罚力度，强化税务检查和稽查的威慑力。该指标构成了税收检查质量管理的主要内容。

2. 税收征管效率。税收征管效率是指税收征管成果与征管付出之间的数值比较关系，是税收征管质量与数量的综合反映，主要体现成本降低的要求。三级指标有：

单位收入成本：是指一定时期内税务机关税收总成本与税收收入之间的比例。主要用于衡量税收行政效率，税收成本率越低，税收行政效率、税收成本效益就越高。

人均征收成本：是指一定时期内税务机关征收总成本与税务人员总数之间的比例。主要用于从征税成本角度衡量税收行政效率。

单位纳税成本：是指一定时期内税务机关所辖纳税人的纳税总成本与税收总收入之间的比例。主要用于从纳税成本角度衡量税收行政效率。

3. 税收执法水平。税务机关是一个政府执法部门，依法治税是税收征管永恒的主题和运行轨道，也是税务机关最基本的管理行为规范。三级指标有：

涉税政策合法率：是指一定时期内被抽查涉税政策规定符合国家税收法律法规的数量与涉税政策规定总数之间的比例。主要用于衡量税务机关制定或参与制定的涉税政策规定符合国家税收法律法规的程度。

税收执法程度正确率：是指一定时期内被抽查的税收执法程序正确户数与所有被抽查户数之间的比例。主要用于衡量税务机关的具体执法程序与国家税收法律法规相符合的程度。

行政复议维持率：是指一定时期内行政复议案件复议结果维持数与行政复议案件总数之间的比例。主要用于衡量下一级税务机关的具体行政行为与国家税收法律法规相符合的程度，以及上一级税务机关依法对行政复议案件审理的水平或内部监督的公正、合法程度。

行政诉讼胜诉率：是指一定时期内行政诉讼胜诉案件数与行政诉讼案件总数之间的比例。主要用于衡量税务机关在国家法律法规和司法机关最终监督和制约下，切实依法治税依法行政及维护纳税人合法权益的水平。

（二）税收服务品质指标

税收征管的服务职能主要体现在服务经济、服务社会和服务纳税人。在征管改革的进一步深化中，税收服务品质不仅要体现税务机关的精神文明，更要体现税务管理技术化的物质文明和以纳税人为本的政治文明。

1. 经济服务能力。三级指标有：

税收收入贡献率：是指一定时期内税务机关税收收入与其所在地区经济总量（GDP）之比。从微观层面上反映了税务机关税收征管职能发挥的程度以及对所在地区经济发展作出的贡献。

资产税收贡献率：是指一定时期内税务机关税收收入与其所在地区社会总资产之比。从资产规模所体现的社会存量财富角度反映了税务机关税收征管职能发挥的程度以及对所在地区经济发展作出的贡献。

人均GDP税收产出率：是指一定时期内税务机关所在地区人均税收收入与人均GDP之间的比例。从劳动生产力所体现的增量财富角度反映了税务机关税收征管职能发挥的程度以及对所在地区经济发展作出的贡献。

2. 社会服务能力。三级指标有：

社会满意度指数：是指一定时期内由第三方（如中介机构或权威调查机构等）以税务机关工作效率、服务满意程度和执法公正性、规范性、税收优惠政策落实程度、廉政程度等为内容，进行抽样问卷调查，经数据处理后所得到的平均总分值。主要用于衡量社会各界对税务机关征管工作的主观满意程度。

税收公平性指数：是指一定时期内由第三方（如中介机构或权威调查机构等）以纳税人税负公平性、税收政策公平性和管理公平性等为内容，进行抽样问卷调查，经数据处理后所得到的平均总分值。主要用于衡量税收政策制定和落实的公平程度。

3. 纳税人服务能力。三级指标有：

电话咨询数量：是指一定时期内税务机关提供的纳税咨询服务电话数量。主要用于衡量税务机关为纳税人提供电子化纳税信息服务的水平。

互联网站访问量：是指一定时期内纳税人对税务机关的互联网站点（外部的公众网站）访问的数量，即主页的点击数。主要用于衡量税务机关网上纳税服务的功能性和吸引性。

电子化报缴率：是指一定时期内纳税人以电话、互联网等电子方式完成税款报缴的户数（金额）与纳税人通过各种方式报缴的户数（金额）总量之间的比例。主要用于从户数（税额）的角度衡量税务机关利用信息技术为纳税人提供全天候、零距离和个性化报缴税服务的能力以及这种报缴方式的普及程度。

户均投诉率：是指一定时期内纳税人投诉总户次与纳税人总户数之间的比例。主要用于衡量纳税人对税务机关工作的不满意程度。

（三）组织资源能力指标

税务机关履行税收征管和纳税服务职责，必须具有相应的组织资源能力，这种组织资源能力是征管改革不断深化，全面实现征管改革战略目标的基本保证。

1. 信息技术支持能力。三级指标有：

信息投入比重：是指一定时期内税务机关信息技术相关投入与总投入（全部经费支出）之间的比例。主要用于衡量税务机关开展信息化建设的工作力度。

户均税收征管信息量：是指一定时期内税务机关建立的纳税人税收征管业务数据库的总容量与该数据库中纳税人总户数之间的比例。主要用于衡量税务机关运用信息技术掌握纳税人涉税信息的能力。

纳税数据处理集中度：是指一定时期内相关

涉税信息由税务机关专业数据处理机构集中、统一和实时处理的纳税人户数与纳税人总户数之间的比例。主要用于衡量税务机关信息化和专业化管理的水平。

涉税信息共享率：是指一定时期内税务机关信息系统实际与工商等相关政府部门和银行系统等相关机构联网运行数与应联网运行的政府部门和机构总数之间的比例。主要用于衡量税务机关与其他相关政府部门和机构在涉税信息方面的共享程度。

2. 管理制度支持能力。三级指标有：

组织决策机制完善度：是以指数形式反映一定时期内税务机关制定重要决策的规则、程序和方式的科学、完善程度。可以按重要决策事项的论证制度、公示制度、听证制度、专家咨询制度和领导责任制度的建立及施行情况赋予一定的指数值。

行政执法制约机制完善度：是以指数形式反映一定时期内税务机关在行政执法及内部管理过程中权力运行及制约的规则、程序和方式的科学、完善程度。可以按相关权力运行及制约机制的结构与效能情况赋予一定的指数值。

3. 组织文化支持能力。三级指标有：

组织使命认同度：通过税务机关内部问卷调查，以指数形式反映一定时期内税务人员对组织使命陈述的认知和认同程度。主要用于衡量税务人员对税务文化建设而达到的组织精神文化水平。

组织文化保障能力：是指通过税务机关内部问卷调查，以指数形式反映一定时期内税务文化以及学习型组织建设的总体进程和水平。主要用于衡量税务机关在组织自身发展过程中所获得的“文化力”大小。该指标应能体现出组织成员的参与管理意识、全局意识、合作意识、团队精神、创新意识以及廉洁自律意识等。

4. 人力资源支持能力。三级指标有：

大专以上学历人比重：是指一定时期内税务机关中已获得大学专科及以上学历人员数与税务人员总数之间的比例。主要用于衡量税务人员总体受教育的背景及基本文化素质。

研究生学历人员比重：是指一定时期内税务机关中已获得研究生及以上学历人员数与税务人员总数之间的比例。主要用于衡量税务机关中高层次人才的聚集程度。

信息技术应用能力合格率：是指一定时期内税务机关中获地(市)级以上公务员信息技术应用能力考试合格证书或信息技术等级证书人员数与税务人员总数之间的比例。主要用于衡量税务人员的信息技术素质和信息化管理能力。

人均培训天数：是指一定时期内税务机关中人均接受专业性或业务性教育和培训的天数。主要用于衡量税务人员专业或业务知识和技能更新的情况。

纳税服务体系建设研究

江苏省地税局课题组

为了贯彻落实党的“十七大”提出的“加快行政管理体制改革，建设服务型政府”以及“推动科学发展，促进社会和谐，构建和谐社会”的总体要求，省局党组作出了打造“三个一流”(打造一流的干部队伍、一流的服务水平、一流的工作业绩)，努力实现江苏地税各项工作走在全国税务系统前列的战略决策。如何构建完善的纳税服务体系，实现“打造一流的服务水平”，确保江苏地税的纳税服务工作走在全国税务系统前列的目标，就成为迫切需要研究解决的重要课题。

一、纳税服务体系建设在现代税收中具有重要地位

(一)纳税服务体系建设是新时期依法治税的更高层次。

新公共管理运动的兴起对西方乃至世界各国的公共管理理论与实践带来了深刻影响，促使政府管理模式从传统的官僚制向以市场与服务为导向的服务型管理模式转变，纳税服务已经成为世界各国现代税收征管的主流发展趋势。特别是近10多年来，我国在纳税服务方面也开始进行了有益的尝试，新的税收征管模式中把优化服务和纳税人主动申报共同列为税收征管的基础，新征管法也明确提出了税收咨询服务方面的要求，极大地提高了纳税服务在现代税收征管中的地位。纳税服务新地位的确立，将对现有税收征管模式产生质的影响，同时也赋予了依法治税以全新的视角，税务机关应因求变，转变传统工作思路，以征管流程再造为基础，探索建立以纳税服务体系建设为基础的税收征管新模式。

(二)纳税服务体系建设是新时期对政府诚信的更高要求。

纳税人向国家缴税，享有国家提供公共服务的权利，税务机关代表国家向纳税人征税，负有向纳税人和社会提供公共服务的义务。随着纳税人权利意识的不断觉醒，公共事务参与意识的不断增强，对国家诚信征税提出了更高的要求。纳税人对公平纳税、便利纳税的要求不断提高，使得纳税服务体系建设更为紧迫。

(三)纳税服务体系建设是新时期提高征管效率的有效途径。

传统的治税思想过于强调监控管理和执法打击，而对纳税服务重视不够，税务部门严格按照税收强制性和无偿性要求加强对纳税人的监督和处罚，在一定程度上促进了纳税人依法履行纳税义务，但也在一定程度上以牺牲征纳双方的良性互动以及以纳税人抱有强烈的抵触情绪为代价的，迫使纳税人处于被动纳税地位甚至与税务机关进行博弈对抗的地位，税务机关需要牺牲大量的人力物力进行监控，税收成本和税收执法的阻力都比较高。而建立起良好的纳税服务体系则可以有效地增强征纳双方的理解和沟通，变传统的单向管理为双向互动，有利于提高纳税人税法遵从度，提高税收征管效率。

二、纳税服务的内涵

纳税服务有广义、狭义之分。狭义的纳税服务是税务机关为确保纳税人依法纳税，指导和帮助纳税人正确履行纳税义务，维护其合法权益而提供的服务，提供服务的主体是税务机关。狭义的纳税服务将社会化的纳税服务排除在外。广义的纳税服务是指税务机关和其他社会组织，充分利用各种资源，运用各种方式，共同为纳税人办理涉税事项提供高效、快捷、便利的服务系统。其内容广泛，涉及到提供保护纳税人权益的一切机制和措施，不仅涵盖了优化税制、完善税政、健全征管、降低纳税成本、提高税务行政效率乃至整个政府效率等方面的内容，还包括税收立法、税务司法在内的全过程的服务。广义的纳税服务是目前世界各国纳税服务的发展趋势。其内涵应当包含以下几

个方面的内容:

1. 纳税服务的主体(即纳税服务的供应者)是为纳税人提供税收服务行为的组织和个人，不仅包括税务机关,还包括社会中介机构、相关政府部门、司法机关和其他社会组织。凡是为纳税人提供税收服务行为的组织和个人，都是纳税服务的主体。这个主体既可以是官方的,也可以是民间的;既可以是无偿服务的,也可以是有偿服务的。税务机关的纳税服务是一种行政行为,是无偿服务;而社会中介组织的纳税服务是一种商业行为，是有偿服务。虽然它们的服务性质有所不同,但它们的服务对象都是纳税人,本质上都是纳税服务。

2. 纳税服务的客体(又称纳税服务的对象、服务的接受者)是纳税人。

3. 纳税服务的依据是法律或行政法规。应以法律、法规的形式,将纳税服务的范围、基本要求和基本方式固定下来，使之成为税收征管工作的基础部分。它是基于法律对税收征纳双方的权利与义务的要求而产生的，体现了征纳双方的地位平等性。税务机关的纳税服务本质上属于依法行政的范畴,是一种法定的行政行为,纳税服务不是可有可无的,不能流于形式,必须依法规范纳税服务行为。

4. 税务机关向纳税人提供的纳税服务，应当贯穿于税收征管的全过程。具体地讲,纳税服务应当包括：税前—为纳税人提供公告咨询、辅导服务,提高纳税人依法履行纳税义务的能力;税中—为纳税人创造条件，使纳税人能够方便快捷准确地履行纳税义务;税后—为纳税人监督投诉、争议仲裁、损害赔偿提供方便和快捷的渠道。

5. 纳税服务是税务机关的行政行为之一,与税务机关的其他行政行为，特别是税收执法行为密不可分，加强纳税服务与加强税收执法是有机统一的。纳税服务不仅能够体现和适应税收执法的需要,而且还能够为税收执法服务,促进税收征管,促进税收征管改革;而税收执法也应当可以对纳税服务工作产生促进作用。

三、西方国家纳税服务体系建设的成功经验

纳税服务最早兴起于二战末期的美国。从二战末期到20世纪50年代，美国税务当局开始实行第一个正式的帮助纳税人计划，确立了税务局有责任向公众免费提供税务帮助的原则，从而赢得了国会的支持,使纳税服务措施得以全面推行。之后，在20世纪70年代注重税收成本和保护纳税人权益的双重目标时代背景下，纳税服务逐渐成为现代市场经济国家税务行政的主要内容。经过几十年的探索和发展,通过完善服务计划,提高服务质量,扩大服务范围,西方国家现在已形成了一套比较成熟的纳税服务体系，其在构建和完善纳税服务体系方面积累的一些成功经验和做法值得我们借鉴：

1. 重视纳税人权利，纳税服务的重点是维护纳税人的权利和提高税收遵从度。世界上的法制国家如美、英、加、法等,都比较重视纳税人的权利并把它写进宪法中，同时制定相应的保护纳税人权利的法律。在税法中把征纳双方平等的权利义务作为重要内容予以规定,美国1988年颁布《纳税人权利法案》,英国于1986年制定《纳税人权利宪章》,加拿大1985年通过《纳税人权利宣言》,澳大利亚1997年开始实施《纳税人宪章》。同时,政府制定任何一项税收法规，都必须广泛征求纳税人的意见。

2. 建立体现大服务格局的纳税服务组织体系。设置纳税人权益保障部门，成立体系完整的办税服务部门。美国国内收入局1998年按照《联邦税务局重组与改革法案》进行机构改革,主要是按纳税人类型和需求设置部门，设置了工资与投资收益局、小企业和自雇业主局、大中型企业局、免税单位与政府单位局,上诉办公室和纳税人服务局,使之成为一个以纳税人为中心的机构。

3. 采取多种措施，为纳税人提供高质量的服务。美国、西班牙、韩国、马来西亚等设立全国统一的纳税服务呼叫中心,公开政策法规,规范和完善税务网站的咨询服务功能,加强政策宣传。美国建有全国统一的联邦税务局网站，一般的信息、表格、出版物都可以从这个网站上下载,为纳税人提供便易的纳税申报方式和缴纳税款方法。美国不断加强信息化建设,开发了“联邦税收电子支付系统”(EFTPS)、“税收和工薪简明报告系统”(STAWRS)等工程项目,使税款的申报和支付更加及时便捷。

4. 重视纳税人需求。美国、加拿大、澳大利亚等国运用纳税服务分析系统，把纳税人咨询的问题进行收集、分类、归纳,进行定量定性分析,以支持税务部门进行不断适应纳税人需求变化的服务决策。

5. 发展税务代理，重视税收援助。美国早在1884年就推行了“注册代理人制度”。日本1951年制定了《税理士法》，德国1961年修订《税理士法》，正式设立税务代理士。日本目前税理士有7万多人，比日本税务系统人员总数还多1万多人。澳大利亚的纳税服务志愿者可以为纳税人无偿提供纳税申报，并为这些纳税人保密。志愿者来自社区，并愿意贡献自己的时间，为他人服务。他们不是税务人员，但是接受税务机关的培训和相关支持。

6. 建立科学的考核评价体系。美国国内收入局建立了一整套行之有效的绩效评价体系来对内部各级组织及其员工进行评估。这套绩效评价体系包括了组织绩效评价、员工绩效评价、纳税人满意度评价、员工满意度评价、部门成果衡量等方面，其目的在于实现三大战略目标：向每一个纳税人提供最高质量的服务、向全体纳税人提供最好的服务条件、向税务员工提供高质量的工作环境。

四、目前我国纳税服务体系建设存在的主要问题

通过各级税务机关的努力，纳税服务工作取得了一定进展，但还未形成完整的纳税服务体系。主要表现为纳税服务行为还不够规范，服务内容尚不够丰富，服务渠道和方式仍比较单一等。与日益增长的纳税人遵从意识和维权意识相比，税务机关的纳税服务意识还比较落后；与日益增长的纳税人税收贡献相比，税务机关的纳税服务工作还比较短缺；与日益增长的纳税人服务需求相比，税务机关的纳税服务资源还比较有限。

（一）纳税服务的法律地位和工作定位不明确

1. 法律地位模糊。

虽然《征管法》首次将“普及纳税知识、无偿为纳税人提供纳税咨询服务”等税收服务内容写进《征管法》，并确定为税务机关的法定义务。国家税务总局也于2003年下发了《国家税务总局关于加强纳税服务工作的通知》（国税发〔2003〕38号），从宏观上规定了加强纳税服务的十条指导意见。但是，纳税服务不仅仅是纳税咨询服务，还包括纳税信息服务、办税服务、法律援助、法律救济等多方面的内容，因而《征管法》对纳税服务的内涵没有给予明确定义，对纳税服务的外延也没有一个全面的概括，同时没有规定税务机关不提供、或错误提供纳税服务的法律责任。关于纳税服务和纳税人权益保护的具体法律、法规和规章的缺乏，导致开展纳税服务的法律依据不足。

2. 工作定位偏低。

从制度层面看，各级税务机关涉及纳税服务的制度、规范比较分散，层次不高，系统性不强，可操作性较弱，一定程度上影响了纳税服务的工作质量和效率。由于现行征管体制是以管理和执法为基础设计并实施的，偏重于监控处罚，导致一些本该作为公共服务的事项以管理业务的形式实现，纳税服务仅仅表现为征收管理过程中的一个附加内容和工作要求。因此，纳税服务在税收征管工作中的定位仍然不高，缺乏相应的专业化职能和系统的机构、岗位、人员，特别是还没有建立纳税服务、税源管理、税务稽查的良性互动关系，无法真正发挥纳税服务对于改善税收执法环境、提高税法遵从度、和谐征纳关系等的基础性作用。

（二）纳税服务的认识水平和操作水平不高

1. 干部认识不到位。

税务人员对纳税服务重要性认识不够，纳税服务热情不高。长期以来，税务机关和税务干部偏重于管理执法，忽视纳税服务，习惯将纳税服务工作纳入精神文明建设、税收职业道德和思想政治工作范畴，没能在思想认识上将纳税服务真正作为税务部门的法定职责看待，往往认为纳税服务是花架子，没有实质性作用。有的甚至将纳税服务与强化管理相对立，认为提高纳税服务质量就是弱化税收执法力度，把服务视为任务和负担，因此在提供服务时难免会态度生硬、被动应付；存在畏难情绪，担心开展纳税服务会把纳税人“宠坏”，仍然摆脱不了“居高临下”、“管理本位”的态度。

2. 服务手段简单化。

目前税务机关所提供的纳税服务，诸如微笑服务、辅导申报、集中性地开展几次上门服务等，这些服务基本上是面向低层次，初级阶段的纳税人，根本不能满足各阶层纳税人的不同需求，与纳税人之间的沟通互动较少，与纳税人的普遍需求也存在一定偏离，对于纳税人关心的涉税审批、服务效率、税法培训辅导等服务事项则没有系统地、

规范地开展。有的税务机关纳税服务项目开展得确实不少，但纳税服务形式主义严重，很多服务仍属于精神文明建设或职业道德范畴，工作标准虚拟、软化，行使的自由度很广。一些纳税服务没有分清便民服务与纳税服务的界限，有的甚至还超越了税收的范围。如，在纳税大厅中设置鞋油、鞋刷、针线包等。而有的还把救助贫困学生，看望孤寡老人等也视为纳税服务，这些提法和做法在一定程度上使纳税服务偏离了正确的方向。

（三）纳税服务的工作流程不畅

目前以方便税务管理为目的，税务组织机构采取的是对纳税人进行管理、打击组织模式，造成纳税服务职能的支离破碎，主要表现在，征管部门负责征管服务，监察部门负责行风评议，教育部门负责精神文明创建，办公室负责税收宣传等。纳税服务职能的极度分散，导致相互扯皮和推诿现象的频繁发生，使纳税服务成为谁都可管、谁都可以不管的盲区。

（四）服务资源配置不足

各级税务机关的纳税服务保障水平普遍较低，纳税服务人员配置较少，专项经费也仅限于宣传资料、文书资料、12366呼叫中心等简单服务项目，纳税服务资源配置远远不够。同时，税法宣传、12366、税务网站、办税公开、办税服务厅管理、法律救济等纳税服务工作由不同的业务部门分散承担、多头指挥，不利于对纳税服务资源进行合理配置和有效使用。此外，目前的纳税服务信息化建设大都独立于征管体系，全面性、系统性与专业性都不强，存在资源浪费的问题。

（五）服务考评缺位

通过近年来的努力，税务机关在税收收入计划完成情况、征管质量和队伍建设等方面形成了一套较为完善的考核机制，而对纳税服务的考核评估未予以充分重视，缺乏统一规范的内部考核机制，和由社会各界、纳税人广泛参与的外部评价机制，致使纳税服务工作在基层单位得不到有效开展。

（六）纳税服务的社会环境和政策环境有制约

1. 全社会纳税意识仍需加强。

（1）不良纳税行为导致逆监管。在市场经济条件下，部分纳税人会在守法和违法的“博弈”中选择逃避纳税义务，而偷税则更是成为企业实现其利润最大化最终目标的一种必要手段，纳税人都乐于接受税务部门提供的税收服务，而不乐于接受税务部门实施的税收监管，“予则喜、夺则怒”正是这种不良纳税心理的集中体现。在这种情况下，如果单纯以纳税人的观点作为评判标准，就会出现执法严格的税务机关打分低，而监管松弛的税务机关打分高的现象。在这场失衡的博弈中，税务部门就有可能会放松税收监管，而去刻意博得纳税人的好评，纵容偷逃税款。

（2）人为干扰执法造成逆导向。地方政府对依法治税存在一定程度的干扰现象，叠加税收计划任务对税收发展造成不良影响，这对纳税人形成健康的纳税心理起到不良暗示作用。个别税务干部不良执法行为和业务水平低下，也对纳税人产生了不良导向。

2. 税务部门政策水平有待提高。

（1）一些政策设计加重了纳税人的负担。在内部，征管查分离；在外部，国地税分设。各部门、各单位对同一户纳税人重复管理、重复检查，给征纳双方带来了高额的税收成本，给税务机关的形象带来了诸多不利影响。一些税务机关在内部推行了精细化管理，但对精细化管理的概念在理解上却存在偏差。不是以加强税务机关内部管理来突显精细化，而是将纳税人的办税程序、审批手续等设计得纷繁复杂，晦涩难懂，以此来体现精细化，给纳税人带来了许多不便。有些服务明明应当是为纳税人提供便利的举措，却纳入了税务机关重点监管的范围。如果不按照税务机关指定的便民方式去做，还将受到处罚。例如，税收征管法中规定，纳税人可以在税务机关条件允许的情况下，自行选择方便、可靠的纳税申报方式。可是，一些地方却强迫纳税人使用某种税务机关制定的“便民”申报方式，致使一些在税务机关附近营业的纳税人也不能到办税大厅直接申报纳税，而只能到银行去划转税款或通过网上申报纳税，否则被视为违规。这些做法只会增加纳税人的逆反心理。

（2）个别服务措施淡化了纳税人的纳税意识。个别税务机关对纳税服务界限认识模糊，对纳税服务存在片面理解，纳税服务工作越位和缺位并存。例如，可以由税务机关辅导填写的纳税申报表，却由税务机关直接代填写。纳税申报期到来后，纳税人本来应当及时地申报纳税，却要由办税大厅或税收管理部门来提醒。应当由纳税人办理的事项却由税务机关代劳了，这些做法在一定层面上都有可能会淡化纳税人的纳税意识，也更不利于相关法律责任的明确。另一方面，在一些需要税务机关努力解决的问题上却着力不多。

五、构建适合我国实际的符合现代税收要求的纳税服务体系的设想

（一）明确纳税服务体系建设的指导思想

构建我国纳税服务体系，应以邓小平理论和“三个代表”重要思想为指导，全面落实科学发展观，坚持聚财为国、执法为民的工作宗旨，在已取得的工作进展基础之上，立足于具体工作环境要求，消化吸收先进纳税服务思想，借鉴国外先进经验，变革服务理念，整合税收资源，以满足纳税人合法合理需求为导向，以信息化为依托，以职能转换和优化征管体制为重点，以提高纳税人满意度、增强税法遵从度为目标，改进和完善纳税服务工作，积极建设体现全程服务和大服务格局的，优质、高效、规范、透明的现代纳税服务体系。

（二）明确构建纳税服务体系的工作目标

1. 树立科学的、系统的纳税服务意识，形成全面服务、科学管理、规范执法的新型管理服务观念。

2. 设置扁平化的纳税服务组织机构，明确纳税服务组织的职能和职责，建立纳税服务相关岗责体系。

3. 再造和优化纳税服务流程，形成以流程管理为主的，各流程间衔接和协调的内部流程工作机制。

4. 建立健全纳税服务相关制度，明确纳税服务工作内容，规范纳税服务的标准，形成涵盖面向纳税人的税前、税中、税后服务和面向社会的纳税服务制度体系。

5. 拓展纳税服务手段，形成大厅服务、网站服务、上门服务、话务服务以及社会化服务等手段有机结合的多元化纳税服务渠道。

6. 强化纳税服务保障，形成资源配置、人员素质、专项经费方面的长效保障机制。

（三）明确构建纳税服务体系的基本原则

1. 简化优化原则。

构建现代纳税服务体系，必须在坚持依法履责、依法行政的前提下，站在方便纳税人的角度，不断优化业务流程，简并纳税环节，缩短办税时限，为其依法诚信纳税创造有利条件。

2. 规范透明原则。

规范是透明的前提，透明是规范的保障，将税收管理和执法工作的规范和透明寓于纳税服务全过程，以利于自我监督、岗间监督和社会监督。

3. 协调运转原则。

这是纳税服务流程优化的内在要求。征管模式从传统的职能化管理模式转变为以现代纳税服务为基础的模式，要求各部门成为纳税服 务流程中的有机结合的节点，在流程流转的闭环中协调运转，共同完成工作目标。

4. 统筹推进原则。

纳税服务体系的构建，必须从实际出发，注重税收成本、人员素质和资源配置的配比性，遵循合理规划、分步实施、持续改进的发展规律，坚持走税务机关内部推进和社会化外部推进相结合的道路，做好纳税服务体系与税收事业整体发展的统筹、税务服务与社会化服务的统筹以及纳税成本与征税成本的统筹。

（四）正确处理好两个关系

1. 正确处理好依法治税与纳税服务的关系。

要充分认识到依法治税和纳税服务的统一性。一方面，从严管理、依法治税、提高管理效率、创造公平的税收法治环境，其本身就是对纳税人最好的服务，所以说公正执法就是最大的纳税服务。另一方面，优质纳税服务的最终目标是实现更高层次的依法治税。税务部门通过纳税服务尽可能地提高办税效率，降低纳税成本，减少征税成本，是社会进步的具体表现，是税收管理与税法的本质要求，也是税务部门的重要职责。所以从根本上讲，两者是完全统一的。因此，税务机关必须实现由单纯执法管理向管理与服务并重的转变，强化为纳税人服务的职责意识。通过完善服务措施、转变工作作风，尊重纳税人、方便纳税人、服务纳税人，将管理执法和税收服务有机地统一起来。不能正确处理二者之间的关系，看不清税收执法与纳税服务的界限，是税务机关在日常工作中极易犯的一个错误，人为将二者对立，以一个倾向掩盖另一个倾向。

2. 正确处理纳税服务与纳税人法定义务的关系。

税务机关负有为纳税人提供纳税服务的义

务,但并不是包办纳税人所有纳税事项,所以正确区分税务机关与纳税人法定权利和义务的边界非常重要,这对于降低执法风险,提高服务水平也都有十分重要的现实意义。现实工作中税务机关超边界服务而带来的问题值得总结和重视。

六、构建纳税服务体系的具体政策建议

(一)明确纳税服务内容和标准,优化税务机关内部服务流程

1. 对照纳税服务各服务流程节点明确服务内容和标准。

要对现有各个职能部门和各个单项事务的处理过程进行简并归纳,在忽略掉内部的、个别的、不常发生的环节后,我们可以将内部税收业务流程大体划分为7个环节,即咨询、受理、调查、核批、评估、检查和执行,这七个流程与纳税服务均具有密切联系。从征纳双方的联系方向看,咨询、受理、核批体现纳税人找税务机关,调查、执行体现税务机关找纳税人,评估和检查体现税务机关与纳税人的交互联系。以各节点可以处理的税收业务进行分类,各环节纳税服务内容可大致划分如下:

咨询环节:信息服务,包括税法公告服务、宣传辅导服务、信息送达服务;咨询服务,包括电话咨询服务、网上咨询服务、书面咨询服务和上门咨询服务等。

受理环节:税务登记服务、纳税申报服务、税款征收服务、发票售销服务、税收咨询服务等。

调查环节:主要是对纳税人的户籍管理、税源调查、纳税人申请登记和纳税申报等税收事项真实性调查。

核批环节:主要是通过调查,据以判定税收定额、预缴税额、延期申报等方面的法定事项进行认定。

评估环节:根据纳税人提供的信息和税务机关掌握的信息,以人工和相关软件相结合,对纳税人申报纳税的真实性和合理性进行评估,并通过绝迹和案头审计等方式对此进行核实。

检查环节:主要为各项稽查业务。

执行环节:包括税收事项的告知、税务文书的送达、纳税人或当事人履行税务处理、处罚决定、税收违法违章行为的处理决定等。

明确服务内容后,一要进一步明确各项服务的提供方式和手段,并固化服务标准;二要明确各项服务的岗责体系和衔接协调机制,并严格执行。

2. 依据服务流程设置服务环节,简化中间层,实现扁平化管理。

对税收业务服务可以按启动方式大体划分为两种类型,一种类型是依纳税人申请启动,一种是依税务机关职权启动。依纳税人申请启动的税收业务服务主要集中在咨询、受理和核批环节,依税务机关职权启动的税收业务服务主要集中在调查、评估、检查和执行环节。两种业务服务可以分设不同的服务流程。

一是对以申请启动的业务服务,要通过整合现有分属各个职能部门的各个子流程,逐步形成集中统一办理的服务格局,简化办税程序,简并办税事项,提高办税效率,实现信息由各个部门间传递改为各个流程间传递,尽量为纳税人提供和税务机关一次接触就可完成审批事项的服务。可以考虑在办税服务厅设立综合服务岗位和主题服务区,将程序性、例行性审批推向服务前台,既可以解决纳税人反映比较强烈的多头跑、多次跑的问题,又可解决办税服务厅分工过细、忙闲不均的问题。

二是对以职权启动的业务服务,要尊重纳税人基本权利,转变服务理念,实行无依据不查,无异常不约谈的工作制度,要在部门间合理划分业务边界,减少职能交叉,多头管理,涉及税务机关找纳税人的事项尽量由较少的部门负责,减少对纳税人正常经营活动的干扰。

3. 整合服务资源,以纳税服务为导向设置综合服务机构和配置职能。

将分散在各个部门的纳税服务职能整合归并,将所有直接面向纳税人的税收业务统一由纳税服务专门机构进行专业化管理,具体可包括税法宣传、咨询服务、纳税辅导、办税公开、税务网站、投诉举报、税款征收及前台受理等。将纳税服务作为一项专业化、基础性、普遍性工作加以落实。将执法与服务作为提高税收遵从度的两大抓手,建立执法管理集中化、纳税服务专业化的大服务格局。

(二)整合服务资源,建立健全纳税服务的统一信息平台

1. 进一步推进信息技术应用,加强网上税务建设。

随着科学技术的进步，税收征收管理的手段越来越先进，特别是税收信息化建设的推进，不仅是实现税收征管现代化的支撑，也是降低征税成本，优化税收服务，提升管理水平的重要手段。税务机关应根据税收管理执法的要求与服务的要求的变化，适时推进变革，将高效的管理，严格的执法与高质量的税收服务结合起来，正确处理好税收征管信息化建设与提高税收服务的现代化程度的关系。首先要推广运行并不断完善一个功能齐全、协调高效的管理与服务相统一的征管信息系统，对凡需要完善优化、移植升级和开发建设的应用系统以及设备配置、推广维护都要纳入一体化轨道，进行登录界面整合和数据整合，以实现所有操作人员只需一次登录就可实施操作，所有数据录入后就能实现信息共享，所有工作情况都将通过统一风格的界面进行展示，所有工作实绩的考核和管理监控都能通过系统自上而下地进行，各级管理者可以最大程度地利用计算机所提供的各方面信息进行科学决策。同时，应当充分发挥互联网容量大、速度快、成本底的优势，整合税务网站，进一步增加、丰富、完善网站的涉税服务功能。建立起融政策咨询、法规公告、办税指南、投诉举报、网上登记、网上申报、网上审批、网上购票等为一体的重在征纳双方交互沟通的综合网络信息平台，尽量为纳税人提供界面清晰、功能全面、内容广泛的网络服务，从而降低纳税人的时间成本和经济成本。

2. 强化信息获取手段，加强相关业务部门间信息合作。

加强政府部门协作，逐步实现与工商、财政、建设、规划、房管、海关等相关部门之间的联网，及时传递、交换税源信息，对税源的全方位控管，对纳税人服务无缝对接。建立“政府领导、税务主管、部门配合、社会参与、司法保障、信息化支撑”为主要特征和基本内涵的社会纳税服务新机制，逐步形成政府依法管税、税务部门依法征税、纳税人依法纳税、社会各界协税护税的纳税服务新格局。

3. 建立真实准确的纳税人信息库。

纳税人承担着大量的资料报送、涉税事项约谈、接待税务机关调查等繁杂事务，纳税人忙，税务机关也累。纳税人负担重，各级税务机关已有共识。借助现代信息手段，充分利用技术创新推动管理和服务创新，是为纳税人和税务机关减负的最佳捷径。要统一数据库标准，依据《电子签名法》，确保各类数据安全、真实、合法，建立纳税人电子信息档案库，从法律角度满足征管档案管理的需要，最大限度减轻纳税人负担，降低办税成本。

（三）创新服务手段，拓展服务渠道，不断提升纳税服务的效能

1. 建立社会各方普遍参与的税收宣传网络。

税收宣传是纳税人获取纳税知识的主要渠道之一，要改变目前单一的、运动式的税法宣传方式，建立一个各方普遍参与的、系统的、持续的税法宣传网络。

（1）税法宣传要善于吸收社会各方参与。一是可与学校合作，从娃娃抓起，培养全社会的依法纳税意识和税法遵从度；二是可与新闻单位合作，刊发公益广告，刊登税收知识，曝光违法案例，潜移默化地发挥公众媒体的舆论导向和监督作用；三是可借鉴交通部门的驾照管理经验，将纳税人税务登记前的入门培训和辅导作为税法宣传的关键环节。

（2）加强纳税辅导和纳税宣传的工作机制。一是健全纳税咨询的受理、答复、公开机制，统一解释税收法规和解答纳税咨询口径。二是编写统一规范的办税业务指南，加强税收指引服务。三是规范窗口咨询，加强对窗口咨询人员业务知识的培训和更新，并建立相关监督和考核机制。四是建立强大的税收咨询网络，在省辖市级税务机关统一设立12366咨询热线，并积极推广国地税联办12366咨询热线。

2. 要不断创新快捷高效的办税服务方式。

（1）大力推进新型远程办税方式的运用。要按照信息化建设的总体要求，进一步整合拓展远程认证、网上审批系统，推行网上登记、远程报税、网上购票等税收服务，将来要将能够融入远程办税支持系统的税收业务服务全部纳入，真正实现纳税人足不出户就能完成办税业务，节约征纳成本。

（2）逐步实施办税“同城通办”。按照服务社会、服务纳税人和“简易、方便、规范”的原则，从满足纳税人需求和节约纳税人成本原则出发，逐步推行无区域办税服务，实行纳税申报同城通办、税款入库同城通缴、地税发票同城通售、代开发票同

城通办、涉税事项同城受理等"同城通办"业务。纳税人可以不受经营地点和所属地税机关的限制，不仅可以就近办税，还可以从优选择申报地点，轻松完成涉税事宜，从而实现地税征管与纳税人之间的"快(快捷)、易(简易)、通(通畅)",解决以往跨区经营企业办税难的问题，给纳税人办理涉税事项更多的空间选择，并可以缓解基层办税服务厅之间繁忙拥挤程度不一的矛盾。

(3)尽量为纳税人提供个性化服务。这是纳税服务中更深层次的内容。如果纳税服务仅限于按照统一服务规范提供的普遍服务，不考虑不同纳税人的特殊情况，既不利于税务机关合理配置征管资源和进行税源监控分析，也不能满足不同纳税人的特殊需要。所以应当整合纳税人的个性化信息，针对其不同的纳税服务需求，在管理中动态地予以体现。如对纳税人实行户籍管理、分类管理、评定纳税信誉等级等办法，为纳税人提供个性化服务。

3. 拓宽服务渠道，提高纳税服务的社会化程度。

理论上讲纳税人的数量是不断增加的，而税务管理人员不可能同比增加，执法服务不可能涵盖纳税服务的全部内容。在当代多数发达国家，纳税人纳税事宜的绝大部分由税务中介承担，并由此实现市场机制带来的纳税服务社会效益，应该说，这代表了未来纳税服务体系的拓宽方向。

(1) 规范壮大税务代理机构和其他社会中介组织。代理机构服务具有独立性、对等性和自愿性等税务机关纳税服务所不能的优质特征，剥离了税务机关的事务性事务，在税务机关和纳税人之间有效形成一个矛盾"缓冲带"。我国税务代理已有了很大发展，但仍与税收事业的发展不相适应。税务机关作为税务代理机构的监管部门，要重点在引导扶持、加强监督、规范动作方面发挥作用，推进纳税代理服务向更高、更深层次发展。

(2)提倡发展纳税服务志愿者组织。纳税志愿者组织主要面向纳税有实际困难的特殊纳税群体提供服务，具有公益和无偿的性质。纳税志愿者组织的发展将对我们拓宽税法宣传渠道、关注社会弱势群体，解决特殊纳税服务问题发挥独特作用。发达国家发展志愿者服务组织的经验值得我们借鉴。

(四)多管齐下，建立健全纳税人权利维护机制

1. 要维护纳税人对涉税政策的知情权和参与权。

任何一项税收政策的出台和实行，纳税人的配合是取得政策绩效的充分条件。所以税务机关在政策、决策制定过程中，要遵循实事求是的原则，采取各种形式争取纳税人参与，尽量避免政策失误和推行的负担和阻力。同时在政策执行或管理方式推行前应有强大的舆论造势，在执行过程中要做到及时反馈调整，以保证税收执法决策或管理方式适应纳税人的承受程度，达到纳税人最优的认同感和税法奉行的低成本。

2. 要畅通纳税人维权通道，完善过错纠正制度。

由于历史和现实的原因，相对税务机关，纳税人处于被动和弱势的地位，其合法权益受到侵害时，信心不足，渠道狭窄、反馈滞后，法律救济缺位。目前，要加强对现有纳税人维权通道的利用，充分发挥信访、评议、行政复议、12366 投诉和其他维权通道的作用，真正赋予维权的现实意义，鼓励纳税人通过多种形式维护自身的合法权益。在纳税人合法权益受到侵害时，税务机关要建立和完善高效的处理反馈制度，明确职责，畅通机制，落实责任。要利用双查双纠等有效的工作机制，重点健全完善积极的错案纠正和责任追究及反馈制度。

3. 鼓励建立纳税人协会等自治组织。

要充分认识纳税人自治组织的积极作用，促使其自主理解纳税人需求，反映纳税人呼声，参与由税收引起的矛盾调解等。加强纳税人自身或民间互助组织与税务机关面对面沟通的纠纷调解机制，在发生税收征管纠纷时，能及时与税务机关协商解决，一方面解决纳税人个别维权力量薄弱的情况，另一方面，也可以尽可能地避免税收纠纷进入司法程序造成的负担。

(五)着眼长远发展，完善纳税服务的监督评价机制

税务机关开展的纳税服务是一项开放性的活动，为了确保服务质量，必须加大监督力度，除了税务机关的自身监督之外，还要面向社会、面向纳税人，把服务行为置于有效的社会监督之下，做到内外结合、上下结合、明察暗访相结合，

建立公开的、由社会各界共同参与的监督制约机制。税务机关要把实现和维护纳税人的合法权益作为一切税收服务工作的基础，必须建立以纳税人满意以及社会满意为标准的考核评价体系，建立健全纳税人合法权益和服务质量保障机制。满足纳税人的合理需求，是纳税服务的基本准则和最高标准。根据纳税服务的岗位职责、工作流程和制度规范，建立地税机关纳税服务质量监督和考核制度、纳税人及社会各界对地税机关纳税服务质量的评议评价制度，对地税干部纳税服务质量的奖惩激励制度等一整套的绩效考评和测量办法。建立社会调查满意度、网上办税推行率、公开办税到位率、办税窗口规范率、优惠政策落实率、税收宣传到位率、咨询答复及时率、咨询答复准确率、维权服务准确率等纳税服务评价指标。将纳税服务责任层层分解，明确服务内容和标准，力求覆盖与纳税人的所有“接点”，最大程度量化纳税服务效率、质量，使纳税服务工作在内容上标准化、执行上规范化、考核上定量化、操作上实用化，实现由事后主观性评价到全程客观性定量分析的转变。

制度经济学认为，在产品质量的多维条件下，如果考核机制对某一维给予了较高评价，就会导致牺牲其它维而使这一维资源供给过多，或虚假供给。多年来，纳税服务的内容、标准和责任缺乏统一明确规定，考核缺乏量化和刚性，导致纳税服务工作不深入。为保证纳税服务工作真正成为税收征管的基础性工作，需要改革现行考评体系，给予纳税服务工作以应有的地位。

（六）提高干部队伍素质，建设纳税服务文化

纳税服务工作是征纳双方直接沟通的桥梁和纽带，工作人员不仅代表着地税局的形象，其服务水平也直接影响着纳税人对地税工作的评价。只有建立一支政治坚定、业务熟练、作风优良、执法公正、服务规范的税务干部队伍，加强教育培训提升服务意识，提高服务能力，为纳税服务工作开展提供精神动力和智力支持。一是加强培训和考核，使服务人员在知识结构、业务技能和心理素质上全面拓展，提供专业化服务。特别是在税务咨询环节引入高素质的复合型专业人才，以切实帮助纳税人解决各个方面的疑难问题。二是大力开展岗位练兵活动，增强服务意识和服务能力，提高服务质量和服务效率，营造争先创优的组织氛围。要抓好纳税服务与全员岗位练兵活动的结合。明确纳税服务是岗位练兵活动的重要内容，细化服务标准，明确服务内涵，以服务水平的优劣检验岗位练兵活动成效。三是建立健全激励机制，不同岗位不同待遇，激发干部活力。前台纳税申报、发票领购、综合受理等、12366热线电话等岗位可以探索实行按业务量计酬等办法加大激励力度。四是建设纳税服务文化，培育团队精神，塑造整体形象，增强整体战斗力。引导税务工作人员牢固树立为纳税人的服务理念，增强对本职工作的认同感、荣誉感，和责任感，增强服务工作的凝聚力和集体战斗力。

促进房地产业健康发展的税收政策选择

李小平

2010年4月份以来,针对房地产价格过快上涨的情况,国家接连出台了一系列调控政策。4月14日召开的国务院常务会议要求,对贷款购买第二套住房的家庭,贷款首付比例不得低于50%,贷款利率不得低于基准利率的1.1倍;对购买首套住房且套型建筑面积在90平方米以上的家庭,贷款首付比例不得低于30%。2010年4月17日,国务院发布《关于坚决遏制部分城市房价过快上涨的通知》(简称"新国十条"),提出"发挥税收政策对住房消费和房地产收益的调节作用。财政部、税务总局要加快研究制定引导个人合理住房消费和调节个人房产收益的税收政策。税务部门要严格按照税法和有关政策规定,认真做好土地增值税的征收管理工作,对定价过高、涨幅过快的房地产开发项目进行重点清算和稽查。"因此有必要充分研究近年出台的房地产相关主要税收政策对房地产市场的影响,从而提出促进地方房地产业健康发展的税收政策选择。

一、我国实施的主要房地产税收调控政策总揽

从2005至今,短短5年时间,国内房地产市场经历了三个阶段:第一阶段:2005-2007年,房地产调控政策总体目标为稳定住房价格;第二阶段:2008年,房地产调控政策总体目标为刺激二手房市场;第三阶段:2009年至今,房地产调控政策总体目标为遏制房价上涨。配合这期间调控政策目标,房地产税收政策有调整(表1)。

二、房地产税收调控政策效应分析

(一)房地产税收调控政策的有效性分析

1. 个人所得税

从税收收入总体状况来看,房地产行业的个人所得税负情况各地差异较大,近年来房地产业税负占个人所得税收入比重平均最高的如南京5.82%,最低的镇江仅1.65%。作为经济比较发达的城市苏州2.89%的历年平均占比也不是很高。这一方面受地区房地产价格、房地产交易量等市场因素的影响;另一方面,也受到各地征管水平、征管力度的影响。从占比来看,房地产业的个人所得仍然有很大的上升空间。

从个人所得税对房地产市场的调节作用来看,调控的效果并不理想。现行的个人所得税共分为11项,其中涉及房地产的主要是财产转让所得和财产租赁所得两项。以财产转让所得为例,个人所得税中财产转让所得,是指个人转让有价证券、股权、建筑物、土地使用权、机器设备、车船以及其他财产取得的所得。由于契税主要是针对转移土地、房屋权属的情况征税,理论上讲,一般交纳契税的自然人纳税人次(受让方)与交纳个人所得税财产转让所得税目的纳税人次(转让方)是高度正相关的。根据淮安、镇江、南通三市的调查数据显示,即使把个人所得税中财产转让所得全部看做是来自房地产转让所得所课征的税(这实际上就是夸大了分母),平均每次转让房地产所纳的个人所得税也是少得可怜。如果再依照20%的税率倒推回去,这显然与房地产交易中的个人获利实际情况是严重不相吻合的。进一步分析会发现对房地产租赁所得(财产租赁所得)课税实际上也存在着同样的问题。很明显个人所得税在房地产租赁所得和房地产转让所得上调节效果很不理想。

这里面有税制设计的不合理因素,也有税收征管上的问题。下面以南京市为例来细究其问题的根本。首先11项个人所得其实可以归为两大类:一类是勤劳所得,包括工资薪金所得、个体工商户的生产经营所得、对企事业单位的承包经营承租经营所得、劳务报酬所得、稿酬所得、特许权使用费所得6项;一类是非勤劳所得,包括利息股息红利所得、财产租赁所得、财产转让所得、偶然所得、其他所得5项。根据现行个人所得税法的规

表 1　近期房地产税收调控措施回顾

发布时间	发文编号	主要内容
2005 年 6 月	国税发〔2005〕82 号	《关于加强房地产税收管理的通知》，对购入不足两年的房屋转让按收入全额征收营业税
2005 年 10 月	国税发〔2005〕156 号	《关于实施房地产税收一体化管理若干问题的通知》
2006 年 3 月	国税发〔2005〕31 号	《关于房地产开发业务征收企业所得税问题的通知》
2006 年 6 月	财税〔2006〕75 号	《关于调整房地产营业税有关政策的通知》，个人转让住房营业税免征时间从 2 年延长到 5 年，全国范围内开征二手房转让个人所得税
2006 年 7 月	国税发〔2006〕108 号	《关于个人住房转让所得征收个人所得税有关问题的通知》
2006 年 12 月（2007 年 2 月 1 日起执行。）	国税发〔2006〕187 号	《关于房地产开发企业土地增值税清算管理有关问题的通知》，明确房地产开发企业土地增值税将实行清算式缴纳。
2006 年 12 月（2007 年 1 月 1 日起执行）	国务院令第 483 号	国务院发布了《关于修改〈中华人民共和国城镇土地使用税暂行条例〉的决定》。将城镇土地使用税每平方米年税额在 1988 年暂行条例规定的基础上提高 2 倍。此外，决定还将城镇土地使用税的征收范围扩大到外商投资企业和外国企业。
2008 年 3 月	财税〔2008〕24 号	《关于廉租住房经济适用住房和住房租赁有关税收政策的通知》，规定相关减免税政策。
2008 年 10 月（2008 年 11 月 1 日起执行）	财税〔2008〕137 号	《关于调整房地产交易环节税收政策的通知》，对个人首次购买 90 平方米及以下普通住房的，契税税率暂统一下调到 1%。对个人销售或购买住房暂免征收印花税。对个人销售住房暂免征收土地增值税。
2008 年 12 月	财税〔2008〕174 号	《关于个人住房转让营业税政策的通知》，自 2009 年 1 月 1 日至 12 月 31 日，个人将购买不足 2 年的非普通住房对外销售的，全额征收营业税；个人将购买超过 2 年（含 2 年）的非普通住房或者不足 2 年的普通住房对外销售的，按照其销售收入减去购买房屋的价款后的差额征收营业税；个人将购买超过 2 年（含 2 年）的普通住房对外销售的，免征营业税。
2008 年 12 月	财税〔2008〕152 号	《关于房产税城镇土地使用税有关问题的通知》
2009 年 3 月	国税发〔2009〕31 号	《房地产开发经营业务企业所得税处理办法》
2009 年 11 月	国税函〔2009〕639 号	《关于个人转租房屋取得收入征收个人所得税问题的通知》
2009 年 12 月	财税〔2009〕128 号	《关于房产税城镇土地使用税有关问题的通知》
2009 年 12 月	财税〔2009〕157 号	《关于调整个人住房转让营业税政策的通知》，自 2010 年 1 月 1 日起，个人将购买不足 5 年的非普通住房对外销售的，全额征收营业税；个人将购买超过 5 年（含 5 年）的非普通住房或者不足 5 年的普通住房对外销售的，按照其销售收入减去购买房屋的价款后的差额征收营业税；个人将购买超过 5 年（含 5 年）的普通住房对外销售的，免征营业税。
2010 年 4 月	财税〔2010〕13 号	《关于首次购买普通住房有关契税政策的通知》，对两个或两个以上个人共同购买 90 平方米及以下普通住房，其中一人或多人已有购房记录的，该套房产的共同购买人均不适用首次购买普通住房的契税优惠政策。
2010 年 5 月	国税函〔2010〕220 号	《关于土地增值税清算有关问题的通知》
2010 年 5 月	国税发〔2010〕53 号	《关于加强土地增值税征管工作的通知》

定，对勤劳所得多采用累进税率(实际上6项当中有4项都是累进课征的，劳务报酬所得的加成征收效果实际等同于累进课征)，最高的边际税率达到了45%，只有稿酬所得在减征以后实际税率14%略低于非勤劳所得，其他各项的最高边际税率均不低于20%。而非勤劳所得全部是20%的比例税率。很明显，个人所得税税率在设计上是鼓励投资，而非 鼓励勤劳致富。而跟房地产有关的两项恰在非勤劳所得20%税率之列。这样的税率体系显然违背了社会公平目标。既不利于目前的房地产市场调控，也不利于收入分配调节。从个人所得税收入的结构来看，南京市的个人所得税收入中对勤劳所得课税基本上占到了80%以上，而对非勤劳所得课税仅占20%弱。个人所得税收入中70%左右都来自于对工资、薪金所得的课税。其次，在针对个人房地产租赁、房地产转让的征管方面，由于财产登记制度不健全、个人收入监管机制不健全等因素，导致于这两类税源的征管成本过高，为税收流失、税收调控目标背离埋下了隐患。

2. 土地增值税

实行土地增值税清算以来，其征收情况并没有明显改善，许多地区房地产业土地增值税增幅甚至还达不到房地产业税收当年增幅的水平。整体而言苏南比苏中、苏北形势略好些。从清算时间来看，有的项目从土地购入到最后纳税清算间隔竟达8年以上，土地增值税制在调控土地开发时间、调节土地增值收益、促进税款及时征收入库方面收效并不显著。实际上，土地增值税的征收效果不理想是有其历史根源的，虽然《土地增值税暂行条例》1993年12月13日就已经颁布，但各地土地增值税的实际开征情况并不一致。土地增值税以前一直没有强制执行，主要有两个原因：一是由于20世纪90年代房地产市场长期低迷，各地地方政府为鼓励企业开发投资，免征或缓征了土地增值税；二是由于房地产开发的特点，项目实际成本和应缴土地增值税额只有在项目清算时才能够确定，因此《土地增值税暂行条例实施细则》规定纳税人在项目全部竣工结算前转让房地产取得的收入，可以预征土地增值税，待该项目全部竣工、办理结算后再进行清算，多退少补。具体办法由各省、自治区、直辖市地方税务局根据当地情况制定。在近几年部分地区恢复征收土地增值税后，就采取了这种预征的方式。但即使采用预征方式征收全国各地的预征比率也各不相同。

1994年起开始执行至今，国家先后多次发文，但土地增值税仍然是无法真正按照政策规定严格进行清算，四级超率累进税率一直形同虚设。由于预征率较低等原因，1994年开征土地增值税未能起到有效的调控效果。于是，在上一轮房价暴涨之际，即2006年年底，国家税务总局出台《关于房地产开发企业土地增值税清算管理有关问题的通知》，计划从2007年2月1日起至2008年前，全面清算土地增值税，试图以严厉措施调控房地产。但随后由于金融危机爆发，政府全面救市，这一严厉调控政策未能得到执行，再次不了了之。直到2009年房价再次暴涨，中央政府才于2009年12月重启房地产调控，出台了系列调控政策，以调控房价。不过，由于土地增值税牵涉到多方面的具体利益，尤其与地方政府的土地价格、招商引资等相关，还可能触及某些人的个人利益，再加上其他操作层面因素的影响，如政策执行中的资产评估、资产清算、税费计算等技术操作性和执行过程中的细节等诸多因素的影响，土地增值税往往难以真正地全面从严清算。

3. 营业税

从营业税优惠期调整这一调控政策本身而言，仅仅是对少部分人可能会产生微弱影响，因为毕竟房地产是具有投资和消费双重品质的特殊商品，投资者可以在租和售之间随时作出选择。相对来说，其选择的自由度很大，不大容易受到营业税的优惠政策调控的影响。近年来营业税始终呈稳步增长的态势，只有2008年受房地产市场环境影响较大，部分城市房地产业营业税出现了负增长。营业税税收收入总体上并未明显受到2005年和2009年两次调整优惠期政策的影响。

按照供求理论，城市化进程对房地产的需求猛增，将使需求曲线右移，这会使均衡产量增加，均衡价格上升，在短期内呈现出房地产供应量严重不足而无法满足需求的状况，在这种情况下为了缓解矛盾抑制需求，需要将新的均衡产量维持在原来的均衡产量附近，政府根据供求关系，试图通过调节税收政策，通过加重交易环节税负(调整营业税优惠期限)的方法改变需求曲线，使需求曲线右移的速度放慢，让新的均衡产量增加的速度放缓，以减轻需求骤增带来的价格攀升的压力。然而事实上,交易环节税负(个人住房转让营业税政策)调整的收效甚微,房价不仅并未因此而下降,相反,每年可能还呈递增趋势,换句话说,房价上浮的压力并未因此而减轻。何以至此呢?这是因为个人住房转让营业税政策调整在打击投机性需求的同时,也打击了二手房市场的供给方,使得供给和需求同时发生变化,在房地产市场呈上扬态势的情况下,短期内二手房的供给量(特别是满2年不满5年的情况)的变化给房地产市场带来的影响可能会大于房地产需求的变化所产生的影响,而一级市场也可能会减少新房的市场投放量,让成品房在更高的价位慢慢上市,以追求更高的利润。换句话说,这个政策调整的效果应该说是有时滞的,但是政策却没有给予足够的时间,迅速又做了调整。

举例而言,自2009年1月1日起至2009年12月31日执行的《关于个人住房转让营业税政策的通知》,对供给方来说,这个政策实际上只对2004年1月1日至2006年12月31日之间个人购买的住房会有产生税收效用,对2004年1月1日以前的没有任何影响。显然,如果是这一时间段买进的投资性购房者,在2009年抛售其手中囤积的房地产可以切实得到政策实惠。对需求方来说,对消费性需求者因为是自住显然不会产生什么影响,对投资性需求者这看起来是个利好的消息,因为可以减少缩短投资期的税负,如果在这一时间段买进,理论上两年以后如果想出售可以享受到税收优惠,但实际上,没有太多影响,因为对投资性需求者而言,税收优惠政策很难成为其投资决策的主导因素,毕竟政府的调控政策是不可控因素,变数不定,而且政策的实惠要两年以后卖房才会真正实现,如果届时市场行情好打算转为长期投资,不打算出售那么政策优惠对其而言也是没有实际意义。事实上也正是如此,随着房地产市场行情的急转直下,2010年1月1日起,这些优惠又取消了。营业税这一优惠政策变换的频繁变化恰恰会使优惠的预期效力进一步下降,因为2014年12月31日之前仍会有可能变化。所以,这项政策的调整最终的着力点还是落在了供给方这边。

4. 契税

近期的契税调控政策主要集中在税率调整上,应该说政策效果还是很显著,以淮安市为例,在2009年房地产市场普遍低迷的情况下,90平方米以下普通住房成交量明显呈大幅上升趋势,构成了房地产市场成交量的主体。

但是尽管如此,从理论上讲,契税制度本身仍存在一些固有的缺陷,在一定程度上影响了其调控作用的进一步发挥。首先,现行契税税负偏高、且与印花税重叠课征,虽然税收学界通常将前者界定为动态财产税,而将后者视为行为税,但就房地产交易而言,二者均以产权转移书据为课征对象,计税依据都是成交价格,产生了税制性重复课税问题。其次,契税申报、纳税期限的规定脱离实际。纳税人购买的房产很多为期房,其纳税义务发生之时取得的只是预售房合同和预售房发票。纳税人一般要等到办理房产证时才会办理契税纳税申报并缴纳税款,因而从纳税义务发生之日到实际申报纳税往往可能推后1–2年。第三,由于契税的计税价格是根据合同和发票计算,造成实行“一价清”销售的商品房税基包含了代收费用,而未实行的楼盘则不包含。这种代收费用的不同处理,造成目前房屋税基的组成要素不统一。第四,在征管过程中,评估价格部分偏离成交价,二手房虚假交易合同泛滥。二手房交易所参照的市场价格主要是房产评估机构出具的评估价格。由于房价的快速上涨,评估机构作出的房屋评估价有时会偏离实际成交价,导致契税计税价格不真实。在二手房交易中,很多纳税人利用这一缺漏,根据房屋评估报告的评估金额填写虚假房产转让协议,将其与评估报告提交征收机关申报纳税,造成税款流失。

5. 房产税

严格说起来,房产税是目前税制体系中的保有环节课税的主体税种,但是很显然,其收入调节功能并未能够充分发挥出来。随着房地产市场的活跃、价格的日渐走高,房产税在全部税收收入中的比重却呈下降趋势,很多城市的增幅也呈下降趋势,显得与房地产市场的行情有些相背离。

从制度根源来看,原房产税法规,即1986年颁布的《房产税暂行条例》中明确规定,房产税若按房屋余值征收,税率1.2%;若按照租金征收,税率12%。这样的比例税率设计,具有较强的累退性,不仅不能起到调节收入分配的作用,而且有可能增加低收入者的住房及租房负担，对居民收入分配产生"逆向调节"。一方面,从价计征部分未考虑消费性需求与投资性需求的差别。也未考虑税负公平问题。对于购置房产,房产税的计税依据为房产原值一次减除10%-30%的扣除比例后的余值,那么,最近几年土地交易价格不断上涨,地价上涨带动了房价上升，后购置房产的房产税就会比前购置房产的房产税高出许多，这显然有悖于税收的公平性原则。另一方面,从租价计征中的租金收入,除出租双方当事人外,目前很难掌握该部分收入的真实情况。在实践中,营业性的房屋出租,房主为了减轻税负,一种情况是改变合同的金额,使合同金额变小。另一种情况是修改合同的性质,对原租用于营利活动的变成租用于居住,从而少缴房产税。居住性质的房屋出租情况,由于出租人纳税意识差,承租方流动性又大,且无须出租方提供发票,只求价廉,从而使私有住房的出租成为房产税、营业税等税的征管盲区。

（二）房地产税收调控政策对房地产价格的影响

要分析税收对房地产市场的影响，必须要考虑税负归宿问题。房地产市场是不完全竞争市场,房地产税的税负归宿受房地产市场结构、供求弹性、市场周期等诸多因素的影响。

1. 房地产市场结构

一个产业的市场结构问题，其实质就是该产业的竞争(或者说是垄断)程度问题。决定市场结构的主要因素有市场集中程度、产品差别化程度和进入壁垒。从交易对象的角度出发,可以把房地产市场划分为土地市场、房地产增量市场和房地产存量市场。由于交易双方左右市场的力量和特点存在差异，各个子市场呈现出不同的市场特征。

(1)土地市场

中国的土地市场实际上是在土地国有制和土地所有权与土地使用权两权分离制的基础上建立起来的。土地市场的土地供给实际上是一种由政府行政规制的作用而形成的行政性供给垄断。在土地区位的独特性、位置的固定性、使用价值的不可替代性等自然属性的双重作用下，土地供给的垄断性更加突出。

(2)房地产增量市场

房地产增量市场具有寡头垄断的市场特征。一方面,房地产市场是一个区域市场,任何一宗房地产的位置都是不能移动的,在不同国家、不同城市的房地产的市场条件、供求关系、价格标准等都具有不可比性,它只能和毗邻的房地产竞争,在某一区域范围内只有少数房地产开发商进行竞争。另一方面，房地产开发的投资特点限制了新的竞争者的进入。房地产业是高度资金密集型行业,房地产投资具有投资成本高、投资回收期长、投资风险大的特点,这限制了一部分竞争者的进入。

(3)房地产存量市场

在房地产存量市场上，有大量的买者与卖者,存在房型、面积、使用功能、周边环境等种种“产品差别”。虽然房地产作为一种大宗商品本身并无替代品,但一旦对具有异质性和位置不动性特征的房地产区位市场进行细分,处在同一区域内的不同档次、不同区位的房地产之间则产生了强烈的可替代性,如同一城市内的高档房和中低档房之间、老城区的房地产和新城区的房地产之间、购房与租房之间。这使得房地产存量市场显示出具有垄断竞争市场的显著特点。垄断竞争的市场特征包括:有众多的卖者;产品是有差异的,而且不同的产品具有很强的替代性;市场进出是自由的。

2. 房地产税的税负归宿

道尔顿法则认为税收负担将依据需求的价格弹性和供给的价格弹性来分配，这是基于完全竞争假设基础之上的。房地产市场是不完全竞争市场,道尔顿法则的局限性在这里完全显现出来。

(1)土地市场

在无税收的情形下，处于垄断地位的土地供给方会选择这样一种土地供给量，以使它的任何额外供给成本(边际成本)恰好等于它能获得的额外销售收入(边际收入)。为了实现利润最大化,土地供给方会使它的边际成本等于边际收入。对土地课税可以简单地视为增加成本，即边际成本曲线上移。如图1所示,为税前边际成本,为税后边际成本。对土地课税的结果是土地成交量下降,土地价格上涨,而且通常涨幅会超过课税的幅度。如果用 表示需求弹性，表示边际收入，表示土地价格，表示税收,则有:

税前　$MR=MC$

$$MR = p + \Delta p \cdot Q = p(1+\frac{\Delta p}{p} \cdot Q) = p(1+\frac{\Delta p}{p} \cdot \frac{Q}{\Delta Q}) = p(1-\frac{1}{E_d})$$

税后　$MR = MC_t = MC + t$

所以　$P(1-\frac{1}{E_d}) = MC + t$

得 $P = (MC+t)/(1-1/E_d)$

价格的涨幅是税收的 $1/(1-1/E_d)$倍。$E_d > 1$ 时，$1/(1-1/E_d) > 1$。税收全部由需求方承担，不仅如此，土地供给方还将获得额外的利润。

(2)房地产增量市场

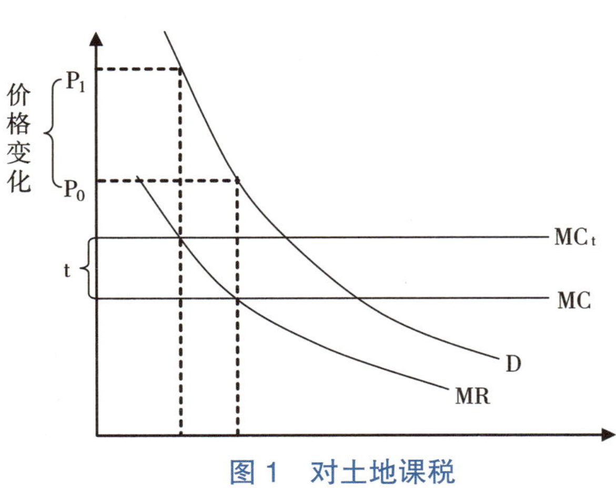

图 1　对土地课税

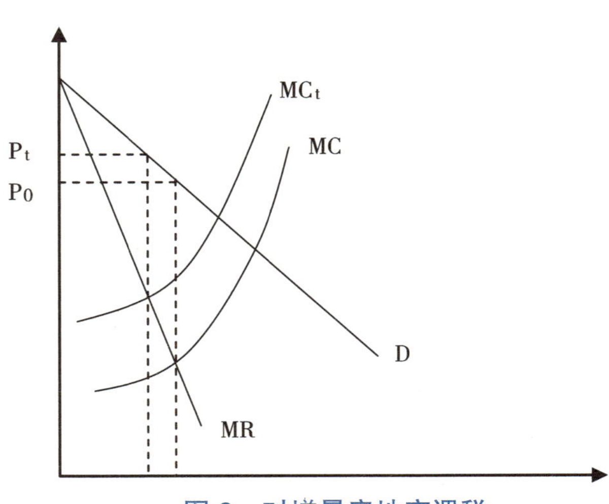

图 2　对增量房地产课税

在房地产增量市场上，房地产供给方之间的竞争主要是项目区位邻近的房地产商之间的竞争，与项目区位较远的房地产商之间的竞争较弱。因此，在房地产市场上同类项目只有少数房地产商进行竞争。在这种市场结构条件下，房地产商通过默契合作，互相比照定价，实现了一种非正式协议的价格合谋，这种默契合谋定价获得了区位市场房地产商群体利润最大化的价格，从而使整个房地产业获取垄断利润。合谋的价格决策不受政策的限制和影响。在政府课税时，虽然价格与边际收益差额减少，房地产商仍然可以获得可观的利润。如图 2 所示，此时税负被部分地转嫁给了需求方，转嫁的程度受价格合谋、需求弹性等因素的影响。价格合谋的稳定性越强、需求弹性越小税负转嫁程度越高，税负由需求方承担的越多；价格合谋的稳定性越差、需求弹性越大税负转嫁程度越低，税负由供给方承担的越多。

(3)房地产存量市场

一般而言，一种商品的需求数量是由许多因素共同决定的。其中主要的因素有：该商品的价格、消费者的收入水平、相关商品的价格、消费者的偏好和消费者对该商品的价格预期等。这之中预期效应对房地产市场的影响十分显著。在经济持续高速增长的条件下，人们对经济前景和未来个人可支配收入的预期乐观，在适应性预期和理性预期的作用下，将刺激房地产消费需求、投资需求的扩张，而房地产供给具有滞后性，这就使市场价格高于均衡价格。在适应性预期下，人们根据过去的房地产价格推断未来的房地产价格，房价一旦上涨，这一因素会推动房价继续上涨。而理性预期，作为一种有限理性预期，意味着人们根据当期收入和对未来可支配收入的预期，来决定当前和以后的消费，在预期乐观的气氛下，必然带来房地产超前消费，并产生相应的投资需求。反之则反是。此外，房地产需求还受经济发展、人口数量与年龄结构变化、城市化进程等因素的影响，随着时间的推移，房地产投资需求和消费需求总量呈递增态势，未来经济发展，使土地资源更加稀缺，这将会促进房地产价格上升。

因此，在各种经济因素的作用下，从长期来看，在房地产存量市场上会呈现“价涨量增”的局面，需求曲线向右上方倾斜。在供给方面，虽然在垄断竞争情况下，单个供给方不存在具有规律性的供给曲线，但从整个存量房地产市场的供给来看，存量房地产的市场供给曲线向右上方倾斜。针对存量房地产进行课税，由于存在税负转嫁的空间，房地产供给方意识到自己要多纳税，会采取前转策略，抬高房地产价格进行税负转嫁，供给曲线会向左上方移动；而需求方意识到征税之后，房地产供给方会进行税负转嫁，自己实际上要多承担税负，也会调整自己的需求，需求曲线也会向左上方移动。假设S为税前供给曲线，St为税后供给曲线，D为税前需求曲线，Dt为税后需求曲线，P0为税前均衡价格，Pt为税后均衡价格，Q为税前均衡成交量，Qt为税后均衡成交量。P1PT为税收部分，E为税前均衡点，双方博弈的结果是产生新的均衡点Et。供求双方博弈的结果可能会出现三种情况：

第一种情况，不完全税负转嫁。如图3所示，征税后新的均衡点Et点在原均衡点E点的左上方。均衡价格提高，但房地产价格上涨额度P0PT小于税收P1PT，税负被部分转嫁给了需求方，P0PT部分由需求方承担，P1P0部分由供给方承担；此时成交量也下降了。短期内会出现这种情况。但从长期来看这种情况出现的可能性较小，因为在这种情况下供给方的利益受损，供给方会惜售，将房地产闲置或者出租，等待时机。即使出现这种情况也不会持续很久，因为在经济处于持续较快增长时期，对房地产的需求量总体呈现递增的趋势，房地产市场始终是处于“价涨量增”的局面。成交量最终将会反弹。

第二种情况，完全税负转嫁。如图4所示，征税后新的均衡点Et点恰好在原均衡点E点的正上方。均衡价格提高，但成交量并未下降。均衡价格提高，上涨额度P0PT等于税收P1PT，税负恰好被完全转嫁给了需求方。这种情况属于过渡时期出现的临界状态。

第三种情况，超额税负转嫁。如图5所示，征税后新的均衡点Et点在原均衡点E点的右上方。房地产价格上涨，成交量增加。此时，房地产价格上涨额度P0PT大于税收P1PT，供给方不仅将税负完全转嫁给了需求方，还将额外获得超额利润P0P1×Qt。这种情况是经济发展带来的最终结果，将会长期存在，并对房地产价格的波动产生深远的影响。

从以上分析可以看出，在房地产市场这个不完全竞争市场中，在税负转嫁的作用下，房地产税负绝大部分由需求方承担了。房地产税的税负转嫁不仅受供给弹性和需求弹性的影响，而且还受到市场结构、市场周期等诸多因素的影响。供求弹性直接影响着价格变动和税负转嫁的规模，市场上竞争程度的不同则影响到价格的决定和税负转嫁的程度。房地产市场的税负转嫁充分体现了非完全竞争市场税负转嫁的一般规律：垄断竞争下的税收，既部分地前转又部分地后转；寡

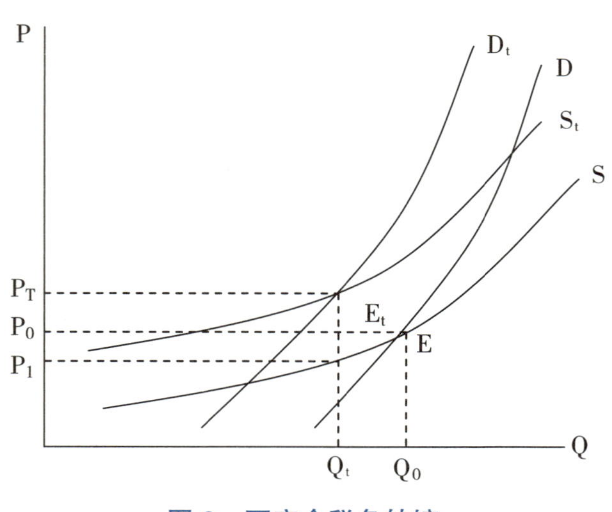

图3 不完全税负转嫁

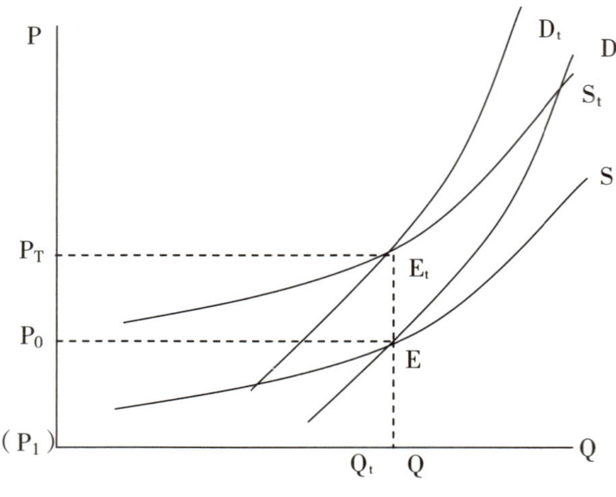

图4 完全税负转嫁

头垄断下的税收，由各寡头生产者通过协议提价而转嫁；完全垄断下的税收，由垄断生产者视产品需求弹性的大小而决定向前或向后转嫁。进一步地，可以看出房地产市场的课税是非中性的，对供求双方都有一定的抑制作用，在运用房地产税收工具进行市场调节时，充分考虑房地产税的税负归宿对税收调节效果的影响重大。实施财产所得税政策的调控效果显然会优于流转税、行为税类的政策。

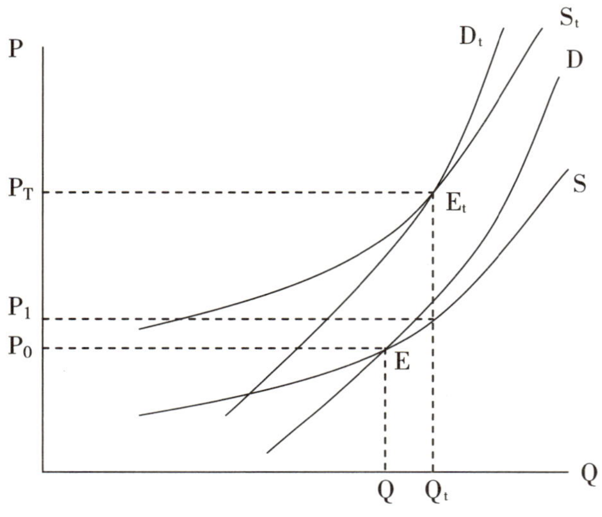

图 5　超额税负转嫁

（三）房地产税收调控政策对地方财力的影响

近年来江苏省的税收总收入无论是收入绝对数还是增长幅度这一相对指标都并未受到房地产行业波动的影响，始终呈增长态势。从房地产业的税收收入情况看，总税收入中房地产业占的比重总体上也呈稳步增长态势，只有 2008 年略有下降，但仍然维持在 15%以上；只有增幅受到一定影响，从房地产业税收增幅看，在 2008 年滑坡较大，只有 7.82%。总的来看，房地产业的调控政策对地方财政收入的稳步增长是起到积极作用的。下面我们在税收辖区内消费者总效用最大化和政府税收收入最大化的双目标约束下，在充分考虑房地产税率和房地产价值评估率、房地产容积率、税收辖区内人口数量变动等房地产税基主要影响因素的基础上，研究房地产税对地方政府的影响。

1. 理论模型的建立

消费者为了追求效用最大化，可以通过投票机制来参与税制的拟定，影响政府的行为。由于投票机制一般遵循“少数服从多数”原则，所以，消费者通过投票机制只能实现总体效用的最大化，而不可能实现每一个微观主体的效用最大化。政府不以盈利为目的，而是将公共机构权力的最大化作为追求的目标，公共权力的大小又与其所控制的社会资源的数量正相关，从而与政府预算规模正相关，归根结底是与税收总收入正相关。政府追求权力最大化的实质结果必然会导致对税收收入最大化的追求。但政府追求公共机构权力最大化的过程要受到选民投票机制的约束，出于政治上的考虑，需要通过突出的政绩来获取选民的支持，以在换届选举中胜出。假设在一个税收辖区内，消费者的收入全部用于房地产消费、一般商品消费，除此之外还需要支付一次总付税和房地产税。这里的一次总付税是指对同一纳税人的同一课税对象只课征一次税收，如所得税等税对同一纳税人的同一笔所得只课征一次税，区别于房地产税的对同一纳税人的同一财产价值在不同纳税期限内的多次课征。消费者对公共福利的消费由地方政府提供。消费者的效用是可分的，消费者对一般商品消费的效用函数是线性的。房地产的效用函数和政府提供的公共福利的效用函数都是凹函数，都满足边际效用递减规律。消费者对房地产和公共福利的消费量在餍足点以下，即多多益善。为简化问题，其他影响因素在这里被忽略掉了。建立理论模型如下：

其中的参数设置如下：

$$U = I - B - P_0 L - [(1-\sigma)P_0 + \sigma P]Lt + f(L) + g(A) \quad ①$$

$$R = B + [(1-\sigma)P_0 + \sigma P]Lt - A \quad ②$$

$$I \geq B + P_0 L + [(1-\sigma)P_0 + \sigma P]Lt \quad ③$$

$$L = C \cdot S(N) \quad ④$$

U:税收辖区内消费者的总效用；

R:地方政府总税收收入；

I:税收辖区内消费者的总收入；

B:一次总付税；

P_0:消费者购买房地产的初始价格；

P:房地产的评估价格；

L:税收辖区内房地产的建筑面积;

A:税收辖区内的公共福利水平;

σ:房地产的评估率;

t:房地产税率;

C:容积率;

S:税收辖区的总面积;

N:税收辖区内的总人口。

①式代表税收辖区内全部消费者的总效用函数。式中的代表消费者从房地产消费中获得的效用,代表消费者从公共福利中获得的效用;②式代表地方政府总税收收入函数。③式和④式是模型的基本约束条件。B、I、S是N的增函数,显然随着人口的增长,消费者总收入的增长要大于一次总付税税收收入的增长。N受A的影响,是的函数。

2. 激励效应分析

房地产税对地方政府的激励效应显著。房地产税使地方政府的目标与房地产价值的增值息息相关,因而政府会积极地采取提高公共福利水平等措施提高房地产的价值,在政府换届更替之际,这种激励效应可能还会呈现出阶段性特征。房地产税激励效应的作用机理显示,在房地产市场行情看涨时,激励效应作用较弱;在房地产市场不景气时,激励效应作用较强。因而房地产税是非中性的,对经济存在一定的扭曲,这种扭曲主要通过三种途径显现出来:一是地方政府之间的税收竞争,这种税收竞争可能主要是通过税收辖区之间的房地产税负不一致,或者说是对税源的争夺来是实现;二是房地产市场的过度开发,滥用土地资源,或者提高容积率打乱城市空间发展的合理布局;三是对房地产消费行为的扭曲。房地产税可以通过对地方政府的激励效应,来对经济发展产生影响。

三、促进房地产市场健康发展的税收政策选择

(一)当前调控房地产行业的税收政策目标

从整体上看,房地产价格的上涨是一种长期趋势,税收对房地产市场的调控,应注意把握调控时机和调控力度。税收政策不应该简单地以调控房价为方向,而应该以促进房地产市场健康、有序发展为目标,在税制结构、课税对象、税负水平和征收管理上重新进行系统设计,最终建立起规范、健全的房地产税收体系。具体说来,调控房地产行业的税收政策目标可分为两点:

第一,促进房地产业健康发展。调控的最终目标应该是建立一个有序、平衡和健康发展的房地产市场。调控政策和手段的运用应该综合考虑国民经济的发展水平、居民的购房承受能力、投资收益率。

第二,保持房地产税制结构的合理。房地产市场体系包括开发、交易和保有三个环节。从完善房地产税制结构的目标出发,一方面,应在三个不同的环节都课征税收,体现全面调节原则;另一方面,三个环节的税收要合理搭配,并借鉴国际经验,加大保有环节的税收比重,体现重点调节的原则。这一点也是由房地产的特点决定的,因为保有环节是房地产的最终环节,而且能充分体现房地产的市场价值。

(二)实现房地产行业调控目标的税收政策选择

房地产税的改革必须与税制改革和财政体制改革结合起来进行才能成功。房地产税改革的过程是理顺土地和房地产市场关系的过程,也是使税制更加完善的过程。通过房地产税改革,建立起新的房地产税体系,促进税收制度的改革与完善,推动财政体制的变革,从而提高整体经济运行的效率和质量。从进一步完善我国房地产市场机制出发,房地产税制优化的社会目标应着眼于增进社会福利、调节贫富差距、引导投资规范市场、优化土地资源配置,房地产税制优化的政策目标则应注重税负公平、税收中性、保障地方财源、完善财产税制体系。综合来看,房地产市场是一个抑制化程度很高、分层的多元化市场,最高端的这些别墅、外销房和最低端的廉租房、经济适用房是完全不同的两种商品,它们的融资规律、价格波动、运行趋势都有非常大的差异。不能简单把它都归在一个类别叫房地产市场。在税制设计时一定要把握差异化,否则很难实现税负公平,更难以达成预期的政策调控目标。在以上多目标约束下,对房产和地产实行差别税率,区分用途、区位等,科学界定课税范围和计税依据。房地产税制优化的具体设想如下:

1. 课税权限方面

适当下放税权,赋予地方一定的税政管理权。

由于房地产税基具有相对独立性和明显地域性，我国各地区土地资源、经济发展水平和房地产市场发展水平的差异较大，同时因为房地产税属于地方税收，所有房地产税的立法权都集中在中央，而且各个税种的基本要素的调整权也绝大部分集中在中央，地方对于征税对象、纳税人、计税依据、税率、减免税等税制要素几乎没有什么调整权，从而不利于地方因地制宜地通过房地产税增加财政收入和调节房地产市场，也不利于房地产税收制度的完善。可以考虑由中央政府通过立法或暂行条例明确纳税人、征收范围、可减免的范围、税率幅度范围、税源信息、计税依据、房地产评估标准等原则性和关键性政策规定，并监督各地区政府的执行情况，从而有效避免各地在税收要素设置上的随意性。省、自治区、直辖市人民政府根据当地的实际情况，在中央政府的有关政策和规定下，确定当地的减免范围、减免申报流程、适用税率、税源采集方式，并随着市场经济的变化适时调整，以充分发挥房地产税对当地经济的调控作用。

2. 税制设计方面

（1）区分勤劳所得、非勤劳所得，分别课征个人所得税。降低勤劳所得的边际税率、减少工资薪金所得的税率级次；适当提高非勤劳所得的边际税率，并考虑采用累进税率进行调节，对现有的多套住房持有者，多征所得税，增加保有的当期成本和机会成本，打击囤房、囤地，迫使其出租或出售，增加房地产销售市场、租赁市场的供给量。为确保个人所得税制的有效实施，降低征税成本，个人所得税可以实行单位代扣代缴与个人申报相结合，实行网上申报和邮寄申报、电子邮件申报相结合；另外相应进行银行制度改革：反现金交易，单位向个人支付报酬在一定规模以上不能采用现金方式支付。规定每个账户每天最多只能取现金的上限，超过上限必须转账。每个账户一次存入或每月累积存入的现金超过上限必须出具收入来源证明。否则不允许收款。

（2）对豪宅、别墅开征消费税，引导合理需求，抑制奢侈性消费。豪宅、别墅是比小汽车及贵重首饰更为高级的奢侈品，特别是还大量占用稀缺的土地资源。通过研究制定适合东中西部省份情况的、适度的、有弹性的豪华住宅消费税征收标准，将达到一定条件的低容积率、大套型豪宅、别墅纳入消费税征收范围，通过消费税的征收达到抑制此种过度性的奢侈消费需求的目的。可以把豪宅、别墅增列为现行消费税的一个税目，开征豪宅、别墅消费税，根据豪宅、别墅的规格、价位，实行分级超额累进税率制，在销售环节一次性征收。开征这种特别消费税，是有针对性的特别征税，不是普遍提高各类住房税收负担，不会影响其他类型房地产的税负。如若课税导致销售价格的提高，则该税负转嫁给购买者负担，实现前转；如若不提高销售价格，则税负由房地产开发商削减利润，自行消转。此项征税通过影响供需关系，起到抑制兴建、购买豪宅、别墅的作用。

（3）取消土地增值税。土地增值税对转让房地产并取得收入的单位和个人就其增值部分征税理由并不充分。一般认为土地增值收益产生的原因可以归纳为以下几个方面：①自然增值，土地的稀缺性使其价格将不断地上升；②由于城市规划变化，使土地利用条件发生改变，在变化方向有利于土地高效利用时，引起地价上涨；③政府对城市基础设施如交通、供电、供水、通讯和公共设施如学校、医院、文化及商业设施等进行投资改造，从而导致地价上涨；④土地使用者对土地进行投资而引起的土地增值。在土地公有制条件下，前三个因素引起的土地增值应该归国家所有，由全体社会成员共同分享。因为土地属于国家所有，房产的拥有者只有土地的使用权而没有土地的所有权。土地增值的收益部分的所有权实际上应该归属于土地所有权人，就好比房租涨了，受益权人是房东而不是房客。当前许多土地使用者获得了这部分增值收益，实际上是由于制度缺失而产生的不当得利，由于缺乏行之有效的机制来保障国家对土地增值收益的受益权，使得这部分收益被土地使用权的所有者攫取了。应该通过完善相关制度来把这部分收益回归国有。如果对土地使用者获得的增值收益课税，无疑于是肯定了其对土地增值收益的所有权。第四个因素引起的土地增值主要是房地产商以投资者的身份对地产投资而产生的增值，这部分增值收益的所有权应该归房地产商所有，因而对这部分收益可以课土地增值税，但由于企业所得税的课征已经对这部分收益进行了调节，如果再征土地增值税就难免会陷入重复征税的矛盾中去。

(4)扩大房产税征收范围，调整税率，合理确定征免税界限。取消现行个人所有非营业性住房免税的规定，将所有房产全部纳入课税范围，增强房产税对财产性收入的调节功能，考虑按类型、评估价格从价与从量相结合，设计差别税率、超额累进税率或加成征收(别墅、豪宅、高级公寓)、定额税率，评估价格定期调整。住房制度由福利分房改为市场化购房后，拥有多处住房的人增加，取消此项免税政策后，征税范围将大为扩充，重流转轻持有的征税现状将改观。但考虑到实行初期，征税工作涉及面太大，一般居民骤然增加许多税负，也有承受能力的制约，因而可以对自有普通住房暂时仍予一定面积免税，把征税范围扩大到非普通住房，特别是豪宅、别墅，这类住宅不予免税。加大占用此类住宅的成本，既调节其所有者的财产占有关系，又限制此类住宅的消费需求、投资需求，进而可以优化房屋的供给结构。将来条件具备时可以考虑对居民居住用房根据实际居住人口数进行行定额免税，免税额度根据房地产价格指数变化情况定期作指数化调整。对于绿色环保型、节能型住房在一定期限内给予一定的优惠。

(5)将契税并入印花税。一是针对现行契税税负偏高、且与印花税重叠课征问题，在降低契税负担的基础上，将其并入印花税中的“产权转移书据”税目并对“产权转移书据”适用的印花税税率进行相应调整，以简化税制，降低税收征纳成本。二是依托计算机技术，加强税源管理。改革申报方式，有效掌握税源。自商品房合同签订之日起10日内，由开发商统一进行纳税申报。征收机关将开发商申报的交易信息存入数据库，在纳税人实际缴纳税款时与商品房正式合同、发票进行审核比对。通过这种办法，可以有效解决纳税人在10日内进行纳税申报的期限问题，消除纳税申报的滞后现象；同时方便征收机关更有效地掌握商品房税源。三是改进征收价格核定方式，提高二手房合同真实性。统一计税价格确定标准，按照孰高原则处理。二手房的计税价格按照孰高原则处理，即交易价和评估价谁高就以谁为计税依据，不仅简单易行，且能与地税部门的征收标准统一，防止税款流失，有利于房地产税收一体化管理；商品房契税计税价格不应包含代收费用，对实行“一价清”销售方式的商品房，其合同中规定收取的代收费用，应从计税价格中剔除。

(6)强化城镇土地使用税的调节功能。现行城镇土地使用税按纳税人占用的土地面积从量课征，采用地区差别税额，导致其调节功能弱化。可以改革城镇土地使用税的课征办法，加大城镇土地使用税的征收力度。将城市土地全部纳入课税范围，提高税率，按年征收。按土地用途设计税目税率，对占有、使用土地行为，区别土地用途、容积率等依土地价值分别制定比例税率进行课税。计税依据以土地销售当年的销售价格为基准或定期对土地价值进行批量评估，每年根据地价上涨指数变化情况对计税价格进行指数化调整。对工业用地、商业用地、单位和个人住房用地、无建筑物土地区别对待，依据土地用途和价值分别制定不同的幅度税率，商业用地高于工业用地，工业用地高于住宅用地，对容积率高的住宅用地课税轻，对容积率低的住宅用地课税重。市中心高于城郊，大城市高于中小城市。由地方政府根据当地情况自行决定本地区的适用税率。对居民居住用地规定一定的减免额，减免额由地方政府确定。对于一些高级休闲娱乐用地，如高尔夫球场、跑马场等，课征较重的土地使用税，对闲置土地加倍或加成征收。

(7)取消耕地占用税。一方面，由于我国是实行土地公有制的国家，土地所有权归国家或集体所有，而耕地一般是归集体所有，真正有权征用耕地的是代表国家的政府，开发商是通过招牌挂的方式从政府手中获得土地的使用权，所以耕地占用税的纳税主体实际上并不切合实际，因而耕地占用税的征收自然也就无法起到保护耕地的作用。另一方面，耕地占用税课税方法与城镇土地使用税相似，采用按土地面积从量计征的办法，这种课税方法所带来的弊端在于：首先，与不断升高的耕地地价相比，耕地占用税的税额微不足道，对耕地资源的过度占用抑制作用微乎其微；其次，按土地面积从量计征割裂了不断增加的耕地价值与税额之间的联系，使得税收收入缺乏弹性；再次，大城市近郊等耕地资源特别珍贵的地区也是耕地价值上涨幅度较大的地区，由于耕地占用税税额按面积课征而且单位税额差别的绝对额过小，难以起到合理用地和保护耕地的作用。因为越是耕地稀缺的地区，其耕地占用税的相对负担越低，从而形成了逆向调节。取消耕地占用税后，其相应的保护耕地的调节功能可以通过完善土地补偿制度，加大耕地占用成本来实现。

3. 税收征管方面

加强税收征管，提高依法治税水平。征管手段、征管技术和人员素质是制约税收调节功能的内部因素。强化房地产税收调节功能，实现预期的社会目标和政策目标，重点应放在整顿税收秩序、强化税收征管、打击偷逃税行为，做到“严管重罚”，真正体现税法的严肃性，实现税收公平。当然，“严管重罚”在税制改革与完善当中也应该有所体现，即增加对非法、隐瞒不报或弄虚作假申报等行为加大处罚力度，增加纳税人的税收不遵从成本。此外，针对房地产税收而言，还应考虑：

(1)完善房地产登记制度和估价制度。首先要核查土地。对土地课税是加强土地管理的一个重要步骤，反过来，土地课税又须以对土地的核查及理顺各种土地关系为条件。因此，有必要像人口普查一样在全国范围内开展一次土地清查。在清查过程中，有关部门应建立起土地位置、权属及面积台账；其次，强化房地产产权登记制度，尽快实行房屋和土地产权证书合一制度，避免房地产私下交易，打击房地产市场的违法交易行为，增强房地产税收课征的有效性和严肃性。最后，科学的房地产估价是加强土地、房地产资产管理，确保土地增值收益公有，促进房地产市场健康有序发展的重要依据。

(2)加强相关部门间数据共享及信息化建设。对房地产计税依据的确认，需要掌握较长时期内的市场交易信息和每栋房地产的详尽信息，包括房地产权利人、建筑(土地)面积、房地产用途、建筑年代、建筑结构、朝向等等信息，同时还要采集房地产权利人家庭信息。这些信息的采集必然需要大量的人力、物力和时间。但最为关键的是信息的维护工作，如果维护不及时，则采集的信息不再具有时效性，必将影响房地产税的征收管理效率。目前，各地的房屋管理部门都在建立房地产网上交易系统。政府规定只有在网上签订的房地产合同才具有法律效力，房地产发展商与购房者未经房地产网上交易系统签订的合同是不生效的。房地产网上交易系统的交易数据将是最及时、最准确的，不存在任何滞后问题。税务机关应与政府其他部门建立数据共享，积极从政府相关部门获取有关信息，以提高工作效率，减轻纳税人的遵从成本。同时，大批量的数据共享和数据应用必须以信息化为基础。信息化建设能极大地提高数据利用效率。如果没有信息化做支撑，房地产税征收管理工作的效率必然低下。信息化建设工作在全国范围内并没有一个统一的原则性标准。目前各部门都在根据自身的业务自行进行信息化建设，信息化程度各不相同。为保证各部门数据资源在房地产税征收管理工作中的有效应用，房地产税的管理迫切需要在立法层面上建立起数据共享网络及信息化建设的原则性标准。

(三)相关配套措施：房地产租费改革

1. 改革土地出让金制度

具体思路是：政府在出让土地使用权时，收取土地保证金而不是土地出让金，在土地拍卖或招投标时，依然可以采用竞价方式。但土地保证金不再是土地批租期的使用价格，而是一种带有押金性质的预收款。在土地批租期内，政府作为土地的所有者可以定期评估并调整地租(比如可以每隔五年调整一次)，地租可以先从土地保证金中予以扣除，在批租期的后期，土地保证金使用完以后，再本着“谁使用谁缴租”的原则向土地使用者收取。假定土地批租期为 n 年，土地拍卖或招投标时向开发商收取的土地保证金为 R'_0，房地产开发销售期为 m 年，m 年内应该缴纳的土地使用费用为 R_1，房地产销售出去 x 年以后土地保证金 R'_0 用完，x 年的土地使用费用为 R_2，$R_1+R_2=R'_0$，在剩下的 $n-m-x$ 年里使用土地者需要补交的土地使用费为 R_3。这样在整个批租期内，政府可以收到的土地使用费 $R=R_1+R_2+R_3=R'_0+R_3$。R_3 在数值上等于 ΔR，是政府凭借派生所有权取得的收益。土地保证金制度既可以保证政府作为土地所有者的权益，又可以抑制开发商囤积土地、投机者炒房等投机行为，因为一旦土地保证金 R'_0 用完，剩下的 R_3 是要由使用者支付的，在这样的约束机制下将会使房地产价格趋于合理，炒作的空间变得狭小。

同时，从兼顾增加地方政府的财政收入维持地方财政的可持续发展和减少地方政府对土地出让金的依赖程度提高地方财政效率双重目标考虑，建立健全土地使用权出让收益中央与地方分成制度。

2. 取消一系列不合理的行政收费

必须坚决取消一切非法和不合理的收费,把属于土地、房屋价格的收费,并入房地产价格,把属于税收性质的收费,改为征税,按有偿受益原则,只保留必要的规费、使用费性质的收费项目,严格审批收费金额,实行财政预算管理。

此外,还应考虑要完善营销法规,保护消费者权益,反非法营销、反垄断,打击房地产销售市场出现的虚假销售、人为造就房源紧张的坑蒙拐骗行为;从减少金融风险,降低国民经济系统风险角度看,建议一是取消预售房制度,这样也有利于更好地维护消费者的利益,二是抬高市场准入门槛,严格控制外国人买房:长期居民即在中国境内居住满5年,才可以购房,对本国居民可以由地方政府考虑制定相应的市场准入条件,比如在本地居住满一定年限方才允许购房(可以要求其提供租赁证明,这样同时也可起到监控督促出租方纳税的效果。),否则不能享受相关优惠等。

第五部分

附　录

大 事 记

1994 年

6 月 5 日 根据国务院实施分税制财政体制及设立中央和地方两个税务机构的总体部署，省政府发布苏政办发〔1994〕49 号文件，决定成立江苏省地方税务局，实行江苏省人民政府和国家税务总局双重领导，以江苏省人民政府领导为主的管理体制。

7 月 26 日 江苏省地方税务局正式挂牌成立。省地税局挂牌后，各地积极推进机构分设，组建地税部门。同时，加强协调，明确与国税部门的征管职责范围，做好征管资料的划分和交接。至 9 月底，全省税务机构分设工作基本完成，各项税收工作顺利衔接。从 10 月开始，江苏地税系统自成体系，独立办公。

8 月 22 日 省局印发《关于做好税收征管资料划分和交接工作的意见》。意见中规定了征管资料的划分原则、划分内容和划分要求。

9 月 12 日 施学道(兼)任省地税局党组书记、局长，郑坚任省地税局党组副书记、副局长，顾长虹、佘义和任省地税局党组成员、副局长。

12 月 经省委省级机关工委批准，省地方税务局机关党总支成立。

1994 年 地税系统成立初年，全省实现地方工商税收(不含增值税 25%部分)69 亿元。

1995 年

2 月 根据总局的部署，在全省范围内开展新税制执法检查工作。

2 月 21 日 省局下发《关于个人所得税有关政策问题的通知》，督促各级地税机关加强个人所得税的征收管理，普遍建立和完善代扣代缴制度。

4 月 1 日起 全面使用地方税务局监制的发票，旧发票一律作废。此前，1 月 1 日 -3 月 31 日为过渡阶段，此期间新旧发票可交替使用。

4 月 20 日 江苏省地方税务局计算机中心成立。计算机中心是隶属于江苏省地税局的全民事业单位，正处级建制，全额拨款单位，人员编制 15 名。

5 月 16 日 制定印发《全省地方税务系统征管改革实施意见》，在全省范围内进行“三推行一加强”为主要内容的征管改革工作，即在全省范围内推行纳税人自核自缴、推行税务代理、推行计算机化管理，加强税务稽查。

5 月 31 日 首次召开全系统纪检监察工作会议，推出反腐倡廉六项措施，并研究制定《纪检监察工作若干制度》、《税务人员廉政责任制及考核办法》、《领导干部廉洁自律若干规定》和《重要案情线索报告制度》等规章制度。

7 月 26 日 江苏省地方税务局共青团成立。

7 月 29 日 江苏省地方税务局地税局稽查局成立，全省地税稽查系统于当年正式运转。

8 月 31 日 江苏省地方税务局机关后勤服务中心成立。是隶属于江苏省地税局的全民差额事业单位，正处级建制，差额拨款单位，人员编制 15 名。

11 月 1 日 局机关工会成立。

1995 年 省地税局成立后首个完整征收年度。全省地税系统组织各项收入 91.35 亿元，其中税收 84.67 亿元，比上年增收 20.38 亿元，增长 31.7%。

1996 年

1 月 启动全省各级地税机关税收会计改

革,通过实施新的税收会计核算制度,运用科学严密的会计方法,将税款应征、实征、减免、欠税、退税等过程纳入税收会计核算控制之中,全面反映和监督了纳税人缴纳税款情况。

2月 原由国税系统代征的集贸市场和个体工商户地方税收划归地税局征管。

4月15日 江苏省地方税务局和拉萨市国家税务局进行对口援藏工作会谈,就建立对口工作关系、对口援藏关系、业务培训关系、经济援助关系以及对口援助时间等达成协议。

5月2日 省地税局、省国税局联合转发总局文件,对涉外税收及个体税收的税务登记、发票管理、欠税清缴和退税、税务案件的处理、税收资料的移交等具体问题在国地税间进行明确。泰州市、宿迁市地方税务局成立。

6月 全省全面换发税务登记证。技术监督部门、国税、地税机关联合建立"全国统一代码标识制度",统一纳税人识别号。

7月 省委免去佘义和党组成员、副局长职务,另有任用。

7月11日 省局明确个体工商户发票专用章式样。

8月20日 召开全省地税系统征管改革工作会议,确立新的税收征管模式,明确"九五"时期征管改革的指导思想、目标任务和实施步骤;印发《1996年全省地税系统征管改革实施意见》。至1996年年底,全省城市税收征管改革取得重大进展,基本上按新的征管模式运行;农村税收征管改革呈现出由点到面、逐步推开的良好态势。

12月 倪静石任省地税局党组成员、副局长。

1996年 全省地税收入首超100亿元,实现地税收入124.08亿元,比上年增收32.74亿元,增长35.84%。其中地方工商收税收103.37亿元,比上年增收29.65亿元,增长40.21%,完成省政府下达计划82.58亿元的125.17%。

1997年

1月 根据国家税务总局要求,全省逐步统一发票防伪措施:一是使用标有SW字样专用水印纸印制发票联;二是使用大红色有色荧光油墨套印发票监制章及发票号码。取消发票底纹纸的使用。

2月 经省委省级机关工委批准,江苏省地方税务局机关委员会成立,同时,撤销江苏省地方税务局机关总支部委员会。

3月 着手推进稽查体制改革,逐步规范稽查工作体制及模式,提高稽查工作质效。

3月 省局首次被授予省级机关"政风先进单位"和"创建三优三满意活动先进单位"称号。

4月7日 成立江苏省地方税收科学研究所。为隶属于江苏省地税局的全民事业单位,正处级建制,全额拨款单位,人员编制10名。

4月25日 印发《江苏省地税系统稽查人员廉政守则》,明确要求稽查人员不得接受被查单位宴请,接受各类钱物,建立稽查人员廉政情况联系卡制度,由被查单位反馈稽查人员廉政情况。

5月26日 省政府批转《省地税局关于深化税收征管改革的实施方案》和"巩固提高、规范统一"的征管改革思路。各级地税机关采取切实措施,稳步推进征管改革,"以纳税申报和优化服务为基础,以计算机网络为依托,集中征收,重点稽查"的新征管模式在市区、县城基本实施,税收征管基础建设得到进一步加强,征管质量和效率明显提高。

7月7日 省政府办公厅批转下发《江苏省地方税务局关于深化税收征管改革的实施方案》。

8月28日 省局制定下发《关于加强个体私营经济税收征收管理强化查账征收工作的实施方案》,积极探索个体私营经济建账建制工作,加强个体税收管理。

10月 省局组建政策法规处,具体负责地方税收法规规章的起草、综合性税收政策调研、税收执法检查、税务行政复议与应诉等工作。

11月26日 为推行多元化申报方式,省局下发苏地税发〔1997〕183号文件,规定凡实行查账征收方式的纳税人,经主管税务机关批准,均可采用邮寄方式进行纳税申报。

12月10日 外商投资企业税务登记证验证工作列为外经委、工商局、计委、财政局、外汇管理局、海关、国税局、地税局八部门联合年检内容。

1997年 在地税收入连年高基数高增长,经济增长速度相对趋缓,组织收入难度加大情况下,全系统全年组织各项收入158.04亿元,其中税收收入146.29亿元,比上年增收28.16亿元,增长23.8%。

1998年

1月20日 制定下发《江苏省地方税务局〈地方税收法规规章、税收规范性文件备查备案规定〉实施办法》,对备案备查文件的范围、备案备查的程序以及违规文件的处理做规定。

4月 省局就“窗口”劳务开票问题作进一步重申和强调,调整窗口开票内容、范围、征收标准,明确窗口开票附件资料、开票审批规定和不予开票内容。

5月 张家港市地税局直属分局办税服务厅被评为全国税务系统首批最佳办税服务厅。

6月 按照国务院和省政府《关于加强依法治税严格税收管理权限的通知》要求,各地对各类涉税文件进行全面清理,认真开展税收执法检查,规范税收执法行为,维护了税法的统一性和严肃性。

6月 根据国家税务总局《关于开展漏征漏管户清查工作的通知》,全省范围内开展漏征漏管户清查工作。

6月17日 省局以苏地税发〔1998〕057号转发总局文件,对全省办税服务厅实行规范化管理。

7月15日 省局启动全省统一的征管信息系统(1.0版)开发工作。

10月15日 丹阳市地税局稽查局局长丁万万同志获人事部、国家税务总局表彰“全国人民满意公务员”荣誉称号,受到党和国家领导人亲切接见。

1998年 全系统组织各项收入174.9亿元,其中税收162.72亿元,比上年增收16.45亿元,增长11.3%,为全国“增收1000亿元”目标贡献了力量。

1999年

1月1日起 根据《国务院关于地方税务机关管理体制问题的通知》(国发〔1997〕34号)和苏政发〔1998〕126号文件精神,江苏省委、省政府决定对全省地税机构管理体制进行重大改革,全省省以下地方税务机构实行垂直管理,即上级地方税务机关和同级政府双重领导,以上级地方税务机关垂直领导为主的管理体制。各市、县地方税务局的机构设置、干部管理、人员编制和经费开支由省地方税务局垂直管理。

1月 苏州工业园区地方税务局成立。

3月16日 为全面落实党风廉政建设责任制,省局主要负责人首次与各省辖市局“一把手”签订《党风廉政建设责任状》。

4月1日 制定下发《关于加强个体私营税收征管工作的意见》,加强零散税收管理。

4月 张家港市地税局直属分局局长李炜同志获团中央、国家税务总局表彰“中国优秀青年卫士”荣誉称号。

6月 全系统开展换发税务登记证工作,对1999年7月前已依法领取税务登记证、注册税务登记证、临时税务登记证的纳税人进行换证。

6月 在城市征管改革基本到位的基础上,在射阳召开全省农村征管改革现场会,将改革成果向农村推广。

8月11日 按照省委的统一部署,省局开展以讲学习、讲政治、讲正气为主要内容的“三讲”教育工作。

11月16日 省局下发《江苏省地方税务局税务行政执法规则(试行)》,要求各级地税部门在起草税收法规、规章及制定税收规范性文件中,由政策法规机构从立法依据、立法权限、立法技术、立法程序等方面进行审核会签。

12月10日 为进一步推进征管改革,制定印发《关于进一步深化农村征管改革的意见》,决定将改革的重点从城市推向农村,农村征管改革也已全面推开。

12月14日 下发《关于各省辖市、苏州工业园区地方税务局设置基层工作、政策法规等科室的批复》(苏地税发〔1999〕146号),各地地税局开始组建专门的基层建设及法制工作机构。

12月 各地全面完成干部人事、机构、编制、经费等方面的交接、上划和过渡工作,下发基层专项编制的分配方案,审批全系统基层征管机构的设置,出台经费垂直管理办法,实现垂直管理体制改革的全面到位。

1999 年 全系统组织各项收入首超 200 亿元,达 200.46 亿元,其中税收 184.12 亿元,比上年增收 21.4 亿元,增长 13.2%。

2000 年

3 月 省局党组分别制定《中共江苏省地方税务局党组议事规则》、《江苏省地方税务局领导班子成员调查研究制度》、《加强全省地税系统领导班子建设若干问题的意见》和《江苏省地方税务系统干部选拔任用管理暂行规定》。

4 月 19 日 省局制定下发《关于在全省餐饮、娱乐、服务业推行使用税控收款机的实施意见》。

5 月 18 日 制定下发《关于推行使用税控收款机有关问题的通知》, 在全省全面推广使用税控收款机。

5 月 周桂根兼任省地税局党组书记, 郑坚任省地税局局长。

6 月 6 日 省政府办公厅下发《关于社会保险费改由地方税务部门征收的通知》,规定自 2000 年 7 月 1 日起, 江苏省境内的社会保险费改由地方税务部门征收,到年底,全省 13 个省辖市市区和 54 个县(市)的社会保险费已基本移交地方税务部门征收。

7 月 25 日 省局制定印发《江苏省地税系统规范化管理综合考核办法》,从当年起,对各省辖市局实施规范化管理考核, 推动全系统综合管理水平提高。

7 月 全系统统一开发的征管信息系统基本完成,并在全省第一批 15 个单位推广应用。网络建设初具规模, 省局至省辖市局的主干广域网初步建成并正常运行。10 月份完成市县垂直主干广域网建设,保证了省市县三级信息传输的畅通;12 月份完成的各市县城域网建设, 确保了以市县为独立信息采集点和数据集中处理模式的实现,征管信息集中度提高到市县局。部分省辖市和县(市)局已建立城域网。

9 月 30 日 省局制定下发《电子申报软件推广应用实施方案》,决定在全省推广应用统一的电子申报软件。

12 月 全系统顺利通过了省文明委组织的考核验收,成为全省首批省级文明行业之一。

12 月 根据《中共江苏省委 江苏省人民政府关于印发〈江苏省省级党政机关机构改革实施意见〉的通知》(苏发〔2000〕16 号)精神,省局实施机构改革, 对江苏省地方税务局的职能进行调整。27 日,省局召开全局干部职工大会,宣布机构改革后的处级干部任职通知。随后,开展了科级及其以下人员双向选择工作,按时完成了省局机构改革工作。

12 月 全系统征、管、查三分离或征管与稽查两分离到位,并实行稽查选案、实施、审理、执行四个环节的分离。全省各地按经济区域设置税务分局,并设立办税服务厅,逐步实现了“集中征收、重点稽查”。

2000 年 全系统税收收入首次突破 200 亿元, 实现税收收入 235.59 亿元, 比 1999 年增收 51.47 亿元,增长 28%,比“八五”末的 1995 年增长近 1.8 倍。

2001 年

1 月 1 日起 全面停征屠宰税。

1 月 1 日起 在无锡、张家港市局试点 1.0 版征管信息系统。4 月 1 日开始在 14 个单位推广运行。

2 月起 在全省地税系统县(市)地税局领导班子和领导干部中集中开展“三个代表”学习教育活动。

6 月 徐锦辉任省地税局党组成员、副局长。

6 月 编写和印发了《江苏省地方税务局税收代码手册》、《江苏省地方税收表证单书手册》和《江苏省地方税收业务规范手册》, 促进了税收管理的规范化。

7 月 各地进一步推进征管改革, 因地制宜收缩和调整基层征管机构设置, 不断提高征收集中度,进一步完善征管与稽查两分离运行机制。

8 月 于阜宁任省地税局党组成员、纪检组长。

11 月 省局成功组织开发了电子申报系统，并实现与主体软件的衔接，税收申报方式改革取得突破。

12 月 27 日 制定《江苏省地方税务局税收执法检查实施办法》,从税务登记、发票管理、纳税申报、税款征收、税务检查和上年执法检查的整改情况等六个方面,统一开展了税收执法检查。

12 月 29 日 制定下发《个体工商户定期定额管理暂行办法》，统一和规范全省定期定额管理,促进个体经济健康发展。

12 月 以计算机网络为依托的现代化征管手段得以全面应用，全省地税系统有 721 个基层分局实现计算机管理,90%的纳税人、92%的税款通过计算机征收；大部分地区实现征管与稽查机构外分;各地均建立功能齐全的办税服务厅。新的征管模式全面建立。

2001 年 全系统组织税收收入突破 300 亿元,收入总量达到 496.73 亿元,其中税收 302.12 亿元,比上年增收 66.53 亿元,增长 28.2%,实现新世纪组织收入工作初战告捷和“十五”高起步开好局的目标。

2002 年

1 月 在无锡、张家港市局试点及 14 个单位推广运行的基础上，在全省地税系统全面推行全省统一的征管信息系统(1.0 版征管信息系统)。5 月底，全省统一的征管信息系统在各地实现上线运行且情况良好，标志着全省税收征管实现了历史性跨越。

1 月 22 日 会同公安、国税部门共同下发《涉税案件移送管理办法》，进一步明确了涉税案件移送的范围、标准、方式及其他有关要求。

1 月 31 日 省局制定下发《欠缴税金管理暂行办法》。

3 月 省局机关党委进行换届改选，组成新一届中共江苏省地方税务局机关委员会，倪静石任书记,李振清任专职副书记。

4 月 认真贯彻落实好国家和省制定的一系列扶持私营个体经济发展的税收优惠政策，免费发放《个体工商户、私营企业地方税收纳税指南》78 万份。

4 月 16 日 制定印发《江苏省地方税务局关于深化征管改革的总体方案》，明确新一轮征管改革的原则、内容、目标、实施步骤和配套措施。研究确定南京、无锡、盐城三个城市作为全省新一轮征管改革的试点城市,通过三市征管改革的实施方案。

5 月 全系统深入开展“树立正确的权力观，争做人民的好税官”的主题教育活动,结合实际广泛开展“人要如何做、权应如何用、法该如何执”的大讨论。

6 月 全省地税系统掀起学习“5.31”讲话、实践“三个代表”重要思想的热潮。认真贯彻十五届六中全会精神,坚持“八个坚持、八个反对”,广大地税干部的思想、工作、学习和生活作风进一步改进。

6 月 全省三级主干广域网和市、县局城域网全面建成。

7 月 4 日 制定下发《江苏省地方税务局党组关于进一步加强对各级领导干部监督管理的实施意见》，加强对处级干部廉政自律情况自查登记工作。

7 月 5 日 局机关工会换届选举，并报经省委省直机关工会工作委员会批准。同时,成立江苏省地方税务局妇女工作委员会。

8 月 省局组织编印近 80 万册《个体工商户私营企业纳税指南》,免费发送至全省所有个体工商户、私营企业。

8 月 以全省统一征管软件为依托，电子申报工作全面展开，多元化申报格局在全省初步形成,缴库方式的改革也在同步推进,税银、税库一体化的探索和实践全面展开。

9 月 7 日 全系统共有 9970 人参加了全国税务系统执法资格考试,取得了较好的成绩,有效地提高了广大地税干部的法制素质。

11 月 27 日 向省通信管理局申请“12366 税收服务热线”，江苏省地税局成为全国最早对 12366 申请备案的单位,也是全国唯一由地税单独申请备案的省份。

12 月 按照“依法设立、精简效能、属地管辖、划清职责、因地制宜、积极稳妥”的原则和“信息化加专业化”的要求,积极收缩和调整基层征管机构,最大限度地减少机构的层次和数量,取消全职能征管分局。完善征管、稽查外分机制,在全系统积极稳妥地推进“一级稽查”,在省辖市和县(市)集中设立稽查局。

2002 年 全省地税收入总量突破 600 亿元,达到 612.32 亿元,其中入库地方税收 369.32 亿元,收入总量超过山东省。全省地方税收增收 67.20 亿元,增长 22.24%。

2003 年

3 月 组织开展“税收征管措施落实年”活动,以贯彻新征管法及实施细则为重点,加强税收征管规范化、制度化建设,针对薄弱环节,实行自查自纠,征管制度和措施得到有效落实,提高了征管质量。

4 月 16 日 省局制定下发《江苏省地方税务系统贯彻落实党风廉政建设责任制实施意见》。

4 月 根据《中共江苏省委 江苏省人民政府关于印发〈江苏省市县乡机构改革指导意见〉的通知》(苏发〔2000〕30 号)和《江苏省市、县地方税务局机构改革指导意见》(苏编办〔2003〕15 号、苏地税发〔2003〕17 号)精神,市、县地方税务局实施机构改革,顺利完成人员编制精简 15%的目标,全系统基层征管机构由原来的 985 个精简到 733 个,精简比例达 25%。

4 月 按照“一手抓防治非典、一手抓组织收入”的要求,全方位落实防治措施,经受抗击非典疫情的严峻考验。

4 月 深入开展向常唐华同志学习活动,发挥典型激励作用。

6 月 3 日 制定下发《省局党组及纪检组负责人同省辖市局主要负责人谈话制度》。

6 月 17 日 制定印发《关于深化税收征管改革若干意见》,提出深化税收征管改革的主要内容是完善现有征管模式、加强信息化建设、实现以省辖市为单位的数据集中处理、建立多元化申报缴库新格局。以省辖市局为单位的数据集中处理试点工作深入开展,无锡、南通、宿迁三市局初步实现以省辖市局为单位的数据信息共享。

6 月 举办全系统新征管法电视知识竞赛。

7 月 全系统按照中央和省委的部署,兴起学习贯彻“三个代表”重要思想新高潮。组织党员干部学习《“三个代表”重要思想学习纲要》、胡锦涛总书记“七一”重要讲话,举办全系统处级干部“三个代表”重要思想学习会和县(市)局“一把手”培训班,用“三个代表”重要思想武装党员干部头脑。

9 月 10 日 印发《全省地税系统政务公开工作实施意见》。

9 月 16 日 全省地税系统政务公开工作会议在盐城召开,会议推广了盐城、镇江市局推行政务公开的经验,标志着新一轮政务公开工作在全省地税系统全面推开。

9 月 16 日 省地税局、省国税局联合转发《纳税信用等级评定管理暂行办法》,提出具体的贯彻意见。突出“提高纳税人的诚信纳税意识,提高涉税信息的采集利用能力”这两个重点,积极推进税法宣传、纳税信用等级评定和纳税评估工作,大力开展税收信用体系建设。

9 月 大力实施“阳光政务”,在原税务公开的基础上,进行政务公开试点并在全系统稳步推进。

9 月 省局党组中心组被省委宣传部、组织部评为理论学习先进集体。

9 月 依托苏州进行的 12366 税收服务热线试点工作基本完成,并向全省推广。10 月底,实现全省全部推广到位。

10 月 开发成功机关业务管理软件、计算机选案软件以及配套的数据审计软件,在徐州、盐城、宿迁市局及苏州工业园区局、大丰市局进行试运行。

10 月 27 日 统一将营业税起征点调整到 5000 元/月,全省 14.15 万户纯营业税个体工商户享受到免征营业税照顾,占纯营业税个体工商户的 83.75%,免征营业税近 2 亿元。

11 月 全省地税系统全面推行税收执法责任制。

11 月 全系统再次获得省文明行业荣誉称号。

12 月 19 日 江苏省人大常委会颁布第 31 号公告,公布了《江苏省社会保险费征缴条例》,以地方法规形式进一步明确由地税机关征收社会保险费。

12月23日　国家税务总局表彰全国税务系统信息化建设先进单位和先进工作者。省局及南京、无锡、昆山、射阳、淮阴、启东等单位被评为信息化建设先进单位，王震等六人被评为信息化建设先进工作者。

12月30日　按照加强“五个建设”、实现“五项目标”的总体要求，制定《全省地税系统基层建设三年规划》，全面推进基层建设。

12月　坚决执行省政府《关于防治非典型肺炎期间对部分行业实行税费减免等优惠政策的意见》，对全省境内受非典影响较大的行业减免税收15亿元，促进了相关行业恢复增长。

2003年　组织收入取得“收入总量突破800亿元，税收增量超过110亿元”好成绩。全系统组织入库各项收入807.54亿元，同比增收195.35亿元，增长31.9%，其中各项税收入库482.34亿元，同比增收113.02亿元，增长30.6%。

2004年

1月7日　江苏省国际税收研究会成立。经省地税局、国税局商定，江苏省国际税收研究会挂靠省地税局。

1月8日　省局主要负责人与省局机关处室、单位主要负责人签订《党风廉政建设责任状》，这是省局首次将省局机关处室、单位列入签订《党风廉政建设责任状》范围。

1月14日　决定对纳税人实行欠税公告制度。

3月　大力加强发票管理，在个人消费、现金消费所占比例较大的行业推行使用刮奖发票；启用全国统一式样的联运发票，对税务机关代开发票作出明确规定。

4月　转变机关职能，下放12项税收审批权限。

4月　广泛开展“三型税务”建设，进一步营造学习氛围，优化纳税服务，规范执法行为。

4月　省局参与国家税务总局组织的“铁本税案”检查。通过3个月的查处，不仅查清了江苏铁本钢铁有限公司的涉税问题，而且延伸检查出常州鹰联钢铁有限公司、常州三友轧辊厂等关联企业的涉税问题。

5月　开展规范税收征管与税务代理的专项检查，巩固税务代理机构脱钩改制成果。

6月　加强户籍管理，大力推行国、地税联合办证制度。

7月6日　制定下发《12366纳税服务中心操作规程(试行)》。

全面启动ISO9000质量管理体系贯标工作，到2004年年底，全系统58家单位通过中国质量认证中心ISO9000质量管理体系认证。

7月　积极开展纪念地税机构成立10周年活动，地税干部的荣誉感、自豪感进一步增强。

8月　按照“完善主体、拓展两头”的工作思路，大力开发应用相关软件，进一步完善征管信息系统的功能。机关业务管理软件、稽查选案软件、法规库软件在全省应用到位。企业所得税软件、免费网上申报系统试点成功。

9月　大力加强信息化基础设施建设，完成省局至省辖市局的广域网线路升级工程，提升全系统广域骨干网带宽。

10月　积极推动纳税评估，完成纳税评估软件的业务需求，构建纳税评估指标体系，修订《纳税评估管理暂行办法》、《纳税评估操作规程》，纳税评估工作步入正常化轨道。

10月14日　制定下发了《江苏省地方税务局贯彻〈省委、省政府关于进一步加快民营经济发展的若干意见〉的实施意见》，努力为民营经济发展创造平等竞争的税收环境。

10月18日　制定下发《江苏省地方税务局关于在省辖市地税局局级领导干部中开展述职述廉工作的实施意见》。

10月26日　印发《江苏省地方税务局关于深化政务公开工作的意见》。

11月　何声贵任省地税局党组成员、副局长。

11月　深入开展“送税收优惠政策到户服务月”活动，发送税收优惠政策宣传资料37万余册，组织税收优惠政策讲座183场次，举办纳税人税收政策培训班232期，召开纳税人座谈会300余场次。

12月　全面推行税库银联网软件，实现电子票据在税务机关、银行和国库之间的传递和交换。

12月29日 省地税局、国税局召开第一次部门协作会议,确立联席会议制度,会议决定今后国、地税部门将按照先易后难、稳步推进的原则不断拓展协作的范围和领域。

2004年 提前一个月完成“各项收入突破1000亿元、税收收入突破600亿元”目标。全系统全年组织入库各项收入1107.23亿元,收入总量超过北京,比上年增收298.92亿元,增长36.98%。其中各项税收674.45亿元,增收192.15亿元,增长39.84%。

2005年

1月6日 江苏省地方税务局江阴经济开发区靖江园区税务分局成立,为省局直属行政机构,副科级建制,委托江阴市地方税务局管理。

1月12日 省级机关保持共产党员先进性教育活动正式启动。19日,局机关召开了保持共产党员先进性教育活动动员大会,同时制订《省局保持共产党员先进性教育活动实施方案》。

1月26日 省局“先进性教育办公室”为省局机关全体党员组织地税干部先进事迹报告会。宝应县地税局局长周世诚、泰兴市地税局副局长冷松如、原东台市地税局安丰分局征收所长常唐华(他人代述)等人先后介绍各自先进事迹。

2月17日 省地税局与国税局联合下发《江苏省国家税务局 江苏省地方税务局税收工作协作制度》,明确国、地税协作的重点内容是共同开发宣传、联合办理税务登记等内容,国、地税之间协作的方式是交换涉税信息数据、召开联席会议等。

3月18日 国家税务总局局长谢旭人一行来扬州、南通地税局调研,省局郑坚局长陪同。谢局长一行视察了扬州市地税局开发区分局,听取南通关于做好房地产业税收链税收征管工作的情况汇报。

3月31日 省国税局和省地税局在南京联合举行江苏纳税百强新闻发布暨税务干部“三走进、三服务”活动启动仪式。省地税局副局长何声贵参加会议并讲话。

3月 省局参与镇江“奇美专案”的税收检查,查清奇美化工有限公司及其6户关联企业的涉税问题,涉案金额近亿元。

4月1日 全省纳税评估软件开发完成,在南京、徐州、邗江、张家港等地上线试运行。

4月7日 省局党组发文,决定在全系统开展向南京市地税局雨花分局干部夏恒志同志学习活动。

4月15日 省政府对江苏推广应用税控机工作进行部署,成立由税务、质检、信息产业、财政等部门参加的领导小组。

5月25日 省局转发《国家税务总局关于印发〈税收管理员制度(试行)〉的通知》,建立税收管理员制度。按照“属地管辖、分类管理、责任到人、监控到户”的原则,设置税收管理员岗位,分解落实工作职责。通过管户与管事的有机结合,对税源实施精细化管理,实现税源的动态监控,以有效解决“疏于管理、淡化责任”问题。

6月6日 日本爱知县自治劳委员长福安今之助率领爱知县自治劳第二次访华团,在省直工会领导陪同下来省局参观访问,省局副局长倪静石亲切会见代表团成员。日本朋友参观了机关工会的图书馆、阅览室、省局直属分局征收大厅等,就两国机关工会的有关情况进行了交流和探讨。

6月24日 省局召开局机关保持共产党员先进性教育活动总结大会,省局机关全体党员、干部、职工参加大会,郑坚局长代表局党组作总结报告,省委督导组组长、省委党校副校长丁如锦讲话。

7月1日 江苏省地方税务局机关ISO9000质量管理体系贯标工作全面正式启动,并于9月1日正式开始运行。

7月4日 省局启动征管信息系统(2.0版)建设工作。12月19日,完成《征管信息系统2.0》总体方案设计,专家论证会通过评审。

8月12日 升级改版后的江苏省地税局网站正式开通。

8月12日 省局党组根据中央、省委有关加强后备干部队伍建设要求和加强省辖市局领导班子建设的需要,印发《中共江苏省地方税务局党组关于做好省辖市地方税务局领导班子后备干部选拔工作的通知》,明确后备干部条件、资格和结构,规定选拔程序,按照规定职数1:1的比例确定省辖市局领导班子后备干部人选。

8月19日 省局发布《江苏省地方税务局关于贯彻落实〈省委、省政府关于加快发展现代服务业的实施纲要〉和〈省委、省政府关于加快发展现代服务业的若干政策〉实施意见》,明确涉及的相关税收政策。

9月29日 经省局局长办公会研究决定,南京市地方税务局干部培训中心增挂"江苏省地税系统干部教育培训基地"牌子。培训基地的日常管理由南京市局负责,省局基层处负责拟定系统干部教育培训计划,协调安排师资力量,利用基地的优势资源开展全系统干部教育培训。

11月15日 省局组织编写《金税工程(三期)江苏地税建设项目》可行性研究报告。

11月21日 省局在常州举办江苏省地税系统"中天钢铁"杯羽毛球比赛,各省辖市及苏州工业园区地方税务局代表队、机关代表队共150名队员参加了各项比赛。南京市局双获男女团体第一名,南京市局郭思蔚获得男子单打第一名,扬州市局杨睿获得女子单打第一名。宿迁市局男子代表队、盐城市局女子代表队获得体育道德风尚奖,常州市局获得工作组织奖。

12月6日 制定下发《关于规范税务检查工作的若干意见》,对税务检查的范畴、分类以及税务分局和稽查局在工作上的协调衔接作出明确规定。

12月10日 江苏省地方税务局机关内部网站上线试运行。

12月24日 省局机关通过中国质量认证中心ISO9000质量管理体系认证。省局直属分局、稽查局同时通过认证。

2005年 全系统实现各项收入突破1300亿元,税收收入突破800亿元。完成各项收入1378.78亿元,其中税收收入完成833.14亿元,比上年同期增收158.69亿元,增长23.5%。

2006年

1月 在《新华日报》开设"江苏地税专刊",每月一期固在《新华日报》主要版面刊出。主要内容是普及税收法规,宣传地税机关服务纳税人的新政策、新举措。

1月7日 《征管信息系统2.0》项目进行公开招标,1月26日开标,中国软件与技术服务股份有限公司中标。2月21日,举行项目合同签字仪式。

3月31日 在对各省辖市局实施规范化管理考核的基础上,为完善考评办法,省局制定《江苏省地税系统综合管理考评办法》,并于当年起对各省辖市进行综合管理考评。

4月 税收执法责任制管理信息系统在全系统上线运行,江苏省地税局成为国家税务总局税收执法责任制电子化考核试点单位。此项工作受到了国务院法制办、国家税务总局和地方政府的高度肯定和评价。

5月9日 省局制定下发《开展巡视检查工作的意见》等文件,建立健全反腐倡廉领导体制和工作机制。同时,在基层分局领导和税收管理员中开展以勤廉双述、内外双评为主要内容的"双述双评"活动。

6月7日 与省国税局、省科技厅联合制定《关于贯彻落实〈省政府关于鼓励和促进科技创新创业若干政策的通知〉的实施细则》,加大对科技创新创业的税收扶持力度。

6月7日 组织省局有关技术人员进行《江苏地税金税工程(三期)实施方案》的预编写工作。

6月22日 省地税局、国税局召开联席会议,研究税务登记换发和联合办理税务登记证问题,省局何声贵副局长出席会议。8月,下发《江苏省国家税务局 江苏省地方税务局联合办理税务登记管理办法(试行)》,在全省全面推行国、地税联合办理税务登记。全省国、地税系统实现联合办证的"十个统一",受到总局通报表扬。

7月14日 在省委宣传部、政法委、省依法治省领导小组办公室联合召开的法治江苏建设新闻发布会上,省局局长郑坚代表全省地税机关向社会作出"规范执法行为、严管执法队伍、建设人民满意的执法单位"的公开承诺。

8月1日 省局直属分局与南京市地税局联合建设的12366税收服务热线将正式投入运行,江苏省地税局直属分局所辖纳税人拨打电话

12366 后，只须按“8”号键，即可获得相关的纳税咨询、纳税指南、涉税举报、投诉监督等系列人工和语音服务。

9 月 27 日 全省《征管信息系统 2.0 版》上线动员大会在无锡市召开。10 月 18 日，正式在无锡正式上线试运行。11 月 20 日、27 日、12 月 4 日，首批推广应用单位宿迁、常州、扬州市地方税务局，正式使用《征管信息系统 2.0 版》。

11 月 8 日 研究制定《江苏省个人出租房屋税收征管暂行办法》，提请省政府审批。12 月 4 日，省政府同意并印发各地执行。《办法》确定合理税负，简化计征方式，为加强和规范个人房屋出租税收征管奠定了基础。

2006 年 税收收入首次超千亿，完成各项收入 1680.56 亿元，其中税收收入 1013.89 亿元，比上年增收 180.76 亿元，增长 21.7%。江苏成为全国地税系统继广东、上海之后第三个超千亿的省份。

2007 年

1 月 1 日 《中华人民共和国车船税暂行条例》正式实施。7 月 1 日，省政府印发《江苏省〈中华人民共和国车船税暂行条例〉实施办法》，就税额标准、纳税地点、纳税期限、减免税及管理要求作了具体规定。8 月 1 日起，江苏省全面征收车船税。

1 月 16 日 省局举办《江苏地税廉政文化建设巡礼》展览。通过 49 块展板、668 幅图片、188 件实物和省辖市地税局及部分县地税局廉政网站、网页的演示，集中反映全省地税系统廉政文化建设工作取得的成效。

2 月 1 日 省地税局与省国税局联合印发《江苏省〈个体工商户税收定期定额征收管理办法〉实施办法》，联合实行“双定”户管理。

2 月 24 日 南京市局岗位培训、如东县局“五式一体”两个教育培训项目入选总局教育培训特色项目评审。

3 月 31 日 完成《征管 2.0 版》数据模型的优化完善，为数据大集中的有关准备。同时完成《征管 2.0 版》剩余 13 个模块的修改完善，测试试点。

4 月 24 日 省局举行企业所得税两法合并座谈会，邀请在宁高校的教授、学者、财税专家及企业家代表，探讨内外资企业两法合并的重要意义及对江苏经济发展的影响，省局顾长虹副局长出席会议并讲话。

4 月 26 日 省局在常州市召开省级大集中工程建设动员大会。省局郑坚局长、顾长虹副局长出席会议并讲话。

5 月 14 日 包国新同志兼任省地方税务局党组书记；李小平同志任省地方税务局局长；唐卫平同志任省地方税务局副巡视员。

5 月 16 日 江苏省地方税务局省级大集中工程项目开工典礼在南京举行，省局顾长虹副局长出席典礼并讲话。

8 月 13 日 全省地税系统干部教育培训工作会议正式作出建设“三个一流”工程的战略部署。力争通过打造“一流的干部队伍、一流的服务水平、一流的工作业绩”，经过 3-5 年努力，确保江苏地税各项工作走在全国税务系统前列。

9 月 14 日 在省委、省政府召开的《诚信江苏建设工作会议》上，省局作题为《以诚信纳税为导向 以信息应用为抓手 大力推进诚信江苏建设》的书面交流，省局信用体系建设工作得到省委、省政府充分肯定。

10 月 省局党组组建巡视组，制订巡视方案，对淮安市地税局领导班子及其领导干部开展巡视检查。

10 月 9 日 省局首期新录用公务员初任培训班在省局汤山干部培训基地开班，全省地税系统 2007 年新招录的 192 名公务员参加培训，重点培训税收知识、会计知识及分税种知识。培训时长 40 天。

10 月 15 日 省局对淮安市局领导班子及其领导干部进行巡视，全省地税系统巡视工作展开。

11 月 2 日 开始省级大集中系统设计开发。

11 月 15 日 省局李小平局长、唐卫平副巡视员出席省局直属分局在驻宁某舟桥旅开展的“税政服务进军营”咨询活动。

11 月 19 日 省局在国家行政学院举办首期全省地税系统处级领导干部培训班，全系统 40 名处级领导干部参加培训，重点学习了十七大报告学习辅导、现代领导艺术、提高执政能力等课程。

12月6日　省委书记梁保华、常务副省长赵克志同志分别对省地税局《新法实施后对江苏经济发展和税收收入影响的调查报告》作重要批示。为加强对新企业所得税法实施后对江苏经济影响的研究，省局成立专题调研课题组，于11月中旬形成了调研报告。

12月　全系统已有省、市、县级廉政文化示范点140个，其中省局机关、9个省辖市局、16个县(市、区)局成为省级廉政文化示范点。同时，省地税局"弘扬廉政文化、打造清廉地税"系列活动荣获江苏省纪检监察宣传教育工作专项奖。

12月29日　省级大集中项目组完成大集中系统总体及概要设计。

12月30日　省局制定《江苏省地税系统处级以下领导干部转任非领导职务暂行规定》和《江苏省地税系统处级以下领导干部交流工作暂行办法》，对处级以下领导干部转任非领导职务的范围、程序、待遇等，以及处级以下领导干部交流的具体事项作出明确规定。

2007年　全系统组织各项收入超2000亿元，达2231.16亿元，其中税收收入1364.96亿元，比上年增长34.2%。全系统全年组织"地方七税"收入总量突破300亿元，位居全国第一。

2008年

1月1日　全系统首次开展个人所得税年所得12万元以上纳税人自行纳税申报工作，自行纳税申报人数达24万余人。

2月　省局数据中心建成。该项目被江苏省建设厅授予"江苏省机房一级优质工程"称号，被江苏省土木建筑学会智能建筑专业委员会授予"江苏省一体化机房优质工程"称号。

3月　潘永和兼任省地税局党组书记。

4月23日　省局在淮安召开全省地税系统政务公开工作现场会。此后，省局和各市、县局按照《政府信息公开条例》的要求，在江苏地税外网设置信息公开专栏，并接收公众的信息公开申请。

4月27日　省局召开"开展深入学习实践科学发展观活动"动员大会，省委常委、常务副省长赵克志参加动员大会并做重要指示。

5月6日　省局下发《江苏省地税系统实施"三个一流"工程方案(试行)》，7月3日，印发《江苏省地税系统2008年度"三个一流"工程考核办法》，在全系统全面推进"三个一流"工程。

5月7日　省局出台《关于在全省地税系统基层分局开展"双述双评"活动的意见》。

5月12日　省地税局、省国税局决定在南京、苏州、泰州、淮安、连云港五个地区进行个体工商户国、地税联合征管试点。

6月　全系统有4家单位被评为全国文明单位，包括省局在内的7家单位被评为全国精神文明建设先进单位。

6月20日　省局制定下发《税收管理员工作规范》。并组织开展岗位技能竞赛活动，对竞赛得分前20名选手授予"全省地税系统税收管理员岗位能手"称号，颁发奖励证书。

7月2日　省局出台《江苏省地方税务局税务行政处罚实施办法》、《预防化解税务行政争议实施办法》，严格自由裁量权行使，规范税务行政处罚工作。

8月15日　召开学习实践科学发展观活动总结大会。通过学习实践活动，为地税系统在新形势下更加自觉、更加全面地贯彻落实科学发展观奠定了重要基础。

8月15日　出台《关于加强企业所得税管理的意见》。《中华人民共和国企业所得税法》于2008年1月1日起施行。全省地税系统积极贯彻落实新税法及配套政策，实现新旧税法平稳过渡。

9月2日　《江苏省地方税收征管保障办法》经省人民政府第14次常务会议讨论通过，并以省政府第44号令发布。《办法》实施后，年内全省地税部门通过社会综合治税取得外部信息636万多条，补办税务登记15272户，补征税款约5亿元。

9月16日　根据国家税务总局新一轮内设机构调整方案和苏编办复〔2008〕210号文件精神，省地方税务局税政四处(基金管理处)更名为纳税服务处，原基金管理处牌子不再保留。到年底，全系统纳税服务组织建设和资源整合基本到位，规范化、制度化的纳税服务工作有序展开。

10月 省局被省依法行政领导小组确定为十家省级机关依法行政示范点之一。

10月 顺利完成省级大集中系统开发和试点,数据中心和异地备份站点基本建成,省级大集中系统上线试运行。

11月 国家税务总局宋兰副局长专门听取省局构建发票网上开具与查询系统工作的汇报,给予高度评价。为方便发票查询辨伪,提高"信息管税"能力,构建发票管理长效机制,省局于2008年开始研发《发票网络开具查询系统》。

12月24日 省局制定出台《江苏省地方税务局依法治税评价标准》,明确全省地税系统税收法治工作方向和目标。同时,提出开展依法治税示范单位创建工作,全面促进依法治税工作整体水平的提高。

12月30日 四川汶川地震发生后,全省地税干部踊跃捐款,缴纳特殊党费,税务干部个人捐款捐物和缴纳特殊党费总额达982万元。

2008年 全系统全年组织各项收入2732亿元,其中税收收入1658.37亿元,增长21.5%。税收收入总量仅次于广东、上海,稳居全国第三。全省全年共征收社会保险费893.76亿元,征收总量首次位居全国第一。

先进名录

全省地税系统成立后，各级地税机关广泛开展争先创优活动。通过开展争创“文明单位”、“青年文明号”、“巾帼示范岗”、“人民满意的公务员”、“先进税务工作者”等活动，大力培养、树立、表彰具有时代特征和行业特点、在社会上有广泛影响和宣传效应的先进典型，充分发挥他们的表率、带动、延伸和辐射作用，努力营造弘扬先进、崇尚先进、争当先进的良好氛围。1994 年至 2008 年，共有 674 个单位受到各级党政部门的表彰，有 2071 个单位受到各级税务部门的表彰，有 1778 人次受到有关党政部门表彰，4133 人次受到各级税务部门表彰，涌现出“全国人民满意公务员”丁万万、“全国优秀青年卫士”李玮等一批在全国和全省有影响的先进集体和先进模范人物。

先进集体

1994 年至 2008 年，全省地税系统获得国家税务总局、省政府级以上荣誉称号的单位：

一、全国税务系统青年文明号

徐州市地方税务局第三税务分局管理二科
镇江市句容市地方税务局第二税务分局
常州市地方税务局第四税务分局管理四科
南京市地方税务局白下税务分局管理二科
南京市地方税务局雨花台分局管理三科
镇江市地方税务局涉外税务分局
苏州市吴中地方税务局第一税务分局
盐城市地方税务局第一税务分局
无锡市锡山地方税务局第二税务分局
沭阳县地方税务局第一税务分局
仪征市地方税务局第三税务分局
江宁地方税务局第二税务分局
射阳县地税局第九税务分局
启东市地税局第六税务分局
南京市地税局玄武分局征收科
无锡市惠山地税局第二分局
新沂市地方税务局第四分局
常熟市地方税务局涉外分局
兴化市地方税务局第四分局
泗洪县地方税务局第一分局
苏州工业园区地方税务局稽查局
阜宁县地方税务局第一分局
南京市地方税务局高新开发区税务分局
宜兴市地方税务局第二税务分局

二、全国税务系统文明税务所

张家港市地方税务局直属税务分局
铜山县地方税务局茅村税务所
泰兴市地方税务局稽查分局
江阴市地方税务局要塞税务分局
江宁县地方税务局淳化税务所

三、全国税务系统先进集体

南京市地方税务局大厂税务分局
无锡市地方税务局第一税务分局
海安县地方税务局李堡税务分局
金坛市地方税务局直属税务分局
淮阴县地方税务局直属税务分局
张家港市地方税务局
南京市地方税务局征收分局
宿迁市地方税务局直属税务分局
连云港市地方税务局云台税务分局
启东市地方税务局直属税务分局
苏州市地方税务局第一税务分局
通州市地方税务局第一税务分局
扬中市地方税务局第一税务分局
阜宁县地方税务局
泰州市地方税务局第三分局计划征收科
常州市地方税务局第四分局
铜山县地方税务局纳税服务中心
盐都地方税务局
邗江地方税务局
苏州工业园区地方税务局第二分局

四、全国税务系统文明单位

建湖县地方税务局直属分局
丹阳市地方税务局直属分局
淮阴市地方税务局直属分局征收中心
锡山市地方税务局雪浪税务所
邗江县地方税务局蒋王税务所
南京市地方税务局鼓楼税务分局
宿豫县地方税务局直属税务分局
东海县地方税务局浦南税务分局
溧阳市地方税务局南渡税务分局
苏州工业园区地方税务局征收管理分局
江都市地方税务局直属税务分局
启东市地方税务局
武进地方税务局第二税务分局
盱眙县地方税务局第一税务分局
高邮市地方税务局第八税务分局

五、全国最佳办税服务厅

张家港市地方税务局直属税务分局

六、全国文明单位

南京市地方税务局
无锡市地方税务局
泰州市地方税务局
南通市地方税务局
通州市地方税务局
连云港市东海县地方税务局
盐城市射阳县地方税务局办税服务厅
射阳县地方税务局

七、全国巾帼文明示范岗、巾帼文明岗

无锡市地方税务局征管一分局计会征收科
南京市地方税务局建邺分局综合科
泰州市地方税务局海陵分局计划征收所
南通市通州市地方税务局第一分局
连云港市地方税务局第三分局管理三科
沛县地方税务局一分局办税服务厅
丰县地方税务局第五分局纳税服务厅
启东市地方税务局第一分局征收股
南通市地方税务局第一分局征收科
东海县地方税务局第一分局办税服务厅
淮安市地方税务局第一分局征收科
盱眙县地方税务局第一分局
淮安市淮阴地方税务局第一分局征收服务厅
盐城市地方税务局第三分局办税服务厅
响水县地方税务局稽查局
扬州市地方税务局计财处
丹阳市地方税务局计财科
句容市地方税务局第二分局办税服务厅
泰州市地方税务局第三分局计划征收科
宿迁市地方税务局第一分局征收科
常州市地方税务局第四分局办税服务厅
南京市地方税务局税收咨询投诉中心

八、全国税务系统纪检监察先进集体

南通市地方税务局纪检组

九、全国税务系统信息化建设先进单位

江苏省地方税务局
南京市地方税务局
无锡市地方税务局
昆山市地方税务局
射阳县地方税务局
淮安市淮阴地方税务局
启东市地方税务局

十、江苏省“人民满意的公务员集体”

丹阳市地方税务局

十一、江苏省“巾帼建功”先进集体

徐州市地方税务局稽查局妇委会

十二、全国精神文明建设工作先进单位

省局机关
无锡市地方税务局
徐州市地方税务局
南通市局机关
启东市地方税务局
扬州市地方税务局
宿迁市地方税务局

先 进 个 人

1994年至2008年，地税机关成立以来，全省地税系统获得国家税务总局、省政府级以上荣誉称号的个人：

一、全国人民满意公务员

丁万万　丹阳市地方税务局

二、全国优秀青年卫士

李　炜　张家港市地方税务局

夏恒志　南京市地方税务局

三、全国税务系统先进工作者

金铁锋　徐州市地方税务局

夏恒志　南京市地方税务局雨花台分局

万　军　泰州市地方税务局

邵　峰　惠山地方税务局

王　震　南京市地方税务局

陈茂锋　南通市地方税务局

段嘉祥　射阳县地方税务局

王书强　泗阳县地方税务局

冷松如　泰兴市地方税务局

四、全国税务系统优秀税务工作者

陈长根　昆山市地方税务局

仇　勇　盐都县地方税务局

茅炜炜　海门市地方税务局

张连静　南京市地方税务局

五、全国劳动模范

李　欣　徐州市地方税务局一分局

六、全国先进工作者

张晓阳　无锡市地方税务局第二分局

七、全国税务系统信息化建设先进工作者

王　震　南京市地方税务局

杨昌石　扬州市地方税务局

金铁锋　徐州市地方税务局

周曙文　泰州市地方税务局

沙亚清　常州市地方税务局

王红哥　宿迁市地方税务局

八、中国十大杰出女税务工作者

陈　萍　镇江市地方税务局

九、全国税务系统精神文明建设先进工作者

刘 进 阜宁县地方税务局
赵继光 沛县地方税务局
戴天果 泗阳县地方税务局第一分局
何柏连 灌云县地方税务局第二分局
蔡尉霞 泰州市地方税务局第二分局

十、江苏省劳动模范

金铁锋 徐州市地方税务局
窦文才 睢宁县地方税务局
彭长和 盐城市地方税务局
陈明星 南京市地方税务局
王 震 南京市地方税务局
张农高 江阴市地方税务局
张晓阳 锡山市地方税务局
王锦志 无锡市地方税务局
李 欣 徐州市地方税务局
蔡祥娣 常州市地方税务局
李 炜 张家港市地方税务局
马如山 如东市地方税务局
黄林华 通州市地方税务局
程思梅 赣榆县地方税务局
张成云 灌云县地方税务局
李仁俊 淮安市地方税务局
杨明祥 射阳县地方税务局
苏延法 盐城市地方税务局
陈 萍 镇江市地方税务局
万 军 泰州市地方税务局
葛泽亭 省地方税务局直属征收局

十一、江苏省杰出青年卫士

徐艾萍 射阳县地方税务局
陈洪军 射阳县地方税务局
张兆珍 高邮市地方税务局

十二、江苏省优秀青年卫士

丁道兵 镇江市地方税务局
金晓红 苏州市地方税务局
焦中华 泰州市地方税务局
王洪亮 铜山市地方税务局

十三、江苏省“人民满意的公务员”

李健平 扬州市邗江地方税务局
孙传绪 省地方税务局直属征收局

十四、全国“五一”劳动奖章获得者

苏延法 盐城市地方税务局
陈建浦 淮安市地方税务局
徐菊平 淮安市淮阴地方税务局
赵继光 徐州市地方税务局

十五、江苏省“巾帼建功”标兵、先进个人

孙 瑾 射阳县地方税务局
杨 华 南京市地方税务局
徐菊平 淮安市淮阴地方税务局
秦玉莲 连云港市地方税务局
严红斌 江都市地方税务局
韦晓梅 淮安市地方税务局

后记

盛世修志是中华民族的优良传统。在江苏地税事业蓬勃发展、全省地税系统建设更高水平“三个一流”的重要时期，我们担负起了《江苏省地方税务志》的编纂任务。自2010年8月起，江苏省地方税务局全体修志人员，广征博采，因体立裁，潜心编修，多易其稿，《江苏省地方税务志》终于付梓出版。

《江苏省地方税务志》的编纂工作，在江苏省地方税务局志书编纂委员会的领导下，编辑部全体人员共同努力，历经制订编目、分工落实、培训辅导、征集资料、分章编纂、总纂合成、送审修改和校核定稿等环节，大致可分为四个阶段。

第一阶段(2010年8月至9月)，组织动员。2010年8月，成立江苏地方税务志编纂委员会，省局局长李小平为主任委员，其他局领导为副主任委员，机关各部门主要负责人担任委员。确立由省局科研所负责地方税务志编辑部工作，明确各单位具体撰写人员参与编辑。8月31日，召开《江苏地方税务志》编写工作动员会，全面发动编志工作；与各部门签订《税务志编纂任务责任书》，下达修志任务；邀请省史志办专家授课培训，举办两期修志业务培训班，帮助修志人员了解和掌握编纂税务志的基本知识和工作方法。

第二阶段(2010年10月至2011年2月)，收集资料。在征求各单位意见的基础上，形成《江苏省地方税务志》篇目大纲，明确各单位的责任分工和编纂任务，排定编纂进度时间表。地税志编辑部多次组织召开座谈会,遍访知情人,查阅档案,积累了200余万字珍贵的税收历史资料。各单位指定专人负责,翻阅大量历史资料,积极组织讨论,陆续归纳完成100余万字的长编基础资料。

第三阶段(2011年3月至9月),编纂成稿。地税志编辑部集中人员进行撰写,形成初稿。为提高编写质量,将初稿按内容分类,分别送相关部门、基层单位及专家征求意见,在此基础上,不断编纂完善。在初稿编纂过程中,及时组织各部门讨论评审。税务志编纂委员会领导多次关心指导编纂工作,有力地促进了编纂进度。编辑部全体同志在完成本职工作的同时,加班加点,废寝忘食,以高度的责任感和使命感开展编志工作。在完成初稿的基础上,编辑部组织人员总纂合成,排版成册,形成征求意见稿。

第四阶段(2011年10月至2012年9月),评审定稿。将《江苏省地方税务志》征求意见稿分别呈送局领导、省志办专家、省局机关各单位等征求意见。在此基础上,对征求意见稿进行补充、修改和完善,组织终审定稿。

《江苏省地方税务志》共五部分,90余万字。由江苏省地方税务局局长李小平作序,卷首设概述,卷末设附录。该志能在短时间内编写完成,主要是领导重视、部门配合、编辑人员辛勤劳动的结果。特别省局机关各部门为编写初稿提供素材,给予了有力配合;各编纂人员不辞辛苦,默默奉献,在此谨表诚挚的感谢。

由于水平有限,难免有疏漏错误之处,敬请批评指正。

江苏省地方税收科学研究所

2012年10月